2012~2013

中国社会科学院创新工程学术出版资助项目

CASS 中国社会科学权威报告系列

总主编：金 碚
副主编：杨世伟

CHINA ENTERPRISE BRAND COMPETITIVENESS
INDEX REPORT 2012~2013

2012~2013
中国企业品牌竞争力
指数报告

中国市场学会品牌管理专业委员会
张世贤 杨世伟 赵宏大 李海鹏 主编

经济管理出版社
ECONOMY & MANAGEMENT PUBLISHING HOUSE

《中国企业品牌竞争力指数报告（2012~2013)》
学术委员会

主　任：高铁生　中国市场学会资深会长、原国家粮食局局长、教授
副主任：靳林波　中国社会科学院财经战略研究院副院长
　　　　林　旗　中国社会科学院财经战略研究院副院长
　　　　杨勇进　中国市场学会品牌管理专业委员会副主任
　　　　郭晋川　中国市场学会品牌管理专业委员会副主任
　　　　　　　　高能控股集团总裁

学术委员会委员（按姓氏笔画排列）：
　　　　丁桂兰　中南财经政法大学工商管理学院教授
　　　　付国群　北京大学光华管理学院教授
　　　　刘　刚　中国人民大学商学院教授
　　　　刘　勇　北京工商大学商学院副教授
　　　　刘凤军　中国人民大学商学院教授
　　　　刘英骥　首都经济贸易大学工商管理学院教授
　　　　吕　铁　中国社会科学院工业经济研究所工业发展研究室主任、研究员
　　　　孙曰瑶　山东大学经济学院教授
　　　　朱　立　云南财经大学 MBA 学院副院长、教授
　　　　何佳讯　华东师范大学商学院教授
　　　　余伟萍　四川大学工商管理学院教授
　　　　李桂华　南开大学商学院教授
　　　　李雪欣　辽宁大学商学院教授
　　　　张梦霞　首都经济贸易大学工商管理学院副院长、教授
　　　　肖　升　辽宁大学工商管理学院副院长、教授
　　　　邱　东　原中央财经大学党委书记、教授
　　　　陆　娟　中国农业大学经济管理学院教授
　　　　陈祝平　上海大学国际工商与管理学院教授

《中国企业品牌竞争力指数报告（2012~2013）》
顾问委员会

总顾问：

卢中原　中国市场学会会长、全国政协委员、国务院发展研究中心原副主任

俞晓松　中国市场学会资深会长、中国国际贸易促进委员会原会长

高铁生　中国市场学会资深会长、原国家粮食局局长、教授

郭冬乐　中国市场学会副会长、中国社会科学院财政与贸易经济研究所原副所长

顾　问（按姓氏笔画排列）：

牛保全　河南财经学院工商管理学院院长、教授

王永贵　对外经济贸易大学国际商学院副院长、教授

刘力钢　辽宁大学新华国际商学院院长、教授

吕　政　中国社会科学院学部委员、经济学部副主任、研究员

李　平　中国社会科学院数量与技术经济研究所所长、研究员

杜莹芬　中国社会科学院工业经济研究所财务与会计研究室主任、研究员

杨　晨　河海大学商学院副院长、教授

沈志渔　中国社会科学院工业经济研究所研究员

唐晓华　辽宁大学商学院院长、教授

徐二明　中国人民大学商学院教授

郭国庆　中国人民大学商学院教授

高　闯　首都经济贸易大学校长助理，工商管理学院院长、教授

高培勇　中国社会科学院财经战略研究院院长、研究员、学部委员

黄合水　厦门大学新闻传播学院副院长、教授

黄速建　中国社会科学院工业经济研究所副所长、研究员

黄群慧　中国社会科学院工业经济研究所所长、研究员

魏后凯　中国社会科学院城市发展与环境研究所副所长、研究员

《中国企业品牌竞争力指数报告（2012~2013）》编辑委员会

序　言

温家宝在 2004 年就指出，品牌是一个国家综合经济实力的象征，是一个民族整体素质的体现。2005 年度，国家提出了"从中国制造到中国创造"的发展理论。在"十七大"报告中明确指出，要提高自主创新能力，建设创新型国家，加快培育我国跨国公司和国际知名品牌。"十二五"规划纲要也明确提出，要发展拥有国际知名品牌和核心竞争力的大中型企业，实施"走出去"战略。"十八大"再次强调，形成以技术、品牌为核心的竞争新优势，打造自主品牌已经上升至国家战略的高度，也是中华民族伟大复兴的重要一环，品牌强国成为实现中国梦的重要支撑之一。

改革开放 30 多年度来，中国目前已成为世界第二大经济体、世界制造业第一大国、世界贸易第一大国、世界奢侈品牌消费第一大国，可谓名副其实的经济大国，但如果从 GDP 结构和品牌经济视角来看，国际知名品牌是衡量一个国家经济实力强弱的重要标志。中国还算不上经济强国，虽然 2012 年度中国进入世界 500 强的企业有 79 家，但真正强大的企业是具有较高附加价值的品牌企业，世界品牌 100 强中国企业至今榜上无名。可以说，品牌竞争力增强是由经济大国、经济大省向经济强国、经济强省转变的标志性符号，实施品牌战略是必由之路。此外，品牌战略驱动由外延粗放型向内涵集约型发展转变。中国经济已迈入刘易斯拐点，改革红利、人口红利和资源红利优势锐减，中国的土地、资源、能源、劳动力再也无法承受低成本廉价制造的尴尬境地，转变发展战略迫在眉睫。品牌战略特征具有高质量、高效益、高科技含量、高市场占有率等特征，成为集约型经济的最佳战略。通过实施品牌战略，优化重组资源配置的功能，既可促进经济增长方式从资源消耗型向质量效益型转变，又可充分发挥品牌效益实现规模效益经济，有利于资源节约型、环境友好型的两型社会的建立。品牌战略驱动中国制造向中国品牌发展转变。美国是休闲制造、英国是经典制造、德国是精密制造、法国是浪漫制造、日本是标准制造、中国是粗制滥造。第一阶段，中国制造可以说是世界产业分工的廉价打工仔，做贴牌生产（OEM），赚取附加价值的微薄利润；第二阶段，通过科技创新打造产品质量，由原始设计制造商设计生产，可以完成由中国制造（Made in China）向中国创造（Creation in China）的品牌转变，赚取具有科技含量的较高附加价值；第三阶段，打造区别于传统农业经济、工业经济时代的知识主体经济，在市场机制基础上，以知识、智力、信息为首要因素和主要动力，通过中国智造品牌战略的实施，无形资本运营战略完成沟通工业经济与知识经济桥梁的构建，实施品牌战略，有利于知识资本的有效运用和快速增长，可以说，品牌战略是中国制造—中国创造—中国智造转变的核心指导战略；第四阶段，通过原始品牌制造商（OBM）品牌智造阶段向国际输出品牌和品牌评价标准，调动全球资源和人才科技，分享世界高额附加价值，实现强国之路。

中国作为世界第二大经济体却没有一个企业品牌进入世界 100 强，中国作为奢侈品第一大消费国却没有一个国际化的奢侈品品牌，中国作为世界制造业大国却背负低价低质"中国制造"的形象。我们有联想、海尔、华为等耳熟能详的民族品牌，但这些品牌参与国际竞争的能力与世界 100 强企业的差距还很大，很多优秀的民族品牌被外资企业并购而最终成为陨落的残星，品牌建设已经成为中国企业提升竞争力的头等大事。如今中国企业在加强竞争力、进行战略性品牌管理方面还没有一个标准化的、持续的基础性参考指标。为此，提升中国企业品牌竞争力，建立一个科学、客观、系统的品牌管理体系已迫在眉睫。在此背景下，为了更好贯彻国家"十二五"规划纲要和《国家知识产权战略纲要》精神，积极探索中国企业品牌发展战略和路径，相信《中国企业品牌竞争力指数》理论成果的发布能为中国企业品牌建设提供一定的智力支持，同时希望社会各界继续努力，共同开创中国品牌发展的新局面，促进中国自主品牌的崛起。

高铁生

前　言

国务院"十二五"规划中品牌关键词出现了 10 次,并明确指出:要加快转变经济发展方式,开创科学发展新局面;要发展拥有国际知名品牌和核心竞争力的大中型企业,实施"走出去"战略。"十八大"再次强调,形成以技术、品牌为核心的竞争新优势,实施品牌战略是加快转变经济发展方式的重要引擎、促进经济结构战略调整的重要路径、扩大内需防止财富转移的重要抓手。打造自主品牌已经上升至国家战略的高度,也是中华民族伟大复兴的重要一环。

为了深入贯彻国家有关品牌发展的方针政策,引导中国自主品牌快速健康成长,中国市场学会品牌管理专业委员会(以下简称中品委)、中国企业管理研究会品牌与营销专业委员会和北京中品国际品牌管理有限公司(简称中品国际)联手,以重点课题、理论专著、权威报告等形式,探索和完善了《中国企业品牌竞争力指数(CBI)》理论体系,通过对企业品牌运营进行评价,揭示企业品牌成长的规律及企业在品牌运营方面的优势和劣势,引导企业加强对品牌资产的培育和利用,增强企业的品牌竞争力。

CBI 课题组在《中国企业品牌竞争力指数报告(2011~2012)》的基础上,做了修正和完善,删除了造纸行业和部分退市企业,同时增加了一些新上市优秀企业,最终对 15 个行业、2000 多家上市企业 2012~2013 年度品牌竞争力水平进行调研,并采用多渠道采集数据,以保证数据的真实性、客观性和准确性。按照指标体系对各行业的数据进行分析,并与 2011~2012 年度报告进行对比,最终形成《中国企业品牌竞争力指数报告(2012~2013)》。

报告定位——中国企业品牌监测的晴雨表和温度计

本报告依托《中国企业品牌竞争力指数系统理论与实践》中关于企业品牌竞争力评价的方法论,对中国本土和海外上市的代表性品牌企业进行品牌监测,全方位反映中国企业品牌建设的情况,并预测未来品牌建设的发展方向,如用 CPI 监测通货膨胀一样反映中国商业软实力。

报告内容——微观分析、中观比较、宏观预测

本报告重点展示了包括房地产行业、金融行业、汽车行业、IT 行业等 15 个有代表性的行业品牌竞争力指数研究报告。逻辑上从微观分析、中观比较、宏观预测的层次进行内容撰写。"行业报告"共包含五部分内容:①2012 年度各行业品牌竞争力指数总报告;②2012 年度各行业企业品牌竞争力排名报告、分级报告以及品牌价值排名报告;③2012 年度各行业品牌竞争力区域报告;④2012 年度各行业品牌竞争力指数分项报告;⑤各行业品牌竞争力提升策略专题研究。其中,第一部分和第二部分是宏观预测,第三部分从行业和区域视角进行中观比较分析,第四部分从指标的微观层面进行详细分析,第五部分对行业宏观经济与政策进行分析,针对报告的三个层次分别对企业和行业品牌建设提出具体对策和建议。

报告特点——权威客观、情报中心、前沿智库

首先,本报告客观反映中国企业品牌竞争力发展水平。在中国品牌竞争力指数系统(CBI)方法论的指导下，按照经过数十位专家论证过的科学评价标准，在翔实的数据采集和分析基础上撰写，能够客观地、真实地、权威地反映我国企业品牌、行业品牌与区域品牌的现状。

其次，依托2000多家上市企业品牌指数构建数据库，形成中国品牌监测情报中心。中国企业品牌竞争力指数数据库是中品委对中国拥有自主民族品牌的上市和非上市企业进行跟踪研究而建立起来的涵盖品牌财务表现力、市场竞争表现力、品牌发展潜力、客户支持力4个一级指标、18个二级指标、72个三级指标的大型综合数据库。目前，数据库样本包括中国22个省、4个直辖市和5个自治区的2000多家拥有自主民族品牌的上市企业，是中国及世界上有关中国企业品牌最重要的数据库之一。我们在未来的实践中将不断发展、完善和丰富中国企业品牌竞争力指数数据库。

最后，为社会各界提供品牌建设智力支持。本报告在对中国各行业自主品牌企业进行大量数据调研的基础上，有针对性地推出了房地产、金融、汽车、家电和食品等十五个行业的报告。中国品牌竞争力报告旨在为政府、企业及其他各界提供最真实、最准确、最科学、最深入的中国企业品牌竞争力状况分析。力求使中国的企业在自身的品牌建设方面获得具体的诊断测评方法和品牌表现形态的实践测量，并为企业的品牌管理提供有效的借鉴，行业报告分析为政府产业政策制定提供有针对性和操作性的指导建议。

总之，中国企业品牌竞争力指数系列报告的推出得到了政府的高度重视、商界的普遍认同、学术界的广泛关注、媒体的大力宣传。随着中国自主品牌建设的客观发展需求，品牌监测、品牌培育、品牌培训等将成为提升中国自主品牌竞争力的重大举措。随着实践和学术的不断结合、品牌资产升值等鲜活案例的剖析，CBI理论体系必将成为中国本土化的品牌监测理论创新体系，CBI课题组也愿意为中国自主品牌建设献计献策，为"品牌强国"的中国梦贡献力量！

目　录

第一章　中国企业品牌竞争力指数系统概论

第一节　中国企业品牌竞争力指数系统

一、中国企业品牌竞争力指数系统的研究背景

中国经济在经历了几十年令人炫目的发展之后，2010年第二季度终于超过日本成为世界第二大经济体，这是中国经济发展的一个里程碑。中国虽然是世界上最大的制造业国家，但却是一个实实在在的品牌弱国，国外权威评估机构评估的世界前100强品牌中国榜上无名。中国2013年GDP占全球GDP的12%，[①]而消耗全球主要资源和能源的20%~40%，中国的土地、环境、资源、能源、劳动力都已经无法承受低层次制造，自主创新、增加附加值、打造自主品牌已迫在眉睫。

随着我国经济的快速发展，市场的开发程度不断加深，消费市场从"商品消费"进入"品牌消费"。企业之间的竞争越来越体现为企业品牌之间的竞争，品牌建设已经成为企业和行业的头等大事，如今中国企业在加强竞争力、进行战略性品牌管理方面还没有一个标准化的、持续的基础性参考指标。提升中国企业品牌竞争力，建立科学、客观、系统的品牌管理体系已迫在眉睫。

近年来，包括政府在内的各界一直在强调我国自主品牌建设，打造世界知名品牌。国家"十二五"规划也提出：加快转变经济发展方式，开创科学发展新局面；要发展拥有国际知名品牌和核心竞争力的大中型企业，实施"走出去"战略。打造自主品牌已经上升至国家战略的高度，也是中华民族伟大复兴的重要一环。

为了引导中国自主品牌快速健康的成长，中国社会科学院工业经济所根据国务院《国家知识产权战略纲要》（2008）文件精神，立足于品牌的创造、运用、保护和管理，通过重点课题的形式，构建了中国企业品牌竞争力指数（CBI）理论体系，通过评价企业品牌运营，揭示企业品牌成长的规律及企业在品牌运营方面的优势和劣势，引导企业加强对品牌资产的培育和利用，增强企业的品牌竞争力。

二、中国企业品牌竞争力指数系统构建的原则

企业品牌竞争能力是由相互联系、相互作用的若干要素构成的有机整体，可称作一个系统。对一个复杂系统的研究，可以通过研究系统各组成要素、要素间的联系及各要素对系统的影响，以达到对系统整体的全面把握。对品牌竞争力进行评价时，应该注意以下几个原则：

[①] 参考消息网，《美国新闻与世界报道》网站刊登题为《投资者应当接受中国的崛起》的报道。

（一）科学性原则

品牌竞争力的指数体系是理论与实际相结合的产物，它必须是对客观实际的抽象描述。品牌竞争力涉及的因素很多，如何对其进行高度抽象、概括，如何在抽象、概括中抓住最重要、最本质、最有代表性的东西，是设计指标体系的关键和难点。对客观实际抽象描述越清楚、越简练、越符合实际，其科学性就越强。此外，评估的内容也有科学的规定，每个指标的概念要科学、确切，要有精确的内涵和外延。再者，评价的方法也要有科学性，要有科学依据、理论性要强。

（二）系统性原则

评估的每一个对象，都可以称为一个自成体系的系统。所以新方法应根据系统的思想，利用该方法体系与外部的关系，以及体系内各指标间的相互关系来构建，形成一个开放的、互动的方法体系。品牌竞争力的大小、强弱，可用品牌市场能力、品牌的管理能力、品牌的可持续发展能力等若干指标来进行衡量，这些指标也是互相联系和互相制约的。

（三）有效性原则

有效性指品牌竞争力测评指标要明确清楚、简单直观。指标数量得当，指标间不出现交叉重复，但应尽量反映评估对象的一般性或共性特征，以此来提高实际评估的可行性与可比性。

（四）实用性原则

设计品牌价值视角下的品牌竞争力测评指标的目的在于衡量企业品牌竞争力的强弱，应该能够体现测评指标的实用意义，即测评指标应成为企业自我诊断、自我完善的有力工具，为最终建立有竞争力的品牌而不断改善企业品牌建设的薄弱点。

三、中国品牌竞争力指数系统的功能定位

课题组通过对品牌竞争力指数的构建和分析，揭示企业在品牌运营方面的优势和劣势，引导企业加强对品牌资产的培育和利用，增强企业的品牌竞争力。并在企业品牌竞争力的基础上对产品品牌竞争力、行业品牌竞争力、区域品牌竞争力进行评价。详细来说，中国品牌竞争力指数系统的功能定位有以下三点：

（一）客观反映中国品牌竞争力发展水平

中国品牌竞争力指数系统是中国社会科学院的重点研究课题，作为国内首创中国品牌竞争力指数系统，在全国范围内推广施行，通过对中国品牌竞争力指数体系的构建和分析，客观真实地反映中国品牌的竞争力水平。

如今中国虽然有了海尔、联想、华为等一大批有实力的品牌，但是与发达国家的跨国企业的诸多国际著名品牌相比，差距明显。并且，中国企业整体的品牌建设缓慢，很多企业没有树立品牌建设的理念与意识。也不了解如何才能培育优良的品牌。中国品牌竞争力指数系统的出现，客观地、真实地、权威性地反映了如今我国企业品牌、行业品牌与区域品牌的现状，同时指出需要改进的品牌、与先进的品牌之间的差距及需要提升的方面。

（二）建立科学的品牌竞争力指标评价体系

课题组在品牌评价指标体系构建中，充分吸取学者的研究经验，从不同的侧面和不同的角度反映品牌的内涵，把握品牌形成和成长的内在规律，全面综合地设计评价指标体系。同时立足于我国国情，科学的指标评价体系是在充分考虑中国国情的基础上建立的，有所区别地借鉴国内外已有的研究成果，分析所依据数据的可靠性和相关性，从而科学、公允地反映品牌创造、运用、保护和管理现状。

（三）为社会各界提供智力支持和信息资源

中国品牌竞争力指数系统的构建，旨在为政府、企业及其他各界服务，力求中国企业在自身品牌建设方面获得具体的诊断测评方法和品牌表现形态的实践测量，并为企业的品牌管理提供有效的借鉴。企业可以有的放矢地培育、完善、巩固自己的品牌建设，不断增强品牌的竞争力；政府可以对行业进行有针对性的指导和扶持，以提高行业整体的品牌竞争力；综合区域和特色区域可以对本区域的品牌进行客观评价，并进行有针对性的建设和提高。除此之外，中国品牌竞争力指数的构建也为其他市场主体服务，包括政府、科研机构、中介机构、投资者、消费者，在宏观上和微观上都提供最真实、最迅速、最科学、最深入的中国企业品牌竞争力情况分析。

第二节　中国企业品牌竞争力指数系统的逻辑架构及其释义

一、中国企业品牌竞争力指数系统的逻辑架构

中国企业品牌竞争力指数系统（China Enter-prise Brand Competitiveness Index System，CBIS）是一套多指标综合评价分析方法，是以指数形式反映中国企业品牌竞争力强弱和品牌竞争力发展趋势的指标体系。结构见图1-1。

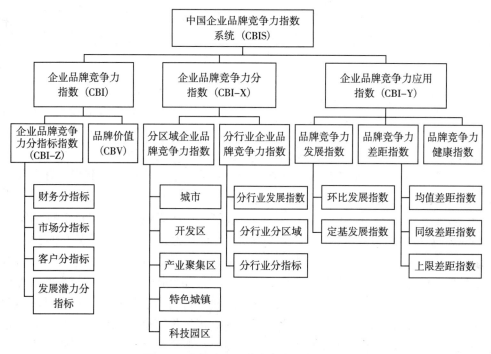

图1-1　中国企业品牌竞争力指数系统结构

CBIS 包括企业品牌竞争力指数（CBI）、企业品牌竞争力分指数（CBI-X）、企业品牌竞争力应用指数（CBI-Y）、企业品牌竞争力分指标指数（CBI-Z）。其中，企业品牌竞争力分指数包括分行业企业品牌竞争力指数、分区域企业品牌竞争力指数；企业品牌竞争力应用指数包括品牌竞争力发展指数、品牌竞争力差距指数和品牌竞争力健康指数；企业品牌竞争力分指标指数可以根据具体的研究层次划分，如企业品牌竞争力分指标

为4个，区域品牌竞争力分指标为12个。

二、企业品牌竞争力指数体系架构解读

（一）指数体系概念及组合应用

中国企业品牌竞争力指数系统包括多个重要概念，其中，中国企业品牌竞争力指数系统结构图包括了其中重要的概念，具体释义见表1-1。

表1-1　企业品牌竞争力指数体系概念释义

指数名称	诠释
企业品牌竞争力指数（CBI）	企业品牌竞争力指数是一个相对指标，用来反映企业的品牌拥有区别于其他竞争对手或在行业内能够独树一帜、引领企业发展的独特能力

指数名称	诠释
企业品牌竞争力分指数（CBI-X）	企业品牌竞争力分指数是按照不同层次（如不同行业、不同区域等）对企业品牌竞争力总体状况进行分类评价的指数
企业品牌竞争力应用指数（CBI-Y）	企业品牌竞争力应用指数是将某品牌竞争力指数与其他品牌竞争力指数进行对比，得出一些对品牌管理有指导意义的工具，分别从时间序列、竞争差距、健康状况三个方面来考虑
企业品牌竞争力分指标指数（CBI-Z）	企业品牌竞争力分指标指数可以分为若干个指标指数，如财务指标指数、市场指标指数、品牌发展潜力指数等
分行业品牌竞争力指数	分行业品牌竞争力指数是针对某个行业的具体研究，是对行业内所有样本企业品牌竞争力指数加权平均得到的指数
分区域品牌竞争力指数	分区域品牌竞争力指数是针对某个区域的具体研究，是对区域内所有样本企业品牌竞争力指数加权平均得到的指数
品牌竞争力发展指数（CBI-Y-D）	品牌竞争力发展指数的实质是在一个时间序列上，同一企业在不同时期的品牌竞争力状况对比
品牌竞争力差距指数（CBI-Y-G）	品牌竞争力差距指数用来衡量某品牌与其他竞争品牌在品牌竞争力上的差距
品牌竞争力健康指数（CBI-Y-H）	品牌竞争力健康指数是在品牌竞争力判断过程中，用于直接衡量品牌竞争力的健康状况

（二）重要指数解读

1. 企业品牌竞争力指数

企业品牌竞争力指数的构建应建立在综合评价指标体系的基础上，运用相关技术方法将指标加总的过程，即企业品牌竞争力指数是多指标评价系统的综合结果。

企业品牌竞争力指数的定义

将影响企业品牌竞争力强弱的多种构成要素进行加权平均，进而得出反映其品牌竞争力变动趋势的统计学数值就是企业品牌竞争力指数（CBI）。企业品牌竞争力指数是一个相对指标，用来反映企业品牌拥有的区别于其他竞争对手或在行业内能够独树一帜、能够引领企业发展的独特能力。CBI 是一个相对指标，用来反映品牌竞争的比较优势和综合优势。

---

2. 企业品牌竞争力分指数（CBI-X）

企业品牌竞争力分指数（CBI-X）是按照不同的层次进行分类评价的指数，分为分行业品牌竞争力指数和分区域品牌竞争力指数。

分行业品牌竞争力指数是针对某个行业的具体研究，是对行业内所有样本企业品牌竞争力指数加权平均得到的指数。

（1）为政府提供政策的借鉴。政府部门通过比较分行业品牌竞争力指数，了解课题组首次发布的 20 个行业的企业品牌竞争力发展的总体情况。政府部门可以结合既定的行业发展规划，以及目前行业发展的总体状况，在政策上给予行业支持，从而促进或减缓某个行业的发展，为国民经济的总体规划发展做出科学的判断。

（2）为投资者提供投资的依据。品牌竞争力是企业竞争力强弱的重要指标。在选择投资的时候，大部分投资者都会选择那些有竞争力的朝阳产业进行潜力股投资。分行业品牌竞争力指数为其投资提供了必要的依据。投资者可以对竞争力强的行业进行重点投资，对竞争力弱的行业逐步撤出投资，或者根据自己的需要进行组合投资。投资者还可以根据竞争力指数变化的范围，做出自己的判断。

（3）为研究机构提供研究依据。我国进行行业研究的机构不少，分行业品牌竞争力指数可以为其提供重要依据。

分区域品牌竞争力指数是针对某个区域的具体研究，是对区域内所有样本企业品牌竞争力指数加权平均得到的指数。

（1）为政府政策的提供借鉴。首先，政府部门可以通过比较分区域品牌竞争力指数，了解各区域品牌竞争力发展的总体情况。政府部门可以结合既定的区域发展规划及区域发展的总体状况，

针对特殊区域在政策上给予支持，促进该区域的发展，从而为国民经济的总体规划发展做出科学的判断。

其次，对于该区域当地政府而言，可以通过后期发布的分区域品牌竞争力发展指数、分区域品牌竞争力差距指数、分区域品牌竞争力健康指数来做出客观的判断，有针对性地提升本区域品牌竞争力。

（2）提供企业选择投资地点和评价竞争环境的有力工具。迈克尔·波特（2002）认为，企业选择投资和竞争地点，一般会评估四个因素。一是资源；二是需求；三是支持性产业；四是竞争对手。投资者会评估比较各地点这四个要素的优劣，决定企业竞争战略的基本因素，在不同地点的分布是不相同的。竞争优势的驱动因素，例如自然资源、人力资源、市场规模、需求差异、上下游和相关产业、竞争状况以及文化等，不同地点的分布迥异。因此迈克尔·波特指出，"在未来的核心战略理论中，地域应该占有一席之地"。分区域品牌竞争力指数是区域竞争力强弱的重要指标。在做投资决策的时候，企业投资者都会考虑投资地的选择。分区域品牌竞争力指数为其提供了客观的参考依据。投资者可以根据分区域品牌竞争力指数的范围，通过自己的判断，做出科学、理性的投资决策。

（3）评价区域公共投资绩效的有力工具。区域品牌具有强烈的外部性，它是本地区内的相关产业、企业和民众共同受益的一种公共产品，它往往具有公共投资的性质。投资的主体可能是地方政府，也可能是产业协会。建立区域品牌的价值评估模型，可以全面揭示地点品牌在评估基准时点的未来收益和价值，从而为评价这种公共投资的收益和支出奠定基础。

3. 企业品牌竞争力应用指数（CBI-Y）

> 企业品牌竞争力应用指数是将某企业品牌竞争力指数与其他企业品牌竞争力指数进行对比，得出一些对品牌管理有指导意义的工具，分别从时间序列、竞争差距、健康状况三个方面来考虑。

单独的一个品牌竞争力指数只能反映品牌在某一时点的状况，在缺乏比照的情况下，这一指数无法显示更多信息。所以，从营销应用的角度考虑，品牌竞争力指数模型研究还应当前进一步，即基于指数模型开发更多的指数工具（即指数体系）。这些指数管理工具对品牌竞争力管理颇有价值。

实际上，品牌竞争力应用指数体系的开发过程就是将某品牌竞争力指数与其他品牌竞争力指数进行对比，从而得出一些对品牌管理有指导意义的工具。在对比的视角方面，可以从时间序列、竞争差距、健康状况三个方面来考虑。

4. 企业品牌竞争力分指标指数（CBI-Z）

> 企业品牌竞争力分指标指数是对指标评价体系一级指标的具体考量，可以分为若干个指标指数，如品牌财务表现力指数、品牌市场表现力指数、品牌发展潜力指数、品牌客户支持力指数等。

（1）完善企业品牌竞争力指数的研究。企业品牌竞争力指数以指数形式给出了企业品牌竞争力的总体情况，然而对政府、投资者、研究人员来说，仅仅知道总体的情况是不够的。他们还需要对企业品牌竞争力的某个方面进行深入细致的研究。品牌竞争力分指标指数从品牌财务表现力、品牌市场表现力、品牌发展潜力、品牌客户支持力四个方面完善了企业品牌竞争力指数的研究，使得此次发布的中国企业品牌竞争力指数体系的实用性更强，覆盖面更广。

（2）提高指数发布的实用性。品牌财务表现力、品牌市场表现力、品牌发展潜力、品牌客户支持力是企业、政府、研究者、客户等都很关心的问题。发布这四个方面的指数，不同的群体可以有不同的解读，从而产生不同的使用效果。

三、品牌竞争力指数的应用魔方模型

根据图 1-1 提出企业品牌竞争力指数应用魔方模型，见图 1-2。

如图 1-2 所示，X 轴表示分区域品牌竞争力，Y 轴表示分行业品牌竞争力，Z 轴表示分指标品牌竞争力。

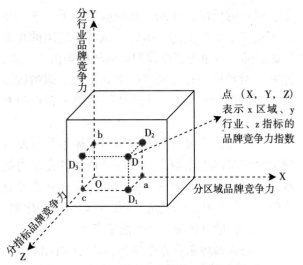

图1-2 企业品牌竞争力指数应用魔方模型

一维魔方：其中a点表示某一区域内所有企业品牌竞争力指数的平均加权值，如北京地区企业品牌竞争力的总体指数；b点表示某一行业内

所有企业品牌竞争力指数的平均加权值，如金融行业企业品牌竞争力的总体指数；c点表示某一指标品牌竞争力指数的平均加权值，如品牌市场表现力指标的总体指数。

二维魔方：其中D_1点表示某a区域c指标的企业品牌竞争力指数，如辽宁地区关于发展潜力指标的企业品牌竞争力总体指数；D_2点表示a区域b行业的企业品牌竞争力指数，如浙江地区关于食品行业的企业品牌竞争力总体指数；D_3点表示b行业c指标的企业品牌竞争力指数，如家电行业关于消费者支持指标的企业品牌竞争力总体指数。

三维魔方：D点表示a区域b行业c指标的品牌竞争力指数，如山东地区蔬菜行业品牌市场表现的企业品牌竞争力总体指数。

根据魔方模型可以衍生出若干的组合指数体系，如表1-2所示。

表1-2 组合指数释义表

项目	发展指数	差距指数	健康指数
企业品牌竞争力	企业品牌竞争力发展指数	企业品牌竞争力差距指数	企业品牌竞争力健康指数
分指标品牌竞争力	分指标企业品牌竞争力发展指数	分指标企业品牌竞争力差距指数	分指标企业品牌竞争力健康指数
分行业品牌竞争力	分行业企业品牌竞争力发展指数	分行业企业品牌竞争力差距指数	分行业企业品牌竞争力健康指数
分区域品牌竞争力	分区域企业品牌竞争力发展指数	分区域企业品牌竞争力差距指数	分区域企业品牌竞争力健康指数

说明：本研究拟针对20个地区、20个行业，结合4个分指标以及3个应用指数，课题组在调研过程中对数据按照以上划分标准进行分类，建立四个数据库，再配套软件技术，最终可以得出20×20×4×3=4800个指数排行榜，全方位反映中国企业品牌竞争力的相对竞争优势和变化趋势。

第三节　中国企业品牌竞争力指数的特点及意义

一、品牌竞争力指数的特点

（一）品牌竞争力指数具有能力比较性

品牌竞争力指数是在品牌竞争过程中表现出来的比较能力，指数的排行可以明确竞争主体的相对竞争位置，明确其品牌在市场竞争中的相对不足，从而能够有针对性地进行系统性的规划。能力比较的差异要求品牌竞争力指数既要注重市场的区域性，编制地区指数；也要注意行业内的

差别，编制分行业指数。

（二）品牌竞争力指数具有目的利益性

品牌竞争最直接的目的是获得更多的经济利益，占有更大的市场份额，以实现再生产的高效循环，因此其根本目的是获取利润。

政府可以通过品牌竞争力指数给予产业或区域发展一定程度的指导和支持；消费者可以通过品牌竞争力指数了解自己关心的行业、产品的品牌排名和发展状况，从而影响其在选择产品时的决策；企业可以从品牌竞争力指数中获益，扩大

自己的生产和销售，以及进行有目的性的品牌竞争与扩张。

（三）品牌竞争力指数具有竞争动态性

品牌竞争力会随着市场结构和竞争行为的变化而变化。随着企业在发展过程中对品牌的重视程度日益加深，对品牌建设和维护的费用和力度会逐步加大，以至于品牌竞争力指数会在市场竞争过程中不断地发展。品牌竞争力指数的编制会考虑多方面的因素，每年都会发布这一权威性的研究结果。

品牌建设和管理的长期性和市场的不统一性也决定了品牌管理指数按月、季甚至是更长的时间间隔来计算。

（四）品牌竞争力指数具有形成过程性

品牌竞争力指数的培育和建立以及竞争能力的消长是需要一定的形成过程的。品牌的创建、运用、维护需要相对长的时间，这是一个曲折的过程。品牌竞争力指数会对不同层次品牌的全过程进行综合考虑，并结合历史数据对品牌竞争力指数进行全方位的完善工作。

二、品牌竞争力指数的意义

（一）为政府宏观发展经济服务

中国品牌竞争力指数能够反映各区域、各行业及企业品牌竞争力的整体状况及发展趋势，因此，各级政府可以利用中国品牌竞争力指数了解全国企业品牌竞争力的发展状况和行业结构，从而为调控全国各行业结构和引导行业发展服务。同时，通过区域品牌竞争力指数，各级政府还可以了解各地区企业品牌竞争力的发展情况，并通过对比各地指数，了解各地企业品牌竞争力的发展水平，为调整品牌竞争力的地区结构提供参考。另外，各地政府也可以通过对比地区品牌竞争力指数与其他区域的企业品牌发展水平，掌握本地企业品牌发展的情况。对于地方政府，除了指导对辖区内企业品牌建设进行调控外，还可以通过对比各地指数了解本地品牌竞争力在全国品牌竞争力市场中的地位，做好本地品牌竞争力的发展决策。

（二）为企业品牌的发展提供重要的依据

企业通过对品牌竞争力指数的构建和分析，可以发现企业自身在品牌运营方面的优势和劣势，从而有针对性地加强对品牌资产的培育和利用，增强企业的品牌竞争力。

企业品牌竞争力指数系统地从品牌的财务表现力指标、品牌的市场价值表现力指标、品牌的发展潜力指标、品牌的顾客支持力指标4部分入手，形成4个一级指标，下设规模因素、增长因素、效率因素、市场占有能力、超值获利能力、市场稳定性、国际市场影响力、品牌技术创新力、品牌资源筹供力、品牌市场营销力、品牌市场成长力、品牌基础管理能力、品牌认知度、品牌知名度、品牌美誉度、品牌满意度、品牌忠诚度、品牌联想度18个二级指标，继而分解为72个三级指标，将一个企业的品牌竞争力构成的各个主要环节及因素"一网打尽"。企业可以根据自己的品牌得分情况，详细了解自身品牌在品牌创造、品牌运用、品牌保护、品牌管理、品牌效益、社会责任等多个维度中的薄弱环节和优势环节。在改善的过程中，易找到切入点。从得分较低的方面加大力度，能够更具实效地提升企业品牌的竞争力；有优势的地方要继续保持，并持续改进。

此外，目前企业为了进行产品营销一般通过媒体广告、楼书、销售人员介绍等向消费者介绍产品，由于时机、频率等方面的影响，很难让消费者全面地了解企业产品，而在市场与消费者都日渐成熟的情况下，仅凭一个"概念"或空洞"许诺"已经很难让消费者信服，中国品牌竞争力指数正好弥补了这一方面的不足，成为企业营销的一个非常重要的手段。另外，中国品牌竞争力指数在计算统计过程中，还可以通过对市场、消费者不间断的调查，在企业产品营销的整个运作过程中随时为企业提供最及时、最需要的决策参考依据。

同时，得分较高的企业则成为了其他企业的标杆，榜样的作用由此树立。企业可以在中国品牌竞争力排行榜的榜单中寻找自己的模仿对象或者学习榜样，可以取经求道，也可以交流经验。有了现实的案例，在提升自身品牌竞争力的过程中，也有法可循。

另外，也为企业实施自己的品牌策略、品牌延伸策略、品牌投资策略、品牌连锁经营等，提供有效的数据参考，了解即将涉足的行业中其他企业的品牌竞争力状况。

（三）为消费者消费提供指导

品牌是其选择商品和服务的方向标。我国的消费者、中产阶级对品牌、品质、质量的要求越来越高。这些追求高品质的消费者有些时候却无法在国内得到满足。人们更需要精神上的享受，改革开放有这样一个要求，消费者当今有这样的一个客观需要。消费者的个性也需要通过具体的品牌向外进行传达。美誉度高的品牌省去了消费者选择的烦恼，给消费者的生活带来方便。

消费者需要从权威机构获得品牌评价的信息。品牌竞争力指数的高低可以作为消费者在消费时进行评价的依据，从而获得更具品牌优质的产品与服务。另外，指数系统详尽完备的数据库和定期分析报告，对市场各个主体同样都有重要的参考价值。

（四）对科学研究和中介机构提供基础数据

中国品牌竞争力指数的发布，可以为中介机构提供参考，提供咨询机构对市场发展变化的科学预见和判断能力，有利于市场投资服务业的健康发展。

此外，中国品牌竞争力指数的发布，还能为投资者决策提供区位、时点选择的帮助，为其他经济研究机构、科研人员提供有效的信息及分析工具。正如前面所指出的，中国品牌竞争力指数系统的服务对象是整个市场，系统将以不同层次的指数产品满足市场各个层次的需求。

（五）对投资商提供投资时机

企业品牌竞争力指数可以使企业了解中国企业品牌竞争力的整体状况，提高其投资时机、投资结构的决策准确程度；行业品牌竞争力指数和区域品牌竞争力指数可以使他们了解各行业、各区域品牌竞争力的不同状况，在投资选择上为其提供帮助，减少投资风险；通过中国品牌竞争力指数的动态比较，可以更好地判断品牌竞争力发展所处的周期性阶段，以把握市场形势，决定或调整投资时机。

第二章 中国企业品牌竞争力指数体系构建

第一节 企业品牌竞争力评价指标体系构建思路

中国品牌竞争力指标体系是一系列用以评估品牌竞争力状态的要素体系，一般来说，指标体系由两层或两层以上的指标构成。如果一级指标可以直接测量，则无需再细化。品牌竞争力评价指标体系的本质是将品牌竞争力这一复杂不可直接测量的概念分解成可以直接衡量的片段，所以有必要发展二级或更广义级来辅助一级指标的测量。

一、品牌竞争力指标体系的构建原则

——代表性原则。影响品牌竞争力的指标很多，但不能全部放入评价指标体系。代表性则要求测评指标的设计要能反映出品牌竞争力的各个因素的主要客观体现。

——系统性原则。评估的每一个对象，都可以称之为一个自成体系的系统。所以新方法应根据系统的思想，利用该方法体系与外部的关系，以及体系内各指标间的相互关系来构建，形成一个开放的、互动的方法体系。

——有效性原则。有效性指品牌竞争力测评指标要明确清楚、简单直观。指标数量得当，指标间不出现交叉重复，但应尽量反映评估对象的一般性或共性特征，以此来提高实际评估的可行性与可比性。

——实用性原则。设计品牌竞争力测评指标的目的在于衡量品牌竞争力的强弱情况，应该能够体现测评指标的实用意义，即测评指标应成为企业自我诊断、自我完善的有力工具，为最终建立有竞争力的品牌而不断改善企业品牌建设的薄弱点。

——普适性原则。所选指标适用于不同行业、不同地区，且综合反映企业（区域）品牌竞争力状况，具体的三级指标需要根据行业的不同而有所微调。

——可测性原则。指标所体现的基础数据在企业现有核算中应能够取得。一级指标要明确具体，且相互之间具有一定的独立性，否则会出现共线性问题；一级以下指标是计分的基本单位，需要直接面对被访者，应当具有可直接衡量性，且指标之间要存在一定的相关性，否则就不是在测量同一个上级指标。

二、品牌竞争力指标体系的构建过程

为了使品牌竞争力指标体系符合以上原则，研究过程必须采取一套科学的研究方法，课题组将品牌竞争力指标体系的构建过程划分为三个阶段：课题组内部专家提出阶段和国内品牌专家（德尔菲法）修正阶段，这两个阶段均属于定性研究，在未来的数据统计中，课题组将增加一个统计分析环节，验证指标体系的信度和效度。

（一）在理论分析和评估实践的基础上提出指标体系

在本研究中，企业品牌竞争力指标体系的提出有三个来源：

（1）品牌竞争力来源及机理的理论分析。理论为评估提供了方向性的指导，并从逻辑层面确保指标体系的系统性。

（2）国家竞争力、城市竞争力、企业竞争力的评价方法论，确保本研究符合竞争力评价的一般逻辑思路。

（3）已有关于企业品牌价值和品牌竞争力测评的研究。据此，课题组发展了包含4个维度的品牌竞争力矩阵假设，根据研究层次（行业、区域）的不同，对指标体系进行相应调整。

（二）采用德尔菲法筛选、修正指标体系

课题组先召开中国社科院内部专家论证会，重要内容之一即对指标体系进行修改、补充。在此基础上召开国内专家论证会，聘请10名国内品牌竞争力研究的权威专家对修正的指标体系提出修正意见，完成指标体系构建的定性研究。

（三）主成分分析确定最终指标体系

可以说，从理论逻辑上两个阶段研究是合理的，但由于本指标体系是首次提出，需要实践数据统计分析来检验其效度和信度。课题组认为，可以利用因子分析的主成分分析来检验指标体系，主成分法的原理就是将若干相关度较大的广义级指标汇集于一起，形成少数几个因子，这几个因子可以较大程度地解释品牌竞争力核心指标的信息。

第二节　企业品牌竞争力评价指标体系

一、企业品牌竞争力评价理论模型与指标体系

借鉴国内外学者对企业品牌竞争力评价指标体系的现有研究成果，根据全面性、系统性、本土性以及可测量性原则，课题组设计出企业品牌竞争力指数理论逻辑模型，如图2-1所示。

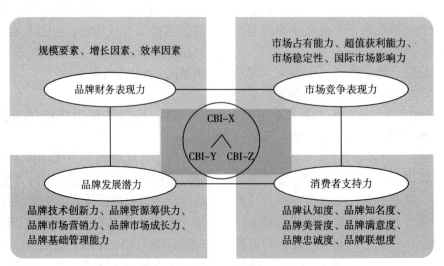

图2-1　"四位一体"企业品牌竞争力指数理论模型

通过对国内外品牌价值和品牌竞争力评价的综合研究，可以总结出品牌竞争力评价均是从财务指标、市场指标和消费者指标三个方面评价，如 Interbrand 着重从财务指标测评品牌价值，Aaker 从消费者支持层面构建 10 个品牌竞争力评价指标，Landor 机构基于市场表现构建品牌竞争力评价指标体系。评价模型各具优劣，均以简单可操作性为原则，目前国内各种品牌价值和竞争力评价机构及排行榜充斥大众眼帘，其系统性、全面性以及评价结果的权威性广受质疑，这也正是本课题研究的价值所在。

综合以上品牌竞争力评价模型的对比，对于品牌竞争力的评价主要从品牌财务表现、市场表现和消费者支持的视角展开，或者是其中一两个方面，或者是其中两个组合。本研究力图构建一套全面系统的评价体系，吸收现有研究成果，课题组认为，竞争力的必要条件之一是可持续性，因此在学术界、权威机构公认的以上三个指标的基础上提出品牌发展潜力评价指标，这样保证了评价指标体系的系统性（企业内部如发展潜力、财务表现和市场表现指标，企业外部如消费者支持）、动态性（现状情况如市场表现、财务表现和消费者支持指标，未来状况如发展潜力指标）、科学性（定性指标如发展潜力和消费者支持指标，定量指标如市场表现、财务表现）。

经过两次论证会的专家修正，根据以上理论逻辑模型，课题组最终提出包含 4 个一级指标、18 个二级指标、72 个三级指标的指标体系，如表 2-1 所示。

表 2-1　中国企业品牌竞争力评价分级指标体系

一级指标	代码	二级指标	代码	三级指标	代码
品牌财务表现力	F	规模因素	F1	销售收入	F11
				净资产	F12
				净利润	F13
		增长因素	F2	近三年销售收入增长率	F21
				近三年净利润增长率	F22
		效率因素	F3	净资产利润率	F31
				总资产贡献率	F32
				全员劳动率	F33
市场竞争表现力	M	市场占有能力	M1	市场占有率	M11
				市场覆盖率	M12
				新产品市场渗透率	M13
				品牌产品销售量	M14
				品牌总资产周转率	M15
		超值获利能力	M2	品牌溢价率	M21
				品牌资产报酬率	M22
				品牌销售利润率	M23
		市场稳定性	M3	销售收入增长率	M31
				品牌盈利变化率	M32
				品牌价值变化率	M33
				品牌成长年龄	M34
		国际市场影响力	M4	品牌产品出口总额	M41
				品牌产品出口利润率	M42
				品牌产品海外销售比重	M43

续表

一级指标	代码	二级指标	代码	三级指标	代码
品牌发展潜力	D	品牌技术创新力	D1	新产品替代率	D11
				新产品开发速度	D12
				品牌质量合格率	D13
				发明专利数	D14
				技术创新投资效果系数	D15
				技术经费占销售收入的比重	D16
		品牌资源筹供力	D2	资金筹供能力	D21
				原料能源筹供力	D22
				品牌专项人力资源比例	D23
		品牌市场营销力	D3	营销创新度	D31
				营销执行力	D32
				营销管理能力	D33
		品牌市场成长力	D4	品牌战略投资度	D41
				品牌成长指数	D42
				延伸新产品的接受度	D43
				品牌保护能力	D44
				品牌危机处理能力	D45
				品牌影响发展趋势	D46
		品牌基础管理能力	D5	品牌关系能力	D51
				品牌定位成功度	D52
				品牌传播效率	D53
				品牌运作能力	D54
				品牌战略规划	D55
				品牌文化建设	D56
				品牌社会责任	D57
消费者支持力	C	品牌认知度	C1	品牌的主观熟悉程度	C11
				品牌形象认知度	C12
				品牌符号认知度	C13
				品牌认知层次	C14
		品牌知名度	C2	品牌知名状态	C21
				品牌传播评价	C22
				品牌识别系统	C23
				无提示知名度	C24
				提示后知名度	C25
		品牌美誉度	C3	品牌信任程度	C31
				品牌认同程度	C32
				品牌品质承诺	C33
		品牌满意度	C4	品牌产品满意度	C41
				品牌服务满意度	C42
		品牌忠诚度	C5	品牌溢价性	C51
				品牌偏好性	C52
				再次购买率	C53
				行为忠诚度	C54
				顾客推荐率	C55
				缺货忠诚率	C56

续表

一级指标	代码	二级指标	代码	三级指标	代码
		品牌联想度	C6	功能联想	C61
				品牌个性联想	C62
				品牌独特性	C63
				组织联想	C64
指标个数	4		18		72

说明：①从理论完整性、评价全面性的高度，课题组最终提出包含4个一级指标、18个二级指标、72个三级指标的指标体系。在后期的调研实施过程中，课题组织会对评价体系做出增加（或减少）指标的操作，把指标分为基础指标和辅助指标，以应对实施过程中面临的资料收集问题。具体步骤会在《中国企业品牌竞争力编写指南》中阐述。②品牌财务表现指标和品牌市场表现指标的数据来源于企业年报、国家统计局、工商局、行业协会统计数据等公开数据，财务数据部分采用统计标准化方法，再转化为LIKERT5级量表计量形式，根据行业不同赋予不同修正系数数据算最后得分；品牌发展潜力主要针对测评企业展开定性调研获得数据；品牌客户支持主要针对消费者展开定性调研获得数据，届时将开通专门在线调研系统。

二、企业品牌竞争力评价指标释义

（一）品牌财务表现层面指标释义及测度依据

目前国内企业经营者对于现代化管理手段的理解与实践，多半仍然停留在以财务数据为主导的思维里。即使在市场竞争日益激烈，单一财务维度的数据早已不足以解释与掌握企业核心竞争力的今天，很多管理者仍然对非财务性指标采取忽视的态度。20世纪七八十年代，因为"全面质量管理"（TQM/Total Quality Management）与"顾客满意度"被公认为不可或缺的企业核心竞争力，非财务性的绩效指标才稍稍撼动了以财务为主的管理思潮。课题组认为，非财务指标虽然在数据获取方面存在一定主观性、经验性、片面性等疑难，但其在整个竞争力的评价体系中举足轻重，本研究正是在公开数据的基础上，对不同行业和地区的企业和其客户展开调研，探索其评价指标体系的科学性及系统性，力争弥补单一财务数据评价的片面性。

品牌财务表现层面指标的选取主要参考中国社会科学院中国产业与企业竞争力研究中心企业竞争力检测体系，将财务指标分为规模因素、增长因素和效率因素3个二级指标。

1. 规模因素主要从销售收入、净资产和净利润3个三级指标衡量

（1）销售收入 = 产品销售数量 × 产品单价；

（2）净资产 = 资产 - 负债；

（3）净利润 = 利润总额 × （1 - 所得税税率）。

2. 增长因素主要从近三年销售收入增长率、近三年净利润增长率2个三级指标衡量

（1）近三年销售收入增长率 = ［（当年主营业务收入总额/三年前主营业务收入总额） × 1/3 - 1］ × 100%；

（2）近三年净利润增长率 = ［（当年净利润总额/三年前净利润总额） × 1/3 - 1］ × 100%。

3. 效率因素主要从净资产利润率、总资产贡献率、全员劳动率3个三级指标衡量

（1）净资产利润率 = 净利润 × 2/（本年期初净资产 + 本年期末净资产）；

（2）总资产贡献率 = （利润总额 + 税金总额 + 利息支出）/平均资产总额 × 100%；

（3）全员劳动率 = 工业企业的工业增加值/同一时期全部从业人员的平均人数。

关于品牌竞争力财务表现部分，基础数据计算方法先将被监测企业的每一指标进行标准化处理，指标的原始数据经过标准化处理后称为指标标准值。各指标标准值与指标权重相乘后可以直接相加，从而得出因素的标准值。因素的标准值与因素的权重相乘后直接相加得到竞争力标准值。数据的标准化处理① 按以下步骤进行。

（1）对规模类指标（包括销售收入、净资产、净利润）取自然对数。

（2）计算某一行业（假设为A行业）的监测

---

① 财务数据标准化处理方法参考中国社会科学院金碚研究员主持的《中国企业竞争力报告2007：盈利能力与竞争力》关于竞争力基础数据计算方法。

企业数（设 A 行业共有 N 个企业）。

（3）计算 A 行业所有监测企业某一指标（以净利润为例）的平均值，设为 $\overline{Q} = \dfrac{\sum_{i=1}^{N} Q_i}{N}$。

（4）计算 A 行业所有监测企业净利润的标准差 $S = \sqrt{\dfrac{\sum_{i=1}^{N}(Q_i - \overline{Q})^2}{N}}$。

（5）计算 A 行业某一监测企业（假设为企业 X）净利润的标准值 $D_i = (Q_i - \overline{Q})/S$。

（6）重复第四步，计算 A 行业所有监测企业净利润的标准值。

（7）重复第二步到第五步，计算 A 行业所有监测企业其他指标（包括销售收入、总资产贡献率、净资产、净资产利润率、净利润、近三年净利润增长率、近三年销售收入增长率）的标准值。

（8）将企业各指标的标准值乘以该指标权重后相加，得到每个企业的竞争力基础数据的标准值。

在企业品牌竞争力评价中，财务与非财务管理指标的平衡对本指数体系的科学性举足轻重。Interbrand 的品牌价值测量技术，不但在资本市场中有了专业公正的地位；对企业来说，更有着超越单纯财务绩效的管理意义。更为准确地说，Interbrand 的品牌价值测量，其实就是一套以财务语言为表征，融合了资金运用效率、业务模式思考，以及企业核心竞争力的综合性关键绩效管理仪表盘。当企业在基础效率管理的数据上（如现金流、库存流转天数、订单完成率等），加上品牌价值管理的总体目标时，就能合理地平衡财务与非财务指标的重要性，确保企业在财务增长的同时，也能稳步强化核心竞争力，向永续成长的道路迈进。品牌价值作为企业管理指标的优越平衡性，来源于计算的三大基础：财务收益、品牌作用力以及品牌强度。而在分析财务收益时，经济附加值（EVA/Economic Value Added）是最核心的基础。测量经济附加值（EVA）的意义，在于它反映了企业运营的真实效率。在单纯的营业利润概念上，经济附加值的计算更加入了资金机会成本的考量，进而相对完整地测量了企业的生产力与资产运用的效率。其实，资本市场早已经把经济附加值作为衡量一家企业运营绩效的重要标准。Interbrand 品牌价值评估的第一步是测试品牌

作为品牌化产品带来的当前收益和未来收益。从收入中扣除运营成本，以求得品牌化利润，这个数字称为经济附加值（EVA）。所有的财务分析都是基于企业的公开财务信息。对于未来的预算数据均建立在广泛的财务分析基础上。

此外，品牌财务表现指标的系数设置还参考了世界最有价值品牌评价公式和中国最有价值品牌评价公式。以上财务指标选择和权重赋值均从企业竞争力测评的角度出发，关于基础数据的标准值属于企业财务指标，本系数参照 Interbrand 品牌价值算法，品牌贡献率则需界定一个修正系数，根据不同行业品牌对企业财务绩效的贡献度设定参数 K，K 取值范围为 0~1，K 的调整取决于品牌的盈利能力状况、品牌扩张能力、品牌的发展趋势、品牌忠诚度、行业性质等。

（二）市场竞争表现层面指标释义及测度依据

企业品牌的市场表现是目前各大品牌价值评估机构的重要指标之一，财务表现指标从企业绩效角度反映品牌对企业的贡献率，市场表现指标则从品牌竞争的角度反映企业当前的竞争地位。品牌的市场竞争表现指标划分为市场占有能力、超值获利能力、市场稳定性、国际市场影响力 4 个二级指标。

1. **市场占有能力通过市场占有率、市场覆盖率、市场渗透率、品牌总资产周转率、品牌产品销售量 5 个三级指标来衡量**

（1）市场占有率 = 品牌产品的销量/产品的总销量 × 100%；

（2）市场覆盖率 = 品牌产品的销售区域/总销售区域 × 100%；

（3）市场渗透率 = 新品牌区域销售额/区域总销售额 × 100%；

（4）品牌总资产周转率 = 品牌销售收入净额/平均总资产 × 100%。

2. **超值获利能力通过品牌溢价率、品牌资产报酬率和销售利润率 3 个三级指标来衡量**

（1）品牌溢价率 =（品牌产品价格 – 无品牌产品价格）/无品牌产品价格 × 100%；

（2）品牌资产报酬率 = 品牌利润/企业总资产 × 100%；

（3）销售利润率 =（品牌产品销售额 – 品牌产品成本）/销售额 × 100%。

3.市场稳定性通过销售收入增长率、品牌盈利变化率、品牌价值变化率、品牌成长年龄4个三级指标来衡量

（1）销售收入增长率＝（本年度品牌产品的销售收入－上年度品牌产品的销售收入）/上年度品牌产品的销售收入×100%；

（2）品牌盈利变化率＝（本年度品牌产品的盈利率－上年度品牌产品的盈利率）/上年度品牌产品的盈利率×100%；

（3）品牌价值变化率＝（上年度品牌产品的盈利率－前年度品牌产品的盈利率）/上年度品牌产品的盈利率×100%

4.国际市场影响力通过品牌产品出口总额、品牌产品海外销售比重、品牌产品出口利润率3个三级指标来衡量。

（1）品牌产品海外销售比重＝品牌产品海外销售额/品牌产品销售总额×100%；

（2）品牌产品出口利润率＝品牌产品出口利润/品牌产品出口总额×100%。

（三）品牌发展潜力层面指标释义及测度依据

通过以往的种种努力与投入，品牌竞争力已经转移到产品的市场占有能力和超值创利能力上了。但是，品牌管理状况不同，维护力度不同，未来的可持续经营会发生很大的变化。现在经营好的品牌，未必完全是因为品牌管理和维护得好，好的品牌，还应有较多的投入，不断支持未来发展的潜力。品牌发展潜力是从企业对品牌战略的重视、对品牌塑造的投入以及对品牌管理的控制，从而实现品牌可持续发展的目的。

因此，这部分的重点是要研究企业品牌的发展潜能。根据课题组对品牌发展基本规律的研究，将潜能指标量化，计算出潜力系数。品牌发展潜力层面指标主要通过品牌技术创新力、品牌资源筹供力、品牌市场营销力、品牌市场成长力、品牌基础管理能力5个二级指标来衡量。

1.品牌技术创新力主要通过新产品替代率、新产品开发速度、品牌质量合格率、发明专利数、技术创新投资效果系数、技术经费占销售收入的比重6个三级指标来衡量

（1）新产品替代率＝新品牌产品数量/所有产品总量×100%；

（2）品牌质量合格率＝品牌合格产品数量/产品总数×100%；

（3）技术创新投资效果系数＝新产品利润/技术创新投资×100%；

（4）技术经费占销售收入的比重＝技术投入经费/销售收入×100%。

2.品牌资源筹供力主要通过资金筹供能力、原料能源筹供力、品牌专项人力资本3个三级指标来衡量

资金筹供能力从企业的信用等级、负债程度、国家对行业的支持度等方面衡量，原料能源筹供力通过单位原料能源成本、具有特殊合作关系的供应商数量及其在行业中的地位等来评估，品牌专项人力资本通过用企业各类人力资源的短缺度以及专业化程度来衡量。

3.品牌市场营销力主要通过营销创新度、营销执行力、营销管理能力3个三级指标来衡量

营销创新度通过从企业是否不断投入和组合营销资源，推出富有创意的营销方案迎合顾客的需求、引导顾客需求的角度进行评价，营销执行力主要考虑企业对制订的营销方案能否执行，并根据变化的市场环境做出控制努力，营销管理能力主要从与供应厂家、分销渠道、社会公众、顾客等的关系维护和发展状况来评价。

4.品牌市场成长力通过品牌战略投资度、品牌成长指数、延伸新产品的接受度、品牌保护能力、品牌危机处理能力、品牌社会责任、品牌发展趋势7个三级指标来衡量

（1）品牌战略投资度＝（预期品牌的投资额－当期品牌的投资额）/当期品牌的投资额×100%；

（2）品牌成长指数＝（本年度某品牌的市场占有率－上年度该品牌的市场占有率）/上年度该品牌的市场占有率×100%；

（3）延伸新产品的接受度＝当前新产品的销售量/新产品的生产量；

（4）品牌保护能力从投入的力度如专门保护机制等，品牌危机处理能力通过危机处理能力的强度来衡量；

（5）品牌发展趋势包括国际化、民族化、区域化、行业化4个级别衡量。

5.品牌基础管理能力主要通过品牌关系能力、品牌定位成功度、品牌传播效率、品牌运作能力、品牌战略规划、品牌文化建设、品牌社会责任7个三级指标来衡量

（1）品牌关系能力通过品牌与客户关系、品牌与供应商关系、品牌与相关协作方关系三个方面来衡量；

（2）品牌定位成功度主要从目标市场选择、品牌核心价值、品牌个性等方面来衡量；

（3）品牌传播效率通过品牌沟通、分销状况、广告费用投入等方面来衡量；

（4）品牌运作能力通过品牌形象设计、品牌延伸能力、规模扩张能力等方面来衡量；

（5）品牌战略规划通过品牌组织团队、品牌战略设计等方面来衡量；

（6）品牌文化建设通过品牌文化内涵、表现等方面来衡量，品牌制度建设通过品牌的制度化程度等方面来衡量；

（7）品牌社会责任通过企业环保、公益等投入程度来衡量。

（四）客户支持度层面指标释义及测度依据

品牌竞争力的重要表现是消费者用自己的钞票投票而形成的，通常情况下，销售收入水平最能代表消费者对品牌的态度，得到的消费者选票越多，品牌的竞争力越强。基于消费者的品牌竞争力评估主要是评估顾客或消费者对品牌的知名度、态度、联想、情感依附和忠诚。消费者是品牌资产的源头，顾客对品牌的心理认知能够预测市场潜力。

本研究课题组从品牌认知度、品牌知名度、品牌美誉度、品牌满意度、品牌忠诚度、品牌联想度6个二级指标来衡量消费者对品牌的支持程度。

1.品牌认知度指消费者对品牌的主观熟悉程度，对不同品牌的熟悉程度进行打分，分值越高，则认为消费者对该品牌在主观上更熟悉。通过品牌的主观熟悉程度、品牌形象认知度、品牌符号认知度、品牌认知层次4个三级指标来衡量

（1）品牌形象认知度通过优秀、良好、一般、较差、很差5级量表来测度；

（2）品牌符号认知度通过品牌名称、品牌标识、品牌包装、品牌色彩等方面来衡量；

（3）品牌认知层次通过公司品牌、公司名称、

公司标识和公司形象四个层面来衡量。

2.品牌知名度是指消费者对调查品牌形成的初步认知印象的基础上，受到调查品牌的自身识别系统、营销传播方式等方面的影响，产生二次感知的认知状态

品牌知名度的程度高低受多个方面因素的影响，诸如知名状态、来源方式、传播方式、传播评价、识别系统和宣传类别等方面影响。本研究通过品牌知名状态、品牌传播评价、品牌识别系统、无提示知名度、提示后知名度5个3级指标来衡量品牌知名度。

（1）品牌知名状态通过国际知名、国内知名、区域知名、区域一般和行业知名五个维度来衡量；

（2）品牌传播评价通过持续不断、偶尔间断、总是间断、没有传播四个层次来衡量；

（3）品牌识别系统通过公司名称、公司标志、公司口号和公司文化四个方面来衡量；

（4）无提示知名度＝首先回答该品牌名称的人数/被调查人数×100%；

（5）提示后知名度＝提示后回答该品牌名称的人数/被调查人数×100%。

3.品牌美誉度是指被调查对象（消费者）对调查品牌在品质上的整体印象，实质是指被调查对象对该品牌的赞誉程度

具体内涵包括：功能、特点、可信赖度、耐用度、服务度、商品品质的外观。品牌美誉度是品牌差异定位、高价策略和品牌延伸的基础。本研究从品牌信任程度、品牌认同程度、品牌品质承诺3个三级指标来衡量。

（1）品牌信任程度从非常可信、比较信任、一般可信、可信度差、无可信度5级量表来测度；

（2）品牌认同程度通过非常认同、比较认同、一般认同、较小认同、决不认同5级量表来测度；

（3）品牌品质承诺通过超值品质、优秀品质、一般品质、较差品质、恶劣品质5级量表来测度。

4.品牌满意度主要通过品牌产品满意度和品牌服务满意度2个三级指标来衡量

（1）品牌产品满意度通过质量、外观、体验等要素来衡量；

（2）品牌服务满意度通过对售前、售后服务质量感知来衡量。

5. 品牌忠诚度是一种行为过程，是消费者对某种品牌的心理决策和评估过程，是一种在一个购买决策单位中，多次表现出来的对某个品牌的偏向性的（而非随意性的）行为反应

品牌忠诚度主要通过品牌溢价性、品牌偏好性、再次购买性、行为忠诚度、顾客推荐率、缺货忠诚率 6 个三级指标衡量。

（1）品牌溢价性即相比同类产品均价，愿意为 A 品牌多付的价格比例，可以通过涨价忠诚指数和降价忠诚指数来衡量，涨价忠诚指数 = 品牌价格上涨变动率/市场份额变动率，降价忠诚指数 = 主要竞争对手降价变动率/市场份额变动率；

（2）品牌偏好性即消费者在购买某类产品时，优先选择 A 品牌的可能性；

（3）行为忠诚度 = 期间重复购买该品牌产品的人数/期间品牌的总购买人数；

（4）顾客推荐率 = 向其他人推荐该品牌的人数/品牌的总购买人数；

（5）缺货忠诚率即在 A 品牌缺货的情况下，愿意等待的可能性。

6. 品牌联想度是指通过品牌而产生的所有联想，以及更深层次的情感和依附程度

这些联想能够组合出一些意义，形成品牌形象，进一步提供购买的理由和品牌延伸的依据，更主要的是反映对品牌的情感和依附度。本研究中品牌联想度主要通过功能联想、品牌个性联想、品牌独特性和组织联想 4 个三级指标来衡量。

（1）功能联想通过产品的外观、产品与服务的质量、功能利益等方面来衡量；

（2）品牌个性联想包括科技、健康、时尚、服务等方面的联想认知；

（3）品牌独特性从品牌符号、产品、服务、情感功能独特性等方面来衡量；

（4）组织联想主要从企业形象、产品形象、品牌形象、文化形象、个人形象 5 个层面来衡量。

第三节　企业品牌竞争力评价指标权重体系

权重是以某种数量形式对比、权衡被评价事物总体中诸要素相对重要程度的量值（邱东，1991），权重概念的本质是反映人进行判断时的价值观念和价值取向（卢泰宏，1998）。由于权重的变动会引起被评价对象各要素重要程度排序的改变，从而直接影响着综合评价的结果。因此，在多指标综合评估中，权重的确定不仅是一个基本步骤，也是举足轻重的环节。

一、权重分析方法论基础

层次分析法（AHP）是由美国运筹学家 T.L. Saaty 教授于 20 世纪 70 年代提出的系统分析方法，它把决策过程中定性与定量的因素有机地结合起来，用一种统一的方式对各个指标进行处理。该方法把人的思维过程层次化、数量化，并用数学手段为分析、决策提供定量的依据，是一种定性与定量相结合进行权重分析的较好方法。

> 基本思路：把复杂事情分成若干有序层次，建立起一个描述系统功能或特征的内部独立的层次结构（模型树）。然后根据对各层面相关元素的判断，对每一层次的相对重要性做出定量表示，即构造"比较矩阵"，以这个矩阵的最大特征值及其相应的特征向量，在通过一致性检验的前提下，确定每一层次中各元素的相对重要性次序的权重。最后通过对各层次的分析，进而导出对整个问题的分析，即总排序权重。

具体而言，其基本步骤如下：

1. 确定问题

首先弄清楚利用 AHP 法要解决的问题、问题的范围、所包含的因素和因素之间的相互关系。

2. 划分层次

层次的正确划分和各因素间关系的正确描述是层次分析法的关键。根据问题内在因素间的联系与结构，把这种结构划分为若干层，如措施层、

准则层、目的层等。措施层指决策问题的可行方案；准则层指评判方案优劣的准则；目的层指解决问题所追求的总目标。把各层间诸要素的联系用直线表示出来，所画成的层次结构示意如图2-2所示。

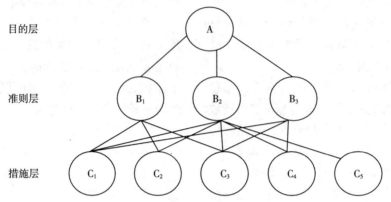

图2-2 层次结构示意图

资料来源：陈洪涌. 企业品牌研究［M］. 北京：中国经济出版社，2007：300.

需要说明的是，层次划分的数目及定义并没有严格的规定，可以分为三层或多于三层；各层次的名称也根据具体问题而定。如所考虑的属于措施因素，则可以再增加措施层等。

3. 定比较矩阵

就同层因素之间对上层某因素重要性进行评价，一般采用的是"两两比较法"。"两两比较法"是每次在 n 个属性中只对两个属性进行比较，并在对 i 和 j 两个因素进行重要程度比较时做如下约定："极为重要"记为9；"重要得多"记为7；"重要"记为5；"稍重要"记为3；"一样重要"记为1；"稍次要"记为1/3："次要"记为1/5；"次要得多"记为1/7；"极为次要"记为1/9。通过专家论证或市场调研，进行两两因素之间重要程度的比较，可得如下结果，如表2-2所示。

表2-2 比较矩阵的两两比较法示意

	X_1	X_2	…	X_n
X_1	a_{11}	a_{12}	…	a_{1n}
X_2	a_{21}	a_{22}	…	a_{2n}
⋮	⋮	⋮	⋮	⋮
X_n	a_{n1}	a_{n2}	…	a_{nn}

资料来源：陈洪涌. 企业品牌研究［M］. 北京：中国经济出版社，2007：301.

根据上述结果，得到比较矩阵 A：

$$A = [a_{ij}] n \times n$$

A 矩阵具有 "$a_{ij} = 1$；$a_{ji} = 1/a_{ij}$" 性质。根据这一性质可知，进行两两比较的次数不是 n^2 次，而是 $n(n-1)/2$ 次。

4. 算权重系数

对于矩阵 A 先计算出最大特征根 λ_{max}，然后求出其相应的规范化的特征向量 W，即：

$$AW = \lambda_{max} \cdot W$$

式中 W 的分量（W_1，W_2，W_3，…，W_n）就是对应于 n 个因素的权重系数。

上述计算权重系数的方法比较麻烦，还有近似算法、和积法与方根可以简便地计算权重系数。与积法相对应的较多，其技术步骤与公式如下：

首先，对 A 按列规范化：

$$\bar{a}_{ij} = \frac{a_{ij}}{\sum_{i=1}^{N} a_{ij}}$$

其次，再按行相加得和数 $\overline{W}_i$

$$\overline{W}_i = \sum_{j=1}^{N} \bar{a}_{ij}$$

最后，再规范化，即得权重系数：

$$W_i = \frac{\overline{W}_i}{\sum_{i=1}^{N} \overline{W}_i}$$

5. 一致性检验

为评价层次总排序的计算结果的一致性，需要计算与层次单排序类似的检验。

Cl：层次总排序一致性指标；

Rl：层次总排序随机一致性指标；

CR：层次总排序随机一致性比例。

使用两两比较法可以得到比较矩阵，但是可能会发生判断不一致，所以需要进行一致性检验。一致性检验，就是检查决策者对多属性评价的一致性。完全一致时，应该存在如下关系：

$$a_{ij} = a_{ik}a_{kj}$$

反之，就是不一致。由于不一致性在所难免，那么存在多大的不一致性就可以被接受呢？这就是一致性检验所要讨论的内容。

当判断完全一致时，应该有 λ_{max}，定义一致性指标 CI 为：

$$CI = (\lambda_{max} - n)/(n - 1)$$

当判断一致时，CI = 0；不一致时，一般 λ_{max} > n，因此 CI > 0。关于如何衡量值可否被接受，Saaty 构造了最不一致的情况，就是对不同 n 的比较矩阵中的元素，采取 1/9，1/7，…，1，…，7，9 随机取数的方式赋值，并且对不同的 n 用了 100~500 个子样，计算其一致性指标，再求得平均值，记为 CR。检验结果如表 2-3 所示。

表 2-3 一致性指标平均值示意

N	3	4	5	6	7	8	9	10	11
CR	0.58	0.9	1.12	1.24	1.32	1.41	1.45	1.49	1.51

资料来源：陈洪涌. 企业品牌研究 [M]. 北京：中国经济出版社，2007：303.

只要满足 CI/CR < 0.1，就认为所得的比较矩阵的判断可以接受。最大特征根的简易算法是：

$$\lambda_{max} = \sum \frac{(AW)_i}{nw_i}$$

关于权重系数还要说明两点：①权重系数 W_i 可能随时间而改变，也就是随时间的发展，决策者的价值观和偏好可能发生改变；②权重系数可能随属性值而改变。

6. 计算组合权重

在得出各层所有元素相对于上层元素的权重之后，接下来的步骤是计算各层元素的组合权重。为了得到递阶结构中每一层次中所有元素相对于总目标层的权重，应当把上一步的结果进行适当组合、计算，并求出总判断一致性检验。这一过程由目标层向准则层、措施层逐步进行，最后得出最低层相对于目标层的相对权重和整个模型的判断一致性检验。

不妨设第 k-1 层元素相对于总目标的组合排序权重向量。即：

$$W^{k-1} = (W_1^{k-1}, W_2^{k-1}, \cdots, W_n^{k-1})^T$$

第 k 层在第 k-1 层第 j 个元素作为准则下元素的排序向量为：

$$b_j^k = (b_{1j}^k, b_{2j}^k, \cdots, b_{nj}^k)^T$$

令 $B^k = (b_1^k, b_2^k, \cdots, b_m^k)$

则第 k 层 n 个元素相对于总目标的组合排序权重为：

$$W^k = B^k \times W^{k-1}$$

为评价层次总排序的计算结果的一致性，需要计算与单排序类似的检验量。

最后一步是得到相对于目标层的各评价方案的优先顺序。在整个递阶层次结构所有判断的总的一致性指标达到满意时，则可以利用模型进行评价。

二、指标权重系数的确定

权重的确定直接影响评价的结果，过去使用灰色系统模型进行批判，权重的确定多采用 DelPhi 法（专家评定法）与 AHP（层次分析法）等主观方法；也有部分学者单独采用熵权法等客观方法。事实上，单纯采用主观方法确定权重（如层次分析法），过于强调评价者的偏好，人为因素过于浓重，评价带有一定倾向性；单纯采用客观方法确定权重，则权重分配主要取决于各指标评价值的差异性，往往难以满足评价的目标要求，也无法反映评价者的主观偏好，甚至背离评价者的主观愿望。为了能客观地对被评价品牌做出公正的评价，避免以往评价方法中确定指标权重时采用单一方法的局限性，在评价模型中采用以下组合权重系数：

$$W_j^* = \beta W_j^z + (1 - \beta)W_j^s$$

式中，W_j^* 为指标 j 的组合权重系数；W_j^z 为相应的主观权重系数，β 为主观偏好系数；W_j^s 为相应的客观权重系数，(1-β) 为客观偏好系数，$\beta \in [0, 1]$。β 的具体数值由评价者根据实际情况、被评价品牌所处行业背景和评价者偏好等因素综合给出，本研究中 β 取值为 0.6。

本书应用 G1 法确定主观权重，采用熵权法确定客观权重。下面给出 W_j^z 和 W_j^s 的确定方法。

1. 主观权重的确定方法——G1 法

G1 法是东北大学郭亚军教师提出的一种方法，他通过对 AHP 进行改进，避开了 AHP 中的缺点；而且该方法无须一致性检验，不失一般性。设 X_1，X_2，…，X_m（$m > 2$）是经过指标类型一致化和无量纲化处理的 m 个极大型指标。先确定序关系。

定义一：若评价指标 x_i 相对某评价准则的重要程度大于（或不小于）x_j 时，则记为 $x_i = x_j$。

定义二：若评价指 $X_1^* = X_2^* = \cdots = X_m^*$ 相对某评价准则具有关系式 $x_1^* = x_2^* = \cdots = x_m^*$ 时，称评价指 X_1，X_2，…，X_m 之间按"="确立了序关系。对于评价指标集 $\{X_1, \cdots, X_m\}$，可以按照以下步骤建立序关系：

（1）专家（或决策者）在指标集 $\{X_1, X_2, \cdots, X_m\}$ 中，选出一个认为是最重要（关于某评价准则）的指标，记为 X_1^*；

（2）专家在余下的 m−1 个指标中，选出一个认为是最重要（关于某评价准则）的指标，记为 X_2^*；

……

（k）专家在余下的 m−(k−1) 个指标中，选出一个认为是最重要（关于某评价准则）的指标，记为 X_k^*；

……

（m）经过 m−1 次挑选剩下的评价指标，记为 X_m^*。

用 X_j^* 表示 $\{x_j\}$ 按序关系二排定顺序后的第 j 个评价指标（$j = 1, 2, \cdots, m$），这样，就可以确定唯一的一个序关系。

然后需要做的就是确定相邻指标之间的重要程度，设专家关于评价指标 x_{k-1} 与 x_k 的重要程度之比 W_{k-1}/W_k 的理性判断分别为：

$$W_{k-1}/W_k = r_k (k = m, m-1, \cdots, 3, 2)$$

这样，就可以依照前数个指标之间的序关系，计算出各指标之间的相对重要度。对于指标数量较大时，可以取最次要指标 $r_k = 1$。其中，r_k 的取值可参考表 2-4。

表 2-4　r_k 取值参考表

r_k	定 义
1.0	指标 x_{k-1} 与指标 x_k 具有同样重要性
1.1	指标 x_{k-1} 与指标 x_k 之比介于同样重要和稍微重要之间
1.2	指标 x_{k-1} 比指标 x_k 稍微重要

续表

r_k	定 义
1.3	指标 x_{k-1} 与指标 x_k 之比介于稍微重要和明显重要之间
1.4	指标 x_{k-1} 比指标 x_k 明显重要
1.5	指标 x_{k-1} 与指标 x_k 之比介于明显重要和强烈重要之间
1.6	指标 x_{k-1} 与指标 x_k 强烈重要
1.7	指标 x_{k-1} 与指标 x_k 之比介于强烈重要和极端重要之间
1.8	指标 x_{k-1} 比指标 x_k 极端重要

若评价人员给出理性赋值，显然有：

$$W_{k-1} \geq 1/r_k (k = m, m-1, \cdots, 3, 2)$$

$$W_j^z = (1 + \sum_{k=2}^{m} \prod_{j=k}^{m} r_j)^{-1}$$

$$W_{k-1} = r_k W_k (k = m, m-1, \cdots, 3, 2)$$

式中，W_j^z 表示第 j 个指标的主观权重。

在这里，以确定品牌市场成长力（D4）的各指标——品牌战略投资度（D41）、品牌危机处理能力（D42）、品牌发展趋势（D43）、延伸新产品的接受度（D44）、品牌成长指数（D45）、品牌保护能力（D46）的权重为例，说明该方法的应用。

根据课题组以及相关专家对这六个指标的打分均值的计算，得：

$x_6 > x_1 > x_2 > x_5 > x_3 > x_4$，且它们的权重分别为 W_1，W_2，…，W_6，由定义二，可以确定它们之间唯一的序关系：$x_1^* > x_2^* > x_3^* > x_4^* > x_5^* > x_6^*$，即它们在序关系下的权重分别为 W_1^*，W_2^*，…，W_6^*。

则有：

$$r_2 = \frac{W_1^*}{W_2^*} = 1.5, \quad r_3 = \frac{W_2^*}{W_3^*} = 1.4, \quad r_4 = \frac{W_3^*}{W_4^*} = 1.4,$$

$$r_5 = \frac{W_4^*}{W_5^*} = 1.3, \quad r_6 = \frac{W_5^*}{W_6^*} = 1.0$$

按对应关系还原对应指标的权重：

$W_1 = W_2^* = 0.2517$，$W_2 = W_3^* = 0.1983$，$W_3 = W_5^* = 0.1507$，$W_4 = W_6^* = 0.1507$，$W_5 = W_4^* = 0.1483$，$W_6 = W_1^* = 0.1025$

以此类推，可分别算得各大类及各层次指标的主观权重。

2. 客观权重的确定方法——熵权法

熵值法也是一种根据各项指标观测值所提供的信息量的大小来确定指标权数的方法。熵是热力学中的一个名词，在信息论中又称为平均信息量，它是信息的一个度量，仍称为熵。根据信息论的定义，在一个信息通道中输的第 i 个信号的信息量为 I_i，$I_i = -\ln p_i$，公式中 p_i 是这个信号出现的概率。因此，如果有 n 个信号，其出现的概率分别为 p_1，p_2，…，p_n，则这 n 个信号的平均信息量，即熵为：

$$-\sum_{i=1}^{n} p_i \ln p_i$$

下面利用熵的概念给出确定指标权重系数的熵值法。

信息的增加意味着熵的减少，熵可以用来度量这种信息量的大小。设 x_{ij}（i = 1，2，…，n；j = 1，2，…，m）为第 i 个系统中的第 j 项指标的观测数据。对于给定的 i，它的差异与该项指标对系统的比较作用呈正相关的关系，越大说明该项指标包含和传输的信息越多。用熵值确定指标权数的步骤如下：

（1）计算第 j 项指标下，第 i 个系统的特征比重。

$$p_{ij} = x_{ij} / \sum_{i=1}^{n} x_{ij}$$

其中，假定 $x_{ij} = 0$，且 $\sum_{i=1}^{n} x_{ij} > 0$

（2）计算第 j 项指标的熵值。

$$e_j = -k \sum_{i=1}^{n} p_{ij} \ln(p_{ij})$$

其中，k > 0，e_j > 0，若 x_{ij} 对于给定的值全部相等，那么 $p_{ij} = \dfrac{1}{n}$，此时 $e_j = k \ln n$。

（3）计算指标 x_j 的差异性系数。

对于给定的 j，若 x_{ij} 的差异越小，则 e_j 越大，当 x_{ij} 全都相等时，$e_j = e_{max} = 1$（k = 1/lnn），此时对于系统间的比较，指标 x_j 毫无作用；当 x_{ij} 差异越大，e_j 越小，则指标对于系统的比较作用越大。因此定义差异系数 $g_j = 1 - e_j$，e_j 越大，越应重视该项指标的作用。

（4）确定权数，即取：

$$W_j^s = g_j / \sum_{i=1}^{m} g_j$$

为归一化了的权重系数。

在本书中，x_{ij} 为专家给每个评价指标的打分；j 为评价指标，i 为专家。利用之前的公式，得到指标的客观权重。计算结果如下：

$$W_1^s = 0.2721 \quad W_4^s = 0.1591$$
$$W_2^s = 0.1987 \quad W_6^s = 0.1010$$
$$W_3^s = 0.1651 \quad W_5^s = 0.1540$$

以此类推，可分别算得其他三级指标的客观权重。

按照最初的权数计算公式对主观权重和客观权重进行线性组合，可得三级指标体系整体的权重集。

第三章 中国企业品牌竞争力指数评价流程设计

第一节 企业品牌竞争力指数的数据收集

一、基础数据收集

（一）调查区域范围

（1）分区首先要遵照的就是行政区域。这样分区的优势在于便于数据的统计；各地的营销学会也是按照行政区域进行设置，这样便于各地的营销学会能够充分发挥自己的优势和能动性；得出的结果能够以省（市、自治区）为单位进行对比，这使得各省（市、自治区）的政府部门便于对指数反映出来的结果进行借鉴。

（2）分区也要参照品牌集群。因为中国企业的发展过程在一定程度上都存在着集群现象，品牌的发展也是随着企业的发展逐步壮大起来的。

品牌的发展也会因此而存在着一定的区域集聚现象。例如温州的制鞋企业、中关村的电子互联网企业等，分区收集便于对样本进行代表性的收集，而且收集的成本也会有所降低。

综合以上两点，本次调研将在全国范围内展开，依照行政区域划分在浙江省、上海市、广东省、湖南省等省（市）陆续展开，并且对产业集群区域进行有针对性的调查。

（二）调查行业范围

根据国家统计局现行的《国民经济行业分类》行业划分标准，以及课题研究中遇到的实际情况，课题组将本次 CBI 指数的调查行业划分为 44 个行业，如表 3-1 所示。

表 3-1 中国品牌竞争力指数系统行业划分

金融	仪器仪表	医疗器械	小商品
房地产	电力燃气及水的生产和供应	文化传播	服装
医药	造纸印刷	农林牧渔	文教体育用品
烟	酒店旅游	日化	咨询
机械设备	金属及金属制品	社会服务	金银珠宝
非金属及其制品	化工	木材、家具	塑料制品
电子	通信及通信设备	建筑材料	船舶制造
纺织	计算机及软件	互联网	能源
快速消费品	汽车	教育培训	商业百货
交通运输仓储	家电	餐饮	物资贸易
建筑	采掘	飞机制造	酒

（三）调查企业选择标准

根据本研究指标体系，将选择符合财务指标、市场指标、消费者指标和品牌发展潜力指标等标准的企业作为调查对象，具体标准如下：

（1）此次指数编写的目的主要是为了能够为中国自主品牌发展提供一定的借鉴和发展的动力，品牌应该是中国企业原创的，所以本次数据选择的范围主要是中国的自主企业品牌。

（2）被评估的品牌业务主要是面向个人消费者，但也包括了一些服务于中小型企业并且具备广泛市场认知的品牌，如阿里巴巴。指标编写的对象企业旗下有一个以上的产品品牌能够在一定的区域内为主流消费者所熟知。这样才能更好地反映企业品牌的整体实力和形象。

（3）入选的企业在行业内的销售额排名必须要达到前50名。这样能够使课题组集中更多的精力把工作做好，也能够抓住中国品牌界具有代表性的企业，对其进行整体有代表性的研究。

（4）入选企业具有充足的经第三方严格审计的公开财务信息。有些企业的业务未完全上市，其被评估的收入部分将只考虑经过企业公布的信息中所包含的那部分收入。

（5）品牌创造的经济增加值（EVA）必须为正，也就是说，在考虑公司运营和财务成本的基础上，品牌化的业务还是盈利的。在有些品牌虽然根据其公司报表计算的EVA为负，但是其品牌化收入部分（Brand Earnings）受财务成本和运营成本分摊的影响较小或者没有关系，品牌EVA仍为正数的情况下，课题组也会考虑这些品牌。

（四）数据收集范围

基础数据的收集包括两大块，其一是指数测算数据。指数测算数据为品牌企业硬性的财务指标，指数测算数据必须唯一准确。其二是指数分析数据。指数分析数据是消费者和媒体对该品牌的评价，专家学者对于品牌的评价等方面的测评数据，指数分析数据视调查的情况进行加权汇总，对总体结果进行一定程度的修正。

在数据收集过程中，要及时对调查资料进行整理，建立中国品牌竞争力指数基础样本数据库；以后每年新的调查数据应持续纳入基础样本数据库。收集的数据包括以下三类：

（1）财务数据。企业整体的财务情况，如资产总额、销售收入、净资产收益率等反映企业总体经营状况好坏的指标。主打品牌的财务指标，如主打品牌创造的税后净利润、主打品牌创造的毛利润等。

（2）为品牌宣传和维护投入的力量。企业品牌保护的投入，企业在维护品牌的社会责任过程中的投入数量，在品牌管理方面的投入。

（3）社会对企业品牌的认可程度。这包括社会公众，主要是社会主流的消费者对于企业品牌的认可程度；各个媒体对品牌的认可程度；专家、学者、教授等研究群体对品牌的看法。

（五）数据主要来源

1. 中国市场学会通过自己的渠道收集数据

中国市场学会在全国各地都有自己的分支机构，各地分会的会员组织涵盖了当地主流的大型知名企业，而且各地学会的主管领导基本上都是当地有一定影响力或者是政府实权部门的领导，他们对于当地的数据收集有很强的执行能力。品牌管理专业委员会制定了《中国企业品牌竞争力指数（CBI）调查表》，由各地的分支机构对本地区的会员单位进行责任汇总，然后把数据汇总到品牌管理委员会进行统一的分析和处理。

2. 网上调查

通过与第三方网站的良好协作和信息联网获取即时、准确的数据。中国市场学会品牌管理委员会设立了专门的网站（www.chinanb.org.cn）来收集数据，并由专门的人员负责数据的汇总管理；设立"品牌频道"通过第三方网站的覆盖面来收集数据。

3. 全国大学生品牌策划大赛

中国市场学会品牌管理委员会每年举办全国大学生品牌策划大赛，组织大学生对当地的企业进行品牌方面的策划工作，这里汇总到的数据会直接充实到数据库中。

4. 官方数据

有关政府部门（统计局、中信委等）掌握的企业品牌管理方面的数据。

5. 企业年报等公开数据

（六）数据的基本要求

1. 真实准确

课题组会对收集上来的数据进行随机抽样检查，对那些明显不符合实际情况的数据，课题组会按照区域原则进行重点审核。对于那些问题重大的数据，课题组会协同当地的市场学会分支机构重新进行数据填写。

2. 保密原则

企业在填报数据时可能会有一些现实方面的顾虑，为了能够得到企业的积极配合，课题组郑重承诺，收集上来的数据仅作为指数制定之用，不会对另外的机构泄露，充分保证企业的权益。

3. 币种采用人民币计算

外币币种一律按调查期间汇率折算，并注明折算比率。

二、基础数据处理

调查所得的原始数据不能直接用于指数的测算和分析，需要按数据的基本要求和分析的实际需要进行必要的处理。

1. 对残缺数据的处理

对个别由于各方面原因实在无法取得的数据

进行相应的补充。品牌管理委员会的专家会根据同规模、同类型的企业的情况进行相应的推测；有条件的地区直接对企业进行调查；根据企业公开的数据进行推测。

2. 对原始数据进行规范

在《中国企业品牌竞争力指数（CBI）调查表》的填写过程中，要注意选项理解有差异造成的填写不规范、数字的计量方式不统一等课题组后期的数据处理过程中所要重点考虑的问题。在规范过程中要特别注意调整数据依据。

3. 对异常数据进行检验

课题组市场学会品牌管理委员会有权威的行业专家对数据的真实有效性进行专门的审查。对于明显不符合的数据，课题组会进行重点调查和改正工作，调查清楚问题产生的源头，确保类似的事情不会再次发生。

第二节 企业品牌竞争力指数评价流程

一、评价实施流程设计的原则

中国品牌竞争力指数评价的实施是在整个品牌竞争力理论体系和评价体系构建完成之后进行的一项重要工作，它是对理论分析的应用，是将科学的理论和方法应用到系统的实践中去。因此，中国品牌竞争力指数评价的实施步骤和流程具有很强的科学性和系统性，设计评价的实施流程应该遵循以下原则：

1. 一致性与经济性原则

中国企业品牌竞争力指数评价实施流程中的每一个步骤、环节的设计，其目的都是得到中国企业的品牌竞争力评价结果，以对评价对象的品牌竞争力状况和水平做出评估结论，在此基础上制定改进的措施或策略。因此，评价实施流程中的每一个步骤都应该以此为目标设计，不需要多余的、无关的步骤和环节。中国品牌竞争力指数

评价实施流程在设计时还应该考虑每一个步骤实施的障碍和难度，因为评价实施时的障碍和难度都会增加评价实施的经济成本、技术成本。考虑到评价对象的广泛性和差异性、评价数据获得的困难程度，实施流程的设计应该尽可能具有普遍的适应性，操作难度适中、成本适中，具有经济性。

2. 全面性及科学性原则

中国企业品牌竞争力指数评价的实施流程是对品牌竞争力指数系统进行全面、系统应用的规范，是评价实践的程序性指导。中国品牌竞争力指数评价的理论和实施方法具有内在的逻辑性，因此，评价的流程也应该具有完整的系统结构，成为一个有机整体。这一系统的结构设计必须遵循科学性的原则，流程设计人员必须能够对中国品牌竞争力指数的定性定量指标的标准化公式、品牌竞争力分数的计算公式、中国品牌竞争力指数的合成公式了然于心，才能编写出科学合理的流程。

3. 操作性与监控性原则

中国企业品牌竞争力指数评价的实施流程设计的每一个步骤应该都具有可执行性，即每一个步骤都有具体的操作方法，并能顺利完成。同时，在评价操作的过程中，设计的流程在实施过程中应该处于可控状态。

4. 完备性与简明性原则

中国企业品牌竞争力指数评价实施流程所包含的操作步骤是一个有机的整体，因此，这一实施流程具有完备性，按照这一流程能够顺利完成对评价对象的品牌竞争力的评价过程。但是，完备的流程不等于繁琐、冗余的步骤，在能够完成指数评价过程、得到评价结果的前提下，中国品牌竞争力指数评价实施流程的步骤应该尽量少，使评价过程更加简洁明了。

5. 固定性与灵活性原则

中国企业品牌竞争力指数评价实施流程有其固定的、内在的逻辑性，因此，流程的设计应具有相对的稳定性，程序或步骤一般是不变的。但是，因为品牌竞争力的评价对象各异、评价时的情境不同，评价实施的流程也可能需要做出相应调整，因此，评价实施的流程也不能过于死板，应该具有可变的、可调整的灵活性，即流程的设计需要体现出动态性。

二、评价实施流程的框架设计

作为中国社会科学院的重点课题，中国企业品牌竞争力的评价结果要做到系统、科学、标准、合理，其评价的实施必须按一定的流程顺序进行。品牌竞争力的评价是一个从明确评价目的开始至获得评价结果的完整过程，这一完整的实施流程中包括了六个步骤，每个步骤又包括了若干程序，整个实施流程中包含的六个步骤如下：

1. 评价准备阶段

评价准备子流程包括三个主要步骤：明确评价目的、成立专家委员会、汇集符合标准的企业名录。这个阶段是整个实施流程的起点，它要为后面的评价打下基础。

在评价开始前，要确定品牌竞争力评价的目的，即评价结果起什么作用。不同的评价所选用的具体流程可能不同、选用的评价模型也可能不

同。只有目标明确，才有针对性，这是一般系统评价前的一项基础性工作。"中国企业品牌竞争力指数"评价实施流程开始前的准备工作十分重要，评价的准备工作就是要先明确评价的目的，因为评价的目的关系到后面的流程和步骤。根据评价的目的，评价主体要来确定评价客体和需要选择什么样的评价样本来实施评价。

根据上述"中国企业品牌竞争力指数"的评价目的，中国社会科学院和中国市场学会品牌管理委员会联合成立了专家委员会来专门指导和实施本次品牌竞争力指数评价实施流程的推进工作。专家委员会作为本次品牌竞争力指数评价实施流程推进工作的评价主体，具有专家和资源等多方面的优势，为此次"指数"的成功实施打下了坚实的基础。

在确定了准备阶段的评价目的和评价主体之后，很重要的一点就是明确确定此次指数评价的客体，即哪些企业能够参与到此次指数的评价中来，即汇集符合要求的企业名录。这也关系到后面流程操作的进行。专家组在这个阶段会根据上文关于数据收集中选择企业的标准，收集相关的企业名录，主要是一般的营利性企业组织，包括中小企业、大企业、大型企业集团等，评价对象所处的行业一般为竞争性的非垄断行业和国有大中型企业。中国企业品牌品牌竞争力的评价会侧重于同一行业或产业的评价，并会推出行业或产业的排名，因此，每一次评价的对象都不止一个，应该是一个企业群或行业群。关于企业名录的来源问题，专家组和各行业协会、各地方营销协会签订《合作协议书》，由他们对本行业、本地区符合条件的企业进行初步提名，形成初步的"样本企业数据库"。专家组会对名录保密使用。

2. 数据收集及预处理阶段

数据收集及预处理流程是整个评价实施流程的第二步，包括三个主要步骤：指标分类处理、原始数据收集、数据检验和指标预处理。在评价准备工作完成、准备充分的基础上，要根据评价对象和评价样本进行数据收集工作，为指标值的计算做准备，收集的原始数据是品牌竞争力评价指标值计算的"原材料"。计算得到的指标值不能直接进行后面的指数计算，还需要对评价样本的指标值进行数据分析和检验，进行数据的纠错和

处理。经过检验的指标值数据才能作为后面评价流程的计算基础。

　　指标分类处理阶段主要是指把本次指数评价中所要用到的指标按照不同的收集渠道进行分类，以便开展数据收集和汇总工作。本次数据收集工作共采用了中国市场学会通过自己的渠道收集数据、网上调查、全国大学生品牌策划大赛、官方数据、企业年报等公开数据五大渠道来收集数据，为了避免重复和浪费不必要的人力物力消耗，把主要精力用到数据的整理和分析上，对指标进行分类以确定来源渠道非常重要。企业的财务数据主要是通过公司年报等来获得，消费者对公司的评价主要是通过网络调查等取得，公司内部的品牌管理人员、物力方面的投入等指标主要是通过对企业的问卷调查得来，这样一来就可以简洁、明了、高效地进行数据的收集工作。

　　指标原始数据收集是指中国品牌竞争力指数评价指标体系中每个指标计算时涉及的原始数据或信息的收集工作。本章第一节对数据收集的工作进行了详细的介绍，这里不再赘述。

　　在收集的原始数据的基础上，指标值的计算根据品牌竞争力评价指标的计算公式得到。调查所得的原始数据不能直接用于指数的测算和分析，需要按数据的基本要求和分析的实际需要进行必要的处理。因为样本数据的数量一般较多，指标值数据需要进行统计检验后方可作为后面评价的依据，统计检验主要是验证样本数据的信效度。信度主要是指测量结果的可靠性、一致性和稳定性，一般以内部一致性来加以表示该测验信度的高低。信度系数越高，表示该测验的结果越一致、稳定与可靠；效度表示一项研究的真实性和准确性程度，又称真确性，它与研究的目标密切相关，一项研究所得结果必须符合其目标才是有效的，因而效度也就是达到目标的程度。本次调研主要采用 SPSS 作为数据检验方法。品牌竞争力评价指标值的信效度检验，主要是看选取指标能否准确、合理地反映评价对象的品牌竞争力特征和状况，指标体系是否有冗余或无效的指标，并进行优化和筛选。

　　对于检验后有异常或数据不合格的指标，可以参照检验结果决定其取舍，但不宜作为检验结果，因为财务指标数据有其独有的特征，应该结合品牌竞争力评价的理论分析决定是否删除有异常的指标。对于基础数据的处理，在本章的第一节做了说明，这里不再赘述。

　　3. 数据标准化阶段

　　数据标准化流程是整个评价实施流程的第三步，也是核心步骤之一。

　　在中国品牌竞争力指数体系中，位于最底层的基础指数是由品牌竞争力评价指标按照特定的无量纲化方法转换而来的，这一子流程主要包括评价指标到基础指数名称的转换、基础指数数量的转换、基础指数值的计算三个步骤。

　　本次品牌竞争力的评价是采用指数的方法来进行评价的。在采集到的数据的格式差距很大时，例如，销售收入和近三年销售收入增长率这类指标在评价时很难进行指数的比较等，进行标准化很好地解决了这一矛盾。课题组对于定性指标采用了"阈值法"，对于定量指标采用了"统计法"来进行原始数据的标准化。

　　这样，专家组在得到的评价样本指标值的基础上，就可以按照中国品牌竞争力指数标准化的方法进行品牌竞争力基础指数的转换，得到的基础指数就可以继续计算模型评价所需的各级品牌竞争力指标数据。

　　4. 模型选择及指数计算阶段

　　模型选择及指数计算子流程是整个评价实施流程的第四步，也是承前启后的步骤。包括评价模型选择、竞争力分值计算、各级指标计算三个步骤。

　　根据评价目的的不同，评价模型的选择也就不同。选择的评价模型不同，需要计算的各级中国品牌竞争力指数也不同。本次品牌竞争力指数评价特意构建了"四位一体"品牌竞争力指数评价模型来进行评价。根据评价模型和标注化后的数据，就可以对评价模型中各个评价指标进行计算。采用加法合成的方法，把基础数据合成为具体的竞争力分值。

　　竞争力分值（CBS）计算是本次指数评价的一大特色。企业品牌竞争力分值（CBS）综合地反映了企业品牌竞争力在某一时点上的状态，采用的是绝对值的表现形式。

　　5. 评价结果输出阶段

　　评价结果输出流程是整个评价实施流程的第

五步，也是最后一步。之前已经根据评价目的选择了需要的评价模型，根据模型计算得到的中国品牌竞争力指数、评价结果，就是对评价对象的品牌竞争力状况进行分析的依据，不同的评价模型其结果显示的方式也不同。

中国品牌竞争力指数评价模型包括 CBI 模型、CBI-X 模型、CBI-Y 模型三种，不同的模型具有不同的功能，根据评价目的的不同应该选择某一个或某几个模型进行评价。此外，不同的模型需要计算得到的各层级指数也不尽相同。

6. 数据汇总流程

数据归集子流程是整个评价实施流程中比较特殊的一个步骤，它不同于其他子流程是顺序进行的，数据归集是在其他流程实施的过程中"并行"的，在其他子流程实施的过程中同时实施。

因为，中国品牌竞争力指数评价以定量评价为主，在评价进行的过程中，会收集、产生大量与评价有关的数据，如样本数据、指标数据、分值数据、模型数据等，这些数据在评价过程中必须随时保存下来，才能为后面流程的实施服务，因此，在前面五个子流程进行的过程中都有相应的数据库来收集这一子流程收集或得到的大量数据。

数据归集子流程主要包括四个步骤：样本数据归集、指标值数据归集、分值数据归集、评价结果数据归集，根据这四个步骤分别建立四个中国品牌竞争力指数评价的数据库：样本数据库、指标数据库、分值数据库、评价结果数据库，这四个数据库分别用于归集前五个子流程实施过程中的收集或产生的大量评价数据。

第四章 中国房地产企业品牌竞争力指数报告

第一节 中国房地产企业品牌竞争力总报告

一、2012年度中国房地产企业总体竞争态势

中国企业品牌竞争力指数（以下简称 CBI）

研究课题组为了检验理论成果的应用效果，课题组 2012 年对中国 164 家自主房地产上市企业品牌进行调研，根据各企业营业收入原始数据得出中国房地产企业竞争力呈三足鼎立的总体竞争态势。

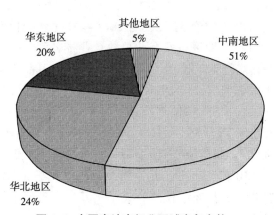

图 4-1 中国房地产行业区域竞争态势

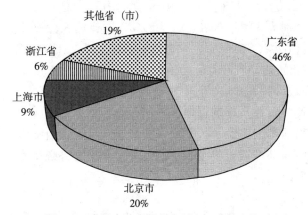

图 4-2 中国房地产行业省（市）竞争态势

中国 2011 年房地产行业受调研的 164 家企业营业总额为 8613 亿元，2010 年中南地区、华北地区、华东地区房地产企业营业总额分别为 3349 亿元、1908 亿元、1413 亿元，2011 年分别为 4400 亿元、2079 亿元、1753 亿元，占营业总额的比重分别为 48.92%、23.12%、19.50%，同比增

长分别为 31.38%、8.96%、24.06%，三大区域占营业总额的比重高达 95.58%，占据绝对的优势。2010 年排在前 4 名的省（市）分别为广东省、北京市、上海市、浙江省，营业总额分别为 2972 亿元、1656 亿元、617 亿元、470 亿元，2011 年四省（市）营业总额分别为 4166 亿元、1746 亿元、

837 亿元、554 亿元，同比增长分别为 40.17%、5.43%、35.66%、17.87%，所占比重分别为 43%、

24%、9%、7%，四大省（市）占营业总额的比重高达 84.80%。

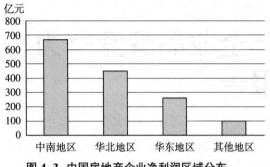

图 4-3　中国房地产企业净利润区域分布

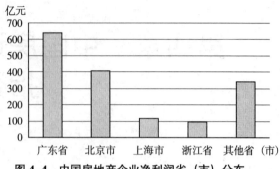

图 4-4　中国房地产企业净利润省（市）分布

中国 2011 年房地产行业受调研企业净利润总额为 1491 亿元，中南地区、华北地区、华东地区房地产企业净利润总额分别为 619 亿元、403 亿元、270 亿元，2012 年分别为 667 亿元、455 亿元、264 亿元，占利润总额比重分别为 44.74%、30.52%、17.71%，同比增长分别为 7.82%、12.96%、-2.08%，三大区域占净利润总额的比重高达 92.95%。排在前四位的省（市）分别为广东省、北京市、上海市、浙江省，净利润总额分别为 580.84 亿元、364.63 亿元、142.99 亿元、79.11 亿元，2012 年的净利润总额分别为 645 亿元、405 亿元、118 亿元和 92 亿元，占利润总额比重分别为 43%、24%、9% 和 7%，同比增长分别为 11.02%、10.96%、-17.48%、16.46%，四大省（市）占净利润总额的比重高达 84.45%。

中国房地产企业分布大多数集中于珠三角、长三角以及环渤海地区，这种鼎足竞争态势成为当前中国房地产行业竞争的最显著特征，但随着中西部城镇化建设步伐的迈进，鼎足之势必将有所改变。

二、2012 年度中国房地产企业品牌竞争力总体述评

（一）宏观竞争格局：仍然呈三大区域鼎足之势，四大省（市）垄断行业发展

从 2012 年中国房地产企业数量上来看，符合本次调研标准的总计 164 家企业，仍然主要分布于华东地区、华北地区和中南地区，所占比重分别为 37%、21%、31%，华东地区与 2011 年的

29% 相比，增长幅度较大，较华北地区 25% 和中南地区 34%，其所占比重变化幅度较小。三大区域占据企业总数的 89%。2012 年广东省、上海市、北京市、浙江省四个省（市）的房地产上市企业数量占到企业总数的 58%，所占比重分别为 24%、16%、18%、9%，与 2011 年所占比重 66.29% 相比有所下滑，但幅度不大，中国房地产上市企业分布有扩散的趋势，但目前仍相对比较集中，且仍分布于中国三大经济热区长三角、珠三角和京津唐地区。

从房地产企业的品牌竞争力水平来看，中南地区、华北地区的 CBI 均值分别为 52.94、56.04，高于全国均值 51.82，与 2011 年相比变动幅度不大。华东地区虽然企业总数行业排名第二，但其 CBI 均值为 49.77，仍低于全国均值，其品牌竞争力差强人意，较 2011 年并无明显改善，仍旧存在很大的提升空间。广东省、北京市二省（市）CBI 得分分别为 55.7、57.9，均高于行业平均值 51.8，浙江省 CBI 均值有所下降，得分为 51.2，低于上年 CBI 得分水平。北京市改善趋势明显，CBI 得分最高，广东省次之，显示出其在众省（市）房地产行业中具有较强的竞争力。

中国房地产企业远不止 164 家，这 164 家企业是众多房地产公司的杰出代表，从中可以分析中国房地产企业的竞争情况。房地产行业是关乎中国经济发展的重要行业，房地产企业目前仍呈现三分天下的鼎足竞争之势，一定程度上也揭示了中国区域经济发展仍旧不均衡，西北地区、西南地区和东北地区房地产行业并无明显改善，仍处于竞争劣势，这些地区需要成长一批具有综合

竞争力的企业带动区域房地产行业的发展。

（二）中观竞争态势：两大企业引领行业发展，中游企业势均力敌

根据中国房地产企业品牌竞争力分级评级标准，对调查的164家企业进行分级评估，按照一般惯例分为五级，5A级企业2家，4A级企业11家，3A级企业68家，2A级企业81家，1A级企业2家。与2011年相比，保利房地产（集团）股份有限公司因发展速度相较上年变缓，因此未列入5A级企业。3A级企业所占比重有所减小，2A级企业比重增加。5A级房地产企业共有两家，包括万科企业股份有限公司、恒大地产集团，占房地产企业总数的1%，但两家企业的营业收入为1482亿元，超出2011年前三家企业的营业收入总和1342亿元，占164家营业总额的17%以上，两家企业的CBI均值为96.87，远高于行业平均指数值51.82，所以5A级的三家企业是中国房地产行业当之无愧的领军企业，引领中国房地产行业的发展方向。值得关注的是，68家3A级企业及81家2A级企业占据行业企业比重的91%。其平均指数分别为64.41、49.67，处于行业平均指数的上下区间范围内，两大集团基本代表了房地产行业发展的平均水平，并且企业之间指数分布比较均匀，可以说是势均力敌。

（三）微观竞争比较：财务指数尽展佳绩，市场指数差强人意

对于中国企业来说，财务表现仍然是企业对外展示基本实力的重要依据。由于近几年中国房地产市场的井喷式发展，房价不断攀升等因素使得各房地产企业近年来营业收入、净利润都保持了良好的增长态势。所调查的全国164家房地产企业在品牌财务表现力得分均值为2.6879，万科、中国海外发展、恒大地产、保利地产、华润置地、碧桂园、富力地产、雅居乐地产、金地集团、远洋地产位列前10名，其中上年排在第7名的上海实业控股今年排在了10名之后，但是从整体来看前10名的企业没有多大的变化。从财务表现的二级指标来看，规模因素、效率因素和增长因素指标得分均值分别为3.0521、2.3024、1.3734，与上年的4.2000、3.7848、3.3213相比有所降低，原因是多方面的。综观整个经济形势来分析，主要是受金融危机和欧债危机的影响，另外还受国家政策调控的影响。就两年的数据来看规模因素得分是最高的，一定程度上说明中国房地产企业财务表现良好，对整体品牌财务表现力的影响也最大，但两年的数据都显示效率因素和增长因素还处于较低水平，尤其是2012年还不如2011年乐观，这说明经济环境对房地产的影响还是比较大的。房地产企业要想有更好的发展，就必须把握整个经济形势和国家政策的变化。

随着房地产行业的持续、快速发展，市场竞争也更加激烈。全国164家房地产企业在市场竞争表现力得分均值仅为2.0654，在4个一级指标中得分最低。万科、中国海外发展、恒大地产、保利地产、华润置地、碧桂园、富力地产、雅居乐地产、金地集团、远洋地产位列前10名，这10家企业在市场竞争表现力方面差距明显，万科得分4.9027，远高于第2名的保利地产4.3065。从个别企业来看市场的竞争力是增强的，例如，万科今年的得分就比上年的4.8155高，但是2012年市场占有能力得分均值1.1371却比上年的1.4112有所降低，超值获利能力得分2.0917也比上年的2.4707要低些。从整个房地产行业来分析，可以看出该行业垄断比较严重，所以行业领先的企业市场占有率及市场覆盖率高，大部分企业的市场占有率及市场覆盖率都比较低，导致行业此项得分均值很低。在房地产行业内，品牌对企业市场竞争力的影响非常明显，因此品牌溢价率得分均值也最高，为2.680。

如果从规模竞争、效率竞争和创新竞争三个阶段分析企业竞争力的话，中国房地产企业竞争仍处于规模因素主导的第一阶段，虽然个别企业竞争水平已经处于效率竞争和创新竞争水平，但就中国房地产企业总体竞争水平而言，与技术创新和品牌经营的第三阶段仍有很大距离。

第二节　中国房地产企业品牌竞争力排名报告

一、2012 年度中国房地产企业品牌竞争力指数排名

中国企业品牌竞争力指数（以下简称 CBI）研究课题组于 2011 年 7 月完成了理论研究，采用多指标综合指数法对中国企业品牌竞争力进行量化研究。初期理论成果包括 CBI 四位一体理论模型、CBI 评价指标体系、CBI 评价指标权重以及 CBI 计算模型，并且已经通过国内 10 位经济学、管理学界权威专家论证。为了检验理论成果的应用效果，课题组继 2011 年对中国自主房地产企业品牌调研之后，于 2012 年底对中国自主房地产企业品牌再一次进行调研，根据调查数据应用 CBI 计算模型得出中国房地产企业品牌竞争力（以下简称 CBI-R）排名（见表 4-1）。

表 4-1　2012 年中国房地产企业品牌竞争力排名

企业名称	省（市、自治区）	相对值（指数）				绝对值形式（5 分制）		
		2012 年行业 CBI	排名	2011 年行业 CBI	排名	品牌竞争力得分（CBS）	品牌财务表现力	市场竞争表现力
万科企业股份有限公司	广东省	100	1	100	1	4.2857	4.0213	4.9027
恒大地产集团	广东省	93.7361	2	90.9384	2	4.0527	3.9439	4.3065
保利房地产（集团）股份有限公司	广东省	89.0582	3	90.7563	3	3.8789	3.8165	4.0246
中国海外发展有限公司	北京市	88.6613	4	89.7193	4	3.8642	3.9959	3.5567
华润置地有限公司	北京市	86.3548	5	88.5930	5	3.7785	3.7771	3.7818
碧桂园股份有限公司	广东省	79.3764	6	81.0982	6	3.5194	3.6343	3.2512
广州富力地产股份有限公司	广东省	76.0331	7	78.7109	7	3.3952	3.5928	2.9340
雅居乐地产控股有限公司	广东省	74.9818	8	76.4344	9	3.3562	3.6027	2.7808
金地（集团）股份有限公司	广东省	74.6425	9	75.8453	10	3.3435	3.5553	2.8496
远洋地产控股有限公司	北京市	73.5141	10	74.4260	12	3.3016	3.4843	2.8754
上海实业控股有限公司	上海市	71.8081	11	77.0167	8	3.2383	3.4635	2.7128
绿城中国控股有限公司	浙江省	71.4695	12	71.1319	16	3.2257	3.4067	2.8035
招商局地产控股股份有限公司	广东省	71.0464	13	71.6491	14	3.2100	3.4838	2.5712
北京首都开发股份有限公司	北京市	68.0693	14	72.7897	13	3.0994	3.2295	2.7960
佳兆业集团控股有限公司	广东省	66.5401	15	74.7644	11	3.0426	3.2320	2.6008
合景泰富地产控股有限公司	广东省	65.1399	16	65.0830	25	2.9906	3.2751	2.3268
金融街控股股份有限公司	北京市	64.7082	17	66.6481	22	2.9746	3.3007	2.2138
SOHO 中国有限公司	北京市	64.4072	18	68.3249	18	2.9634	3.3992	1.9467
合生创展集团有限公司	广东省	64.0862	19	69.3142	17	2.9515	3.2558	2.2414
方兴地产（中国）有限公司	北京市	63.8770	20	63.3247	31	2.9437	3.2818	2.1550
上海世茂股份有限公司	上海市	63.6217	21	66.6682	21	2.9343	3.1602	2.4070
荣盛房地产发展股份有限公司	河北省	63.4227	22	65.0893	24	2.9269	3.1504	2.4053
新湖中宝股份有限公司	浙江省	63.1208	23	67.3643	19	2.9157	3.1543	2.3588
五矿建设有限公司	北京市	63.0809	24	71.5085	15	2.9142	2.9756	2.7708
融创中国控股有限公司	天津市	62.9001	25	61.9219	35	2.9075	3.2146	2.1909
人和商业	黑龙江省	61.7220	26	—	—	2.8637	3.2695	1.9167
吉林亚泰（集团）股份有限公司	吉林省	61.5184	27	62.2458	33	2.8561	3.1635	2.1389

续表

企业名称	省（市、自治区）	相对值（指数）				绝对值形式（5分制）		
		2012年行业CBI	排名	2011年行业CBI	排名	品牌竞争力得分（CBS）	品牌财务表现力	市场竞争表现力
首创置业股份有限公司	北京市	60.2975	28	61.0959	38	2.8108	2.9987	2.3723
北京城建投资发展股份有限公司	北京市	59.3747	29	59.5019	49	2.7765	3.1238	1.9662
新疆广汇实业股份有限公司	新疆维吾尔自治区	58.2462	30	56.5865	66	2.7346	3.0977	1.8874
上海陆家嘴金融贸易区开发股份有限公司	上海市	58.1621	31	60.3233	45	2.7315	3.0674	1.9477
上海实业发展股份有限公司	上海市	58.1560	32	63.6526	29	2.7313	2.8648	2.4196
江苏新城地产股份有限公司	上海市	58.0439	33	60.8032	40	2.7271	3.0017	2.0863
中华企业股份有限公司	上海市	58.0330	34	60.4119	43	2.7267	3.0406	1.9943
汉广厦房地产	陕西省	57.8587	35	—	—	2.7202	3.0394	1.9756
中骏置业控股有限公司	福建省	57.2192	36	63.0906	32	2.6965	2.9239	2.1658
嘉凯城集团股份有限公司	湖南省	57.1976	37	63.5615	30	2.6957	2.8774	2.2716
申华控股	上海市	57.1606	38	—	—	2.6943	2.7948	2.4598
珠海华发实业股份有限公司	广东省	57.1162	39	61.5281	36	2.6927	2.9835	2.0141
杭州滨江房产集团股份有限公司	浙江省	57.0747	40	66.7493	20	2.6911	2.9137	2.1718
中国宝安集团股份有限公司	广东省	57.0542	41	64.0967	27	2.6903	2.8085	2.4147
中粮地产（集团）股份有限公司	广东省	56.0800	42	56.3647	67	2.6542	2.9799	1.8940
合富辉煌集团	广东省	55.8953	43	60.6041	41	2.6473	2.6617	2.6137
阳光城集团股份有限公司	福建省	55.7358	44	65.3583	23	2.6414	2.7847	2.3071
湖北福星科技股份有限公司	湖北省	55.1829	45	60.3363	44	2.6209	2.9263	1.9081
上海外高桥保税区开发股份有限公司	上海市	55.1802	46	62.1612	34	2.6208	2.9086	1.9490
浙江中国小商品城集团股份有限公司	浙江省	55.1052	47	58.2825	55	2.6180	2.9303	1.8893
建业地产控股有限公司	河南省	55.0583	48	56.8874	65	2.6162	2.9306	1.8827
北京北辰实业股份有限公司	北京市	54.9576	49	55.2947	78	2.6125	2.9307	1.8700
中航地产股份有限公司	广东省	54.8706	50	61.4387	37	2.6093	2.8237	2.1089
华远地产股份有限公司	北京市	54.8546	51	60.9277	39	2.6087	2.8547	2.0346
信达地产股份有限公司	北京市	54.6715	52	64.9325	26	2.6019	2.9048	1.8951
北京万通地产股份有限公司	北京市	54.5889	53	60.0125	46	2.5988	2.8354	2.0467
北京市大龙伟业房地产开发股份有限公司	北京市	54.5411	54	53.3787	91	2.5970	2.8144	2.0899
中弘地产股份有限公司	北京市	54.2995	55	59.2107	50	2.5880	2.8901	1.8832
深圳市农产品股份有限公司	广东省	54.2717	56	59.7351	47	2.5870	2.6970	2.3304
苏宁环球股份有限公司	江苏省	54.2598	57	59.7324	48	2.5866	2.8823	1.8966
宁波富达股份有限公司	浙江省	53.7430	58	55.7788	74	2.5674	2.8739	1.8522
上海金桥出口加工区开发股份有限公司	上海市	53.7012	59	57.8750	59	2.5658	2.8463	1.9115
深圳市长城投资控股股份有限公司	广东省	53.1387	60	57.4483	61	2.5449	2.7353	2.1007
亿城集团股份有限公司	北京市	52.7276	61	59.0336	52	2.5297	2.7357	2.0489
上海张江高科技园区开发股份有限公司	上海市	52.7116	62	55.4442	75	2.5291	2.8011	1.8943
名流置业集团股份有限公司	湖北省	52.6891	63	57.4780	60	2.5282	2.7066	2.1121
北京华业地产股份有限公司	北京市	52.6399	64	57.8951	58	2.5264	2.7377	2.0335
国兴地产	广东省	52.5880	65	—	—	2.5245	2.8470	1.7720
泛海建设	北京市	52.4685	66	—	—	2.5200	2.7940	1.8808

续表

企业名称	省（市、自治区）	相对值（指数）				绝对值形式（5分制）		
		2012年行业CBI	排名	2011年行业CBI	排名	品牌竞争力得分（CBS）	品牌财务表现力	市场竞争表现力
天津市房地产发展（集团）股份有限公司	天津市	52.4506	67	52.7338	98	2.5194	2.8132	1.8338
海宁中国皮革城股份有限公司	浙江省	52.0179	68	53.5792	90	2.5033	2.7833	1.8501
上海证大房地产有限公司	上海市	51.8177	69	57.4264	62	2.4959	2.7418	1.9221
深圳市振业（集团）股份有限公司	广东省	51.6667	70	58.1078	56	2.4903	2.7403	1.9069
南京新港高科技股份有限公司	江苏省	51.6028	71	55.3628	76	2.4879	2.7808	1.8045
苏州新区高新技术产业股份有限公司	江苏省	51.5872	72	55.0747	80	2.4873	2.7840	1.7951
中天城投集团股份有限公司	贵州省	51.1492	73	58.5860	54	2.4710	2.7365	1.8516
荣安地产股份有限公司	浙江省	50.9182	74	56.0370	72	2.4625	2.7022	1.9031
盛高置地（控股）有限公司	上海市	50.7080	75	58.9691	53	2.4547	2.6658	1.9619
京能置业	北京市	50.6848	76	—	—	2.4538	2.7175	1.8384
华丽家族股份有限公司	上海市	50.5763	77	52.7076	99	2.4498	2.7341	1.7863
南京栖霞建设股份有限公司	江苏省	50.3990	78	56.2514	68	2.4432	2.7169	1.8046
多伦股份	上海市	50.3829	79	—	—	2.4426	2.6654	1.9228
天地源股份有限公司	陕西省	50.1372	80	54.4428	83	2.4335	2.6265	1.9830
西藏城投	西藏自治区	50.0130	81	—	—	2.4289	2.6825	1.8371
电子城	北京市	49.9976	82	—	—	2.4283	2.6488	1.9136
广州珠江实业开发股份有限公司	广东省	49.9876	83	52.5470	100	2.4279	2.6189	1.9823
上海新黄浦置业股份有限公司	上海市	49.9541	84	54.6360	81	2.4267	2.6220	1.9709
天津松江股份有限公司	天津市	49.8225	85	54.4472	82	2.4218	2.6817	1.8153
广宇集团股份有限公司	浙江省	49.6689	86	53.1787	93	2.4161	2.6403	1.8928
中国国贸	北京市	49.5568	87	—	—	2.4119	2.6842	1.7765
广宇发展	天津市	49.5510	88	—	—	2.4117	2.6820	1.7809
上海嘉宝实业（集团）股份有限公司	上海市	49.4946	89	55.1150	79	2.4096	2.6190	1.9209
浙江广厦股份有限公司	浙江省	49.3145	90	53.7192	87	2.4029	2.6321	1.8681
凤凰股份	江苏省	49.1711	91	—	—	2.3976	2.6534	1.8007
天津天保基建股份有限公司	天津市	49.1530	92	54.2363	85	2.3969	2.6049	1.9116
阳光新业地产股份有限公司	北京市	49.1161	93	60.5754	42	2.3955	2.5628	2.0052
宁波联合	浙江省	49.1151	94	—	—	2.3955	2.6710	1.7526
刚泰控股	上海市	49.0088	95	—	—	2.3916	2.6428	1.8054
鲁商置业股份有限公司	山东省	48.8888	96	52.8491	96	2.3871	2.5357	2.0402
京投银泰股份有限公司	北京市	48.6781	97	55.9731	73	2.3793	2.6018	1.8600
中润投资	山东省	48.6356	98	—	—	2.3777	2.6149	1.8242
中国武夷实业股份有限公司	福建省	48.5265	99	58.0585	57	2.3736	2.4737	2.1402
香江控股	广东省	48.0154	100	—	—	2.3547	2.4848	2.0510
均值		58.1562				2.7313	2.9577	2.2029

　　说明：从理论上说，中国企业品牌竞争力指数（CBI）由中国企业品牌竞争力分值（CBS）标准化之后得出，CBS由4个一级指标品牌财务表现力、市场竞争表现力、品牌发展潜力和消费者支持力的得分值加权得出。

　　在实际操作过程中，课题组发现，品牌发展潜力和消费者支持两个部分的数据收集存在一定的难度，且收集到的数据准确性有待核实，因此，本报告暂未将品牌发展潜力和消费者支持力列入计算。

　　品牌财务表现力主要依据各企业的财务报表数据以及企业上报数据进行计算。同时，关于市场竞争表现力方面的得分，课题组选取了部分能够通过公开数据计算得出结果的指标，按照CBI计算模型得出最终结果。

　　关于详细的计算方法见《中国企业品牌竞争力指数系统：理论与实践》。"—"表示该企业2011年排名在100名之外。

与 2011 年相比，2012 年房地产行业自主品牌排名前 100 强有小幅变动。其中，上海实业控股有限公司由第 8 名滑至第 11 名。远洋地产控股有限公司由第 12 名跃居第 10 名。万科企业股份有限公司、恒大地产集团、保利房地产（集团）股份有限公司、中国海外发展有限公司、华润置地有限公司、碧桂园股份有限公司、广州富力地产股份有限公司 7 家公司稳坐房地产行业自主品牌前 10 强。在排名前 20 强的房地产企业中，方兴地产（中国）有限公司由第 31 名跃居第 20 名，增长劲头十足。合景泰富地产控股有限公司、金融街控股股份有限公司分别由第 25 名和第 22 名提升至第 16 名和第 17 名，发展趋势良好。五矿建设有限公司略有下滑趋势，由第 15 名降至第 24 名。与 2011 年相比，以人和商业为代表的 15 家企业于 2012 年冲进行业前 100 强，其中，人和商业排第 26 名，汉广厦房地产排第 35 名，申华控股排第 38 名，增长趋势尤为明显。

通过 2012 年中国房地产企业品牌竞争力指数数据，可以计算出中国房地产行业 CBI 数值为 51.82，和 2011 年 CBI 数值 51.55 相比变化不大。CBI 数值为相对值，一方面可以反映行业总体竞争水平，另一方面为行业内企业提供了一个比较标准。后续课题组根据近万家企业 CBI 数据得出中国企业品牌竞争力指数值为 68，那么房地产行业 CBI 为 51.82<68，说明房地产行业企业整体竞争水平低于平均水平，行业发展处于较差状态，与 2011 年相比并无有效改善。同理，行业内部企业 CBI 数值低于 51.82，说明其品牌竞争力处于劣势；高于 51.82，说明其品牌竞争力处于优势，整个 CBI 指标体系为企业提供了一套具有诊断功能和预测功能的实用工具。

二、2012 年度中国房地产企业品牌竞争力指数评级报告

（一）中国房地产企业品牌竞争力指数评级标准体系

根据表 4-1 得出的房地产企业 CBI 数值，课题组绘制总体布局图（见图 4-5），从整体上看，CBI 分布曲线两头陡峭、中间平缓。根据 CBI 数值表现出来的特征，结合房地产企业的行业竞争力特性对调查的企业进行分级评估，按照一般惯例分为五级，划分标准如表 4-2 所示。

表 4-2　中国房地产企业品牌竞争力分级评级标准

评级	CBI 数值标准
A A A A A	CBI≥90
A A A A	70≤CBI<90
A A A	50≤CBI<70
A A	30≤CBI<50
A	CBI<30

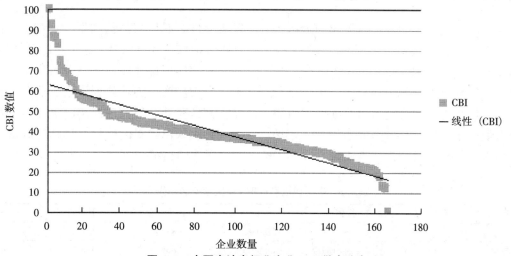

图 4-5　中国房地产行业企业 CBI 散点分布

（二）中国房地产企业品牌竞争力指数评级结果

由以上评价标准可以将房地产企业划分为五

个集团，具体的企业个数及分布情况如表4-3和图4-6所示，各级水平的企业得分情况由于篇幅原因仅列出代表企业。

表4-3　中国房地产企业各分级数量表

企业评级	竞争分类	企业数量	所占比重（%）	行业CBI均值	行业CBS均值	品牌财务表现力	市场竞争表现力
5A级企业	第一集团	2	1	96.0921	4.1692	3.9826	4.6046
4A级企业	第二集团	11	7	79.8710	3.6872	3.7633	3.5097
3A级企业	第三集团	68	41	57.9747	3.0367	3.2884	2.4493
2A级企业	第四集团	81	49	38.8146	2.4674	2.6941	1.9384
1A级企业	第五集团	2	1	23.1170	2.0010	2.0988	1.7729
全部	不分类	164	100	59.1739	3.0723	3.1655	2.8550

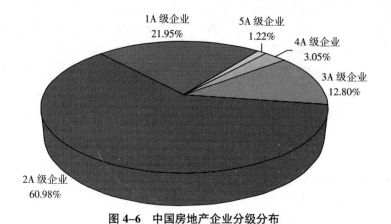

图4-6　中国房地产企业分级分布

表4-4　中国房地产行业5A级企业品牌列表

企业名称	评级水平	排名	CBI	CBS	品牌财务表现力	市场竞争表现力
万科A	5A	1	100	4.2857	4.0213	4.9027
恒大地产	5A	2	93.7361	4.0527	3.9439	4.3065

据表4-2中国房地产企业品牌竞争力分级评级标准，5A级房地产企业共有2家，占房地产企业总数的1.2%，比重略低于2011年，其中，保利房地产（集团）股份有限公司从第一集团被剔除。表4-4中所列的2家企业万科企业股份有限公司、恒大地产集团，其品牌财务表现力、市场竞争表现力表现突出，具有消费者支持力度和顾客忠诚度，品牌发展潜力巨大。CBI及各项分指标得分值均在4分以上，远远超出其他集团企业。在第一集团内部比较而言，万科集团品牌财务表现力及市场竞争力均位列于全行业第一，大大领先于其他企业，恒大地产集团也在市场竞争表现力方面表现出绝对的优势，均是中国房地产行业当之无愧的领军企业。

表4-5　中国房地产行业4A级企业品牌代表

企业名称	评级水平	排名	CBI	CBS	品牌财务表现力	市场竞争表现力
保利地产	4A	3	89.0582	3.8789	3.8165	4.0246
中国海外发展	4A	4	88.6613	3.8642	3.9959	3.5567
华润置地	4A	5	86.3548	3.7785	3.7771	3.7818
碧桂园	4A	6	79.3764	3.5194	3.6343	3.2512
富力地产	4A	7	76.0331	3.3952	3.5928	2.9340

据表4-2中国房地产企业品牌竞争力分级评级标准，4A级房地产企业共有11家，占房地产企业总数的7%，与2011年相比并无重大变化。表4-5中所列的五家企业保利地产、中国海外发展有限公司、华润置地有限公司、碧桂园股份有限公司、广州富力地产股份有限公司是中国房地产行业领先企业，品牌财务表现力、市场竞争表现力表现突出，消费者支持力度较大，具有较高的顾客忠诚度，品牌发展潜力较大。CBI及各项分指标得分值均高于行业平均值。在第二集团内部比较而言，中国海外发展有限公司品牌财务表现力位于本梯队企业第一，保利地产市场竞争表现力第一。

表4-6　中国房地产行业3A级企业品牌代表

企业名称	评级水平	排名	CBI	CBS	品牌财务表现力	市场竞争表现力
首开股份	3A	14	68.0693	3.0994	3.2295	2.7960
佳兆业集团	3A	15	66.5401	3.0426	3.2320	2.6008
合景泰富	3A	16	65.1399	2.9906	3.2751	2.3268
金融街	3A	17	64.7082	2.9746	3.3007	2.2138
SOHO中国	3A	18	64.4072	2.9634	3.3992	1.9467

据表4-2中国房地产企业品牌竞争力分级评级标准，3A级房地产企业共有68家，占房地产业总数的41%，低于2011年所占比重55%。表4-6中所列的五家企业首开股份、佳兆业集团、合景泰富、金融街、SOHO中国是中国房地产行业的中游企业，品牌财务表现力、市场竞争表现力一般，具有一定的消费者支持力度和顾客忠诚度，品牌发展潜力较大。CBI及各项分指标得分值均处于行业平均值上下。在第三集团内部比较而言，SOHO中国品牌财务表现力位于本梯队企业第一，首开股份市场竞争表现力最佳。在2011年表现比较突出的有合生创展和SOHO中国，CBI及各项指标得分均低于上年。

表4-7　中国房地产行业2A级企业品牌代表

企业名称	评级水平	排名	CBI	CBS	品牌财务表现力	市场竞争表现力
电子城	2A	82	49.9976	2.4283	2.6488	1.9136
珠江实业	2A	83	49.9876	2.4279	2.6189	1.9823
新黄浦	2A	84	49.9541	2.4267	2.6220	1.9709
天津松江	2A	85	49.8225	2.4218	2.6817	1.8153
广宇集团	2A	86	49.6689	2.4161	2.6403	1.8928

据表4-2中国房地产企业品牌竞争力分级评级标准，2A级房地产企业共有81家，占房地产企业总数的49%，大幅度超过2011年所占的比重30%。表4-7中所列的五家企业电子城、广州珠江实业开发股份有限公司、上海新黄浦置业股份有限公司、天津松江股份有限公司、广宇集团股份有限公司是中国房地产行业中下游企业的代表，其特征是品牌财务表现力、市场竞争表现力均处于平均水平之下，CBI及各项分指标得分值均低于行业平均值。在第四集团内部比较而言，品牌财务表现力与2011年相比整体均有所下降，但仍旧表现较好，市场竞争表现力同样有待提高。

表4-8　中国房地产行业1A级企业品牌代表

企业名称	评级水平	排名	CBI	CBS	品牌财务表现力	市场竞争表现力
旭飞投资	1A	163	29.9160	1.6825	1.6213	1.8253
东方银星	1A	164	20.5796	1.3357	1.2777	1.4712

据表 4-2 中国房地产企业品牌竞争力分级评级标准，1A 级房地产企业共有 2 家，占房地产企业总数的 1%，该比重低于 2011 年的 6%。表 4-8 中所列的两家企业旭飞投资、东方银星是中国房地产行业的中游企业，其特征是 CBI、品牌财务表现力、市场竞争表现力等表现均远远低于行业平均水平。在第五集团内部比较而言，品牌财务表现力仍一般，市场竞争表现力具有广阔的提升空间。

三、2012 年度中国房地产企业品牌价值 50 强排名

课题组认为，品牌价值（以下简称 CBV）是客观存在的，它能够为其所有者带来特殊的收益。

品牌价值是品牌在市场竞争中的价值实现。一个品牌有无竞争力，就是要看它有没有一定的市场份额，有没有一定的超值创利能力。品牌的竞争力正是体现在品牌价值的这两个最基本的决定性因素上，品牌价值就是品牌竞争力的具体体现。通常品牌价值以绝对值（单位：亿元）的形式量化研究品牌竞争水平，课题组对品牌价值和品牌竞争力的关系展开研究，针对品牌竞争力以相对值（指数：0~100）的形式量化研究品牌竞争力水平。在研究世界上关于品牌价值测量方法论基础上，提出本研究关于品牌价值计算方法，$CBV = CBI \times A \times \sum f(x_i) + C$，其中，CBV 为企业品牌价值，CBI 为企业品牌竞争力指数，A 为分级系数，x_i 为系数决定要素，C 为行业调整系数。据此得出中国房地产企业品牌价值 50 强（见表 4-9）。

表 4-9　2012 年中国房地产企业品牌价值 50 强

企业名称	省（市）	2012 年 CBV（亿元）	排名	2011 年 CBV（亿元）	排名	2012 年行业 CBI
万科企业股份有限公司	广东省	283.06	1	244.50	1	100.00
恒大地产集团	广东省	267.34	2	198.07	2	93.74
保利房地产（集团）股份有限公司	广东省	230.24	3	173.49	3	89.06
中国海外发展有限公司	北京市	223.35	4	127.22	4	88.66
华润置地有限公司	北京市	217.85	5	137.20	5	86.35
碧桂园股份有限公司	广东省	174.38	6	122.47	6	79.38
金地（集团）股份有限公司	广东省	154.46	7	112.64	9	76.03
广州富力地产股份有限公司	广东省	143.04	8	106.38	7	74.98
招商局地产控股股份有限公司	广东省	139.67	9	91.42	13	74.64
远洋地产控股有限公司	北京市	135.29	10	100.61	10	73.51
绿城中国控股有限公司	浙江省	130.61	11	79.15	12	71.81
雅居乐地产控股有限公司	广东省	121.13	12	99.10	8	71.47
佳兆业集团控股有限公司	广东省	119.44	13	86.05	15	71.05
SOHO 中国有限公司	北京市	105.33	14	68.32	18	68.07
合景泰富地产控股有限公司	广东省	103.79	15	28.29	16	66.54
上海实业控股有限公司	上海市	102.97	16	94.03	11	65.14
荣盛房地产发展股份有限公司	河北省	101.80	17	65.09	22	64.71
上海世茂股份有限公司	上海市	96.50	18	66.67	21	64.41
金融街控股股份有限公司	北京市	95.21	19	64.48	17	64.09
北京首都开发股份有限公司	北京市	93.78	20	73.72	14	63.88
五矿建设有限公司	北京市	92.66	21	71.51	24	63.62
融创中国控股有限公司	天津市	90.71	22	61.92	25	63.42
吉林亚泰（集团）股份有限公司	吉林省	90.10	23	62.25	27	63.12
合生创展集团有限公司	广东省	88.71	24	69.31	19	63.08
嘉凯城集团股份有限公司	湖南省	83.89	25	63.56	37	62.90
北京城建投资发展股份有限公司	北京市	81.96	26	59.50	29	61.72
中骏置业控股有限公司	福建省	81.31	27	63.09	36	61.52

企业名称	省（市）	2012年CBV（亿元）	排名	2011年CBV（亿元）	排名	2012年行业CBI
新湖中宝股份有限公司	浙江省	80.95	28	67.36	23	60.30
江苏新城地产股份有限公司	上海市	79.59	29	60.80	33	59.37
方兴地产（中国）有限公司	北京市	78.50	30	63.32	20	58.25
上海陆家嘴金融贸易区开发股份有限公司	上海市	75.79	31	60.32	31	58.16
中粮地产（集团）股份有限公司	广东省	90.95	32	—	42	58.16
上海实业发展股份有限公司	上海市	73.16	33	63.65	32	58.04
北京北辰实业股份有限公司	北京市	95.50	34		49	58.03
浙江中国小商品城集团股份有限公司	浙江省	80.48	35	—	47	57.86
首创置业股份有限公司	北京市	66.61	36	61.10	28	57.22
珠海华发实业股份有限公司	广东省	66.57	37	61.53	39	57.20
阳光城集团股份有限公司	福建省	61.76	38	65.36	44	57.16
杭州滨江房产集团股份有限公司	浙江省	61.53	39	49.47	40	57.12
上海外高桥保税区开发股份有限公司	上海市	24.82	40	23.15	46	57.07
中国宝安集团股份有限公司	广东省	12.25	41	9.79	41	57.05
中航地产股份有限公司	广东省	11.77	42	5.74	50	56.08
人和商业	黑龙江省	11.30	43	—	26	55.90
建业地产控股有限公司	河南省	11.71	44	10.19	48	55.74
新疆广汇实业股份有限公司	新疆维吾尔自治区	11.36	45	—	30	55.18
汉广厦房地产	陕西省	10.79	46	—	35	55.18
合富辉煌集团	广东省	9.71	47	—	43	55.11
中华企业股份有限公司	上海市	8.25	48	—	34	55.06
湖北福星科技股份有限公司	湖北省	7.40	49	6.63	45	54.96
申华控股	上海市	5.92	50	—	38	54.87
合计		4685.29				

CBV分析：在164家受调研企业中，排名前50强的企业CBV合计为4685.29亿元，较2011年有所提高。前10强房地产企业CBV总值合计为1968.68亿元，占前50强比重为42%。在前10强企业中，万科企业股份有限公司、恒大地产集团、保利房地产（集团）股份有限公司、中国海外发展有限公司、华润置地有限公司、碧桂园股份有限公司稳居前6强，CBV值均有上升。金地（集团）股份有限公司由第9名上升至第7名，招商局地产控股股份有限公司由第13名上升至第9名，发展势头良好。雅居乐地产控股有限公司发展速度稍有落后，由第8名下降至第12名。广州富力地产股份有限公司由第7名下降至第8名，上海实业控股有限公司由第11名下滑至第16名，北京首都开发股份有限公司由第14名下降至第20名。在前10强企业中，70%的企业位于广东省，30%位于北京市，在前50强的企业来看，广东省和北京市仍旧占据大多数，是国内龙头房地产企业的发源地。

第三节　2012年度中国房地产企业品牌竞争力区域报告

一、六大经济分区

（一）总体情况分析

根据课题组的调研数据，在与2011年数据对比的基础上，整体数值略高于2011年。中国房地产企业仍旧主要分布于华东地区、中南地区和华北地区，占企业总数的比重分别为37%、31%、21%，集中度较高，该比重略高于2011年。中南

地区和华北地区的CBI均值分别为52.94、56.04，远高于全国均值51.82，西南地区CBI均值最低，仅为43.71，低于2011年最低值。华东区虽然企业总数行业排名第一，但其CBI均值为49.78，低于全国均值，其品牌竞争力差强人意，还有很大的提升空间。华北地区仍旧延续2011年的优势，其财务表现力分项指标的得分均值位列第一，中南地区同样也在市场竞争表现力上表现突出。

表4-10　中国房地产企业六大经济区域竞争状况

区域	2012年企业数量	所占比重(%)	行业CBI均值		CBS均值		品牌财务表现力均值		市场竞争表现力均值	
			2012年	2011年	2012年	2011年	2012年	2011年	2012年	2011年
华北地区	35	21	56.0440	55.8848	2.6528	2.4267	2.8733	4.1057	2.1384	1.869
东北地区	6	4	48.9559	47.1672	2.3896	2.2576	2.6137	3.908	1.8667	1.5182
华东地区	60	37	49.7731	49.7423	2.4199	2.3076	2.6233	3.9521	1.9454	1.6575
中南地区	51	31	52.9370	55.2463	2.5374	2.4143	2.6887	4.0439	2.1846	1.9617
西南地区	7	4	43.7061	41.8408	2.1946	2.1543	2.3790	3.7221	1.7645	1.4666
西北地区	5	3	50.1505	50.333	2.4340	2.319	2.6773	4.021	1.8661	1.5425
总体情况	164	100	51.8224	50.0357	2.4381	2.3133	2.6425	3.9588	1.9609	1.6693

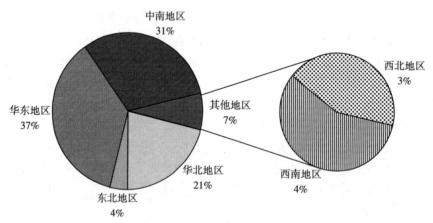

图4-7　房地产企业区域分布

（二）分项情况分析

在各分项竞争力指标对比方面，品牌财务表现力指标均值虽然得分最高，但在3分以下，与2011年相比普遍有所降低。房地产企业的规模效应明显；市场竞争力指标均值得分最低，均低于

2.0，整体市场竞争力表现不佳。但在整体趋势上仍旧延续2011年的发展趋势，华北地区在财务表现力分项指标的得分均值仍位列第一。中南地区在市场竞争表现力上同样表现突出，位于榜首。华东地尽管拥有较多的企业，但其各项指标仍

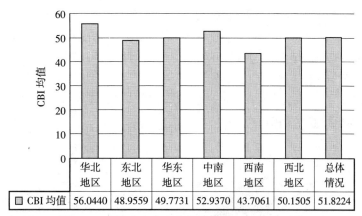

图4-8 房地产企业六大经济区域 CBI 均值对比

	华北地区	东北地区	华东地区	中南地区	西南地区	西北地区	总体情况
CBI 均值	56.0440	48.9559	49.7731	52.9370	43.7061	50.1505	51.8224

旧表现一般，处在中游水平。西南地区在各项指标上排名垫底，其品牌竞争力堪忧。整个房地产行业品牌竞争力区域发展水平差距仍旧明显，与2011年相比并无明显改善。

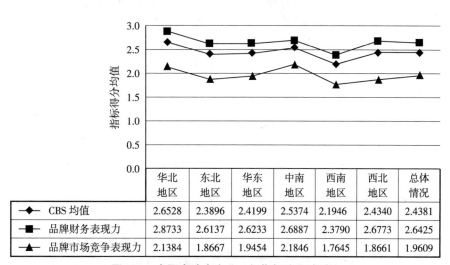

	华北地区	东北地区	华东地区	中南地区	西南地区	西北地区	总体情况
CBS 均值	2.6528	2.3896	2.4199	2.5374	2.1946	2.4340	2.4381
品牌财务表现力	2.8733	2.6137	2.6233	2.6887	2.3790	2.6773	2.6425
品牌市场竞争表现力	2.1384	1.8667	1.9454	2.1846	1.7645	1.8661	1.9609

图4-9 中国房地产企业一级指标分区域对比

二、四大省（市）分析

（一）总体情况分析

表4-11中四个省（市）的房地产企业数量占到企业总数的66%，广东省、北京市、上海市、浙江省的比重分别为24%、16%、18%、9%（见图4-10），与2011年相比并无明显差别，可以得出中国房地产上市企业分布较集中，且分布于中国三大经济热区长三角、珠三角和京津唐地区。

表4-11 中国房地产企业四大主要省（市）竞争状况

省（市）	2012年企业数量	所占比重（%）	行业 CBI 均值 2012年	2011年	CBS 均值 2012年	2011年	品牌财务表现力均值 2012年	2011年	市场竞争表现力均值 2012年	2011年
广东省	39	24	55.6751	57.7753	2.6391	2.4633	2.7951	4.1026	2.2752	2.0602
北京市	26	16	57.8880	56.3979	2.7213	2.4366	2.9431	4.0968	2.2039	1.9411
上海市	29	18	49.7640	48.3854	2.4196	2.2812	2.6181	3.8964	1.9565	1.6653
浙江省	14	9	51.1589	53.4214	2.4714	2.3789	2.6806	4.0763	1.9833	1.7036
其他省（市）	56	33	48.3714	48.6766	2.3698	2.2869	2.5676	3.9353	1.9082	1.5963
总体情况	164	100	51.8224	52.9313	2.5242	2.3694	2.7209	4.0215	2.0654	1.7933

广东省、北京市二省（市）CBI 得分分别为 55.68、57.89（见图 4-11），虽然分值与 2011 年相比上下浮动不大，但仍高于行业平均值 51.82，浙江省与 2011 年相比优势略有下降，CBI 得分为 51.16，略低于行业平均值。广东省 CBI 得分最高，在众省（市）房地产行业中仍旧显示出自身强劲的优势和发展潜力。上海市房地产企业数量与 2011 年相比有所下降，排名第三，但其 CBI 得分为 49.76，在四个省（市）中仍旧最低，特别是低于平均值，显示其品牌竞争力仍旧有待提升，改善趋势并不明显。

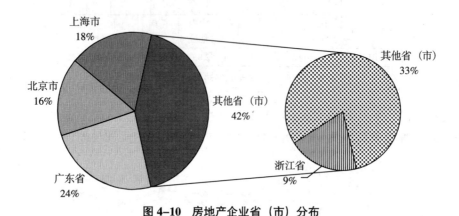

图 4-10　房地产企业省（市）分布

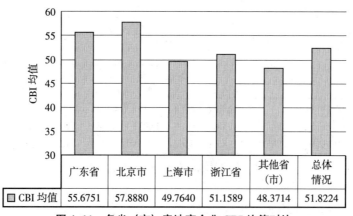

图 4-11　各省（市）房地产企业 CBI 均值对比

（二）分项情况分析

在各分项竞争力指标对比方面，依然保持上年的发展势头，品牌财务表现力指标均值得分最高，市场竞争力指标均值得分最低，说明中国房地产企业财务表现较好，还处于规模发展阶段，但市场竞争力较弱，在市场竞争效率方面有待提升。但广东省、北京市、上海市、浙江省 4 个省（市）的品牌财务表现力的指标均值均低于 3 分，表现比较差，均值低于 2011 年，相比来说，财务竞争力有逐渐减弱的趋势，竞争能力也逐渐减弱。

整体市场竞争力表现不佳，除广东省、北京市单项得分 2.28、2.20 超过 2 分外，其余两省均在 2 分以下，但相比上年总体而言，分值有小幅度提升，如果 3 分是及格线的话，中国房地产企业市场竞争仍旧表现整体不及格。广东省、北京市、浙江省、上海市四省（市）房地产企业的竞争水平还远高于其他各省（市）。究其原因，一方面是各地经济发展不均衡，另一方面是很多大型房地产企业具有较强的竞争力，将业务扩展至全国各地。

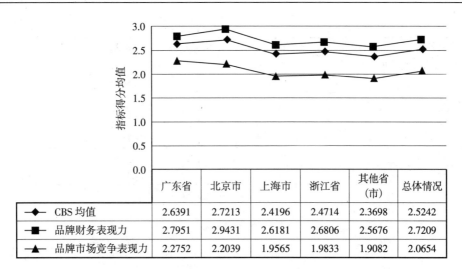

	广东省	北京市	上海市	浙江省	其他省（市）	总体情况
CBS 均值	2.6391	2.7213	2.4196	2.4714	2.3698	2.5242
品牌财务表现力	2.7951	2.9431	2.6181	2.6806	2.5676	2.7209
品牌市场竞争表现力	2.2752	2.2039	1.9565	1.9833	1.9082	2.0654

图 4-12 各省（市）房地产企业一级指标得分均值对比

第四节 2012 年度中国房地产企业品牌竞争力分项报告

一、品牌财务表现力

目前国内企业经营者对于现代化管理手段的理解与实践，多半仍然停留在以财务数据为主导的思维里。虽然财务数据无法帮助经营者充分掌握企业发展方向的现实，但在企业的实际运营过程中，财务表现仍然是企业对外展示基本实力的重要依据。品牌财务表现层面的分析将财务指标分为规模因素、增长因素和效率因素 3 个二级指标。规模因素主要从销售收入、所有者权益和净利润 3 个三级指标来衡量；效率因素主要从净资产利润率、总资产贡献率 2 个三级指标来衡量；增长因素主要从近三年销售收入增长率、近三年净利润增长率 2 个三级指标来衡量。

由于近几年中国房地产市场的井喷式发展，房价的不断攀升等因素使得各房地产企业近年来营业收入、净利润都保持了良好的增长态势，但全国 164 家房地产企业在品牌财务表现力与 2011 年得分均值相比有所下降，为 2.6879，万科、中国海外发展、恒大地产、保利地产、华润置地、碧桂园、雅居乐、富力地产、金地集团、远洋地产控股位列前 10 名，与 2011 年相比变化幅度不大，而且这 10 家企业在品牌财务表现力方面差距很小。其中，万科表现较为突出，均值得分排名由 2011 年第 3 名跃居第 1 名，而上海实业控股被挤出前 10 名。

从 3 个二级指标看，其均值分别为：规模因素 3.0521，效率因素 2.3024，增长因素 1.3734，与 2011 年单项得分均值 4.2000、3.7848、3.3213 相比均有所下降。其中规模因素仍旧得分最高，其对整体品牌财务表现力的影响也最大。规模因素中以销售收入得分最高，为 3.5931，但仍低于 2011 年销售收入均值。所有者权益与净利润得分均值分别为 2.9319、2.3548，与 2011 年相比也有小幅度下降。在所有三级指标中，近三年平均营业收入增长率得分最低，仅为 1.3010。

表 4-12 品牌财务表现力指数——行业前 10 名

企业名称	省（市、自治区）	行业 CBI 指数	品牌财务竞争力
万科企业股份有限公司	广东省	100	4.0213
中国海外发展有限公司	北京市	89.7193	3.9959
恒大地产集团	广东省	90.9384	3.9439

企业名称	省（市、自治区）	行业CBI指数	品牌财务竞争力
保利房地产（集团）股份有限公司	广东省	90.7563	3.8165
华润置地有限公司	北京市	88.5930	3.7771
碧桂园股份有限公司	广东省	81.0982	3.6343
雅居乐地产控股有限公司	广东省	76.4344	3.6027
广州富力地产股份有限公司	广东省	78.7109	3.5928
金地（集团）股份有限公司	广东省	75.8453	3.5553
远洋地产控股有限公司	北京市	74.4260	3.4843

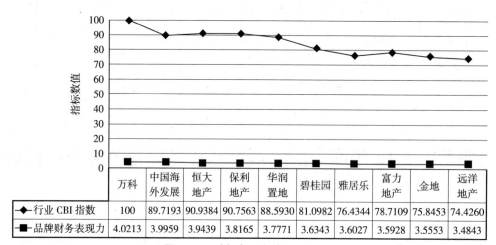

图4-13　财务表现力前10名企业

表4-13　品牌财务表现指数——行业前10名

一级指标	2012年	2011年	二级指标	2012年	2011年	三级指标	2012年	2011年
品牌财务表现力	2.6879	4.0059	规模因素	3.0521	4.2000	销售收入	3.5931	3.6383
						所有者权益	2.9319	4.6634
						净利润	2.3548	4.4497
			效率因素	2.3024	3.7848	净资产报酬率	2.8097	3.7367
						总资产贡献率	1.5415	3.8169
			增长因素	1.3734	3.3213	近三年销售收入增长率	1.3010	3.1566
						近三年净利润增长率	1.4458	3.4860

二、市场竞争表现力

随着房地产行业的持续、快速发展，市场竞争也更加激烈。企业只有具备更强的市场竞争能力，才能在目前的行业环境中生存下去。市场竞争表现力层面的分析将指标分为市场占有能力和超值获利能力2个二级指标。市场占有能力主要从市场占有率、市场覆盖率2个三级指标来衡量；超值获利能力主要从品牌溢价率、品牌销售利润率2个三级指标来衡量。

由于近几年中国房地产市场的井喷式发展，

房价的不断攀升等因素使得各房地产企业近年来营业收入、净利润都保持了良好的增长态势。全国164家房地产企业在市场竞争表现力得分均值仅为2.0479，低于财务表现力指标得分均值，但与2011年相比有所上升。万科、恒大地产、保利地产、华润置地、中国海外发展、碧桂园、富力地产、远洋地产、金地、绿城中国位列前10名，其中，金地、绿城中国强势跃入前10名，表现良好。上海实业控股、雅居乐两家企业被挤出前10名，而且这10家企业在市场竞争表现力方面差距较明显，万科得分4.9027，高于第2名保利地产的4.3065及第3名的4.0246。

二级指标中，市场占有能力得分均值 1.3877，略低于 2011 年，超值获利能力得分为 3.2741，与 2011 年相比有较大幅度的增长。整个房地产行业的垄断比较严重，所以行业领先的企业市场占有率及市场覆盖率高，大部分企业的市场占有率及市场覆盖率都比较低，导致行业此项得分均值很低。房地产行业内，品牌对企业市场竞争力的影响非常明显，因此品牌溢价率得分均值也最高，为 2.7790，与 2011 年相比涨幅不大。

表 4–14 市场竞争表现力指数——行业前 10 名

企业名称	省（市、自治区）	2012 年行业 CBI	市场竞争表现力
万科企业股份有限公司	广东省	100	4.9027
恒大地产集团	广东省	92.1701	4.3065
保利房地产（集团）股份有限公司	广东省	86.3228	4.0246
华润置地有限公司	北京市	82.9435	3.7818
中国海外发展有限公司	北京市	85.8266	3.5567
碧桂园股份有限公司	广东省	74.2205	3.2512
广州富力地产股份有限公司	广东省	70.0414	2.9340
远洋地产控股有限公司	北京市	66.8926	2.8754
金地（集团）股份有限公司	广东省	68.3032	2.8496
绿城中国控股有限公司	浙江省	64.3369	2.8035

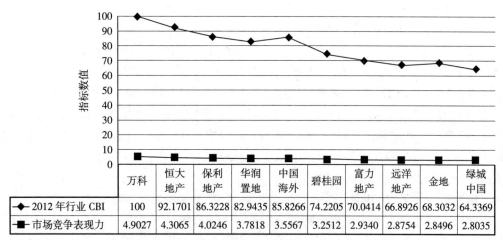

	万科	恒大地产	保利地产	华润置地	中国海外	碧桂园	富力地产	远洋地产	金地	绿城中国
2012 年行业 CBI	100	92.1701	86.3228	82.9435	85.8266	74.2205	70.0414	66.8926	68.3032	64.3369
市场竞争表现力	4.9027	4.3065	4.0246	3.7818	3.5567	3.2512	2.9340	2.8754	2.8496	2.8035

图 4–14 市场竞争表现力前 10 名企业

表 4–15 市场竞争表现力各分项指标得分均值

一级指标	2012 年	2011 年	二级指标	2012 年	2011 年	三级指标	2012 年	2011 年
市场竞争表现力	2.0479	1.7820	市场占有能力	1.3877	1.4112	市场占有率	1.2586	1.3073
						市场覆盖率	1.6888	1.6536
			超值获利能力	3.2741	2.4707	品牌溢价率	2.7790	2.7175
						品牌销售利润率	4.1936	2.0123

第五节 中国房地产企业品牌竞争力提升策略专题研究

一、中国房地产行业宏观经济与政策分析

（一）房地产市场运行情况

1. 房地产开发投资完成情况

国家统计局数据显示，2012 年，全国房地产开发投资 71804 亿元，同比回落 11.9 个百分点。其中，住宅投资 49374 亿元，增长 11.4%，占房地产开发投资的比重为 68.8%。东部地区房地产开发投资 40541 亿元，同比增长 13.9%；中部地区房地产开发投资 15763 亿元，同比增长 18.3%，增速回落 1.1 个百分点；西部地区房地产开发投资 15500 亿元，同比增长 20.4%，增速提高 0.9 个百分点。

2012 年，房地产开发企业房屋施工面积为 573418 万平方米，同比增长 13.2%；其中，住宅施工面积为 428964 万平方米，增长 10.6%。房屋新开工面积为 177334 万平方米，下降 7.3%；其中，住宅新开工面积为 130695 万平方米，下降 11.2%。房屋竣工面积为 99425 万平方米，增长 7.3%，其中，住宅竣工面积为 79043 万平方米，增长 6.4%。2012 年，房地产开发企业土地购置面积为 35667 万平方米，下降 19.5%，土地成交价款为 7410 亿元，下降 16.7%，降幅扩大 6.4 个百分点。

2. 商品房销售和待售情况

国家统计局数据显示，2012 年，商品房销售面积为 111304 万平方米，比 2011 年回落 2.6 个百分点，其中，住宅销售面积增长 2%，办公楼销售面积增长 12.4%，商业营业用房销售面积下降 1.4%。商品房销售额为 64456 亿元，同比回落 1.1 个百分点；其中，住宅销售额增长 10.9%，办公楼销售额增长 12.2%，商业营业用房销售额增长 4.8%。

2012 年，东部地区商品房销售面积为 53224 万平方米，同比增长 5.7%；销售额为 38413 亿元，增长 12.9%，增速提高 2.7 个百分点。中部地区商品房销售面积为 30140 万平方米，增长 2%，增速回落 1.8 个百分点；销售额为 13020 亿元，增长 8.5%，增速回落 2.8 个百分点。西部地区商品房销售面积为 27940 万平方米，下降 5.3%，降幅扩大 1.8 个百分点；销售额为 13023 亿元，增长 3.7%，增速回落 0.5 个百分点。12 月末，商品房待售面积为 36460 万平方米，比 11 月末增加 2893 万平方米，比 2011 年末增加 7752 万平方米。其中，住宅待售面积比 11 月末增加 2166 万平方米，办公楼待售面积增加 122 万平方米，商业营业用房待售面积增加 348 万平方米。

3. 房地产开发企业到位资金情况

国家统计局数据显示，2012 年，房地产开发企业本年到位资金 96538 亿元，同比回落 4.8 个百分点。其中，国内贷款 14778 亿元，增长 13.2%；利用外资 402 亿元，下降 48.8%；自筹资金 39083 亿元，增长 11.7%；其他资金 42275 亿元，增长 14.7%。在其他资金中，定金及预收款 26558 亿元，增长 18.2%；个人按揭贷款 10524 亿元，增长 21.3%。

4. 全国房地产市场价格变动情况

国家统计局数据显示，2012 年 10 月，新建商品住宅（不含保障性住房）价格变动情况与 9 月相比，70 个大中城市中，价格下降的城市有 17 个，持平的城市有 18 个，上涨的城市有 35 个。环比价格上涨的城市中，涨幅均未超过 0.5%。与 2011 年 10 月相比，70 个大中城市中，价格下降的城市有 56 个，持平的城市有 2 个，上涨的城市有 12 个。10 月，同比价格上涨的城市中，涨幅均未超过 1.5%，涨幅比 9 月回落的城市有 1 个。12 月，房地产开发景气指数为 95.59，比 11 月回落 0.12 个百分点。

（二）房地产行业政策分析

国务院常务会议强调"要稳定和严格实施房地产市场调控政策"，同时又提出"把稳增长放在更加重要的位置"，"根据形势变化加大预调微调

力度"，"积极采取扩大需求的政策措施，为保持经济平稳较快发展创造良好政策环境"。

房地产作为拉动经济增长最重要的着力点之一，已经持续调控了 16 个月。在 2012 年前 4 个月宏观经济数据不景气、经济下行压力加大的背景下，房地产将继续严格调控还是温和调整成为市场关注的热点之一。温家宝总理多次提出"严格实施差别化住房信贷、税收政策和限购政策，采取有效措施增加普通商品房供给，继续推进保障性安居工程建设"。

中国社科院 2012 年《房地产蓝皮书》指出，巩固调控成果、抑制投机性需求仍将是本年度房地产调控的中心任务。经济增速回落，生产性领域投资盈利下滑，特别是民营经济经营环境困难，而资本市场制度改革仍有待突破，居民储蓄和闲置资本仍然缺乏有效投资渠道，将被动流向房地产市场寻求保值增值。自住性需求支持力度将逐渐加大，调控措施将进一步体现差异化、精准化。为改善民生，促进房地产市场回归居住属性，2012 年国家房地产调控将加大对自住性需求的支持力度，引导自住性住房消费适度增长。可以预期调控措施将进一步体现差异化、精准化，在继续维持对投机性需求紧缩抑制政策的同时，对首套住房的金融支持力度将加大。政府与企业、中央与地方利益诉求客观上存在差异，使调控政策执行和实施难度增大。政府与企业、中央与地方差异化的利益诉求，导致地方政府和企业在对中央政策的执行和实施中，更积极寻找有利于自身利益的政策突破，消极应对不利于自身利益的政策实施，导致调控政策的执行和实施难度增大。

国务院办公厅近期发出绿色建筑行动方案通知，指出开展绿色建筑行动，以绿色、循环、低碳理念指导城乡建设，严格执行建筑节能强制性标准，扎实推进既有建筑节能改造，集约节约利用资源，提高建筑的安全性、舒适性和健康性。主要目标：①新建建筑。城镇新建建筑严格落实强制性节能标准，"十二五"期间，完成新建绿色建筑 10 亿平方米；到 2015 年末，20% 的城镇新建建筑达到绿色建筑标准要求。②既有建筑节能改造。"十二五"期间，完成北方采暖地区既有居住建筑供热计量和节能改造 4 亿平方米以上，夏热冬冷地区既有居住建筑节能改造 5000 万平方

米，公共建筑和公共机构办公建筑节能改造 1.2 亿平方米，实施农村危房改造节能示范 40 万套。到 2020 年末，基本完成北方采暖地区有改造价值的城镇居住建筑节能改造。绿色建筑方案的提出，实质上给中国房地产行业提出一个大的品牌概念，即未来房地产品牌的核心支撑要素是概念化，绿色环保高科技成为未来房地产品牌企业的品牌内涵。

由于房地产行业具有很强的资产属性，对货币政策具有较高的敏感度，国家今年 5 月之后货币政策的调整出现了变化，影响了房地产市场的变化。一方面，这些年来我们国家房地产的变化和起伏与广义货币 M2 的增长速度和走势是高度一致的；另一方面，房价的走势和实际利率变化高度关联，实际利率高，房价的走势就往上走，实际利率下降，房价的走势就往下走。房地产的调控政策方向会长期坚持，从 2010 年 4 月 15 日国务院十号文件开始的两年半的房地产调控，其核心就是两个内容：第一个内容是坚决抑制投机和投资性需求，第二个内容是满足合理的住房需求，所以我们的政策对首次购房的家庭实施利率优惠，"十二五"期间建 3100 万套保障住房满足低收入家庭住房需求。从城市的新增需求和住房消费升级换代过程来讲，中国房地产市场空间仍然很大。房地产企业发展的趋势是强者恒强，品牌知名度、品质信誉度、服务美誉度高，专业化能力强将使企业的核心竞争力提高。企业规避风险需要注意的方面就是要实现多元化，投资多元化包括独立、合作、开发、投资。业态多元化包括住宅、商业、旅游、产业。地域多元化包括大中小城市、东中西部。

此外，中国经济发展面临外需疲软的问题，扩大内需已经成为未来中国经济发展的核心战略之一，而城镇化是支撑扩大内需的重要载体，新型城镇化将是新一届政府的长期发展战略重点，新型城镇化建设成为中国当前最大的结构改革。户籍改革和土地改革的政策设置将是其成功关键，户改将夯实刚需基础，土改有助减小城乡差异，是行业健康成长的基础。此外，基建、增收、保障安居等相关政策都将直接或间接利好行业和相关企业。过去 10 年城镇化推动了房地产行业高速发展，未来 10 年，预计将投入 40 万亿元人民币

来促进城镇化建设，新型城镇化将进一步夯实住宅刚需基础，为房地产市场注入新活力，并且也可化解当前三四线城市的高库存风险，为房地产市场稳健成长保驾护航。

二、中国房地产行业品牌竞争力提升策略建议

（一）把握国家宏观政策，实现绿色建筑促进产业品牌健康持续

在全球经济大调整的关键时期，我国城市化和工业化进程正在加快，这为房地产企业的快速发展提供了新的机遇。我们不仅是未来城市的开发建设者，同时也是未来城市和地域空间的设计者，房地产企业在发展过程中不仅给人们提供一种实物资产和价值载体，同时还需要提供一种全新的生产生活方式，最终提供一种新的技术。

房地产行业在发展过程中需要树立为城市建设服务的思想，从当前的情况看，能否经营好城市的土地是城市科学发展的关键。因此，房地产企业与城市经营之间产生了关系。我国房地产业在此过程中获取难得的发展机遇，同时也面临严峻的考验。城市运营商是市场和政府之间不可缺少的中间环节，需要按照国家宏观政策的具体要求对城市进行区域统一性规划和布局。通过整合各房地产开发商利用经营、投资等商业模式打造新的区域城市，从而对整个社会经济发展产生积极的影响。房地产在国家宏观调控政策的影响下需要把发展模式向城市运营商转变，最终把经济效益和社会效益有机统一起来，从而保证房地产开发企业获取更多的发展空间。当前房地产企业的发展处于一个关键时期，树立经营观念超前的意识，可以为企业带来潜在的收益，缺乏此悟性的房地产开发商在竞争过程中会处于劣势地位。

（二）注重品牌战略提升，实现由规模因素竞争向效率要素竞争的转变

由上述数据统计结果可知，中国房地产行业的CBI值为51.82，按照CBI的相对值意义解读，中国房地产行业企业品牌整体竞争水平相对较弱，距离满分的指数值还有很长一段路要走。那么目前中国房地产行业竞争水平处于什么阶段呢？如果将企业竞争划分为规模竞争、效率竞争和创新

竞争三个阶段的话，4个分项指标的得分可以给我们答案。财务指标相对得分80以上，而市场竞争指标低于40分，则中国房地产企业竞争仍处于规模因素主导的第一阶段，虽然个别企业竞争水平已经处于效率竞争和创新竞争水平，但就中国房地产企业总体竞争水平而言，与技术创新和品牌经营的效率竞争和创新竞争阶段仍有很大距离。然而，品牌化经营是提升市场经营效率的重要途径和唯一捷径。因此，中国房地产企业必须以房产质量为基础，配套优质的售后服务，注重品牌化建设，实现由财务规模主导的竞争思维向提升市场竞争力的效率优先竞争思维转变。

（三）统筹兼顾均衡发展，实现由三足鼎立向整体实力提升的转变

本次调研的中国房地产企业总计164家企业，华东地区、华北地区和中南地区三大区域占企业总数的98%，代表的四个省（市）广东省、上海市、北京市、浙江省的房地产企业数量占企业总数的66%。中国房地产企业分布三大经济热区长三角、珠三角和京津唐地区，房地产行业呈三分天下的鼎足之势。本次评出的5A级企业有万科企业股份有限公司、恒大地产集团、保利房地产（集团）股份有限公司3家企业，占房地产企业总数的2%，但三家的营业收入占164家营业总额的19%以上，三家企业的CBI均值为93.89，远高于行业平均指数值51.82，所以5A级的3家企业是中国房地产行业当之无愧的领军企业，引领中国房地产行业的发展方向。

中国房地产企业竞争处于近乎寡头垄断的境地，21世纪中国需要一大批优秀的房地产企业支撑其城镇化进程。因此，国家应加大西北地区、西南地区和东北地区的房地产行业发展，加大中游房地产企业的政策扶持力度并予以品牌化建设的指导。

三、中国房地产企业品牌竞争力提升策略建议

品牌建设从品牌定位出发，经过品牌规划和设计，进行品牌推广，以期在消费者和潜在消费者中扩大知名度、提高品牌认同和消费者忠诚度，建立消费者对品牌的崇信度，厚积品牌资产；通

过品牌的创建、经营和管理，进行品牌延伸、品牌扩张和品牌战略联盟等一系列战略，增强品牌核心竞争力，达到最终目的——品牌增值的全过程。品牌建设战略是企业战略的一个重要构成部分，品牌建设所追求的是企业发展的长期战略目标，因此，品牌建设能够为增强企业品牌竞争力、扩大市场份额和实现长期利润奠定坚实的"基础"，形成一种无形的"力量"，即建立品牌资产，提升品牌价值。

（一）构筑有特色的企业品牌文化体系

企业的品牌文化体现的是企业核心价值观念，即全体职工衷心认同和共存的企业核心价值观，它规定了人们的基本思维模式和行为模式，是一种习以为常的、不需要思考就能表现出来的东西，具有延续性和保持性。所以，品牌文化是现代企业最具战略性的管理思想与管理方法，是直接影响企业品牌竞争力、决定企业兴衰的关键因素。

第一，要抓好品牌发展目标和发展前景的描绘。制定出符合企业实际的关于品牌文化建设的近期目标和长期前景，以企业发展的战略目标、企业管理目标和企业经营目标为载体，建立具有导向和激励作用的品牌目标文化，从而真正提高企业的凝聚力和向心力，调动员工的积极性，发挥员工的主观能动性。

第二，通过多种方式塑造品牌的形态和外貌，要结合企业自身的特点进行合理的扬弃和大胆的创新，从品牌的视觉、行为和理念三个层面对品牌形象做全面、科学的规划，突出品牌文化的个性特点和可操作性，构筑一整套有企业特色的品牌文化体系。

（二）品牌的资本运营——企业并购和上市融资

房地产资本运营通过所拥有的各种资源、生产要素，即其所拥有的各种资本都视为可以经营的价值资本，通过流动、收购、兼并、重组、参股、控股、转让、交易、租赁等优化配置，进行有效运营，以实现房地产企业的最大增值盈利。品牌资产正是企业可以用来进行运作的重要资本，资本的本性是追求利润的最大化，品牌的价值就在于盈利上的潜力，这正契合了资本的本质。品牌的盈利潜力——在营销上的作用以及向其他产业延伸的能力都使品牌对于企业的资本运作具有

非同寻常的意义。

企业花费在创建品牌上的资金以及成功的品牌宣传策略都使企业的资产增值。在前面的论述中提到，房地产品牌是房地产企业无形资产的重要组成部分，而且非常重要的一点是：品牌资产的价值是可以评估的，可以体现为资金价值，从而是可以置换的。而科学的品牌价值评估体系也使得正确地反映品牌在企业购买和合并中的价值成为可能。在现代企业并购的市场上，以高于企业资产10倍甚至20多倍成交的并不少见，而这里实际成交价格与企业资产之间的差价正是品牌价值在企业购买与合并中的体现。

上市房地产企业以项目的形式提供产品和服务，自有资金积累速度较慢，时间比较长，新项目和规模扩张时，资金往往成为"瓶颈"，经济周期低谷时更是如此。融资对于房地产企业经营特别重要。随着房地产企业重新具有了到资本市场直接融资的机会，股票市场逐渐成为房地产企业的一个非常重要的经营阵地。企业在股市上的成功可以使企业获得大量资金用于企业的运转和发展。而企业在股市上的表现取决于多方面的因素，其中，企业本身的盈利表现以及盈利预期起着关键性的作用。在这里，品牌的作用是无形而巨大的，成功的品牌往往使股民趋之若鹜。大卫·A.艾克的研究中有一项调查表明，在品牌资产上获得高收益的企业，其股市回报率平均达到30%；反之在品牌资产上获益低的企业，股市回报率平均是10%。同样，房地产品牌价值与股市回报率也是成正比的，成功的房地产品牌价值可以使企业获得高利润，而且品牌的能量可以给企业未来的盈利增长和发展提供强大的支撑力和推动力。

（三）以优质的产品和服务满足顾客的需求

产品和服务的优良品质在品牌建设中有举足轻重的作用，强调了品牌客体的物质性，是品牌建设的基础。企业为了争得市场的主动权，必须从自身的产品质量和服务质量入手。只有质量有了保证，企业才能得到长足发展。

高质量的房地产产品可以让顾客满意，并且会通过消费领域的传播和流通范围的展开，迅速扩大影响，赢得更多消费者的关注和青睐，从而逐渐树立起房地产品牌的信誉。企业应该坚持

"高标准、精细化、零缺陷"等品质理念，为了创强势品牌，必须强调"先卖信誉，再卖产品"。

随着市场经济的发展和消费需求的变化，尤其是顾客导向的确立，使得满足顾客的需求、实现顾客的完全满意成为企业服务的重中之重。因此，企业要不断地完善服务系统，最大限度地使顾客感到安心和便利。企业应经常访问顾客，了解顾客的需求点和关注点，提供优秀的物业服务，传播物业理念等，用热情、真诚、周到的服务给顾客带来全方位的满意。

（四）加强品牌传播，提高品牌知名度

品牌传播的长期目标就是建立消费者心目中的品牌。即将品牌特征通过一定的沟通渠道传递给目标受众，在消费者心目中建立起企业所希望的品牌形象。在房地产行业，由于房地产经营价值链环节很多，涉及各种外部利益相关者，如政府机构、供应商、经销商、公共媒体、消费者利益团体等，因而品牌关系的建立不能仅关注消费者，而应该考虑与各种利益相关者的关系，因为顾客在品牌形象形成的过程中，也受到来自政府机构、媒体、经销渠道乃至资本市场投资者对该品牌的信息反馈的影响，从而形成心目中的品牌形象。因此房地产品牌的传播，要特别注意通过各种与利益相关者的关系建立消费者心目中的品牌形象。

1. 企业、项目品牌定位的传播

可以通过大众媒体广告、互动式媒体、公共关系活动等来与目标受众进行沟通。使目标受众了解该房地产品牌是为哪些消费者建立的，品牌的核心价值是什么，品牌如何进行产品规划等。例如，万科就很注意推广其为中产阶级提供健康丰盛的生活方式的品牌定位，通过大型户外广告牌，在交通工具上的流动广告，万科的企业网站、企业期刊、外部公共媒体等来传达这样的品牌定位思想。企业品牌传播是目前房地产品牌传播中最需要重点加强的环节。同时要注重品牌个性的传播，品牌个性作为品牌定位的战略延伸，但是既定的品牌个性能否被消费者认同，并建立起预期的品牌与客户关系依赖于品牌传播活动能否取得成效。

2. 房地产品牌价值与增值的传播

品牌传播是实现品牌价值与建立品牌附加价值的重要途径。通常在进行项目品牌传播时，要以企业品牌的定位和品牌个性为基础来制订项目品牌传播主题，即将企业品牌定位和品牌特征与每个项目品牌的主要价值诉求点紧密结合，实现在推广项目主要卖点的同时突出品牌的核心价值，并依靠成功的品牌传播实现品牌的附加值。

3. 房地产品牌的广告战略

品牌传播中富有成效的广告运动是积累品牌资产的重要途径。房地产行业是一个广告传播预算占销售总额很高比例的行业。有的房地产商在进行项目推广时，广告投入占到整个项目销售总额的10%~15%左右，大大高于一般产品的广告预算比例。在广告运动中，发展商80%的广告费用预算都投向广告媒体。其中，报纸广告是消费者获取房地产信息最主要的来源。从房地产广告投放来看，投放力度一般很大，特别是一些不太著名的房地产发展商在推广项目时投放总量就很大；广告投放时间一般采用密集型投放策略，在某一段时间内进行主要媒体的连续集中投放。广告主题的轮流安排也不是无序的，它是和广告周期的安排、广告诉求点的内容紧密相连的。在产品的引导期和公开期，广告主题多以产品的规划优势、楼盘的地段特征为主，通过形象的介绍，让一个新兴的事物尽快为客户所关注和了解。到了楼盘的强销期和持续期，除非产品有特别的优势，价格攻势往往成为广告的主要内容，通过价格上的优惠折让和某些服务方面的承诺促使成交量迅速扩大。

广告主要是通过传播沟通和效果说服来塑造房地产品牌形象的。它可以传递具体品牌功能性信息的作用，例如，房地产品牌的核心功能价值、项目的主要优势（规划设计、景观设计、户型设计方面的优点等）；也可以起到改变产品类型和消费者心理、建立品牌附加值的作用。

4. 房地产品牌公共关系战略

公共关系是为了传达信息和改善公众对个人或者政府机构、企业、事业单位的印象，其本质是提高品牌的知名度、改变行为或者通知公众。公关的类型有很多种，如投资关系、媒体关系、危机处理、对新产品和新服务的宣传、社团活动以及对宣传活动的安排和展览的设计等。公关不是广告，它比商业广告更善于发现和创造新闻价

值。它不是生硬地劝说或者强加于人，而是使用大众媒体以及其他可以让品牌看上去更有人情味的传播渠道，让人们在不知不觉中接受，并运用技巧将劝说因素巧妙地运用在整个活动中，营造出一种积极的形象和亲切感。

房地产企业中的公共关系就是为开发商塑造一个积极的形象，提高开发商的知名度，在开发商与消费者之间建立一种稳定的合作伙伴关系。房地产不同于其他一般消费品或服务产品，住宅消费的依赖性决定了开发商和消费者之间的关系是唇齿相依、不可分割的，他们之间应该建立起相互信任和沟通互动的关系。开发商必须努力维系这种密切的关系，以此提高客户对房地产产品的市场信任度，使客户成为自己的产品代言人，通过口碑产生新的客户群，从而以较低的成本完成销售。

5. 房地产品牌整合营销传播战略

房地产品牌传播的沟通渠道和工具多种多样，报纸、电波、公关事件、多媒体演示、楼书、卖场、样板房、工地现场、销售及服务等，远比一般的消费品繁复。合理运用品牌整合策略，可以对沟通渠道和工具进行水平整合，保证在行销传播过程中围绕着一个核心利益展开，这样就能做到让消费者从不同的传播渠道听到一个声音，使各个传播通道的行销宣传形成整合传播的效果和累计的传播效应。再者，为了保证各个阶段的行销及传播传达统一的项目形象，并逐步形成累积效应，需要针对项目销售进行全程品牌沟通，让不同阶段的工程进度、销售推进、广告围绕一个统一的核心有机地展开，这就是品牌策略对传播渠道进行纵向整合的过程。

（五）实施网络营销，创新品牌宣传新途径

随着房地产市场日趋严峻，新房网络广告市场的竞争也日益激烈，而新浪乐居与搜房网两者之间的拉锯状态短时间内难以改变。一方面是新浪乐居利用多营销平台进行的创新整合方案，进一步推动其在品牌广告中的影响力；另一方面是积累了足够经验与用户的搜房网品牌的建立，使两者之间保持着规模拉锯。对于未来的发展，新浪可继续深度挖掘其丰富的媒体资源优势，创新营销方案，将品牌广告主聚拢；搜房网通过继续深度布局家居、二手房、租房等业务挖掘用户的需求，提高用户的黏性，进而寻找业绩增长的突破点。房产广告主对房地产电商营销的认可度提升，也促使房地产网络营销媒体推出更具差异化的产品平台。随着主流房产营销媒体运营商相继推出房产电子商务平台，以及房地产开发商对房产电商的营销效果逐渐认可，房地产电商营销成为新的房产网络营销热点。而从目前的情况来看，除了利用丰富的房源吸引用户的关注从而提升平台价值外，能够利用其他媒体服务带动用户的活跃度及黏性是维持长久发展的重要考量。例如，利用社交工具做活动、房源的推广，为电商平台做流量导入，并利用社交工具、社区等为受众提供增值服务，提升用户的黏性。而随着移动互联网的发展，以及房产电商中涉及的预付金、保证金等支付的方式的日益完善，未来可实现跨网多平台的整合营销。

第五章　金融行业企业品牌竞争力指数报告

第一节　中国金融企业品牌竞争力指数总报告

一、2012 年度中国金融企业总体竞争态势

中国企业品牌竞争力指数（以下简称 CBI）

研究课题组，通过对 40 家上市金融企业品牌的调研，并根据各企业营业收入原始数据计算得出中国金融企业竞争力呈华北地区占主导地位的总体竞争态势。

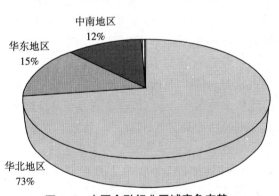

图 5-1　中国金融行业区域竞争态势

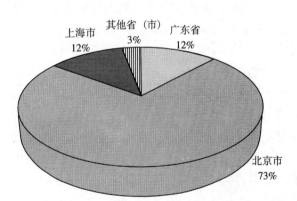

图 5-2　中国金融行业各省（市）竞争态势

中国 2011 年金融行业受调研企业营业总额为 34010.69 亿元，同比增长 9.91%。其中，华北地区、华东地区和中南地区三大区域占营业总额的比重高达 99.8%，几乎是营业总额的全部，且三大区域金融企业营业额分别为 24867.90 亿元、4937.68 亿元、4142.56 亿元，占营业总额的比重分别是 73.1%、14.5%、12.2%；同比增长分别为 23.35%、20.24%，26.29%。营业额排在前 3 名的省（市）为北京市、广东省和上海市，分别为 24856.92 亿元、4123.93 亿元、4081.52 亿元，所

占比重分别为 73.1%、12.1%、12%，同比增长分别为 23.85%、17.43%、25.65%，三大省（市）占营业总额的比重高达 97.2%，北京市占据绝对优势。这与国家金融行业的垄断政策是分不开的。

中国 2011 年金融行业受调研企业净利润总额为 9671.81 亿元，同比增长了 21.01%；近三年营业收入平均增长率为 179.57%，主要是个别企业的迅速增长拉高了近三年营业收入的平均增长率；近三年净利润平均增长率为 89.30%，相比上年的 95.85% 有所减少，这和整个经济形势不乐观是密

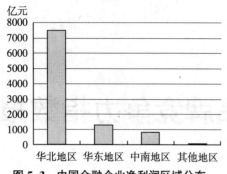

图5-3　中国金融企业净利润区域分布

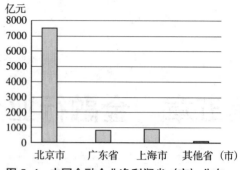

图5-4　中国金融企业净利润省（市）分布

切相关的。但华北地区、华东地区、中南地区金融企业净利润总额分别为7524.10亿元、1275.56亿元、859.16亿元，与2010年三个地区的净利润总额6145.31亿元、1089.85亿元、712.59亿元相比都有所增长。这三大区域占净利润总额的比重很高，仅华北地区所占比例就高达73.1%，占绝对优势。净利润总额排在前3名的省（市）是北京市、上海市、广东省，净利润分别为7522.16亿元、925.36亿元、854.81亿元，所占比重分别为77.8%、9.6%、8.8%，与2010年的72%、13%、12%相比可知，北京市金融企业净利润占所有企业的净利润比例在扩大，而设立于上海市和广东省的金融企业净利润所占比例有所降低。但是三大省（市）占净利润的比重仍然高达96.2%。

总的来看，中国金融企业大多数分布于北京市、上海市和广东省，这三省（市）是经济发展最快的地方，因此也是金融企业的汇聚地。但无论是企业的数量，还是企业的营业收入、净利润总额，北京市都占据了绝对的优势，这种独霸天下的竞争态势成为当前中国金融行业竞争的最显著特征。

二、2012年度中国金融企业品牌竞争力总体述评

（一）从竞争格局看：营业收入一枝独秀，公司数量集中两区

从中国金融企业营业收入上来看，本次调研总计40家企业，主要分布于华北地区，仅这一区域的营业收入就占到所有营业收入的73.1%，比2011年营业收入所占比重72.87%略高。而排在第2名和第3名的是华东地区和中南地区，其营业收入占总营业额的比例分别为14.5%和12.2%，与2011年的排名相同，并且所占营业收入比例几乎和今年持平，但从两年的营业收入比例看，第2名和第3名与第1名华北地区还有很大的差距。营业收入排在前3名的为北京市、广东省、上海市，所占比重分别是73.1%、12.1%和12%，与2011年的72%、13%、12%相比变化不大，只是第2名与第1名的比例差距又拉大了一些。

从中国金融企业数量上来看，金融企业主要分布于华东地区和华北地区，所占比重分别为35%和30%，华东地区所占比重比2010年的40%下降了5个百分点，华北地区所占比例没有变化。今年两个地区所占比重是受调研企业数量的65%，虽然比2011年的70%有所降低，但集中度仍然比较高，依旧呈双雄争霸之势，同时华北地区以较少的企业数量获得了最多的营业额，说明其经营能力很好，而华东地区数量最多，但营业收入只占到华北地区的1/5，其营业能力、品牌服务等都需要进一步提高。

从金融企业的品牌竞争力水平来看，华北地区的CBI均值为73.2867，远高于全国均值53.9004。而其他地区的CBI均值都低于全国平均水平，尤其是华东地区，企业数量最多，但CBI均值仅为48.0669。由此看出，华东地区的金融业只是注重量的发展，而品牌竞争力需要很大的提升，这种特征与2011年是一致的，因此金融企业要着眼于长远的战略规划。从省（市）来看，北京市、广东省、上海市三省（市）的CBI均值分别为77.3858、56.3706、50.8485，虽然整体趋势和2011年一样：都表现为北京市CBI均值排名第一，并且其数值远高于行业平均值，广东省CBI均值排名第二，比全行业平均水平稍高，上海市排名第三，其CBI均值低于全行业平均水平，

2012 年的整体均值都比 2011 年要低。

受调研的 40 家企业金融行业是中国众多金融企业的典型代表，从中可以分析中国金融企业的竞争情况。金融行业是关乎中国经济发展的重要行业，金融企业目前已形成以北京市为代表的华北地区独霸天下的竞争态势，一定程度上也揭示了中国区域经济发展的不均衡，西北地区、西南地区和东北地区金融行业的发展仍处于竞争劣势，这些地区需要成长一批具有综合竞争力的企业带动区域行业的发展。

（二）从竞争态势看：龙头企业引领发展，3A 级企业势均力敌

根据中国金融企业品牌竞争力分级评级标准，对调查的 40 家企业进行分级评估，按照一般惯例分为五级，5A 级企业 4 家，4A 级企业 7 家，3A 级企业 10 家，2A 级企业 18 家，1A 级企业 1 家。从绝对数量来看，5A 级企业的数量与 2011 年相同，但由于今年受调研的金融企业比 2011 年少了 10 家，所以 5A 级企业所占比例却有所提升，4A 级企业比 2011 年少了 3 家，3A 级企业比 2011 年少了 2 家，2A 级企业比 2011 年少了 1 家，1A 级企业比 2011 年少了 4 家；其中 5A 级金融企业分别是工商银行、建设银行、农业银行、中国银行。这 4 家银行占受调研金融企业总数的 10%，但 4 家的营业收入超过 15000 亿元，占金融企业营业总额的 46% 以上，5A 级企业的 CBI 均值为 94.7244，远高于行业平均指数值 53.9004，所以 5A 级企业是中国金融行业名副其实的龙头企业，引领中国金融行业的发展方向。值得关注的是，10 家 3A 级企业占据行业企业比重的 25%，与上年所占比重几乎相当，其 CBI 均值为 60.6932，高于行业平均指数，3A 级大集团基本代表了金融行业发展的平均水平，并且企业之间指数分布比较均匀，可以说是势均力敌，你追我赶。

（三）从竞争表现看：财务表现差距很小，各项指数变化不大

随着近年来中国经济的快速发展，使得个人及经济体都有了大量的流动性资金，金融企业也得到了前所未有的快速发展，使得各金融企业近年来营业收入、净利润都保持了良好的增长态势。

对于中国企业来说，财务表现仍然是企业对外展示基本实力的重要依据。40 家金融企业的品牌财务表现力得分均值为 2.6438，工商银行、建设银行、中国银行、农业银行、中国平安、中国人寿、交通银行、招商银行、中信银行、民生银行位列前 10 名，这 10 家企业在品牌财务表现力方面的差距很小。第 1 名的工商银行得分为 3.9770，略高于第 2 名建设银行的 3.9032，第 1 名的工商银行比第 10 名的民生银行高出不到 1 分。从 3 个二级指标来看，其均值分别为：规模因素 3.0031，效率因素 2.1075，增长因素 1.5032，其中规模因素得分最高，其对整体品牌财务表现力的影响也最大。规模因素中又以所有者权益得分最高，为 3.1801。在所有三级指标中，近三年销售收入增长率得分最低，仅为 1.2113。从所有不同级别的指标分析可知，除了所有者权益的得分略高于 2011 年的均值，其他指标都低于 2011 年的得分。

在市场竞争力方面，随着金融行业的持续、快速发展，市场竞争也更加激烈。40 家金融企业的市场竞争表现力得分均值为 2.8730。工商银行、建设银行、农业银行、中国银行、中国人寿、平安保险、交通银行、中国人保、太平洋保险、招商银行位列前 10 名，这 10 家企业在市场竞争表现力方面的差距不是很大，第 1 名工商银行得分为 4.6766，略高于第 2 名建设银行的 4.4121。二级指标中，市场占有能力得分均值为 2.1849，超值获利能力得分为 4.1509。金融行业内，品牌对企业市场竞争力的影响非常明显，2012 年的品牌溢价率得分均值为 4.5604，因此其对整体品牌市场竞争表现力的影响也最大。在所有三级指标中，市场占有率得分最低，仅为 1.7136，这也说明了市场竞争的加剧。

与 2011 年相比，品牌财务表现力和市场竞争表现力 2 个一级指标的均值都明显减小；5 个二级指标中只有超值获利能力由 3.5123 增加到 4.1509，其他 4 个指标都有所下降；11 个三级指标中，所有者权益、品牌溢价率和品牌销售利润率都稍微有所增加，剩下的 8 个指标则都在降低。因此 2012 年的品牌竞争力的综合表现不如 2011 年。从 2011 年和 2012 年两年的数据总的来看，金融行业的各级指标表现一般，各项指标差距微小，我国金融企业品牌建设与发展还有很长的路要走。

第二节　中国金融企业品牌竞争力排名报告

一、2012 年度中国金融企业品牌竞争力指数排名

CBI 研究课题组于 2011 年 7 月完成了理论研究，拟采用多指标综合指数法对中国企业品牌竞争力进行量化研究。初期理论成果包括 CBI 四位一体理论模型、CBI 评价指标体系、CBI 评价指标权重以及 CBI 计算模型，并且已经通过国内十位经济学、管理学界权威专家论证。为了检验理论成果的应用效果，课题组继 2011 年对中国金融企业品牌进行调研之后，于 2012 年底对中国金融企业品牌再一次进行调研，根据调查数据应用 CBI 计算模型得出中国金融企业品牌竞争力排名（以下简称 CBI-R）（见表 5-1）。

表 5-1　2012 年中国金融企业品牌竞争力指数排名

公司名称	省（市、自治区）	相对值（指数）				绝对值形式（5 分制）		
		2012 年行业 CBI	排名	2011 年行业 CBI	排名	品牌竞争力得分（CBS）	品牌财务表现力	市场竞争表现力
工商银行	北京市	100	1	100	1	4.1869	3.9770	4.6766
建设银行	北京市	95.8345	2	99.999	2	4.0559	3.9032	4.4121
农业银行	北京市	92.1222	3	95.228	4	3.9391	3.8237	4.2086
中国银行	北京市	90.9410	4	96.4991	3	3.9020	3.8270	4.0771
中国人寿	北京市	81.8728	5	88.8982	6	3.6168	3.4463	4.0148
中国平安	广东省	79.2533	6	83.7824	8	3.5345	3.5196	3.5692
交通银行	上海市	74.6354	7	86.7827	7	3.3892	3.4342	3.2845
招商银行	广东省	73.1230	8	89.3629	5	3.2304	3.2897	3.0920
中国人保	北京市	72.4532	9	71.8197	13	3.1789	3.1863	3.1619
中信银行	北京市	71.6321	10	76.0132	10	3.1630	3.2497	2.9608
太平洋保险	上海市	70.3428	11	78.9315	9	3.1421	3.1393	3.1484
民生银行	北京市	69.0427	12	73.9767	11	3.1328	3.2230	2.9222
浦发银行	上海市	68.6697	13	70.8632	14	3.1073	3.1894	2.9157
兴业银行	福建省	64.5730	14	64.3729	17	3.0728	3.1309	2.9372
光大银行	北京市	61.1058	15	71.9438	12	2.9638	3.0255	2.8199
北京银行	北京市	60.5139	16	64.7894	16	2.9452	2.9832	2.8564
中信证券	广东省	60.1338	17	64.0437	18	2.9332	2.9991	2.7795
深圳发展银行	广东省	57.8724	18	63.5172	19	2.8621	2.9275	2.7096
广发证券	广东省	55.9832	19	61.4718	20	2.8027	2.7719	2.8746
华夏银行	北京市	55.7254	20	64.9607	15	2.7946	2.8445	2.6781
海通证券	上海市	53.3116	21	56.5845	21	2.5615	2.5290	2.6371
南京银行	江苏省	49.5061	22	52.9923	22	2.4418	2.3731	2.6021
宁波银行	浙江省	44.0023	23	52.0233	23	2.4260	2.3610	2.5775
华泰证券	江苏省	43.8016	24	49.9759	27	2.4196	2.3455	2.5925
中国太平保险	上海市	42.9894	25	51.1276	26	2.3941	2.3563	2.4824
招商证券	广东省	42.8456	26	51.9366	24	2.3896	2.3018	2.5945
光大证券	上海市	41.9130	27	47.4927	28	2.3603	2.2665	2.5791
西南证券	重庆市	39.5449	28	46.3234	—	2.2858	2.1578	2.5845
国元证券	安徽省	34.9352	29	46.2311	—	2.1408	1.9905	2.4917

续表

公司名称	省（市、自治区）	相对值（指数）				绝对值形式（5分制）		
		2012年行业 CBI	排名	2011年行业 CBI	排名	品牌竞争力得分（CBS）	品牌财务表现力	市场竞争表现力
兴业证券	福建省	34.3298	30	43.2152	—	2.1218	1.9879	2.4342
宏源证券	新疆维吾尔自治区	33.5044	31	41.5132	—	2.0958	1.9536	2.4278
长江证券	湖北省	33.1931	32	47.054	—	2.0860	1.9318	2.4460
诺亚财富 NOAH	上海市	31.8088	33	42.3782	—	2.0425	1.8598	2.4688
山西证券	山西省	28.1964	34	35.3467	—	1.9289	1.7533	2.3388
安信信托	上海市	28.1175	35	26.1221	—	1.9264	1.7956	2.2317
国金证券	四川省	25.8627	36	25.7334	—	1.8555	1.6723	2.2830
泛华保险 CISG	广东省	25.3830	37	30.3421	—	1.8404	1.6265	2.3396
陕国投 A	陕西省	23.8202	38	25.6784	—	1.7913	1.5216	2.4206
太平洋	云南省	23.1198	39	24.6582	—	1.7693	1.5639	2.2486
东北证券	吉林省	20.0000	40	22.9543	—	1.6712	1.5125	2.0415
均值		53.9004		—		2.7126	2.6438	2.8730

说明："—"表示2011年排名不在前40名的企业，由于北京农商银行、天津银行、包商银行不是上市金融企业，这次没有包含在内。

与2011年相比，2012年金融行业自主品牌排名前40强有小幅变动。其中，中国人保由2011年的第13名跃居2012年的第9名，太平洋保险从2011年的第9名下滑至第11名，招商银行由2011年的第5名下滑至2012年的第8名。工商银行、建设银行、农业银行、中国银行、中国人寿、中国平安、交通银行、招商银行、中信银行这9家企业稳坐前10名，只有个别企业的排名有所变动。在排名前20强的企业中，兴业银行由上年的第17名上升到今年的第14名，增长趋势明显，华夏银行则从上年的第15名下降至第20名，下降幅度比较大；第10名至第20名的企业变化也不大，只是企业间的排名有所变动。在前30名的企业中，2011年位居第25名、第29名和第30名的企业分别为北京农商银行、天津银行、包商银行，由于这3家企业不是上市公司，今年没有统计到这3个公司的数据，因此就没有涵盖在今年的排名当中。与2011年相比的，2012年的CBI差距有所扩大。

通过2012年中国金融企业品牌竞争力指数数据计算，得出中国金融行业2012年CBI数值为53.9004，和2011年CBI数值52.0873相比变化不大。CBI数值为相对值，一方面可以反映行业总体竞争水平，另一方面为行业内企业提供了一个比较标准。后续课题组根据近万家企业CBI数据得出中国企业品牌竞争力指数值为68，那么金融行业CBI数值为53.9004<68，说明金融行业企业整体竞争水平低于平均水平，行业发展处于弱势状态，与2011年相比并无有效改善。同理，行业内部企业CBI数值低于53.9004，说明其品牌竞争力处于劣势，高于53.9004，说明其品牌竞争力处于优势，整个CBI指标体系为企业提供了一套具有诊断功能和预测功能的实用工具。

二、2012年度中国金融企业品牌竞争力指数评级报告

（一）中国金融企业品牌竞争力指数评级标准体系

根据表5-1得出的金融企业CBI数值，课题组绘制总体布局图（见图5-5），从整体上看CBI分布曲线几乎接近线性。根据CBI数值表现出来的特征，结合金融企业的行业竞争力特性对调查的企业进行分级评估，按照一般惯例分为五级，划分标准如表5-2所示。

表5-2　中国金融企业品牌竞争力分级评级标准

评级 ＼ 标准	CBI数值标准
A A A A A	CBI≥90
A A A A	70≤CBI<90
A A A	50≤CBI<70
A A	20≤CBI<50
A	CBI<20

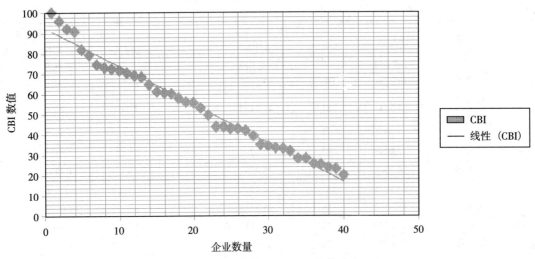

图 5-5　中国金融企业 CBI 散点分布

（二）中国金融企业品牌竞争力指数评级结果

根据以上评价标准，将金融企业划分为五个集团，具体的企业个数及分布情况如表 5-3 和图 5-6 所示，由于篇幅原因，各级水平的企业得分情况仅列出代表企业。

表 5-3　中国金融企业各分级数量表

企业评级	竞争分类	企业数量	所占比重（%）	行业 CBI 均值	CBS 均值	品牌财务表现力均值	市场竞争表现力均值
5A 企业	第一集团	4	10	94.7244	4.0210	3.8827	4.3436
4A 企业	第二集团	7	17.5	74.7590	3.3221	3.3236	3.3188
3A 企业	第三集团	10	25	60.6932	2.9176	2.9624	2.8130
2A 企业	第四集团	18	45	34.8263	2.1287	1.9899	2.4524
1A 企业	第五集团	1	2.5	20.0000	1.6712	1.5125	2.0415
全部	不分类	40	100	53.9004	2.7126	2.6438	2.873

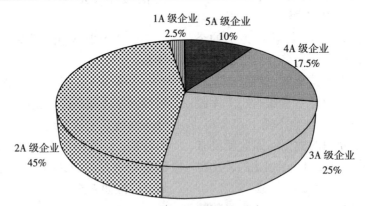

图 5-6　中国金融企业分级分布

表 5-4　中国金融行业 5A 级企业品牌代表

企业名称	评级水平	排名	行业 CBI	CBS	品牌财务表现力	市场竞争表现力
工商银行	5A	1	100	4.1869	3.9770	4.6766
建设银行	5A	2	95.8345	4.0559	3.9032	4.4121
农业银行	5A	3	92.1222	3.9391	3.8237	4.2086
中国银行	5A	4	90.9410	3.9020	3.8270	4.0771

据表 5-2 中国金融企业品牌竞争力分级评级标准，5A 级金融企业共有 4 家，占总数的 10%。表 5-4 中所列的 4 家企业：工商银行、建设银行、农业银行、中国银行是中国金融行业名副其实的龙头企业，品牌财务表现力、市场竞争表现力均表现突出，品牌发展潜力巨大。CBI 及各项分指标得分值均远远超出其他集团企业，并且与 2011 年相比该集团的企业没有发生改变。在

第一集团内部比较而言，工商银行的品牌财务表现力位于全行业第一，其各方面的指标都呈现良好的态势，中国银行比农业银行的财务表现力略强，但市场竞争表现力稍微逊于农业银行，因此农业银行由上年的第 4 名跃居至第 3 名，中国银行由第 3 名下滑到第 4 名。从 CBI 来看，建设银行、农业银行、中国银行的数值与 2011 年相比都有所降低。

表 5-5　中国金融行业 4A 级企业品牌代表

企业名称	评级水平	排名	行业 CBI	CBS	品牌财务表现力	市场竞争表现力
中国人寿	4A	5	81.8728	3.6168	3.4463	4.0148
中国平安	4A	6	79.2533	3.5345	3.5196	3.5692
交通银行	4A	7	74.6354	3.3892	3.4342	3.2845
招商银行	4A	8	73.1230	3.2304	3.2897	3.0920
中国人保	4A	9	72.4532	3.1789	3.1863	3.1619
中信银行	4A	10	71.6321	3.1630	3.2497	2.9608
太平洋保险	4A	11	70.3428	3.1421	3.1393	3.1484

据表 5-2 中国金融企业品牌竞争力分级评级标准，4A 级金融企业共有 7 家，占总数的 17.5%。表 5-5 中所列的 7 家企业：中国人寿、中国平安、交通银行、招商银行、中国人保、中信银行和太平洋保险是中国金融行业领先企业，品牌财务表现力、市场竞争表现力表现较强，整个集团品牌发展潜力较大。CBI 及各项分指标得分值均高于行业平均值。在第二集团内部比较而

言，中国人寿在品牌市场竞争表现力方面位于本梯队企业第一，说明其市场发展状况良好，中国平安的财务表现力第一，说明其在金融市场上有较强的竞争力，并占据了一定席位。与 2011 年相比，这一集团无论是财务表现力，还是市场竞争力，都有所下降，但也有发展比较强势的企业，如中国人保从 2011 年的第 13 名跃居到今年的第 9 名。

表 5-6　中国金融行业 3A 级企业品牌代表

企业名称	评级水平	排名	行业 CBI	CBS	品牌财务表现力	市场竞争表现力
民生银行	3A	12	69.0427	3.1328	3.2230	2.9222
浦发银行	3A	13	68.6697	3.1073	3.1894	2.9157
兴业银行	3A	14	64.5730	3.0728	3.1309	2.9372
光大银行	3A	15	61.1058	2.9638	3.0255	2.8199
北京银行	3A	16	60.5139	2.9452	2.9832	2.8564
中信证券	3A	17	60.1338	2.9332	2.9991	2.7795

据表 5-2 中国金融企业品牌竞争力分级评级标准，3A 级金融企业共有 10 家，占总数的 25%。表 5-6 中所列的 6 家企业：民生银行、浦发银行、兴业银行、光大银行、北京银行和中信证券是中国金融行业的中游企业，品牌财务表现力、市场竞争力表现一般，品牌发展有一定的潜力。CBI 及各项分指标得分值均处于行业平均水平。在第

三集团内部比较而言，民生银行品牌财务表现力位于本梯队企业第一，兴业银行市场竞争表现力排名第一。与 2011 年相比，行业的整体 CBI 有所减小，企业数量也减少了 2 家。其中变化最大的要属华夏银行，由上年的第 15 名（也就是该集团的第 1 名），降至第 20 名，现在已是 3A 级中比较靠后的企业了。

表5-7   中国金融行业 2A 级企业品牌代表

企业名称	评级水平	排名	行业 CBI	CBS	品牌财务表现力	市场竞争表现力
南京银行	2A	22	49.5061	2.4418	2.3731	2.6021
宁波银行	2A	23	44.0023	2.4260	2.3610	2.5775
华泰证券	2A	24	43.8016	2.4196	2.3455	2.5925
中国太平保险	2A	25	42.9894	2.3941	2.3563	2.4824
招商证券	2A	26	42.8456	2.3896	2.3018	2.5945
光大证券	2A	27	41.9130	2.3603	2.2665	2.5791

据表 5-2 中国金融企业品牌竞争力分级评级标准，2A 级金融企业共有 18 家，占总数的 45%。表 5-7 中所列的 6 家企业：南京银行、宁波银行、华泰证券 、中国太平保险、招商证券和光大证券是中国金融行业中下游企业的代表，其特征是 CBI 及各项分指标得分值均低于行业平均值。在第四集团内部比较而言，南京银行的市场竞争表现力得分较高，说明其在市场上有一定的发展空间，但财务表现力还有待提高。与 2011 年相比，该集团的企业财务表现力和市场竞争表现力都有所降低。

表5-8   中国金融行业 1A 级企业品牌代表

企业名称	评级水平	排名	行业 CBI	CBS	品牌财务表现力	市场竞争表现力
东北证券	1A	40	20.0000	1.6712	1.5125	2.0415

据表 5-2 中国金融企业品牌竞争力分级评级标准，1A 级金融企业仅有 1 家，占总数的 2.5%。表 5-8 中所列的东北证券是中国金融行业的下游企业，其特征是 CBI、品牌财务表现力、市场竞争力等均远远低于行业平均水平。其品牌财务表现力、市场竞争表现力均有广阔的提升空间。与 2011 年相比，东北证券的市场表现力有所提升，呈现发展趋势。

三、2012 年度中国 40 家金融企业品牌价值排名

课题组认为，品牌价值（以下简称 CBV）是客观存在的，它能够为其所有者带来特殊的收益。品牌价值是品牌在市场竞争中的价值实现。一个品牌有无竞争力，就是要看它有没有一定的市场份额，有没有一定的超值创利能力。品牌的竞争力正是体现在品牌价值的这两个最基本的决定性因素上，品牌价值就是品牌竞争力的具体体现。通常品牌价值以绝对值（单位：亿元）的形式量化研究品牌竞争水平，课题组从品牌价值和品牌竞争力的关系展开研究，针对品牌竞争力以相对值（指数：0~100）的形式量化研究品牌竞争力水平。在研究世界上关于品牌价值测量方法论基础上，提出本研究关于品牌价值的计算方法，$CBV = CBI \times A \times \sum f(x_i) + C$，其中：CBV 为企业品牌价值，CBI 为企业品牌竞争力指数，A 为分级系数，x_i 为系数决定要素，C 为行业调整系数。据此得出中国 40 家金融企业品牌价值排名（见表 5-9）。

表5-9   2012 年中国金融企业品牌价值排名

企业名称	省（市、自治区）	2012 年 CBV（亿元）	排名	2011 年 CBV（亿元）	排名	2012 年行业 CBI
工商银行	北京市	647.94	1	625.89	1	100
建设银行	北京市	491.54	2	460.43	2	95.8345
农业银行	北京市	368.35	3	319.89	4	92.1222
中国银行	北京市	359.96	4	334.60	3	90.9410
中国人寿	北京市	344.94	5	253.32	6	81.8728
中国平安	广东省	322.78	6	249.10	8	79.2533

续表

企业名称	省（市、自治区）	2012 年 CBV（亿元）	排名	2011 年 CBV（亿元）	排名	2012 年行业 CBI
交通银行	上海市	306.14	7	250.39	7	74.6354
招商银行	广东省	296.41	8	311.35	5	73.1230
中国人保	北京市	247.34	9	203.29	13	72.4532
中信银行	北京市	242.56	10	237.29	9	71.6321
太平洋保险	上海市	235.32	11	234.65	10	70.3428
民生银行	北京市	147.05	12	114.28	11	69.0427
浦发银行	上海市	120.60	13	73.59	14	68.6697
兴业银行	福建省	114.67	14	64.27	16	64.5730
光大银行	北京市	112.27	15	107.89	12	61.1058
北京银行	北京市	103.75	16	62.07	18	60.5139
中信证券	广东省	93.51	17	63.51	17	60.1338
深圳发展银行	广东省	92.59	18	52.89	19	57.8724
广发证券	广东省	90.42	19	48.32	20	55.9832
华夏银行	北京市	87.33	20	73.42	15	55.7254
海通证券	上海市	63.46	21	45.90	21	53.3116
南京银行	江苏省	56.03	22	41.50	24	49.5061
宁波银行	浙江省	54.90	23	42.07	23	44.0023
华泰证券	江苏省	49.45	24	40.57	27	43.8016
中国太平保险	上海市	48.76	25	40.85	26	42.9894
招商证券	广东省	47.85	26	42.96	22	42.8456
光大证券	上海市	46.24	27	39.55	28	41.9130
西南证券	重庆市	44.76	28	39.32	—	39.5449
国元证券	安徽省	44.41	29	38.07	—	34.9352
兴业证券	福建省	42.42	30	37.94	—	34.3298
宏源证券	新疆维吾尔自治区	38.98	31	36.73	—	33.5044
长江证券	湖北省	36.55	32	38.26	—	33.1931
诺亚财富 NOAH	上海市	36.00	33	25.48	—	31.8088
山西证券	山西省	35.77	34	35.21	—	28.1964
安信信托	上海市	32.68	35	21.33	—	28.1175
国金证券	四川省	27.06	36	28.49	—	25.8627
泛华保险 CISG	广东省	22.94	37	32.15	—	25.3830
陕国投 A	陕西省	21.68	38	24.68	—	23.8202
太平洋	云南省	22.10	39	27.41	—	23.1198
东北证券	吉林省	20.04	40	31.10	—	20.0000
合计		5617.56				

说明："—"表示 2011 年排名不在前 40 名的企业，由于北京农商银行、天津银行、包商银行不是上市金融企业，这次没有包含在内。

在 40 家受调研金融企业中，CBV 合计为 5617.56 亿元，较 2011 年有所提高。前 10 强的金融企业 CBV 值合计为 3627.96 亿元，占总量的比重为 64.58%。其中，工商银行、建设银行、农业银行、中国银行 4 家企业的 CBV 排名前 4 强，CBV 值均有上升。中国平安保险（集团）有限公司由第 8 名上升至第 6 名，中国人民财产保险有限公司由 2011 年的第 13 名跃居到现在的第 9 名，

兴业银行由上年的第 16 名上升到今年的第 14 名，发展势头良好。招商银行发展稍有落后，由第 5 名下降至第 8 名。华夏银行降幅比较大，由上年的第 15 名下滑到今年的第 20 名，招商证券从 2011 年的第 22 名降到 2012 年的第 26 名，下降了 4 个名次，说明 2012 年这 2 家企业发展不是很好。在前 10 强企业中，70% 的企业位于北京市，20% 在广东省，从所有 40 家企业来看，北京市、

广东省和上海市是金融企业的主要聚集地，是国内龙头金融企业的发源地。

如表 5-1 和表 5-9 所示，CBI 和 CBV 的排名具有一致性，虽然有个别企业的 CBI 和 CBV 排名有冲突，但是两者的总体特征还是趋于一致的。因此将两者综合起来就能更全面地反映一个企业的品牌竞争力。

第三节　2012 年度中国金融企业品牌竞争力区域报告

一、六大经济分区

（一）总体情况分析

表 5-10　中国金融行业六大经济区域竞争状况

区域	企业数量	所占比重（%）	行业 CBI 均值	CBS 均值	品牌财务表现力均值	市场竞争表现力均值
华北地区	12	30	73.2867	3.3173	3.2702	3.4273
东北地区	1	2.5	20.0000	1.6712	1.5125	2.0415
华东地区	14	35	48.0669	2.5390	2.4828	2.6702
中南地区	8	20	53.0310	2.7099	2.6710	2.8006
西南地区	3	7.5	29.5091	1.9702	1.7980	2.3720
西北地区	2	5	28.6623	1.9436	1.7376	2.4242
总体情况	40	100	53.9004	2.7126	2.6438	2.8730

根据课题组的调研数据，中国金融企业主要分布于华东地区和华北地区，占 40 家企业总数的比重分别为 35% 和 30%，集中度较高。华东地区和华北地区的 CBI 均值分别为 48.0669 和 73.2867，华东地区低于全国均值 53.9004，华北地区远高于全国均值。中南地区虽然企业总数不多，但 CBI 均值为 53.0310，其品牌竞争力适中，但是还有一些提升空间。华北地区的品牌财务表现力、市场竞争力分项指标的得分均值位列第一，表现出其全面的竞争优势。

2012 年中国金融行业的 CBI 均值与 2011 年的 53.0609 几乎持平，华东地区、华北地区和西南地区的 CBI 均值较 2011 年都有所下降，但是西北地区的 CBI 均值却增加比较多，这样才使得两年的 CBI 变化不大。品牌财务表现力和市场竞争表现力都比上年有所下降，说明 2012 年金融行业的发展并不乐观。原因是多方面的，但受整个经济形势影响是主要原因之一。

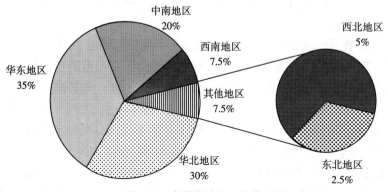

图 5-7　中国金融企业数量区域分布

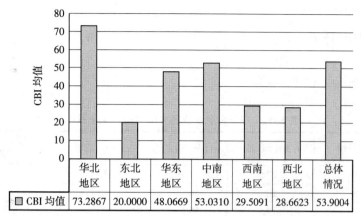

图 5-8　中国金融企业六大经济区域 CBI 均值对比

	华北地区	东北地区	华东地区	中南地区	西南地区	西北地区	总体情况
CBI 均值	73.2867	20.0000	48.0669	53.0310	29.5091	28.6623	53.9004

（二）分项情况分析

在各分项竞争力指标对比方面，各指标在不同区域的表现情况相差较大。在品牌财务表现力方面：中南地区和华北地区的品牌财务表现力均值超过全国平均水平，华北地区远高于平均水平；华东地区、西南地区、西北地区和东北地区的品牌财务表现力均值低于全国平均水平，其中华东地区的财务表现力水平接近平均值；在市场竞争表现力方面：华北地区的市场竞争力表现均值高于全国平均水平，中南地区、华东地区、西南地区、西北地区和东北地区的市场竞争表现力均值低于全国平均水平，其中，中南地区均值与整体均值相当。总的来说，CBI 均值比较高的地区，其各分项指标数值也比较大，而 CBI 均值比较低的地区，其各分项指标数值也较低。

与 2011 年相比，市场竞争表现力指标均值虽然得分最高为 2.8730，但是还是小于 3 分，其他

各分项指标也都低于 2011 年的均值。金融企业对市场经济情况反应比较灵敏；虽然市场竞争力指标均值得分较高，但是整体表现还是不乐观。在整体趋势上仍旧延续 2011 年的发展趋势，华北地区在财务表现力分项指标的得分均值仍位列第一。华东地区尽管拥有较多的企业，但在各项指标上仍旧表现一般，处在中游水平。东北地区在各项指标上排名垫底，其品牌竞争力堪忧。整个金融行业品牌竞争力区域发展水平差距明显，与 2011 年相比并无明显改善。

从图 5-9 可以看出：CBS、品牌财务表现力均值、市场竞争表现力均值三个指标的走势是完全一致的，也就是说，如果一个公司只有一个指标表现突出，并不能使其品牌竞争力占有优势，但可以通过分析发现自身的问题，进而采取针对性的措施来提高公司的品牌竞争力。

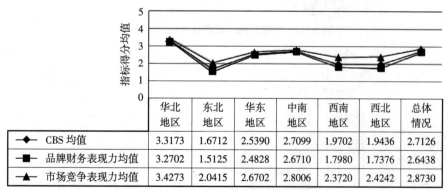

	华北地区	东北地区	华东地区	中南地区	西南地区	西北地区	总体情况
CBS 均值	3.3173	1.6712	2.5390	2.7099	1.9702	1.9436	2.7126
品牌财务表现力均值	3.2702	1.5125	2.4828	2.6710	1.7980	1.7376	2.6438
市场竞争表现力均值	3.4273	2.0415	2.6702	2.8006	2.3720	2.4242	2.8730

图 5-9　中国金融企业一级指标区域对比

二、三大省（市）分析

（一）总体情况分析

表5-11　中国金融企业三大省（市）竞争状况

省（市）	企业数量	所占比例（%）	行业CBI均值	CBS均值	品牌财务表现力均值	市场竞争表现力均值
北京市	11	27.5	77.3858	3.4435	3.4081	3.5262
上海市	8	20	50.8485	2.6154	2.5713	2.7184
广东省	7	17.5	56.3706	2.7990	2.7766	2.8513
其他省（市）	14	35	35.2421	2.1505	2.0183	2.4590
总体情况	40	100	53.9004	2.7126	2.6438	2.8730

表5-11中三个省（市）的金融上市企业数量占到企业总数的65%，北京市、上海市和广东省的比重分别为27.5%、20%、17.5%（见图5-10），可见中国金融企业分布较于集中。三省（市）CBI均值得分分别为77.3858、50.8485、56.3706（见图5-11），北京市CBI均值远高于行业平均值53.9004，广东省CBI均值稍高于全行业平均水平。上海金融企业数量排名第二，但其CBI均值却低于全行业平均值。

与2011年的CBI对比可知，各省（市）金融企业的CBI均值都有所下降。上年的其他指标，如CBS、财务表现力均值、市场竞争表现力均值分别为2.3977、3.3871、3.5207，而2012年只有CBS稍微高于上年，财务表现力均值和市场竞争表现力均值都比上年低。这说明2012年中国金融企业的发展并不顺畅，发展势头甚至不如2011年。

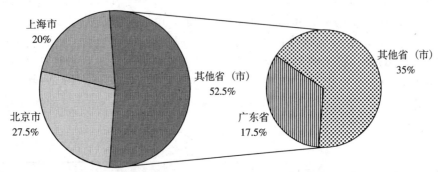

图5-10　中国金融企业数量省（市）分布

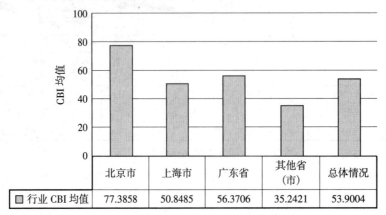

	北京市	上海市	广东省	其他省（市）	总体情况
行业CBI均值	77.3858	50.8485	56.3706	35.2421	53.9004

图5-11　各省（市）金融企业CBI均值对比

（二）分项情况分析

在各分项竞争力指标对比方面，各分项指标在不同省（市）的表现情况相差较大。北京市、广东省的品牌财务表现力均值超过全国平均水平，上海市和其他省（市）的品牌财务表现力均值低于全国平均水平；在市场竞争表现力方面，北京市的均值高于全国平均水平，上海省、广东省和其他省（市）的均值则低于平均水平；总的来说，CBI 均值比较高的省（市），其各分项指标数值也比较大，而 CBI 均值比较低的省（市），其各分项指标数值也较低。

与 2011 年相比，北京市、上海市、广东省这三大省（市）的企业所占比重有所增加。从 2011年与 2012 年总体来分析，各不同省（市）CBI 均值对比可以看出，金融上市企业在北京市、上海市和广东省三个省（市）集中度较高，而在全国其他省（市）中仅有少数的企业。究其原因，金融行业的发达要以经济发达为前提，只有活跃的经济才能支撑起金融行业的快速发展，北京市、上海市以及广东省是我国经济最发达的省（市），金融企业在这 3 个省（市）较为集中也是由其经济发达程度所决定的。

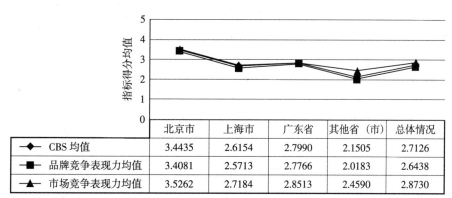

	北京市	上海市	广东省	其他省（市）	总体情况
CBS 均值	3.4435	2.6154	2.7990	2.1505	2.7126
品牌竞争表现力均值	3.4081	2.5713	2.7766	2.0183	2.6438
市场竞争表现力均值	3.5262	2.7184	2.8513	2.4590	2.8730

图 5-12 各省（市）金融企业一级指标得分均值对比

第四节 2012 年度中国金融企业品牌竞争力分项报告

一、品牌财务表现力

目前国内企业经营者对于现代化管理手段的理解与实践，多半仍然停留在以财务数据为主导的思维里。虽然财务数据无法帮助经营者充分掌握企业发展方向的现实，但在企业的实际运营过程中，财务表现仍然是企业对外展示基本实力的重要依据。品牌财务表现力层面的分析将财务指标分为规模因素、增长因素和效率因素 3 个二级指标。规模因素主要从销售收入、所有者权益和净利润 3 个三级指标来衡量；效率因素主要从净资产利润率、总资产贡献率 2 个三级指标来衡量；增长因素主要从近三年销售收入增长率、近三年净利润增长率 2 个三级指标来衡量。

近年来中国经济的快速发展，使得个人及经济体都有了大量的流动性资金，这就带动了金融企业的快速发展，使得各金融企业近年来营业收入、净利润都保持了较好的增长态势。但是与2011 年相比，40 家金融企业的品牌财务表现力得分均值仅为 2.6438，比上年下降了 0.7433。工商银行、建设银行、中国银行、农业银行、中国平安、中国人寿、交通银行、招商银行、中信银行、民生银行位列前 10 名，这 10 家企业在品牌财务表现力方面差距不大。但是与 2011 年相比，财务表现力的名次有所变动，太平洋保险被挤出前 10名，招商银行由上年的第 6 名降至今年的第 8 名，中信银行由上年的第 9 名变为今年的第 10 名；民生银行则跃居至第 10 名，增长势头比较好，中国平安保险由上年的第 8 名升至今年的第 5 名，总体来看，前 10 名的企业略有变化。

　　从 3 个二级指标看，其均值分别为：规模因素 3.0031，效率因素 2.1075，增长因素 1.5032，其中规模因素得分最高，对整体品牌财务表现力的影响也最大。规模因素中又以所有者权益得分最高，为 3.1801。在所有三级指标中，近三年销售收入增长率得分最低，仅为 1.2113。从所有不同级别的指标来分析可知，除了所有者权益的得分略高于 2011 年的均值，其他指标都低于 2011 年的得分，并且差距比较明显。

表 5-12　品牌财务表现力指数——行业前 10 名

企业名称	所在省（市）	行业 CBI 指数	品牌财务表现力
工商银行	北京市	100	3.9770
建设银行	北京市	95.8345	3.9032
中国银行	北京市	90.9410	3.8270
农业银行	北京市	92.1222	3.8237
中国平安	广东省	79.2533	3.5196
中国人寿	北京市	81.8728	3.4463
交通银行	上海市	74.6354	3.4342
招商银行	广东省	73.1230	3.2897
中信银行	北京市	71.6321	3.2497
民生银行	北京市	69.0427	3.2230

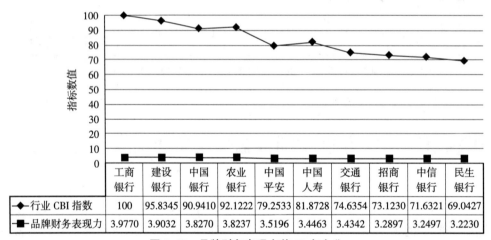

图 5-13　品牌财务表现力前 10 名企业

表 5-13　品牌财务表现力各分项指标得分均值

一级指标	2012 年	2011 年	二级指标	2012 年	2011 年	三级指标	2012 年	2011 年
品牌财务表现力	2.6438	3.3871	规模因素	3.0031	3.1397	销售收入	3.1113	3.3426
						所有者权益	3.1801	3.0749
						净利润	2.5821	2.9059
			效率因素	2.1075	4.2489	净资产报酬率	2.4156	4.3568
						总资产贡献率	1.6455	4.0871
			增长因素	1.5032	3.6713	近三年销售收入增长率	1.2113	3.4433
						近三年净利润增长率	2.0454	3.8993

二、市场竞争表现力

随着金融行业的持续、快速发展，市场竞争也更加激烈。企业只有具备更强的市场竞争能力，才能在目前的行业环境中生存下去。市场竞争表现力层面的分析将指标分为市场占有能力和超值获利能力2个二级指标。市场占有能力主要从市场占有率、市场覆盖率2个三级指标来衡量；超值获利能力主要从品牌溢价率、品牌销售利润率2个三级指标来衡量。

由于近年来中国经济的快速发展，使得个人、家族及经济体都有了大量的流动性资金，这就带动了金融企业的快速发展，使得各金融企业近年来营业收入、净利润都保持了良好发展趋势。但是与2011年相比，40家金融企业的品牌市场竞争力表现得分均值仅为2.8730，比上年下降了0.6477。工商银行、建设银行、农业银行、中国银行、中国人寿、平安保险、交通银行、中国人保、太平洋保险、招商银行位列前10名，这10家企业在市场竞争表现力方面的差距也不大。与2011年相比市场竞争表现力的名次也有所变动，建设银行由第1名降至第2名，而工商银行则成为第1名，中国银行由第3名降至第4名，农业银行上升为第3名，前4名企业没变，只是名次有所变动；前10名中变化最大的是中国人保和光大银行，中国人保跃居到今年的第8名，而光大银行则被淘汰出前10名；平安保险由上年的第8名升至第6名，中国人寿由第7名跃至第5名，而招商银行市场竞争力则从上年的第5名下滑到第10名，交通银行市场竞争力表现也不是很好，从上年的第5名降至今年的第7名。

从2个二级指标看，其均值分别为：市场占有能力2.1849，超值获利能力4.1509，超值获利能力得分最高，其对整体品牌市场竞争表现力的影响也最大。金融行业内，品牌对企业市场竞争

表5-14 市场竞争表现力指数——行业前10名

企业名称	所在省（市）	行业CBI指数	市场竞争表现力
工商银行	北京市	100	4.6766
建设银行	北京市	95.8345	4.4121
农业银行	北京市	92.1222	4.2086
中国银行	北京市	90.9410	4.0771
中国人寿	北京市	81.8728	4.0148
中国平安	广东省	79.2533	3.5692
交通银行	上海市	74.6354	3.2845
中国人保	北京市	72.4532	3.1619
太平洋保险	上海市	70.3428	3.1484
招商银行	广东省	73.1230	3.0920

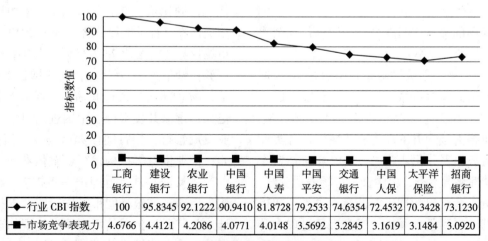

	工商银行	建设银行	农业银行	中国银行	中国人寿	中国平安	交通银行	中国人保	太平洋保险	招商银行
行业CBI指数	100	95.8345	92.1222	90.9410	81.8728	79.2533	74.6354	72.4532	70.3428	73.1230
市场竞争表现力	4.6766	4.4121	4.2086	4.0771	4.0148	3.5692	3.2845	3.1619	3.1484	3.0920

图5-14 市场竞争表现力前10名企业

表 5-15　市场竞争表现力各分项指标得分均值

一级指标	2012 年	2011 年	二级指标	2012 年	2011 年	三级指标	2012 年	2011 年
市场竞争 表现力	2.8730	3.5207	市场占有能力	2.1849	3.5311	市场占有率	1.7136	3.5166
						市场覆盖率	3.2848	3.5649
			超值获利能力	4.1509	3.5123	品牌溢价率	4.5604	3.6793
						品牌销售利润率	3.3904	3.2020

力的影响非常明显，因此超值获利能力因素中的 2 个三级指标的得分均值都较高，均高于 2011 年。在所有三级指标中，市场占有率得分最低，仅为 1.7136，这也说明了市场竞争的加剧。

第五节　中国金融企业品牌竞争力提升策略专题研究

一、中国金融行业宏观经济与政策分析

（一）金融市场运行情况

1. 中国金融行业所处的国际经济形势

2012 年欧债危机的演化主导了全球经济，特别是欧洲经济陷入二次衰退后，全球经济复苏显著放缓。整个世界经济走势不确定性增强，美国方面，其经济呈现温和复苏态势，全年 GDP 增长率达到 2.2%，国内金融及劳动力市场均趋于好转，但是美国经济复苏仍然面临多方面的障碍：欧债危机，政府债务水平约束了财政政策，新兴经济体增速放缓等。欧洲的欧元区核心国与外围国表现明显分化：南欧国家经济陷入萧条，德国等受益于欧元弱势以及避险资本流入压低了融资成本，经济增长相对稳固。受外需持续疲软和内部结构性问题的双重困扰，新兴经济体 2012 年经济增长缓慢，全年经济增长率约为 5.3%，比上年下降了 1.1 个百分点，为应对经济下行压力，韩国、巴西等国的央行连续降息，印度央行也两次下调银行存款准备金率。

2012 年，金融危机风险指标 ROFIC 震荡回落，逐渐回落到安全区域，年底徘徊于安全区间的顶端。这一年大宗商品价格走势也呈现"M"型格局，价格大幅攀升的动力有所减弱，各类商品的价格走势出现分化。总之，2012 年全球资本市场的波动性显著上升，美国资本市场表现较好，欧洲遭受资本金流出的冲击而低迷不振，年初得益于欧洲的一系列救助举措，资本市场呈现上升之势，重债国主权债收益率回落，但是，年中受

到西班牙地区性银行危机升温及希腊经济形势的影响，国际资本市场大幅动荡走低，随着全球新一轮量化宽松措施的推出，资本市场再度出现反弹。

2012 年的中国处于动荡复杂的国际环境之中，难以逃脱整个经济形势的影响。但是这一年我国金融市场继续保持平稳运行，债券市场快速发展，在实施国家宏观经济政策、优化资源配置、大金融支持实体经济力度等方面发挥了重要作用，2012 年债券发行总量稳步扩大，公司信用类债券发行规模大幅增加，债券融资在直接融资中的比重增加显著，银行间市场交易活跃，货币市场利率下降，银行间市场债券指数上行，收益率整体平坦化上移，股票市场指数总体上升，市场交易量有所萎缩。

2. 中国金融行业的实际运行情况

第一，债券发行规模稳步扩大，债券指数总体上行。

2012 年，债券市场累计发行人民币债券 8 万亿元，同比增长 2.4%。与 2011 年相比，公司信用类债券发行量增加显著。截至 2012 年末，债券市场债券托管量达 26 万亿元，其中，银行间市场债券托管量为 25 万亿元，同比增长 16.7%。2012 年，财政部通过银行间债券市场发行债券 1.7 万亿元；国家开发银行、中国进出口银行、中国农业发展银行在银行间债券市场发行债券 2.1 万亿元；商业银行等机构发行金融债券 4034 万亿元；资产支持证券试点范围进一步扩大，5 家金融机构先后获准在银行间市场发行资产支持证券，总计 193 亿元。公司信用类债券呈现加速增长发展态势，全年共发行公司信用类债券 3.6 万亿元，

同比增加 60.1%，其中，超短期融资券为 5822 亿元，短期融资券为 8356 亿元，中期票据为 8453 亿元，中小企业集合票据为 100 亿元（含中小企业区域集优票据 29 亿元），非公开定向债务融资工具为 3759 亿元，非金融企业资产支持票据为 57 亿元，企业债券为 6499 亿元，公司债券为 2508 亿元。2012 年，银行间债券市场发行期限结构依然以中短期债券为主。期限 5 年以内的债券发行量占比 42.3%，比 2011 年下降 10.6%，期限 5 年（含 5 年）到 10 年的债券发行量占比 39.2%，比 2011 年增加 9.4%；期限 10 年（含 10 年）以上的债券发行量占比 18.5%，比 2011 年上升 1.2%。

2012 年，银行间市场累计成交 263.6 万亿元，同比增加 34.2%。其中，同业拆借累计成交 46.7 万亿元，同比增加 39.8%；债券回购累计成交 141.7 万亿元，同比增长 42.4%；现券成交 75.2 万亿元，同比增长 18.2%。债券指数总体呈现上行趋势。全年来看，银行间市场债券指数由年初的 139.78 点升至年末的 144.68 点，上升 4.9 点，升幅 3.51%，交易所市场国债指数由年初的 131.44 点升至年末的 135.79 点，上升 4.35 点，升幅 3.31%。

第二，货币发行量增速降低，货币市场利率下降。

伴随着经济全球化进程的加快，金融行业的发展与整个国际经济形势密切相关，受金融危机的影响较大。2012 年以来货币供应总体平稳。至本年末我国货币发行量 M2 达 97.42 万亿元，全球第一，接近全球货币供应总量的 1/4，同比增长 14.40%，比上年的增长速度有所降低。10 月末 M1 和 M2 同比增速有所下降。其中，M1 同比增长 6.1%，比上月末低 1.2 个百分点；M2 同比增长 14.1%，比上月末低 0.7 个百分点。M1 和 M2 增速均出现下滑，和存款持续出现季末大幅冲高、季初明显回落现象有关，但相对于 1 月至 9 月的发行量，情况并不差，因而并不代表流动性收紧。2012 年 M1 和 M2 增速"剪刀差"在 4 月、5 月降到最低值-9.7%，此后缓慢收窄，9 月收窄至-7.5%，10 月 M1 与 M2 剪刀差收窄力度较弱，但基本确立了触底回升的趋势，这昭示着企业获得现金流的能力有所恢复，经济的活跃程度

有所提高。

2012 年社会融资总量稳步增加，债权融资比例有所上升。2012 年前 10 个月社会融资累计为 13 万亿元，比上年同期增加了 23.8%，显示出 2012 年的货币政策总体中性偏松。从结构上看，新增人民币贷款在社会融资总量中的比重持续下降，10 月，新增贷款在社会融资总量的比重已降至 39.16%，表明金融脱媒步伐加快。2012 年我国货币市场利率整体下降，收益率呈现阶段性变化，1 月 18 日，7 天回购加权平均利率达到 7.72% 的年内最高水平；5 月 31 日，7 天回购加权平均利率达到 2.17% 的年内最低水平，从全年来看，12 月同业拆借加权平均利率为 2.61%，比上年同期下降 72 个基点。

第三，股票指数总体上行，成交量萎缩；衍生产品交易活跃度有所下降。

2012 年股票指数总体上行，年末上证指数收于 2269.13 点，比 2011 年底上涨 69.71 点，涨幅 3.17%，本年上证指数最高为 2460.69 点，最低为 1959.77 点，波幅为 500.92 点。股票市场成交量明显下降，A 股全年累计成交金额为 16.4 万亿元，日均成交金额为 674.5 亿元，较 2011 年减少 30.5%。

2012 年，债券远期共达成交易 56 笔，成交金额 166.1 亿元，同比下降 83.9%。从标的债券来看，债券远期交易以政策性金融债为主，其交易量占总量的 73.9%；从期限来看，2~7 天品种交易量占比最高，为 63.3%。人民币利率互换市场发生交易 2.1 万笔，名义本金总额为 2.9 万亿元，同比增加 8.5%。从期限结构来看，1 年期及 1 年期以下交易最为活跃，其名义本金总额为 2.2 万亿元，占总量的 77.5%。从参考利率来看，2012 年人民币利率互换交易的浮动端参考利率包括 Shibor、7 天回购定盘利率以及人民银行公布的基准利率，与之挂钩的利率、互换交易名义本金占比分别为 50%、45.3%、4.7%。与上年同期相比，以 Shibor 为浮动端参考利率的互换交易占比有明显上升。2012 年，远期利率协议较为清淡。远期利率协议全年共成交 3 笔，名义本金额共 2 亿元。

（二）金融行业政策分析

2012 年，中国人民银行带头建立了公司信用类债券部协调机制，发挥合力，继续推动债券市

场规范发展，推动证券公司、证券金融公司发行短期融资券，扩大信贷资产证券化试点，推出资产支持票据。推动交易商协会发布《中国银行间市场债券回购交易主协议》，提高市场效率，加强风险防范。为继续深化新股发行体制改革，通过强化信息披露真实性和准确性，适当调整询价范围和配售比例，增加新上市公司的流通股数量，加强对发行定价和炒新行为的监管等措施，进一步推进以信息披露为中心的新股发行制度改革，推动实现一级市场和二级市场均衡协调健康发展，保护投资者的合法权益。稳步推进多层次资本市场建设。明确了区域性股权交易市场的定位和证券公司参与的方式，并对市场设立审批与日常监管、投资者适当性管理以及市场中介机构职责等进行了规范。确定了非上市公众公司的范围，明确了该类公司公开转让、定向转让、定向发行的申请程序，将非上市公众公司监管正式纳入法规轨道。

这些法律、法规和政策的制定将会促进我国金融行业行为的进一步制度化、规范化，为我国金融行业和世界经济接轨提供法律保障。有利于金融企业加强风险防范意识和战略性规划，可以减少金融危机对我国金融行业的冲击，增加投资者对金融行业的信心，从而提高金融行业的合规经营和品牌形象。尤其是非上市公司纳入法规监管之下，一些不合规经营的金融企业则面临着极大的挑战，但是对于整个金融市场是利好消息，有利于我国金融行业的良性发展。

2012年7月以来，中国保险监督管理委员会不断深化保险资金运用监管体制改革，发布资产配置、委托投资管理、债券投资、股权及不动产等十项新规，在投资范围和资金托管机构等方面有了较大突破，扩大了保险公司的投资空间。2012年8月六部委联合发布《关于开展城乡居民大病保险的指导意见》，由政府主导，商业保险机构承办的大病保险制度正式全面铺开，这给保险公司提供了不断开拓发展的空间和大好机会，同时也会改变人们对保险的传统认识和对疾病治疗的观念，这对保险类金融机构抓住契机处理好和客户的关系也是一个机遇，此政策将有利于提升自身的品牌效应和品牌产品。

为了应对国际经济形势的不利影响和促进我国金融行业的有效发展，国家除了制定以上法规之外还采取了有利的政策。2012年2月24日和5月18日两次下调存款准备金率各0.5个百分点，保持银行体系流动性合理充裕。同时根据国内外经济金融形势变化以及金融机构稳健性状况和信贷政策执行情况，对差别准备金动态调整机制的有关参数进行了调整，增强金融机构的抗风险能力。另外，央行还适时下调存贷款基准利率，调整存贷款利率浮动区间。中国人民银行分别于6月8日和7月6日两次下调金融机构人民币存贷款基准利率。这些措施主要是为了引导资金价格合理，进一步降低企业融资成本，创造更有力的政策环境。总之，国家的各项法律、规章及政策的确为金融行业的快速复苏和有序发展提供了有利条件。

二、中国金融行业品牌竞争力提升策略建议

（一）提高全面风险意识，强化品牌竞争理念

理念是企业一切行为准则的依据，是企业的力量源泉。金融就是与风险相伴而生的。随着国际化进程的不断推进，任何一个企业都不可能脱离全球经济这个大环境。世界经济的复杂多变更显金融行业的前景是个未知数。回顾过去几年，2008年的全球金融危机，2009年的希腊债务危机，紧接着的欧债危机，导致整个世界经济的不景气：美国经济复苏缓慢，日本经济低迷，新兴经济体增长迟缓，通胀压力增大，使得我国经济也受到不小的影响。金融行业又是一个与世界经济形势密切相关的行业，尤其是银行业，如果能处理好风险，就能在金融界占据一席之位。另外，无论是证券市场还是货币市场都受整个经济环境的影响而波动不定，外汇市场更是如此。不过我们还要看到该行业中的先进企业能将风险降到最小，损失降到最低，究其原因，就是具有全面风险意识和良好的品牌竞争理念。

金融行业与其他行业相比又具有其自身的特殊性，对市场反应比较灵敏，杠杆作用明显，因此要不断增强风险防范意识，只有这样才能提高企业的信用，促进企业的长远发展，进一步增强品牌力量。我们可以借鉴国际上的先进经验和相

关政策，学习其他国家的品牌理念，进一步提高自己的品牌竞争力。随着经济金融体制改革的不断推进，居民收入水平的大幅提升，以及金融消费观念的逐步转变，我国金融消费市场的内涵已经发生了深刻变化。金融消费日趋成熟，金融产品买方市场开始形成，特别是全能性外资银行的进驻中国，中国金融消费者开始追求个性化、差异化的中国金融品牌服务。金融品牌是市场经济发展的产物，它已成为现代金融企业具有核心竞争力的资产，强势金融品牌的形成是金融市场长期竞争的结果。目前中国的金融企业已经步入了金融品牌建设的时代，金融企业必须把金融品牌建设提高到战略高度来认识，在企业经营和发展过程中重视企业的商誉，真正使商誉成为企业的无形资本，树立企业长期培育金融品牌的信念和形象，在金融品牌的建立上不断加大投入、提高营销管理，提高企业的品牌竞争意识，向消费者传达企业的品牌经营理念，争取金融消费者的认知度、忠诚度。

（二）完善金融行业法规，注重政策的战略性

由于我国金融市场起步比较晚，增长比较迅速，这种粗放式的发展所带来的问题也逐渐显现出来，因此国家和行业自身都要积极投入到法律和法规的建设中，不断规范行业的行为。综观国外的成功经验，他们都有一个较为健全的法律环境，一个较为宽松的经营环境和一套较为完善的政府管理制度。我们应当借鉴发达国家或发展中国家的成功经验，建立健全我国的法律制度，完善政府对金融行业的监管制度，最终使一切监管手段都落到有法可依的轨道上来，符合国际惯例，使我国金融行业的运行融入到金融全球化中，参与国际竞争，并能不断提升国际竞争优势，同时有利于树立我国金融企业的品牌形象，进一步促进品牌文化的建设。

全球化的进展不断加快，要想能与世界接轨就必须不断完善我国的法律、法规，并着眼于政策的战略性。在应对 2008 年的国际金融危机时，央行财政政策工具使用得十分广泛，包括财政支出政策、税收政策等，多种政策工具起到了不错的效果。货币政策主要使用了利率、准备金率等政策工具，与政策一起实现了经济发展的目标，但是从这次防范金融风险的过程可以看出，财政

政策和货币政策应用的突出问题就是对外部经济形势的判断不够及时准确，因此造成各项措施"重视眼前、忽视长远"。导致后来多次调整存贷款准备金率，并采取多项措施应对通货膨胀压力。所以防范风险、采取政策都要从长远出发，既要看到短期的效果也要考虑政策的长远影响，只有这样才能不断提升我国金融企业应对风险的能力，同时加强企业人员对自己公司品牌的认可。

（三）树立科学的品牌理念，创建金融品牌文化

虽然我国金融行业已具备品牌意识，但是在市场经济观念很重的今天，许多金融企业重视的依然是有形资源投入的产品经济时代。在品牌经济的竞争时代，创建和塑造品牌不仅是单纯地依靠广告，人员促销，而是企业理念、企业价值、企业行为和企业视觉的完美统一。高价值的品牌需要正确的理念定位，确定企业使命和愿景、企业经营哲学和企业价值观，并将企业理念严格地贯彻到企业行为识别和文化识别中去，贯彻到企业的员工理念中去，长期坚持宣传，并不断完善和强化公司文化，逐步锻造出一流的品牌，赢得市场，提高企业知名度，进而赢得消费者的忠诚。

一个企业的品牌代表其价值和对消费者的承诺，金融品牌文化的形成对一个品牌的长久发展至关重要，不少国际金融品牌在经营过程中，把建立社区文化、与消费者建立长久的信任作为长期而重要的工作，并逐步将这种文化深入人心。我国金融企业要想在激烈竞争的国际形势下生存，就必须树立科学的品牌理念，建立自己的企业品牌文化。

虽然现在我国金融企业逐渐认识到企业品牌的重要性，但是并不是所有企业的所有员工都有科学的品牌理念和强烈的品牌价值观。企业品牌不仅包括良好的财务表现、客观的市场份额、较大的企业规模这些可以看得见的指标，还包括企业的知名度、影响力、美誉度、顾客忠诚度、企业品牌文化等。如果前面说的是定量指标的话，那后面的就是定性的、无形的、抽象的指标。如今的时代正是这些摸不着的指标发挥着越来越重要的作用。金融行业不仅提供产品还提供服务，因此，要想提高企业品牌的竞争力不仅要有高质量的产品还要有好的服务。那么这就需要树立科

学的品牌理念，创建自己的品牌文化。创建品牌文化的具体过程要根据不同企业而定，但是科学的理念是创建品牌文化的前提。

文化是公司的无形资产，是一个企业的烙印，是公司维持顾客的重要力量。金融文化有金融行业的烙印，金融品牌文化是金融公司文化建设中最重要的部分之一，随着金融产品和服务的同质性不断加强，一个公司要想长远发展必须不但要加强企业文化建设，而且根据公司的具体情况，品牌文化建设也有不同的步骤和侧重点，但是总体可以分为以下几步：

第一，建立一个品牌文化制定小组，了解公司发展的背景，调查公司的价值观、行为规范、对品牌文化的理解和认识。

第二，制定公司的品牌文化，交由董事会审核。

第三，董事会反馈修改。

第四，宣传、教育培训，使员工理解和明白公司的品牌文化理念。

第五，后期要不断强化，使品牌文化深入人心。

任何文化的建设都是一个长期的过程，因此要有领导的高度重视和员工的自觉学习，通过全体成员的共同努力和配合，公司的品牌文化才能更好地发挥作用。

三、中国金融企业品牌竞争力提升策略建议

（一）以客户为导向，不断创新和明确定位金融产品

随着经济的不断发展和全球化竞争的加剧，任何企业都不得不注重客户的需求，不得不一再创新产品。优质的产品和服务在品牌建设中具有举足轻重的作用，金融行业也不例外。对于金融机构来说，仅仅了解客户的需求是不够的，还要深度发掘探索消费者真正的需求、潜在的需求以及特殊化消费群体的个性化需求，只有这样才能将其做成满足消费者需求的配套产品服务体系，在创新产品之后要及时、准确地将产品的定义和定位传播出去，如果普通消费者并不能很及时、全方面地了解创新金融产品，那么这个产品就没

有存在的价值，更不会有发展的空间。针对近年来我国金融企业理财产品的模糊定义这一现象所产生的后果，金融企业要积极找出原因，并不断完善产品的性能，提高对创新产品的推广和定位能力，这是金融机构在品牌建设中需要认真考虑的问题。另外，品牌不应该按照经营者的理想来设计，而应该按照消费者的需求来创建的。作为金融机构，重点是要为客户提供高效率的理财服务，使人们可以放心将自己的资金交给这个金融机构。

金融机构要不断调查客户需求的变化，因为金融机构一贯认为自己是金融技术的专家、金融技术的专业机构，金融机构需要认识到以往及当前提供服务时所存在的这么一种误区，所以，如果想让消费者接受金融品牌，就必须要强调用户的标准才是金融的标准。要尽可能地使客户理解金融机构所提供的服务，让其在接受服务的时候体会到金融机构对他们的友好态度，可以通过用户能够理解的服务界面，提供专门的专业人员辅导等，让消费者能够产生轻松舒适的感觉。对于金融机构来说，销售的不仅是一种产品还有自己的服务，因此，只有金融机构真诚、热情地提供消费者容易理解、容易接受的服务项目才能获得长久、忠实的客户。

纵观当前金融业发展势态，加快创建知名金融品牌，这是我国金融业面临的迫切问题。这是因为我们的经营环境正在发生深刻的变化，从目标客户到竞争对手，从市场需求到产品创新，从服务大众到发展自身，创建金融品牌是大势所趋，更是责任所在、形势所迫。中国金融品牌的建设，需要引入国外先进的品牌经营管理理念和技术，引进国际化、专业化的人才，在金融品牌的创意、设计、管理、推广方面借鉴国际成功经验。同时，金融品牌在某种意义上就是一种金融创新，考虑到金融行业的特殊性，金融企业在金融品牌创新过程中还必须要考虑金融监管这一因素的影响。一般来说，金融监管是滞后于金融创新的，而监管当局更关注的是金融产品的风险程度，因而金融机构在进行金融创新时需要更多地关注产品风险，以便减少不必要的政策麻烦。创建金融品牌是适应金融业发展规律的客观需要，作为一种以金融商品为经营对象的特殊企业，金融企业具有

经营活动的风险性、金融产品的同质性以及资金、知识的密集性等本质特征，这决定了金融品牌建设的重要性。只有加快金融创新、创建金融品牌、全面提升经营管理素质，才能赢得市场和客户，增强金融行业的国际竞争力。

（二）注重人才培养，提升金融企业的品牌竞争力

　　无论是综合国力的竞争还是经济的竞争，归根到底都是人才的竞争，金融行业的发展也不例外。金融是现代经济的核心，是国民经济的血脉，金融业是我国产业发展的重要组成部分，是其他产业发展的重要保障，是推动转型跨越的强力支撑。"十二五"时期是我国金融发展的关键时期，也是金融企业机遇和挑战并存的发展阶段。经历了金融危机、欧债危机，美国经济恢复缓慢，新兴经济体增速放缓，虽然我国金融行业整体运行还算稳定，但是也受到了一定程度的冲击：国际投资减少，股市跌宕起伏，货币市场也变化不定。之所以会受经济形势影响主要是我国缺乏高素质的金融人才。

　　金融产品的创新需要高端人才，金融企业的战略发展更离不开高素质人才，更何况我国经济发展正处于转型期，金融企业的改革需要人才。我国金融企业发展存在的服务质量不高、金融产品创新缓慢等问题都急需通过人才计划来从根本上得到解决。例如，保险产业在我国本来是一个朝阳产业，应该有很好的发展空间，但是由于我国一些保险公司对它的定位和推广存在偏差，以至于消费者对保险有错误的理解，甚至有抵触心理。这就需要新的人才重新将保险这个产品进行包装和定位，不断改变该产品在消费者心中的概念。当然，这是一个长期的、艰巨的过程，因此需要大量的人才投入，这就需要企业制订自己的人才计划，不断引进和培养适合企业发展的人才。

　　我国金融业起步比较晚，与西方发达国家相比，金融市场不成熟，法律不完善，高端人才匮乏，这也会制约我国金融行业的长期发展。因此要建立健全的人才市场机制，培养高端金融人才。坚持人才规划先行、高端引领、机制创新，大力集聚海内外高端金融人才。对于金融企业来说，可以通过内部培养逐步扩大自身的人才队伍，也可以从外部引进高级人才然后带进新的管理理念和新的培养方式。现在我国的金融企业非常重视人才的竞争，但是并没有形成一个普遍的培养体系。政府要积极引导人才机制的建立，同时企业也要不断探索和创新适合自己的模式。

（三）全面提升对金融品牌中各个要素的重视程度

　　从前面章节的分析可以看出，一个企业要想其品牌竞争力指数排名靠前，不仅要财务表现良好，市场也不能差，并且还要有很好的发展潜力及强大的客户支持度。只有这样才会成为一个有绝对优势的企业，才有利于企业品牌的传播和知名度的提高。可以用管理学中的"木桶原理"来分析，每个要素都是木桶的一块木板，木桶能装多少水取决于最短的那一块木板。而品牌的价值和品牌的竞争力高低同样也决定于最短缺的那一个要素，任何要素的短缺都是品牌建设某一方面的不成功，这都不利于企业品牌竞争力的提高。

　　我国金融企业往往表现为只重视某些品牌指标，而忽视另外一些短期内看着不是很重要的指标。例如，很多企业都采取扩大规模来提升企业的影响力和知名度，但是往往忽略利润率、企业的增长率和资源的利用情况，有时候在盲目扩张的过程中还会出现质量得不到保障的情况。高知名度是一把双刃剑，常常伴随高危度。作为一个和消费者物质生活水平密切相关的行业，消费者对金融产品的要求非常特殊，虽然消费者都知道风险和收益是成正比的，但还是希望它能有较高的盈利又希望它风险比较小，一旦达不到心理预期，难免会对这个产品产生不好的印象，一旦出现这种现象，就会失去顾客的信任，降低消费者的忠诚度。因此，要将一个新产品打造成一个著名品牌是一个艰巨复杂的系统工程。除了要注重提高知名度，还要注重企业的长期战略规划。只有这样才能将每个影响品牌的要素考虑周全。建立顾客的忠诚度是一个漫长的过程，失去只是那么一瞬间。要想有长久的顾客忠诚度，不仅要不断完善品牌的规划设计和持续良好的产品，还要不断进行创新和促销、宣传等，不断提高消费者对自身品牌的认识和理解，并促进品牌各个要素的同步提升。

第六章 汽车行业企业品牌竞争力指数报告

第一节 中国汽车企业品牌竞争力指数总报告

一、2012年度中国汽车企业总体竞争态势

中国企业品牌竞争力指数（以下简称 CBI）

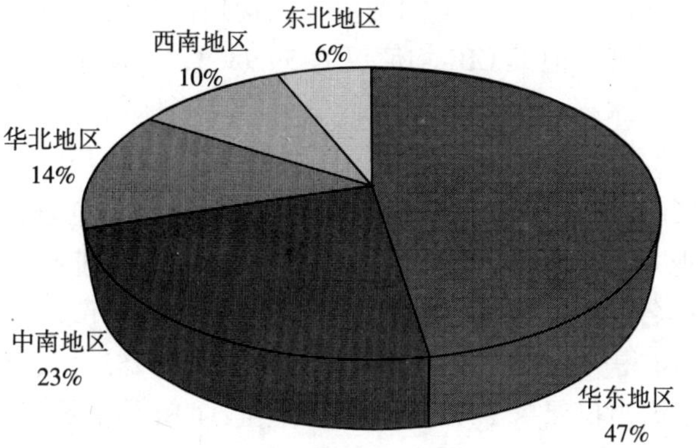

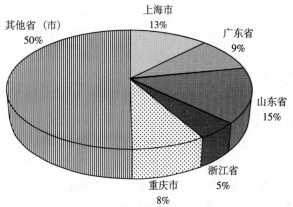

图6-1 中国汽车行业区域竞争态势

研究课题组为了检验理论成果的应用效果，课题组于2012年对82家中国自主汽车企业品牌进行了调研，根据各企业营业收入原始数据得出中国汽车企业竞争力仍然呈华东地区一家独大的总体竞争态势。

图6-2 中国汽车行业省（市）竞争态势

2011年中国汽车行业受调研的82家企业营业总额为6580.71亿元，2010年受调研的91家企业的营业总额为11410.33亿元，与2010年相比，2011年汽车行业营业总额同比下降42.32%。2010年，华东地区营业额为6259.67亿元，占到营业总额的55%；中南地区汽车企业营业总额为3001.66亿元，占营业总额的比重为26%，2011年华东地区营业额大幅度下降，总额为3111.70亿元，所占比重为47%，由此可以看出，营业总额大幅度下降的原因之一是调研企业基数下降。

中南地区的营业额为1519.87亿元，所占比重为23%，与2010年相比略有下降。华北地区、西南地区、东北地区的营业额分别为875.58亿元、661.82亿元、411.74亿元，所占比重分别为10%、7%和6%，华北地区和西南地区的比重与2010年相比均有上浮。可以看出，2011年华东地区所占比重虽有所下降，但仍旧占据一家独大的地位。2010年营业总额排在前4名的省（市）分别为上海市、湖北省、广东省和山东省，营业总额分别为3868.40亿元、1246.13亿元、1082.84亿元、

1062.15 亿元，所占比重分别为 34%、11%、10%、9%，2011 年排在前 5 名的是山东省、上海市、广东省、重庆市、浙江省，营业额分别为 987.86 亿元、815.80 亿元、616.91 亿元、545.72 亿元、306.50 亿元，所占比重分别为 15%、13%、

9%、8%、5%，与 2010 年相比，2011 年上海市和广东省营业额均有下滑，山东省营业额增长速度较快，跃居各省（市）第一。五大省（市）营业总额占总营业额的 50%，较 2010 年有所下降。

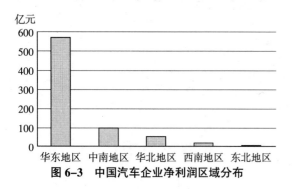

图6-3　中国汽车企业净利润区域分布

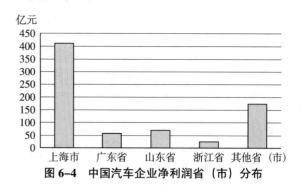

图6-4　中国汽车企业净利润省（市）分布

中国 2011 年汽车行业受调研企业净利润总额为 742.88 亿元，2010 年的利润总额为 837.72 亿元，同比下降 11.32%，虽然企业数量的减少导致了营业总额的大幅度下降，但净利润总额下降幅度相对较小。华东地区、中南地区、华北地区的净利润总额分别为 570.22 亿元、96.93 亿元、51.39 亿元，所占比重分别为 76.76%、11.57%、6.13%，与 2010 年相比，华东地区利润总额有所上升，仍旧保持了一家独大的优势地位，大大领先于其他地区。净利润排在前 4 名的省（市）分别是上海市、山东省、广东省和浙江省，利润额分别为 412.11 亿元、70.81 亿元、50.08 亿元、26.70 亿元，所占比重分别为 55.47%、9.53%、6.74%、3.59%，上海市仍占有较大的优势，净利润总额远远高于其他省（市）。前四大省（市）利润总额所占比重高达 75.34%。

二、2012 年度中国汽车企业品牌竞争力总体述评

（一）宏观竞争格局：华东独大，各省市分散生产明显、集中度较低

从数量上来看，中国汽车企业仍主要分布于华东地区、中南地区和西南地区，占 82 家总数的比重分别为 56%、18% 和 15%；前 6 名省（市）的汽车上市企业数量占到企业总数的 63%，其中排在前 3 名的浙江省、上海市、山东省的比重分

别为 17%、11%、10%，集中度较高，但前 6 名省（市）之间的分布差距不大。华北地区和中南地区 CBI 均值分别为 72.0706、68.8987，高于全国均值 66.5617，东北地区 CBI 均值不再最低，上升为 70.5103，增长速度最快。虽然华东地区的企业总数行业排名第一，但其 CBI 均值为 66.5807，略高于全国均值。西南地区企业数量排名第三，但其 CBI 均值仅为 59.9563，远低于行业平均水平，为各区域最低值，各项指标仍有待提高。华北地区虽然排名第四，仍保持 2011 年的发展趋势，但其在品牌财务表现力均值、市场竞争表现力均值这两个方面的得分均位列第一。企业数量排名前三的浙江省、上海市、山东省三省（市）的 CBI 得分分别为 62.7683、73.4292、66.5253，只有上海市仍保持 2011 年的优势地位，CBI 均值最高，为 75.0402，高于行业平均值 66.5617，显示其在众省（市）汽车行业中具有较强的竞争力，其他省（市）的 CBI 得分均值均低于行业平均水平。

从调查中的 82 家汽车企业可以看出本土汽车生产企业的突出特点是"竞争力较弱、规模较小"。华东地区汽车企业数量占全国总数量的 56%，但 CBI 均值远远低于全国平均水平。从省（市）分布来看，六大省（市）企业总和几乎占据了全国市场的半壁江山。汽车业是规模经济效益型产业，欲实现汽车大国向汽车强国的转变，就要通过兼并重组、淘汰落后产能来提高行业集中度，从而诞生有国际竞争力的大企业集团。

（二）中观竞争态势：**仍是上汽一家独大、中游企业占多数**

根据中国汽车企业品牌竞争力分级评级标准，对调查的82家公司进行分级评估，按照一般的惯例分为五级，5A级企业9家，占汽车企业总数的11%；4A级企业10家，占汽车企业总数的12%；3A级企业20家，占汽车企业总数的24%；2A级企业29家，占汽车企业总数的35%；1A级企业14家，占汽车企业总数的17%。5A级汽车企业品牌财务表现力、市场竞争力表现突出，具有消费者支持力度和顾客忠诚度，品牌发展潜力巨大，CBI及各项分指标得分值均远超出其他集团企业。上海汽车集团股份有限公司、中国第一汽车集团公司、东风汽车股份有限公司、长城汽车股份有限公司和中国长安汽车集团股份有限公司是中国汽车行业的领军企业，上海汽车集团股份有限公司各项指标遥遥领先，品牌财务表现力和市场竞争表现力均在4.5分以上，显示出强大的优势地位，是行业内当之无愧的领军企业。值得关注的是20家3A级企业及29家2A级企业，占据行业企业比重的60%。其平均指数分别为75.4333和62.0161，处于行业平均指数的上下区间范围内，两大集团基本代表了汽车行业发展的平均水平，并且企业之间的指数分布比较均匀，可以说是势均力敌。

（三）微观竞争比较：**财务指标表现平平，市场指标同样有待提高**

由于近几年中国汽车市场的井喷式发展，消费需求的不断攀升等因素使得各汽车企业近年来营业收入、净利润都保持了良好的增长态势。全国82家汽车企业的品牌财务表现力得分均值为2.1891，低于2011年指标得分。上海汽车集团股份有限公司、华域汽车系统股份有限公司、潍柴动力股份有限公司、长城汽车股份有限公司、比亚迪股份有限公司、广州汽车集团股份有限公司、江铃汽车集团公司、中国长安汽车集团股份有限公司、北汽福田汽车股份有限公司、郑州宇通客车股份有限公司位列行业前10名。排名第一的上海汽车集团股份有限公司的品牌财务表现力得分

为4.9413，而排名第10的郑州宇通客车股份有限公司的财务表现力得分仅为2.4883，说明汽车行业前10名的企业的财务状况还有一定的差距。从3个二级指标看，其均值分别为：规模因素2.3900，效率因素3.3528，增长因素2.8040，效率因素得分最高，其对整体品牌财务表现力有较大的影响。效率因素中又以净资产报酬率最高，为3.6743。在所有三级指标中，净利润得分最低，仅为1.6253，大大低于2011年指标得分4.2626。

全国82家汽车企业的市场竞争表现力得分均值仅为2.1891。上海汽车集团股份有限公司、北汽福田汽车股份有限公司、中国长安汽车集团股份有限公司、中国第一汽车集团公司、东风汽车股份有限公司、柳州五菱汽车有限责任公司、重庆宗申动力机械股份有限公司、长城汽车股份有限公司、华域汽车系统股份有限公司和安徽江淮汽车股份有限公司位列前10名。上海汽车集团股份有限公司得分4.9413，占据绝对优势，指标得分大大领先于行业其他企业，而第10名的长城汽车股份有限公司的指标得分仅为2.5498，行业前10名的市场竞争力指标得分差距较为明显。

二级指标中，市场占有能力得分1.6559，超值获利能力得分3.1793。在汽车行业内，品牌对企业市场竞争力的影响非常明显，因此品牌溢价率得分均值也最高，为4.2819，与2011年相比略有上浮，这说明对汽车企业来说，品牌是一个十分重要的因素，但品牌销售利润率较低，仅为1.1316，说明企业应该加大力度控制成本。行业前10名企业的市场覆盖率相对较高，且2011年下降幅度较小。但是由于市场占有率较低，拉低了行业整个市场占有能力的得分。

总的来说，中国汽车企业竞争还是比较激烈，排名位于前列的企业之间的差距并不是很大；目前，中国汽车产业的产量规模已超过美国最高纪录，但仍处于产业经营的低端，在国际大品牌中尚处于劣势。要持续生存和发展，逐级完成从产品营销走向品牌营销的经营跨越，已是中国汽车业的营销及传播战略必须面对的课题。

第二节　中国汽车企业品牌竞争力排名报告

一、2012 年度中国汽车企业品牌竞争力指数排名

中国企业品牌竞争力指数（以下简称 CBI）研究课题组于 2011 年 7 月完成了理论研究，拟采用多指标综合指数法对中国企业品牌竞争力进行量化研究。初期理论成果包括 CBI 四位一体理论模型、CBI 评价指标体系、CBI 评价指标权重以及 CBI 计算模型，并且已经通过国内 10 位经济学、管理学界权威专家论证。为了检验理论成果的应用效果，课题组对中国自主汽车企业品牌进行了调研，根据调查数据应用 CBI 计算模型得出中国汽车企业品牌竞争力（以下简称 CBI-R）排名（见表 6-1）。

表 6-1　2012 年中国汽车企业品牌竞争力指数排名

企业名称	省（市、自治区）	相对值（指数）				绝对值形式（5 分制）		
		2012 年行业 CBI	排名	2011 年行业 CBI	排名	品牌竞争力得分（CBS）	品牌财务表现力	市场竞争表现力
上海汽车集团股份有限公司	上海市	100	1	100	1	4.6421	4.9413	4.7318
中国第一汽车集团公司	吉林省	98.4854	2	94.6349	3	4.0323	2.6838	2.9111
东风汽车股份有限公司	湖北省	97.9767	3	97.2358	2	3.7820	2.6261	2.9004
长城汽车股份有限公司	河北省	95.3339	4	90.0816	8	3.5056	2.5971	3.2331
中国长安汽车集团股份有限公司	重庆市	93.5492	5	94.3411	4	3.3792	2.7235	3.1148
北汽福田汽车股份有限公司	北京市	92.4952	6	93.846	6	3.3680	2.8301	3.1322
广州汽车集团股份有限公司	广东省	91.8542	7	91.5777	7	3.3465	2.5290	3.1163
吉利汽车控股有限公司	浙江省	91.1492	8	94.1952	5	3.2825	2.0315	1.9832
华域汽车系统股份有限公司	上海市	90.5657	9	84.7026	16	3.2616	2.5685	3.5932
潍柴动力股份有限公司	山东省	89.9220	10	84.7147	15	3.1925	2.4883	3.3939
比亚迪股份有限公司	广东省	88.7457	11	89.6129	9	3.0920	2.4871	3.1116
江铃汽车集团公司	江西省	88.3563	12	85.2687	14	3.0716	2.3842	3.0578
郑州宇通客车股份有限公司	河南省	87.2474	13	85.3482	13	3.0179	2.4223	2.9615
安徽江淮汽车股份有限公司	安徽省	87.0010	14	88.6226	11	3.0085	2.5498	2.9293
中国玉柴国际有限公司	广西壮族自治区	86.3065	15	79.0201	25	2.9734	2.2163	2.8150
中国重型汽车集团有限公司	山东省	85.2168	16	82.7965	18	2.9720	2.3684	2.7901
柳州五菱汽车有限责任公司	广西壮族自治区	83.5510	17	88.6474	10	2.9708	2.6191	2.5505
庆铃汽车股份有限公司	重庆市	82.2425	18	79.9039	23	2.9253	2.4378	2.7790
厦门金龙汽车集团股份有限公司	福建省	81.7618	19	84.5565	17	2.9000	2.4647	2.7677
海马汽车集团股份有限公司	海南省	79.9312	20	72.1801	43	2.8976	2.1470	2.7245
敏实集团	浙江省	79.7986	21	77.2292	30	2.8729	2.1334	2.7214
江苏悦达投资股份有限公司	江苏省	79.7836	22	86.081	12	2.8628	2.4302	2.7210
重庆宗申动力机械股份有限公司	重庆市	78.3930	23	82.2672	19	2.8575	2.6017	2.6882
万向钱潮股份有限公司	浙江省	78.2828	24	80.5067	21	2.8456	2.2722	2.6856
安徽星马汽车股份有限公司	安徽省	77.0891	25	74.2067	37	2.8353	2.0913	2.6574
兴达国际控股有限公司	江苏省	76.8530	26	77.697	28	2.8248	2.1362	2.6519
风神轮胎股份有限公司	河南省	75.8060	27	76.4089	32	2.7555	2.1524	2.5745

续表

企业名称	省（市、自治区）	相对值（指数）				绝对值形式（5分制）		
		2012年行业CBI	排名	2011年行业CBI	排名	品牌竞争力得分（CBS）	品牌财务表现力	市场竞争表现力
上海交运股份有限公司	上海市	75.5381	28	77.6863	29	2.7436	2.1595	2.5684
宁波华翔电子股份有限公司	浙江省	75.3761	29	77.7895	27	2.7306	2.1775	2.5647
浙江万丰奥威汽轮股份有限公司	浙江省	75.2704	30	65.8946	63	2.7285	1.9253	2.5623
力帆实业（集团）股份有限公司	重庆市	75.0017	31	67.0699	60	2.7253	1.9291	2.5561
贵州轮胎股份有限公司	贵州省	74.6939	32	80.7672	20	2.7151	2.3449	2.5491
凌云工业股份有限公司	河北省	74.4661	33	75.6362	34	2.6539	2.1129	2.5439
佳通轮胎股份有限公司	上海市	74.2445	34	76.1755	33	2.6495	2.2701	2.5388
辽宁曙光汽车集团股份有限公司	辽宁省	73.6049	35	76.7479	31	2.6366	2.1661	2.5045
双钱集团股份有限公司	上海市	72.2059	36	64.2448	71	3.0588	1.8762	2.4634
东风电子科技股份有限公司	上海市	71.3489	37	73.0393	39	2.5583	2.1907	2.4441
贵航汽车零部件股份有限公司	贵州省	70.4962	38	71.9907	45	2.5527	2.0533	2.4068
重庆市迪马实业股份有限公司	重庆市	70.4827	39	79.9794	22	2.5361	2.3687	2.4065
青岛海立美达股份有限公司	山东省	69.5796	40	74.9014	36	2.5211	2.2183	2.3864
上海航天汽车机电股份有限公司	上海市	69.3240	41	75.0515	35	2.5086	2.1421	2.3807
常州星宇车灯股份有限公司	江苏省	69.2673	42	69.9865	51	2.5074	2.0139	2.3795
许昌远东传动轴股份有限公司	河南省	69.0797	43	80.4133	42	2.5058	2.0707	2.3753
安徽安凯汽车股份有限公司	安徽省	68.2536	44	69.6467	53	2.4830	2.0031	2.3569
正兴车轮集团有限公司	福建省	67.6493	45	54.3499	81	2.4742	1.9802	2.5943
江苏江淮动力股份有限公司	江苏省	66.2137	46	72.4216	41	2.4715	2.0859	2.3548
常柴股份有限公司	江苏省	66.1431	47	72.1393	44	2.4701	2.0772	2.3532
山东兴民钢圈股份有限公司	山东省	64.3475	48	70.7043	47	2.4585	2.0486	2.3121
浙江瑞立集团公司	浙江省	64.1864	49	62.5397	73	2.4556	1.8442	2.3084
四川成飞集成科技股份有限公司	四川省	63.7696	50	69.6638	52	2.4520	2.0947	2.2989
中国汽车系统股份有限公司	湖北省	62.2296	51	66.9573	61	2.4250	1.9300	2.2979
黄山金马股份有限公司	安徽省	62.1198	52	79.3228	24	2.4227	2.4136	2.2954
宁波双林汽车部件股份有限公司	浙江省	61.8431	53	65.008	68	2.4195	1.9083	2.2889
新大洲控股股份有限公司	上海市	61.7029	54	62.1742	74	2.4104	1.8455	2.2856
浙江万里扬变速器股份有限公司	浙江省	61.6887	55	67.7929	56	2.3864	1.9721	2.2853
浙江亚太机电股份有限公司	浙江省	61.4087	56	68.4991	55	2.3830	1.9715	2.2787
浙江钱江摩托股份有限公司	浙江省	61.2605	57	67.1409	59	2.3765	2.0515	2.2752
浙江世宝控股集团有限公司	浙江省	61.2410	58	69.9867	50	2.3711	2.0373	2.2748
东安汽车动力股份有限公司	黑龙江省	60.5609	59	70.5053	48	2.3669	2.0480	2.2588
中航黑豹股份有限公司	山东省	60.3858	60	72.5016	40	2.3629	2.0805	2.2547
天津汽车模具股份有限公司	天津市	59.7209	61	65.2907	66	2.3608	1.9410	2.2391
广东巨轮模具股份有限公司	广东省	59.5197	62	65.0567	67	2.3491	1.9345	2.2344
中通客车控股股份有限公司	山东省	57.5137	63	67.4295	58	2.3305	1.9930	2.2292
浙江金固股份有限公司	浙江省	56.8995	64	70.2879	49	2.3294	2.0731	2.2230
山东滨州渤海活塞股份有限公司	山东省	55.0883	65	65.3147	65	2.3129	1.8985	2.2221
江南模塑科技股份有限公司	江苏省	54.5335	66	59.5567	76	2.2872	1.8002	2.2082
河南西峡汽车水泵股份有限公司	河南省	52.7874	67	61.0097	75	2.2646	1.8176	2.1643
山东隆基机械股份有限公司	山东省	50.1488	68	58.809	78	2.2447	1.8494	2.1401
长春一东离合器股份有限公司	吉林省	49.3902	69	64.9679	69	2.2078	2.0558	2.1204
上海普利特复合材料股份有限公司	上海市	45.9328	70	64.636	70	2.1480	1.9010	2.1158
广东鸿特精密技术股份有限公司	广东省	42.2155	71	67.6077	57	2.1413	2.0126	2.1027

续表

企业名称	省（市、自治区）	相对值（指数）				绝对值形式（5分制）		
		2012年行业CBI	排名	2011年行业CBI	排名	品牌竞争力得分（CBS）	品牌财务表现力	市场竞争表现力
天津赛象科技股份有限公司	天津市	38.3368	72	59.1992	77	2.1282	1.9751	2.0822
深圳市特尔佳科技股份有限公司	广东省	34.1527	73	69.5388	54	2.0312	2.0846	2.0472
浙江康迪车业有限公司	浙江省	31.9077	74	37.9427	84	1.9624	2.0390	1.9678
云南西仪工业股份有限公司	云南省	31.3858	75	62.7155	72	1.9372	2.0391	1.9493
重庆建设摩托车股份有限公司	重庆市	33.8934	76	66.0359	62	1.9180	1.9849	1.9381
林海股份有限公司	江苏省	26.4397	77	46.067	83	1.9108	1.8486	1.8678
成都天兴仪表股份有限公司	四川省	23.7069	78	65.6654	64	1.8760	2.0039	1.8639
珠江轮胎（控股）有限公司	广东省	22.0778	79	37.2844	85	1.8040	2.3067	1.7935
中国嘉陵工业股份有限公司	重庆市	21.8608	80	28.8334	86	1.7336	1.9018	1.7841
扬州亚星客车股份有限公司	江苏省	19.4245	81	55.2086	80	1.6228	1.8092	1.6787
浙江展望股份有限公司	浙江省	18.4440	82	23.8891	88	1.5735	1.8884	1.6171
均值		66.5617		72.2775		1.5008	2.1891	2.4743

说明：从理论上说，中国企业品牌竞争力指数（CBI）由中国企业品牌竞争力分值（CBS）标准化之后得出，CBS由4个一级指标品牌财务表现力、市场竞争表现力、品牌发展潜力和消费者支持力的得分值加权得出。

在实际操作过程中，课题组发现，品牌发展潜力和消费者支持两个部分的数据收集存在一定的难度，且收集到的数据准确性有待核实，因此，本报告暂未将品牌发展潜力和消费者支持力列入计算。

品牌财务表现力主要依据各企业的财务报表数据以及企业上报数据进行计算。同时，关于市场竞争表现力方面的得分，课题组选取了部分能够通过公开数据计算得出结果的指标，按照CBI计算模型得出最终结果。

关于详细的计算方法见《中国企业品牌竞争力指数系统：理论与实践》。"—"表示该企业2011年排名在100名之外。

与2011年的数据相比，2012年汽车行业自主品牌排名有所变动。在行业前十强的企业中，上海汽车集团股份有限公司、中国第一汽车集团公司、东风汽车股份有限公司稳居行业前三名，其中，上海汽车集团股份有限公司依然稳坐行业头把交椅，稳步发展。中国第一汽车集团公司由第3名上升至第2名，东风汽车股份有限公司排第3名。长城汽车股份有限公司表现突出，由第8名上升至第4名，增长势头迅猛。究其原因，长城公司近些年一直保持稳健的发展思路，从不贸然大肆推出新产品，而是一步一步实打实地修炼"内功"，从提升自身品牌和质量做起，在自主品牌普遍不增长甚至负增长的情况下，长城汽车的业绩表现非常亮眼。华域汽车系统股份有限公司和潍柴动力股份有限公司增长速度较快，各指标表现良好，分别从第16名、第15名上升至第9名、第10名。吉利汽车控股有限公司增长速度较缓慢，排名有所下降，由第5名下降至第8名。其原因可能是吉利汽车本身的产品线较为薄弱，不够丰富，受销量的影响较为严重。2012年国内汽车自主品牌的销量普遍有所下滑，吉利汽车所受影响较为明显。而比亚迪股份有限公司、柳州五菱汽车有限责任公司两家企业被挤出行业前10名，分别排第11名和第17名。在前20强的企业中，中国玉柴国际有限公司表现突出，增长速度较快，排名有大幅上升，从第25名上升至第15名。海马汽车集团股份有限公司增长势头同样喜人，从第43名上升至第20名。

通过2012年中国汽车企业品牌竞争力指数数据，可以计算出中国汽车行业CBI数值为66.5617，和2011年的CBI数值72.2775相比略有下降。CBI数值为相对值，一方面可以反映行业总体竞争水平，另一方面为行业内企业提供了一个比较标准。后续课题组根据近万家企业的CBI数据得出中国企业品牌竞争力指数值为68，那么汽车行业CBI为66.5617<68，说明汽车行业企业整体竞争水平低于平均水平，行业发展处于较差状态，与2011年相比并无有效改善。同理，行业内部企业的CBI数值低于66.5617，说明其品牌竞争力处于劣势；高于66.5617，说明其品牌竞争力处于优势，整个CBI指标体系为企业提供了一套具有诊断功能和预测功能的实用工具。

二、2012 年度中国汽车企业品牌竞争力指数评级报告

(一)中国汽车企业品牌竞争力指数评级标准体系

根据表 6-1 得出的汽车企业 CBI 数值,课题组绘制总体布局图(见图 6-5),从整体上看,CBI 分布曲线两头陡峭、中间平缓。根据企业 CBI 数值表现出来的特征,结合汽车企业的行业竞争力特性对调查的企业进行分级评估,按照一般惯例分为五级,划分标准如表 6-2 所示。

表 6-2　中国汽车企业品牌竞争力分级评级标准

评级 \ 标准	CBI 数值标准
A A A A A	CBI ≥ 90
A A A A	80 ≤ CBI < 90
A A A	70 ≤ CBI < 80
A A	50 ≤ CBI < 70
A	CBI < 50

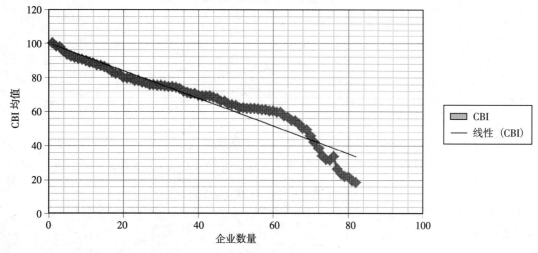

图 6-5　中国汽车行业企业 CBI 散点分布

(二)中国汽车企业品牌竞争力指数评级结果

由以上评价标准可以将汽车企业划分为五个集团,具体的企业个数及分布情况如表 6-3 和图 6-6 所示,各级水平的企业得分情况由于篇幅原因仅列出代表企业。

表 6-3　中国汽车行业企业各分级数量表

企业评级	竞争分类	企业数量	所占比重(%)	行业 CBI 均值	CBS 均值	品牌财务表现力均值	市场竞争表现力均值
5A 级企业	第一集团	9	11	94.6010	3.3872	3.3423	2.8368
4A 级企业	第二集团	10	12	86.0351	2.8300	3.1179	2.4438
3A 级企业	第三集团	20	25	75.4333	2.5616	2.7480	2.1769
2A 级企业	第四集团	29	35	62.0161	2.2787	2.4194	2.0050
1A 级企业	第五集团	14	17	31.3692	1.9137	1.8952	1.9893
全部	不分类	82	100	69.8910	2.5942	2.7045	2.2904

据表 6-2 中国汽车企业品牌竞争力分级评级标准,5A 级汽车企业共有 9 家,占汽车企业总数的 11%,该比重较 2011 年有小幅提高。表 6-4 中所列的 5 家企业上海汽车集团股份有限公司、中国第一汽车集团公司、东风汽车股份有限公司、长城汽车股份有限公司和中国长安汽车集团股份有限公司是中国汽车行业的领军企业,品牌财务表现力、市场竞争表现力突出,具有消费者支持力度和顾客忠诚度,品牌发展潜力巨大。CBI 及各项分指标得分值均远超出其他集团企业。在第

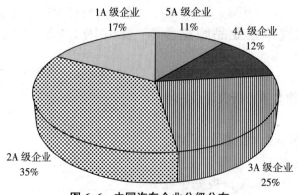

图6-6　中国汽车企业分级分布

表6-4　中国汽车行业5A级企业品牌代表

企业名称	评级水平	排名	CBI	CBS	品牌财务表现力	市场竞争表现力
上海汽车集团股份有限公司	5A	1	100	4.7318	4.6421	4.9413
中国第一汽车集团公司	5A	2	98.4854	3.5932	3.0085	2.6838
东风汽车股份有限公司	5A	3	97.9767	3.3939	3.0179	2.6261
长城汽车股份有限公司	5A	4	95.3339	3.2331	3.5056	2.5971
中国长安汽车集团股份有限公司	5A	5	93.5492	3.1322	3.2825	2.7235

一集团内部比较而言，上海汽车集团股份有限公司各项指标遥遥领先，品牌财务表现力和市场竞争表现力均在4.5分以上，显示出强大的优势地位，是行业内当之无愧的领军企业。

表6-5　中国汽车行业4A级企业品牌代表

企业名称	评级水平	排名	CBI	CBS	品牌财务表现力	市场竞争表现力
潍柴动力股份有限公司	4A	10	89.9220	2.9615	3.7820	2.4883
比亚迪股份有限公司	4A	11	88.7457	2.9293	3.3792	2.4871
江铃汽车集团公司	4A	12	88.3563	2.9111	3.3465	2.3842
郑州宇通客车股份有限公司	4A	13	87.2474	2.9004	3.1925	2.4223
安徽江淮汽车股份有限公司	4A	14	87.0010	2.8150	3.0920	2.5498

据表6-2中国汽车企业品牌竞争力分级评级标准，4A级汽车企业共有10家，占汽车企业总数的12%，企业数量略少于2011年。表6-5中所列的5家企业潍柴动力股份有限公司、比亚迪股份有限公司、江铃汽车集团公司、郑州宇通客车股份有限公司、安徽江淮汽车股份有限公司是中国汽车行业领先企业，市场竞争表现力、品牌财务表现力表现突出，具有较高的顾客忠诚度，品牌发展潜力较大。CBI及各项分指标得分值均

高于行业平均值。在第二集团内部比较而言，潍柴动力股份有限公司在品牌财务表现力和市场竞争表现力均为第一，比亚迪股份有限公司在市场竞争表现力方面位于本梯队企业第二，和第一名差距很小。本集团财务表现力指标得分较高，市场竞争表现力得分均值与2011年相比普遍有所下降，说明该梯队的企业财务状况较好，市场竞争能力普遍有待提高。

表6-6　中国汽车行业3A级企业品牌代表

企业名称	评级水平	排名	CBI	CBS	品牌财务表现力	市场竞争表现力
海马汽车集团股份有限公司	3A	20	79.9312	2.7210	2.9720	2.1470
敏实集团	3A	21	79.7986	2.6882	2.9734	2.1334
江苏悦达投资股份有限公司	3A	22	79.7836	2.6856	2.8456	2.4302
重庆宗申动力机械股份有限公司	3A	23	78.3930	2.6574	2.7253	2.6017
万向钱潮股份有限公司	3A	24	78.2828	2.6519	2.8628	2.2722

据表6-2中国汽车企业品牌竞争力分级评级标准，3A级汽车企业共有20家，占汽车企业总数的25%。表6-6所列的5家企业海马汽车集团股份有限公司、敏实集团、江苏悦达投资股份有限公司、重庆宗申动力机械股份有限公司、万向钱潮股份有限公司是中国汽车行业的中游企业，品牌财务表现力、市场竞争表现力表现一般，具有一定的消费者支持力度和顾客忠诚度。CBI及

各项分指标得分值均高于行业平均值。在第三集团内部比较而言，敏实集团的品牌财务表现力位于本集团第一，说明其财务能力良好，有一定的品牌忠诚度；重庆宗申动力机械股份有限公司的市场竞争表现力得分最高，位于本集团第一；而海马汽车集团股份有限公司虽然没有一项指标位于本集团第一，但是其各项指标都均衡发展，位于中上水平，所以其CBI排名高于其他企业。

表6-7　中国汽车行业2A级企业品牌代表

企业名称	评级水平	排名	CBI	CBS	品牌财务表现力	市场竞争表现力
青岛海立美达股份有限公司	2A	40	69.5796	2.3864	2.4585	2.2183
上海航天汽车机电股份有限公司	2A	41	69.3240	2.3807	2.4830	2.1421
常州星宇车灯股份有限公司	2A	42	69.2673	2.3795	2.5361	2.0139
许昌远东传动轴股份有限公司	2A	43	69.0797	2.3753	2.5058	2.0707
安徽安凯汽车股份有限公司	2A	44	68.2536	2.3569	2.5086	2.0031

据表6-2中国汽车企业品牌竞争力分级评级标准，2A级汽车企业共有29家，占汽车企业总数的35%，该比重与2011年相比并无明显变化。表6-7中所列的5家企业青岛海立美达股份有限公司、上海航天汽车机电股份有限公司、常州星宇车灯股份有限公司、许昌远东传动轴股份有限公司、安徽安凯汽车股份有限公司是中国汽车行

业中下游企业的代表，其特征是品牌财务表现力、市场竞争表现力等表现均在平均水平上下浮动。在第四集团内部比较而言，品牌财务表现力表现虽然相比市场竞争表现力较好，但均在2.5分左右，市场竞争表现力均在2分左右，处于劣势，品牌发展潜力均有待提高。

表6-8　中国汽车行业1A级企业品牌代表

企业名称	评级水平	排名	CBI	CBS	品牌财务表现力	市场竞争表现力
长春一东离合器股份有限公司	1A	68	49.3902	2.1158	2.1480	2.0558
上海普利特复合材料股份有限公司	1A	69	45.9328	2.1027	2.2078	1.9010
广东鸿特精密技术股份有限公司	1A	70	42.2155	2.0822	2.1413	2.0126
天津赛象科技股份有限公司	1A	71	38.3368	2.0472	2.1282	1.9751
深圳市特尔佳科技股份有限公司	1A	72	34.1527	1.9832	2.0312	2.0846

据表6-2中国汽车企业品牌竞争力分级评级标准，1A级汽车企业共有14家，占汽车企业总数的17%，该集团企业数量与2011年相比有所上升。表6-8中所列的5家企业长春一东离合器股份有限公司、上海普利特复合材料股份有限公司、广东鸿特精密技术股份有限公司、天津赛象科技股份有限公司、深圳市特尔佳科技股份有限公司是中国汽车行业的下游企业，其特征是CBI、品牌财务表现力、市场竞争表现力等表现均远远低于行业平均水平。各项指标均具有广阔的提升空间。

三、2012年度中国汽车企业品牌价值50强排名

课题组认为，品牌价值（以下简称CBV）是客观存在的，它能够为其所有者带来特殊的收益。品牌价值是品牌在市场竞争中的价值实现。一个品牌有无竞争力，就是要看它有没有一定的市场份额，有没有一定的超值创利能力。品牌的竞争力正是体现在品牌价值的这两个最基本的决定性

因素上，品牌价值就是品牌竞争力的具体体现。通常品牌价值以绝对值（单位：亿元）的形式量化研究品牌竞争水平，课题组对品牌价值和品牌竞争力的关系展开研究，针对品牌竞争力以相对值（指数：0~100）的形式量化研究品牌竞争力水平。在研究世界上关于品牌价值测量方法论基础上，提出本研究关于品牌价值计算方法，$CBV = CBI \times A \times \sum f(x_i) + C$，其中 CBV 为企业品牌价值，CBI 为企业品牌竞争力指数，A 为分级系数，x_i 为系数决定要素，C 为行业调整系数。据此得出中国汽车企业品牌价值 50 强（见表 6-9）。

表 6-9　2012 年中国汽车企业品牌价值 50 强

公司全称	省（市、自治区）	2012 年 CBV（亿元）	排名	2012 年 CBV（亿元）	排名	2012 年行业 CBI
上海汽车集团股份有限公司	上海市	249.80	1	227.09	1	100
中国第一汽车集团公司	吉林省	234.14	2	220.98	3	98.4854
东风汽车股份有限公司	湖北省	226.36	3	226.36	2	97.9767
广州汽车集团股份有限公司	广东省	208.49	4	189.54	4	91.8542
长城汽车股份有限公司	河北省	177.49	5	147.91	7	95.3339
吉利汽车控股有限公司	浙江省	170.09	6	154.63	5	91.1492
比亚迪股份有限公司	广东省	167.72	7	152.47	6	88.7457
中国长安汽车集团股份有限公司	重庆市	167.45	8	145.61	8	93.5492
北汽福田汽车股份有限公司	北京市	157.15	9	142.86	9	92.4952
中国重型汽车集团有限公司	山东省	135.85	10	125.89	10	85.2168
潍柴动力股份有限公司	山东省	135.26	11	122.96	11	89.9220
郑州宇通客车股份有限公司	河南省	112.90	12	89.13	14	87.2474
柳州五菱汽车有限责任公司	广西壮族自治区	102.99	13	106.08	12	83.5510
江铃汽车集团公司	江西省	98.04	14	84.31	15	88.3563
安徽江淮汽车股份有限公司	安徽省	92.74	15	93.63	13	87.0010
厦门金龙汽车集团股份有限公司	福建省	88.01	16	80.01	16	81.7618
重庆宗申动力机械股份有限公司	重庆市	84.74	17	75.76	18	78.3930
江苏悦达投资股份有限公司	江苏省	83.34	18	77.04	17	79.7836
佳通轮胎股份有限公司	上海市	78.60	19	59.04	24	74.2445
贵州轮胎股份有限公司	贵州省	77.43	20	68.35	21	74.6939
庆铃汽车股份有限公司	重庆市	76.75	21	70.39	19	82.2425
敏实集团	浙江省	65.23	22	59.30	22	79.7986
宁波华翔电子股份有限公司	浙江省	65.11	23	59.19	23	75.3761
万向钱潮股份有限公司	浙江省	64.53	24	58.66	25	78.2828
重庆市迪马实业股份有限公司	重庆市	64.47	25	58.61	26	70.4827
辽宁曙光汽车集团股份有限公司	辽宁省	62.01	26	52.73	29	73.6049
上海交运股份有限公司	上海市	62.01	27	56.37	28	75.5381
兴达国际控股有限公司	江苏省	58.00	28	56.37	27	76.8530
华域汽车系统股份有限公司	上海市	57.56	29	—	—	90.5657
凌云工业股份有限公司	河北省	56.39	30	51.26	30	74.4661
中国玉柴国际有限公司	广西壮族自治区	52.56	31	—	—	86.3065
上海航天汽车机电股份有限公司	上海市	50.14	32	45.58	31	69.3240
江苏江淮动力股份有限公司	江苏省	48.29	33	45.57	32	66.2137
山东兴民钢圈股份有限公司	山东省	46.74	34	42.49	33	64.3475
安徽安凯汽车股份有限公司	安徽省	46.68	35	42.44	34	68.2536
力帆实业（集团）股份有限公司	重庆市	42.10	36	34.91	41	75.0017
浙江万丰奥威汽轮股份有限公司	浙江省	39.09	37	38.27	36	75.2704
风神轮胎股份有限公司	河南省	38.40	38	35.54	38	75.8060

续表

公司全称	省（市、自治区）	2012 年 CBV（亿元）	排名	2012 年 CBV（亿元）	排名	2012 年行业 CBI
东风电子科技股份有限公司	上海市	38.24	39	34.76	43	71.3489
海马汽车集团股份有限公司	海南省	34.10	40	29.50	48	79.9312
双钱集团股份有限公司	上海市	32.45	41	29.04	49	72.2059
安徽星马汽车股份有限公司	安徽省	31.94	42	—	—	77.0891
贵航汽车零部件股份有限公司	贵州省	31.19	43	—	—	70.4962
青岛海立美达股份有限公司	山东省	30.78	44	—	—	69.5796
常州星宇车灯股份有限公司	江苏省	30.64	45	—	—	69.2673
许昌远东传动轴股份有限公司	河南省	30.56	46	—	—	69.0797
正兴车轮集团有限公司	福建省	29.93	47	—	—	67.6493
常柴股份有限公司	江苏省	29.26	48	—	—	66.1431
浙江瑞立集团公司	浙江省	28.40	49	—	—	64.1864
四川成飞集成科技股份有限公司	四川省	28.21	50	—	—	63.7696
合计		4220.36				

在 82 家受调研企业中，排名前 50 强的企业 CBV 合计为 4220.36 亿元。与 2011 年相比，汽车市场进入个位数的微增长时代，本土品牌首当其冲遭殃，品牌价值提升速度放缓。2012 年在 CBV 排名前 10 强的企业中，上海汽车集团股份有限公司、东风汽车股份有限公司、中国第一汽车集团公司、广州汽车集团股份有限公司四家企业稳居排行榜前四名，其中，上海汽车集团股份有限公司稳坐行业老大的位置，CBV 得分稳居行业第一。四家企业发展势头良好，稳中求进，是中国汽车行业当之无愧的领军企业。长城汽车股份有限公司延续 2011 年的增长优势，发展势头依然迅猛，品牌价值快速攀升，由行业第 7 名上升至第 5 名，凭借长城模式，以及对 SUV 的专注和专业令其成为火爆的 SUV 市场的最大赢家，于 2012 蝉联 Interbrand "2012 最佳中国品牌价值排行榜"，为中国汽车行业发展的表率。吉利汽车控股有限公司和比亚迪股份有限公司发展速度较为缓慢，行业排名有所下滑，分别由第 5 名和第 6 名下滑至第 6 名和第 7 名。中国长安汽车集团股份有限公司、北汽福田汽车股份有限公司和中国重型汽车集团有限公司发展势头依然良好，稳居行业前 10 强的宝座。行业前 20 强的企业排名变动不大，值得一提的是，华域汽车系统股份有限公司、中国玉柴国际有限公司两家企业发展势头良好，首次排入行业前 50 强，分别排第 29 名和第 31 名。与 2011 年相比，安徽星马汽车股份有限公司、贵航汽车零部件股份有限公司、青岛海立美达股份有限公司、常州星宇车灯股份有限公司、许昌远东传动轴股份有限公司、正兴车轮集团有限公司、常柴股份有限公司、浙江瑞立集团公司、四川成飞集成科技股份有限公司 9 家企业增长速度较快，均首次排入行业前 50 强，其 CBV 值有望进一步提高。

第三节　2012 年度中国汽车企业品牌竞争力区域报告

一、五大经济分区

（一）总体情况分析

根据课题组的调研数据，中国汽车企业仍主要分布于华东地区、中南地区和西南地区，占 82 家企业总数的比重分别为 56%、18% 和 15%，集中度较高。华北地区和中南地区仍延续 2011 年的优势，CBI 均值分别为 72.0706、68.8987，高于全国均值 66.5617，东北地区 CBI 均值不再是最低，为 70.5103，虽然企业数量最少，但其 CBI 值增长最快。虽然华东地区企业总数行业排名第一，但

表6-10　中国汽车企业五大经济区域竞争状况

区域	企业数量	所占比重(%)	CBI 均值		CBS 均值		品牌财务表现力均值		市场竞争表现力均值	
			2012 年	2011 年	2012 年	2011 年	2012 年	2011 年	2012 年	2011 年
华东地区	46	56	66.5807	67.9105	2.4540	2.6679	2.6082	4.0847	2.1577	3.1276
中南地区	15	18	68.8987	80.4133	2.5390	2.7682	2.6441	4.1845	2.2237	3.3796
西南地区	12	15	59.9563	70.7694	2.3566	2.7325	2.4274	4.0816	2.2069	3.4588
华北地区	5	5	72.0706	76.8108	2.6350	2.8693	2.7982	4.3100	2.2912	3.5713
东北地区	4	6	70.5103	63.1368	2.6170	2.5598	2.5388	3.8438	2.2385	3.1897
总体情况	82	100	67.6033	69.3388	2.5203	2.7002	2.6033	4.1005	2.2236	3.2496

其 CBI 均值为 66.5807，略高于全国均值，说明该地区还有很大的提升空间。西南地区企业数量排名第三，但其 CBI 均值仅为 59.9563，大大低于行业平均水平，为各区域最低值，说明其品牌财务表现力均值、市场竞争表现力均值差强人意，各项指标仍有待提高。而华北地区虽然排名第四，仍保持 2011 年的发展趋势，在品牌财务表现力均值、市场竞争表现力均值这两个方面的得分位列第一。西北地区本次没有企业进入调研，故数据暂缺。

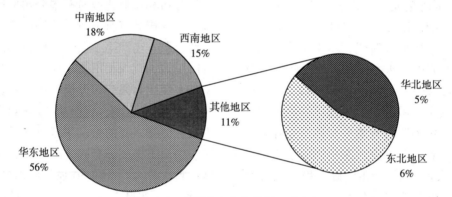

图 6-7　中国汽车企业数量区域分布

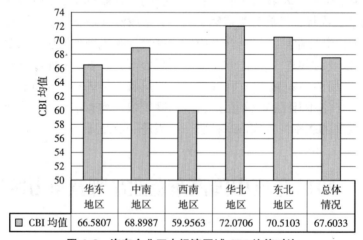

图 6-8　汽车企业五大经济区域 CBI 均值对比

（二）分项情况分析

在各分项竞争力指标对比方面，品牌财务表现力指标均值得分相对较高，除西南地区之外，各地区指标得分均在 2.5 分以上，汽车企业的规模效应明显；市场竞争力表现得分也不是很高，均在 2.2 分左右，处于中游水平。华北地区依然保持 2011 年的优势，财务表现力、市场竞争表现力 2 个分项指标的得分均值位列第一。中南地区紧随其后。西南地区财务表现力指标得分较低，在各区域中处于最后一名，说明该区域整体财务状况较差。华东地区尽管拥有最多的企业，但在品牌财务表现力上处在中游水平，市场竞争表现力指标得分却为行业最后一名，品牌竞争力仍有待提高。整个汽车行业品牌竞争力区域的发展水平差距明显。

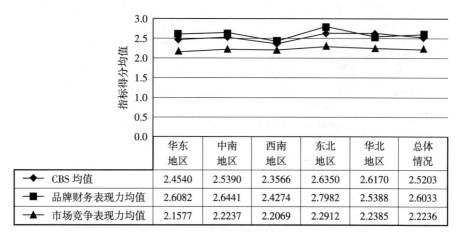

图6-9 中国汽车企业一级指标分区域对比

	华东地区	中南地区	西南地区	东北地区	华北地区	总体情况
CBS 均值	2.4540	2.5390	2.3566	2.6350	2.6170	2.5203
品牌财务表现力均值	2.6082	2.6441	2.4274	2.7982	2.5388	2.6033
市场竞争表现力均值	2.1577	2.2237	2.2069	2.2912	2.2385	2.2236

二、六大省（市）分析

（一）总体情况分析

表6-11 中国汽车企业主要省（市）竞争状况

省（市）	企业数量	所占比重（%）	CBI 均值		CBS 均值		品牌财务表现力均值		市场竞争表现力均值	
			2012年	2011年	2012年	2011年	2012年	2011年	2012年	2011年
浙江省	14	17	62.7683	66.3359	2.3593	2.6322	2.4019	4.0342	2.0232	3.0755
上海市	9	11	73.4292	75.0402	2.7299	2.8292	2.9450	4.3916	2.4328	3.1668
山东省	8	10	66.5253	61.6588	2.4032	2.5264	2.6152	3.8563	2.1181	2.9911
江苏省	8	10	57.3323	62.6512	2.2520	2.5488	2.3848	3.9244	2.0252	2.9332
广东省	6	7	56.4276	67.2988	2.3554	2.6540	2.4760	3.9365	2.2257	3.4287
重庆市	7	8	65.0605	71.2044	2.4604	2.7424	2.5475	4.0470	2.2782	3.5945
其他省（市）	30	37	71.1198	72.9635	2.5564	2.7822	2.6698	4.2054	2.2278	3.3975
总体情况	82	100	64.6661	69.3388	2.4452	2.7002	2.5772	4.1005	2.1902	3.2496

表6-11中前6名省（市）的汽车上市企业数量占到企业总数的63%，浙江省、上海市、山东省的企业数量为前3名，比重分别为17%、11%、10%（见图6-10），可以得出中国汽车上市企业区域分布仍较为集中：多位于东部地区，但各省分布较为均匀。企业数量排名前三的省（市）浙江省、上海市、山东省三省（市）CBI得分分别为62.7683、73.4292、66.5253（见图6-11），只有上海依旧保持2011年的优势地位，CBI得分最高，为75.0402，高于行业平均值66.5617，显示其在众省（市）汽车行业中具有较强的竞争力，其他省（市）的CBI得分均值均低于行业平均水平。

（二）分项情况分析

在各分项竞争力指标对比方面，品牌财务表现力的指标均值均低于3分，表现相对较差，均值低于2011年，相比来说，财务竞争力有逐渐减弱的趋势，市场竞争表现力整体表现不佳。上海市的财务表现力得分最高，为2.9450，说明其财务状况相对来说表现良好。该行业竞争能力有逐渐减弱的趋势，在市场竞争效率方面有待提升。

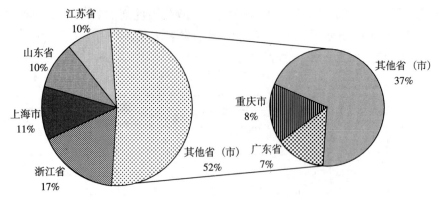

图6-10　中国汽车上市企业省（市）分布

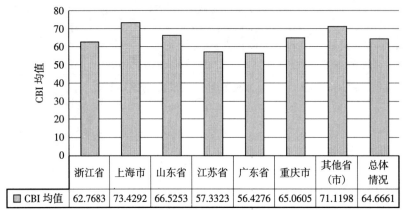

	浙江省	上海市	山东省	江苏省	广东省	重庆市	其他省（市）	总体情况
CBI 均值	62.7683	73.4292	66.5253	57.3323	56.4276	65.0605	71.1198	64.6661

图6-11　各省（市）汽车企业 CBI 均值对比

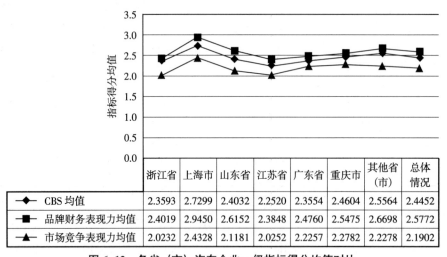

	浙江省	上海市	山东省	江苏省	广东省	重庆市	其他省（市）	总体情况
CBS 均值	2.3593	2.7299	2.4032	2.2520	2.3554	2.4604	2.5564	2.4452
品牌财务表现力均值	2.4019	2.9450	2.6152	2.3848	2.4760	2.5475	2.6698	2.5772
市场竞争表现力均值	2.0232	2.4328	2.1181	2.0252	2.2257	2.2782	2.2278	2.1902

图6-12　各省（市）汽车企业一级指标得分均值对比

第四节　2012 年度中国汽车企业品牌竞争力分项报告

一、品牌财务表现力

目前国内企业经营者对于现代化管理手段的理解与实践，多半仍然停留在以财务数据为主导的思维里。虽然财务数据无法帮助经营者充分掌握企业发展方向，但在企业的实际运营过程中，财务表现力仍然是企业对外展示基本实力的重要依据。品牌财务表现力层面的分析将财务指标分为规模因素、增长因素和效率因素 3 个二级指标。规模因素主要从销售收入、所有者权益和净利润 3 个三级指标来衡量；效率因素主要从净资产利润率、总资产贡献率 2 个三级指标来衡量；增长因素主要从近三年的销售收入增长率、净利润增长率 2 个三级指标来衡量。

由于近几年中国汽车市场的井喷式发展，消费需求的不断攀升等因素使得各汽车企业近年来营业收入、净利润都保持了良好的增长态势。全国 82 家汽车企业在品牌财务表现力得分均值为 2.5965，2011 年的指标得分 4.1005 相比，有所下降。上海汽车集团股份有限公司、华域汽车系统股份有限公司、潍柴动力股份有限公司、长城汽车股份有限公司、比亚迪股份有限公司、广州汽车集团股份有限公司、江铃汽车集团公司、中国长安汽车集团股份有限公司、北汽福田汽车股份有限公司、郑州宇通客车股份有限公司位列行业前 10 名，这 10 家企业在品牌财务表现力方面有所差距，排名第一的上海汽车集团股份有限公司的品牌财务表现力得分为 4.6421，而排第 10 的郑州宇通客车股份有限公司的财务表现力得分仅为 3.1925，说明汽车行业前 10 名企业的财务状况还是有一定的差距。

从 3 个二级指标看，其均值分别为：规模因素 2.3900，效率因素 3.3528，增长因素 2.8040，与 2011 年单项得分均值 4.0900、4.2784、3.7289 相比，普遍有所下降。2012 年指标的得分中，效率因素得分最高，其对整体品牌财务表现力有较大的影响。效率因素中又以净资产报酬率最高，为 3.6743。在所有三级指标中，净利润得分最低，仅为 1.6253，大大低于 2011 年的指标得分 4.2626。

表 6-12　品牌财务表现力指数——行业前 10 名

企业名称	省（市）	行业 CBI 指数	品牌财务表现力
上海汽车集团股份有限公司	上海市	100	4.6421
华域汽车系统股份有限公司	上海市	90.5657	4.0323
潍柴动力股份有限公司	山东省	89.9220	3.7820
长城汽车股份有限公司	河北省	95.3339	3.5056
比亚迪股份有限公司	广东省	88.7457	3.3792
广州汽车集团股份有限公司	广东省	91.8542	3.3680
江铃汽车集团公司	江西省	88.3563	3.3465
中国长安汽车集团股份有限公司	重庆市	93.5492	3.2825
北汽福田汽车股份有限公司	北京市	92.4952	3.2616
郑州宇通客车股份有限公司	河南省	87.2474	3.1925

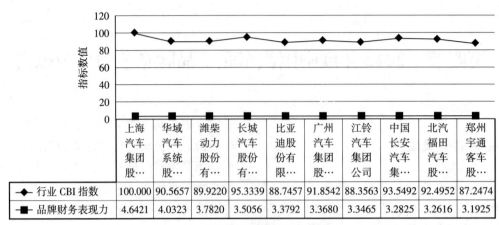

图 6-13　品牌财务表现力前 10 名企业

表 6-13　品牌财务表现力各项指标得分均值

一级指标	2012 年	2011 年	二级指标	2012 年	2011 年	三级指标	2012 年	2011 年
品牌财务表现力	2.5965	4.1005	规模因素	2.3900	4.0900	销售收入	2.6118	3.6245
						所有者权益	2.6827	4.4989
						净利润	1.6253	4.2626
			效率因素	3.3528	4.2784	净资产报酬率	3.6743	4.2207
						总资产贡献率	2.9065	4.3649
			增长因素	2.8040	3.7289	近三年销售收入增长率	1.9245	3.7363
						近三年净利润增长率	3.6835	3.7216

二、市场竞争表现力

随着汽车行业的持续、快速发展，市场竞争也更加激烈。企业只有具备更强的市场竞争能力，才能在目前的行业环境中生存下去。市场竞争表现力层面的分析将指标分为市场占有能力和超值获利能力 2 个二级指标。市场占有能力主要从市场占有率、市场覆盖率 2 个三级指标来衡量；超值获利能力主要从品牌溢价率、品牌销售利润率 2 个三级指标来衡量。

由于近几年中国汽车市场的飞速发展，居民收入的不断提高等使得各汽车企业近年来营业收入、净利润都保持了良好的增长态势。全国 82 家汽车企业在市场竞争表现力得分均值为 2.1891。上海汽车集团股份有限公司、北汽福田汽车股份有限公司、中国长安汽车集团股份有限公司、中国第一汽车集团公司、东风汽车股份有限公司、柳州五菱汽车有限责任公司、重庆宗申动力机械股份有限公司、长城汽车股份有限公司、华域汽车系统股份有限公司和安徽江淮汽车股份有限公

司位列前 10 名，这 10 家企业在市场竞争表现力方面差距明显，上海汽车集团股份有限公司得分 4.9413，占据绝对优势，指标得分大大领先于行业其他企业，而第 10 名的长城汽车股份有限公司的指标得分仅为 2.5498，行业前 10 名的市场竞争力指标得分差距较为明显。

二级指标中，市场占有能力得分 1.6559，超值获利能力得分 3.1793，与 2011 年单项得分均值 2.9079、3.8809 相比略有下降。整个汽车行业的竞争状况较好，各家企业百花齐放。汽车行业内，品牌对企业市场竞争力的影响非常明显，品牌溢价率得分均值最高，为 4.2819，与 2011 年相比略有上浮，这说明对汽车企业来说，品牌是一个十分重要的因素，各汽车企业必须加强品牌建设力度。但品牌销售利润率较低，仅为 1.1316，说明企业应该加大力度控制成本。由于各企业在全国各地开设品牌 4S 店，因而行业前 10 名企业的市场覆盖率相对较高，与 2011 年相比下降幅度较小，大部分企业的市场占有率处于中等水平甚至较弱的水平，也由于市场占有率较低，拉低了整个市场占有能力的得分。

表 6-14　市场竞争表现力指数——行业前 10 名

企业名称	省（市、自治区）	行业 CBI 指数	品牌财务表现力
上海汽车集团股份有限公司	上海市	100	4.9413
北汽福田汽车股份有限公司	北京市	92.4952	2.8301
中国长安汽车集团股份有限公司	重庆市	93.5492	2.7235
中国第一汽车集团公司	吉林省	98.4854	2.6838
东风汽车股份有限公司	湖北省	97.9767	2.6261
柳州五菱汽车有限责任公司	广西壮族自治区	83.5510	2.6191
重庆宗申动力机械股份有限公司	重庆市	78.3930	2.6017
长城汽车股份有限公司	河北省	95.3339	2.5971
华域汽车系统股份有限公司	上海市	90.5657	2.5685
安徽江淮汽车股份有限公司	安徽省	87.0010	2.5498

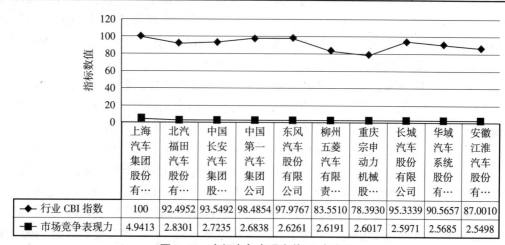

	上海汽车集团股份有…	北汽福田汽车股份有…	中国长安汽车集团股…	中国第一汽车集团公司	东风汽车股份有限公司	柳州五菱汽车有限责…	重庆宗申动力机械股…	长城汽车股份有限公司	华域汽车系统股份有…	安徽江淮汽车股份有…
行业 CBI 指数	100	92.4952	93.5492	98.4854	97.9767	83.5510	78.3930	95.3339	90.5657	87.0010
市场竞争表现力	4.9413	2.8301	2.7235	2.6838	2.6261	2.6191	2.6017	2.5971	2.5685	2.5498

图 6-14　市场竞争表现力前 10 名企业

表 6-15　市场竞争表现力各分项指标得分均值

一级指标	2012 年	2011 年	二级指标	2012 年	2011 年	三级指标	2012 年	2011 年
市场竞争表现力	2.1891	3.2496	市场占有能力	1.6559	2.9079	市场占有率	1.1241	2.8871
						市场覆盖率	2.8966	2.9565
			超值获利能力	3.1793	3.8809	品牌溢价率	4.2819	4.2095
						品牌销售利润率	1.1316	3.2708

第五节　中国汽车企业品牌竞争力提升策略专题研究

一、中国汽车行业宏观经济与政策分析

（一）汽车市场运行情况

2012 年，我国汽车市场保持平稳增长态势，产销量月月超过 120 万辆，平均每月产销突破 150 万辆，全年累计产销超过 1900 万辆，再次刷新全球历史纪录。据中国汽车工业协会统计，我国全年累计生产汽车 1927.18 万辆，同比增长 4.6%，销售汽车 1930.64 万辆，同比增长 4.3%，产销同比增长率较 2011 年分别提高了 3.8 和 1.8 个百分点。其中，乘用车分别产销 1552.37 万辆和 1549.52 万辆，同比分别增长 7.2% 和 7.1%；商用车分别产销 374.81 万辆和 381.12 万辆，同比分

别下降 4.7% 和 5.5%。2012 年 12 月，全国汽车产销分别为 178.49 万辆和 180.99 万辆，同比分别增长 5.5% 和 7.1%。其中，乘用车产销分别为 144.23 万辆和 146.29 万辆，同比分别增长 5.7% 和 6.8%；商用车产销分别为 34.26 万辆和 34.70 万辆，同比分别增长 4.5% 和 8.2%。

国研网数据显示，2012 年自主品牌乘用车销售 648.50 万辆，同比增长 6.1%，占乘用车销售市场的 41.9%，市场份额同比下降 0.3 个百分点。其中，自主品牌轿车销售 304.96 万辆，同比增长 3.5%，占轿车市场的 28.4%，市场份额同比下降 0.7 个百分点，较排名第二的德系车高出 5 个百分点。据行业快报统计，2012 年全国汽车行业规模以上企业累计完成工业总产值 5.29 万亿元，同比增长 11.8%。2012 年，17 家重点企业（集团）累计完成工业总产值 2.09 万亿元，同比增长 3.3%；累计实现主营业收入 2.41 万亿元，同比增长 2.8%；完成利税总额 3916.85 亿元，同比增长 0.6%。

国研网数据显示，2012 年，我国汽车整车累计出口 105.61 万辆，同比增长 29.7%，比 2011 年同期增加 24.18 万辆，再创历史新高。其中，乘用车出口 66.12 万辆，同比增长 38.9%；商用车出口 39.49 万辆，同比增长 16.8%。1 月至 11 月，汽车整车累计进口 105.43 万辆，同比增长 13.1%。2012 年 1 月至 11 月，全国汽车商品累计进出口总额为 1400.75 亿美元，同比增长 8.0%。其中，进口金额为 722.56 亿美元，同比增长 7.4%，出口金额为 678.19 亿美元，同比增长 8.6%。

据中国汽车工业协会汇总的由国家统计局提供的全国汽车行业 11910 家规模以上企业主要经济指标快报显示，2012 年，汽车行业面对复杂多变的国内外形势，认真贯彻落实中央提出的稳中求进战略部署，积极应对下行压力加大的局面，实现了全行业稳定增长。总体来看，2012 年汽车行业经济运行缓中趋稳，主要指标适度增长。具体呈现以下七大特点：①产出指标稳步增长；②出口交货值增速减缓；③固定资产投资快速增长，增幅回落；④主营业务收入稳步增长；⑤利润、利税总额增速趋缓；⑥亏损企业亏损额同比增长超过 30%；⑦应收账款较快增长、产成品库存资金同比下降。

据中国汽车工业协会统计分析，2012 年，汽车工业重点企业（集团）认真落实国家稳中求进的工作总基调，积极应对下行压力加大的局面，实现了产销稳定增长。据汽车工业重点企业（集团）经济指标快报显示，2012 年重点企业（集团）经济运行增速趋缓，多数经济指标呈小幅增长，增幅同比有不同程度回落，利润总额由正增长变为负增长。具体呈现以下六大特点：①工业经济效益综合指数低于 2011 年；②产出指标小幅增长，增速低于 2011 年；③营业收入小幅增长；④利润总额低于 2011 年、利税总额小幅增长；⑤利息支出增速明显，同比增长超过 2 倍；⑥应收账款较快增长、产成品库存资金同比下降。

汽车产业作为我国经济的支柱产业，能够带动消费的换代和升级，未来几年仍将得到较快发展。在 2012 年 5% 的增长水平基础上，2013 年我国汽车销售增长率达到 13% 有较充足的保证，预计行业利润总额同比将增长 18% 以上；而 2014 年、2015 年中国汽车工业将会迎来又一个年均增长超过 20% 的两年"黄金时间"，届时，中国汽车工业将达到顶峰，销售量会达到 3500 万辆左右。

（二）汽车行业政策分析

2011 年既是汽车行业实施"十二五"发展规划的第一年，也是国内汽车市场发生重大调整变化的一年。"十二五"将是我国经济社会发展的关键时期，也是我国汽车产业调整结构、转变发展方式、加快推进节能和新能源汽车发展的关键时期。

2012 年下半年以来，为保证汽车销售增长率不断提高，部分刺激汽车消费的政策（如节能汽车补贴、汽车下乡、以旧换新、新能源汽车补贴等）力度有所加大，但总体力度仍不如预期。

预测 2012 年的一些政策可能会延伸到 2013 年，例如校车准入、大中型客车以旧换新补贴、新能源汽车补贴等政策将逐步加码。从校车的生产到使用的各环节进展顺利的情况下，对于校车的需求将会有一定程度的增加；同时，城市交通的建设越来越受到重视，越来越受市民的青睐，公交系统越来越发达，国家对于大中型客车的扶持力度也将逐渐增大。节能汽车补贴、汽车下乡、以旧换新、新能源汽车补贴等政策的范围和力度也会适度加大。但由于一些一线城市和特大城市仍存在一定的拥堵现象，交通压力、污染压力越来越大，限行、限购政策仍然继续存在。因此，希望 2013 年出现 2009 年、2010 年的政策支持力度是不现实的。有专家预测，2015 年，中国自主品牌汽车市场比例将进一步扩大，自主品牌乘用车国内市场份额超过 50%，其中，自主品牌轿车国内份额超过 40%。2015 年，大型汽车企业应具备接近世界先进水平的自主产品平台开发能力。我国汽车产业将走向国际市场，从仅依靠内需市场，转向有实力在国际市场上争取份额，2015 年自主品牌汽车出口占产销量的比例将超过 10%；大力扶持传统燃料的节能环保汽车、以纯电动汽车为主的新能源汽车，支持研究开发混合燃料、氢燃料等汽车。

为实现该目标，中国将加大对自主研发平台的扶持，积极开发具有自主知识产权的产品，提高企业自身的研发能力和核心技术创新能力。专家预计，到 2015 年将形成若干国际驰名的汽车品牌，实力雄厚、竞争能力强的大型汽车企业集团应具备世界先进水平的自主产品平台研发和创新能力，骨干汽车企业应具备汽车主导产品，譬如发动机、底盘等关键零部件的主导研发能力。2011 年"十二五"规划的出台将在很大程度上刺激自主品牌汽车的发展。

二、中国汽车行业品牌竞争力提升策略建议

（一）依靠政府，实施自主品牌战略

1. 实施自主品牌战略关乎国家经济安全

温家宝总理指出，"一个国家拥有品牌的多少，既是国际经济实力的象征，也是衡量一个国家竞争力的重要指标"。源于对国家经济安全的需求，一个国家必须创立、做大、做强自己的企业品牌。我国的汽车工业已经成为国民经济的支柱产业，截至 2012 年，中国已经成为世界第一大汽车制造国和消费国，然而中国的汽车品牌在国际上却毫无竞争力可言，没有一个被列入全球 100 最具有价值的品牌排行榜。在汽车销量如此巨大的国内市场，近 70% 的市场被外资品牌占有，我国自主品牌的汽车并未得到国内消费者的青睐，

核心技术竞争力较弱。如今，汽车产业对经济和其他相关产业具有较大的带动作用，成为推动中国经济较快增长的重要因素，因此，发展我国汽车产业的当务之急，是要建立和发展具有技术含量和较高自主研发能力的国内自主品牌，有能力在国际汽车市场上占有一席之地。

我国的汽车行业仍存在巨大的市场潜力和发展空间，汽车产业的快速发展将对国家、社会产生深远的影响，中国汽车产业的安全度问题必将引起中央政府的高度重视，因此有必要将汽车产业自主品牌战略和技术创新战略上升到国家经济安全高度。

2. 政府应放开对国有汽车企业的保护，实施公车采购新标准

改革开放以来，国外企业大量入驻中国，我国汽车产业的合资政策大大促进了国内的就业状况、人才技术的培养、管理经验的增加。但在合资过程中，我们过于依赖国外的先进技术，大大丧失了自主研发原有品牌的能力，成为世界级的"制造工厂"。我国国内的合资企业，打着拿市场换技术的旗号，最终非但没有学会新技术，反而丢了市场，由于汽车工业的产业关联度相对较高，对辅助产业及其他相关产业也有非常明显的拉动效果（根据有关研究发现，其拉动效果为 1：7：11)，对整个经济的带动效果非常大。因此国家对于国内汽车企业的保护力度非常大，使得大部分企业没有生存竞争的压力，同时丝毫没有创新技术以占有更大市场的动力。因此，国家应该在政策上放开对国有汽车企业过于保护的政策，提高汽车企业的创新动力，以带动整个行业的技术创新速度。

习近平主席在《关于领导干部"配车问题"发表的内部讲话》中表示："逐渐要坐自主品牌的车，现在也有了这个设计和生产，老坐外国车观感也不好。很多外国领导人都坐自己国家生产的车，除非没有生产。"说明打造自主品牌，实施自主品牌的战略引起了国家领导人的广泛关注，而据曾参与《2012 年度党政机关公务用车选用车型目录（征求意见稿）》（简称《目录》）的制定工作，且是专家组组长的董扬表示，正在修订中的公务车采购标准包括：自主品牌采购比例不低于50%；正部级官员用车标准由此前的不高于 3.0 升

排量、人民币 45 万元降至 2.5 升、35 万元；副部级官员由不高于 3.0 升、35 万元缩减至 2.5 升、30 万元；普通公务用车则由最高 2.0 升、25 万元被重新限定在 1.8 升排量及 16 万元以内。这对自主品牌的发展是一大利好消息，且中央表示，坐自主品牌的公务车是全世界的惯例。这将大大促进和提高我国自主品牌的自主创新、自主研发，上马高端商务车的动力，抢占合资品牌在中国占据的市场，提高中国自主品牌在国际上的竞争力。

（二）优化汽车品牌竞争的外部环境

中国特色社会主义经济体制，主要由国家宏观调控，由市场机制来调节分配社会资源，经济主体自主活动、市场体系较为完善、社会体制健全、运行规范。市场经济的发展需要建立多层次的市场调节系统，将社会化再生产的各个环节融入该体制，实现消费商品化、市场化。经济运行机制由供给导向型经济向需求导向型经济转变，由投资需求驱动转变为消费者需求驱动，建立起一个由市场机制调控的经济体制。随着市场经济的发展，品牌应运而生。企业之间的竞争慢慢从产品竞争递升为品牌之间的竞争。品牌竞争越激烈，越有利于建立名牌效应，越有利于建立品牌集中度促进市场经济发展，健全市场经济体制，对我国汽车企业提高自身品牌竞争力具有重要意义，奠定坚实的内在基础，树立市场观念，优化资源配置，促进经济增长方式的根本转变，有利于企业优化自身的产业结构，培育企业产业名牌，提高国内自主汽车品牌在国际市场上的竞争力。

市场经济法制具有强制性，引导、激励和约束市场行为，为市场经济的发展营造一个合理、公平和有序的环境。在我国社会主义初级阶段，市场经济的法律体系还尚未健全，品牌竞争的发展速度过快，大大超前于有关品牌竞争的立法。完善市场经济的法律体系，对维护市场经济的良性发展是十分必要的。健全品牌竞争的法律机制，首先应该学会运用法律手段来规范行业竞争行为，例如，《反不正当竞争法》、《合同法》等。其次通过运用法律手段，加强对品牌商标及权益的保护，例如，《商标法》、《专利法》、《广告法》、《产品质量法》等。好的品牌需要接受激烈的市场竞争的检验，汽车企业品牌的成长有赖于政府政策的大力支持，有利于集中品牌资本，合理分配资源，为汽车自主品牌创造一个良好的外部环境，使得企业和企业品牌的权益得到保护。

（三）通过并购重组扩大行业发展规模，提升自主研发能力

从国际汽车产业的发展历程来看，世界各国汽车产业的发展均伴随着大量汽车企业的兼并重组。随着自主品牌汽车企业的发展壮大，国内汽车产业结构调整速度明显加快，兼并重组、资源整合不断发生，重组后的企业将大大提高自身的竞争力，将有更雄厚的资金和优势的市场地位，建立起更好更强的品牌形象。通过企业间的兼并重组，不但能够加快整体上市，更能拥有一个更充裕的融资平台，在汽车企业的争夺战中，雄厚的资金实力以及较快获取资金的能力将大大提高企业的竞争力，有助于企业快速壮大，实力大大提高。

我国目前的汽车企业数量仍然较多，规模较小，虽然企业间兼并重组的速度不断加快，但该现状仍未得到有效改善，资本和资源未得到充分利用。地方政府为促进当地经济发展，地方保护主义明显，使得许多竞争力较弱的自主品牌在政府的保护下，仍存在于市场竞争环境，使得我国汽车产业较为分散。

我国汽车品牌竞争力与国外汽车品牌相比存在较大差距，国外品牌之所以占有大部分的国内市场，形成强大的品牌竞争力，除价格优势以外，更重要的是先进的技术和优质的质量，我国汽车品牌在国际市场竞争中处于弱势的主要原因是缺乏技术的自主创新能力，缺乏核心竞争力。由于我国汽车工业起步较晚，仍处于先学习、后借鉴、再创新的阶段。在全球竞争和技术快速发展的市场中，我国汽车品牌必须不断实现技术创新，培育自身核心竞争力，不能停留在引进国外技术，模仿国外产品的层面上，必须坚持"两条腿走路"的战略，坚持进行技术创新与研发，增强自身的技术核心能力，提高产品的科技含量，建立起"产学研"相结合的技术创新体系。在创新体系的建立与完善中，政府要发挥主导作用，协助市场做好资源配置的工作，有利于企业发挥主体创新和领头的作用。

我国汽车企业应加快体制改革的步伐，创新机制，建立现代企业制度，提升自身创新研发能

力，提高企业综合效益。切实消除汽车企业间合理兼并重组的障碍，借助政府废除地方保护主义，顺从市场上优胜劣汰的自然规律，理顺地区间的利益分配，提高规范化水平，要努力实现由引进模仿到自主创新的转变，通过消化和吸收先进技术，努力走出一条引进技术、消化技术，再到自主创新技术的路子，紧跟汽车产业发达国家的步伐，提高中国汽车品牌的国际竞争力。国有汽车企业通过兼并重组，强强联合，加快大型企业集团的形成，成为中国汽车工业自主发展的主力军。民营汽车企业妥善建立长远发展目标，建立现代化的管理模式，提高技术水平，积极参与市场竞争，加快自身的产品升级。国内的汽车品牌企业应坚持合作共赢的原则，努力提升自主创新能力，打造自主品牌产品，提高汽车产业的整体素质。

三、中国汽车企业品牌竞争力提升策略建议

与外资品牌和合资品牌相比，自主品牌在中国汽车市场中处于劣势地位。很多国内企业存在急功近利、缺少长期打算的问题。如何适应国内汽车市场结束高增长、进入调整期的行业环境，结合本次调查结果和目前国内汽车企业的现状，提出以下品牌竞争力提升策略。

（一）完善售后服务体系

如今的中国汽车市场日新月异，企业的主要利润来源不再是单纯靠卖汽车来增加销量。国家对于刺激汽车消费的一系列鼓励政策相继推出，伴随着一线城市限购、交通拥挤的现状，在汽车拥有量极高、汽车销量增速放缓的今天，如何实现可持续增长，并保持较快的增长速度是企业面临的最紧迫的问题。在这样的环境下，作为维系客户忠诚度和品牌口碑不可或缺的售后服务，真正成为汽车企业乃至整个汽车行业可持续发展的重要组成部分。许多企业渐渐意识到，要想获得客户，稳住客户，留住客户，仅靠价格和车型是远远不够的，售后服务的质量越来越得到消费者的重视。由于我国汽车业起步晚，售后服务水平与国外相比，还不尽如人意。一些厂商从经营模式到服务理念、品牌维护还存在一定的问题。目前，我国的汽车厂商仍普遍存在"重生产轻服务"

的现象，汽车企业纷纷扩大产能，但在服务市场管理方面还很欠缺。即使汽车企业在宣传时强调服务的重要性，但实际上，"加强售后服务"看上去更像是企业口号的点缀。因此，汽车企业要想在市场上站稳脚跟，必须重视售后服务体系的建立与完善。

1. 建立行业规范，健全售后体系

汽车行业有必要建设完善的法律体系来规范和监督汽车售后系统，并通过建立行业内完善详细的服务标准，建立统一管理的系统，来引导和规范该汽车售后服务的标准化。同时，汽车企业利用每年的售后系统统一收集的信息，针对消费者投诉的问题，对消费者的需求及售后服务满意度进行调查，来预估消费者的期望，并以此为依据来完善自身的售后服务系统。同时，企业应不定时对维修站进行现场评估，以确认其服务质量并寻找改善售后服务的措施，不断提高售后服务准则。

2. 全面了解客户需求，利用先进技术提升自身服务质量

汽车售后服务面向的是客户，售后服务的评价反馈也主要来源于客户，客户有什么样的需求，我们就应该提供什么样的服务，因此，顾客反馈回来的信息是非常宝贵的，有助于我们改善自身的售后服务体系，提高顾客满意度，从而提升自身品牌的竞争力和品牌满意度。从事汽车售后的服务人员，应该用心去挖掘和搜集这些信息，企业通过处理搜集到的客户信息，发掘顾客深层次的需求，加强与客户的沟通和关怀工作，在顾客心中树立良好的企业形象和品牌形象，而企业应有效利用和重视这些信息，针对顾客的需要，策划出更好的服务方案和服务准则，努力形成良好的品牌忠诚。

同时，企业应该注重与先进技术的融合，通过引进各种先进的维修机具和设备，先进的电子诊断设备等来提高效率，缩短维修周期，提高顾客满意度，降低维修成本为目的，保证维修质量，打造"一条龙"的贴心服务。

3. 提高服务人员整体素质，提高服务意识

在产品营销中，服务只是企业推销产品的一种手段，成为产品的附属物。服务的内涵狭窄，内容少形式简单，集中于技术化服务、售后阶段

的服务，缺少对服务过程和服务质量的全面规划。但在品牌营销中，服务成为企业追求顾客满意的基础，品牌竞争的核心。丰田、通用等500强的汽车企业，都致力于将服务质量引入品牌运营，并逐步确立为品牌竞争的重要战略。顾客满意度是顾客忠诚的基础，而顾客忠诚度深刻影响品牌的获利能力。因此，在品牌竞争中，企业必须延伸服务内涵、扩展服务内容、优化服务形式、提高服务质量，通过为顾客提供全面服务提升顾客满意度，培育顾客忠诚度。

企业行业对于设备维修人员的专业技术要求越来越严格，在消费者投诉中，普遍反映服务人员技术不过硬，小毛病给修成了大问题，这也是消费者非常头疼的问题，并使消费者对汽车企业的技术水平产生质疑。汽车企业要想在消费者中建立品牌美誉度，售后是非常关键的一个环节，因为汽车是技术密集型产业，它对从业人员的技术水平有着相当高的要求，这要求企业在招聘时严格把关，并做好企业培训和绩效考核工作，以保证售后的服务质量，建立起一支拥有雄厚技术力量的高素质维修队伍。只有这样，才能快速高效地检测出设备存在的问题，即时解决以保证消费者的利益。近些年，许多大型汽车企业在我国大专院校开展校企合作项目，由学校定期向品牌企业输送优秀技术人才以适应不断变化的市场形势。

顾客反映售后服务的人员不热情，同样需要引起汽车公司的重视，在公司上下灌输建立主动热情的企业文化，提高消费者的服务感知质量。

（二）抓住新能源的后发优势，建立细分市场的核心竞争力

目前来讲，新能源汽车代表的是世界汽车产业的方向，有利于促进节能减排，有利于提高经济效益。以电动车为例，省去油箱、发电机、变速器等一系列设备，成本更低，价格更实惠。机动车排放的尾气成为各大城市的主要污染源，与国家提倡的建立环保城市、绿色出行的观念背道而驰。而新能源汽车的推广，有利于节能减排，建设宜居的城市环境，推动我国汽车产业的可持续发展。同时，新能源汽车与传统汽车相比，可以节省燃油，有利于减少对传统能源的依赖，实现资源的节约和综合利用。随着国内空气污染指数的上升，人们越来越关注环保，国家也颁布了

一系列与环保相关的政策，而油价受经济刺激也在一路飙升，使得有车一族倍感压力，在这样的环境下，新能源汽车慢慢进入人们的视野。

我国目前新能源汽车产业的发展模式基本是"政府+市场"，即政府积极参与和支持新能源汽车的研发和市场推广，以新能源汽车的自主研发努力达到量产后，大力推向市场的模式。新能源汽车产业得到了政府的大力支持，并出台了一系列关于新能源汽车的政策，并大力支持推出了新能源汽车的示范运行。由政府推动的这些活动，不仅向公众推广了低碳环保的意识，同时展示了新能源汽车环保、高效的优势，使得新能源汽车进入公众的视野。

国内汽车企业应该抓住这一发展契机，结合自身优势进行有效的资源整合，在这一细分市场上建立自身的核心竞争力。现在起步较早的国内企业（如比亚迪）在新能源汽车业务上，2011年比亚迪新能源汽车F3DM、E6和K9销量共计1200余辆，占总销量比仅为0.3%，仍处于投入期的新能源业务在短期内虽未获得较大的收益，但也从另一方面说明比亚迪未来的整体业绩将因为新能源业务的大好表现而再次腾飞。在比亚迪股份有限公司董事长王传福看来，新能源产业各大业务板块的联动首先在于研发端的整合，电动汽车电池的技术可以运用到太阳能电池中，手机上的技术也可以运用进去，一旦新能源全产业链条打造完成，并乘上政策持续利好的行业东风，比亚迪将走出困境，再次腾飞。

由于我国汽车产业发展时间短、起点低、难度大，很多企业的原始技术和车型外观都来自国外改版，自主品牌汽车依然在中低端汽车市场生存，在技术、质量、性能、研发能力方面和国外甚至合资品牌都存在很大的差距，无法与其在市场中竞争。在创建自主品牌的道路上，我们的自主企业还处于模仿、借鉴、学习的阶段，吸收消化还不够。目前采用的市场策略仍然坚持走低成本化运作、高性价比竞争路线，高端品牌尤其是2.0升以上几乎被外资品牌垄断。从长远的角度来看，随着汽车市场竞争的不断加剧，我国低价汽车发展将跟不上汽车发展的脚步，以价换量的销售策略终困难重重，我国自主汽车品牌转型迫在眉睫。

中国自主品牌汽车企业一直忽视企业的品牌建设，在企业面临生存压力的时候，企业根本无暇顾及品牌建设。但是，国内汽车企业往往忽略了一个问题，汽车消费的最重要特征是"非理性"的。大部分消费者购车考虑的不仅仅是配置、外形、功能和价位，而是品牌，是该品牌长期以来所代表的生活理念、社交层次、公共关系等方面的表现。品牌建设是一个投入周期长、投入回报率高的行为，如果自主品牌总是被短期的销售任务所压迫，没有可持续发展的眼光，就很容易忽视品牌建设。我国汽车行业中高端品牌基本上被国外大品牌所垄断，影响品牌形象的认知，单纯依靠价格策略对品牌形象的伤害很大，应该抛弃单纯的价格策略。应该在保证质量的前提下丰富车型，不断提升企业品牌知名度和消费者美誉度，从而形成消费者忠诚度。加强自主品牌建设，品牌和技术同时发展，通过积累、学习、创新发展等手段，以形成自己的核心品牌竞争能力，才可能从根本上改变自主品牌的命运，让品牌成为企业真正的利润源。

(三) 构建自主品牌汽车战略联盟

第一，构建汽车产业之间的横向战略联盟。我国汽车产业数量众多，为我国汽车企业选择合作伙伴提供了广阔空间。企业可以根据自身的企业文化、发展方向、资源利用等因素，选择一个适合自己的战略伙伴，以使合作双方的利益达到最大化。根据合作的特点，企业可以选择股权联盟、非股权联盟或共同建立合资公司的形式，与其他企业建立战略合作关系，建立技术研发联盟，加强战略联盟内的技术研发能力，通过内部创新积累技术经验，提升自身的自主研发实力，逐步摆脱对国外技术的依赖。

第二，构建与零部件企业的纵向战略联盟。在构建整车与整车之间的战略合作关系外，也要重视汽车与零部件的纵向战略合作。汽车产业与零部件产业是相辅相成的，零部件的发展是汽车发展的基础，汽车产业的不断发展又为零部件产业的发展提供动力。构建基础产业链上下游专业化协作关系的整车与零部件的联盟，将有助于将整车企业与零部件企业的职能相连，实现优势互补、信息资源共享和利益共取的双赢局面。未来汽车工业的发展趋势应该是，整车企业负责整车的平台化开发设计和汽车品牌的培育建设，零部件企业负责零部件的模块化设计和制造以及系统集成供货。

在两者的合作上，汽车企业可以将自己的设计理念与供应商分享讨论，将具体的零部件设计和部分系统设计交由零部件产商负责，并针对供应商对零部件制造的反馈信息，不断完善自己的开发设计，这样既节省研发时间，加快研发过程，又通过双方的交流互动，不断升级产品。

第七章 中国 IT 行业企业品牌竞争力指数报告

第一节 中国 IT 企业品牌竞争力总报告

一、2012 年度中国 IT 企业总体竞争态势

中国企业品牌竞争力指数（以下简称 CBI）

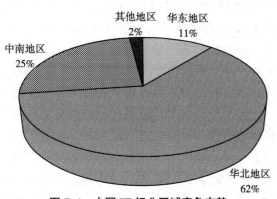

图 7-1 中国 IT 行业区域竞争态势

研究课题组为了检验理论成果的应用效果，课题组 2012 年对 113 家自主 IT 上市企业品牌进行调研，根据各企业营业收入和净利润总额原始数据得出中国 IT 企业竞争力呈三足鼎立的总体竞争态势。

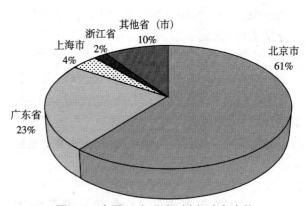

图 7-2 中国 IT 行业省（市）竞争态势

中国 2011 年 IT 行业受调研的 113 家企业营业总额为 5188 亿元，2010 年中南地区、华东地区、华北地区 IT 企业营业总额分别为 1049 亿元、544 亿元、1329 亿元，2011 年分别为 1287 亿元、587 亿元、3193 亿元，占营业总额的比重分别为 24.8%、11.3%、61.5%，同比增长分别为 22.69%、7.90%、140.26%，三大区域营业收入占营业总额的比重高达 97.67%，占据绝对优势。2010 年营业收入排名在前 4 名的省（市）分别是北京市、广东省、上海市、浙江省，营业总额分别为 1316 亿元、1022 亿元、231 亿元、85 亿元，2011 年四省（市）营业总额分别为 3177 亿元、1173 亿元、190 亿元、95 亿元，同比增长分别为 141.41%、14.78%、-17.75%、11.76%，所占比重分别为 61.24%、22.61%、3.66%、1.83%，四大省（市）营业收入占营业总额的比重高达 89.34%。

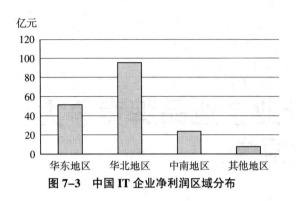

图7-3　中国IT企业净利润区域分布

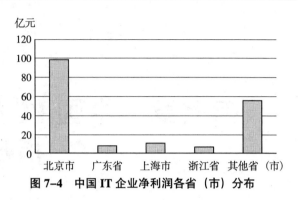

图7-4　中国IT企业净利润各省（市）分布

2011年IT行业受调研企业的净利润总额为180亿元，中南地区、华北地区、华东地区IT企业净利润总额分别为24亿元、96亿元、52亿元，占净利润总额的比重分别为13.33%、53.33%、28.89%，三大区域占净利润总额的比重高达95.56%。2010年三大区域净利润总额分别为30亿元、70亿元、38亿元，同比增长分别为-20%、37.14%、36.84%。2011年排在前4名的省（市）分别为北京市、广东省、上海市、浙江省，净利润总额分别为98亿元、8亿元、11亿元、7亿元，占净利润总额的比重分别为54.44%、4.44%、6.11%、3.89%，四大省（市）占净利润总额的比重高达68.89%。2010年四大省（市）的净利润总额分别为70亿元、27亿元、10亿元、6亿元，同比增长分别为40%、-70.37%、10%、16.67%。

中国IT企业大多集中在环渤海、珠三角及长三角地区，这种鼎足竞争态势成为当前中国IT行业竞争最显著的特征。但随着国家对中西部地区的扶持政策相继出台，其IT行业的发展潜力是巨大的。

二、2012年度中国IT企业品牌竞争力总体评述

（一）宏观竞争格局：三大区域绝对主导，各省（市）发展极不均衡

从2012年中国IT企业数量上来看，符合本次调研标准的总计113家上市企业，仍然主要分布于华北地区、华东地区和中南地区，所占比重分别为37%、39%、19%，与2011年相比企业分布变化幅度不大。三大区域企业数量占据企业总数的96%，可见三大区域在IT行业上的主导地位。2012年北京市、广东省、上海市、浙江省四

个省（市）的IT上市企业占到企业总数的72%，所占比重分别为35%、16%、13%、7%，北京市、广东省和上海市三个省（市）所占比重达到64%，可谓是占据了大半壁江山，三大省（市）齐头并进。与2011年相比的企业分布变化幅度亦不大。由此可见，中国IT行业企业分布目前仍相对比较集中，呈现出省（市）及区域分布的不均衡性，并且仍主要分布于中国三大经济热区长三角、珠三角和京津唐地区。

从IT企业的品牌竞争力水平来看，2012年华北地区、华东地区、中南地区三大区域的CBI均值分别为60.46、55.35、57.99，IT行业的CBI均值为58.10。与2011年相比，三大区域IT行业的CBI值均有所下降，但变动幅度不大。2012年，三大区域中只有华北地区CBI均值高于行业平均水平，其他两大区域均略低于行业CBI均值。华北地区在营业收入、净利润等方面仍然稳居第一，并且华北地区的联想集团、神州数码等领先企业表现依旧良好，在CBI均值、营业收入、净利润等方面处于领先地位，为该地区的各项指标做出了一定的贡献，提升了该地区各项指标的均值，但同时也说明了华北地区企业发展的极端不均衡。华东地区虽然在企业数量上位列第一，但其CBI均值仅为55.35，仍然低于行业平均水平，处于三大区域最低的位置，其品牌竞争力差强人意。与2011年相比，华东地区CBI均值与行业平均水平之间的差距没有缩小，说明仍有较大的提升空间。中南地区企业数量位列第三，2012年CBI均值仍然低于行业均值。而在所有区域中，东北地区由于调查的企业数量较少，在CBI均值上位列第一。总之，2012年的CBI均值相较2011年整体有所下降，IT行业所有企业都应重视各自的品牌竞争力的发展和提高。2012年北京

市、广东省、上海市、浙江省的 CBI 均值分别为61.16、56.91、53.53、53.58，在四大省（市）中只有北京市的 CBI 均值高于行业均值 58.10，其他三个省（市）都略低于行业均值。对于广东省来说，2011 年 CBI 均值高于行业平均水平，而 2012 年的 CBI 均值却低于行业平均水平，可见广东省2012 年在品牌竞争力方面出现了一定的下滑，企业应该重视品牌竞争力的长久保持。上海市的CBI 均值在四大省（市）中仍然最低，显示其在IT 行业中的竞争力不足，仍有很大的提升空间。

我国 IT 企业远远不止 113 家，这 113 家是众多 IT 企业的杰出代表，从中可以分析出我国 IT行业企业的竞争情况。我国 IT 企业分布较为集中，已经初步形成华北地区、华东地区、中南地区三分天下，北京市、广东省、浙江省、上海市垄断行业的局面，这与中国区域经济发展不均衡、东部沿海发展迅速、中西部地区落后的局面是分不开的。同时，虽然三大区域的品牌竞争力高于或在行业均值水平左右，呈现良好发展的态势，但不容忽视的是企业之间发展的不均衡，这可能会阻碍行业整体向前发展。而西北地区、西南地区、东北地区的 IT 企业数量普遍较少，并且企业的发展处于竞争劣势，在未来相当长的时间内需要靠国家扶持、自身创新及龙头企业的带动来实现自身的发展。

（二）中观竞争态势：三大企业仍旧领跑行业，中游企业发展势均力敌但与领先企业有所差距

根据中国 IT 企业品牌竞争力分级标准，对调查的 113 家企业进行分级评估，按照一般的惯例分为五级，5A 级企业 3 家，4A 级企业 12 家，3A级企业 77 家，2A 级企业 20 家，1A 级企业 1 家。与 2012 年相比，联想集团有限公司、中国长城计算机深圳股份有限公司各指标表现优异，稳居 5A级企业前两名，而神舟数码、航天信息股份有限公司和东软集团则由 5A 级企业落入 4A 级企业，各指标出现小幅度下滑，但仍然在行业中遥遥领先。不得不提的是大有能源凭借优异的表现位列第三，可谓进步迅猛。从公司的财务报表可见，该企业 2012 年的营业收入、净利润表现异常抢眼，同比增长分别为 3811.97% 和 15508.62%，是IT 企业发展的模范和表率。从各个集团企业数量上来看，5A 级和 4A 级企业数量均出现了一定的

下降，3A 级、2A 级级企业数量有所上升而 1A 级级企业数量有所下滑，这说明领先企业 2012 年的表现差强人意，部分企业下降幅度明显，中下游企业虽然与领先企业差距较大，但其发展劲头十足，不断改进品牌竞争力，整体出现了一定程度的提升。5A 级通信企业共有 3 家，即联想集团、中国长城计算机深圳股份有限公司和大有能源，3家 5A 级企业占企业总数的 2.65%，营业收入总额为 2729 亿元，超过 2011 年的营业收入，占 113家 IT 企业营业总额的 52.6%，由此可见，3 家企业的龙头地位使得其他企业望尘莫及。联想集团的 CBI 值为 100，在整个调查企业中位列第一，是 IT 行业当之无愧的领军企业，引领中国 IT 行业的发展方向。值得关注的是，77 家 3A 企业和20 家 2A 企业占据企业总数的 85.84%，CBI 均值分别为 57.6 和 45.16，两大集团基本代表了中国IT 行业发展的平均水平，并且企业各项指数的分布也比较平均，可谓势均力敌，但与龙头企业仍有较大差距，存在很大的改善和提升空间。

（三）微观竞争比较：财务指数稍显疲态，市场指数差强人意

对中国企业来说，财务表现仍然是企业向外展示基本实力的重要依据。近几年中国 IT 市场的快速发展、办公自动化以及移动互联等新技术的兴起等需求因素使得各 IT 企业近年来营业收入、净利润都保持了良好的增长态势。然而 2012 年全国 113 家 IT 企业中，品牌财务表现力的均值为3.2666。与 2011 年相比，出现了一定程度的下滑。大有能源、联想集团、长城电脑、神州数码、航天信息、同方股份、国电南瑞、宏图高科、东软集团及用友软件位列前 10 名，与 2011 相比，只有位列第 9 名的东南融通、第 10 名的广电运通排在了 10 名以外，从整体上看，前 10 名的企业没有多大的变化，这体现了领先企业在财务表现上有着一定的稳定性。从财务表现的二级指标来看，规模因素、效率因素和增长因素指标得分均值分别为 3.4362、3.4684、2.2734，与 2011 年的3.9060、4.1095、3.8892 相比均有所降低，原因是多方面的。首先，从整个经济形势来看，主要是受国家相关调整经济结构、放缓经济发展速度等政策的影响。其次，国内一些 IT 企业竞争集中于价格战，这一定程度上使企业的营业收入、净利

润等受到损失。最后，IT 行业属于技术和资金密集型的行业，一些企业没有掌握核心技术，而导致所提供服务的附加值相应比较低。此外，专业技术人才的缺失也一直是制约 IT 企业发展的"瓶颈"。就两年的数据来看，IT 行业中效率因素得分较高，其对整体品牌财务表现力的影响也最大，但规模因素和增长因素还处于较低水平。

随着 IT 产业的不断发展，市场竞争也更加激烈。全国 113 家 IT 企业的市场竞争表现力得分均值为 3.3641，与 2011 年相比基本没有变化。说明 IT 企业的市场竞争表现力并没有大幅度提升，表现稳定。同样，值得注意的是，长城电脑、联想集团、神州数码、航天信息、同方股份、东软集团、国电南瑞、用友软件、大有能源与怡亚通位

列前 10 名，市场竞争表现力得分较高，表现优异。在市场竞争力二级指标中，市场占有能力、超值获利能力的均值分别为 2.8162、4.3815，与 2011 年相比，超值获利能力是一个相对较高的均值，其中品牌溢价率均值为 4.3586，品牌销售利润率均值为 4.4241，显示出品牌在 IT 行业中是一个非常重要的销售促进力。品牌竞争力较强的企业通常在溢价率方面的弹性较高，品牌对销售的促进作用也就越大。

如果从规模竞争、效率竞争和创新竞争三个阶段分析企业竞争力的话，中国 IT 行业发展的不均衡性，使得部分龙头企业处于效率甚至创新的竞争阶段，而很大一部分企业与这三个阶段仍存在一定的差距。

第二节　中国 IT 企业品牌竞争力排名报告

一、2012 年度中国 IT 企业品牌竞争力指数排名

中国企业品牌竞争力指数（以下简称 CBI）研究课题组于 2011 年 7 月完成了理论研究，采用多指标综合指数法对中国企业品牌竞争力进行量化研究。初期理论成果包括 CBI 四位一体理论模型、CBI 评价指标体系、CBI 评价指标权重以及 CBI 计算模型，并且已经通过国内 10 位经济学、管理学界权威专家论证。为了检验理论成果的应用效果，课题组继 2011 年对中国自主 IT 企业品牌调研之后，于 2012 年底对中国自主 IT 企业再一次进行调研，根据调查数据应用 CBI 计算模型得出中国 IT 企业品牌竞争力（以下简称 CBI-R）排名（见表 7-1）。

表 7-1　2012 年中国 IT 企业品牌竞争力排名

企业名称	省（市、自治区）	相对值（指数）				绝对值形式（5 分制）		
		2012 年行业 CBI	排名	2011 年行业 CBI	排名	品牌竞争力得分（CBS）	品牌财务表现力	市场竞争表现力
联想集团	北京市	100	1	100	1	4.5237	4.3811	4.8564
长城电脑	广东省	96.9984	2	99.5029	2	4.4357	4.2379	4.8974
大有能源	河南省	92.5817	3	58.2589	97	4.3063	4.3976	4.0934
神州数码	北京市	88.2636	4	99.0593	3	4.1798	4.0353	4.5169
航天信息	北京市	83.6450	5	98.4747	4	4.0445	3.9278	4.3166
同方股份	北京市	83.2890	6	92.3615	7	4.0340	3.9273	4.2831
国电南瑞	江苏省	77.4329	7	89.2375	12	3.8624	3.7455	4.1352
东软集团	辽宁省	76.3056	8	96.1793	5	3.8294	3.6600	4.2246
宏图高科	江苏省	75.7178	9	86.1998	22	3.8122	3.7429	3.9738
用友软件	北京市	74.6950	10	92.6478	6	3.7822	3.6401	4.1138
方正科技	上海市	73.0484	11	90.1864	9	3.7340	3.5902	4.0695
华胜天成	北京市	71.9551	12	89.4643	11	3.7019	3.5644	4.0229

企业名称	省（市、自治区）	相对值（指数）				绝对值形式（5 分制）		
		2012 年行业 CBI	排名	2011 年行业 CBI	排名	品牌竞争力得分（CBS）	品牌财务表现力	市场竞争表现力
广电运通	广东省	71.0111	13	88.1818	15	3.6743	3.563	3.9340
怡亚通	广东省	70.7435	14	87.7203	17	3.6664	3.4882	4.0824
软控股份	山东省	70.4511	15	88.8843	13	3.6579	3.5572	3.8927
浙大网新	浙江省	69.1784	16	82.1630	30	3.6206	3.4946	3.9146
中国自动化	北京市	68.1026	17	91.8450	8	3.5891	3.4557	3.9002
神州泰岳	北京市	66.4835	18	88.6133	14	3.5416	3.4687	3.7117
中国智能交通	北京市	66.2062	19	89.5513	10	3.5335	3.3897	3.8690
奇虎 360QIHU	北京市	66.1678	20	82.2705	28	3.5324	3.4668	3.6853
柯莱特 CIS	北京市	66.0299	21	87.4081	19	3.5283	3.2267	3.7508
南天信息	云南省	65.9585	22	85.1776	23	3.5262	3.3873	3.8504
爱使股份	上海市	65.6658	23	86.5474	20	3.5177	3.3657	3.8723
深圳科通	广东省	65.2738	24	—		3.5062	3.3211	3.9381
文思信息	北京市	64.3337	25	79.5809	34	3.4786	3.4646	3.5114
软通动力 I	北京市	64.0652	26	—	—	3.4708	3.5367	3.3169
中国软件	北京市	63.6683	27	80.5629	33	3.4591	3.3983	3.6010
鹏博士	四川省	63.1025	28	71.8402	61	3.4426	3.4659	3.3882
宝德科技集团	广东省	62.0861	29	83.2407	25	3.4128	3.2859	3.7089
宝信软件	上海市	61.9460	30	69.1639	71	3.4087	3.4426	3.3296
石基信息	北京市	61.5687	31	—	—	3.3976	3.3667	3.4698
启明信息	吉林省	61.1090	32			3.3841	3.2622	3.6686
东华软件	北京市	61.1032	33	75.9317	45	3.3840	3.5654	3.4419
太极股份	北京市	61.0486	34	73.9651	51	3.3824	3.3512	3.4550
华东电脑	上海市	60.8130	35	76.7813	42	3.3755	3.2809	3.5961
浪潮信息	山东省	60.6721	36	77.9967	39	3.3713	3.2777	3.5899
海辉软件 HSFT	北京市	60.6047	37	66.1726	84	3.3694	3.3872	3.3277
高德软件 AMAP	北京市	59.9536	38	70.0771	69	3.3503	3.4160	3.1969
亿阳信通	北京市	59.9076	39	67.0420	81	3.3489	3.3564	3.3315
长城信息	湖南省	59.8240	40	77.6800	41	3.3465	3.2619	3.5438
大智慧	上海市	59.6015	41	81.5700	31	3.3400	3.3169	3.3938
科大讯飞	安徽省	59.3747	42	82.2562	29	3.3333	3.2573	3.5107
乐视网	北京市	58.9508	43	76.3819	44	3.3209	3.3033	3.3620
实达集团	福建省	58.8671	44	86.2599	21	3.3185	3.1650	3.6765
广联达	北京市	58.7669	45	68.0806	77	3.3155	3.3924	3.1361
银江股份	浙江省	58.6478	46	77.8900	40	3.3120	3.2434	3.4722
焦点科技	江苏省	58.3442	47	82.8708	27	3.3031	3.2464	3.4355
新大陆	福建省	58.1672	48	73.5384	55	3.2980	3.2546	3.3991
远光软件	广东省	58.1132	49	74.2918	51	3.2964	3.3327	3.2116
三宝科技	江苏省	57.5674	50	81.3421	32	3.2804	3.1999	3.4682
新北洋	山东省	57.0535	51	71.2493	63	3.2653	3.2936	3.1994
研祥智能	广东省	57.0484	52	68.0528	78	3.2652	3.2250	3.3588
鑫茂科技	天津市	56.7341	53	72.9099	58	3.2560	3.1897	3.4106
恒生电子	浙江省	56.7177	54	58.5983	96	3.2555	3.3727	2.982
富基旋风	北京市	56.3791	55	—	—	3.2456	3.1928	3.3687
闽福发 A	福建省	56.3159	56	—	—	3.2437	3.1823	3.3869
海得控制	上海市	56.2667	57	65.7258	86	3.2423	3.2178	3.2993

续表

企业名称	省（市、自治区）	相对值（指数）				绝对值形式（5分制）		
		2012年行业CBI	排名	2011年行业CBI	排名	品牌竞争力得分（CBS）	品牌财务表现力	市场竞争表现力
#ST新太	广东省	56.1283	58	79.1418	35	3.2382	3.2033	3.3197
东软载波	山东省	56.1108	59	67.1241	80	3.2377	3.3376	3.0047
中国数码信息	北京市	55.9859	60	—	—	3.234	3.2034	3.3054
启明星辰	北京市	55.7954	61	79.1355	36	3.2285	3.1391	3.4369
万达信息	上海市	55.7147	62	68.2020	75	3.2261	3.2546	3.1596
立思辰	北京市	55.5056	63	75.7683	47	3.2200	3.1765	3.3215
捷成股份	北京市	55.1752	64	71.0392	64	3.2103	3.2401	3.1408
积成电子	山东省	55.0718	65	72.9369	57	3.2073	3.1792	3.2727
榕基软件	福建省	54.9164	66	70.8521	67	3.2027	3.2200	3.1623
浪潮软件	山东省	54.6146	67	77.9967	39	3.1939	3.0852	3.4474
金证股份	广东省	54.5443	68	56.9417	100	3.1918	3.2503	3.0553
网秦NQ	北京市	54.4088	69	—	—	3.1878	3.2751	2.9842
东方财富	上海市	54.1858	70	73.9481	52	3.1813	3.1707	3.2059
拓维信息	湖南省	54.1582	71	78.7516	37	3.1805	3.1254	3.3089
复旦复华	上海市	53.6503	72	68.1447	76	3.1656	3.1054	3.3062
天源迪科	广东省	53.6209	73	69.0616	72	3.1647	3.1782	3.1333
南大苏富特	江苏省	53.5577	74	74.9294	48	3.1629	3.0975	3.3155
首都信息	北京市	53.4701	75	74.6974	50	3.1603	3.1192	3.2562
皖通科技	安徽省	53.3728	76	70.8752	66	3.1575	3.1376	3.2039
中电广通	北京市	53.1842	77	—	—	3.1519	3.1791	3.0885
交技发展	上海市	53.0158	78	73.0582	56	3.1470	3.0917	3.2760
世纪瑞尔	北京市	52.6176	79	67.6773	79	3.1353	3.1784	3.0348
宇信易诚科技	北京市	52.4797	80	57.8743	99	3.1313	3.1625	3.0586
东方国信	北京市	52.4543	81	78.6308	38	3.1306	3.0862	3.2340
易联众	福建省	52.3812	82	63.9234	89	3.1284	3.1696	3.0323
华力创通	北京市	52.2949	83	72.3065	60	3.1259	3.1100	3.1630
新世纪	浙江省	52.1522	84	71.4497	62	3.1217	3.0891	3.1978
汉得信息	上海市	52.1438	85	—	—	3.1215	3.2322	2.8630
中国信息技术	广东省	51.7584	86	76.5082	43	3.1102	3.1123	3.1052
达实智能	广东省	51.5037	87	64.0018	88	3.1027	3.1218	3.0581
联信永益	北京市	51.1103	88	60.9146	93	3.0912	3.0889	3.0966
久其软件	北京市	50.3785	89	69.2708	70	3.0697	3.0618	3.0884
海隆软件	上海市	50.1178	90	58.8371	95	3.0621	3.1451	2.8684
美亚柏科	福建省	50.0808	91	66.0859	85	3.061	3.1016	2.9663
网宿科技	上海市	50.0237	92	—	—	3.0593	3.1628	2.8179
信雅达	浙江省	49.3511	93	—	—	3.0396	3.1314	2.8255
三五互联	福建省	49.1600	94	68.6957	74	3.034	3.0175	3.0726
顺网科技	浙江省	48.6213	95	66.7881	83	3.0183	3.0700	2.8975
海兰信	北京市	48.0629	96	61.8498	92	3.0019	3.0466	2.8976
川大智胜	四川省	48.0606	97	66.8677	82	3.0018	3.0182	2.9636
数字政通	北京市	47.6865	98	70.9847	65	2.9909	2.9983	2.9735
超图软件	北京市	47.6497	99	58.1527	99	2.9898	3.0625	2.8202
七喜控股	广东省	47.4277	100	—	—	2.9833	2.9780	2.9957

续表

企业名称	省（市、自治区）	相对值（指数）				绝对值形式（5 分制）		
		2012 年行业 CBI	排名	2011 年行业 CBI	排名	品牌竞争力得分（CBS）	品牌财务表现力	市场竞争表现力
均值		60.2763				3.3579	3.3245	3.4419

说明：从理论上说，中国企业品牌竞争力指数（CBI）由中国企业品牌竞争力分值（CBS）标准化之后得出，CBS 由 4 个一级指标品牌财务表现力、市场竞争表现力、品牌发展潜力和消费者支持力的得分值加权得出。

在实际操作过程中，课题组发现，品牌发展潜力和消费者支持力两个部分的数据收集存在一定的难度，且收集到的数据准确性有待核实，因此，本报告暂未将品牌发展潜力和消费者支持力列入计算。

品牌财务表现力主要依据各企业的财务报表数据以及企业上报数据进行计算。同时，关于市场竞争表现力方面的得分，课题组选取了部分能够通过公开数据计算得出结果的指标，按照 CBI 计算模型得出最终结果。

关于详细的计算方法见《中国企业品牌竞争力指数系统：理论与实践》。"—"表示该企业 2011 年排名在 100 名之外。

与 2011 年相比，2012 年 IT 行业自主品牌排名前 100 强有一定的变动。其中表现抢眼的是大有能源由第 97 名跃升至第 3 名，发展势头可谓非常迅猛。前面已经进行过说明，其营业收入和净利润出现了显著的增加，增长势头可见一斑。此外，国南电瑞由 2011 年的第 12 名升至第 7 名，宏图高科由第 22 名升至第 9 名，进入 IT 行业 CBI 前 10 强，进步非常明显。而中国自动化由第 8 名降至第 17 名，方正科技由第 9 名降为第 11 名，中国智能交通由第 10 名降至第 19 名，这三家企业均跌出 CBI 前 10 名，表现欠佳。联想集团、长城电脑、神州数码、航天信息、同方股份五家企业依旧名列前茅，并且与其他企业在各方面表现上差距明显，可以看出 IT 行业发展的不平衡性。此外还应注意到，浙大网新、东华软件、鹏博士、宝信软件等企业上升幅度较大，令人刮目相看。而深圳科通、实达集团、#ST 新太等企业排名出现较大幅度的下滑，各方面的业绩体现出了一种不稳定性。综合对比可以发现，IT 行业企业发展具有极端不平衡性。一方面是少数领先企业各项指标遥遥领先，企业的品牌竞争力很强，无论是财务表现力还是市场竞争表现力可谓一骑绝尘。另一方面，中下游企业品牌竞争力明显较弱，部分企业年度的各项指标波动较大，未能形成稳定的核心竞争优势。

2012 年中国 IT 行业 CBI 均值为 58.0952，和 2011 年的 70.2000 相比有一定差距。由此可得知，2012 年 IT 行业中企业的品牌市场竞争表现力起伏不大，但财务表现力较上一年度有所下滑。CBI 为相对值，一方面反映行业总体竞争水平，另一方面为行业内企业提供了一个比较标准。后续课题组根据近万家企业 CBI 数据得出中国企业品牌竞争力指数为 68，我国 IT 行业 CBI 均值为 58.0952<68，说明 IT 行业中企业整体竞争力水平低于平均水平，行业处于较差状态，与 2011 年相比不但没有改善，反而有所下滑。同理，若行业内部企业 CBI 数值低于 58.0952，则说明企业品牌竞争力处于劣势，高于 58.0952，则说明企业品牌竞争力处于优势，整个 CBI 指标体系为企业提供了一套具有诊断功能和预测功能的实用工具。

二、2012 年度中国 IT 企业品牌竞争力指数评级报告

（一）中国 IT 企业品牌竞争力指数评级标准体系

根据表 7-1 得出的 IT 企业 CBI 数值，课题组绘制总体布局图（见图 7-5），从整体上看，CBI 分布曲线两头陡峭、中间平缓。根据 CBI 数值表现出来的特征，结合 IT 企业的行业竞争力特性对调查的企业进行分级评估，按照一般惯例分为五级，划分标准如表 7-2 所示。

表 7-2　中国 IT 企业品牌竞争力分级评级标准

评级 标准	CBI 数值标准
A A A A A	CBI ≥ 90
A A A A	70 ≤ CBI < 90
A A A	50 ≤ CBI < 70
A A	30 ≤ CBI < 50
A	CBI < 30

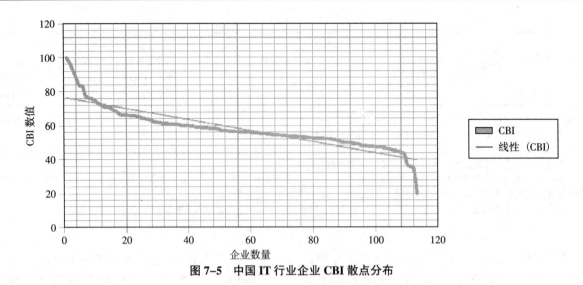

图 7-5　中国 IT 行业企业 CBI 散点分布

（二）中国 IT 企业品牌竞争力指数评级结果

由以上评价标准可以将 IT 企业划分为五个集团，具体的企业个数及分布情况如表 7-3 和图 7-6 所示，各级水平的企业得分情况由于篇幅原因仅列出代表企业。

表 7-3　中国 IT 企业各级数量表

企业评级	竞争分类	企业数量	所占比重（%）	行业 CBI 均值	行业 CBS 均值	品牌财务表现力	市场竞争表现力
5A 级企业	第一集团	3	2.7	96.5267	4.4219	4.3388	4.6157
4A 级企业	第二集团	12	10.6	76.3798	3.8316	3.7035	4.1305
3A 级企业	第三集团	77	68.1	57.6036	3.2814	3.2555	3.3419
2A 级企业	第四集团	20	17.7	45.1572	2.9168	2.9458	2.8490
1A 级企业	第五集团	1	0.9	20	2.1796	2.0763	2.4208
全部	不分类	113	100	58.0952	3.2958	3.2666	3.3641

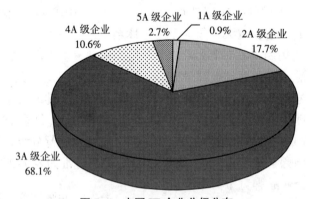

图 7-6　中国 IT 企业分级分布

表 7-4　中国 IT 行业 5A 级企业品牌代表

公司名称	评级水平	排名	CBI	CBS	品牌财务表现力	市场竞争表现力
联想集团	5A	1	100	4.5237	4.3811	4.8564
长城电脑	5A	2	96.9984	4.4357	4.2379	4.8974
大有能源	5A	3	92.5817	4.3063	4.3976	4.0934

据表 7-2 中国 IT 企业品牌竞争力分级评级标准，5A 级 IT 企业只有 3 家，占 IT 企业总数的 2.7%，比重低于 2011 年，其中，神州数码有限公司、航天信息股份有限公司和东软集团股份有限公司纷纷由 5A 级企业降为 4A 级企业，品牌竞争力较 2011 年出现了一定程度的下滑。而大有能源凭借优异的表现位居行业第三，这主要得益于其各方面的表现优异。由表 7-4 可见，联想集团、长城电脑及大有能源是中国 IT 行业当之无愧的领军企业，无论品牌的财务竞争力还是市场竞争力均表现突出，品牌潜力巨大，CBI 及各项指标的得分均在 4 分以上，远远超出集团内其他企业。在第一集团内部比较而言，长城电脑在品牌的市场竞争表现力上居于行业第一，而大有能源则在财务竞争力上居于行业第一。在市场竞争表现力方面可以看出，相较联想集团和长城电脑，大有能源仍有一定的差距，说明了联想集团和长城电脑是 IT 行业表现稳定的领导企业，品牌认可度高。

表 7-5　中国 IT 行业 4A 级企业品牌代表

公司名称	评级水平	排名	CBI	CBS	品牌财务表现力	市场竞争表现力
神州数码	4A	4	88.2636	4.1798	4.0353	4.5169
航天信息	4A	5	83.6450	4.0445	3.9278	4.3166
同方股份	4A	6	83.2890	4.0340	3.9273	4.2831
国电南瑞	4A	7	77.4329	3.8624	3.7455	4.1352
东软集团	4A	8	76.3056	3.8294	3.6600	4.2246

据表 7-2 中国 IT 企业品牌竞争力分级评级标准，4A 级 IT 企业共有 12 家，占 IT 企业总数的 10.6%，与 2011 年相比，4A 级企业共有 24 家，数量上有一定程度的减少，并且隶属于 4A 集团的企业发生了一定的变化，主要是 2012 年的 5A 企业纷纷下滑所致。由表 7-5 可知，神州数码、航天信息、同方股份、国电南瑞、东软集团是该集团的代表企业。与 2011 年对比也可发现，这 5 家企业的财务竞争力普遍出现下降，市场竞争力波动不大。尽管如此，这 5 家企业仍是 IT 行业的领先企业，品牌财务表现力、市场竞争力表现突出，品牌发展潜力较大。CBI 及各项指标均高于行业平均值。在第四集团内部而言，神州数码无论财务竞争力还是市场竞争力均位于该梯队第一的位置。

表 7-6　中国 IT 行业 3A 级企业品牌代表

公司名称	评级水平	排名	CBI	CBS	品牌财务表现力	市场竞争表现力
浙大网新	3A	16	69.1784	3.6206	3.4946	3.9146
中国自动化	3A	17	68.1026	3.5891	3.4557	3.9002
神州泰岳	3A	18	66.4835	3.5416	3.4687	3.7117
中国智能交通	3A	19	66.2062	3.5335	3.3897	3.8690
奇虎 360QIHU	3A	20	66.1678	3.5324	3.4668	3.6853

据表 7-2 中国 IT 企业品牌竞争力分级评级标准，3A 级企业共有 77 家，占 IT 企业总数的 68.1%，与 2011 年相比，3A 企业数量有所上升。该集团中，排名前五位的浙大网新、中国自动化、神州泰岳、中国智能交通和奇虎 360 各项指标表现均一般，品牌发展潜力较大。CBI 及各项指标得分均处于均值上下。同时，集团内部企业各项指标差异不大，但与前两个集团均有较大差异，这表明了 IT 行业内企业发展的不均衡性。浙大网新财务竞争力在该梯队中位列第一，且市场竞争力在该梯队中也位列第一。总体来说，该集团在财务竞争力和 CBI 等指标上均出现下滑。

表7-7　中国IT行业2A级企业品牌代表

公司名称	评级水平	排名	CBI	CBS	品牌财务表现力	市场竞争表现力
信雅达	2A	93	49.3511	3.0396	3.1314	2.8255
三五互联	2A	94	49.1600	3.0340	3.0175	3.0726
顺网科技	2A	95	48.6213	3.0183	3.0700	2.8975
海兰信	2A	96	48.0629	3.0019	3.0466	2.8976
川大智胜	2A	97	48.0606	3.0018	3.0182	2.9636

据表7-2中国IT企业品牌竞争力分级评级标准，2A级IT企业共有20家，所占比重为17.7%，小幅度超过2011年的比重14%。表7-7中所列的几家企业：信雅达、三五互联、顺网科技、海兰信、川大智胜是IT行业中下游企业的代表，其特征是财务竞争力处于行业平均水平以下，而市场竞争力处于行业平均水平上下，CBI及各项指标均低于行业均值。在第四集团内部比较而言，信雅达在财务表现力上位列该集团内第一，三五互联在市场表现力上位居该集团第一。总体来看，该集团的品牌财务表现力较2011年下降幅度较大，而市场竞争力表现有所改善。

表7-8　中国IT行业1A级企业品牌代表

公司名称	评级水平	排名	CBI	CBS	品牌财务表现力	市场竞争表现力
中国卫生控股	1A	113	20	2.1796	2.0763	2.4208

据表7-2中国IT企业品牌竞争力分级评级标准，1A级IT企业共有1家，占IT企业总数的0.9%，相比较2011年有所下降。表7-8所示的中国卫生控股是典型的下游企业，其特征便是CBI、品牌财务表现力、市场竞争表现力远远低于行业平均水平，各指标都有极大的改善空间。

三、2012年度中国IT企业品牌价值50强排名

课题组认为，品牌价值（以下简称CBV）是客观存在的，它能够为其所有者带来特殊的收益。品牌价值是品牌在市场竞争中的价值实现。一个品牌有无竞争力，就是要看它有没有一定的市场份额，有没有一定的超值创利能力。品牌的竞争力正是体现在品牌价值的这两个最基本的决定性因素上，品牌价值就是品牌竞争力的具体体现。通常品牌价值以绝对值（单位：亿元）的形式量化研究品牌竞争水平，课题组在品牌价值和品牌竞争力的关系展开研究，针对品牌竞争力以相对值（指数：0~100）的形式量化研究品牌竞争力水平。在研究世界上关于品牌价值测量方法论基础上，提出本研究关于品牌价值计算方法，$CBV = CBI \times A \times \sum f(x_i) + C$，其中，CBV为企业品牌价值，CBI为企业品牌竞争力指数，A为分级系数，x_i为系数决定要素，C为行业调整系数。据此得出中国IT企业品牌价值50强（见表7-9）。

表7-9　2012年中国IT企业品牌价值50强

企业名称	省（市）	2012年CBV（亿元）	排名	2011年CBV（亿元）	排名	2012年行业CBI
联想集团	北京市	273.51	1	218.81	1	100
神州数码	北京市	180.67	2	150.56	2	88.26
长城电脑	广东省	174.16	3	139.33	3	97
同方股份	北京市	132.06	4	105.65	4	83.29
东软集团	辽宁省	98.35	5	78.68	6	76.31
用友软件	北京市	87.89	6	73.24	7	74.69
方正科技	上海市	72.28	7	96.37	5	73.05
航天信息	北京市	54.81	8	39.15	8	83.64

企业名称	省（市）	2012 年 CBV（亿元）	排名	2011 年 CBV（亿元）	排名	2012 年行业 CBI
软控股份	山东省	46.14	9	36.91	10	70.45
中国自动化	北京市	45.62	10	38.02	9	68.1
国电南瑞	江苏省	44.41	11	35.53	12	77.43
广电运通	广东省	42.98	12	34.38	14	71.01
神州泰岳	北京市	42.45	13	33.96	15	66.48
中国智能交通	北京市	32.6	14	36.22	11	66.21
远光软件	广东省	28.45	15	—	—	58.11
实达集团	福建省	26.12	16	34.82	13	58.87
华胜天成	北京市	20.05	17	16.04	16	71.96
宏图高科	江苏省	14.03	18	10.79	22	75.72
怡亚通	广东省	13.55	19	11.29	18	70.74
奇虎 360QIHU	北京市	13.29	20	10.22	28	66.17
中国软件	北京市	12.94	21	9.95	33	63.67
文思信息 VIT	北京市	12.78	22	9.82	34	64.33
银江股份	浙江省	9.85	23	9.38	40	58.65
爱使股份	上海市	12	24	10.91	21	65.67
浙大网新	浙江省	11.98	25	9.98	30	69.18
大智慧	上海市	11.96	26	9.97	31	59.6
浪潮信息	山东省	11.75	27	9.4	39	60.67
长城信息	湖南省	11.65	28	9.32	41	59.82
华东电脑	上海市	11.56	29	9.25	42	60.81
乐视网	北京市	11.31	30	9.05	44	58.95
东华软件	北京市	11.26	31	9.01	45	66.1
科大讯飞	安徽省	11.01	32	10.06	29	59.37
中国信息技术 CNYD	广东省	10.94	33	9.12	43	51.76
银之杰	广东省	10.9	34	9	46	46.29
石基信息	北京市	10.34	35	10.33	26	61.57
南天信息	云南省	10.06	36	10.59	23	65.96
柯莱特 CIS	北京市	10.01	37	11.12	20	66.03
立思辰	北京市	9.83	38	8.94	47	55.51
启明信息	吉林省	9.37	39	10.41	24	61.11
宝德科技集团	广东省	9.36	40	10.4	25	62.09
拓维信息	湖南省	9.15	41	9.63	37	54.16
三宝科技	江苏省	8.96	42	9.96	32	57.57
启明星辰	北京市	8.68	43	9.64	36	55.8
东方国信	北京市	8.64	44	9.6	38	52.45
汉王科技	北京市	8.46	45	11.28	19	43.09
首都信息	北京市	8.39	46	8.83	50	53.47
焦点科技	江苏省	8.2	47	10.25	27	58.34
南大苏富特	江苏省	8.01	48	8.9	48	53.56
#ST 新太	广东省	7.84	49	9.8	35	56.13
闽福发 A	福建省	7.57	50	8.9	49	56.32

　　在 113 家受调研的企业中，排名前 50 强的企业 CBV 合计为 1748.18 亿元，与 2011 年相比有了一定幅度的提高。前 10 强 IT 企业 CBV 合计为 1165.49 亿元，占前 50 强比重为 67%。一方面显示出领先企业强大的品牌价值，另一方面也可以看出品牌是 IT 企业的核心竞争力，强大的品牌能

带来巨大的品牌溢价。在前 10 强企业中，联想集团、神州数码、长城电脑、同方股份、东软集团及用友软件稳居行业前 6 名，并且与 2011 年相比，CBV 值有所提升。前 10 名的东软集团、用友软件和软控股份排名均前进一名，品牌价值有所提升。而 2011 年位于第 5 名的方正科技在 2012 年的 CBV 排名下降至第 7 名，品牌价值出现了一定程度的下滑。奇虎 360 由第 28 名上升到第 20 名，中国软件由第 33 名上升至第 21 名，品牌价值提升较大。联想集团、神州数码、长城电脑、同方股份及东软集团等领头企业表现抢眼，

品牌价值有了一定幅度的提升，展现出作为龙头企业的这几大企业良好的发展势头。在前 10 强企业中，60% 的企业来自北京市，并且这 6 个企业 CBV 占据了前 10 强 CBV 总和的 44.31%。由此可见，中国 IT 企业的领头企业主要分布在北京市，并且这几个龙头企业在各个方面都遥遥领先，与其他众多企业差距明显，显示出 IT 行业的发展有明显的不均衡性。领先企业集中在北京市，一方面是由于 IT 行业受政策影响较大，而北京市是政治中心，有利于利用政治资源；另一方面，IT 行业作为资金、技术密集型企业需要靠近人才集散地。

第三节 2012 年度中国 IT 企业品牌竞争力区域报告

一、五大经济分区

（一）总体情况分析

根据课题组的调研数据，在与 2011 年数据对比的基础上，可以得出 2012 年整体数值低于 2011 年。中国 IT 企业仍旧主要分布于华东地区、中南地区和华北地区，占企业总数的比重分别为 39%、19%、37%，略高于 2011 年，集中度非常高。华北地区、东北地区及西南地区的 CBI 均值分别为 60.4569、68.7073、59.0405，均高于全国均值 58.0952，东北地区、西南地区表现优异是由于其企业数量较少。而华东地区 CBI 均值最低，

仅为 55.3457。2011 年，华东地区的 CBI 均值亦是行业最低值，但 2012 年华东地区的 CBI 均值要明显低于 2011 年。华东地区、中南地区虽然企业总数排第 1 名、第 3 名，但其 CBI 均值均略低于全国均值，其品牌竞争力差强人意，还有很大的提升空间。尤其是华东地区，企业数量众多，各个企业的发展参差不齐。在华北地区、华东地区、中南地区三大主要区域，华北地区在企业数量上与华东地区相差不大，但在各项指标中，仍然处于领先地位。东北地区由于调查的样本数量较少，在 CBI、CBS、品牌财务表现力及市场竞争表现力上均位列行业第一。

表 7-10 中国 IT 企业五大经济区域竞争状况

区域	2012 年企业数量	所占比重(%)	行业 CBI 均值		CBS 均值		品牌财务表现力均值		市场竞争表现力均值	
			2012 年	2011 年	2012 年	2011 年	2012 年	2011 年	2012 年	2011 年
华北地区	42	37	60.4569	70.9276	3.3650	2.6970	3.3321	4.0041	3.4419	3.4750
华东地区	44	39	55.3457	68.8606	3.2153	2.6571	3.1944	4.0458	3.2639	3.1713
中南地区	22	19	57.9916	69.1699	3.2928	2.6631	3.2648	4.0721	3.3581	3.1354
东北地区	2	2	68.7073	89.8988	3.6068	3.0632	3.4611	4.3701	3.9466	4.3906
西南地区	3	3	59.0405	74.6285	3.3235	2.7685	3.2905	4.1711	3.4007	3.4145
总体情况	113	100	58.0952	70.2000	3.2958	2.6830	3.2666	4.0444	3.3641	3.3041

（二）分项情况分析

在各个分项竞争力指标对比方面，品牌财务表现力与 2011 年相比有较大幅度的下降，说明 2012 年中国 IT 行业整体财务表现力欠佳。而 IT

企业的市场竞争表现力较 2011 年略微上升，但波动幅度不大，整体来看市场表现力趋于稳定。东北地区在财务表现力、市场竞争表现力上仍然位列第一。中南地区、华北地区、华东地区由于有

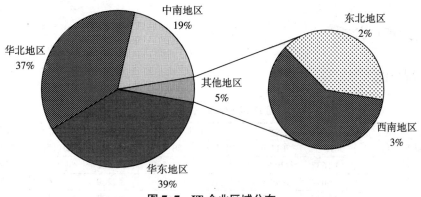

图 7-7　IT 企业区域分布

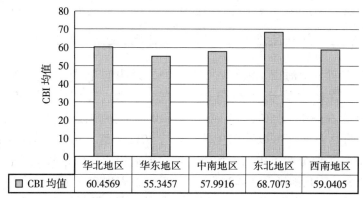

图 7-8　IT 企业五大经济区域 CBI 均值对比

大量的企业，而且各个企业发展水平参差不齐，所以三大区域在各个指标均值上表现一般，这也说明了整个 IT 行业内部两极分化较为严重。

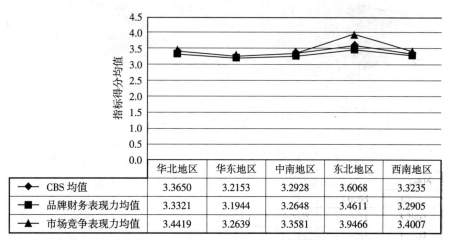

图 7-9　中国 IT 企业一级指标分区域对比

二、四大省（市）分析

（一）总体情况分析

表 7-11　中国 IT 企业四大主要省（市）竞争状况

省（市）	2012 年企业数量	所占比重（%）	行业 CBI 均值		CBS 均值		品牌财务表现力均值		市场竞争表现力均值	
			2012 年	2011 年	2012 年	2011 年	2012 年	2011 年	2012 年	2011 年
北京市	40	35.3	61.1633	72.569	3.3857	2.7287	3.3522	4.0474	3.464	3.5252
广东省	18	16	56.9059	70.6856	3.261	2.6924	3.2269	4.1265	3.3405	3.1455
上海市	15	13.3	53.5267	61.2652	3.162	2.5105	3.1472	3.8833	3.1965	2.8446
浙江省	8	7.1	53.5835	66.8124	3.1636	2.6176	3.1752	4.1118	3.1368	2.8084
其他省（市）	32	28.3	58.1984	72.1453	3.2989	2.7205	3.2607	4.0576	3.3879	3.4588
总体情况	113	100	58.0952	70.2	3.2958	2.683	3.2666	4.0444	3.3641	3.3041

其中，北京市、广东省、上海市、浙江省四个省（市）的 IT 企业数量占据企业总数的71.7%，所占比重分别为 35.3%、16%、13.3%、7.1%，与 2011 年并无明显差别，可以看出中国 IT 企业分布较集中，并且主要分布于中国三大经济热区京津唐、珠三角和长三角地区。整体来看，各个省（市）相较 2011 年 CBI 均值都有一定的下降，说明 IT 行业整体的品牌竞争力在 2012 年出现了下滑。在四大省（市）中，只有北京市的 CBI 均值为 61.1633，高于行业平均水平 58.0952。与 2011 年北京市和广东省 CBI 均值都高于行业平均水平相比，广东省 IT 行业整体较 2011 年品牌竞争力表现有所下滑。上海市的 CBI 均值在四大省（市）中得分最低，延续了 2011 年的趋势，显

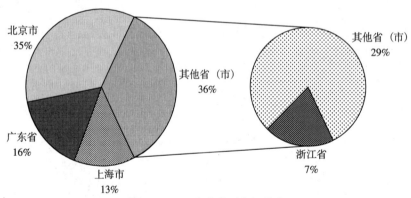

图 7-10　IT 企业省（市）分布

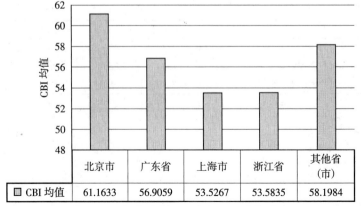

	北京市	广东省	上海市	浙江省	其他省（市）
□ CBI 均值	61.1633	56.9059	53.5267	53.5835	58.1984

图 7-11　各省（市）IT 企业 CBI 均值对比

示了其在众省（市）IT行业中的竞争力不足，有很大的提升空间。其他省市在企业数量上排名第二，并且CBI均值高于行业平均值，显示出其具有较高的品牌竞争力。

（二）分项情况分析

在各分项竞争力指标对比方面，与2011年相比发生了一定的变化，品牌财务表现力出现了一定程度的下滑，而市场竞争力指标得分与2011年相比几乎没有变化。但2012年IT行业的市场竞争表现力得分高于财务表现力，这说明中国IT行业企业财务表现已经略显疲态，部分企业已经不再处于规模发展的阶段，而企业的市场竞争表现力趋势平稳。2012年北京市、广东省、上海市、浙江省的财务竞争力较2011年有所下降，如果说

3分是及格线的话，各个省（市）IT企业的财务竞争力虽然达到了及格水平，但与2011年相比却呈现出下降趋势。IT企业的财务表现力是亟待提升的。北京市的财务竞争力、市场竞争表现力等分级指标仍高于行业均值，并且处于行业第一的位置，这显示了北京市IT企业整体拥有较强的品牌竞争力。在市场竞争表现力上，各个省（市）与2011年相比变化不大，并且都处于3分以上，相比而言，2012年的财务表现力、市场表现力还算差强人意，但仍有较大的提升空间。综合来看，除北京市外，其他省（市）的一级指标均值表现都欠佳，这一方面是由于地区经济发展的不平衡，另一方面是由于很多IT企业发展不均衡，各项指标差异过大。

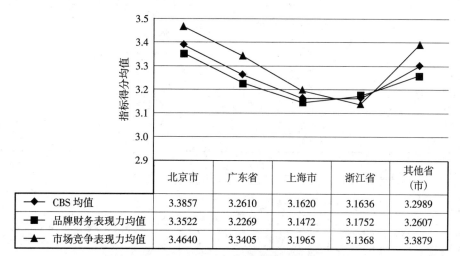

	北京市	广东省	上海市	浙江省	其他省（市）
◆ CBS均值	3.3857	3.2610	3.1620	3.1636	3.2989
■ 品牌财务表现力均值	3.3522	3.2269	3.1472	3.1752	3.2607
▲ 市场竞争表现力均值	3.4640	3.3405	3.1965	3.1368	3.3879

图7-12　各省（市）IT企业一级指标得分均值对比

第四节　2012年度中国IT企业品牌竞争力分项报告

一、品牌财务表现力

目前国内企业经营者对于现代化管理手段的理解与实践，多半仍然停留在以财务数据为主导的思维里。虽然财务数据无法帮助经营者充分掌握企业的发展方向，但在企业的实际运营过程中，财务表现仍然是企业对外展示基本实力的重要依据。品牌财务表现力层面的分析将财务指标分为规模因素、增长因素和效率因素3个二级指标。

规模因素主要从销售收入、所有者权益和净利润3个三级指标来衡量；效率因素主要从净资产利润率、总资产贡献率2个三级指标来衡量；增长因素主要从近三年销售收入增长率、近三年净利润增长率2个三级指标来衡量。

由于近几年中国IT市场的发展态势较好，随着市场需求的不断扩大，使得各IT企业近年来营业收入、净利润都保持了良好的增长态势，但全国113家IT企业在品牌财务表现力与2011年得分均值相比有所下降，为3.2666。大有能源、联

想集团、长城电脑、神州数码、航天信息、同方
股份、国电南瑞、宏图高科、东软集团及用友软
件位列行业前 10 名，与 2011 年相比变化幅度不
大。财务竞争力位列前 10 名的企业与 2011 年相
比，大有能源和用友软件强势进入前 10 名，而东
南融通科技有限公司和广电运通金融电子股份有
限公司则被挤出前 10 名。尤其值得一提的是，大
有能源凭借优异的财务表现力进入 CBI 总榜第 3
名，表现突出，2012 年也成为公司发展史上具有
里程碑意义的一年，而且前 10 家企业在品牌财务

表现力方面差距不大。

　　从 3 个二级指标看，其均值分别为：规模因
素 3.4362，效率因素 3.4684，增长因素 2.2734，
与 2011 年单项得分均值 3.9060、4.1095、3.8892
相比均有所下降。其中，效率因素仍旧得分最高，
其对整体品牌财务表现力的影响也最大。此外，
还可以看出，增长因素相较 2010 年出现了大幅度
的下滑，体现了 IT 行业的增速有所放缓。在所有
三级指标中，净利润得分最高，为 4.1262，销售
收入增长率得分最低，为 2.0250。

表 7-12　品牌财务表现力指数——行业前 10 名

企业名称	省（市）	行业 CBI 指数	品牌财务表现力
大有能源	河南省	92.5817	4.3976
联想集团	北京市	100	4.3811
长城电脑	广东省	96.9984	4.2379
神州数码	北京市	88.2636	4.0353
航天信息	北京市	83.6450	3.9278
同方股份	北京市	83.2890	3.9273
国电南瑞	江苏省	77.4329	3.7455
宏图高科	江苏省	75.7178	3.7429
东软集团	辽宁省	76.3056	3.6600
用友软件	北京市	74.6950	3.6401

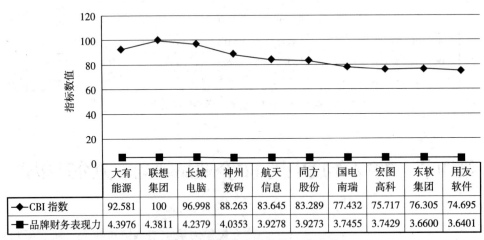

	大有能源	联想集团	长城电脑	神州数码	航天信息	同方股份	国电南瑞	宏图高科	东软集团	用友软件
CBI 指数	92.581	100	96.998	88.263	83.645	83.289	77.432	75.717	76.305	74.695
品牌财务表现力	4.3976	4.3811	4.2379	4.0353	3.9278	3.9273	3.7455	3.7429	3.6600	3.6401

图 7-13　品牌财务表现力前 10 名企业

表 7-13　品牌财务表现力指数各项指标得分均值

一级指标	2012 年	2011 年	二级指标	2012 年	2011 年	三级指标	2012 年	2011 年
品牌财务表现力	3.2666	4.0444	规模因素	3.4362	3.9060	销售收入	2.7761	2.8172
						所有者权益	3.6979	4.7236
						净利润	4.1262	4.5035
			效率要素	3.4684	4.1095	净资产报酬率	3.5958	4.0845
						总资产贡献率	3.2774	4.1470
			增长要素	2.2734	3.8892	近三年销售收入增长率	2.0250	4.0221
						近三年净利润增长率	2.7348	3.7562

二、市场竞争表现力

随着 IT 行业的持续、快速发展，市场竞争也更加激烈。企业只有具备更强的市场竞争能力，才能在目前的行业环境中生存下去。市场竞争表现层面的分析将指标分为市场占有能力和超值获利能力 2 个二级指标。市场占有能力主要从市场占有率、市场覆盖率 2 个三级指标衡量；超值获利能力主要从品牌溢价率、品牌销售利润率 2 个三级指标衡量。

由于近几年中国 IT 市场的快速发展，市场的巨大需求等因素使得各 IT 企业近年来各方面指标都保持了良好的增长态势。全国 113 家 IT 企业在市场竞争表现力得分均值为 3.3641，整体上高于财务表现力指标得分均值，与 2011 年相比有一定的变动幅度。长城电脑、联想集团、神州数码、航天信息、同方股份、东软集团、国电南瑞、用友软件、大有能源与怡亚通位列行业前 10 名，其

中，长城电脑、东方股份、国电南瑞、大有能源与怡亚通强势跃入前 10 名，表现良好。方正科技集团股份有限公司、中国自动化集团有限公司、北京神州泰岳软件股份有限公司、汉王科技股份有限公司、柯莱特信息系统有限公司三家企业则被挤出前 10 名。而且 2012 年市场竞争表现力的前 10 名企业在市场竞争表现力方面的差距并不明显，并且得分均在 4 分以上，说明 IT 行业市场竞争表现力前 10 名的企业市场竞争表现力整体水平较高。

二级指标中，市场占有能力得分均值为2.8164，低于 2011 年，超值获利能力得分4.3815，与 2011 年相比有较大幅度的增长。整个 IT 行业领先的企业市场占有率及市场覆盖率高，大部分企业的市场占有率及市场覆盖率都比较低。在 IT 行业内，品牌对企业市场竞争力的影响非常明显，因此，品牌溢价率、品牌销售利润率得分均值也较高，分别为 4.3586 和 4.4241，与 2011年相比有一定的涨幅。

表 7-14　品牌市场竞争表现力指数——行业前 10 名

企业名称	省（市）	行业 CBI 指数	市场竞争表现力
长城电脑	广东省	96.9984	4.8974
联想集团	北京市	100	4.8564
神州数码	北京市	88.2636	4.5169
航天信息	北京市	83.6450	4.3166
同方股份	北京市	83.2890	4.2831
东软集团	辽宁省	76.3056	4.2246
国电南瑞	江苏省	77.4329	4.1352
用友软件	北京市	74.6950	4.1138
大有能源	河南省	92.5817	4.0934
怡亚通	广东省	70.7435	4.0824

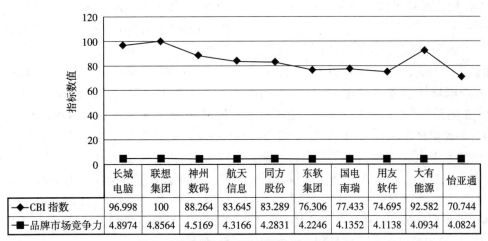

图 7-14　品牌市场竞争表现力前 10 名企业

表 7-15　品牌市场竞争表现力各分项指标得分均值

一级指标	2012 年	2011 年	二级指标	2012 年	2011 年	三级指标	2012 年	2011 年
市场竞争表现力	3.3641	3.3041	市场占有能力	2.8162	3.3870	市场占有率	2.7761	3.3561
						市场覆盖率	2.9098	3.4592
			超值获利能力	4.3815	3.1662	品牌溢价率	4.3586	3.3322
						品牌销售利润率	4.4241	2.8580

第五节　中国 IT 企业品牌竞争力提升策略专题研究

一、中国 IT 行业宏观经济与政策分析

（一）、IT 行业的市场运行情况

根据工业和信息化部的相关数据显示，2012年，我国电子信息产业销售收入突破 10 万亿元大关，达到 11 万亿元，增幅超过 15%；其中，规模以上制造业实现收入 84619 亿元，同比增长 13.0%；软件业实现收入 25022 亿元，同比增长 28.5%。2012 年，我国规模以上电子信息制造业增加值增长 12.1%，高于同期工业平均水平 2.1 个百分点；收入、利润及税金增速分别高于工业平均水平 2.0、0.9 和 9.9 个百分点，在工业经济中的领先和支柱作用进一步凸显。在投资方面，2012 年我国电子信息产业 500 万元以上项目完成固定资产投资额 9592 亿元，同比增长 5.7%，增速比上年回落 45.8 个百分点，低于同期工业投资 14.3 个百分点。2012 年全年电子信息产业新开工项目 7571 个，同比增长 8.8%，增速比 2011 年回落 44.3 个百分点。

2012 年，我国规模以上电子信息制造业从业人员规模突破千万大关，达到 1001 万人，同比增长 6.5%，占全国城镇就业人员比重达到 2.8%；上缴税金 1513 亿元，同比增长 21.6%，占全国工业行业税金总额比重接近 5%；电子信息产品进出口总额达 11868 亿美元，占全国外贸进出口总额的 30.7%；电子信息产业在国民经济中的重要性不断提高。

1. 整体效益逐步好转，软硬件比例日趋合理

2012 年，我国规模以上电子信息制造业实现销售收入 84619 亿元，同比增长 13.0%，利润总额 3506 亿元，同比增长 6.2%；销售利润率达到 4.1%，比上年回落 0.3 个百分点。从全年走势看，产业整体效益呈逐步向好态势，第一季度、上半年、前三季度及全年的利润总额逐步扭转下降态势（-22.3%、-14.0%、-6.5% 和 6.2%）；利润率不断提高（2.5%、3.1%、3.2% 和 4.1%）；亏损面持续缩小（31.0%、25.6%、23.0% 和 19.0%）。2012 年，我国软件产业实现软件业务收入 2.5 万亿元，同比增长 28.5%，增速高于电子信息制造业 15.5 个百分点；占电子信息产业收入比重达到 22.7%，比上年提高 2.6 个百分点，比"十一五"末提高 4.5 个百分点。

2. 产业向中西部转移的步伐加快

2012 年我国规模以上电子信息制造业中，中部地区销售产值和出口交货值增长 40.9% 和 85.4%，高于平均水平 28.3 和 75.1 个百分点；西部地区销售产值和出口交货值分别增长 39.4% 和 83.2%，高于平均水平 26.8 和 72.9 个百分点；中西部地区销售产值比重合计达到 16.2%，比上年提高 3.2 个百分点。

3. 软件业服务化、网络化和融合化发展加速

2012 年，我国软件产业中，数据处理和运营服务类业务完成收入 4285 亿元，同比增长 35.9%，增速高于平均水平 7.4 个百分点，占比 17.1%，比上年提高 0.9 个百分点；软件业与制造业的融合程度加深，在电子制造业企稳向好带动下，嵌入式系统软件增速加快，实现收入 3973 亿元，同比增长 31.2%，高于平均水平 2.7 个百分点。

（二）IT 行业的政策分析

众所周知，信息产业是国民经济的主导产业，是经济增长的催化剂和倍增器。根据国务院批准的"三定方案"，信息产业部的主要任务是：通过积极有效的宏观管理，振兴电子信息产品制造业、软件业和通信运营业，为各部门、各行业提供先进的信息技术、装备与网络服务，从而达到推进国民经济发展和社会服务信息化的目的。因此，IT 行业的发展得益于国家相关政策的大力扶持。

要加快我国信息化的发展，首先，要加快信息基础设施的发展和建设。信息基础设施也是带动 IT 产业高速发展的动力。当前，我们正在结合"十五"规划的制定，考虑我国信息基础设施发展战略和规划。我们将在扩建完善现有以光缆为主体的基础传输网和推进基本电信普遍服务的同时，大力开发和利用当代最新通信与信息科技成果，加速建设一个覆盖全国的超大容量、高度灵活、安全可靠的新一代公共信息网，构筑面向 21 世纪的国家信息基础设施。

其次，由于中国在 IT 关键领域没有自己的核心技术，在国际分工中都处于不利的地位，为了减少这一现象，增加我国自主创新能力，"十二五"规划纲要中明确指出，在产业升级结构与结构调整中，电子信息产业要提高研发水平、增强基础电子自主发展力、引导向产业链高端延伸。中国将把软件产业作为国家的战略性产业，研究制定面向 21 世纪的长远发展战略和发展思路，确定近期的发展重点。我们将结合国家有关扶持软件产业发展的政策措施，抓住人才这个关键，制定给予软件人才特殊优惠待遇的奖励和分配政策，建立吸引、稳定优秀软件人才的机制，充分发挥软件人才的创造性和积极性。按照市场经济规律，实行社会各有关方面多元化共同投资方式，加大软件产业的投资力度。从发达国家的经验来看，要在软件产业中真正有所作为，单纯依靠政策扶持和引导是不够的，还必须借助市场的力量，发展中国的风险投资业，造就一批能够把资金、技术、人才组织起来的风险投资家，真正带动中国软件产业的快速发展。同时鼓励大型企业集团、高校和科研院所向软件产业投资，以充分调动各方面力量共同发展我国的软件产业。

在微观政策方面，政府多次对电脑软件行业给予政策倾斜。例如，软件增值税优惠政策和所得税"两免三减半"、"五免五减半"的优惠政策，对从事软件开发与测试、信息系统集成、咨询和运营维护的企业免征营业税。此外，两部门明确软件、集成电路产业企业所得税优惠政策，"中国云"产业发展国家级规划获国务院批准，工信部发布《互联网行业"十二五"发展规划》等，都反映了国家对于软件行业的重视和扶持，这无疑给行业的良好发展带来了福音，预计未来类似扶持政策仍将陆续出台。

二、中国 IT 行业品牌竞争力提升策略建议

（一）抓住发展新技术的机遇，向产业链高端移动

通过上述分析可见，中国 IT 行业的发展虽然面对着很多机遇，但目前的发展状况仍需要极力改进。中国 IT 市场容量巨大，加之许多新兴技术如三网融合、云计算等，更是助推了行业的高速发展。这对 IT 行业来说是一个发展的契机。但现阶段，由于起步晚、产业环境不健全等因素的影响，中国 IT 行业的发展还处于初级阶段，仍有很长的一段路要走。

信息产业作为国家的支柱性产业，首先，国家各大研究院都在计算机与信息技术、信息安全、软件开发、系统集成等高科技领域不断创新，推动中国成为 IT 强国。这在国家层面上为 IT 业的发展指明了政策方向。但目前中国的 IT 行业仍然处于初级阶段，主要关注低附加值的硬件设备制造等环节，计算机技术及信息技术远远没有得到充分的发展，这在客观上要求 IT 行业进行技术的创新与应用，向产业链的高端延伸。其次，面对不断兴起的云计算等新技术，国家也应该尽早统一相关行业标准，并建立相关的创新激励机制，调动企业积极性，强化产业化运作。最后，国家要从税收、财政等方面给予支持。保证行业有一个宽松、稳定的发展环境。对行业自身来说，一定要抓住机遇，实现高速发展。基于 IT 行业不断壮大以及潜在的市场需求，IT 行业将在长期内是有良好的发展前景。IT 行业一定要利用好国家的相关政策，及时调整发展方向，向产

业链高端发展。

（二）极力平衡地区发展，促进行业整体品牌竞争力的提高

本次调研的中国 IT 企业总计 113 家，华东地区、华北地区和中南地区三大区域占据企业总数的 95%，代表北京市、广东省、上海市和浙江省的 IT 企业数量占到企业总数的 71.7%。中国 IT 企业集中分布在长三角、珠三角和京津唐地区，体现了 IT 企业分布地区的不均衡性。此外，本次评出的三家 5A 级 IT 企业也都分布在这三大区域，虽然这三家企业数量只占 IT 企业总数的 2.7%，但三家的营业收入为 2729 亿元，占 113 家 IT 企业营业总额的 52.6%，而其他地区的 IT 企业相对来说就比较弱小。以上两点说明了中国 IT 行业整体发展的不均衡性。

中国 IT 行业要想在国际市场上分一杯羹，需要提升中国在该领域的整体竞争实力，所谓水深才能养大鱼，先有森林才能有大树。因此，中国需要培养一大批优秀的 IT 企业来支撑其整体实力水平的提高。国家应加大对西北地区、西南地区和东北地区发展 IT 行业的支持力度，加大对处于中游水平的 IT 企业的政策扶持并予以品牌化建设的指导。

平衡地区发展的具体举措可从以下几方面着手。首先，近几年的发展显示 IT 行业发展的趋势是计算机硬件产品的份额持续下降，而软件和 IT 服务的份额不断上升。软件和服务的提供需要人才作为支撑，因此，要加大西部地区 IT 产业的发展，国家要鼓励科技人才适当地西流。其次，国家也应该从战略层面上制定一些规划。目前国内一些具有一定竞争实力的大型 IT 企业要借助自身品牌、技术、资金等优势，以技术创新和产品研发为主，而中小企业则应该以合作开发、协作服务为主，西部一些中小 IT 企业尤应如此。最后，国家对西部一些中小 IT 企业实行税收减免、技术支持等政策。以上几点一方面促进了行业整体的发展；另一方面促进了 IT 行业的充分竞争，发挥市场机制的作用，使顾客、企业互利共赢。

（三）国家加强扶持，为 IT 企业品牌竞争力的提升营造良好的资源环境

发展具有自主知识产权的 IT 核心产业，离不开政府的大力扶持，我们不能单纯把发展核心产

品和关键技术的希望寄托于 IT 企业自身，行业的发展除了行业企业的自身努力之外，更离不开国家的支持。尤其对于中国来说，IT 行业的健康发展有赖于政府政策法规等的支持，这是由中国的特殊国情决定的。具体原因有以下几点：首先，信息产业是高投入、高风险、高收益的"三高"产业，而目前的投资现状是总投资量不足、投融资结构失衡以及投资效率低下等问题突出，这种情况需要政府发挥财政投资的先导作用，并建立健全信息产业风险投资机制，完善资本市场对信息产业的支持作用。其次，作为发展 IT 行业的后发国家，在核心技术等方面存在严重的先天不足，这就需要国家进行引导，自主研发与对外引进技术相结合，才能更好地趋利避害。最后，IT 行业的健康发展也离不开健全的法律环境，而目前我国有些知识产权保护法、网络犯罪等法规尚未成熟，这需要国家运用战略眼光为企业的持续健康发展营造良好的法律环境。综上，加强国家对 IT 行业的扶持力度可以从以下几个方面入手：

1. 注重 IT 行业人才培养，为品牌核心竞争力的发展奠定基础

IT 行业属于技术密集型行业，而且新技术层出不穷，昔日的核心竞争力今日可能就会成为压垮企业的最后一根稻草。因此，技术和价值是由人才的隐性知识创造出来的，为了时刻保持与时俱进，富有创造力的人才是必不可少的。

一方面，国家要创造优惠的政策环境和市场环境，吸引海外留学人员回国创业或者就业。另一方面，要加大对国内 IT 行业人才的培养力度，建立贴近实际、重视应用的信息技术教育体制，引导企业注重人才，留住人才，为人才提供良好的福利待遇和施展才华的舞台，把国内人才作为我国 IT 行业发展的主力军。

2. 优化资源法律环境，为 IT 行业的发展提供保障

鉴于 IT 行业发展的特点，国家先要对 IT 企业实行相对宽松的货币政策。主要从以下两方面着手。一方面，实施税收优惠政策。目前许多国家对 IT 行业采取免税政策，我国的 IT 企业征税率也大大下降，印度等国的成功经验证明，对 IT 企业的零税率不仅可以保证统计的真实性，吸引人才，而且有助于 IT 企业将品牌做大做强。另一

方面，对 IT 企业的资金需求要在监控风险的情况下尽量予以满足，以保证企业对相关新技术的资金投入。

另外，一方面，IT 行业的品牌建设还受到法律环境的影响，若是法律不健全，那么 IT 企业的发展就得不到法律的保驾护航，企业就会失去创新的动力。另一方面，企业可能只会一味抄袭模仿，因为这样付出的代价极小，从而忽略了自身品牌的建设，从而使企业只追求规模扩张、营业收入的增加，而企业的发展却缺乏长久的动力。

因此，政府若加强立法监管，完善贷款、税收等金融体系，会对 IT 行业的发展产生莫大的影响。只有政策稳定、健全，企业才会具有战略眼光，注重创新和品牌建设。

3. 根据中国国情，进行有重点的扶持，发挥以点带面的作用

中国的 IT 产业由于起步较晚，在多个方面都很薄弱。然而，中国发展 IT 行业的资金也是有限的。这种情况就要求国家要有重点地进行扶持，而不能方方面面都兼顾。根据我国 IT 行业的发展规划和目前所处的形势，选择几个需要重点突破的领域进行大力扶持，通过以点带面的方式推动整个行业的发展。

我国 IT 行业目前处于快速发展期，其快速发展最主要的原因是对于信息技术的需求在不断的增长，在其快速发展的同时我们也应该注意到，我国 IT 行业品牌发展与外国同类型企业相比仍然处于落后地位，构建中国 IT 行业民族品牌之路需要社会各界的共同配合，在 IT 企业不断增强核心竞争力的同时，政府在政策方面也要给予大力支持，打造中国 IT 品牌强劲竞争力。

三、中国 IT 企业品牌竞争力提升策略建议

（一）注重 IT 人才的培养、IT 产品和 IT 服务的创新，夯实品牌塑造的根基

美国钢铁大王卡耐基曾说过：将我所有的工厂、设备、市场、资金全部夺去，但是只要保留我的组织人员，四年之后，我仍将是一个钢铁之王。这凸显了人才对企业发展的重要作用。对高科技企业来说更是如此，高科技企业是利用高新技术生产高新技术产品、提供高新技术劳务的企业。它是知识密集、技术密集的经济实体。处在这样一个时代，人才的竞争比任何时候都显得更为重要。很多事实可以证明，一个杰出的科技人才可以造就一个伟大的企业，甚至催生某个新兴的产业，例如微软的比尔·盖茨，谷歌的布林和佩奇。IT 行业属于高新技术产业，IT 产业的迅速发展成为引领经济发展的中坚力量。因此，技术人才对 IT 行业来说是尤其重要的。他们是企业的核心资源，是为企业创造核心竞争力的源泉。隐藏于科技人才身上的隐性知识能够为企业创造无限的价值。中国 IT 行业若想完成由中国制造到中国创造再到中国智造的转变，就必须充分注重人才，挖掘科技人才的价值。

联想集团作为中国 IT 行业的杰出代表，是全球最大的 PC 生产厂商，并且企业的各项指标均遥遥领先，但必须清楚地意识到，目前中国的 IT 行业更多地处于"中国制造"的阶段。2004 年联想收购 IBM 曾经轰动一时，对蓝色巨人 PC 业务的收购极大地满足了我们的民族自豪感，但必须意识到 IBM 出售其 PC 业务很大一部分原因是公司要聚焦于服务和软件业务，因为这部分业务附加值更高。而对服务和软件业的投入则需要相应的人才作为支撑，这正是中国企业的短板。因此，我们在鼓励联想借助 IBM 走向国际的同时，要更加注重企业的转型，向着产业链的高端发展。这可以从以下几方面着手：

第一，IT 企业要注重进行产学研联盟，加强与高校和科研院所的合作。目前，中国的人才教育存在的一个重大问题是人才不符合市场需求，造成人才供应与市场需求的错位。这对企业的启发是企业对学校相关人才的培养进行投资、建议，从而使人才更加符合企业社会的需要，使高科技人才毕业后能够顺畅无阻地进入企业创造价值。

第二，为技术人才提供良好的职业发展通道和薪酬体系，增加技术人才的忠诚度。目前很多技术人才流向国外，使得中国辛苦培养的人才最终为外国企业创造价值。造成这种现象的部分原因是企业不注重人才，忽视创新，使人才不能很好地发挥自身的价值。这就需要企业认真思考，对自身的文化和对创新态度等进行审查。忽视创新、进行价格战是短视的做法，不利于企业的长

远发展，只有良好的制度和对创新的支持才能吸引技术人才，为公司创造价值。

（二）培养产业链的思维，注重软件升级改造，提升品牌内涵

随着竞争环境的日益变化，中小企业孤军奋战已经很难有效应对这种变化，因此，最近几年"竞合"的观念被人广泛提及，对于技术性企业而言尤是如此。对IT行业来说，只有拥有快速、安全的互联网，IT企业才能与合作伙伴和研发团队进行有效的互动，提供更好的服务和产品。因此，IT产业链中的上下游企业的表现对IT企业的影响较大。

对于众多IT企业来说，进行产业链延伸的原因主要有以下几个：首先，目前行业发展极其不平衡，龙头企业在传统领域表现抢眼，这就要求其他众多IT企业必须从其他方面寻找突破口。而且IT行业的全产业链之间各环节相互依存、联系紧密，企业可以适当参与上下游的运营，以便更好地为用户提供优质、安全的服务和产品。其次，IT行业技术更新速度非常快，很难断言领先企业将永远遥遥领先，这就需要IT企业积极进行产业链的延伸，以便迅速应对环境变化。当技术更新时，能够快速反应，抢占市场先机。最后，消费者或者客户不仅注重产品或服务，更加注重环境等一些因素，他们期望提供服务的是一个系统集成商，即可以提供一整套的解决方案。因此，进行产业链延伸，有助于提升品牌内涵，从而更好地服务客户。

尤其在软件服务方面，企业要加强与上下游的合作，以客户需求为导向，才能生产出适销对路的产品和服务。目前，很多软件虽然技术先进但不能满足下游用户的基本需要，使得研发与应用相脱节，这就需要企业紧密结合产业链上下游共同为客户提供服务。同时，在软件的升级等方面，企业也要加强与客户的沟通，软件售出并不代表交易完成，企业需要对用户进行维护，为其提供技术上的指导，建立长久的合作关系。另外，软件服务的售后也是附加值较高的部分。无限的供应与有限的需求是存在矛盾的。但在售后服务等方面，却可以使用户和企业均得到无限的价值。因此，企业应该加强与产业链上下游的联系，注重售后服务，提升品牌的内涵。

（三）通过兼并等方式掌握技术、吸引人才，塑造品牌核心竞争力

鉴于IT行业的特性，新技术更新速度快，稍微的延迟，极可能被大浪淘沙，失去发展的机会。因此，IT企业通常可以通过并购来掌握最新技术、吸引优秀人才，从而塑造品牌，提升品牌价值。但并购之前的准备工作以及并购后的整合是至关重要的。先分析一下，IT行业进行并购的动因：

第一，新技术的驱导。技术是IT企业生存的核心，也是取得竞争优势的保障。但IT行业的技术又处在时刻的变化中，技术十分宽泛，任何一家企业都难以掌握所有关键技术。因此，通过并购可以迅速获取关键技术，跟上更新节奏，从而在市场竞争中处于主动地位。

第二，人才驱导。传统企业生产、财务等各方面并重，而人才是IT企业的核心资源之一，而且蕴藏在人才中的隐性知识是企业形成核心竞争力的基础。通过并购获得人才可以确保技术的更新速度。有时，人才是促成并购的比技术更加重要的动因。根据相关调查显示，我国IT行业普遍存在人才匮乏的现象，尤其是软件测试人才的缺乏已经成为制约我国软件产业发展的"瓶颈"之一。根据中华英才网的资料显示，华为一次性抛出50名软件测试人员的大单，而联想、用友等企业也对相应的人才求贤若渴。

第三，融资保障的驱导。IT行业的投资额度是非常巨大的。因此，IT企业一方面会通过并购获取上市公司的壳资源，以达到上市融资的目的；另一方面也会运用被并购以求完成风险资本的退出，以吸引风险投资者对其进行投资。

鉴于以上动因，并购对于IT企业来说是一个不错的较短时间内提升品牌价值的方式。当然若想达到预期的目的，企业必须在选择并购企业之前进行认真的调查，并购后进行科学合理的整合才能事半功倍，取得理想的效果。

第八章 中国服装行业企业品牌竞争力指数报告

第一节 中国服装企业品牌竞争力指数总报告

一、2012年度中国服装企业总体竞争态势

中国企业品牌竞争力指数（以下简称CBI）

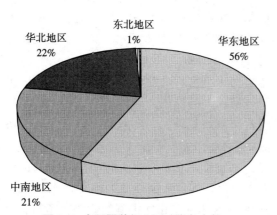

图8-1 中国服装行业区域竞争态势

研究课题组为了检验理论成果的应用效果，课题组于2012年对中国44家自主服装企业品牌进行了调研，根据各企业营业收入的原始数据得出了中国服装企业竞争力呈现华东地区一方称雄的总体竞争态势。

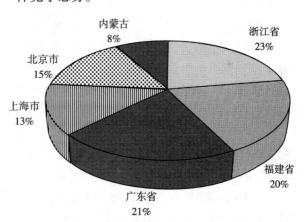

图8-2 中国服装行业省（市）竞争态势

2011中国服装行业受调研的44家自主服装品牌企业的营业总额为1755.89亿元，2010年受调研企业的营业总额为1535.92亿元，同比增长14.32%。其中，2011年华东地区、华北地区、中南地区营业总额分别为992.41亿元、388.84亿元、360.91亿元，2010年分别为882.78亿元、345.71亿元、293.16亿元，同比增长分别为12.42%、32.64%、23.11%。东北地区和西南地区的营业额较少，合计为1%，华北地区和中南地区虽然分别排第二名、第三名，但其营业额却远低于行业老

大华东地区，华东地区仍然延续2010年的优势，一家独大。2010年营业额排在前六名的省（市）分别为浙江省、广东省、福建省、北京市、上海市和内蒙古自治区，营业总额分别为343.24亿元、269.66亿元、265.89亿元、224.25亿元、194.04亿元和117.33亿元，2011年这些省（市）的营业额分别为364.42亿元、333.53亿元、321.77亿元、247.82亿元、217.58亿元和136.32亿元，同比增长分别为6.17%、23.69%、21.02%、10.51%、12.13%和16.19%，其中，广东省和福建

省的营业额增长速度较块，分别位居行业第一名和第二名。六大省（市）营业总额占行业营业总

额的 92.34%，较 2010 年的 92%略微有所增加。

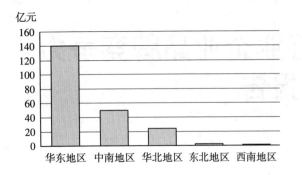

图8-3　中国服装企业净利润区域分布

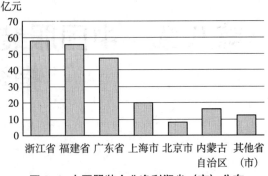

图8-4　中国服装企业净利润省（市）分布

2011 年中国服装行业受调研的 44 家自主服装品牌企业的净利润总额为 218.04 亿元。2011 年华东地区、中南地区和华北地区的净利润额分别为 140.26 亿元、50.63 亿元和 25.35 亿元，2010 年三大地区的净利润总额分别为 135.42 亿元、40.32 亿元和 35.65 亿元，同比增长 3.57%、25.57%和 40.63%。华东地区仍占据绝对的优势，净利润总额占行业净利润总额的 64.33%。而中南地区和华北地区的净利润总额分别占行业净利润总额的 23.22%和 11.63%，虽然排在第二名和第三名，但与华东地区相比，仍存在一定的差距。2010 年净利润排在前六名的省（市）分别为浙江省、福建省、广东省、上海市、北京市和内蒙古自治区，净利润总额分别为 58.92 亿元、47.59 亿元、38.24 亿元、21.62 亿元、20.51 亿元和 14.61 亿元，2011 年该六大省（市）净利润总额分别为 57.74 亿元、55.50 亿元、47.71 亿元、19.85 亿元、8.43 亿元和 16.30 亿元，同比增长分别为-2%、16.62%、24.76%、-8%、-58.90%和 11.57%。其中，广东省和福建省增长速度较快，浙江省、上海市和北京市出现了一定程度的负增长，但与 2010 年相比，净利润总额 213.59 亿元仍有小幅度上浮。六大省（市）的净利润总额占行业总额的 94.26%，略高于 2010 年。总体来看，中国服装企业的分布仍主要集中在华东地区，这种一方称雄的总体竞争态势仍是当前中国服装行业竞争的最显著特征。

二、2012 年度中国服装企业品牌竞争力总体述评

（一）宏观竞争格局：区域格局一枝独秀，省市分布较为集中

从中国服装企业的营业收入来看，2012 年受调研的 44 家自主服装品牌企业的营业总额为 1755.89 亿元，其中，华东地区营业额为 992.41 亿元，所占比重达 56%，华北地区、中南地区营业总额分别为 388.84 亿元、360.91 亿元，分别占比 22%和 21%，与 2010 年相比，三个地区所占比重变化不大。由此可以看出，华东地区仍然处于一家独大的地位，同华东地区相比，其他地区的营业额差距较大，西南地区和东北地区所占份额更是不到 1%。从省（市）上看，浙江省、广东省、福建省、北京市、上海市和内蒙古自治区六大省（市）的营业额所占比重高达 92.34%，仍延续 2011 年六大省市所占据的优势。净利润分布情况与营业收入分布情况基本保持一致，华东地区净利润总额达到 140.26 亿元，与 2011 年相比增长 3.57%，占据绝对优势。总体来看，中国服装企业分布仍主要集中在华东地区，长三角和环渤海地区也有一定份额，但所占比重不是很大。

从区域来看，中国服装企业主要分布于华东地区，占企业总数的比重为 66%，集中度非常高。华东地区和华北地区的 CBI 均值分别为 59.0905 和 62.7610，均高于全国 CBI 均值 57.09，排在第二名和第三名的地区分别是中南地区和华北地区，分别占行业企业总数的 16%和 14%。中南地区虽

然企业数量排第二名，但其 CBI 均值仅为 51.3057，仅略高于行业平均值，其品牌竞争力仍需改善，还有很大的提升空间。由此可以看出，中南地区的服装行业只注重量的发展，品牌竞争力还需要很大的提升。其他地区不仅企业数量少，而且企业的品牌竞争力指数也非常低，仅为 31.2107，远低于全国 CBI 平均水平。

根据省（市）分布，五大省（市）的数量占据行业数量总和的 74%，较 2011 年所占比重 75%略有下降，福建省、浙江省、广东省、江苏省、上海市所占比重分别为 23%、18%、11%、11%、11%，较 2011 年并无明显变化，仍延续行业集中度较高的优势，且主要分布于珠三角和江浙地区。福建省和上海市的均值分别为 64.5812 和 60.7598，远高于行业平均水平，品牌竞争力较强。江苏省的企业数量排第四名，但其 CBI 均值为 44.2286，低于行业平均值，可见其品牌竞争力仍有待提升。广东省 2011 年的 CBI 平均值低于行业平均值，2012 年的 CBI 均值为 54.9234，仍低于行业平均值 57.09，品牌竞争力还需提升。

中国服装企业远不止 44 家，这 44 家企业只是众多服装企业中的杰出代表，从中可以分析中国服装企业的竞争情况。无论是从营业收入来看，还是从营业数量来看，中国服装行业的聚集度都比较高，主要集中在三大区域五大省（市）。西北地区、西南地区和东北地区服装行业的发展仍处于竞争劣势，这些地区需要一批具有综合竞争力的企业来带动区域服装行业的发展。区域和省（市）的企业数量，也说明我国服装行业发展极端不均衡。

（二）中观竞争态势：四大企业仍引领行业，中游企业竞争激烈程度增加

根据中国服装企业品牌竞争力分级评级标准，对 2012 年受调查的企业进行分级评估，按照一般惯例分为五级，5A 级企业 7 家，4A 级企业 8 家，3A 级企业 16 家，2A 级企业 19 家，1A 级企业 4 家。5A 级服装企业包括百丽国际控股有限公司、安踏（中国）有限公司、雅戈尔集团股份有限公司、李宁（中国）体育用品有限公司、内蒙古鄂尔多斯资源股份有限公司等，占服装企业总数的 16%，略高于 2010 年的 14%。这五家企业的营业收入总额为 719.49 亿元，占受调查服装企

业营业收入总额的 40.98%，5A 级企业的 CBI 均值为 94.8707，远高于行业 CBI 指数平均值 57.09，所以 5A 级企业是中国服装行业名副其实的龙头企业，引领中国服装行业的发展方向。值得关注的是，16 家 3A 级企业 2012 年占据行业比重的 36%，较 2011 年所占比重 30%有所上升，其 CBI 指数为 52.1609，略低于行业平均指数，但却高于 2010 年 3A 级企业 CBI 的平均水平。3A 级企业基本代表了服装行业发展的平均水平，并且企业之间指数分布比较均匀，这说明企业竞争状况日益激烈。

（三）微观竞争比较：财务指数成绩平平，市场指标表现突出

对于中国企业来说，财务表现仍然是企业对外展示基本实力的重要依据。由于近几年中国服装市场的快速发展，带来了中国国民物质消费水平的不断提高，消费水平不断提高等因素使得各服装企业近年来的营业收入和净利润都保持了良好的增长态势。2012 年全国受调研的 44 家服装企业的品牌财务表现力均值为 2.6017，低于 2011 年品牌财务表现力得分均值，说明企业的品牌财务表现力仍一般，并未得到有效的改善。

根据财务表现竞争力指标，排在前 10 名的企业分别是：百丽国际控股有限公司、安踏（中国）有限公司、申洲国际集团控股有限公司、际华集团股份有限公司、李宁（中国）体育用品有限公司、雅戈尔集团股份有限公司、上海美特斯邦威服饰股份有限公司、特步（中国）有限公司、浙江森马服饰股份有限公司、匹克体育用品有限公司，这 10 家企业在品牌财务表现力方面有一定差距，最高的是百丽国际控股有限公司，其品牌财务表现力为 4.3709，最低的是匹克体育用品有限公司，其品牌财务表现力为 3.3376。前 10 名的品牌财务表现力均值相对较高，但品牌财务表现力总体指标却相对较低。

根据市场竞争表现力单项指标，排在前 10 名的企业分别是：百丽国际控股有限公司、雅戈尔集团股份有限公司、内蒙古鄂尔多斯资源股份有限公司、安踏（中国）有限公司、李宁（中国）体育用品有限公司、上海美特斯邦威服饰股份有限公司、际华集团股份有限公司、黑牡丹（集团）股份有限公司、特步（中国）有限公司、匹克体

育用品有限公司，这10家企业在市场竞争表现力方面都很强，最高的匹克体育用品有限公司均值为4.9327，最低的喜得龙（中国）有限公司均值为3.9850。说明服装企业的市场竞争表现力整体较强。

总的来看，中国服装企业还处于靠劳动力成本优势走规模效率路线的阶段，与国际市场相比，技术创新和品牌经营还远远不够，需要大幅度提升；总体财务指数也表现平平，但品牌有较大的发展潜力。

第二节　中国服装企业品牌竞争力排名报告

一、2012年度中国服装企业品牌竞争力指数排名

中国企业品牌竞争力指数（以下简称CBI）研究课题组已于2011年7月完成了理论研究，采用多指标综合指数法对中国企业品牌竞争力进行量化研究。初期理论成果包括CBI四位一体理论模型、CBI评价指标体系、CBI评价指标权重以及CBI计算模型，并且已经通过国内10位经济学、管理学界权威专家的论证。为了检验理论成果的应用效果，课题组继2011年对中国自主服装企业品牌调研之后，于2012年底对中国自主服装企业品牌进行再一次调研，根据调查数据应用CBI计算模型得出中国服装企业品牌竞争力（以下简称CBI-R）排名（见表8-1）。

表8-1　2012年中国服装企业品牌竞争力排名

企业名称	省（市、自治区）	相对值（指数）				绝对值形式（5分制）		
		2012年行业CBI	排名	2011年行业CBI	排名	品牌竞争力得分（CBS）	品牌财务表现力	市场竞争表现力
百丽国际控股有限公司	广东省	100	1	100	1	4.5394	4.3709	4.9327
安踏（中国）有限公司	福建省	97.0439	2	95.1545	3	3.9053	3.7625	4.2385
雅戈尔集团股份有限公司	浙江省	95.0278	3	94.1841	4	3.8412	3.6042	4.3944
李宁（中国）体育用品有限公司	上海市	94.1382	4	95.8014	2	3.8130	3.6312	4.2371
内蒙古鄂尔多斯资源股份有限公司	内蒙古自治区	93.7642	5	85.0734	9	3.8011	3.2375	4.3181
际华集团股份有限公司	北京市	92.7135	6	82.9363	10	3.7677	3.6432	4.1694
上海美特斯邦威服饰股份有限公司	上海市	91.4075	7	86.2520	8	3.7262	3.5133	4.2230
特步（中国）有限公司	福建省	87.4158	8	88.1743	7	3.5994	3.4094	4.0425
匹克体育用品有限公司	福建省	86.2309	9	92.5193	6	3.5617	3.3376	3.9850
中国动向（集团）有限公司	北京市	86.0156	10	93.2513	5	3.5549	2.7740	3.6650
申洲国际集团控股有限公司	浙江省	85.2897	11	73.2176	13	3.5318	3.7191	3.8811
浙江森马服饰股份有限公司	浙江省	84.3940	12	79.7623	11	3.5033	3.3828	3.9563
黑牡丹（集团）股份有限公司	江苏省	82.4091	13	70.2679	15	3.4403	3.2335	4.1330
喜得龙（中国）有限公司	福建省	78.0385	14	72.9664	14	3.3014	3.3367	3.6819
利郎（中国）有限公司	福建省	71.1295	15	75.1115	12	3.0819	3.1531	3.6475
福建七匹狼实业股份有限公司	福建省	69.8521	16	64.8093	16	3.0413	2.9029	3.4995
浙江报喜鸟服饰股份有限公司	浙江省	64.1708	17	46.7565	23	2.8607	2.7577	3.1012
河南瑞贝卡集团公司	河南省	63.3944	18	52.9565	18	2.8361	2.6411	3.2909
希努尔男装股份有限公司	山东省	63.2962	19	55.4670	17	2.8329	2.4276	3.0986
宁波杉杉股份有限公司	浙江省	53.2332	20	45.8699	25	2.8007	2.6060	3.3625
飞克国际控股有限公司	福建省	52.2531	21	49.3085	21	2.7643	2.6669	3.1130

续表

企业名称	省（市、自治区）	相对值（指数）				绝对值形式（5分制）		
		2012年行业CBI	排名	2011年行业CBI	排名	品牌竞争力得分（CBS）	品牌财务表现力	市场竞争表现力
利信达集团有限公司	广东省	51.6233	22	49.6526	20	2.7409	2.5761	3.2035
左岸服饰有限公司	上海市	51.1756	23	41.3609	28	2.7243	2.6360	2.9856
中国希尼亚时装有限公司	福建省	49.9133	24	50.7637	19	2.6773	2.5840	3.0515
浙江伟星实业发展股份有限公司	浙江省	48.6114	25	45.0448	26	2.6289	2.5407	2.9962
凯诺科技股份有限公司	江苏省	47.1255	26	42.9258	27	2.5737	2.3188	3.1683
东莞市搜于特服装股份有限公司	广东省	47.0691	27	29.8853	34	2.5716	2.5021	2.7338
佛山星期六鞋业股份有限公司	广东省	45.4523	28	46.0154	24	2.5115	2.2989	3.0075
大连大杨创世股份有限公司	辽宁省	43.7344	29	47.0753	22	2.4476	2.2820	2.8341
江苏红豆实业股份有限公司	江苏省	42.4592	30	34.1596	32	2.4002	2.1930	2.8837
北京探路者户外用品股份有限公司	北京市	41.2105	31	35.0305	29	2.3538	2.1852	2.7470
上海嘉麟杰纺织品股份有限公司	上海市	37.5220	32	27.7087	37	2.2167	2.0529	2.5987
福建浔兴拉链科技股份有限公司	福建省	36.7724	33	31.5793	33	2.1888	1.9511	2.7434
江苏三友	江苏省	34.3900	34	24.6858	41	2.1002	1.9219	2.5162
浙江步森服饰股份有限公司	浙江省	32.2620	35	26.1884	38	2.0211	1.7678	2.6122
华斯农业开发股份有限公司	河北省	31.4788	36	20.4838	40	1.9920	1.8683	2.2807
中国服装股份有限公司	北京市	31.3835	37	34.8376	30	1.9884	1.4804	3.1739
华斯股份	福建省	30.4722	38		42	1.9546	1.8448	2.2106
上海开开实业股份有限公司	上海市	29.5555	39	24.3357	39	1.9205	1.6306	2.5969
湖北美尔雅股份有限公司	湖北省	21.1282	40	28.2200	36	1.9046	1.6168	2.5761
四川浪莎控股股份有限公司	四川省	18.6871	41	34.5473	31	1.8882	1.5986	2.5640
泰亚鞋业股份有限公司	福建省	17.1629	42	28.5373	35	1.8687	1.6496	2.3801
宜科科技	浙江省	16.5865	43	15.3177	43	1.7357	1.5698	2.1230
金飞达	江苏省	14.7590	44	0	44	1.5652	1.2925	2.2017
均值		57.0853		53.9115		2.7972	2.6017	3.2536

说明：从理论上说，中国企业品牌竞争力指数（CBI）由中国企业品牌竞争力分值（CBS）标准化之后得出，CBS由4个一级指标品牌财务表现力、市场竞争表现力、品牌发展潜力和消费者支持力的得分值加权得出。

在实际操作过程中，课题组发现，品牌发展潜力和消费者支持力两个部分的数据收集存在一定的难度，且收集到的数据准确性有待核实，因此，本报告暂未将品牌发展潜力和消费者支持力列入计算。

品牌财务表现力主要依据各企业的财务报表数据以及企业上报数据进行计算。同时，关于市场竞争表现力方面的得分，课题组选取了部分能够通过公开数据计算得出结果的指标，按照CBI计算模型得出最终结果。

关于详细的计算方法见《中国企业品牌竞争力指数系统：理论与实践》。"—"表示该企业2011年的排名在100名之外。

与2011年的数据相比，2012年服装行业自主品牌排名有小幅变动。百丽国际控股有限公司、安踏（中国）有限公司、雅戈尔集团股份有限公司、李宁（中国）体育用品有限公司、内蒙古鄂尔多斯资源股份有限公司、际华集团股份有限公司、上海美特斯邦威服饰股份有限公司、特步（中国）有限公司、匹克体育用品有限公司、中国动向（集团）有限公司这10家企业仍然稳坐行业前10强的位置。其中，百丽国际控股有限公司各指标优势明显，CBI均值仍排名第一。内蒙古鄂尔多斯资源股份有限公司、际华集团股份有限公司发展势头良好，分别从行业第9名和第10名跃居第5名和第6名，表现出良好的增长态势。李宁（中国）体育用品有限公司和中国动向（集团）有限公司排名有所下滑，分别由行业第2名和第5名下滑至第4名和第10名。匹克体育用品有限公司也由行业第6名下滑至第9名，特步（中国）有限公司由行业第7名下滑至第8名。在前20名的企业中，浙江报喜鸟服饰股份有限公司和宁波杉杉股份有限公司作为新进入者发展速度较快，分别从行业第23名和第25名上升至第17名和第20名。而在2011年排第19名的中国希尼亚时装有限公司则下滑至第24名。

通过2012年中国服装企业品牌竞争力指数数据，可以计算出中国服装行业的CBI数值为57.09，和2011年的CBI数值52.06相比变化不大。CBI数值为相对值，一方面可以反映行业总体竞争水平，另一方面也为行业内企业提供一个比较标准。后续课题组根据近万家企业的CBI数据得出中国企业品牌竞争力指数值为68，那么服装行业的CBI为57.09<68，说明服装行业整体竞争水平低于平均水平，行业发展处于较差状态，与2011年相比并无有效改善。同理，行业内部企业CBI数值低于57.09，说明其品牌竞争力处于劣势；高于57.09，则说明其品牌竞争力处于优势，整个CBI指标体系为企业提供了一套具有诊断功能和预测功能的实用工具。

二、2012年度中国服装企业品牌竞争力指数评级报告

（一）中国服装企业品牌竞争力指数评级标准体系

根据表8-1得出的服装企业CBI数值，课题组绘制总体布局图（见图8-5），从整体上看CBI分布曲线两头陡峭、中间平缓。根据CBI数值表现出来的特征，结合服装企业的行业竞争力特性对调查的企业进行分级评估，按照一般惯例分为五级，划分标准如表8-2所示。

表8-2　中国服装企业品牌竞争力分级评级标准

评级 \ 标准	CBI数值标准
A A A A A	CBI≥90
A A A A	70≤CBI<90
A A A	40≤CBI<70
A A	20≤CBI<40
A	CBI<20

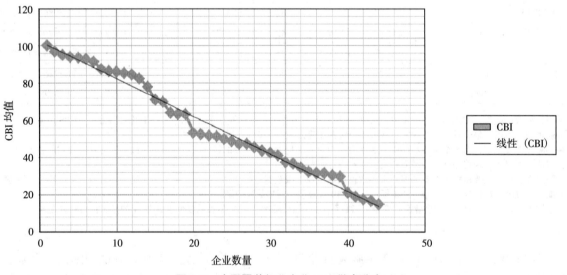

图8-5　中国服装行业企业CBI散点分布

（二）中国服装企业品牌竞争力指数评级结果

由以上评价标准可以将服装企业划分为五个集团，具体的企业个数及分布情况如表8-3和图8-6所示，各级水平的企业得分情况由于篇幅原因仅列出代表企业。

表 8-3　中国服装行业企业各分级数量表

企业评级	竞争分类	企业数量	所占比重（%）	CBI 均值	CBS 均值	品牌财务表现力均值	市场竞争表现力均值
5A 级企业	第一集团	7	16	94.8707	3.9134	3.6804	4.3590
4A 级企业	第二集团	8	18	82.6154	3.4468	3.2933	3.8740
3A 级企业	第三集团	16	36	52.1609	2.6729	2.5074	3.0673
2A 级企业	第四集团	9	21	31.6627	2.0319	1.7927	2.5899
1A 级企业	第五集团	4	9	16.7988	1.7645	1.5276	2.3172
全部	不分类	44	100	55.6217	2.7659	2.5603	3.2415

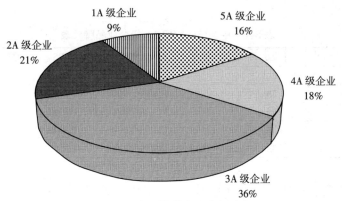

图 8-6　中国服装企业分级分布

表 8-4　中国服装行业 5A 级企业品牌代表

企业名称	评级水平	排名	CBI	CBS	品牌财务表现力	市场竞争表现力
百丽国际控股有限公司	5A	1	100	4.5394	4.3709	4.9327
安踏（中国）有限公司	5A	2	97.0439	3.9053	3.7625	4.2385
雅戈尔集团股份有限公司	5A	3	95.0278	3.8412	3.6042	4.3944
李宁（中国）体育用品有限公司	5A	4	94.1382	3.8130	3.6312	4.2371
内蒙古鄂尔多斯资源股份有限公司	5A	5	93.7642	3.8011	3.2375	4.3181

　　据表 8-2 中国服装企业品牌竞争力分级评级标准，5A 级服装企业共有 7 家，占服装企业总数的 16%，略高于 2011 年 14% 的比重。中国动向（集团）有限公司和匹克体育用品有限公司两家公司被挤出第一集团，而内蒙古鄂尔多斯资源股份有限公司各项指标表现良好，被列入第一集团。表 8-4 中所列的 5 家企业：百丽国际控股有限公司、安踏（中国）有限公司、雅戈尔集团股份有限公司、李宁（中国）体育用品有限公司、内蒙古鄂尔多斯资源股份有限公司是中国服装行业的领军企业，其品牌财务表现力突出，市场竞争表现力均在 4 分以上，具有消费者支持力度和顾客忠诚度，品牌发展潜力巨大，CBI 及各项分指标得分值均远远超出其他集团企业。从集团内部比较而言，百丽国际控股有限公司的品牌财务表现力和市场竞争表现力均位于全行业第一，是行业内当之无愧的领军企业。

表 8-5　中国服装行业 4A 级企业品牌代表

企业名称	评级水平	排名	CBI	CBS	品牌财务表现力	市场竞争表现力
特步（中国）有限公司	4A	8	87.4158	3.5994	3.4094	4.0425
匹克体育用品有限公司	4A	9	86.2309	3.5617	3.3376	3.9850
中国动向（集团）有限公司	4A	10	86.0156	3.5549	2.7740	3.6650
申洲国际集团控股有限公司	4A	11	85.2897	3.5318	3.7191	3.8811
浙江森马服饰股份有限公司	4A	12	84.3940	3.5033	3.3828	3.9563

据表8-2中国服装企业品牌竞争力分级评级标准，4A级服装企业共有8家，占服装企业总数的18%，略低于2011年20%的比重。表8-5中所列的5家企业：特步（中国）有限公司、匹克体育用品有限公司、中国动向（集团）有限公司、申洲国际集团控股有限公司、浙江森马服饰股份有限公司是中国服装行业代表领先企业，品牌财务表现力、市场竞争表现力表现突出，消费者支持力度较大，具有较高的顾客忠诚度，品牌发展潜力较大。CBI及各项分指标得分值均远远高于行业平均值。从第二集团的内部比较而言，特步（中国）有限公司在市场竞争表现力方面位于本集团第一，具有较强的市场竞争力；申洲国际集团控股有限公司在品牌财务表现力方面位于本集团第一，说明其有较好的财务表现。

表8-6　中国服装行业3A级企业品牌代表

企业名称	评级水平	排名	CBI	CBS	品牌财务表现力	市场竞争表现力
福建七匹狼实业股份有限公司	3A	16	69.8521	3.0413	2.9029	3.4995
浙江报喜鸟服饰股份有限公司	3A	17	64.1708	2.8607	2.7577	3.1012
河南瑞贝卡集团公司	3A	18	63.3944	2.8361	2.6411	3.2909
希努尔男装股份有限公司	3A	19	63.2962	2.8329	2.4276	3.0986
宁波杉杉股份有限公司	3A	20	53.2332	2.8007	2.6060	3.3625

据表8-2中国服装企业品牌竞争力分级评级标准，3A级服装企业共有16家，占服装企业总数的36%，相比2011年30%的比重，有所增加。表8-6所列的5家企业：福建七匹狼实业股份有限公司、浙江报喜鸟服饰股份有限公司、河南瑞贝卡集团公司、希努尔男装股份有限公司、宁波杉杉股份有限公司是中国服装行业的中游企业，品牌财务表现力和市场竞争表现都一般，具有一定的消费者支持力度和顾客忠诚度，品牌发展潜力较大。CBI及各项分指标得分值在行业平均值上下波动。从第三集团的内部比较来看，福建七匹狼实业股份有限公司的品牌财务表现力和市场竞争表现力均位于本集团第一，说明其财务情况和市场竞争能力相对来说是比较好的。

表8-7　中国服装行业2A级企业品牌代表

企业名称	评级水平	排名	CBI	CBS	品牌财务表现力	市场竞争表现力
上海嘉麟杰纺织品股份有限公司	2A	32	37.5220	2.2167	2.0529	2.5987
福建浔兴拉链科技股份有限公司	2A	33	36.7724	2.1888	1.9511	2.7434
江苏三友	2A	34	34.3900	2.1002	1.9219	2.5162
浙江步森服饰股份有限公司	2A	35	32.2620	2.0211	1.7678	2.6122
华斯农业开发股份有限公司	2A	36	31.4788	1.9920	1.8683	2.2807

据表8-2中国服装企业品牌竞争力分级评级标准，2A级服装企业共有9家，占服装企业总数的20%，低于2011年27%的比重。表8-7中所列的5家企业：上海嘉麟杰纺织品股份有限公司、福建浔兴拉链科技股份有限公司、江苏三友、浙江步森服饰股份有限公司、华斯农业开发股份有限公司是中国服装行业中下游企业的代表，其特征是品牌财务表现力、市场竞争表现力等均处于本行业平均水平之下，CBI及各项分指标得分值均低于行业平均值。从第四集团的内部比较而言，品牌财务表现力普遍较低，处于劣势，有待提高；市场竞争表现力均分布在2.5分左右，得分参差不齐，有待改善。

表8-8　中国服装行业1A级企业品牌代表

企业名称	评级水平	排名	CBI	CBS	品牌财务表现力	市场竞争表现力
四川浪莎控股股份有限公司	1A	41	18.6871	1.8882	1.5986	2.5640

续表

企业名称	评级水平	排名	CBI	CBS	品牌财务表现力	市场竞争表现力
泰亚鞋业股份有限公司	1A	42	17.1629	1.8687	1.6496	2.3801
宜科科技	1A	43	16.5865	1.7357	1.5698	2.1230
金飞达	1A	44	14.7590	1.5652	1.2925	2.2017

据表 8-2 中国服装企业品牌竞争力分级评级标准，1A 级服装企业共有 4 家，占服装企业总数的 9%，该比重相比 2011 年无明显变化。表 8-8 中所列的 4 家企业：四川浪莎控股股份有限公司、泰亚鞋业股份有限公司、宜科科技、金飞达是中国服装行业的下游企业，其特征是 CBI、品牌财务表现力、市场竞争力等表现均远低于行业平均水平。从第五集团内部比较而言，其财务指标较弱，均分布在 1.5 分左右，还有广阔的提升空间，市场竞争表现力得分均在 2 分以上，但仍不理想，还有待提高。

三、2012 年度中国服装企业品牌价值 20 强排名

课题组认为，品牌价值（以下简称 CBV）是客观存在的，它能够为其所有者带来特殊的收益。品牌价值是品牌在市场竞争中的价值体现。一个品牌有无竞争力，就是要看它有没有一定的市场份额，有没有一定的超值创利能力。品牌竞争力正是体现在品牌价值最基本的这两个决定性因素上，品牌价值就是品牌竞争力的具体体现。通常品牌价值以绝对值（单位：亿元）的形式量化研究品牌竞争水平，课题组在品牌价值与品牌竞争力的关系上展开研究，针对品牌竞争力以相对值（指数：0~100）的形式量化研究品牌竞争力水平。在研究世界上关于品牌价值测量方法论的基础上，提出本研究关于品牌价值的计算方法，$CBV=CBI \times A \times \sum f(x_i) + C$，其中，CBV 为企业品牌价值，CBI 为企业品牌竞争力指数，A 为分级系数，x_i 为系数决定要素，C 为行业调整系数。据此得出中国服装企业品牌价值的前 20 强（见表 8-9）。

表 8-9　2012 年中国服装企业品牌价值 20 强

企业名称	省（市、自治区）	2012 年 CBV（亿元）	排名	2011 年 CBV（亿元）	排名	2012 年行业 CBI
匹克体育用品有限公司	福建省	125.84	1	86.8	2	86.2309
安踏（中国）有限公司	福建省	115.26	2	84.46	3	97.0439
李宁（中国）体育用品有限公司	上海市	112.05	3	90.40	1	94.1382
百丽国际控股有限公司	广东省	91.98	4	74.76	4	100
上海美特斯邦威服饰股份有限公司	上海市	83.55	5	64.24	5	91.4075
雅戈尔集团股份有限公司	浙江省	78.18	6	—		95.0278
内蒙古鄂尔多斯资源股份有限公司	内蒙古自治区	70.45	7	42.87	7	93.7642
黑牡丹（集团）股份有限公司	江苏省	67.74	8	26.24	13	82.4091
喜得龙（中国）有限公司	福建省	63.56	9	26.73	12	78.0385
中国动向（集团）有限公司	北京市	62.52	10	61.85	6	86.0156
浙江森马服饰股份有限公司	浙江省	58.48	11	36.56	8	84.3940
利郎（中国）有限公司	福建省	54.32	12	30.71	9	71.1295
特步（中国）有限公司	福建省	47.29	13	—	—	87.4158
申洲国际集团控股有限公司	浙江省	45.39	14	28.89	11	85.2897
际华集团股份有限公司	北京市	42.22	15	29.19	10	92.7135
福建七匹狼实业股份有限公司	福建省	36.69	16	23.75	14	69.8521
宁波杉杉股份有限公司	浙江省	29.42	17	23.20	15	53.2332
希努尔男装股份有限公司	山东省	24.05	18	17.12	16	63.2962
河南瑞贝卡集团公司	河南省	13.97	19	10.07	18	63.3944

续表

企业名称	省（市、自治区）	2012年CBV（亿元）	排名	2011年CBV（亿元）	排名	2012年行业CBI
浙江报喜鸟服饰股份有限公司	浙江省	12.90	20	—	—	64.1708
合计		1235.88	—	—	—	—

在44家受调研的服装自主品牌企业中，前20名的企业CBV总值为1235.88亿元，较2011年有所上升。前10强企业的CBV总额为871.14亿元，占前20强的比重为70.49%。匹克体育用品有限公司、安踏（中国）有限公司、李宁（中国）体育用品有限公司、百丽国际控股有限公司、上海美特斯邦威服饰股份有限公司稳居CBV行业前5名，但李宁（中国）体育用品有限公司的排名有所下降，由第1名降为第3名。雅戈尔集团股份有限公司增长速度居行业榜首，排第6名，

特步（中国）有限公司、浙江报喜鸟服饰股份有限公司发展势头良好，跻身CBV行业排名前20强，分别排在第13名和第20名。黑牡丹（集团）股份有限公司和喜得龙（中国）有限公司表现良好，分别从第13名和第12名上升至第8名和第9名。际华集团股份有限公司发展速度相对缓慢，由第10名下滑至第15名，仍有提高的空间。在排名前20强的企业中，福建省占30%，浙江省占20%，是前20强企业较集中的地区。

第三节　2012年度中国服装企业品牌竞争力区域报告

一、三大经济分区

（一）总体情况分析

根据课题组的调研数据，与2011年数据相比，整体数值略低于2011年，但下降幅度较小。我国服装行业仍主要分布于华东地区，企业数量达29家，占行业企业总数的66%，集中度非常高。排在第2名和第3名的地区分别是中南地区和华北地区，分别有7家和6家企业，占行业企业总数的16%和14%。华东地区和华北地区的CBI均值分别为59.0905和62.7610，远高于行业平均水平，各项指标均表现突出。中南地区虽然企业数量排名第二，但其CBI均值仅为51.3057，略高于行业平均水平，较2011年情况有所改善，但其品牌竞争力差强人意，仍有很大的提升空间。华东地区在品牌财务表现力指标上均值位列第一，华北地区在市场竞争表现力指标得分上名列前茅。

表8-10　中国服装企业三大经济区域竞争状况

区域	企业数量	所占比重（%）	CBI均值		CBS均值		品牌财务表现力均值		市场竞争表现力均值	
			2012年	2011年	2012年	2011年	2012年	2011年	2012年	2011年
华东地区	29	66	59.0905	53.4874	2.8354	2.1497	2.6742	2.9930	3.2915	3.2658
中南地区	7	16	51.3057	46.5870	2.7227	2.0182	2.5501	2.8033	3.1365	3.0826
华北地区	6	14	62.7610	58.6021	2.9096	2.2472	2.5314	3.0698	3.3924	3.5614
其他地区	2	4	31.2107	40.8113	2.1679	1.9081	1.9403	2.4133	2.6990	3.5072
总体情况	44	100	57.0920	52.5109	2.6589	2.1311	2.4240	2.9470	3.1298	3.2879

（二）分项情况分析

在各分项竞争力指标对比方面，各个地区的品牌财务表现力不佳，得分均值在3分以下。市场竞争表现力较2011年有所提高，指标数值普遍都在3分以上，除华东地区、华北地区和中南地区之外，其他地区得分低于3分，而且各地区表现差别不明显。总体来看，品牌财务表现力不佳，市场竞争表现力处于行业中等偏上水平。由此可以看出，服装企业的品牌财务表现力有待提高；华北地区仍延续了2011年的优势，其在品牌财务

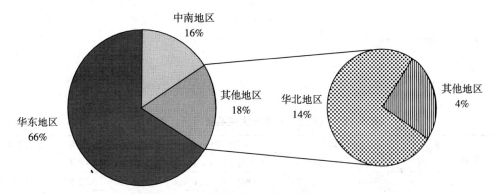

图 8-7 中国服装企业数量区域分布

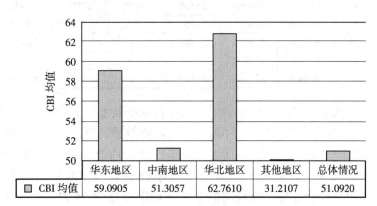

	CBI 均值			
CBI 均值	59.0905	51.3057	62.7610	31.2107	51.0920

图 8-8 服装企业三大经济区域 CBI 均值对比

表现力和市场竞争表现力方面均位列第一；整个
服装行业品牌竞争力区域发展水平差距较 2011 年

有所减小。

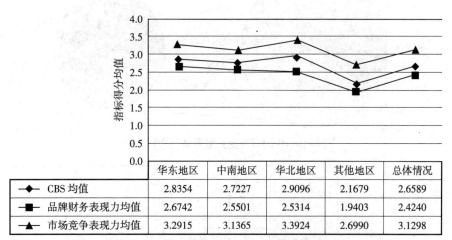

	华东地区	中南地区	华北地区	其他地区	总体情况
CBS 均值	2.8354	2.7227	2.9096	2.1679	2.6589
品牌财务表现力均值	2.6742	2.5501	2.5314	1.9403	2.4240
市场竞争表现力均值	3.2915	3.1365	3.3924	2.6990	3.1298

图 8-9 中国服装企业一级指标分区域对比

二、五大省（市）分析

（一）总体情况分析

表 8-11　中国服装企业五大主要省（市）竞争状况

省（市）	企业数量	所占比重（%）	CBI 均值		CBS 均值		品牌财务表现力均值		市场竞争表现力均值	
			2012 年	2011 年	2012 年	2011 年	2012 年	2011 年	2012 年	2011 年
福建省	10	23	64.5812	64.8924	2.9990	2.3670	2.8754	3.2230	3.4383	3.7776
浙江省	8	18	59.9469	51.5067	2.8655	2.1119	2.7435	3.1184	3.3033	2.7636
广东省	5	11	54.9234	48.9865	2.8636	2.0639	2.7185	2.9492	3.2176	2.9466
江苏省	5	11	44.2286	31.8461	2.4159	1.7373	2.1920	2.3273	2.9806	2.8681
上海市	5	11	60.7598	55.0917	2.8801	2.1803	2.6928	3.0411	3.3283	3.2984
其他省（市）	11	26	53.3460	51.8072	2.6698	2.1177	2.3413	2.8092	3.1562	3.5653
总体情况	44	100	56.2977	52.5109	2.7823	2.1311	2.5939	2.9470	3.2374	3.2879

　　表 8-11 所列五个省（市）的数量占行业数量总和的 74%，较 2011 年所占比重 75% 略有下降，福建省、浙江省、广东省、江苏省、上海市所占比重分别为 23%、18%、11%、11%、11%，较 2011 年并无明显变化，仍延续行业集中度较高的优势，且主要分布于珠三角和浙江地区。福建省和上海市的均值分别为 64.5812 和 60.7598，远高于行业平均水平，品牌发展潜力巨大。江苏省的企业数量排名第四，但其 CBI 均值为 44.2286，低于行业平均值，说明其品牌竞争力仍有待提升。广东省 2011 年 CBI 平均值低于行业平均值，2012年 CBI 得分为 54.9234，高于行业平均值 57.09，品牌竞争力有所提高，但仍有很大的上升空间。

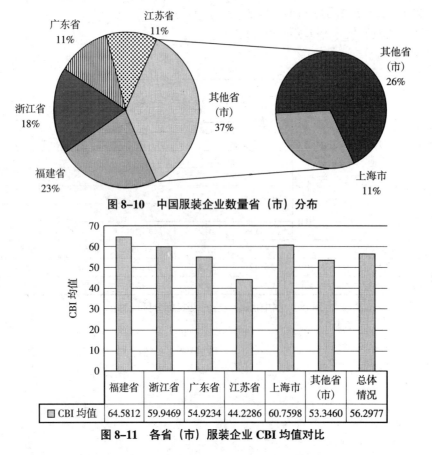

图 8-10　中国服装企业数量省（市）分布

图 8-11　各省（市）服装企业 CBI 均值对比

（二）分项情况分析

在各分项竞争力指标对比方面，品牌财务表现力、市场竞争表现力在各省（市）之间差距较大，福建省在品牌财务表现力及市场竞争表现力方面的得分均值都是最高的，分别为 2.8754 和 3.4383；江苏省各指标分值仍然最低，其品牌财务表现力和市场竞争表现力仅为 2.1920 和 2.9806。江苏省企业数量为 5 家，其在各项指标

中的得分均较低，说明该省服装企业各方面并未得到有效提升，仍需改善。整体来看，除江苏省外，各省（市）市场竞争表现力均在 3 分以上，而财务表现力均在 3 分以下，说明服装行业财务表现力差强人意，亟待解决。总体而言，福建省、浙江省、上海市三省（市）服装企业的竞争水平仍牢牢占据优势，远高于其他各省（市）。

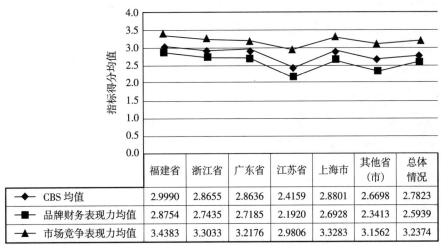

	福建省	浙江省	广东省	江苏省	上海市	其他省（市）	总体情况
CBS 均值	2.9990	2.8655	2.8636	2.4159	2.8801	2.6698	2.7823
品牌财务表现力均值	2.8754	2.7435	2.7185	2.1920	2.6928	2.3413	2.5939
市场竞争表现力均值	3.4383	3.3033	3.2176	2.9806	3.3283	3.1562	3.2374

图 8-12 各省服装企业一级指标得分均值对比

第四节 2012 年度中国服装企业品牌竞争力分项报告

一、品牌财务表现力

目前国内企业经营者对于现代化管理手段的理解与实践，多半仍然停留在以财务数据为主导的思维里。虽然财务数据无法帮助经营者充分掌握企业发展方向的现实，但在企业的实际运营过程中，财务表现仍然是企业对外展示基本实力的重要依据。品牌财务表现力层面的分析将财务指标分为规模因素、增长因素和效率因素 3 个二级指标。规模因素主要从销售收入、所有者权益和净利润 3 个三级指标来衡量；效率因素主要从净资产利润率、总资产贡献率 2 个三级指标来衡量；增长因素主要从近三年的销售收入增长率、净利润增长率 2 个三级指标来衡量。

近年来，由于中国经济的快速发展带来了中

国国民物质消费水平的不断提高，使得各服装企业近年来的营业收入和净利润都保持了良好的增长态势。全国 44 家服装企业在品牌财务表现力得分均值为 2.6017，略低于 2011 年的 2.9216，百丽国际控股有限公司、安踏（中国）有限公司、申洲国际集团控股有限公司、际华集团股份有限公司、李宁（中国）体育用品有限公司、雅戈尔集团股份有限公司、上海美特斯邦威服饰股份有限公司、特步（中国）有限公司、浙江森马服饰股份有限公司、匹克体育用品有限公司位列前 10 名，这 10 家企业在品牌财务表现力方面有一定差距，得分最高的是百丽国际控股有限公司，其品牌财务表现力得分为 4.3709，高于其 2011 年财务表现力均值 4.3241，得分最低的是匹克体育用品有限公司，其品牌财务表现力得分为 3.3376。际华集团股份有限公司相对财务表现较好，排名从

第 10 名提升至第 4 名，但其财务表现力均值仍低于 2011 年得分。内蒙古鄂尔多斯资源股份有限公司和中国动向（集团）有限公司被挤出财务表现力排名前 10，证明其还有很大的提升空间。

从 3 个二级指标来看，其均值分别为：规模因素 2.7312，效率因素 2.9087，增长因素 1.6902，2011 年各二级指标均值分别为：规模因素

2.7324，效率因素 2.9833，增长因素 3.7428，均有所下降。2012 年数据中，效率因素得分最高，但仍略低于 2011 年指标得分，效率因素中又以总资产贡献率得分最高，为 3.4658。增长因素得分最低，为 3.4658。在所有三级指标中，近三年净利润增长率最低，仅为 1.2185，与 2011 年相比，大幅下降。

表 8-12　品牌财务表现力指数——行业前 10 名

企业名称	省（市）	行业 CBI 指数	品牌财务竞争力
百丽国际控股有限公司	广东省	100	4.3709
安踏（中国）有限公司	福建省	97.0439	3.7625
申洲国际集团控股有限公司	浙江省	85.2897	3.7191
际华集团股份有限公司	北京市	92.7135	3.6432
李宁（中国）体育用品有限公司	上海市	94.1382	3.6312
雅戈尔集团股份有限公司	浙江省	95.0278	3.6042
上海美特斯邦威服饰股份有限公司	上海市	91.4075	3.5133
特步（中国）有限公司	福建省	87.4158	3.4094
浙江森马服饰股份有限公司	浙江省	84.3940	3.3828
匹克体育用品有限公司	福建省	86.2309	3.3376

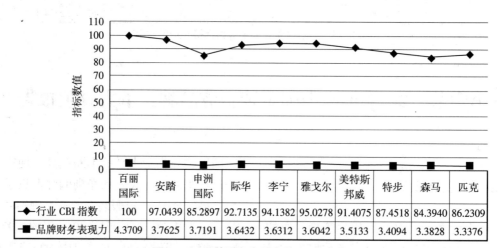

	百丽国际	安踏	申洲国际	际华	李宁	雅戈尔	美特斯邦威	特步	森马	匹克
行业 CBI 指数	100	97.0439	85.2897	92.7135	94.1382	95.0278	91.4075	87.4518	84.3940	86.2309
品牌财务表现力	4.3709	3.7625	3.7191	3.6432	3.6312	3.6042	3.5133	3.4094	3.3828	3.3376

图 8-13　品牌财务表现力前 10 名企业

表 8-13　品牌财务表现力各分项指标得分均值

一级指标	2012 年	2011 年	二级指标	2012 年	2011 年	三级指标	2012 年	2011 年
品牌财务表现力	2.6017	2.947	规模因素	2.7312	2.7324	销售收入	2.5128	2.5196
						所有者权益	2.6376	2.8089
						净利润	3.2115	2.9658
			效率因素	2.9087	2.9833	净资产报酬率	2.5373	3.2140
						总资产贡献率	3.4658	2.6373
			增长因素	1.6902	3.7428	近三年销售收入增长率	2.1620	3.9248
						近三年净利润增长率	1.2185	3.5609

二、市场竞争表现力

随着服装行业的持续快速发展，市场竞争也更加激烈。企业只有具备更强的市场竞争能力，才能在目前的行业环境中生存下去。市场竞争表现力的分析将指标分为市场占有能力和超值获利能力2个二级指标。市场占有能力主要从市场占有率和市场覆盖率2个三级指标来衡量；超值获利能力主要从品牌溢价率和品牌销售利润率2个三级指标来衡量。

由于近几年中国经济的快速发展，带来了中国国民物质消费水平的不断提高，使得各服装企业近年来营业收入、净利润都保持了良好的增长态势。全国44家服装企业在市场竞争表现力得分均值仅为3.9739，略高于2011年的指标得分3.2879，在一级指标中得分最高。百丽国际控股有限公司、雅戈尔集团股份有限公司、内蒙古鄂尔多斯资源股份有限公司、安踏（中国）有限公司、李宁（中国）体育用品有限公司、上海美特斯邦威服饰股份有限公司、际华集团股份有限公司、黑牡丹（集团）股份有限公司、特步（中国）有限公司、匹克体育用品有限公司位列前10名，这10家企业在市场竞争表现力方面都很强，得分最高的百丽国际控股有限公司为4.9327，得分最低的匹克体育用品有限公司为3.9850。说明服装企业的市场竞争表现力整体较强。

二级指标中，市场占有能力得分均值为2.8658，比2011年的指标得分3.2251有所降低，超值获利能力得分为3.9739，比2011年的指标得分3.4371有所增加。整个服装行业的垄断竞争比较激烈，所以行业领先的企业市场占有率仍不高，但由于各企业在全国各地开设连锁店，因而行业前10名企业的市场覆盖率较高，并高于2011年。大部分的企业市场占有率处于中等水平。服装行业内，品牌对企业市场竞争力的影响非常明显，因此，品牌销售利润率和品牌溢价率得分均值都相对较高，分别为2.8819和4.5619。

表8-14 市场竞争表现力指数——行业前10名

企业名称	省（市、自治区）	行业CBI指数	品牌市场竞争力
百丽国际控股有限公司	广东省	100	4.9327
雅戈尔集团股份有限公司	浙江省	95.0278	4.3944
内蒙古鄂尔多斯资源股份有限公司	内蒙古自治区	93.7642	4.3181
安踏（中国）有限公司	福建省	97.0439	4.2385
李宁（中国）体育用品有限公司	上海市	94.1382	4.2371
上海美特斯邦威服饰股份有限公司	上海市	91.4075	4.2230
际华集团股份有限公司	北京市	92.7135	4.1694
黑牡丹（集团）股份有限公司	江苏省	82.4090	4.1330
特步（中国）有限公司	福建省	87.4158	4.0425
匹克体育用品有限公司	福建省	86.2309	3.9850

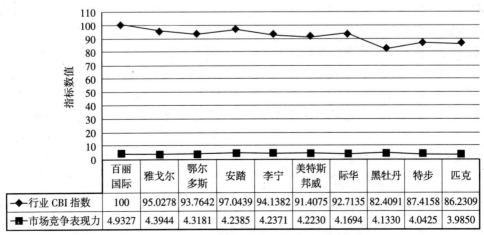

图8-14 市场竞争表现力前10名企业

表8-15 市场竞争表现力各分项指标得分均值

一级指标	2012年	2011年	二级指标	2012年	2011年	三级指标	2012年	2011年
市场竞争表现力	3.9739	3.2879	市场占有能力	2.8658	3.2251	市场占有率	2.5128	3.1985
						市场覆盖率	3.6894	3.2873
			超值获利能力	3.9739	3.4371	品牌溢价率	4.5619	3.3752
						品牌销售利润率	2.8819	3.552

第五节　中国服装企业品牌竞争力提升策略专题研究

一、中国服装行业宏观经济与政策分析

（一）服装市场运行情况

2012年，受到外需不振、内需增长趋缓、生产要素成本持续上升等因素的影响，中国服装行业发展增速放缓，进入调整转型升级阶段期，企业面临着转型升级的紧迫压力。但是，全行业通过努力创新，据中国服装协会信息显示，依然实现了两个市场增长的不易成绩。

2012年全年服装内销增长前低后高，第一季度，服装内销基本延续2011年四个季度的趋势，增速明显放缓。至第三季度、第四季度，随着中国经济筑底企稳，服装内销增速逐步回升。全年来看，内销市场保持增长，增速有所放缓，并呈现前低后高的走势。另据中华全国商业信息中心的数据显示，2012年1月至11月，全国重点大型零售企业服装销售额为1823.2亿元，同比上升12.57%，比2011年下降了7.04个百分点，低于2008年（18.96%）和2009年（15.51%）同期水平。商务部重点监测的3000家零售企业销售额数据显示，2012年11月重点零售企业零售额同比增长8.5%，其中，服装销售额同比增长约7.2%，比2011年同期下降6.9个百分点。从季度来看，随着经济筑底企稳，2012年内销市场增速呈逐渐回升的趋势。

2012年服装行业整体价格增幅回落，年末销量增幅有所上升。根据中华全国商业信息中心数据，2012年1月，全国重点大型零售企业服装平均价格、销售金额分别同比增长12.31%和15.19%，而销售量仅同比增长2.56%。之后的7个月，服装销售数量同比增长一直较低，除个别月份外，基本处于2%左右。第三季度后，随着价格涨幅回落，服装销售量也出现较明显增长，至11月，全国重点大型零售企业的服装平均价格、销售金额、销售数量分别同比增长4.68%、16.4%和11.2%，销售数量和金额呈现同时增长。2012年第三季度以来，价格增幅回落，一方面是年关将近，节日来临，各地零售企业搞打折、满赠、抽奖等活动，促使服装实际零售价格下降；另一方面，这也是2012年以来服装出厂价格指数处于回落走势的反映。

总的来看，2011~2012年服装行业部分企业出现的库存问题，是市场表现和市场预期存在差距造成的一种短期市场现象。库存会影响下一个销售周期经销商的订货意愿和销售，但借助经济回暖、需求回升以及企业的积极调整，2012年第三季度以来，库存问题已经得到了相对程度的改善。国家统计局数据显示，2012年1月至11月，规模以上企业主营业务收入、存货及产成品均同比增加。分季度来看，存货及产成品增长明显逐季回落，至11月，存货及产成品同比增幅已低于主营业务收入同比增幅。33家服装类上市公司的数据也显示，2012年第三季报，其存货总量为494.73亿元，增速基本与销售收入增速保持同步，且前三季度存货同比增速逐季下降（8.04%、6.00%、3.75%），明显低于销售收入增速。同时，其存货总量占同期销售收入的64.49%，也低于2011年同期。

在美国、欧洲、日本需求全面萎缩，要素成本增长，人民币持续升值的压力下，2012年1月至11月中国服装出口量跌价增，出口金额增速放

缓。据中国海关统计，2012年1月至11月，中国服装出口数量连续11个月下滑，1月至2月累计下滑一度达到了11.4%，出口金额同比出现了负增长。进入第三季度，在国家出台促进外贸增长的措施以及全行业的共同努力下，出口形势好转。出口金额同比增长3.4%，增幅与2011年同比下降了15个百分点。2012年1月至11月，我国累计完成服装及衣着附件出口1445.31亿美元，同比上升3.4%。其中，服装出口1171.87亿美元，同比增长2.29%，出口数量为262.23亿件，同比下降1.69%，下降幅度比2011年提高了0.8个百分点；出口平均单价为4.47美元，同比增长3.9%。其中，针织服装出口为680.22亿美元，同比增长8.1%，出口数量为188.68亿件，同比下降0.38%；梭织服装出口为491.65亿美元，同比下降4.79%，出口数量为73.55亿件，同比下降4.88%。

（二）服装行业政策分析

2009年随着经济形势的恶化，国家出台了大量的产业扶持政策，包括继续上调出口退税，发布《纺织工业调整和振兴规划》，减免出入境检疫费用等，其中，《纺织工业调整和振兴规划》对中小服装企业的资金融通给予了较大支持，而《关于加快推进服装家纺自主品牌建设的指导意见》，反映了以下几点：①自主品牌建设形势急迫。我国是服装生产、消费和出口大国，每年约80%的服装销往全国各地，20%左右出口。近年来，服装行业企业的品牌意识不断增强，也打造了一些消费者耳熟能详的品牌，据统计，服装行业获得中国名牌产品称号的有近200个，其中有不少被认定为中国驰名商标，但是，我国众多的服装企业仍然停留在代工的生产模式上，极易受到国际金融危机的冲击，当前服装行业出口困境就是一个例证。同时，我国具有自主品牌的企业占比较小，尤其是具有完全自主品牌、在国际上叫得响的品牌还不多，自主品牌建设刻不容缓。我国服装行业与国外的差距较大，这主要是因为欧美服装家纺品牌发展历史更长，技术积累和消费者认同度更高。这种差距主要体现在服装产品的设计研发、营销渠道和品牌推广等方面。②环境对品牌建设制约性强。《意见》对外部环境的改善提出了具体的要求，例如，提供金融支持、做好品牌

保护和完善公共服务体系等，国家要培育100~150家服装家纺龙头企业和品牌；企业和媒体等也要加强品牌宣传，提振中国家纺品牌的信心。③品牌建设要坚持走特色之路。《意见》强调，打造服装家纺品牌要以企业为主体。企业应发挥主体作用，一要创新自我，坚持以创新驱动，保持特色并与时俱进。二要征服自我，防止短视行为，履行好社会责任，区分好利与益，重视诚信。三要注重产品的品质、品行和品位，既要精心设计研发，做好精细管理，保持外观精致，又要发掘产品的内涵，彰显文化和时尚。四要做好品牌推广，龙头企业要坚持"走出去"的战略。

2011年8月1日国家发布了新版《国家纺织产品基本安全技术规范》。与旧版相比，新版《规范》对产品的质量安全和环保要求有了很大的提高，而且国家的监管也更加严格。这对服装业来说，也许短期内会增加产品的成本，利润暂时下降，但是从长远来看，可以让中国服装业整体水平有一个质的提高，提升中国服装品牌的知名度和国际竞争力。

为了更好地发挥标准化工作在建设现代纺织产业体系中的技术支撑和保障作用，推动标准化工作的科学发展，2011年1月12日，中国纺织工业协会科技发展部编制完成《纺织工业标准化"十二五"发展规划》。《规划》主要在纺织材料、纺织品、服装等重点领域加强标准制定，例如，在纺织品领域加强纺织品安全、生态环保、有害物质限量与检测，功能性纺织品的检测与评价，产业用纺织品及配套检测方法；在服装领域加强服装CAD、童装安全标准的制定。《规划》在各方面促进了中国服装行业整体质量的提升，也提高了中国服装行业的效率，为中国服装行业品牌竞争力的提升提供了保障。

2012年纺织服装行业策略报告：受益于政策扶持，长期看好品牌服装、家纺。政策扶持，重心向内需转移，内销增长强劲。2011年全年社会消费品零售总额为183919亿元，比上年增长17.1%，在限额以上企业商品零售额中，服装类增长了25.1%，远高于社会消费品零售的增速。

2012年，纺织服装行业发展的重心继续向内需转移，增强居民消费能力，促进消费结构升级，坚持扩大消费与培育品牌相结合，进一步释放城

乡居民消费潜力依然是今年政府工作的重点。这将使内需潜能逐步释放，成为拉动纺织服装业发展的引擎。

二、中国服装行业品牌竞争力提升策略建议

（一）加强对服装产业集群的引导，重点企业的品牌扶持

通过向上游纺织制造和下游服装销售领域延伸而形成服装产业集群，服装产业集群的形成和发展对于实现我国民族服装品牌的国际化起着至关重要的作用。首先，产业集群品牌化的发展需要政府通过行政手段创造良好的发展环境，维护服装产业安全引导集群和企业良性发展。其次，政府在区域服装产业发展要根据国际市场变动对产业发展规划进行适度调整，并制定土地、金融、税务和人才方面相应的政策。然后，政府对集群产业结构优化、产业升级战略要进行统筹，在服装产业集群发展初期应制定长期招商战略规划，避免出现重招商、轻培育导致的招商引资短期效应。再次，政府应积极促进集群内各行业生产的规模化和品种多样化，鼓励集群内跨国界、跨地区、跨部门战略联盟的建立，鼓励民族服装品牌与上下游企业一体化以促进资源优化配置，鼓励服装行业联合技术研发中心建设，推动总体行业技术进步和产品质量进而提高产品在国内外市场的竞争能力，推动民族服装企业逐步向国际品牌集团迈进。最后，政府应集中资源选择有品牌价值、富含民族文化、符合产业政策、在行业内已具备一定实力的民族服装企业进行重点扶持，在资金、税收、技术、宣传等方面给予其支持。

（二）发展政府角色定位，搞好基础设施建设和强化服务职能

中国服装品牌发展的实证告诉我们，政府直接干预企业的经营和发展是一种低效率的行为，政府的任务和目标应当转向服装品牌的形成和发展方面，要从高度上进行一定的统筹，把握好方向。然而，政府职能的转变具有相对的滞后性，这严重影响了我国服装品牌的发展，成为提高经济增长质量的"瓶颈"。因此，我们必须进一步明确政府在经济发展中的角色定位，强化其对民族服装品牌发展的引导、扶持、规范、监督、协调、服务等功能，为我国民族服装品牌持续、快速、健康的国际化晋级铺平道路。

政府搞好基础设施建设和强化服务职能，是推进名牌战略实施的客观要求。首先，政府应充分发挥其所具有的不可替代的信息优势，为企业提供各种国内外市场信息、技术进步信息、政策变革信息、发展预测信息等。其次，政府应为重点民族企业协调其与政府职能部门（如企业、银行、工商、税务、人事、科技等）的关系，减少企业不必要的公关应酬，集中精力搞好生产经营。再次，作为公共服务部门，政府还应在适当时期投入建设一些能够节约资源、降低成本、提高企业资金利用效率的公共服务平台项目，例如，集中排污、第三方物流系统、融资业务、道路交通完善等，要为企业提供职工的岗位培训，还要对外宣传品牌。只有通过对不同阶段、不同地区、不同性能的企业有的放矢地开展设施建设和公关服务建设，才能真正改善企业的投资环境，吸引人才、资金、信息、技术等生产要素，引导服装企业的组织形式朝着有利于其品牌发展的方向演进。

（三）将品牌管理纳入国家经济管理

"品牌战略"是一项系统工程，中国作为发展中国家，需要政府、企业、社会等各方面的支持，要想在社会主义市场经济条件下创造和发展品牌产品，需要企业自身的努力，更需要政府部门的宏观管理。西方发达国家与亚洲新兴工业化国家都曾将品牌管理纳入到国家的经济管理，以政府的力量来扶植本国企业发展名牌产品。因此，中国发展"品牌战略"，政府应先从以下几方面入手：

第一，进行宏观规划，稳固和扩大国内市场。政策扶持方向由以前的"优外"转向"偏内"，制订详细、系统的品牌战略发展计划。政府要把发展中国服装品牌这一计划以审视工程式的严谨方式纳入到国民经济和社会中长期发展计划之中，并在计划具体实施的全程给予全面系统的战略指导；政府要根据具体情况研究制定包括总体战略、地区战略、部门战略在内的，能适应现代国际激烈竞争的中国品牌发展战略，同时，还要建立配套的品牌战略组织实施系统和监控系统，建立并完善品牌发展的激励机制，把发展中国服装品牌作为一项长久事业纳入到政府的长期规划及工作

议程。此外，各级地方政府和经济管理部门还要结合当地的实际情况，根据调整产业结构的要求，把服装行业中的相关重点产品，有市场潜力的产品，特别是高技术含量、高市场容量、高附加值、高创收、高效益、低物耗的产品列入当地品牌服装的发展规划，并帮助相关企业制定和落实创新品牌的措施，从而做到突出重点企业、发展服装品牌的目的。

第二，针对品牌产品，企业给予政策和资金上的扶持。资金是品牌服装企业持续不断发展的"血液"，目前我国品牌服装面临的一个突出问题就是背后缺少足够的资金支持，使得一些技术含量高、附加值高、对服装业发展具有重要作用并且有良好国际市场前景的品牌服装，由于资金短缺而无法进一步深化产品结构和扩大生产规模，从而形成规模效益。在这种情况下，政府在政策和资金上的扶持对于发展品牌服装和名牌企业就显得尤为迫切和必要。

第三，制定一套科学确认品牌的指标体系。由于我国目前还处在新旧体制转化的不稳定时期，市场主体地位还不很明确，市场秩序也不完善，于是，市场上就容易或者已经出现一些非服装品牌通过特殊"评比"，成了群众认可的"专家"品牌或关系品牌；部分品牌服装在"评比"后不重视提高品质，甚至个别假冒伪劣的服装品牌还打着某些知名品牌的招牌招摇撞骗，从而严重扰乱了我国服装市场的正常秩序。这些问题的解决，需要政府部门借助科技界以及其他社会组织的力量，共同组建一套客观、公正、科学的服装品牌确认指标体系。对市场上的服装品牌进行等级界定和划分。这一体系应包括质量确认体系、市场确认体系以及价值确认体系。其中，质量确认体系包括服装质量的检测评比和企业（或销售部门）服务质量的规范认证；市场确认体系包括市场占有率和社会知名度的确认；价值确认体系则是指品牌的商标价值和服务信誉的评估。

（四）服装产业价值量的升级整合

中国服装企业不缺制造能力和模仿能力，但却一直处于价值链的不利地位。在服装价值链上，公认的利润分配结构是：设计占40%，营销占50%，生产占10%。即设计和营销处于价值链的高端，生产加工处于价值链的低端，价值链的高

端者控制着价值链。目前中国服装产业就处于全球价值链的低端。显然，中国服装产业需要战略转型，要从产业链向价值链的系统塑造；中国服装品牌需要蝶变，需要灵魂的升华。但服装产业链相对较长，要更好地塑造价值链，需要在很多环节有所突破。中国服装企业在价值链中究竟存在哪些困惑和顽疾？中国服装品牌为何总让人感觉没有价值感？中国服装企业一直在努力，为何在价值链上的地位一直没有得到根本性的改观？"软实力！我们的综合硬实力已经不错。价值创造的核心就是软实力，就是品牌价值。"中国服装协会常务副会长陈大鹏说，"它靠什么支撑？最重要的是文化，而文化要靠历史积淀。""时尚行业需要时间积累，品牌更需要文化积淀。"北京白领时装有限公司董事长苗鸿冰说，国外高档品牌至少有八九十年的历史，而中国服装业有时装概念还不到20年，因此品牌等方面肯定存在很多问题。其中，最核心的问题是品牌缺乏价值支撑。"中国服装品牌还没有形成根源性的价值支撑，而支撑价值的核心就是独特的品牌文化，在人们心里赢得尊重，这是品牌价值最重要的标志。"北京依文集团董事长夏华说。这与中国服装企业的成长大背景有关。在夏华看来，中国服装企业从发展初期就出了问题，因为大部分创业者是以生存的心态做服装，目标是改变命运，结果是赚钱，品牌只是过程和路径。这与欧洲的从业者恰恰相反，所以我们现在看到的是欧洲的奢侈品。中国服装产业是在全球大产业承接转移的大背景下发展起来的，已建立起产业体系。陈大鹏说："但现在面临转型升级，要从制造大国走向强国，从数量制造走向价值创造。通过产业链的价值创造才使服装产业往价值链上端走。这是产业链的升级过程，也是价值链提高和打造的过程。"从国内服装产业布局和结构来看，集中在东部沿海地区，其中，山东、福建、浙江、江苏、广东五省占全中国服装产业的80%，规模1万多家企业占了全行业产值的70%，但出口只占30%，且70%的出口是由90%的中小企业在承担。随着综合成本的上升，产业向国内的中西部转移是大趋势，部分可能转移到其他发展中国家。尽管中国服装产业具有产业集群特色，关联资源集群也有利于效率最大化，后发优势还没有完全发挥出来，但这并没有从根

本改变我们在全球价值链中的虚脱状况。雅戈尔等国内主要品牌生产商开始在国内市场控制服装价值链，但这些自有品牌依然难以在国际市场立足，对全球价值链几乎没有控制力。

三、中国服装企业品牌竞争力提升策略建议

（一）服装品牌的价值定位与顾客需求的契合策略

中国服装行业的发展经历了三个阶段，以生产为中心的典型卖方市场阶段；以需求为中心，产品供过于求的买方市场阶段；以品牌为中心的阶段。目前，我国服装行业存在的现象就是消费者面对商场琳琅满目的品牌服装却找不到真正适合自己、理解自己的品牌，而品牌服装企业面对众多消费者却经常产品积压，出现卖衣难的现象，仔细分析其原因，就是服装企业在进行品牌的价值定位时没有真正了解消费者的需求，其实消费者在众多服装品牌中进行选择时已经形成了一个以自我为中心的价值评价体系，他们总是按照这个体系来判断是否应该拥有某个品牌，并且变得越来越信赖品牌提供的诸多利益点是否与他们心中形成的以自我为中心的价值观接触时的感受相同。如果感受好，那么购买动机就会被激发起来，反之则丝毫不为所动。因此，品牌价值定位的重中之重应该是坚持"以顾客价值为中心"的原则，从消费者的心智入手，紧紧围绕消费者已经形成的价值观和消费文化倾向，有针对性地提炼核心价值和有竞争力的诉求，开展真正触动消费者心目中那个价值评判体系的推广，这才是品牌打动顾客的核心点。遗憾的是，国内目前很多服装品牌还自以为是地认为自己很了解顾客。例如，某儿童服装品牌全力推广其"与众不同的健康童装"，可是顾客心目中期望的则是"怎样才能使孩子在成长过程中不断的变换形象，显得光彩夺目？"因此，在进行服装品牌价值定位及推广之前，要做到品牌的价值定位与顾客的需求契合，必须建立以顾客价值为中心的市场反应机制，该反应机制包括以下三个方面的内容：①深入了解顾客需求并关注其变化，在进行服装品牌价值定位时，非常重要的一点就是企业要充分了解顾客

需求，尤其要注重挖掘顾客的精神需求。②让品牌成为满足顾客价值的载体。随着经济的发展，顾客对服装的追求已经从单纯追求理性价值上升到对理性价值和感性价值的双重需求，所以服装企业在进行品牌价值定位时，要在深入了解顾客需求的基础上，根据企业自身的资源、能力及竞争状况塑造明显而有吸引力的精神价值主张。③超越顾客的期望。一般来说，顾客在购买服装品牌前，会根据自己过去的经验、品牌形象、媒体宣传等形成一种心理期望，并成为顾客判断感知价值的重要标准。如果实际感知价值超越顾客期望，顾客将会产生惊喜，并产生购买的行动；相反，将导致顾客不满。因此，顾客期望对顾客感知价值产生积极的影响，企业必须对顾客期望进行有效管理。

（二）实施关系营销和品牌情感连接策略

随着经济发展水平的提高，人们对服装消费总体层次和构成向高层化、舒适化、情感化方向发展，人们的消费需求也日趋差异化、多样化、个性化、情绪化，更加注重个性的张扬和精神的愉悦，"情绪价值"消费观愈发明显，"机能价值"消费观日趋弱化。美国营销大师菲利普·科特勒曾把人们的消费行为大体分为三个阶段：第一阶段是量的消费阶段；第二阶段是质的消费阶段；第三阶段是感情的消费阶段。目前我国消费者对服装的需求已经从"量的需求"阶段、"质的需求"阶段转向了"情感需求"阶段。服装产品的特点之一是生命周期比较短，而且激烈的竞争使得我国产品严重同质化，如果一个品牌的核心价值只表现在功能价值上，那么当竞争者生产出质量更高或价格更低的产品，消费者就会转向别的品牌；但是如果联系品牌与消费者之间某种独特的情感使得品牌能够与消费者之间建立共鸣，那么就建立了竞争者难以复制的品牌区隔，形成了品牌独特的竞争优势。因此，联系品牌与消费者之间的情感，是提升我国服装品牌竞争力的途径之一。

要进行服装品牌和消费者之间的情感连接，必须分两个部分展开：第一，品牌情感定位，消费过程中品牌在消费者心中与品牌相联结的审美性、情感性文化意蕴。①它巧妙地构造了一种生活格调、一种文化氛围、一个精神世界，它引导人们通过移情作用在商品消费中找到自我，得到

慰藉，获得情感上的寄托和心理上的共鸣。它强调对消费者情感需求的满足，重点在于品牌带来的心灵体验和幻想。因此，品牌情感连接的第一步就是提炼品牌的情感价值，并对其进行品牌的情感价值定位。②品牌的情感价值应该具有高度的差异化，与竞争品牌形成差别。缺乏个性的情感价值不能为消费者带来增值价值，更不能引发消费者内心世界的共鸣。③统一性。品牌的情感价值应该与企业文化一脉相承，这样才能保证企业始终支持这个品牌价值。而受到企业文化约束的员工行为就能够自然而然地体现品牌的价值，从而赢得消费者的认可和信任。第二，品牌情感传播。确定了服装品牌的情感价值后，企业还要有效地与目标顾客群沟通。企业可以通过综合运用各种营销手段与消费者交流，宣传自己的情感价值。

（三）设计创新策略，提高文化品位

创新设计能力成为服装品牌是否具有竞争力的重要标志之一，目前中国的服装企业一方面设计创新能力差，另一方面设计脱离了消费者。他们设计的过程是靠收集各种各样的热销单品和设计人员从服装杂志或时装展示发布会获取的灵感和个人想象力，而不是从调查研究消费者的不断变化需求出发，其结果是设计雷同、缺乏创新性，品牌竞争的结果只能是价格战。服装企业不断创新品牌设计来满足顾客的需求，主要从以下两个方面入手：一方面是设计理念创新。服装设计的目的不仅仅是为顾客提供高品质的服装，还要考虑如何在服装中增添一些体验的成分。在体验经济时代，顾客已经从单纯追求理性价值上升到对理性价值和感性价值的双重需求，他们更希望设计师通过服装设计为他们带来情感和文化的体验——体验服装设计。所谓体验服装设计就是通过突出品牌风格、主题，创造出品牌体验的服装设计，体验在这里是服装设计师同顾客进行全面交流的纽带。在体验服装设计中，不但注重顾客的理性需求，而且强调顾客作为一个"人"的感性要求。另一方面是增强设计能力的策略。研发

设计是服装品牌的生命，也是影响服装品牌竞争力的关键因素之一，而目前我国服装企业研发设计能力薄弱，设计出来的面料、款式科技含量低且基本上以模仿为主，没有创新性的作品。造成这一问题的原因是多方面的，要解决这一问题需要采取以下措施：①加大企业的研发费用投入。②通过"走出去，请进来"的方式解决产品研发问题，"走出去"指的是在国外时装产业发达城市或地区设立产品研发中心，与国外时装设计机构进行合作，把握最新的时尚信息，通过专业而精湛的服饰设计技术进行产品的新一期开发或者与国外品牌合作，在全球范围内整合资源；"请进来"的战略则是将国外优秀的设计师及团队邀请到国内，通过对中国市场的实地考察与调研，结合国外的时尚流行元素进行本地化产品设计开发。

在服装设计发达的国家，服装设计过程中普遍重视文化的体现，尤其是对传统文化的挖掘。在传统文化的基础上，为服装设计注入文化元素，拓展时装的边界。英国是世界上比较注重传统文化的国家，影响世界的探索性艺术和设计时常出现在英国，英国设计师的作品中总是体现着对传统文化的拥有、继承和再创造。在服装业的发展过程中，本民族传统文化在很大程度上推动了服装业的发展。品牌的背后是文化，我国服装品牌与世界品牌的差距主要在于文化内涵，国际知名服装品牌成功的重要原因，就是将本国文化融入时尚服饰产品中，从而具有深厚的文化底蕴和民族特色，如路易威登体现了法国的奢华文化，阿玛尼体现了意大利的简约文化，登喜路则体现了英国的绅士文化等。因此，我国服装品牌要想提升竞争力，形成国际品牌，就要注重服装在文化层面上的提升，把服装文化放在战略的高度，以本土文化作为品牌发展的基础，形成自己独特的品牌文化，并不断丰富品牌内涵，在国际化进程中融入他国文化，同时捕捉现代时尚潮流并进行文化创新，只有这样才会具有强大的品牌生命力和不竭的发展动力。

第九章 医药行业企业品牌竞争力指数报告

第一节 中国医药企业品牌竞争力指数总报告

一、2012 年度中国医药企业总体竞争态势

中国企业品牌竞争力指数（以下简称 CBI）

研究课题组为了进一步检验理论成果的应用效果，2012 年对中国 163 家上市医药企业品牌进行了调研，并根据各企业营业收入原始数据计算，得出中国医药企业竞争力呈华东地区占据半壁江山的总体竞争态势。

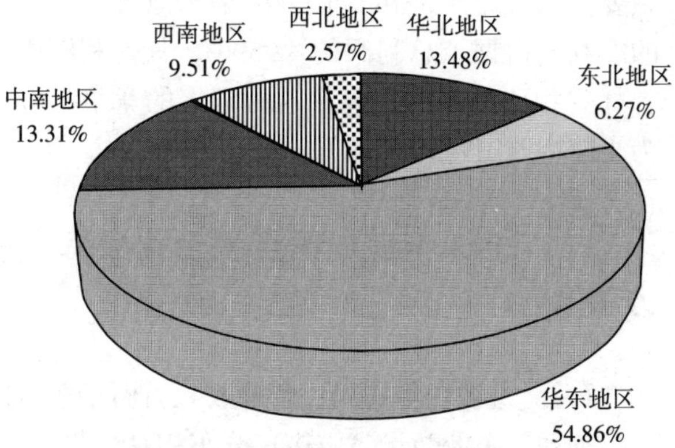

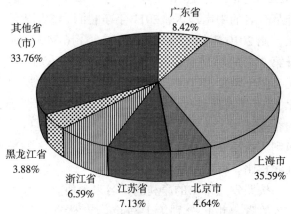

图 9-1 中国医药行业区域竞争态势

图 9-2 中国医药行业省（市）竞争态势

从六大区域来分析，中国 2011 年医药行业受调研企业营业总额为 4866.93 亿元，比 2010 年的 3860.26 亿元增加了 26.08%，华东地区一枝独秀，营业额为 2669.90 亿元，占总营业额的比例高达 54.86%，同比增长 33.19%；2011 年华北地区和中南地区在医药企业中分别排第 2 和第 3 名，两者占总营额的比例分别为 13.48%、13.31%，但与 2010 年相比，华北地区以微弱优势超过中南地区成为第二，2011 年与 2010 年的共同特点是第 2

名和第 3 名的营业比例与第 1 名华东地区都有较大的差距，并与 2011 年相差的幅度更大。2011 年这两个地区的营业额分别为 656.28 亿元、647.81 亿元，与 2010 年的 580.96 亿元、535.48 亿元相比，增加的比例分别为 22.56%、11.51%。排第 4、第 5、第 6 名的区域分别为西南地区、东北地区、西北地区，与 2010 年相比，这三个区域的排名没有变化，但所占比重略有变动，其中，西南地区由 2010 年的 9% 上升为 2011 年的

9.51%，东北地区和西北地区则分别从 2010 年的 7%、3%下降到 2011 年的 6.27%、2.57%。

从省（市）的角度来看医药行业的营业额，排在前 6 名的省（市）分别为上海市、广东省、江苏省、浙江省、北京市、黑龙江省，营业总额分别为 1732.29 亿元、409.56 亿元、346.98 亿元、320.68 亿元、225.71 亿元、188.70 亿元，所占总

营业额的比重分别为 35.59%、8.42%、7.13%、6.59%、4.64%、3.88%，同比增长分别为 46.04%、9.32%、10.7%、16.23%、25.74%、8.82%，但是单从比重来看，2011 年上海市的比重比 2010 年有所增加，而其他五省所占比重则都有所下降。并且 2011 年和 2010 年上海市的营业额比其他五省（市）的营业额要高出许多。

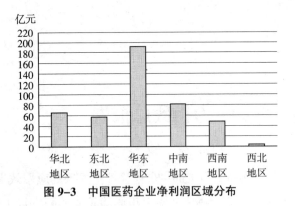

图 9-3   中国医药企业净利润区域分布

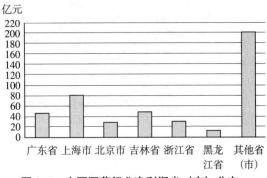

图 9-4   中国医药行业净利润省（市）分布

从六大区域净利润来分析，中国 2011 年医药行业受调研企业净利润总额为 451.32 亿元，同比增长 77.82%，排在第 1 名的华东地区的净利润为 192.23 亿元，比 2010 年增长了 41.52%，净利润排第 2 名的中南地区，2011 年净利润为 82.12 亿元，比 2010 年的 87.87 亿元，减少了 6.54%，而排第 3 名的华北地区医药企业净利润为 65.18 亿元，同比增长 19.16%。中南地区的净利润之所以比 2010 年有所减少，主要原因是 2011 年受调研的企业减少了 3 家。虽然中南地区和华北地区的净利润排第 2 和第 3 名，但两者与华东地区的净利润相比差距明显。

按照省（市）的净利润排名来分析，排在前 6 名的省（市）分别为上海市、吉林省、广东省、浙江省、北京市、黑龙江省，其净利润分别为 80.23 亿元、48.13 亿元、48.01 亿元、30.36 亿元、29.79 亿元、13.76 亿元，所占比重分别为 17.78%、10.66%、10.64%、6.73%、6.60%、3.05%，与 2011 年的 60.93 亿元、21.94 亿元、54.06 亿元、28.35 亿元、22.47 亿元、19.78 亿元相比，吉林省由前 6 名的第 5 名跃居到第 2 名，并且同比增长高达 119.37%，然而，广东省和黑龙江省则比 2010 年净利润有所减少，虽然上海市还是排第 1 名，但是其所占比重下降了 6.28 个百分点。值得一提的是，吉林省的净利润占营业额

比重较高，其营业额为 58.39 亿元，净利润高达 48.13 亿元，说明其在成本控制等方面做得比较好，这方面的经验很值得其他省（市）企业学习。

总的看来，中国医药企业的分布相对集中，主要分布在以上海市为代表的华东地区。该地区的净利润占据了总利润的 42.59%，只是利润率与吉林省相比还有待提高。这种汇聚的竞争态势成为当前中国医药行业竞争的最显著特征。

二、2012 年度中国金融企业品牌竞争力总体述评

（一）宏观竞争格局：营业收入方面华东地区一枝独秀，企业数量省（市）分布相对分散

从中国医药企业营业收入来看，受调研的 163 家医药企业，营业额总计为 4866.93 亿元。仅华东地区的营业额就高达 2669.90 亿元，占总营业额的 54.86%，具有绝对的优势；华北地区和中南地区排第 2 名、第 3 名，营业额分别为 656.28 亿元、647.81 亿元，占总营业额的比例分别为 13.48%、13.31%，两者占总营业额的比重相差无几。2011 年营业额排在第 2 名和第 3 名的分别是中南地区、华北地区，今年华北地区以微弱的优势超过了中南地区，说明华北地区医药企业比中南地区营业收入表现好。但无论是 2012 年还是

2011 年，第 2 名和第 3 名都与第 1 名有较大差距。从省（市）的角度来看医药行业的营业额，排在前 6 名的省（市）分别为上海市、广东省、江苏省、浙江省、北京市和黑龙江省，营业总额分别为 1732.29 亿元、409.56 亿元、346.98 亿元、320.68 亿元、225.71 亿元、188.70 亿元，所占总营业额的比重分别为 35.59%、8.42%、7.13%、6.59%、4.64%、3.88%，上海市以绝对的优势位居第 1 名，其他省（市）与其相距甚远。

从净利润来看，排在前 6 名的省（市）分别为上海市、吉林省、广东省、浙江省、北京市、黑龙江省，其净利润分别为 80.23 亿元、48.13 亿元、48.01 亿元、30.36 亿元、29.79 亿元、13.76 亿元，所占比重分别为 17.78%、10.66%、10.64%、6.73%、6.60%、3.05%，与 2011 年相比，吉林省由第 5 名跃居到第 2 名，并且同比增长高达 119.37%，然而，广东省和黑龙江省的净利润与 2010 年相比有所减少，上海市虽然还是排第 1 名，但所占比重却下降了 6.28 个百分点。值得一提的是吉林省，其净利润相对于营业额来说，所占比重较高，营业额为 58.39 亿元，净利润高达 48.13 亿元，这也说明了医药行业与经济发展是密切相关的。

从企业个数来看，中国医药企业主要分布于华东地区和中南地区，两个地区占 163 家企业总数的比重分别为 34.36%、23.93%，集中度比较高。华东地区、东北地区的 CBI 均值分别为 76.9075、77.0153，高于全国均值 76.5142，中南地区虽然企业总数位列行业第 2，但 CBI 均值却较低，仅为 75.4421，略低于全国均值，其品牌竞争力不足，还有很大的提升空间。西北地区不仅企业数量少，而且企业的品牌竞争表现力指数非常低，仅为 71.2184。从品牌竞争表现力指数数据可以看出，各地区的医药企业品牌竞争状况存在较大的差距。

根据省（市）分布来看，六大省（市）的医药企业数量占到总数的 47.85%，广东省、上海市、浙江省、北京市、江苏省、山东省的比重分别为 9.82%、9.20%、7.98%、7.98%、6.75%、6.13%，从这些数据也可以看出，中国医药行业企业分布的特点是多且散。从 CBI 来分析，山东省、广东省、江苏省三省 CBI 得分分别为 77.8714、77.7478、77.4767，均高于行业平均值 76.5142。浙江省的 CBI 均值和行业均值几乎相等，最低的是北京市，仅为 69.4319。与 2011 年相比，山东省的医药企业 2012 年表现不俗。上海市医药企业数量在各省（市）的数量排名中位列第二，但其 CBI 得分却基本接近行业平均值，比上述三省低很多，显示其品牌竞争力有待提升。江苏省和山东省企业数量占全国企业总数的比重都不是很高，但 2012 年两省企业的 CBI 得分却远高于行业平均值，显示其企业品牌有较强的竞争力。总的来看，2012 年的各项指标与 2011 年相比都有所下降，说明 2012 年医药企业的品牌竞争力并没有得到很好的发展。

医药行业是关乎中国经济发展的重要行业，受调研的 163 家医药企业是众多医药企业的代表，从中可以分析中国医药企业的竞争情况。从营业额来看，华东地区占据绝对优势，一定程度上也揭示了中国区域经济发展的不均衡；从企业数量来看，企业分布比较分散，区域竞争较为激烈，这对我国医药行业规模发展是一个新的挑战。

（二）中观竞争态势：多家企业领军行业，中游企业竞争激烈

根据中国医药企业品牌竞争力分级评级标准，对调查的 163 家企业进行分级评估，按照一般惯例分为五级，5A 级企业 7 家，4A 级企业 25 家，3A 级企业 72 家，2A 级企业 39 家，1A 级企业 20 家，与 2011 年相比等级格局没有变化。

5A 级医药企业包括国药控股股份有限公司、上海医药集团有限公司、云南白药集团股份有限公司、上海复星医药股份有限公司、哈药集团股份有限公司、北京同仁堂股份有限公司、华润三九医药股份有限公司，占比为 4.29%；与 2011 年相比，这一集团的企业变化不大，只是排名稍有变动，国药控股股份有限公司以微弱的优势超过上海医药集团有限公司成为第 1 名，上海医药集团有限公司退居第 2 名，而上海复星医药股份有限公司增长迅速，从第 7 名跃居至第 4 名，北京同仁堂股份有限公司则从第 4 名下滑至第 6 名。从 CBI 均值来看，这一集团的均值为 97.3050，远远高于行业均值。总体来讲，无论是 2011 年还是 2012 年，前 7 名医药企业的地位不可撼动，是中国医药行业名副其实的龙头企业，引领着中国医药行业的发展方向，各项竞争力可见一斑。4A 级企业有 25 家，这一集团的企业处于行业的中上游，发展潜力不容忽视，其中，三普药业股份有限公司、威高集团股份有限公司增长势头迅猛，品牌竞争力突飞猛进。值得关注的是 72 家 3A 级企业，这些企业是中国医药行业将来发展的重要支柱，占据总企业数量的 44.17%。其指数为84.9838，略高于行业平均指数。3A 级企业基本代表了医药行业发展的平均水平，并且企业之间指数分布比较均匀，可谓竞争激烈。因此中国医药行业短期内会面临激烈的优胜劣汰，长远看，整个行业将会重新洗牌。

（三）微观竞争比较：财务竞争指数一般，市场竞争力有所下降

对于中国企业来说，财务表现仍然是企业对外展示基本实力的重要依据。由于近几年中国医药市场的快速发展，带来了中国国民物质消费水平的不断提高，使得各医药企业近年来营业收入、净利润都保持了良好的增长态势。但是 2012 年受国际经济形势的影响，从主要运行指标来看，投资增速高位放缓，利用外资形势依然严峻；增加值增长率小幅反弹，企业销售进度继续恢复，终端消费继续回暖；生产价格延续 2011 年的回升势头，消费价格有所反弹，零售价格下行态势依旧；盈利增速触底回升。因此，全国 163 家医药企业的品牌财务表现力得分均值为 2.6479，与2011 年的 4.1417 相比，企业的品牌财务表现力表现一般。

根据品牌财务表现力指标，排在前 10 名的企业分别是：上海医药集团股份有限公司、国药控股股份有限公司、威高集团有限公司、三普药业股份有限公司、上海复兴药业股份有限公司、吉林敖东药业集团股份有限公司、吉林长龙药业股份有限公司、云南白药集团股份有限公司、康美药业股份有限公司、浙江医药股份有限公司。在这前 10 名中，吉林长龙药业股份有限公司的财务表现力比较强，但市场竞争表现力不好，所以总体排名比较靠后；浙江医药股份有限公司的财务表现力由 2011 年的第 3 名下降至 2012 年的第

10 名。2012 年和 2011 年在财务表现方面比较稳定的是上海医药集团股份有限公司、国药控股股份有限公司、云南白药集团股份有限公司、三普药业股份有限公司 4 家企业，说明这 4 家企业比其他企业有更强的财务表现力。另外 5 家企业是替代进入前 10 名的，这体现了财务量化指标的易变性。

虽然 2012 年医药行业在营业额和净利润方面比 2011 年都有所增长，但是 2012 年的经济形势也决定了企业间竞争的加剧。通过对全国 163 家上市医药企业进行调研，得出医药企业市场竞争力得分均值为 2.5247，几乎只有 2011 年得分均值4.9028 的一半，说明 2012 年医药企业的市场发展情况受经济影响比较严重，市场竞争力不但没有增强反而减弱不少。市场竞争表现力前 10 名的医药企业是国药控股股份有限公司、吉林敖东药业集团股份有限公司、上海医药集团股份有限公司、三普药业股份有限公司、南京医药股份有限公司、云南白药集团股份有限公司、哈药集团股份有限公司、威高集团有限公司、天津天士力制药股份有限公司、北京同仁堂股份有限公司。与 2011 年的前 10 名相比，只有 4 家企业仍然在 2012 年的前 10 名中，但这 4 家的企业市场竞争力排名也有不小的变动。上海医药集团有限公司从 2011 年的第 9 名上升至 2012 的第 3 名，北京同仁堂股份有限公司则从 2011 年的第 1 名降至 2012 年的第 10名。2012 年新进的 6 家企业市场竞争力表现较好，尤其是国药控股股份有限公司从 2011 年的10 名之外跃居到 2012 年的第 1 名。另外，吉林敖东药业集团股份有限公司、威高集团有限公司、三普药业股份有限公司这三家企业不容忽视，2012 年不仅在市场竞争力方面增长迅速，其他指标的增长也相当惊人，其品牌竞争力相当强势。

总体来看，2012 年中国医药企业品牌财务指数表现一般，市场竞争表现力方面也受到了很大影响，比 2011 年下降不少。与国际市场相比，技术创新、品牌经营、风险预测和防范能力远远不够，还需要很大的提升。

第二节 中国医药企业品牌竞争力排名报告

一、2012 年度中国医药企业品牌竞争力指数排名

CBI 研究课题组于 2011 年 7 月完成了理论研究,拟采用多指标综合指数法对中国企业品牌竞争力进行量化研究。初期理论成果包括 CBI 四位一体理论模型、CBI 评价指标体系、CBI 评价指标权重以及 CBI 计算模型,并且已经通过国内 10 位经济学、管理学界权威专家论证。为了检验理论成果的应用效果,课题组对中国自主医药企业品牌进行了调研,根据调查数据应用 CBI 计算模型得出中国医药企业品牌竞争力(以下简称 CBI-R)排名(见表 9-1),后续对中国 40 个行业的 3000 家上市企业和 7000 家非上市企业进行了调研,结果将以《中国企业品牌竞争力指数报告》的形式在中国品牌管理大会上发布。

表 9-1　2012 年中国医药企业品牌竞争力批指数排名

公司名称	省(市、自治区)	相对值(指数)				绝对值形式(5分制)		
		2012 年行业 CBI	排名	2011 年行业 CBI	排名	品牌竞争力得分(CBS)	品牌财务表现力	市场竞争表现力
国药控股股份有限公司	上海市	100	1	99.1830	2	4.0923	3.9282	4.4752
上海医药集团有限公司	上海市	99.2109	2	100.0000	1	3.8995	3.9813	3.7086
云南白药集团股份有限公司	云南省	98.0057	3	98.2576	3	3.2677	3.3806	3.0042
上海复星医药股份有限公司	上海市	97.7619	4	95.5340	7	3.2444	3.3984	2.8851
哈药集团股份有限公司	黑龙江省	96.0460	5	97.4502	5	3.1368	3.2092	2.9680
北京同仁堂股份有限公司	北京市	95.1003	6	97.7247	4	3.0747	3.1424	2.9167
华润三九医药股份有限公司	广东省	95.0099	7	96.2199	6	3.0829	3.1679	2.8845
华东医药股份有限公司	浙江省	94.4935	8	94.9612	8	2.9750	3.0229	2.8632
三普药业股份有限公司	青海省	94.1511	9	92.7491	19	3.5149	3.5221	3.4982
威高集团有限公司	山东省	93.9212	10	92.6707	20	3.6228	3.9058	2.9625
浙江医药股份有限公司	浙江省	93.7802	11	94.9059	9	3.1407	3.2565	2.8705
华润双鹤药业股份有限公司	北京市	93.4748	12	94.8969	10	3.0335	3.0959	2.8880
健康元药业集团股份有限公司	广东省	93.3122	13	94.6263	11	3.0292	3.0909	2.8852
深圳市海普瑞药业股份有限公司	广东省	93.1688	14	94.2859	14	3.0378	3.1272	2.8293
三精制药股份有限公司	黑龙江省	93.1241	15	94.6068	12	2.8809	2.8815	2.8795
东阿阿胶股份有限公司	山东省	93.0146	16	92.7598	18	3.0585	3.1424	2.8627
天津天士力制药股份有限公司	天津市	92.7426	17	93.2645	17	3.0546	3.1121	2.9203
华北制药股份有限公司	河北省	92.4335	18	94.5756	13	2.8346	2.8322	2.8403
神威药业股份有限公司	河北省	92.3169	19	94.2169	15	2.9891	3.0503	2.8462
康美药业股份有限公司	广东省	92.1145	20	91.5605	26	3.1765	3.3127	2.8587
吉林敖东药业集团有限公司	吉林省	92.0478	21	88.9276	39	3.5888	3.3948	4.0416
丽珠集团股份有限公司	广东省	91.8923	22	93.6229	16	2.9066	2.9268	2.8593
四川科伦药业股份有限公司	四川省	91.7721	23	91.8565	24	3.1452	3.2562	2.8864
四环医药股份有限公司	海南省	91.6090	24	91.8729	23	3.0464	3.1213	2.8716
江苏恒瑞医药股份有限公司	江苏省	91.1932	25	91.7880	25	3.1281	3.2463	2.8523
永业农丰生物科技有限公司	北京市	91.0919	26	91.0213	27	3.0157	3.1141	2.7862

公司名称	省（市、自治区）	相对值（指数）				绝对值形式（5分制）		
		2012年行业 CBI	排名	2011年行业 CBI	排名	品牌竞争力得分（CBS）	品牌财务表现力	市场竞争表现力
天津中新药业集团股份有限公司	天津市	90.5546	27	92.1448	21	2.8354	2.8658	2.7644
内蒙古亿利能源股份有限公司	内蒙古自治区	90.3571	28	90.7343	30	3.0853	3.1834	2.8564
华兰生物工程股份有限公司	河南省	90.2299	29	90.9897	28	2.7685	2.8156	2.6584
江中药业股份有限公司	江西省	90.1799	30	90.9251	29	2.7445	2.7990	2.6173
东北制药集团股份有限公司	辽宁省	90.1357	31	92.1046	22	2.5869	2.5398	2.6969
浙江海正药业股份有限公司	浙江省	90.0016	32	90.2604	32	2.9798	3.0576	2.7984
中牧实业股份有限公司	北京市	89.4812	33	89.3924	36	2.8506	2.9297	2.6660
武汉人福医药集团股份有限公司	湖北省	89.1757	34	89.3884	37	2.8753	2.9636	2.6692
广州白云山制药股份有限公司	广东省	89.0615	35	90.7341	31	2.7580	2.7966	2.6681
深圳信立泰药业股份有限公司	广东省	88.3233	36	89.6220	35	2.7872	2.8643	2.6072
广西梧州中恒集团股份有限公司	广西壮族自治区	88.2417	37	90.1660	33	2.7227	2.7641	2.6260
深圳市海王生物工程股份有限公司	广东省	88.1177	38	89.7689	34	2.7417	2.6798	2.8861
山东罗欣药业股份有限公司	山东省	88.0446	39	89.2445	38	2.7847	2.8738	2.5767
药明康德新药开发有限公司	上海市	88.0207	40	87.2589	48	3.0081	3.0949	2.8056
江苏先声药业有限公司	江苏省	87.9221	41	87.6446	46	2.8859	2.9390	2.7621
仁和药业股份有限公司	江西省	87.8170	42	87.9703	45	2.7316	2.8202	2.5248
浙江康恩贝制药股份有限公司	浙江省	87.5673	43	88.3107	42	2.7174	2.7819	2.5670
金陵药业股份有限公司	江苏省	87.5313	44	88.6471	40	2.7161	2.7847	2.5559
莱阳市江波制药有限责任公司	山东省	87.4736	45	87.9725	44	2.6813	2.6952	2.6489
山东新华制药股份有限公司	山东省	87.4517	46	87.6400	47	2.6524	2.7054	2.5288
中国天一医药集团	黑龙江省	87.3923	47	87.1205	50	2.6963	2.7178	2.6459
重庆智飞生物制品股份有限公司	重庆市	87.3840	48	87.1723	49	2.6174	2.6267	2.5959
西南合成制药股份有限公司	重庆市	87.3493	49	88.5697	41	2.5844	2.6225	2.4955
北京双鹭药业股份有限公司	北京市	87.2954	50	86.8456	57	2.8451	2.8705	2.7858
广州药业股份有限公司	广东省	87.2354	51	86.4814	63	2.9011	2.9814	2.7136
天津力生制药股份有限公司	天津市	87.1955	52	87.1159	51	2.7211	2.7459	2.6632
山东鲁抗医药股份有限公司	山东省	87.0942	53	88.3031	43	2.6006	2.6347	2.5211
贵州益佰制药股份有限公司	贵州省	86.9317	54	87.0758	52	2.6766	2.7494	2.5068
北京天坛生物制品股份有限公司	北京市	86.7655	55	87.9879	54	2.6518	2.7062	2.5247
沈阳三生制药有限责任公司	辽宁省	86.6100	56	86.6483	59	2.6868	2.6840	2.6933
江苏康缘药业股份有限公司	江苏省	86.5608	57	86.8978	56	2.6216	2.6740	2.4994
江苏吴中实业股份有限公司	江苏省	86.4440	58	87.0634	53	2.6107	2.6305	2.5643
上海科华生物工程股份有限公司	上海市	86.3037	59	86.6571	58	2.6296	2.6721	2.5304
通化东宝药业股份有限公司	吉林省	86.1810	60	86.1251	69	2.7236	2.7555	2.6490
云南沃森生物技术股份有限公司	云南省	86.1315	61	86.5099	61	2.6383	2.6270	2.6648
贵州百灵企业集团制药股份有限公司	贵州省	86.0846	62	86.2022	68	2.6343	2.6816	2.5238
昆明制药集团股份有限公司	云南省	85.9055	63	86.4949	62	2.6090	2.6604	2.4890
常州千红生化制药股份有限公司	江苏省	85.7832	64	86.9919	55	2.5915	2.6441	2.4686
桂林三金药业股份有限公司	广西壮族自治区	85.6727	65	86.9629	73	2.7016	2.7551	2.5770
上海现代制药股份有限公司	上海市	85.4850	66	83.3940	65	2.5898	2.6416	2.4690
浙江仙琚制药股份有限公司	浙江省	85.4536	67	86.6192	60	2.5852	2.6234	2.4960

续表

公司名称	省（市、自治区）	相对值（指数）				绝对值形式（5分制）		
		2012年行业CBI	排名	2011年行业CBI	排名	品牌竞争力得分（CBS）	品牌财务表现力	市场竞争表现力
亚宝药业集团股份有限公司	山西省	85.4439	68	85.8827	74	2.6022	2.6512	2.4877
河南天方药业有限公司	河南省	85.3808	69	86.2077	67	2.5684	2.5935	2.5099
哈尔滨誉衡药业股份有限公司	黑龙江省	85.3653	70	86.4021	64	2.5623	2.5691	2.5466
漳州片仔癀药业股份有限公司	福建省	85.3446	71	85.9978	72	2.6346	2.6849	2.5171
山西振东制药股份有限公司	山西省	85.0938	72	85.3982	77	2.5985	2.6536	2.4699
马应龙药业集团股份有限公司	湖北省	84.8814	73	6.0000	70	2.5893	2.6394	2.4724
浙江升华拜克生物股份有限公司	浙江省	84.8048	74	86.0484	71	2.5778	2.6179	2.4841
天津天药股份药业股份有限公司	天津市	84.5457	75	85.4778	76	2.5778	2.6246	2.4687
上海凯宝药业股份有限公司	上海市	84.4287	76	85.2336	79	2.5786	2.6117	2.5016
长春高新技术产业股份有限公司	吉林省	84.4225	77	86.2179	66	2.5508	2.5850	2.4713
中国生物制品有限公司	上海市	84.4021	78	83.9847	87	2.6461	2.6580	2.6185
九芝堂股份有限公司	湖南省	84.3089	79	85.1443	80	2.6090	2.6575	2.4956
武汉健民药业集团股份有限公司	湖北省	84.2622	80	85.8485	75	2.5193	2.5500	2.4477
中国动物保健品	北京市	83.8424	81	87.7380	84	2.5768	2.5995	2.5240
西藏奇正藏药股份有限公司	西藏自治区	83.7560	82	84.7586	83	2.5752	2.6083	2.4978
上海莱士血液制品股份有限公司	上海市	83.5168	83	84.5507	85	2.5705	2.5952	2.5130
广东众生药业股份有限公司	广东省	83.2869	84	85.5402	81	2.5606	2.5895	2.4933
晨光生物科技集团股份有限公司	河北省	83.2241	85	83.9424	88	2.4978	2.5373	2.4056
江苏恩华药业集团有限公司	江苏省	83.0980	86	85.0259	82	2.4955	2.5242	2.4284
吉林集安益盛药业股份有限公司	吉林省	83.0305	87	85.2531	78	2.4942	2.4888	2.5069
浙江华海药业股份有限公司	浙江省	82.8097	88	81.7674	98	2.6571	2.7262	2.4960
天津瑞普生物技术股份有限公司	天津市	82.6866	89	83.5509	90	2.5301	2.5476	2.4891
陕西奥星制药有限公司	陕西省	82.3638	90	82.5456	94	2.5624	2.5878	2.5034
海南惠普森医药生物技术有限公司	海南省	82.3416	91	81.8338	91	2.4653	2.4666	2.4623
青岛华仁药业股份有限公司	山东省	82.2696	92	82.8433	92	2.4547	2.4515	2.4621
安徽丰原药业股份有限公司	安徽省	82.0897	93	83.8309	89	2.4457	2.4644	2.4022
天津红日药业股份有限公司	天津市	81.6658	94	81.3584	99	2.5192	2.5273	2.5003
南京医药股份有限公司	江苏省	81.4900	95	81.1208	—	2.8917	2.8031	3.0983
诚志股份有限公司	江西省	81.3419	96	80.2678	—	2.6623	2.6699	2.6447
康芝药业	海南省	80.5691	97	82.6824	93	2.4193	2.4055	2.4515
浙江海翔药业股份有限公司	浙江省	80.3896	98	78.4589	—	2.4977	2.5255	2.4329
广州市香雪制药有限公司	广东省	80.2774	99	76.8745	—	2.4946	2.5063	2.4672
千金药业股份有限公司	湖南省	80.2544	100	73.3845	—	2.5202	2.5591	2.4296
均值		76.5142		—	—	2.6110	2.6479	2.5247

说明：从理论上说，中国企业品牌竞争力指数（CBI）由中国企业品牌竞争力分值（CBS）标准化之后得出，CBS由4个一级指标品牌财务表现力、市场竞争表现力、品牌发展潜力和消费者支持力的得分值加权得出。

在实际操作过程中，课题组发现，品牌发展潜力和消费者支持力两个部分的数据收集存在一定的难度，且收集到的数据准确性有待核实，因此，本报告暂未将品牌发展潜力和消费者支持力列入计算。

品牌财务表现力主要依据各企业的财务报表数据以及企业上报数据进行计算。同时，关于市场竞争表现力方面的得分，课题组选取了部分能够通过公开数据计算得出结果的指标，按照CBI计算模型得出最终结果。

关于详细的计算方法见《中国企业品牌竞争力指数系统：理论与实践》。"—"表示该企业2011年的排名在100名之外。

与 2011 年相比，医药行业前 100 名企业的排名变化并不是很大，其中，2011 年的第 1 名上海医药集团有限公司下降至 2012 年的第 2 名，但是与第 1 名的国药控股股份有限公司的差距不大，在市场竞争表现力方面，上海医药集团有限公司仍在国药控股股份有限公司之上。从前 10 名的企业来看，三普药业股份有限公司和威高集团有限公司为新进之秀，分别从 2011 年的第 19 名、第 20 名上升至 2012 年的第 9 名、第 10 名，增长势头强劲；而浙江医药股份有限公司从 2011 年的第 9 名降至 2012 年的第 11 名，北京华润双鹤药业股份有限公司从 2011 年的第 10 名降至 2012 年的第 12 名。在前 30 名企业中，吉林敖东药业股份有限公司增长较快，从 2011 年的第 39 名上升至 2012 年的第 21 名，2011 年的第 26 名康美药业股份有限公司升至第 21 名，其增长速度也不容小觑；与吉林敖东药业股份有限公司相比，丽珠药业集团有限公司的增长则有所下降，从 2011 年的第 16 名下滑至 2012 年的第 22 名，天津中新药业集团有限公司从 2011 年的第 21 名下降至 2012 年的第 27 名。从前 100 名企业来看，增长比较快的企业有：药明康德新药开发有限公司从 2011 年的第 48 名升至 2012 年的第 40 名，中国生物制品从 2011 年的第 87 名升至 2012 年的第 78 名，浙江华海药业股份有限公司从 2011 年的第 98 名升至 2012 年的第 88 名，桂林三金药业股份有限公司从 2011 年的第 73 名提高至 2012 年的第 65 名，另外还有 4 家企业新进前 100 名，分别为南京医药股份有限公司、诚志股份有限公司、广州市香雪制药有限公司和千金药业股份有限公司，它们的最新排名分别为第 95 名、第 96 名、第 99 名、第 100 名，这 4 家企业的增长趋势比较明显；不过还有不少企业呈现下降趋势，如长春高新技术产业股份有限公司从第 66 名下滑至第 77 名，吉林集安益盛药业股份有限公司从第 78 名下降至第 87 名，浙江海翔药业股份有限公司从第 86 名下滑到第 98 名，说明 2012 年这些企业的表现并不容乐观。

根据中国医药企业品牌竞争力指数数据，计算出中国医药行业 CBI 数值为 76.5142，比 2011 年的 77.9436 降低了 1.4294，CBI 数值为相对值，一方面可以反映行业总体竞争水平，另一方面为行业内企业提供了一个比较标准，虽然均值下降 1.4294，降低的幅度并不大，但是一定程度上反映了医药行业的品牌竞争力还是有下降的趋势。后续课题组根据近万家企业 CBI 数据可以得出中国企业品牌竞争力指数值 CBI 为 68，那么医药行业 CBI 为 76.5142>68，说明医药行业企业整体竞争水平稍高于平均水平，行业发展还是处于比较好的状态。同理，行业内部企业 CBI 数值低于 76.5142，说明其品牌竞争力处于劣势，高于 76.5142 说明其品牌竞争力处于优势，整个 CBI 指标体系为企业提供了一套具有诊断功能和预测功能的实用工具。

二、2012 年度中国医药企业品牌竞争力指数评级报告

（一）中国医药企业品牌竞争力指数评级标准体系

根据表 9-1 得出的医药企业 CBI 数值，课题组绘制总体布局图（见图 9-5），从整体上看，CBI 分布曲线两头陡峭、中间平缓。根据企业 CBI 数值表现出来的特征，结合医药企业的行业竞争力特性对调查的企业进行分级评估，按照一般惯例分为五级，划分标准如表 9-2 所示。

表 9-2　中国医药企业品牌竞争力分级评级标准

评级 标准	CBI 数值标准
A A A A A	CBI≥95
A A A A	90≤CBI<95
A A A	80≤CBI<90
A A	60≤CBI<80
A	CBI<60

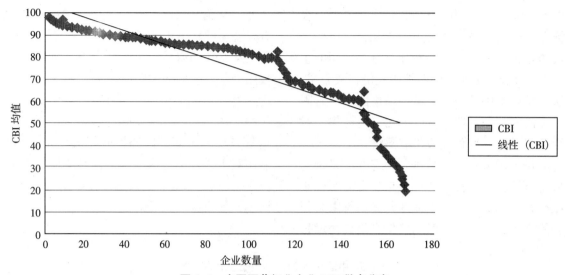

图 9-5 中国医药行业企业 CBI 散点分布

（二）中国医药企业品牌竞争力指数评级结果

由以上评价标准可以将医药企业划分为五个集团，具体的企业个数及分布情况如表 9-3 和图 9-6 所示，各级水平的企业得分情况由于篇幅原因仅列出代表企业。

表 9-3 中国医药行业企业各分级数量表

企业评级	竞争分类	企业数量	所占比重（%）	行业 CBI 均值	CBS 均值	品牌财务表现力均值	市场竞争表现力均值
5A 企业	第一集团	7	4.29	97.3050	3.4000	3.4583	3.2632
4A 企业	第二集团	25	15.34	92.1245	3.0472	3.1069	2.9078
3A 企业	第三集团	72	44.17	84.9838	2.6452	2.6891	2.5427
2A 企业	第四集团	39	23.93	66.6505	2.4007	2.4294	2.3339
1A 企业	第五集团	20	12.27	38.4679	2.0763	2.0682	2.0951
全部	不分类	163	100	76.5142	2.6110	2.6479	2.5247

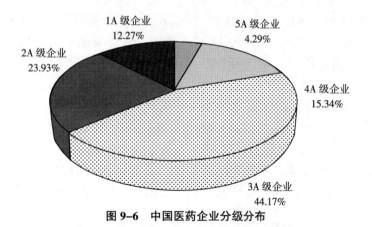

图 9-6 中国医药企业分级分布

表 9-4 中国医药企业 5A 级企业品牌代表

企业名称	评级水平	排名	行业 CBI	CBS	品牌财务表现力	市场竞争表现力
国药控股股份有限公司	5A	1	100	4.0923	3.9282	4.4752
上海医药集团有限公司	5A	2	99.2109	3.8995	3.9813	3.7086
云南白药集团股份有限公司	5A	3	98.0057	3.2677	3.3806	3.0042
上海复星医药股份有限公司	5A	4	97.7619	3.2444	3.3984	2.8851
哈药集团股份有限公司	5A	5	96.0460	3.1368	3.2092	2.9680

根据表 9-2 的中国医药企业品牌竞争力分级评级标准，5A 级的医药企业共有 7 家，占医药企业总数的 4.29%，与 2011 年相比，这一集团的企业没有大的变化，分别为国药控股股份有限公司、上海医药集团有限公司、云南白药集团股份有限公司、上海复星医药股份有限公司、哈药集团股份有限公司、北京同仁堂股份有限公司、华润三九医药股份有限公司，只是排名稍有变动，国药控股股份有限公司以微弱的优势超过上海医药集团有限公司成为第 1 名，上海医药集团有限公司退居到第 2 名，上海复星医药股份有限公司增长

迅速，从第 7 名跃居到第 4 名，北京同仁堂股份有限公司则从第 4 名下滑至第 6 名。

从 CBI 的值来看，与 2011 年差距不大，但是集团内部企业间的差距有扩大的趋势；从 CBS 表现来看，最高值由 2011 年的 3.3408 上升至 2012 年的 4.0923，并且企业间的差距有所增加。市场竞争表现力方面，国药控股有限公司排名第一，然而财务表现力方面，上海医药集团有限公司仍位居第 1 名。总的来看，5A 级企业的地位不容易撼动，各项竞争力可见一斑。

表 9-5　中国医药企业 4A 级企业品牌代表

企业名称	评级水平	排名	行业 CBI	CBS	品牌财务表现力	市场竞争表现力
华东医药股份有限公司	4A	8	94.4935	2.9750	3.0229	2.8632
三普药业股份有限公司	4A	9	94.1511	3.5149	3.5221	3.4982
威高集团有限公司	4A	10	93.9212	3.6228	3.9058	2.9625
浙江医药股份有限公司	4A	11	93.7802	3.1407	3.2565	2.8705
华润双鹤药业股份有限公司	4A	12	93.4748	3.0335	3.0959	2.8880

根据表 9-2 的中国医药企业品牌竞争力分级评级标准，4A 级的医药企业共有 25 家，占总数的 15.34%，与 2011 年相比，比重几乎持平。企业组成也没多大变化，只是排名变动比较大，这一集团的企业名次不是很稳定，其中变化比较大的有：吉林敖东药业集团有限公司从 2011 年的 3A 级跃居到 2012 年的 4A 级，名次上升了 18 名，三普药业股份有限公司由 2011 年的第 19 名上升至第 9 名，威高集团有限公司从第 20 名上升至第 10 名，这三家企业的增长速度比较快，发展势头不容小觑，康美药业股份有限公司从第 26 名升至第 20 名；然而 2011 年排在第 12 名的三精制药股份有限公司则下滑到第 15 名，华北制药股份有限公司从第 13 名下滑到第 18 名，东北制药集团股份有限公司从第 22 名下滑到第 31 名，丽珠医药

集团股份有限公司从第 16 名下滑到第 22 名。其他企业虽然没有这么大的变动，但是也有小幅度的变化，例如，2011 年排第 9 名、第 10 名的浙江医药股份有限公司、华润双鹤药业股份有限公司下滑到 2012 年的第 11 名、第 12 名。东阿阿胶股份有限公司从第 18 名上升了 2 个名次，至第 16 名，这个集团内企业或多或少都有变化，这主要是由于不同企业对不利经济形势的预测、防范和应对能力不同引起的。

从 CBI 这个综合指标来看，与 2011 年相比变化不大，但是有总体下降的趋势，与 2011 年相比 CBS 也有一定的变化。无论是财务竞争表现力还是市场竞争表现力，这一集团的企业几乎没有哪一家处于绝对的优势，且排名也不像第一集团那么稳定，竞争相对比较激烈。

表 9-6　中国医药企业 3A 级企业品牌代表

企业名称	评级水平	排名	行业 CBI	CBS	品牌财务表现力	市场竞争表现力
中牧实业股份有限公司	3A	33	89.4812	2.8506	2.9297	2.6660
武汉人福医药集团股份有限公司	3A	34	89.1757	2.8753	2.9636	2.6692
广州白云山制药股份有限公司	3A	35	89.0615	2.7580	2.7966	2.6681
深圳信立泰药业股份有限公司	3A	36	88.3233	2.7872	2.8643	2.6072
广西梧州中恒集团股份有限公司	3A	37	88.2417	2.7227	2.7641	2.6260

根据表9-2的中国医药企业品牌竞争力分级评级标准，3A级的医药企业共有72家，占总数的44.17%，与2011年相比，该集团的企业数量减少了4家，但是由于总的企业数量有所减少，所以比重却有上升。表9-6中所列的五家企业：中牧实业股份有限公司、武汉人福医药集团股份有限公司、广州白云山制药股份有限公司、深圳信立泰药业股份有限公司、广西梧州中恒集团股份有限公司是中国医药行业的中游企业，品牌财务表现力和市场竞争力表现较好，但是CBI与各级分指标都略高于行业平均水平。

与2011年的排名相比，一方面由于这一集团企业比较多；另一方面由于是处于中游企业，增长空间比较大，因此任何一个企业都可能通过不断发展来提高自己的地位。例如，2011年这一集团的代表企业是海王生物工程股份有限公司、深圳信立泰药业股份有限公司、中牧实业股份有限公司、武汉人福医药集团股份有限公司、山东罗欣药业股份有限公司，而2012年中牧实业股份有限公司却跃居这一集团第1名，海王生物工程股份有限公司则排在第38名。另外值得一提的是，广州白云山制药股份有限公司从2011年的第31名下滑至2012年的第35名，由2011去年的4A级集团降至2012年的3A级集团。在第三集团内部比较而言，增长较快的中国生物制品有限公司从2011年的第87名升至2012年的第78名，广州药业股份有限公司从第63名升至第51名。另外还有4家企业新进入前100名，这四家企业分别是南京医药股份有限公司、诚志股份有限公司、广州市香雪制药有限公司、千金药业股份有限公司，它们的排名分别是第95名、第96名、第99名、第100名，增长趋势比较明显。

从CBI的整体表现看，与2011年相比，财务表现力和市场竞争表现力都有下降的趋势。说明我国医药行业企业的增长空间是巨大的，特别是3A集团的企业都有不同程度的增长态势，因此，短时间内还难以确定这个集团的哪家企业有绝对的竞争优势。

表9-7　中国医药企业2A级企业品牌代表

企业名称	评级水平	排名	行业CBI	CBS	品牌财务表现力	市场竞争表现力
太极集团有限公司	2A	105	79.9940	2.7503	2.7597	2.7283
重庆华邦制药股份有限公司	2A	106	77.3801	2.6607	2.7011	2.5666
诺康生物制药有限责任公司	2A	107	77.0307	2.6518	2.7431	2.4387
仁皇药业股份有限公司	2A	108	73.7261	2.5535	2.6063	2.4303
天银制药有限公司	2A	109	71.0613	2.5169	2.5846	2.3589

据表9-2中国医药企业品牌竞争力分级评级标准，2A级医药企业共有39家，占医药企业总数的23.93%。与2011年相比，这个集团的企业数量减少了5家，表9-7中所列的五家企业：太极集团有限公司、重庆华邦制药股份有限公司、诺康生物制药有限责任公司、仁皇药业股份有限公司、天银制药有限公司是这一集团的代表企业。2A级集团企业位于中国医药行业中下游，其特征是品牌财务表现力、市场竞争表现力等均处于本行业平均水平之下，CBI及各项分指标得分值基本在行业平均值上下浮动。

这个集团企业2012年CBI均值为66.6505，比2011年均值73.1958有所降低，2011年这一集团的代表企业美罗药业股份有限公司、天银制药有限公司、贵州信邦制药股份有限公司、诚志股份有限公司、诺康生物制药有限责任公司，其中，诚志股份有限公司增长尤为明显，从2011年的110名之外跃居到2012年的第96名，并进入3A集团。在第四集团内部相比较而言，品牌财务表现力得分相对较高，但在市场竞争表现力方面还有待提高。

表9-8　中国医药企业1A级企业品牌代表

企业名称	评级水平	排名	行业CBI	CBS	品牌财务表现力	市场竞争表现力
山东金泰集团股份有限公司	1A	144	55.0435	2.2575	2.4811	1.7358
四川迪康科技药业股份有限公司	1A	145	52.3915	2.2369	2.2475	2.2122

续表

企业名称	评级水平	排名	行业 CBI	CBS	品牌财务表现力	市场竞争表现力
北京北陆药业股份有限公司	1A	146	51.0199	2.2251	2.2189	2.2396
北京御生堂制药有限公司	1A	147	50.1659	2.1981	2.1549	2.2988
青海明胶股份有限公司	1A	148	49.7048	2.1835	2.2973	1.9180

据表9-2中国医药企业品牌竞争力分级评级标准，1A级医药企业共有20家，占医药企业总数的12.27%。表9-8中所列的五家企业：山东金泰集团股份有限公司、四川迪康科技药业股份有限公司、北京北陆药业股份有限公司、北京御生堂制药有限公司、青海明胶股份有限公司等是中国医药行业的下游企业，其特征是CBI值、品牌财务表现力、市场竞争表现力等均远远低于行业平均水平，与2011年这一集团的代表企业北京御生堂生物工程有限公司、同济堂药业有限公司、重庆太极实业（集团）股份有限公司、振兴生化股份有限公司和北京科兴生物制品有限公司相比，2012年这五家企业的市场竞争力和财务表现力都有所下降。第五集团各项指标均有待于提高。

三、2012年度中国医药企业品牌价值50强排名

课题组认为，品牌价值（以下简称CBV）是客观存在的，它能够为其所有者带来特殊的收益。品牌价值是品牌在市场竞争中的价值实现。一个品牌有无竞争力，就是要看它有没有一定的市场份额，有没有一定的超值创利能力。品牌的竞争力正是体现在品牌价值的这两个最基本的决定性因素上，品牌价值就是品牌竞争力的具体体现。通常上品牌价值以绝对值（单位：亿元）的形式量化研究品牌竞争水平，课题组对品牌价值和品牌竞争力的关系展开研究，针对品牌竞争力以相对值（指数：0~100）的形式量化研究品牌竞争力水平。在研究世界上关于品牌价值测量方法论基础上，提出本研究关于品牌价值的计算方法，$CBV=CBI \times A \times \sum f(x_i)+C$，其中：CBV为企业品牌价值，CBI为企业品牌竞争力指数，A为分级系数，x_i为系数决定要素，C为行业调整系数。据此得出中国医药企业品牌价值50强（见表9-9）。

表9-9　2012年中国医药企业品牌价值前50强

企业名称	省（市、自治区）	2012年CBV（亿元）	排名	2011年CBV（亿元）	排名	2012年行业CBI
国药控股股份有限公司	上海市	100.36	1	83.48	8	100
上海医药集团有限公司	上海市	98.86	2	107.96	1	99.2109
云南白药集团股份有限公司	云南省	95.48	3	87.11	6	98.0057
上海复星医药股份有限公司	上海市	90.23	4	89.60	5	97.7619
哈药集团股份有限公司	黑龙江省	89.68	5	94.07	3	96.0460
北京同仁堂股份有限公司	北京市	86.56	6	94.66	2	95.1003
华润三九医药股份有限公司	广东省	84.89	7	89.60	4	95.0099
华东医药股份有限公司	浙江省	83.25	8	63.56	10	94.4935
三普药业股份有限公司	青海省	79.98	9	29.53	20	94.1511
华润双鹤药业股份有限公司	北京市	78.56	10	63.68	9	93.4748
健康元药业集团股份有限公司	广东省	77.91	11	34.88	18	93.3122
深圳市海普瑞药业股份有限公司	广东省	75.47	12	33.59	19	93.1688
三精制药股份有限公司	黑龙江省	74.89	13	84.70	7	93.1241
威高集团有限公司	山东省	69.09	14	29.10	24	93.9212
浙江医药股份有限公司	浙江省	65.46	15	28.44	27	93.7802

续表

企业名称	省（市、自治区）	2012年CBV（亿元）	排名	2011年CBV（亿元）	排名	2012年行业CBI
东阿阿胶股份有限公司	山东省	63.72	16	40.47	14	93.0146
天津天士力制药股份有限公司	天津市	60.34	17	36.80	16	92.7426
华北制药股份有限公司	河北省	58.42	18	63.51	11	92.4335
神威药业股份有限公司	河北省	53.27	19	47.78	13	92.3169
康美药业股份有限公司	广东省	49.25	20	28.98	25	92.1145
吉林敖东药业集团有限公司	吉林省	43.18	21	27.43	31	92.0478
丽珠集团股份有限公司	广东省	40.23	22	38.81	15	91.8923
四川科伦药业股份有限公司	四川省	38.23	23	28.81	26	91.7721
四环医药股份有限公司	海南省	36.45	24	29.23	22	91.6090
江苏恒瑞医药股份有限公司	江苏省	32.18	25	27.16	32	91.1932
永业农丰生物科技有限公司	北京市	29.89	26	28.07	28	91.0919
天津中新药业集团股份有限公司	天津市	29.78	27	29.28	21	90.5546
内蒙古亿利能源股份有限公司	内蒙古自治区	29.56	28	29.12	23	90.3571
华兰生物工程股份有限公司	河南省	29.32	29	23.39	42	90.2299
江中药业股份有限公司	江西省	28.95	30	36.23	17	90.1799
东北制药集团股份有限公司	辽宁省	28.84	31	63.47	12	90.1357
浙江海正药业股份有限公司	浙江省	28.45	32	27.43	30	90.0016
中牧实业股份有限公司	北京市	27.32	33	25.12	36	89.4812
武汉人福医药集团股份有限公司	湖北省	26.68	34	24.99	37	89.1757
广州白云山制药股份有限公司	广东省	25.32	35	27.97	29	89.0615
深圳信立泰药业股份有限公司	广东省	25.15	36	24.22	39	88.3233
广西梧州中恒集团股份有限公司	广西壮族自治区	24.97	37	26.90	33	88.2417
深圳市海王生物工程股份有限公司	广东省	24.35	38	25.29	34	88.1177
山东罗欣药业股份有限公司	山东省	23.76	39	24.41	38	88.0446
药明康德新药开发有限公司	上海市	23.45	40	22.15	—	88.0207
江苏先声药业有限公司	江苏省	23.28	41	22.72	46	87.9221
仁和药业股份有限公司	江西省	22.95	42	22.76	45	87.8170
浙江康恩贝制药股份有限公司	浙江省	22.87	43	23.83	41	87.5673
金陵药业股份有限公司	江苏省	22.68	44	23.97	40	87.5313
莱阳市江波制药有限责任公司	山东省	22.54	45	23.05	44	87.4736
山东新华制药股份有限公司	山东省	22.33	46	22.61	47	87.4517
中国天一医药集团	黑龙江省	22.12	47	22.25	50	87.3923
重庆智飞生物制品股份有限公司	重庆市	21.98	48	21.35	—	87.3840
西南合成制药股份有限公司	重庆市	21.68	49	20.28	—	87.3493
北京双鹭药业股份有限公司	北京市	21.35	50	19.98	—	87.2954
合计		2355.51				

说明："—"代表2011年该企业品牌价值不在50强内。

在163家受调研企业中，前50家企业CBV合计为2364.51亿元，较2011年有所提高。前10强的医药企业CBV总值合计为896.85亿元，占前50名企业的37.93%。2012年前10强企业分别为：国药控股股份有限公司、上海医药集团有限公司、云南白药集团股份有限公司、上海复星医药股份有限公司、哈药集团股份有限公司、北京同仁堂股份有限公司、华润三九医药股份有限公司、华东医药股份有限公司、三普药业股份有限公司、华润双鹤药业股份有限公司，与2011年相比，除了三普药业股份有限公司从第20名跃升到第10名，三精制药股份有限公司被踢出前10名，前10名的其他企业只是名次有所变动。国药控股股份有限公司从2011年的第8名升至第1名，云南白药集团股份有限公司从第6名升至第3名，华东医药股份有限公司从第10名升至第8名；从前30名的企业来看：三精制药股份有限公司从第7名滑至第13名，江中药业股份有限公司则从第17名降至第30名；健康元药业集团股份有限公司、深圳市海普瑞药业股份有限公司分别从2011年的第18名、第19名升至2012年的第11名、12名，威高集团有限公司从第24升至第14名，浙江医药股份有限公司从第27名升至第15名。特别是威高集团有限公司和浙江医药股份有限公司，这两家公司2012年的表现比较突出，财务表现力和市场竞争表现力都很好，增长势头强劲。

重庆智飞生物制品股份有限公司、西南合成制药股份有限公司和北京双鹭药业股份有限公司是2012年新进入前50名的企业，说明这3家企业的品牌价值较2011年有所提升。

其中值得一提的是三普药业股份有限公司、威高集团有限公司、浙江医药股份有限公司，这三家公司的CBV增长迅速。良好的品牌价值竞争表现力主要得益于其各个指标的增长都比较快。健康元药业集团股份有限公司、深圳市海普瑞药业股份有限公司、天津天士力制药股份有限公司3家企业2012年的财务表现非常突出，市场竞争力方面表现也不错，因此其CBV增加非常明显。有的企业因为2012年财务表现大幅度下降而导致CBV发生很大减少，如东北制药集团股份有限公司。

第三节　2012年度中国医药企业品牌竞争力区域报告

一、六大经济分区

（一）总体情况分析

根据课题组的调研数据，中国医药企业主要分布于华东地区和中南地区，163家企业中华东地区有56家，中南地区有39家。占总数的比重分别为34.36%、23.93%，集中度比较高，按照企业数量由多到少排列依次是华东地区、中南地区、华北地区、西南地区、东北地区、西北地区，其中西北地区基数最小，从2011年的7家减至2012年的4家。从CBI均值来看，2012年仅东北

地区、华东地区的CBI均值高于全国平均水平的76.5142，分别是77.0153、76.9075。而2011年则有华东地区、华北地区和西南地区三个地区的CBI均值高于全国均值77.9436，其中华北地区以79.7855位列第一。2012年中南地区虽然企业总数行业位列第二，但CBI均值却较低，仅为75.4421，低于全国均值，其品牌竞争力不足，还有很大的提升空间。西北地区不仅企业数量少，而且CBI均值也较低，仅为71.2184，虽然与2011年的CBI均值63.3781相比有大幅度的提高，但还远低于全国的平均水平。从品牌竞争力指数数据可以看出，各地区的医药企业品牌竞争状况存在较大的差距。

表9-10　中国医药企业六大经济区域竞争状况

区域	2012年企业数量	所占比重（%）	行业CBI均值		CBS均值		品牌财务表现力均值		市场竞争表现力均值	
			2012年	2011年	2012年	2011年	2012年	2011年	2012年	2011年
华北地区	27	16.56	76.2301	79.7855	2.6122	2.9041	2.6388	4.1755	2.5502	4.0819
东北地区	17	10.43	77.0153	75.9885	2.6306	2.8221	2.6598	4.0966	2.5626	3.8691
华东地区	56	34.36	76.9075	79.4267	2.6399	2.8964	2.6795	4.1853	2.5474	4.0186
中南地区	39	23.93	75.4421	77.3566	2.5561	2.8517	2.5892	4.1250	2.4789	3.9458
西南地区	20	12.27	76.3703	79.2101	2.6051	2.8917	2.6608	4.1906	2.4751	3.9821
西北地区	4	2.45	71.2184	63.3781	2.6789	2.5497	2.7255	3.7304	2.5701	3.4224
总体情况	163	100	76.5142	77.9436	2.6110	2.8643	2.6479	4.1417	2.5247	3.9673

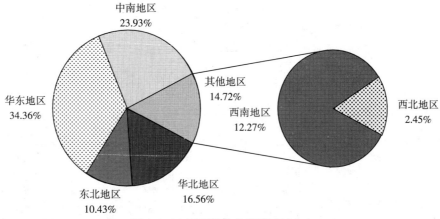

图 9-7　中国医药企业数量区域分布

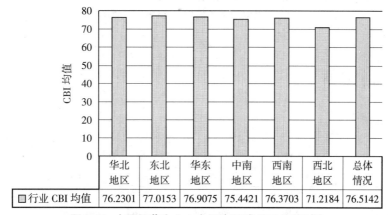

	华北地区	东北地区	华东地区	中南地区	西南地区	西北地区	总体情况
行业 CBI 均值	76.2301	77.0153	76.9075	75.4421	76.3703	71.2184	76.5142

图 9-8　中国医药企业六大经济区域 CBI 均值对比

（二）分项情况分析

从各分项竞争力指标对比方面来看，西北地区品牌财务表现力均值最好，以 2.7255 位列第一，与 2011 年的最低正好相反，主要原因是西北地区受调研的医药企业少，2011 年仅有 7 家，而 2012 年只有 4 家，其他 3 家因为财务数据异常而没有涵盖在调研的范围之中。华东地区以均值 2.6795 位列第二，虽然不同地区的财务表现力均值不同，但是六大地区的差距并不大。这显示出医药行业的品牌财务表现力差距不是很明显。在市场竞争表现力方面，西北地区位列第一，均值为 2.5701，东北地区以 2.5626 位列第二。华北地区、西南地区、中南地区都低于均值 2.5247，虽然东北地区企业数量相对来说比较少，但是市场竞争表现力还是不错的。总的来说，西北地区因为特殊原因在财务表现力和市场竞争表现力两方面都位列第一，但是不同地区在这两个指标上的差距很小。从各分项指标来看，与 2011 年相比，整个医药行业不同区域发展水平差距有缩小的趋势。

从图 9-9 可以看出：CBS、品牌财务表现力均值、市场竞争表现力均值三个指标的走势是完全一致的，也就是说，如果一个公司只有一方面表现突出，并不一定能使自己的品牌竞争力处于很高水平，但是通过分析可以发现自己的优势和劣势，进而采取有针对性的措施来提高公司的品牌竞争力。

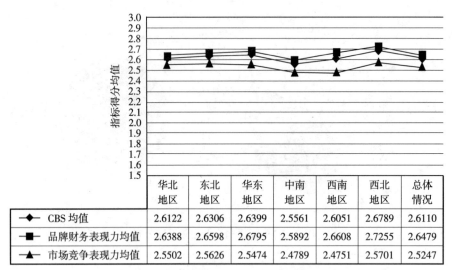

	华北地区	东北地区	华东地区	中南地区	西南地区	西北地区	总体情况
CBS 均值	2.6122	2.6306	2.6399	2.5561	2.6051	2.6789	2.6110
品牌财务表现力均值	2.6388	2.6598	2.6795	2.5892	2.6608	2.7255	2.6479
市场竞争表现力均值	2.5502	2.5626	2.5474	2.4789	2.4751	2.5701	2.5247

图 9-9　中国医药企业一级指标分区域对比

二、六大省（市）分析

（一）总体情况分析

表 9-11　中国医药企业六大省（市）竞争状况

省（市）	企业数量	所占比例（%）	行业 CBI 均值	CBS 均值	品牌财务表现力均值	市场竞争表现力均值
广东省	16	9.82	77.7478	2.6586	2.6972	2.5687
上海市	15	9.20	74.6718	2.7165	2.7443	2.6517
浙江省	13	7.98	76.4186	2.5850	2.6166	2.5111
北京市	13	7.98	69.4319	2.5448	2.5633	2.5018
江苏省	11	6.75	77.4767	2.6074	2.6387	2.5344
山东省	10	6.13	77.8714	2.6658	2.7485	2.4727
其他省（市）	85	52.15	77.2795	2.5915	2.6287	2.5045
总体情况	163	100	76.5142	2.6110	2.6479	2.5247

从表 9-11 中可以看出，广东省、上海市、浙江省、北京市、江苏省、山东六个省（市）的医药企业数量占到企业总数的 47.85%，其比重分别为 9.82%、9.20%、7.98%、7.98%、6.75%、6.13%（见图 9-10），可以看出中国医药企业的省（市）分布集中度一般，没有任何省（市）具有绝对的数量优势。从 CBI 均值来分析，山东省、广东省、江苏省三省 CBI 得分分别为 77.8714、77.7478、77.4767（见图 9-11），均高于行业平均值 76.5142。浙江省的 CBI 均值和行业均值几乎相等，最低的是北京市，仅为 69.4319。与 2011 年

相比，山东省的医药企业 2012 年表现不错。上海医药企业数量在各省（市）的数量排名中位列第二，但其 CBI 得分却基本接近行业平均值，比上述三省（市）低很多，显示其品牌竞争力有待提升。江苏省和山东省企业数量占全国企业总数的比重都不是很高，但是 2012 年两省企业的 CBI 得分却远高于行业平均值，显示其企业品牌有较强的竞争力。但从总体情况看，2012 年的各项指标得分有所下降，这就说明了 2012 年中国医药企业的品牌竞争力没有得到很好的发展。

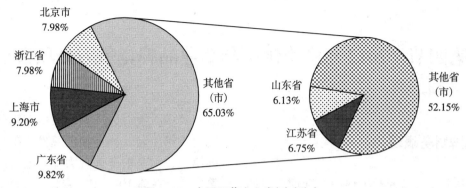

图 9-10　中国医药企业省（市）分布

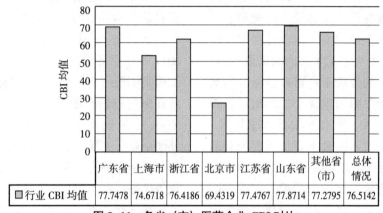

	广东省	上海市	浙江省	北京市	江苏省	山东省	其他省（市）	总体情况
行业 CBI 均值	77.7478	74.6718	76.4186	69.4319	77.4767	77.8714	77.2795	76.5142

图 9-11　各省（市）医药企业 CBI 对比

（二）分项情况分析

从各省（市）医药企业的品牌竞争表现情况看，各指标之间的差距都比较小。财务表现力方面，山东省以 2.7485 的均值位居各省（市）第 1 名，而北京市排在六省（市）中最后一名，均值仅为 2.5633；市场竞争表现力方面，上海市排在第 1 名，均值为 2.6517，山东则以 2.4727 位居最后一名，这说明山东省的医药企业在市场竞争力方面还有待进一步提高。受调研的医药企业在广东省、上海市、浙江省、北京市、江苏省、山东省这六个省（市）共有 80 家，各省（市）分布相对均匀，还没有形成绝对集中的格局。与 2011 年相比，各项指标都呈现下降趋势，总体来看，各省（市）在不同指标上的表现略有差异，但不是很明显，品牌财务表现力与市场竞争表现力处于行业的中上水平。

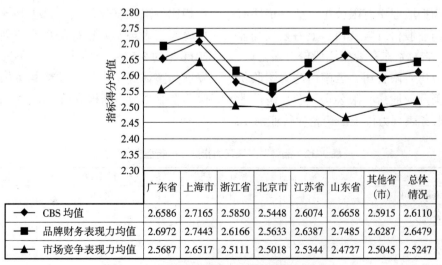

	广东省	上海市	浙江省	北京市	江苏省	山东省	其他省（市）	总体情况
CBS 均值	2.6586	2.7165	2.5850	2.5448	2.6074	2.6658	2.5915	2.6110
品牌财务表现力均值	2.6972	2.7443	2.6166	2.5633	2.6387	2.7485	2.6287	2.6479
市场竞争表现力均值	2.5687	2.6517	2.5111	2.5018	2.5344	2.4727	2.5045	2.5247

图 9-12　中国医药企业一级指标得分均值对比

第四节　2012年度中国医药企业品牌竞争力分项报告

一、品牌财务表现力

目前国内企业经营者对于现代化管理手段的理解与实践，多半仍停留在以财务数据为主导的思维里。虽然财务数据无法帮助经营者充分掌握企业发展方向，但在企业的实际运营过程中，财务表现仍然是企业对外展示基本实力的重要依据。品牌财务表现力层面的分析是将财务指标分为规模因素、增长因素和效率因素3个二级指标。规模因素主要从销售收入、所有者权益和净利润3个三级指标来衡量；效率因素主要从净资产利润率、总资产贡献率2个三级指标来衡量；增长因素主要从近三年销售收入增长率、近三年净利润增长率2个三级指标来衡量。财务表现力的测评客观反映了企业品牌竞争力的发展水平。

虽然从2008年国际经济形势发生了巨大的变化，全球金融危机、希腊债务危机、欧洲债务危机等，但是近年来中国经济的增长还是比较快的，随着中国国民物质消费水平的不断提高，再加上国家对医药行业的改制和大力支持，使得各医药企业近年来营业收入、净利润都保持了良好的增长态势。全国受调研的163家医药企业在品牌财务表现力得分均值为2.6479，上海医药集团股份有限公司、国药控股股份有限公司、威高集团有限公司、三普药业股份有限公司、上海复兴药业股份有限公司、吉林敖东药业集团股份有限公司、吉林长龙药业股份有限公司、云南白药集团股份有限公司、康美药业股份有限公司、浙江医药股份有限公司的财务表现力位于医药企业行业前10

名。其中，上海医药集团股份有限公司的财务表现力为第1名，国药控股股份有限公司的CBI位列第一，但是财务表现力却在上海医药之后位列第二名。在前10名中，吉林长龙药业股份有限公司的财务表现力相当强劲，之所以CBI排名比较靠后是因为其市场竞争表现力不是很好。

从财务表现力一级指标来看，2012年和2011年在财务表现力方面比较稳定的企业是上海医药集团股份有限公司、国药控股股份有限公司、浙江医药股份有限公司、云南白药集团股份有限公司、三普药业股份有限公司，说明这5家企业比其他企业有更强的财务表现竞争力，另有5家企业被其他企业替代，说明新进入的5家企业有较大的竞争优势，也体现了财务量化指标的易变性。

从3个二级指标看，其均值分别为：规模因素2.7633，增长因素1.6792，效率因素3.0781，其中效率因素得分最高，其对整体品牌财务表现力的影响也最大；效率因素中又以净资产利润率得分最高，为3.1249。与2011年相比，3个二级指标的值都有所减小，但与2011年相同的是效率因素一直都是最大的。在所有三级指标中，和2011年不同的是净资产报酬率超过所有者权益得分而成为对财务表现力影响最大的指标，其值为3.1249，净利润得分最低，仅为1.7778，与2011年相比下降幅度比较大，这也是导致二级指标中规模因素表现不是很好的重要原因。增长因素比2011年的3.5761下降了不少，这说明医药企业的发展与整体经济形势是休戚相关的，因此，我国医药企业必须不断提升风险的预测和防范能力。

表9-12　品牌财务表现力指数——行业前10名

企业名称	所在省（市）	行业CBI	品牌财务表现力
上海医药集团股份有限公司	上海市	99.2109	3.9813
国药控股股份有限公司	上海市	100	3.9282
威高集团有限公司	山东省	93.9212	3.9058
三普药业股份有限公司	青海省	94.1511	3.5221
上海复兴药业股份有限公司	上海市	97.7619	3.3984

企业名称	所在省（市）	行业 CBI	品牌财务表现力
吉林敖东药业集团股份有限公司	吉林省	92.0478	3.3948
吉林长龙药业股份有限公司	吉林省	80.1155	3.3916
云南白药集团股份有限公司	云南省	98.0057	3.3806
康美药业股份有限公司	广东省	92.1145	3.3127
浙江医药股份有限公司	浙江省	93.7802	3.2565

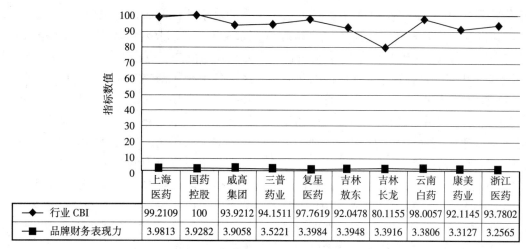

图 9-13　品牌财务表现力前 10 名企业

表 9-13　品牌财务表现力各分项指标得分均值

一级指标	2012 年	2011 年	二级指标	2012 年	2011 年	三级指标	2012 年	2011 年
品牌财务表现力	2.6479	4.1417	规模因素	2.7633	4.1989	销售收入	3.0770	3.7067
						所有者权益	3.1089	4.6504
						净利润	1.7778	4.3543
			效率因素	3.0781	3.5761	净资产报酬率	3.1249	4.2511
						总资产贡献率	3.0078	4.1417
			增长因素	1.6792	4.2073	近三年销售收入增长率	1.3222	3.6148
						近三年净利润增长率	2.3420	3.5375

二、市场竞争表现力

随着国际化格局逐步形成，医药行业市场的竞争也不断加剧，中国企业面临的淘汰率也在上升。因此企业只有具备更强的市场竞争能力，才能在各自行业环境中生存下去。课题组对市场竞争表现力层面的分析，将指标分为市场占有能力和超值获利能力 2 个二级指标。市场占有能力主要从市场占有率、市场覆盖率 2 个三级指标衡量；超值获利能力主要从品牌溢价率、品牌销售利润率 2 个三级指标衡量。

由于近几年中国经济的快速发展，带来了中国国民物质消费水平的不断提高，再加上政府对医药行业的大力支持，使得医药企业近年来的数量、规模、营业收入、净利润都保持了良好的增长态势，但同时也带来了激烈的竞争。通过对全国 163 家医药企业进行调研，得出医药企业市场竞争力得分均值为 2.5247，几乎只是 2011 年得分均值 4.9028 的一半，说明 2012 年医药企业的市场发展情况受经济大环境的影响比较严重，竞争愈加激烈，市场竞争力的均值不增反减。2012 年受调研的 163 家医药企业，市场竞争表现力前 10 名分别为：国药控股股份有限公司、吉林敖东药业集团股份有限公司、上海医药集团股份有限公司、三普药业股份有限公司、南京医药股份有限公司、云南白药集团股份有限公司、哈药集团股份有限公司、威高集团有限公司、天津天士力制药股份有限公司、北京同仁堂股份有限公司。与2011年的前10名相比，2012年只有4家企业仍保持在前10名中，但这4家企业的市场竞争力排名也有变动。上海医药集团有限公司从2011年的第9名升至第3名，北京同仁堂股份有限公司则从第1名降至第10名。另6家2012年新进前10名的企业，其市场竞争力表现比较强势，尤其是国药控股股份有限公司从2011年的10名之外跃居到2012年的第1名，吉林敖东药业集团股份有限公司、威高集团有限公司、三普药业股份有限公司3家企业也不容忽视，2012年不仅在市场竞争力方面增长迅速，其他指标增长也相当惊人，其品牌竞争力呈现强劲态势。

从2个二级指标来看，2012年市场占有能力得分均值为1.7991，不到2011年3.8180的一半，说明医药企业市场竞争方面不断加剧，难以形成垄断局面，但在一定程度上有利于优胜劣汰，意味着在不久的将来处于竞争弱势的医药企业会面临被淘汰的可能。超值获利能力得分为3.8723，与2011年的4.4193差距并不大，得分变化幅度没有市场占有能力那么大，这也在一定程度上反映了品牌溢价率和品牌销售利润率的稳定性，进一步说明了企业的品牌竞争具有长远性。在前10名企业中，市场占有率差异相对比较大，比如第1名的国药控股股份有限公司得分为5，而第10名的北京同仁堂股份有限公司仅为2.9617，那么很多小医药企业的市场占有率更低，尽管这样，由于竞争激烈，也难以出现一家独霸天下的可能，因为各家企业都在扩大规模，增加连锁店，努力开拓各种市场。从市场覆盖率来看，其均值要高于市场占有率3.3623，这与国家的政策支持是分不开的。由于大家对安全的重视，品牌对医药行业企业市场竞争力的影响非常明显，因此品牌溢价率得分均值最高，为4.4261，这也显示了品牌的无形力量。总的来说，2012年的各级指标表现都不如2011年，说明医药行业的品牌竞争力有很大的提升空间。

表9-14 市场竞争表现力指数——行业前10名

企业名称	所在省（市）	行业CBI	市场竞争表现力
国药控股股份有限公司	上海市	100	4.4752
吉林敖东药业集团股份有限公司	吉林省	92.0478	4.0416
上海医药集团股份有限公司	上海市	99.2109	3.7086
三普药业股份有限公司	青海省	94.1511	3.4982
南京医药股份有限公司	江苏省	81.4900	3.0983
云南白药集团股份有限公司	云南省	98.0057	3.0042
哈药集团股份有限公司	黑龙江省	96.0460	2.9680
威高集团有限公司	山东省	93.9212	2.9625
天津天士力制药股份有限公司	天津市	92.7426	2.9203
北京同仁堂股份有限公司	北京市	95.1003	2.9167

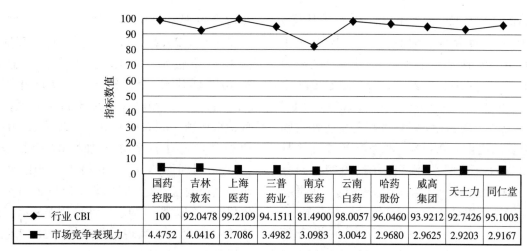

图 9-14　市场竞争表现力前 10 名企业

表 9-15　市场竞争表现力各分项指标得分均值

一级指标	2012 年	2011 年	二级指标	2012 年	2011 年	三级指标	2012 年	2011 年
市场竞争表现力	2.5247	3.9673	市场占有能力	1.7991	3.8180	市场占有率	1.1292	3.7897
						市场覆盖率	3.3623	3.8841
			超值获利能力	3.8723	4.4193	品牌溢价率	4.4261	4.4567
						品牌销售利润率	2.8438	4.4399

第五节　中国医药企业品牌竞争力提升策略专题研究

一、中国医药行业宏观经济与政策分析

（一）医药市场运行情况

2012 年中国药品市场规模达到 9261 亿元。中国药品市场呈现出高速扩容、市场竞争激烈、行业集中度低、受政策影响很大的特点。人口老龄化带来的药品潜在需求增加，经济发展带来的社会保障水平、居民购买能力的提升，是药品市场扩张的源泉。国内制药企业随着药品需求同步扩张。外资企业在中国药品市场上扮演着重要角色，尤其是在高端的三级医院药品市场中占据令人瞩目的市场份额。从主要运行指标来看，投资增速高位放缓，利用外资形势依然严峻；增加值增长率小幅反弹，企业销售进度继续恢复，终端消费继续回暖；进出口贸易疲软，进口增幅继续高于出口增幅，出口交货值增速反弹明显；生产

价格延续回升势头，消费价格有所反弹，零售价格下行态势依旧；盈利增速触底回升。

1. 医药行业的投资情况

2012 年以来，受实施新版《药品经营质量管理规范》（GMP）的推动，医药行业投资继续高速增长，投资占比持续扩大。国家统计局数据显示，2012 年 1 月至 7 月，医药行业完成投资额 1765.65 亿元，同比增长 40.2%，增速较 2012 年 1 月至 6 月小幅回落 0.4 个百分点，但较 2011 年同期仍加快 2.7 个百分点；医药行业投资额占同期全国总量的比重为 0.96%，占比较 2012 年 1 月至 6 月小幅缩小 0.01 个百分点，但仍较 2011 年同期扩大 0.13 个百分点。国家统计局数据显示，2012 年 1 月至 9 月，医药行业外商直接投资合同项目 76 个，同比下降 17.4%，降幅较 2012 年 1 月至 8 月缩窄 1.4 个百分点，而与 2011 年同期相比增长 9.5%；医药行业外商直接投资合同项目占同期全

国总量的比重为0.42%，占比较2012年1月至7月扩大0.01个百分点，但较2011年同期缩小0.03个百分点；医药行业实际使用外资金额为71693万美元，同比下降23.6%，降幅较2012年1月至8月扩大4.7个百分点，而与2011年同期相比增长5.5%；医药行业实际使用外资金额占同期全国总量的比重为0.86%，占比较2012年1月至8月和2011年同期分别缩小0.07、0.22个百分点。1~11月，医药行业投资高速增长的势头继续放缓，但仍处于相对高位。国家统计局数据显示，2012年1月至12月，医药行业完成投资额3564.66亿元，同比增长34.6%，增速较2012年1月至11月和2011年同期分别回落1.4和10.9个百分点；医药行业投资额占同期全国总量的比重为0.98%，占比与2012年1月至11月几乎持平，较2011年同期扩大0.11个百分点。

从2012年整体来看，医药行业利用外资形势总体较为严峻，外资合同项目数和实际使用外资金额持续数月负增长，占比也有所萎缩。12月，医药行业利用外资形势未有明显改观。国家统计局数据显示，2012年1月至12月，医药行业外商直接投资合同项目98个，同比下降17.4%，已连续14个月下降，且降幅较2012年1月至11月和2011年同期分别扩大3.7和9.8个百分点；医药行业外商直接投资合同项目占同期全国总量的比重为0.39%，占比较2012年1月至11月和2011年同期分别缩小0.02和0.04个百分点；医药行业实际使用外资金额为94071万美元，同比下降20.1%，已连续11个月下降，但降幅较2012年1月至11月缩小1.0个百分点，而2011年同期是同比增长14.5%；医药行业实际使用外资金额占同期全国总量的比重为0.84%，占比较2012年1月至11月和上年同期分别缩小0.02和0.17个百分点。

2. 医药行业的销售情况

2012年1月至9月，医药行业实现销售产值13318.43亿元，同比增长20.0%，增速与2012年1月至9月持平，但较2011年同期回落10.2个百分点。2012年10月，受公立医院改革及医保控费政策的影响，医药市场消费有所降温。国家统计局数据显示，2012年10月，医药行业实现销售产值1478.36亿元，同比增长18.6%，增速较

2012年9月和2011年同期分别回落4.7和11.1个百分点。2012年11月，医药行业实现销售产值1595.33亿元，同比增长22.9%，增速较2012年10月回升4.3个百分点，较2011年同期回落5.1个百分点；2012年1月至11月，医药行业实现销售产值14886.14亿元，同比增长20.6%，增速较2012年1月至10月加快0.6个百分点，较2011年同期回落9.2个百分点。2012年12月，医药企业销售进度继续恢复，但与2011年同期相比仍有一定差距。国家统计局数据显示，2012年12月，医药行业实现销售产值1736.43亿元，同比增长23.3%，增速较2012年11月小幅回升0.4个百分点，较2011年同期回落6.2个百分点；2012年1月至12月，医药行业实现销售产值16628.31亿元，同比增长20.9%，增速较2012年1月至11月略快0.3个百分点，较2011年同期回落9.1个百分点。

2012年我国医药行业收入增长19.8%，至17083亿元，利润总额增长19.8%，至1732亿元，收入和利润增长连续三个月加快。行业整体毛利率29.6%，成本费用利润率达到11.0%，连续3个月呈现提升态势，显示盈利能力得到加强。子行业中，化学制剂药、医疗设备及器械、中药饮片、卫材及医药用品的收入增长率分别为22.5%、21.4%、24.2%、19.8%，利润增长率分别为：25.3%、24.4%、27.5%、27.2%，这三个子行业表现优于行业整体水平的收入增长率19.8%和利润增长率19.8%；而化学原料药、生物药品、中成药、兽用药品收入增长率和利润增长率则低于行业整体水平，其中，收入增长比例分别为13.9%、18.8%、21.4%、17.1%，利润增长率分别为15.9%、14.3%、16.5%、16.6%，并且除了中药饮片，其余子行业的毛利率均出现上升趋势。

3. 医药行业经营盈利状况

前2个月，医药产业实现主营业务收入2291.6亿元，同比增长21.4%；利润总额211亿元，同比增长11.4%，低于2011年全年12个百分点；销售收入利润率9.2%，同比降低0.8个百分点。利润增速下降主要受化学药品原药和制剂效益下滑较大所致。前2个月，化学药品原药销售收入利润率同比降低2.1个百分点，利润同比下降18.4%；化学药品制剂销售收入利润率同比

降低 1.7 个百分点，利润仅同比增长 2.2%。其他行业利润增幅均高于 20%。8 月，医药制造业销售收入增速回暖，但受困于原材料价格上涨及期间费用率的提高，利润增速持续下滑。国家统计局数据显示，2012 年 1 月至 8 月，医药制造业实现主营业务收入 10477.9 亿元，同比增长 19.10%，较 2012 年 1 月至 7 月回升 0.02 个百分点；实现利润总额 1015.5 亿元，同比增长 17.22%，较 2012 年 1 月至 7 月回落 0.54 个百分点。毛利率为 29.19%，好于 2011 年同期；净利率为 8.27%，近 3 个月连续下滑，但仍好于 2011 年同期；管理费用增速好于全年同期，销售费用增速略有提升，财务费用基本持平但高于 2011 年同期。2012 年 1 月至 11 月，医药行业实现营业收入 15521.9 亿元，较 2011 年同期增长 19.5%，营业收入增速慢于 2011 年同期。实现净利润 1490.2 亿元，同比增长 17.93%，2 月创出了 11.47% 的低点后逐步触底反弹，但仍远远落后于 2011 年同期 22.28% 的增速，且创出 2007 年以来的新低；毛利率为 29.21%，净利率 9.79%，均与 2011 年同期基本持平。

总体来看，尽管国内医药行业整体发展形势稳步回升，但在全球经济持续低迷的形势没有出现明显改观的背景下，投资比 2011 年有所减少，虽然不同季度或者月份会有震动，但整体上呈下降的趋势；销售方面稳中增长，但增速却比同期有所下降；经营盈利方面，由于整个经济形势还不容乐观，使得医药企业间的竞争不断加剧，再加上进出口受阻，盈利能力偏弱。

(二)医药行业政策分析

政策是行业发展的重要力量，政策助推医药行业未来发展。2011~2012 年医药行业的政策出台比较密集。统计显示，2011 年 12 月至 2012 年 7 月，国务院和国务院办公厅相继出台了 6 个与医药行业相关的文件。它们是 2011 年 12 月国务院印发《工业转型升级规划》，提出推动药品质量标准和生产质量规范升级，为此国家设立了支持企业进行新版药品 GMP 改造的专项；2012 年 1 月国务院印发《国家药品安全"十二五"规划》，提出"研究完善药品经济政策，对已达到国际水平的仿制药，在药品定价、招标采购、医保报销等方面给予支持，形成有利于提高药品质量、保证药品安全的激励机制"；2012 年 3 月国务院印

发《"十二五"期间深化医药卫生体制改革规划暨实施方案》，提出"到 2015 年力争全国医药百强制药企业销售额占到全行业的 50% 以上"；2012 年 7 月国务院印发《"十二五"国家战略性新兴产业发展规划》，提出到 2020 年要把生物产业培育成国民经济支柱产业，国家为落实支持生物医药产业的发展已开设两个专项给予扶持；国务院办公厅印发《深化医药卫生体制改革 2012 年主要工作安排》，提出对用量小、临床必需紧缺产品可采用招标定点等方式确保供应。另外，要完善医药产业发展政策。

第三季度、第四季度也陆续出台了一系列的意见和方案。2012 年 8 月 30 日，国家发改委、卫生部、财政部、人社部、民政部、保监会印发《关于开展城乡居民大病保险工作的指导意见》。2012 年 11 月 7 日，工信部、卫生部、国家发改委和国家药监局联合下发《关于开展用量小临床必需的基本药物品种定点生产试点的通知》，并以附件形式下发《关于开展用量小临床必需的基本药物品种定点生产试点的实施方案》，对基本药物品种定点生产试点做出部署。中共十八大报告把"全民医保基本实现，城乡基本医疗卫生制度初步建立"作为中共十七大以来社会建设取得新进步的重要内容，把实现"人人享有基本医疗卫生服务"作为 2020 年全面建成小康社会的重要奋斗目标，并做出了明确部署，阐明了今后我国深化医改与发展医药卫生事业的目标、任务和政策，开启了医药卫生事业改革发展的新篇章。

1. 调整部分药品最高零售限价，促使药品价格回归理性

2012 年以来，国家发改委按照既定工作计划分期分批降低政府定价范围内的药品价格，价格调整均以药品生产经营的社会平均成本为基础，综合考虑市场供求等因素确定。旨在通过新一轮的价格梳理，理顺药品价格管理思路和方式，通过价格杠杆引导医药产业有序发展。2012 年第三季度，国家发改委对部分药品最高零售限价进行调整，这也是自 1997 年以来的第 30 次药价调整。

2012 年 9 月 14 日，国家发改委发出通知，决定从 2012 年 10 月 8 日起调整部分抗肿瘤、免疫和血液系统类等药品的最高零售限价，共涉及 95 个品种、200 多个代表剂型规格，平均降价幅

度为 17%。国家发改委负责人表示，此次价格调整对日费用高的药品加大了降价力度、对日费用低的药品不降价，鼓励价格相对低廉药品的生产供应；对部分临床供应紧张的血液制品适当提高了价格；对专利等创新型药品适当控制降价幅度，利用价格杠杆促进药品的研发创新；对原单独定价药品，进一步缩小了与统一定价药品之间的价差，以促进市场公平竞争。

2012 年 10 月以来，国家发改委继续对部分药品最高零售限价进行调整，这也是自 1997 年以来的第 31 次药价调整。2012 年 12 月 31 日，国家发改委发出通知，决定从 2013 年 2 月 1 日起调整呼吸、解热镇痛和专科特殊用药等药品的最高零售限价，共涉及 20 类药品，400 多个品种、700 多个代表剂型规格，平均降价幅度为 15%，其中高价药品平均降幅达到 20%。根据国家发改委价格司医药价格处统计，按 2011 年市场份额初步测算，自 2011 年开始的本轮化学药品总共降价 600 多亿元。同时，此次调整也注重加强对低价药品的价格扶持，特别是对临床短缺的低价药品，在开展成本价格调查、专家评审和广泛听取有关方面意见的基础上适当提高了价格，以鼓励低价药的生产供应，满足临床需要。此外，按照管理工作计划，本次价格调整方案是为期两年的化学药品价格调整最后一批。

"药品价格虚高"频遭诟病是药品连续降价的主要原因，"医药分开"的推进和"医药控费"的深入也在客观上促进了对药品价格的调整。2012 年 9 月 17 日，卫生部部长陈竺在介绍我国卫生事业改革发展进展情况时表示，2011 年公立医院次均门诊费用和住院费用均上涨 2.2%，与前两年病人费用持续上涨 6% 以上相比，涨幅明显下降，公立医院费用控制初见成效；2011 年社区卫生服务中心次均门诊费用和人均住院费用比 2008 年分别下降 13.5%、14.8%，乡镇卫生院医药费用增长幅度也快速下降。可以预见，本轮药品降价将进一步降低医药费用的增长速度。但不容忽视的是，在调整药品价格的同时，还应加强对药品流通环节的整顿，确保药品从出厂到医院终端价格的稳定，使高企的药价回归理性。

2. 加快实施药品 GMP，促进医药产业升级

2011 年 3 月 1 日新修订《药品生产质量管理规范》实施以来，各地区、各部门密切配合，加大宣传实施力度，部分药品生产企业已经率先通过认证，发挥了良好的示范带头作用。但总体来看，距离预期目标仍有较大差距。截至 2012 年 11 月 30 日，在全国 4669 家原料药和制剂生产企业中，仅 597 家企业获得 699 张新版 GMP 证书；预计将有 160 家企业放弃所有剂型的 GMP 改造，17% 的无菌药品生产企业在规定时限（2013 年 12 月 31 日）之前难以通过认证。

为鼓励和引导药品生产企业尽快达到新修订药品 GMP，国家药监局、国家发改委、工业和信息化部以及卫生部四部委于 2012 年 12 月 21 日发布《关于加快实施新修订药品生产质量管理规范促进医药产业升级有关问题的通知》，提出兼并重组、认证检查、药品注册审评审批、委托生产、价格调整、招标采购和技术改造七个方面的鼓励措施。

随着新医改的逐步推进，调整产业结构、推动产业升级已成为医药行业刻不容缓的一项任务，而新修订药品 GMP 实施是推动医药产业结构调整的新契机。根据《通知》，今后涉及药品注册、生产、销售的一系列政策将向通过新修订药品 GMP 认证的企业倾斜，而对于无力通过新修订药品 GMP 认证的企业而言，停产关闭或被兼并重组将是其必然选择。到期尚未通过新修订药品 GMP 认证的企业要坚决停产；今后，将采取"抓两头、促中间"的办法，即鼓励和支持一批大型骨干企业尽早通过新修订药品 GMP 认证，保证药品供应可及、市场稳定；对一些不具备改造价值、品种没有优势的企业，则坚决劝其退出和放弃，不再促其改造。可以预计，在政府强有力的推动下，新修订药品 GMP 的加快实施必将促使医药行业在今后几年内迎来兼并重组热潮，行业将加快淘汰落后生产能力，资源将加速向优势企业集中，医药产业结构调整将出现明显变化。

3. 政策有所倾向，加大对新兴生物产业的支持力度

2012 年 7 月，国务院出台《"十二五"国家战略性新兴产业发展规划》，生物产业位列七大战略性新兴产业之一。"十一五"期间，我国生物产业产值从 0.6 万亿元跃升至 1.6 万亿元。据估计，"十二五"末，生物产业产值将达到 4 万亿元的水

平，其中生物医药部分产值将达 3.6 万亿元。在最近一年多的时间里，国家陆续出台一系列与生物医药相关的"十二五"规划，明确了坚持创新驱动、提高产业集中度、提升国际竞争力等重点发展方向。在我国对健康产业投入力度逐步加大、"重大新药创制"专项持续实施的环境下，有望研制一批具有重大创新的生物医药，实现从仿制到自主创新的战略转变。

为解决我国医药产业多、小、散、乱现象，从 2008 年开始，医药行业政策就引导医药行业兼并重组。特别是在 2011 年发布的《医药工业"十二五"规划》中，明确将推动企业兼并重组作为重要任务，目标就是要提高产业集中度。充分利用全球创新资源，加强国际交流合作，探索国际合作发展新模式，加快出口，鼓励企业"走出去"，加快国际化和提升国际竞争力，是"十二五"规划中明确的重要任务。延长原料药产品链、优化产品结构、提升制剂效益、发展国际化制剂市场将成为中国医药产业未来的主流发展方向。

总而言之，医药行业是受政策影响较大的行业，新医改为医药行业的发展提供了广阔的发展空间，大量政策的颁布为医药行业的发展提供了政策支持，医药企业应该尽力抓住这一机遇，利用好有关政策为企业创造新的发展机会。

二、中国医药行业品牌竞争力提升策略建议

21 世纪，品牌管理将成为区别一个企业独一无二的标准，决定一个公司的长远发展。品牌这种无形资产已经成为一项举足轻重的公司资产。随着我国经济的快速发展，人民物质生活水平的不断提高，促使医药行业也进入了品牌竞争的时代。我国医药企业已经开始有了品牌意识，也都逐步了解品牌建设的重要性，但大多数医药企业都还处于创建品牌知名度的初级阶段。真正意义上的品牌建设是一项艰巨、复杂、极具挑战的系统工程，需要长时间的逐步积累。品牌不能仅仅依靠广告，依靠人员的投入，而是需要企业有整体的品牌战略规划，需要企业员工对公司品牌的高度认可，需要企业与品牌文化的浓厚沉淀。具体到医药品牌包括的内容更多，例如，产品、质量、价格、服务、安全、信任等。

（一）树立科学的品牌理念，创建医药企业品牌文化

虽然我国医药行业已具备品牌意识，但是在这个市场经济观念很重的今天，许多医药企业依然重视有形资源投入的产品经济时代。在品牌经济的竞争时代，创建和塑造品牌不再仅仅是单纯地依靠广告，人员促销，而是企业理念、企业价值、企业行为和企业视觉的完美统一。高价值的品牌是需要正确的理念定位，确定企业使命和愿景，企业经营哲学和企业价值观，并将企业理念严格地贯彻到企业行为识别和文化识别中去，贯彻到企业的员工理念中去，长期坚持宣传，并不断完善和强化公司文化，逐步锻造出一流的品牌，赢得市场，提高企业知名度，进而赢得消费者忠诚。

一个企业的品牌代表其价值和对消费者的承诺，医药品牌文化的形成对一个品牌的长久发展至关重要，不少国际医药品牌在经营过程中，把建立社区文化、与消费者建立长久的信任作为一项长期而重要的工作，逐步将这种文化传播并不断深入人心。我国医药企业要想在国际激烈竞争中生存，必须树立科学的品牌理念，建立自己的企业品牌文化。

虽然现在我国医药企业也逐渐认识到企业品牌的重要性，但并不是所有企业的所有员工都有科学的品牌理念和强烈的品牌价值观。企业品牌不仅包括良好的财务表现、客观的市场份额、较大的企业规模这些可以看得见的指标，还要包括企业的知名度、影响力、美誉度、顾客忠诚度、企业品牌文化等看不见的指标。如果前面说的是定量指标，那后面就是定性的、无形的、抽象的指标。如今这些抽象指标发挥着越来越重要的作用。医药行业不仅提供产品还提供服务，因此要想提高企业品牌的竞争力，不仅要有高质量的产品还要有好的服务，企业要根据自身条件，建立适合自己的品牌文化。

（二）注重提高广告宣传的品质，提升品牌的知名度

打造品牌形象，提高品牌的知名度，做广告是必不可少的，但就我国现在医药行业的广告现状来看，还是有很多地方要改进和提升的。高质

量的广告不仅可以保证信息的真实性，而且能突出自身品牌的核心价值。虽然有些广告不恰当的省略或突出产品的某一侧面，甚至夸大产品的质量和功能，在普通消费者难以辨别真假，产生片面理解时可能会产生购买行为，短期内会给公司带来一定的收益，但是从长远来看，对公司形象和品牌的树立则有害无益。

高品质的广告不一定要传达很多信息，只要某一点吸引受众的注意力就达到目的了，有时候要求广告中涉及很多内容，如既要包括产品的性能又要包括产品的质量，这样反而不能使受众理解这个广告的意图和公司的文化。我国很多医药企业所做的广告宣传更多的是在讲产品的功效，缺少体现品牌内涵、较少去建立品牌与消费者之间的情感交流，更不可能去关注企业的文化。这是我国医药企业广告品质亟待提高的地方。广告本身就是企业和消费者比较直接的交流，如果不能准确地传达自身企业的品牌理念，那么最多就是让观众了解有这种产品，而不可能由这个产品联想到生产这个产品的企业，更不可能去理解这个企业的品牌文化。高质量的广告要简短、新颖、有吸引力，同时又能宣传公司的品牌，这就达到了由产品品牌建立企业自主品牌的目的。

（三）加大科技投入，加强自主创新能力

根据产品生命周期理论可知，随着科学技术的快速发展，科技成果转化为产品的周期缩短，产品的生存周期必然不断缩短，因此，企业必须不断进行产品创新，才能适应消费者不断变化的消费需求，而产品创新的前提就是技术创新，只有持续不断的技术创新，才能推动品牌价值的持续提升。我国目前短期内还难以完全实现新药的自主创新，因为自主创新除了需要人、财、物的巨大投入外，还与政府的重视程度、医药产业基础设施的水平以及医药行业的整合程度密切相关，但是自主创新是我国新药研发必须走的发展方向。实施自主创新可从专利策略、联合战略等着手。

（1）专利策略。通过合法渠道获取新药专利进行开发，再对这些基本专利进行消化吸收，融合自身的优势，在创造中产生具有自主知识产权的专利，从而达到自主创新的目的。我国医药企业也有成功的例子，感冒药白加黑，在所有感冒药都只具备治疗功效时，它解决了感冒药食用后

犯困的最大缺点，这样白加黑很快就占据了感冒药市场的巨大份额，并且收获了很好的品牌效应。这种策略做得最好的是日本，日本医药企业就是不断对引进的技术加以更新改进，围绕国外的基本专利，衍生出很多有本国特色的从属专利，不仅成功促进了经济的增长，而且成为世界公认的专利大国。我国的医药企业可以借鉴日本的经验，利用这种方式降低成本，提高实验的成功率，并且对中国的自主创新有良好的促进作用。

（2）联合战略。所谓联合就是科研机构和医药企业进行横向联合，充分利用科研机构的科研优势以及企业的生产、销售优势，实现强强联合，优势互补，产学研的紧密结合可以促进技术交流和信息反馈，有效降低企业自主研发的成本，降低失败率，缩短创新时间。另外，也可以将企业的研发部门独立出来，因为随着我国医药企业的不断发展，经济实力也在不断增强，完全可以成立独立的研发部门，这样还可以提高科研机构独立决策的能力。这个研发部门可以吸收研发结构的人才，或者聘请研发机构的人员做兼职人员，进一步促进企业的创新发展。现在的市场格局不再单纯是激烈竞争的淘汰制，而是竞争与合作的趋势，因此医药行业内部的企业也可以在竞争的前提下实现合作，强强联合，共同研究开发，这样可以节省人、财、物的投入，降低成本，同时也促进医药行业整体发展。

三、中国医药企业品牌竞争力提升策略建议

（一）提升企业品牌核心价值，从产品自身着手

企业品牌建设分为两个层面：企业主品牌和产品品牌。因为每个医院企业一般都会有多个产品品牌，因此医药企业品牌建设应该以产品品牌的建立为先导，通过多个产品品牌的建立来提升企业品牌形象。质量是医药品牌创立、发展的根本，是医药品牌的生命，放眼全球，著名的跨国大公司无一不是以产品质量打牌子、创市场、建市场、建信誉，同时重视产品的创新，只有以超前的眼光提高产品的质量标准，使产品不断升级换代，推陈出新，才能从根本上保证医药品牌的

长远、健康发展。

医药行业和其他行业相比具有其特殊性，它直接关系到人们的生命安全、关系到每一个家庭的和睦和社会的安定。因此，产品的安全、质量是第一位的。最近的食品安全问题十分热门，医药的毒胶囊事件也闹得满城风雨，谈胶囊色变。信任是建立在安全、健康的产品基础之上的，信任的建立也是要花费很长时间的，一旦失去信任，要想重新建立是非常困难的，因此不能因为眼前的利益而失去理智和良知，这样损害的不仅是消费者，更不利于企业自身的发展。而这也是我国医药企业必须意识到的，因此要想建立自己的品牌，必须从企业产品着手，真正地对消费者负责，同时也是对企业负责。

对于医药产品来说，要先建立产品品牌，然后不断提升企业自主品牌。药品的特殊性使得医药企业与其他消费品生产企业有很大的不同。对药品本身来说，包装、标签和说明书都是产品品牌识别系统的最重要组成部分，是向消费者传达用药信息、品牌理念的最重要途径。近些年来，随着经济的不断发展，人们的健康意识愈发增强，消费者也越来越乐于为自己的健康承担更大的责任。医药企业都希望自己生产和销售的产品，能被基层医疗人员和消费者正确合理使用，希望他们能掌握安全有效地使用产品所需要的知识，能正确阅读和理解标签说明书，遵照说明书要求安全合理用药。因此药品的设计（包括包装、标签、说明书等）要与时俱进。

随着医药企业竞争的加剧，各个企业对顾客都应该转变经营理念，以客户的需求为前提来生产产品。为了赢得客户，我国医药企业应更多地从基层医疗工作者需求、消费者需求角度思考，向他们提供更舒适、可读性更强的药品使用信息。消费者使用是否方便的亲身体验，是消费者直接对产品品牌和企业产生情感连接的最关键要素，医药企业应该考虑如何将包装和说明书做得完整、正确，尽可能地使内容的可理解性更强，更具人性化体验感，如分药泵包装，能单手弹开的瓶盖等。这方面我国医药企业需要向国外先进医药企业学习。方便使用、舒适体验都必须建立在产品质量保障之上，只有这样才能不至于失去原有消费者，才能不断吸引新的消费者。

（二）把握政策脉搏，开拓新兴市场

医药行业是一个与政府政策紧密相关的行业，政府的政策有时候可以带动一个企业的发展，当然也有可能毁掉一个违规的企业。每个医药企业要想有更好的发展，必须时刻关注政策的导向，不仅关注国内的还要关注国际的政策变化。如最近关于控制抗生素滥用的政策，这对一部分企业就是一个不小的冲击，如果不能及时调整企业的业务和发展方向就可能面临着倒闭和破产。国家的经济不断发展，人民的觉悟不断提升，我国医药行业的标准与世界的接轨也在逐步实现，因此医药企业要认识到各项标准随时都会提高的这一现实。现在，我国正处于产业升级的转折期，会以高标准严要求来促进行业结构的升级，也就会使得优胜劣汰的局面更严峻，因此，要想能够在这种政策变化下生存和发展就要时刻保持对政策的敏感度和洞察力。

虽然中药疗法起源于中国，但是在我国的发展却比较缓慢。相反，在日本和新加坡却达到了产业化。最近几年，国家也加大了对中药的扶植力度，这对医药企业拓宽经营范围是一个利好消息。作为我国的传统医药部分，中药有其自身特点：系统性调理，副作用小，但是见效比较慢。因此医药企业要想发展中药产业，在利用政策优惠的同时，还必须有长远的规划，制定战略性方针，加大投入，不断发现和培养中药方面的人才。随着西药的一些缺点不断显露，中药的优势更明显，这是市场发展的趋势，也是消费者需求的选择趋势。因此我国医药企业一定要抓住这次机遇，借鉴日本和新加坡将中药产业化的成功经验，同时提高自己创新水平，在我国的医药市场上分得一杯羹。

随着国际生物技术的发展，更多国家开始重视生物医药的生产。我国也不例外，根据国务院出台的《"十二五"国家战略性新兴产业发展规划》可知，生物产业位列七大战略性新兴产业之一，其战略地位可见一斑。因此，那些传统的医药生产企业和研发机构的工作重点要有所改变和倾向。任何一项政策的出台和实施都需要一定的时间，这就需要有洞察前沿的人才。当新的知识、新的理念和新的政策产生时，企业要做的就是立刻展开学习，组织人员研究，只有这样才不会落后于时代，才不会失去消费者，才能把握时代的脉搏，才能在保持原有市场的基础上，开拓新兴市场。

（三）全面提升对医药品牌中各个要素的重视程度

根据前面章节的分析可以看出，一个企业要想品牌竞争力指数排名靠前，不仅要财务表现力良好，市场竞争表现力也不能差，而且还要有很好的发展潜力及强大的客户支持度。只有这样才是一个有绝对优势的企业，才有利于企业品牌的传播和知名度的提高。可以用管理学中的"木桶原理"来分析，每个因素都是木桶的一块木板，木桶能装多少水取决于最短的那一块木板。而品牌的价值和品牌的竞争力也决定于最短缺的那一个要素，任何因素的短缺都是品牌建设某一方面的不成功，这都不利于品牌竞争力的提高。

我国医药企业往往表现为只重视某些品牌指标，而忽视一些短期之内看起来不是很重要的指标。例如，很多企业都采取扩大规模来提升企业的影响力和知名度，但是往往忽略利润率、企业的增长率和资源的利用情况，有时候在盲目扩张的过程中还会出现质量得不到保障的情况。高知名度是一把双刃剑，常常伴随高危度。作为一个带有一定公益性质的行业，消费者对药品的要求较其他产品要高，好的效用可以成倍放大，但是如果消费者使用后达不到预期的效果，就会质疑这种药品，不利影响也会被无限放大。一旦出现这种现象，就会失去顾客的信任，降低消费者的忠诚度。因此，要将一个新的产品打造成一个著名品牌是一个艰巨而复杂的系统工程。除了要注重提高知名度，还要注重企业长期战略规划。只有这样才能将影响品牌的每个因素考虑周全。顾客的忠诚度就是一个漫长的建立过程，失去只是一瞬间。要想有长久的顾客忠诚度，不仅要不断完善品牌的规划设计和持续良好的产品，还要不断进行创新和促销、宣传等，不断提高消费者对企业自身品牌的认识和理解，并促进品牌各个因素的同步提升。

第十章　通信行业企业品牌竞争力指数报告

第一节　中国通信企业品牌竞争力总报告

一、2012年度中国通信企业总体竞争态势

中国企业品牌竞争力指数（以下简称 CBI）

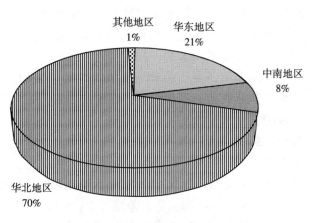

图10-1　中国通信行业区域竞争态势

研究课题组为了检验理论成果的应用效果，2012年对75家自主通信上市企业品牌进行调研，根据各企业营业收入原始数据得出中国通信企业竞争力呈三分天下的总体竞争态势。

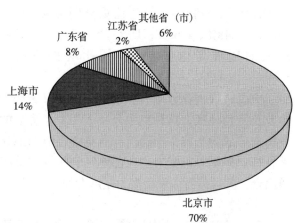

图10-2　中国通信行业省（市）竞争态势

中国2010年通讯行业三大地区中南地区、华东地区、华北地区的营业总额分别为848亿元、4185亿元、7817亿元，2011年三大区域的营业总额分别为1070亿元、2582亿元、8687亿元，占据营业总额的比重分别为8.6%、20.8%、70.1%，三大区域占营业总额的比重高达99.50%，占据绝对优势，同比增长分别为26.18%、-38.30%、11.13%。2010年营业总额排名在前四位的省（市）

分别是北京、上海、广东、江苏，营业总额分别为7806亿元、1776亿元、781亿元、229亿元，2011年这四个省份的营业总额分别为8677亿元、2173亿元、986亿元、265亿元，所占比重分别为70.05%、17.54%、7.96%、2.14%，四大省份占营业总额的比重高达97.69%，同比增长分别为11.16%、22.35%、26.25%、15.72%。

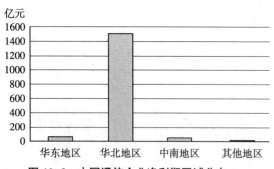

图 10-3　中国通信企业净利润区域分布

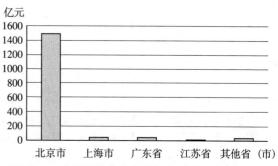

图 10-4　中国通信企业净利润省（市）分布

2010 年中南地区、华北地区、华东地区通信企业净利润总额分别为 52 亿元、1414 亿元、117 亿元，2011 年通信行业受调研企业的净利润总额为 1611 亿元，三大区域净利润总额分别为 47 亿元、1498 亿元、64 亿元，占净利润总额的比重分别为 2.92%、92.99%、3.97%，三大区域占净利润总额的比重高达 99.88%，同比增长分别为 -9.62%、5.94%、-45.30%。2010 年排在前 4 名的省（市）分别为北京市、上海市、广东省、江苏省，四大省（市）的净利润总额分别为 1414 亿元、36 亿元、45 亿元、14 亿元，2011 年四大省（市）的净利润总额分别为 1498 亿元、43 亿元、40 亿元、11 亿元，占净利润总额的比重分别为 92.99%、2.67%、2.48%、0.68%，四大省（市）占净利润总额的比重高达 98.82%，同比增长分别为 5.94%、19.44%、-11.11%、-21.43%。

中国通信企业分布大多集中在环渤海、珠三角及长三角地区，这种集中分布于几个经济区的竞争态势成为当前中国通信行业竞争态势的最显著特征。但随着国家对中西部地区的扶持政策相继出台，其通信行业发展潜力是巨大的。

二、2012 年度中国通信企业品牌竞争力总体评述

（一）宏观竞争格局：三大区域绝对主导，四大省（市）垄断行业发展

从 2012 年中国通信企业数量上来看，符合本次调研标准的总计 75 家上市企业，仍然主要分布于华北地区、华东地区和中南地区，所占比重分别为 39%、29%、21%，与 2011 年的企业分布相比变化幅度不大。三大区域中通信企业的数量占受调研通信企业总数的 89%。2012 年北京市、上

海市、广东省、江苏省四个省（市）的通信上市企业数量占企业总数的 69%，所占比重分别为 36%、7%、17%、9%，北京市和广东省两个省（市）所占比重达 53%，两大省（市）齐头并进，占据了半壁江山。与 2011 年的企业分布相比变化幅度不大。由此可见，中国通信企业分布目前仍相对比较集中，并且仍分布于中国三大经济热区长三角、珠三角和环渤海地区。

从通信企业的品牌竞争力水平来看，华北地区、华东地区、中南地区的 CBI 均值分别为 54.92、51.19、51.73，通信行业的 CBI 均值为 52.02。与 2011 年相比，三大区域通信行业的 CBI 均值都有所下降，但变动幅度不大。华北地区在营业收入、企业总量方面仍然稳居第一，其 CBI 均值高于行业平均水平，并且华北地区的中国移动、中国电信等龙头企业表现依旧抢眼，在 CBI 均值、营业收入、净利润等方面遥遥领先，为该地区的各项指标做出了较大贡献，拉升了该地区各项指标的均值，但同时这也说明了华北地区通信企业发展的极端不均衡性。华东地区虽然企业数量上位列第二，但其 CBI 均值为 51.19，低于行业平均水平，其品牌竞争力差强人意。与 2011 年相比，华东地区 CBI 均值虽然与行业平均水平差距有所减少，但仍有较大的提升空间。中南地区企业总量位列第三，2012 年 CBI 均值低于行业均值，与 2011 年的高于行业均值相比，出现了一定幅度的下滑。总之，2012 年 CBI 均值整体有所下降，通信行业所有企业都应重视各自的品牌竞争力的发展、提高。北京市、上海市、广东省、江苏省的 CBI 均值分别为 55.86、52.07、51.66、54.58，前三名北京市、江苏省、上海市均高于行业 CBI 均值 52.02。广东省 2011 年 CBI 均值位列第三，高于行业平均水平，而 2012 年却低于行业

平均水平，可见 2012 年广东省的品牌竞争力出现一定下滑，该省企业应该重视品牌竞争力的长久保持。而上海市与 2011 年相比企业品牌竞争力有了显著提高。

受调研的 75 家上市的通信企业是众多通信企业的代表，分析它们在 2012 年度的表现可以得出中国通信行业企业的竞争情况。我国通信企业分布较为集中，已经初步形成华北地区、华东地区、中南地区三分天下，北京市、广东省、江苏省、上海市垄断行业的局面，这与中国区域经济发展不均衡、东部沿海发展迅速、中西部地区发展落后的局面是分不开的。同时，虽然三大区域的品牌竞争力高于或在行业均值水平上下，呈现良好发展的态势，但不容忽视的是企业之间发展的不均衡，这可能会阻碍行业整体向前发展。而西北地区、西南地区、东北地区通信企业数量较少，并且企业发展处于竞争劣势，在未来相当长的时间内需要靠国家扶持、自身创新及龙头企业的带动来实现自身的发展。

（二）中观竞争态势：三大企业引领行业发展，中下游企业提升空间较大

根据中国通信企业品牌竞争力分级标准，对调查的 75 家企业进行分级评估，按照一般的惯例分为五级，5A 级企业 1 家，4A 级企业 4 家，3A 级企业 37 家，2A 级企业 32 家，1A 级企业 1 家。与 2011 年相比，中国电信、中国联通、中国联合网络通信集团及中兴通讯股份有限公司因发展放缓未列入 5A 级企业，进入 4A 级企业的行列，致使 4A 级企业的名单与 2011 年相比出现了较大的变化。5A 级、4A 级企业比重均有所下降，2A 级企业数量明显上升，而 1A 级企业数量有所下滑。这说明龙头企业在 2012 年的表现差强人意，部分企业下降幅度明显，但中下游企业虽然与领先企业差距较大，但在奋起直追，不断增强品牌竞争力，整体出现了一定程度的提升。5A 级通信企业只有 1 家，即中国移动，占企业总数的 1.33%。中国移动的营业收入为 5280 万元，与 2011 年相比有所增长，占 75 家营业总额的 43%，由此可见中国移动的龙头地位，使得其他企业望尘莫及。中国移动的 CBI 值为 100，在所有被调查企业中位列第一，是通信行业的领军企业，引领中国通信行业的发展方向。值得关注的是 37 家 3A 级企

业和 32 家 2A 级企业，它们占据企业总数的92%，CBI 均值分别为 54.59、45.02，两大集团基本代表了中国通信行业发展的平均水平，并且企业各项指数的分布也比较均匀，可谓势均力敌，但与龙头企业有较大差距，存在很大的改善和提升空间。

（三）微观竞争比较：财务指数稍显疲态，市场指数差强人意

对中国企业来说，财务表现仍然是企业向外展示基本实力的重要依据。近年来随着 3G 牌照的发放、三网融合的逐渐实现，通信行业在一个良好的大环境中得到了较好的发展，在营业总额、净利润方面均保持了良好的增长态势。然而 2012 年全国 75 家通信企业的品牌财务表现力得分均值仅为 2.3994。与 2011 年相比，出现了一定程度的下滑。中国移动、中国电信、中国联通、中兴通讯、中国通信服务、中国民航信息网络、宏图高科、斯凯 MOBI、展讯通信及烽火通信位列前 10 名。与 2011 年相比，第 6 名的国脉科技、第 8 名的四维图新及第 9 名的中国卫星排在了 10 强以外，但从整体上来看，前 10 名的企业没有出现太大的变化。从财务表现的二级指标来看，规模因素、效率因素和增长因素指标得分均值分别为2.2911、3.1042、2.2001，与 2011 年的 3.7642、4.2237、3.5855 相比均有所降低，原因是多方面的。首先，从整个经济形势来看，主要是受国家调整经济结构、放缓经济发展速度等相关政策的影响。其次，国内一些大型通信企业在国际化过程中，受到外国政府阻挠，使其进一步发展受到限制。最后，通信行业属于技术和资金密集型的行业，3G 等新技术的迅速发展，使得一些缺乏资金的企业错失良机，或者因为没有掌握核心技术，而导致其所提供服务的附加值相应较低。就两年的数据来看，通信行业中效率因素得分较高。

随着通信产业的不断发展，市场竞争也更加激烈。全国 75 家通信企业的市场竞争表现力得分均值为 3.3219，与 2011 年相比基本没有变化。说明通信企业的市场竞争表现力并没有大幅度提升。同样，值得注意的是，中国移动、中国电信、中国联通、中兴通讯及中国通信服务的市场竞争表现力分别为 4.9512、4.7988、4.7181、4.5634、4.4156，远高于其他企业。这说明，通信行业存

在着较大程度的垄断，中国移动、中国电信、中国联通三分天下，市场占有率高，剩下的市场份额由其他企业继续瓜分。在市场竞争力二级指标中，市场覆盖率、品牌溢价率、市场占有能力、超值获利能力的均值分别为 2.7103、4.2525、2.7393、4.4038，与 2011 年相比，超值获利能力得分较高，其中品牌溢价率均值为 4.2542、品牌销售利润率均值为 4.6848，显示出品牌在通信行业中是一个非常重要的销售促进力。通常品牌竞争力较强的企业在溢价率方面的弹性越高，品牌对销售的促进作用也就越大。

如果将企业的竞争力划分为规模竞争、效率竞争和创新竞争三个阶段的话，中国通信行业发展的不均衡性，使得部分龙头企业处于效率甚至创新的竞争阶段。而很大一部分企业距离这两个阶段仍有一定的距离。

第二节 中国通信企业品牌竞争力排名报告

一、2012 年度中国通信企业品牌竞争力指数排名

中国企业品牌竞争力指数（以下简称 CBI）研究课题组于 2011 年 7 月完成了理论研究，采用多指标综合指数法对中国企业品牌竞争力进行量化研究。初期理论成果包括 CBI 四位一体理论模型、CBI 评价指标体系、CBI 评价指标权重以及 CBI 计算模型，并且已经通过国内 10 位经济学、管理学界权威专家论证。为了检验理论成果的应用效果，课题组继 2011 年对中国自主通信企业品牌调研之后，于 2012 年底对中国自主通信企业品牌进行再一次调研，根据调查数据应用 CBI 计算模型得出中国通信企业品牌竞争力（以下简称 CBI-R）排名（见表 10-1）。

表 10-1 2012 年中国通信企业品牌竞争力排名

企业名称	省（市）	相对值（指数）				绝对值形式（5 分制）		
		2012 年行业 CBI	排名	2011 年行业 CBI	排名	品牌竞争力得分（CBS）	品牌财务表现力	市场竞争表现力
中国移动	北京市	100	1	100	1	4.6409	4.5079	4.9512
中国电信	北京市	89.9651	2	94.6175	2	4.2300	3.9862	4.7988
中国联通	上海市	81.8035	3	91.4406	3	3.8958	3.5434	4.7181
中兴通讯	广东省	75.3562	4	91.1091	4	3.6318	3.2326	4.5634
中国通信服务	北京市	73.8458	5	88.6128	5	3.5700	3.2075	4.4156
中国民航信息网络	北京市	64.0807	6	80.0435	7	3.1701	2.9179	3.7585
宏图高科	江苏省	61.5346	7	78.6683	10	3.0659	2.7041	3.9099
中国卫星	北京市	60.6522	8	80.3428	6	3.0297	2.5376	3.8456
数码视讯	北京市	60.0371	9	79.9963	8	3.0045	2.3634	3.6197
通鼎光电	江苏省	58.7738	10	79.0969	9	2.9528	2.4921	3.7256
亚信科技 ASIA	北京市	58.7456	11	72.0555	22	2.9517	2.7274	3.4750
中天科技	江苏省	58.2843	12	72.6730	20	2.9328	2.6866	3.5071
斯凯 MOBI	浙江省	58.2165	13	72.1713	21	2.9300	2.7267	3.7368
国脉科技	福建省	57.4583	14	77.7249	11	2.8989	2.3404	3.6129
星网锐捷	福建省	57.2214	15	75.6330	16	2.8893	2.5683	3.6381
烽火通信	湖北省	56.5593	16	70.6398	24	2.8621	2.7143	3.5093
键桥通讯	广东省	55.9180	17	69.4752	26	2.8359	2.2048	3.2142

企业名称	省（市）	相对值（指数）				绝对值形式（5分制）		
		2012年行业CBI	排名	2011年行业CBI	排名	品牌竞争力得分（CBS）	品牌财务表现力	市场竞争表现力
中海达	广东省	55.6934	18	74.7326	18	2.8276	2.2650	3.3367
日海通讯	广东省	55.4414	19	77.4076	12	2.8164	2.4524	3.6656
四维图新	北京市	55.3146	20	76.8261	13	2.8112	2.5216	3.4869
梅泰诺	北京市	55.2831	21	73.7411	19	2.8099	2.2783	3.1273
#ST大唐	北京市	54.2611	22	76.3975	14	2.7680	2.3577	3.7255
东方通信	浙江省	54.2419	23	63.8113	43	2.7673	2.4782	3.4418
高鸿股份	北京市	53.8812	24	64.6055	42	2.7525	2.4772	3.3949
展讯通信 SPRD	北京市	53.5827	25	61.4229	55	2.7403	2.9176	3.2075
UT斯达康 UTSI	北京市	53.1743	26	—	—	2.7235	2.3706	3.5470
高新兴	广东省	53.1401	27	71.6042	23	2.3894	2.0714	3.1313
宁通信B	江苏省	53.0283	28	—	—	2.7176	2.3080	3.6732
海格通信	广东省	52.1610	29	65.9612	39	2.6820	2.4404	3.2459
#ST金马	广东省	51.7200	30	—	—	2.6639	2.6947	3.1654
银河电子	江苏省	51.7188	31	68.3281	33	2.6553	2.3835	3.2895
三维通信	浙江省	51.5068	32	69.3995	28	2.6468	2.2710	3.5236
华星创业	浙江省	51.2991	33	75.6490	18	2.6465	2.3488	3.3409
杰赛科技	广东省	51.2918	34	68.9191	32	2.6428	2.4939	2.9901
中信国安	北京市	51.2019	35	50.6359	63	2.6415	2.4336	3.1265
大富科技	广东省	51.1710	36	65.5925	40	2.6329	2.4506	3.0584
永新视博 STV	北京市	50.9616	37	63.7207	44	2.6280	2.4458	3.0532
新海宜	江苏省	50.8415	38	62.8007	47	2.6154	2.3317	3.2773
天威视讯	广东省	50.5340	39	67.9865	36	2.6069	2.4284	3.0234
北大千方 CTFO	北京市	50.3256	40	60.6830	58	2.6050	2.2225	3.4974
成都普天电缆股份	四川省	50.2795	41	69.4510	27	2.5984	2.3815	3.1044
永鼎股份	江苏省	50.1174	42	61.9885	50	2.5917	2.2519	3.3847
蓝汛 CCIH	北京市	49.9549	43	—	—	2.5865	2.6334	3.2778
四创电子	安徽省	49.8278	44	69.3203	31	2.5835	2.2526	3.3557
上海普天	上海市	49.7547	45	34.7335	69	2.5697	2.2002	3.4319
恒信移动	河北省	49.4172	46	69.3834	30	2.5653	2.2925	3.2017
三元达	福建省	49.3093	47	66.4444	38	2.5604	2.3522	3.0462
东方信联 TSTC	北京市	49.1896	48	64.7304	41	2.5488	2.3730	2.9590
长江通信	湖北省	48.9074	49	56.0753	60	2.5475	2.2980	3.1296
奥维通信	辽宁省	48.8756	50	61.5961	54	2.5424	2.1536	3.4498
和利时自动化	北京市	48.7413	51	61.8466	53	2.5330	2.6039	3.2904
辉煌科技	河南省	48.5213	52	68.1641	35	2.5330	2.1938	3.3242
合众思壮	北京市	48.5199	53	62.6469	48	2.5276	2.3004	3.0575
创博国际 TBOW	北京市	48.3881	54	69.3864	29	2.5113	2.1854	3.2719
歌华有线	北京市	47.9918	55	52.7910	61	2.5076	2.3301	3.4428
北斗星通	北京市	47.9005	56	67.3931	37	2.4943	2.0884	3.4414
#ST汇源	四川省	47.5751	57	70.5013	25	2.4736	2.2910	2.8997
世纪鼎利	广东省	47.0715	58	61.8896	52	2.4255	2.0745	3.2444
#ST百科	辽宁省	45.8954	59	52.5813	62	2.7221	2.6726	3.4270
掌上灵通 LTON	北京市	45.0131	60	38.2000	65	2.3701	2.1427	2.9009
迪威视讯	广东省	44.5438	61	62.2257	49	2.3700	2.0616	3.0897

续表

企业名称	省（市）	相对值（指数）				绝对值形式（5分制）		
		2012年行业CBI	排名	2011年行业CBI	排名	品牌竞争力得分（CBS）	品牌财务表现力	市场竞争表现力
中卫国脉	上海市	44.5411	62	35.1916	67	2.3560	2.0968	2.9608
盛路通信	广东省	44.1972	63	61.1970	57	2.3529	2.1675	2.7854
二六三	北京市	44.1219	64	49.5275	64	2.3236	2.0746	2.9046
华平股份	上海市	43.4068	65	—	—	2.3143	2.0496	2.9319
北纬通信	北京市	43.1804	66	63.0274	46	2.2963	2.0342	2.9078
中创信测	北京市	42.7400	67	61.4211	56	2.2514	1.9898	2.8616
S前锋	四川省	41.6430	68	—	—	2.2187	1.7996	3.1966
#ST沪科	上海市	40.8457	69	30.6750	72	2.1882	2.1008	2.3921
#ST星美	重庆市	40.1005	70	6.6064	74	2.0944	1.8178	2.7398

说明：从理论上说，中国企业品牌竞争力指数（CBI）由中国企业品牌竞争力分值（CBS）标准化之后得出，CBS由4个一级指标品牌财务表现力、市场竞争表现力、品牌发展潜力和消费者支持力的得分值加权得出。

在实际操作过程中，课题组发现，品牌发展潜力和消费者支持力两个部分的数据收集存在一定的难度，且收集到的数据准确性有待核实，因此，本报告暂未将品牌发展潜力和消费者支持力列入计算。

品牌财务表现力主要依据各企业的财务报表数据以及企业上报数据进行计算。同时，关于市场竞争表现方面的得分，课题组选取了部分能够通过公开数据计算得出结果的指标，按照CBI计算模型得出最终结果。

关于详细的计算方法见《中国企业品牌竞争力指数系统：理论与实践》。"—"表示该企业2011年排名在100名之外。

与2011年相比，2012年通信行业自主品牌排名前70强有一定的变动，但波动幅度不大。尤其前10名的名次波动不大，宏图高科由第10名升至第7名，中国民航信息网由第7名升至第6名，表现优异；而中国卫星由第6名降至第8名，数码视讯由第8名降至第9名，通鼎光电由第9名降至第10名，表现稍微下降；而前5名排名稳定，没有发生任何变化。即中国移动通信、中国电信、中国联通、中兴通讯、中国通信服务稳坐行业的前五把交椅，并且与其他企业在各方面表现上优势明显。从前10名的情况来看，通信行业中的领先企业表现呈现出一定的稳定性。在前10名之外的企业中，表现抢眼的是展讯通信SPRD由第55名上升到第25名，亚信科技由第22名升至第11名，东方通信由第43名升至第23名，这几个代表企业可谓发展迅猛，上升势头明显。而有些企业则出现了一定程度的下滑。日海通讯和四图维新分别由2011年的第12名及第13名滑落至第19名和第20名，出现这一情况需要企业认真思考，找出原因对症下药。综合对比可以发现，通信行业企业发展的极端不平衡性。一方面，少数领先企业各项指标遥遥领先，企业的品牌竞争力很强，无论是财务表现力还是市场竞争表现力可谓一骑绝尘。另一方面，中下游企业品牌竞争力明显较弱，部分企业2012年的各项指标波动较大，未能形成稳定的核心竞争优势。

通过2012年中国通信企业品牌竞争力指数数据，可以算出中国通信行业CBI均值为52.0175，与2011年的58.8524相比有一定差距。由上面的分析可得知，2012年通信行业中企业的品牌市场竞争表现力起伏不大，但财务表现力较2011年有所下滑。CBI为相对值，一方面反映行业总体竞争水平，另一方面为行业内企业提供了一个比较标准。后续课题组根据近万家企业CBI数据得出中国企业品牌竞争力指数为68，那么可见中国通信行业CBI均值52.0175<68，说明通信行业整体竞争力水平低于平均水平，行业处于较差状态，与2011年相比不但没有改善，反而有所下滑。同理，行业内部企业若CBI值低于52.0175，说明企业品牌竞争力处于劣势；高于52.0175，则说明企业品牌竞争力处于优势，整个CBI指标体系为企业提供了一套具有诊断功能和预测功能的实用工具。

二、2012年度中国通信企业品牌竞争力指数评级报告

（一）中国通信企业品牌竞争力指数评级标准体系

根据表10-1得出的通信企业 CBI 数值，课题组绘制总体布局图（见图10-5），从整体上看，CBI 分布曲线两头陡峭、中间平缓。根据 CBI 数值表现出来的特征，结合通信企业的行业竞争力特性对调查的企业进行分级评估，按照一般惯例分为五级，划分标准如表10-2所示。

表 10-2　中国通信企业品牌竞争力分级评级标准

评级 ＼ 标准	CBI 数值标准
A A A A A	CBI≥90
A A A A	70≤CBI<90
A A A	50≤CBI<70
A A	30≤CBI<50
A	CBI<30

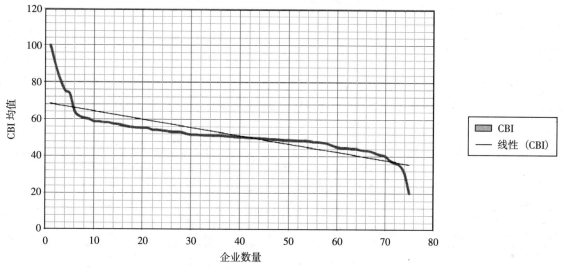

图 10-5　中国通信行业企业 CBI 散点分布

（二）中国通信企业品牌竞争力指数评级结果

由以上评价标准可以将通信企业划分为五个集团，具体的企业个数及分布情况如表10-3和图10-6所示，各级水平的企业得分情况由于篇幅原因仅列出代表企业。

表 10-3　中国通信企业各级数量表

企业评级	竞争分类	企业数量	所占比重（%）	行业 CBI 均值	行业 CBS 均值	品牌财务表现力	品牌市场竞争表现力
5A 级企业	第一集团	1	1.3	100	4.6409	4.5079	4.5912
4A 级企业	第二集团	4	5.4	80.2427	3.8319	3.4924	4.6240
3A 级企业	第三集团	37	49.3	54.6852	2.7813	2.5066	3.4224
2A 级企业	第四集团	32	42.7	45.0216	2.3897	2.1053	3.0533
1A 级企业	第五集团	1	1.3	20	1.3652	1.3667	1.3616
全部	不分类	75	100	52.0175	2.6762	2.3994	3.3219

据表10-2中国通信企业品牌竞争力分级评级标准，5A 级通信企业只有中国移动1家，占通信企业总数的1.3%，比重低于2011年。与2011年相比，中国电信、中国联通和中兴通讯纷纷由 5A 企业降为 4A 企业，导致 5A 级企业数量下降。由表10-4可见，中国移动稳居行业第一。无论品牌的财务竞争力还是市场竞争表现力均突出，具有较大的消费者支持力度和顾客忠诚度，品牌潜力巨大。中国移动的 CBI 及各项指标的得分均在4分以上，远远超出集团内其他企业，尤其是企业

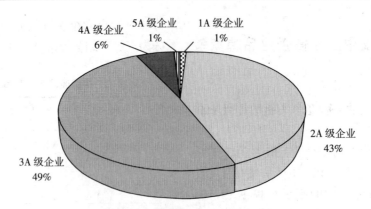

图10-6   中国通信企业分级分布

表10-4   中国通信行业5A级企业品牌列表

公司名称	评级水平	排名	CBI	CBS	品牌财务表现力	市场竞争表现力
中国移动	5A	1	100	4.6409	4.5079	4.9512

的市场竞争表现力接近满分5分，说明中国移动强大的品牌价值。就各项分级指标而言，中国移动无论在品牌财务表现力还是市场竞争力皆位于全行业第一，是当之无愧的领头企业。

表10-5   中国通信行业4A级企业品牌代表

公司名称	评级水平	排名	CBI	CBS	品牌财务表现力	市场竞争表现力
中国电信	4A	2	89.9651	4.2300	3.9862	4.7988
中国联通	4A	3	81.8035	3.8958	3.5434	4.7181
中兴通讯	4A	4	75.3562	3.6318	3.2326	4.5634
中国通信服务	4A	5	73.8458	3.5700	3.2075	4.4156

据表10-2中国通信企业品牌竞争力分级评级标准，4A级通信企业共有4家，占通信企业总数的5.4%，而2011年4A级企业共有5家，数量上没有太大变化，但处于4A级的企业发生了重大变化，主要是2011年的5A企业纷纷下滑所致。由表10-5可见中国电信、中国联通、中兴通讯虽然仍是CBI总榜的第2名、第3名、第4名，但是CBI得分出现了下滑导致落入4A级企业的数量减少。与2011年对比也可发现，三家企业的财务表现力普遍出现下降，市场竞争表现力波动不大。尽管如此，中国电信、中国联通、中兴通讯和中国通信服务仍是通信行业的领先企业，品牌财务表现力、市场竞争力表现突出，消费者支持力度较大，具有较高的顾客忠诚度，品牌发展潜力较大，CBI及各项指标均高于行业平均值。在第四集团内部比较而言，中国电信无论财务表现力还是市场竞争表现力均位于该集团第一的位置。

表10-6   中国通信行业3A级企业品牌代表

公司名称	评级水平	排名	CBI	CBS	品牌财务表现力	市场竞争表现力
中国民航信息网络	3A	6	64.0807	3.1701	2.9179	3.7585
宏图高科	3A	7	61.5346	3.0659	2.7041	3.9099
中国卫星	3A	8	60.6522	3.0297	2.5376	3.8456
数码视讯	3A	9	60.0371	3.0045	2.3634	3.6197
通鼎光电	3A	10	58.7738	2.9517	2.4921	3.7256

据表 10-2 中国通信企业品牌竞争力分级评级标准，3A 级共有 37 家，占通信企业总数的 49.3%，与 2011 年相比变化不大。在该集团中，排名前 5 位的中国民航信息网络、宏图高科、中国卫星、数码视讯、通鼎光电各项指标表现均一般，具有一定的消费者支持力度和顾客忠诚度，品牌发展潜力较大。CBI 及各项指标得分均处于均值上下。同时，集团内部企业各项指标差异不大，但与前两个集团均有较大差异，这无疑也说明了通信行业发展中的两极化现象较为严重。在第三集团内部比较而言，中国民航信息网络财务表现力在该集团中位列第一。宏图高科的市场竞争表现力在该梯队中位列第一。但总体来说，该集团相较 2011 年在财务表现力和 CBI 等指标上均出现一定程度的下滑。

表 10-7　中国通信行业 2A 级企业品牌代表

公司名称	评级水平	排名	CBI	CBS	品牌财务表现力	市场竞争表现力
蓝汛 CCIH	2A	43	49.9549	2.5917	2.6334	3.2778
四创电子	2A	44	49.8278	2.5865	2.2650	3.3367
上海普天	2A	45	49.7547	2.5835	2.2526	3.3557
恒信移动	2A	46	49.4171	2.5697	2.2002	3.4319
三元达	2A	47	49.3093	2.5653	2.2925	3.2017

据表 10-2 中国通信企业品牌竞争力分级评级标准，2A 级通信企业共有 32 家，占比 43%，大幅超过 2011 年 18% 的比重。表 10-7 中所列的五家企业：蓝汛 CCIH、四创电子、上海普天、恒信移动和三元达是通信行业中下游企业的代表，其特征是财务表现力处于行业平均水平以下，而市场竞争表现力处于平均水平上下，CBI 及各项指标均低于行业均值。在第四集团内部比较而言，品牌财务表现力较 2010 年下降幅度较大，而市场竞争表现力有所改善。

表 10-8　中国通信行业 1A 级企业品牌代表

公司名称	评级水平	排名	CBI	CBS	品牌财务表现力	市场竞争表现力
#ST 华光	1A	75	20.0000	1.3652	1.3667	1.3616

据表 10-2 中国通信企业品牌竞争力分级评级标准，1A 级通信企业共有 1 家，占通信企业总数的 1.3%，与 2011 年相比有所下降。再结合 2A 级企业数量的增长，说明 2012 年下游企业表现积极，品牌竞争力出现了提升。表 10-8 所示的 #ST 华光是典型的下游企业，其特征是 CBI、品牌财务表现力、市场竞争表现力远远低于行业平均水平。企业的财务及市场竞争力等方面都有极大的改善空间。

三、2012 年度中国通信企业品牌价值 50 强

课题组认为，品牌价值（以下简称 CBV）是客观存在的，它能够为其所有者带来特殊的收益。品牌价值是品牌在市场竞争中的价值实现。一个品牌有无竞争力，就是要看它有没有一定的市场份额，有没有一定的超值创利能力。品牌的竞争力正是体现在品牌价值的这两个最基本的决定性因素上，品牌价值就是品牌竞争力的具体体现。通常上品牌价值以绝对值（单位：亿元）的形式量化研究品牌竞争水平，课题组在品牌价值和品牌竞争力的关系展开研究，针对品牌竞争力以相对值（指数：0~100）的形式量化研究品牌竞争力水平。在研究世界上关于品牌价值测量方法论基础上，提出本研究关于品牌价值计算方法，品牌价值的计算方法，$CBV=CBI \times A \times \sum f(x_i) + C$，其中，CBV 为企业品牌价值，CBI 为企业品牌竞争力指数，A 为分级系数，x_i 为系数决定要素，C 为行业调整系数。据此得出中国通信企业品牌价值 50 强（见表 10-9）。

表 10-9　2012 年中国通信企业品牌价值 50 强

企业名称	省（市）	2012 年 CBV（亿元）	排名	2011 年 CBV（亿元）	排名	2012 年行业 CBI
中国移动	北京市	1156.83	1	1089.28	1	100.00
中国电信	北京市	548.22	2	438.58	3	89.97
中国联通	上海市	472.64	3	547.17	2	81.80
中兴通讯	广东省	197.79	4	167.17	4	75.36
国脉科技	福建省	35.26	5	31.05	5	57.46
中国通信服务	北京市	25.62	6	21.92	6	73.85
数码视讯	北京市	13.70	7	10.44	7	60.04
中国卫星	北京市	11.40	8	9.72	10	60.65
斯凯 MOBI	浙江省	10.41	9	9.53	11	58.22
宏图高科	江苏省	9.95	10	9.97	8	61.53
日海通讯	广东省	9.52	11	8.15	15	55.44
星网锐捷	福建省	9.51	12	9.51	12	57.22
华星创业	浙江省	9.50	13	8.13	16	51.30
通鼎光电	江苏省	9.45	14	7.56	19	58.77
#ST 大唐	北京市	9.26	15	8.49	14	54.26
中国民航信息网络	北京市	9.19	16	7.81	18	64.08
银河电子	江苏省	9.04	17	7.84	17	51.72
键桥通讯	广东省	8.37	18	7.18	20	55.92
中海达	广东省	8.24	19	6.59	25	55.69
中天科技	江苏省	8.23	20	6.58	26	58.28
宁通信 B	江苏省	8.20	21	8.57	13	53.03
亚信科技 ASIA	北京市	7.64	22	6.60	24	58.75
高鸿股份	北京市	7.60	23	6.47	28	53.88
北斗星通	北京市	7.43	24	6.62	23	47.90
成都普天电缆股份	四川省	7.25	25	6.67	22	50.28
联合信息 KONE	陕西省	7.25	26	6.30	31	37.81
天威视讯	广东省	7.21	27	6.45	29	50.53
梅泰诺	北京市	6.93	28	6.52	27	55.28
四创电子	安徽省	6.59	29	6.19	32	49.83
高新兴	广东省	6.41	30	6.32	30	45.90
烽火通信	湖北省	5.92	31	6.12	33	56.56
恒信移动	河北省	5.78	32	6.01	34	49.42
#ST 汇源	四川省	5.01	33	6.68	21	47.58
辉煌科技	河南省	4.42	34	3.12	35	48.52
大富科技	广东省	4.33	35	3.10	36	51.17
三元达	福建省	4.26	36	3.06	39	49.31
三维通信	浙江省	4.00	37	3.05	41	51.51
杰赛科技	广东省	3.68	38	2.91	47	51.29
迪威视讯	广东省	3.65	39	2.98	45	44.54
永鼎股份	江苏省	3.61	40	2.89	50	50.12
东方信联 TSTC	北京市	3.51	41	2.90	49	49.19
华平股份	上海市	3.47	42	2.87	51	43.41
长江通信	湖北省	3.43	43	2.74	60	48.91
奥维通信	辽宁省	3.42	44	3.00	44	48.88
北大千方 CTFO	北京市	3.40	45	2.72	61	50.33
创博国际 TBOW	北京市	3.27	46	2.85	53	48.39

企业名称	省（市）	2012 年 CBV（亿元）	排名	2011 年 CBV（亿元）	排名	2012 年行业 CBI
新海宜	江苏省	3.20	47	2.80	57	50.84
世纪鼎利	广东省	2.44	48	2.83	55	47.07
#ST 百科	辽宁省	2.05	49	1.94	64	45.90
#ST 星美	重庆市	0.92	50	0.86	74	40.10

CBV 分析：在 75 家受调研的企业中，前 50 强的企业 CBV 合计为 2718.41 亿元，与 2011 年相比有了一定幅度的提高。前 10 强通信企业 CBV 合计值为 2481.81 亿元，占前 50 强比重为 91%，显示出领先企业强大的品牌价值。在前 10 强企业中，中国移动、中国电信、中国联通、中兴通讯、国脉科技、中国通信服务、数码视讯稳居前 7 强，并且与 2011 年相比，CBV 值有所提升。在前 10 强中，中国卫星由第 10 名升至第 8 名，斯凯 MOBI 由第 11 名升至第 9 名，这两个企业的品牌价值在 2012 年实现了一定程度的提升，在财务指标上体现为较快的净利润和营业增长率；而宏图高科由第 8 名降至第 10 名，品牌价值出现了一定的下滑。在前 3 强中，2012 年，中国电信的品牌价值略高于中国联通，这可能得益于电信抓住了 3G 等新技术发展的契机，实现了较快的成长。三大运营商的品牌价值较 2011 年均有所上升，这部分是由于作为"十二五"规划的开局之年，随着 3G 牌照的发放，各运营商积极推进各种品牌建设，为用户创造了更多价值。此外，通鼎光电和中天科技分别由第 19 位升至第 14 位，第 26 位升至第 20 位，品牌价值出现了上升的趋势。而汇源等由于停牌，品牌价值出现了较大幅度的下降。在前 10 强企业中，50% 的企业来自北京市，并且这 5 个企业 CBV 占据了前 10 强 CBV 总和的 71%。由此可见，中国通信企业的领头企业主要分布在北京市，并且这几个龙头企业各个方面都处于遥遥领先的位置，与其他众多企业差距明显，这显示出通信行业的发展有明显的不均衡性。领先企业集中于北京市，一方面是由于通信行业受政策影响较大，而北京市是政治中心，有利于利用政治资源。另一方面，通信行业作为资金、技术密集型企业需要靠近人才集散地，而北京市无疑具有先天优势。

第三节　2012 年度中国通信企业品牌竞争力区域报告

一、六大经济分区

（一）总体情况分析

根据课题组的调研数据，与 2011 年相比，整体数值低于 2011 年。中国通信企业仍旧主要分布于华东地区、中南地区和华北地区，占企业总数的比重分别为 29%、21%、39%，集中度非常高，该比重略高于 2011 年。华北地区、东北地区的 CBI 均值分别为 54.921、53.167，高于全国均值 52.0175，西北地区 CBI 均值最低，仅为 34.3854，低于 2011 年最低值。东北地区优于行业平均水平是由于其企业数量较少，同时也说明，东北地区、西北地区、西南地区通信企业数量较少，具有很大的发展前景和空间。华东地区、中南地区虽然企业总数位列第二、第三，但其 CBI 均值均略低于全国均值，在财务竞争力和市场竞争表现力方面，两地区的表现也在行业平均水平线附近徘徊。总之，两地区的品牌竞争力差强人意，还有很大的提升空间。华北地区仍旧延续 2011 年的优势，财务表现力、市场竞争表现力等分项指标的得分均值位列第一。

表 10-10　中国通信企业六大经济区域竞争状况

区域	2012 年企业数量	所占比重（%）	行业 CBI 均值		CBS 均值		品牌财务表现力		市场竞争表现力	
			2012 年	2011 年	2012 年	2011 年	2012 年	2011 年	2012 年	2011 年
华北地区	29	39	54.9210	66.257	2.7951	2.6811	2.5335	3.9887	3.4054	3.4337
东北地区	2	3	53.1670	57.0887	2.7232	2.4918	2.4853	3.7273	3.2783	3.1410
华东地区	22	29	51.1897	60.4825	2.6423	2.5619	2.3415	3.7347	3.344	3.4728
中南地区	16	21	51.7332	65.6656	2.6645	2.6689	2.3964	4.029	3.2902	3.2719
西南地区	4	5	44.8995	42.0959	2.3847	2.1824	2.1004	3.0448	3.0481	3.3000
西北地区	2	3	34.3854	44.2482	1.9542	2.2268	1.6288	3.0636	2.7133	3.4753
总体情况	75	100	52.0175	62.1728	2.6762	2.5968	2.3994	3.8362	3.3219	3.3934

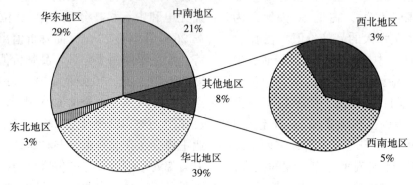

图 10-7　通信企业区域分布

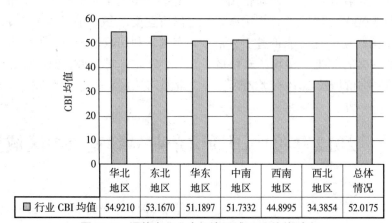

图 10-8　通信企业六大经济区域 CBI 均值对比

（二）分项情况分析

在各个分项竞争力指标对比方面，品牌财务表现力较 2011 年有较大幅度的下降，说明 2012 年中国通信行业整体财务表现力欠佳。而市场竞争表现力较 2011 年有略微的下降，但波动幅度不大，整体市场表现力趋于稳定。华北地区在财务表现力、市场竞争表现力上仍然位列第一，这得益于其拥有优势明显的中国移动、中国电信等行业龙头企业，从而带动提升了该区域各项指标的平均值。中南地区在财务竞争表现力和市场竞争表现力上处于行业均值上下。华东地区虽然在企业数量上位列前茅，但各项指标的表现仍旧一般，处于中游水平，有很大的提升空间。西北地区在各项指标上排名垫底，其品牌竞争力堪忧。整个通讯行业品牌竞争力区域发展水平差距仍旧明显，相比 2011 年并无明显改善。

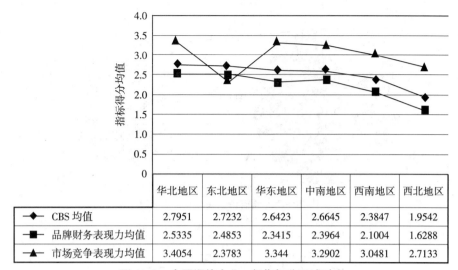

	华北地区	东北地区	华东地区	中南地区	西南地区	西北地区
◆ CBS 均值	2.7951	2.7232	2.6423	2.6645	2.3847	1.9542
■ 品牌财务表现力均值	2.5335	2.4853	2.3415	2.3964	2.1004	1.6288
▲ 市场竞争表现力均值	3.4054	2.3783	3.344	3.2902	3.0481	2.7133

图 10-9　中国通信企业一级指标分区域对比

二、三大省（市）分析

（一）总体情况分析

表 10-11　中国通信企业三大主要省（市）竞争状况

省（市）	2012 年企业数量	所占比重（%）	行业 CBI 均值		CBS 均值		品牌财务表现力均值		市场竞争表现力均值	
			2012 年	2011 年	2012 年	2011 年	2012 年	2011 年	2012 年	2011 年
北京市	27	36.0	55.8554	66.5067	2.8333	2.6862	2.5757	3.9946	3.4344	3.4445
广东省	13	17.3	51.6560	65.8168	2.6614	2.6720	2.3828	4.0017	3.3113	3.3555
江苏省	7	9.3	54.5835	71.1966	2.7812	2.7830	2.4783	4.1795	3.4880	3.4662
其他省（市）	28	37.4	47.8431	53.7610	2.5052	2.4232	2.2174	3.5091	3.1768	3.3431
总体情况	75	100.0	52.0175	62.1728	2.6762	2.5968	2.3994	3.8362	3.3219	3.3934

其中三个省（市）的通信企业数量占据企业总数的 62.6%，北京市、广东省、江苏省的比重分别为 36%、17.3%、9.3%，与 2011 年相比并无明显差别，可以看出中国通信企业分布较集中，并且分布于中国三大经济热区京津唐、珠三角和长三角地区。北京市和江苏省的 CBI 均值分别为 55.8554、54.5835，虽然与 2011 年相比有所下降，但仍然高于行业均值 52.0175。广东省 CBI 均值相较 2011 年也有所下降并且略微低于行业均值。无疑，北京市 CBI 均值最高，在众省（市）中仍旧显示出自身强劲的优势和发展潜力。而江苏省 2011 年表现突出，2012 年虽然 CBI 仍然高于行业平均水平，但超出幅度并不大。广东省 CBI 均值略低于行业均值，与 2011 年相比，整体表现下滑，显示其品牌竞争力仍旧有待提升。北京市和

广东省通信企业数量与 2011 年相比有稍微的下降，这是由于个别企业停牌所致。

（二）分项情况分析

在各分项竞争力指标对比方面，2012 年发生了一定的变化，品牌财务表现力出现了一定程度的下滑，而市场竞争力指标得分与 2011 年相比几乎没有变化，但市场竞争表现力得分高于财务表现力得分，这与 2011 年恰好相反，这说明中国通信行业企业财务表现已经略显疲态，部分企业已经不再处于规模发展的阶段，企业的市场竞争表现力趋于平稳。2012 年北京市、江苏省、广东省的财务表现力较 2011 年有所下降，如果说 3 分是及格线的话，各个省（市）通信企业的财务表现力是亟待提升的。北京市、江苏这两个省（市）财务表现力仍高于行业均值，而广东省财务表现

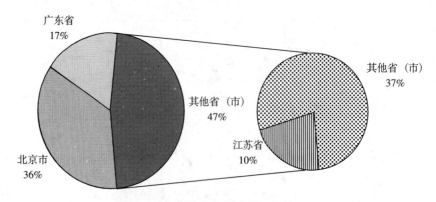

图10-10 通信企业省（市）分布

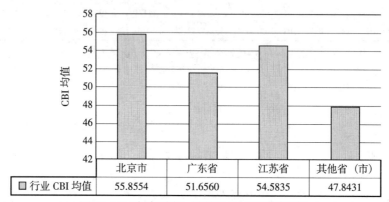

	北京市	广东省	江苏省	其他省（市）
行业 CBI 均值	55.8554	51.6560	54.5835	47.8431

图10-11 各省（市）通信企业 CBI 均值对比

力较 2011 年出现大幅下滑，财务表现力为 2.3828，已经略低于行业均值 2.3994，这应该引起足够重视。在市场竞争表现力上，三大主要省（市）与 2011 年相比变化不大，并且都处于 3 分以上，可以认为是中游水平，与 2012 年的财务表现力相比，市场竞争表现力还算差强人意，但是仍有进一步提升的空间。总体而言，三大省（市）的财务表现力和市场竞争表现力还是优于其他省（市）的，这主要是由于通信行业地区发展的不平衡性，同时，一些领头企业主要分布在北京市、广东省、江苏省等省（市）。

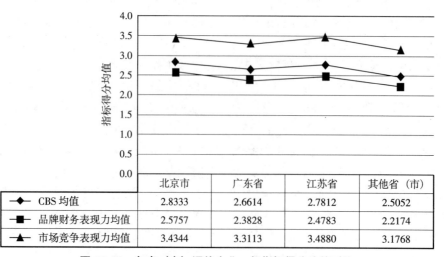

	北京市	广东省	江苏省	其他省（市）
CBS 均值	2.8333	2.6614	2.7812	2.5052
品牌财务表现力均值	2.5757	2.3828	2.4783	2.2174
市场竞争表现力均值	3.4344	3.3113	3.4880	3.1768

图10-12 各省（市）通信企业一级指标得分均值对比

第四节　2012 年度中国通信企业品牌竞争力分项报告

一、品牌财务表现力

目前国内企业经营者对于现代化管理手段的理解与实践，多半仍然停留在以财务数据为主导的思维里。虽然财务数据无法帮助经营者充分掌握企业发展方向的现实，但在企业的实际运营过程中，财务表现仍然是企业对外展示基本实力的重要依据。品牌财务表现力层面的分析将财务指标分为规模因素、增长因素和效率因素 3 个二级指标。规模因素主要从销售收入、所有者权益和净利润 3 个三级指标来衡量；效率因素主要从净资产利润率、总资产贡献率 2 个三级指标来衡量；增长因素主要从近三年销售收入增长率、近三年净利润增长率 2 个三级指标来衡量。

由于近几年中国通信市场的发展态势较好，3G 牌照的发放等因素使得各通信企业近年来营业收入、净利润都保持了良好的增长态势，但全国 75 家通信企业在品牌财务表现力与 2011 年相比有所下降，2012 年财务表现力均值为 2.3994。

中国移动、中国电信、中国联通、中兴通讯、中国通信服务、中国民航信息网络、展讯通信 SPRD、亚信科技 ASIA、斯凯 MOBI、烽火通信位列前 10 名，与 2011 年相比变化幅度不大，而且这 10 家企业在品牌财务表现力方面有一定的差距。其中，中国移动表现最为突出，仍蝉联榜首，并且财务竞争力远领先于第 2 名的中国电信，可谓一骑绝尘。

从 3 个二级指标看，其均值分别为：规模因素 2.2911，效率因素 3.1042，增长因素 2.2002，与 2011 年单项得分均值 3.7627，4.2036，3.5622 相比均有所下降。其中，效率因素仍得分最高，其对整体品牌财务表现力的影响也最大。效率因素中，净资产报酬率均值得分较高，为 3.6865，但仍低于 2011 年净资产报酬率均值。总资产报酬率得分 2.2308，较 2011 年有大幅的下降。在所有三级指标中，净利润得分最低，仅为 1.2730。这也说明了 2012 年通信行业整体财务表现力的下滑主要是由于 3 个二级指标均出现了不同程度的下滑所致。

表 10-12　品牌财务表现力指数前 10 名企业

企业名称	省（市）	行业 CBI 指数	品牌财务表现力
中国移动	北京市	100	4.5079
中国电信	北京市	89.9651	3.9862
中国联通	上海市	81.8035	3.5434
中兴通讯	广东省	75.3562	3.2326
中国通信服务	北京市	73.8458	3.2075
中国民航信息网络	北京市	64.0807	2.9179
展讯通信 SPRD	北京市	53.5827	2.9176
亚信科技 ASIA	北京市	58.7456	2.7274
斯凯 MOBI	浙江省	58.2165	2.7267
烽火通信	湖北省	56.5593	2.7143

二、市场竞争表现力

随着通信行业的持续、快速发展，市场竞争也更加激烈。企业只有具备更强的市场竞争能力，才能在目前的行业环境中生存下去。市场竞争表现力层面的分析将指标分为市场占有能力和超值获利能力 2 个二级指标。市场占有能力主要从市

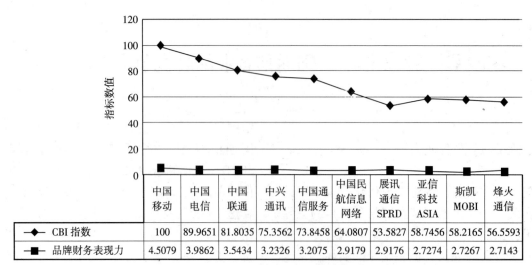

	中国移动	中国电信	中国联通	中兴通讯	中国通信服务	中国民航信息网络	展讯通信SPRD	亚信科技ASIA	斯凯MOBI	烽火通信
CBI 指数	100	89.9651	81.8035	75.3562	73.8458	64.0807	53.5827	58.7456	58.2165	56.5593
品牌财务表现力	4.5079	3.9862	3.5434	3.2326	3.2075	2.9179	2.9176	2.7274	2.7267	2.7143

图 10-13　财务表现力前 10 名企业

表 10-13　品牌财务表现力指数各项指标得分均值

一级指标	2012 年	2011 年	二级指标	2012 年	2011 年	三级指标	2012 年	2011 年
品牌财务表现力	2.3994	3.8362	规模因素	2.2911	3.7627	销售收入	2.7518	3.1407
						所有者权益	2.4918	4.3704
						净利润	1.2730	3.9070
			效率因素	3.1042	4.2036	净资产报酬率	3.6865	4.2160
						总资产贡献率	2.2308	4.1851
			增长因素	2.2002	3.5622	近三年销售收入增长率	1.8216	3.7927
						近三年净利润增长率	2.9032	3.3317

场占有率、市场覆盖率 2 个三级指标衡量；超值获利能力主要从品牌溢价率、品牌销售利润率 2 个三级指标衡量。

由于近几年中国通信市场的快速发展、市场的巨大需求等因素使得各通信企业近年来各方面指标都保持了良好的增长态势。全国 75 家通信企业在市场竞争表现力得分均值为 3.3291，整体上高于财务表现力指标得分均值，但与 2011 年相比变动幅度不大，基本保持不变。中国移动、中国电信、中国联通、中兴通讯、中国通信服务、宏图高科、中国卫星、中国民航信息网络、斯凯MOBI、通鼎光电位列前 10 名，其中，宏图高科、中国民航信息网络、斯凯 MOBI 强势跃入前 10 名，表现良好。数码视讯、华星创业、国脉科技三家企业被挤出前 10 名，表现出了下滑趋势，而

且这 10 家企业在市场竞争表现力方面差距较明显。中国移动市场竞争表现力得分 4.9512，同时中国电信和中国联通得分分别为 4.7988、4.7181，在通信行业遥遥领先。

二级指标中，市场占有能力得分均值为 2.7393，略低于 2011 年，超值获利能力得分 4.4038，与 2011 年相比有较大幅度的增长。整个通信行业的垄断比较严重，所以行业领先的企业市场占有率及市场覆盖率高，大部分企业的市场占有率及市场覆盖率都比较低，导致行业此项得分均值很低。在通信行业内，品牌对企业市场竞争力的影响非常明显，因此品牌溢价率、品牌销售利润率得分均值最高，分别为 4.2525、4.6848，与 2011 年相比有一定的涨幅。

表 10-14　品牌市场竞争表现力指数前 10 名企业

企业名称	省（市）	2012 年行业 CBI 均值	市场竞争表现力
中国移动	北京市	100	4.9512
中国电信	北京市	89.9651	4.7988
中国联通	上海市	81.8035	4.7181

续表

企业名称	省（市）	2012 年行业 CBI 均值	市场竞争表现力
中兴通讯	广东省	75.3562	4.5634
中国通信服务	北京市	73.8458	4.4156
宏图高科	江苏省	61.5346	3.9099
中国卫星	北京市	60.6522	3.8456
中国民航信息网络	北京市	64.0807	3.7585
斯凯 MOBI	浙江省	58.2165	3.7368
通鼎光电	江苏省	58.7738	3.7256

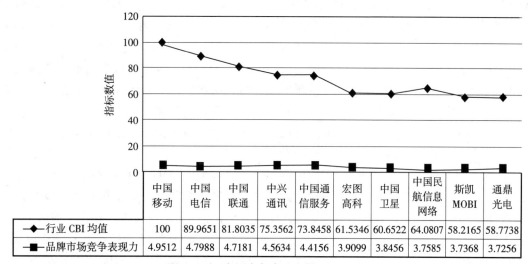

图 10-14　市场竞争表现力前 10 名企业

表 10-15　市场竞争表现力各分项指标得分均值

一级指标	2012 年	2011 年	二级指标	2012 年	2011 年	三级指标	2012 年	2011 年
市场竞争表现力	3.3219	3.3934	市场占有能力	2.7393	3.2020	市场占有率	2.7518	3.1694
						市场覆盖率	2.7103	3.2781
			超值获利能力	4.4038	3.7487	品牌溢价率	4.2525	4.1628
						品牌销售利润率	4.6848	2.9797

第五节　中国通信企业品牌竞争力提升策略专题研究

一、中国通信行业宏观经济与政策分析

（一）通信行业的市场运行情况

2012 年第一季度，我国通信运营业延续了 2011 年下半年快速发展的势头，主营业务收入增速继续高于 GDP 增速。1 月至 3 月，我国电信运营业营业收入累计达 2840.3 亿元，同比增长 14.9%。其中，主营业务收入累计达 2505.5 亿元，同比增长 10.2%，增速高于同期 GDP（8.1%）2.1 个百分点。根据工信部发布的 2012 年全国电信业统计公报，2012 年全行业完成电信业务总量 12984.6 亿元，同比增长 11.1%，实现电信业务收入 10762.9 亿元，同比增长 9.0%，其中，移动通

信业务收入 7933.8 亿元，增长 10.6%，占电信业务收入的比重上升到 73.7%；固定通信业务收入 2829.1 亿元，增长 4.9%；完成固定资产投资 3613.8 亿元，同比增长 8.5%。GDP 增速放缓并没有影响电信业的发展，主要原因一是电信行业通常表现比较滞后，较经济周期滞后约 6 个月；二是强劲的营业收入增长抵消了可能出现的放缓。

1. 移动电话业务的增长

2012 年，全国移动电话用户净增 12590.2 万户，达到 111215.5 万户。其中，自 2011 年以来，由于中国联通等运营商推出了千元智能手机套餐，较低的购机费和套餐费用拉低了 3G 用户的进入门槛，使得 3G 用户爆发式增长。3G 用户的增长带动了运营商的业绩增长。2012 年 3G 用户净增 10438.0 万户，年净增用户首次突破 1 亿户，达到 23280.3 万户。2012 年，全国移动电话通话时长达到 27603.3 亿分钟，增长 12.4%。其中，非漫游通话时长 24999.4 亿分钟，增长 10.5%；国内漫游通话时长 2597.1 亿分钟，增长 34.2%；国际漫游通话时长 3.6 亿分钟，增长 36.2%；港澳台地区漫游通话时长 3.3 亿分钟，增长 14.2%。

2. 固定电话业务的下降

2012 年，全国固定电话用户减少 694.5 万户，达到 27815.3 万户。其中，城市电话用户减少 228.3 万户，达到 18893.4 万户；农村电话用户减少 466.2 万户，达到 8921.9 万户。在业务量方面，2012 年，固定本地电话通话量达到 2931.4 亿次，下降 18.2%。其中，本地网内区间通话量为 397.6 亿次，下降 18.2%；区内通话量为 2523.3 亿次，下降 17.8%；拨号上网通话量为 10.5 亿次，下降 57.1%。固定本地通话中，传统电话通话量为 2839.9 亿次，下降 14.9%；无线市话通话量为 91.5 亿次，下降 62.3%。由此可见，面对各种新兴技术，传统固定电话业务呈现出了下降的趋势。

3. 互联网用户的增加

2012 年，全国网民数净增 0.51 亿人，达到 5.64 亿人。手机网民数净增 0.64 亿人，达到 4.20 亿人，占网民总数的 74.5%；农村网民数净增 0.2 亿人，达到 1.56 亿人，占网民总数的 27.7%。网络购物用户净增 0.48 亿户，总规模达到 2.42 亿户。微博用户净增 0.59 亿户，总规模达到 3.09 亿户。互联网普及率达到 42.1%，比 2011 年末提高

3.8 个百分点。并且基础电信企业的互联网宽带接入用户 2012 年净增 2518.1 万户，达到 17518.3 万户。移动互联网用户净增 13004.1 万户，达到 76436.5 万户。

4. 电信能力建设增速显著

2012 年，全国光缆线路长度净增 268.6 万公里，达到 1480.6 万公里。局用交换机容量（含接入网设备容量）净增 478.1 万门，达到 43906.4 万门。移动电话交换机容量净增 11233.8 万户，达到 182869.8 万户。基础电信企业互联网宽带接入端口净增 3596.0 万个，达到 26835.5 万个。全国互联网国际出口带宽达到 1899792.0Mbps，同比增长 36.7%。2012 年，电信业围绕国家信息化战略和两化融合中心工作，大力推进农村信息通信基础设施建设和农村信息化进程，持续深入实施通信村村通工程。行政村通宽带方面，全年新增通宽带行政村 1.9 万个，行政村通宽带比例从 2012 年初的 84% 提高到 87.9%。随着"农村宽带入乡进村"和"公益机构接入普及"计划的组织开展，100 所全国集中连片特困地区中小学和 100 所残疾人特殊教育学校已开通宽带并提速到 4M 以上，同时提供三年免费上网；自然村通电话方面，全年新增 1.1 万个自然村通电话，全国 20 户以上自然村通电话比例从 2012 年初的 94.7% 提高到 95.2%；信息下乡方面，全年新增 2005 个乡镇实施信息下乡活动，新建乡级信息服务站 2050 个、村信息服务点 29622 个、乡级网上信息库 9940 个、村级网上信息栏目 66780 个。开展信息下乡活动的乡镇比例达到 82%。

（二）通信行业政策分析

2011 年作为"十二五"规划的开局之年，经济增长相对稳定。2012 年 5 月 4 日工信部正式发布了《通信业"十二五"发展规划》，规划明确指出"十二五"期间发展的总体目标是：通过实施"宽带中国"战略，初步建成宽带、融合、安全、泛在的下一代国家信息基础设施，初步实现"城市光纤到楼入户，农村宽带进乡入村，信息服务普惠全民"，新兴信息服务成为推动行业发展的重要力量，通信业在全面提升国家信息化水平和支撑经济社会发展中的战略性、基础性和先导性作用更加突出。

《通信业"十二五"发展规划》的发布，正式

确立了"宽带中国"战略的发展目标，将对通信业在今后几年的发展起到纲领性的作用。而特别值得一提的是，相比"十一五"期间的投资增速，根据规划，2011~2015年5年投资总额为2万亿元，其中2012年计划投资近3000亿元，意味着接下来的3年如果要完成"十二五"规划的投资目标，平均每年的投资额度约为5000亿元，为2012年投资额的1.6倍，即便扣除广电行业投资，总体投资额度也较2012年高出约50%，将极大地利好整体行业发展，这也将对光通信厂商、移动设备商、互联网设备商以及宽带运营商的业绩成长提供强有力的支撑。

1. 4G研发的不断推进提升通信设备市场规模

我国在3G时代拥有的专利较少，话语权比较少，市场份额不高，而对于即将到来的4G时代，我国在通信领域的主导权正在不断扩大。在公布的4G标准之中，由我国主导的TD-LTE也在标准之列，国内通信设备厂商在一定程度上可以占得先机。

在4G网络设备方面，全球移动设备供应商协会于2012年3月初更新的《LTE演进》报告指出，已经有301家运营商致力于部署LTE商用业务或进行试用、技术测试、研究，较2011年增长超过50%。国际社会对LTE TDD的认同度也日益提高。

2. 三网加速实现融合

2011年是三网融合的破冰之年，但必须认清的一个事实是三网融合不可能在短期内取得飞速发展，它的发展仍然是举步维艰。2011年，三网融合是处于布局阶段，取得了一定的成效。三网融合在2012年得到进一步推进，试点范围扩大到全国各个直辖市、省会城市和其他具备条件的城市，推动广电和电信企业加强技术、业务和合作模式创新，带动相关技术研发和配套产业发展。务实推动IPTV、手机电视等融合性业务发展，加强网络信息安全保障。

3. "宽带中国战略"

2012年3月27日，国家发改委、工业和信息化部为了加快"宽带中国战略"实施方案研究制定工作，规范和促进通信行业发展，发布了《关于开展"宽带中国战略"研究工作的通知》。《通知》主要就实施"宽带中国战略"进行了详细部署，意味着该战略进入到实质性实施阶段，也意味着"宽带战略"政策落地成为可能。这将给通信行业带来发展的契机。

4. 互联网由IPv4向IPv6顺利过渡

2012年，国家发改委制定了《关于下一代互联网"十二五"发展建设的意见》，主要目的是促进互联网由IPv4向IPv6顺利过渡，促进互联网健康发展。《意见》重点是"十二五"期间，互联网普及率达到45%以上，推动实现三网融合，IPv6宽带接入用户数量超过2500万，实现IPv4和IPv6主流业务互通，IPv6地址获取充分满足用户需求。2013年底之前为商用试点阶段，2014~2015年为全面商用部署阶段。《意见》的发布将为三网融合奠定重要的技术基础，将加速IPv6的商用化，为三网融合提供海量的IP地址，解决三网融合的技术"瓶颈"。同时，《意见》也将更好的为"宽带中国战略"服务。

二、中国通信行业品牌竞争力提升策略建议

（一）把握3G机遇实现差异化发展，注重上下游企业联盟，共同助力品牌化建设

随着通信技术的飞速发展，它越来越多地应用于人们的生活。现代通信行业有如下特点：产品的更新速度快，技术周期短；技术垄断优势越来越难以维持；市场竞争异常激烈；与顾客的需求越来越接近。

2009年1月，工业和信息化部正式向三大运营商发放了三张3G牌照。其中，中国移动获得具有民族自主知识产权的3G标准——TD-SCD-MA；中国电信获得CD-MA2000网络；而中国联通获得WCDMA网络运营执照。3G对电信运营厂商来说可谓机遇与挑战并存。长期来看，3G的启动必将推动电信运营厂商在运营模式上的深刻变革，3G业务的多样性也将为电信运营商带来许多新的利益增长点；短期来看，3G牌照的发放有可能改变目前相对稳固的"寡头垄断"的竞争格局，竞争对手的增多必然导致市场竞争强度的加剧，加之受3G业务推广期的营销费用和折旧摊销等因素的影响，都会不同程度地拉低电信运营厂商的运营利润。

众所周知，由于一些历史原因，中国的通信行业发展呈现出一种极端的不平衡。三大龙头企业中国移动、中国电信、中国联通在各个方面的表现遥遥领先，其他企业可谓望尘莫及。对于通信行业这种资金与技术密集型的行业来说，每次重大的技术革新，都可能导致行业洗牌。因此，面对新的发展机遇：3G技术，通信行业应该抓住机遇，提供多样化、差异化的服务，塑造自身独特的核心竞争力。例如，3G牌照发放以来，电信企业高度重视3G发展，集中力量，大规模建设3G网络。中国移动进一步加大对TD的投入力度，网络建设明显加快，TD二期工程基本完成。中国电信和中国联通网络建设进展顺利。三大领头企业注重3G技术的应用，纷纷加大投资建设网络。其他通信企业着眼于长远发展，也要进行有重点的战略性投资。同时，目前三大运营商推出的3G产品各有特色。例如，中国移动已经向市场推出可视电话、多媒体彩铃、视频留言、视频会议、视频点播等TD特色业务，并与多个笔记本厂商合作，推出了TD上网本；中国电信推出了无线宽带、全球眼、天翼Live、189邮箱等3G特色业务；中国联通已经推出无线上网卡、手机上网、手机搜索、可视电话、手机报等3G特色业务。3G终端也不断丰富，已经从原来的手机、数据卡延伸到上网本、家庭网关等形态。由上可以看出，3G技术带来了重大的机遇，行业可以抓住机遇提供各种差异化的特色服务，各个通信企业应该结合自身的技术、优势等开发出各种特色的业务，创造新的利润增长点。

同时，一种新技术的广泛应用通常能带动上下游企业的发展。相关资料显示，随着3G技术的广泛应用，通信设备制造行业等相关行业实现了快速的发展。企业应该具有产业链的思维，注重与产业链上下游企业的合作与投资，使其更加有利于自身3G品牌的发展。例如，中国联通的"沃3G"品牌是一个比较成功的品牌，它在消费者心目中品牌满意度较高，具有良好的品牌发展潜力。分析一下"沃3G"品牌的成功我们可以看出以下三点：首先，需要在整个通信行业中加强上下游厂商之间的配合，只有上游不断进行技术更新、改善运行质量，才能保证下游3G服务得以顺利进行，服务质量得到保证，服务才能得到

消费者的认可。其次，上下游企业之间应该进行良好沟通、无缝对接，形成上下游企业的一体化建设，这样优质的服务品质才能有保障，品牌建设才不会成为空中楼阁。最后，下游企业应该以消费者的需求为导向，为重要消费者提供定制化的服务，并且精益求精。只有得到了消费者认可的品牌才是有价值的品牌。能够恰如其分地满足消费者特定的需求才是品牌建设成功的基石。

品牌这一无形资产对通信行业来说是具有战略意义的。这从上文的分析就可见一斑，品牌溢价率、品牌销售利润率等相关指标表现比较抢眼。而塑造品牌的基础是洞察消费者的需求并且能够提供质量优异的服务。而3G时代的到来，对通信行业来说是一个重大机遇，通信企业一定要抓住机遇，夯实基础，塑造有竞争力的3G品牌。

（二）借助三网融合，通信行业深度挖掘客户价值，提升品牌价值

三网融合指的是电信网、计算机网和有线电视网三大网络通过技术改造，能够提供包括语音、数据、图像等综合多媒体的通信业务。三网融合使得信息服务由单一业务转向文字、语音、数据、视频等多媒体综合业务，衍生出更加丰富的增值业务类型，极大地拓展了业务范围。三网融合也得到了政府的重视。2012年以来，广电业务双向改造试点工作继续向前推进，三网融合也加速开展。随着2011年底三网融合试点的第二期的扩容及新一轮三网融合试点城市的公布，三网融合的建设将迎来新一轮高潮。2012年5月初召开的国务院常务会议上，通过了《关于大力推进信息化发展和切实保障信息安全的若干意见》，其中明确指出要加快推进电信网、广电网、互联网三网融合，培育壮大相关产业和市场。从目前的形势看，根据国务院2010年初制订的三网融合时间表，广电必须在2012年底实现全国大部分城区双向网覆盖，否则在2013年广电、电信放开全面竞争时，广电将会面临严峻的竞争压力。所以预计三网融合推进的步伐将进一步加快。

随着三网融合的推进，通信行业将从中受益颇多，三网融合对于通信业来说是一次千载难逢的好机会。在目前，通信行业进一步扩大用户规模遭遇"瓶颈"时，借助于三网融合、联合互联网、有线电视网络充分利用已有顾客，深度挖掘

用户价值，从而会创造出更多的获利机会，这无疑是整个行业的一次契机。更为重要的是通过三网融合，为通信行业的发展提供了一种新的发展路径。通信行业深化发展业务的广度和深度，为客户提供更加多样化、定制化的服务，深层挖掘品牌价值。并且目前，通信行业品牌价值的重点在于"内容为王"，当前三网融合的过程中，内容播控权掌握在广电的手中，通信行业若想在三网融合中突破自身的局限性，就应该在有限的条件下，积极推进以客户需求为主导的内容建设。

一个优秀的品牌无疑是企业的巨大无形资产，能给企业的经营带来充裕的现金流。因此，品牌的建设、品牌价值的提升应是企业发展的重点。面对现代超竞争的环境，国际上一些知名的大企业，往往会巧妙地利用自身强大的品牌号召力，同时与其他行业的领导者进行双赢的"强强联合"，以期更好的树立品牌形象并提升品牌价值。这种做法对于通信行业也是很有启发性的。一方面，通信行业在自身品牌发展方面还远远不够，较为优秀的品牌寥若晨星。通信企业应该要具有品牌意识，只有拥有强大的品牌，才能产生一定的市场号召力，才能具备一定的抗风险能力。另一方面，通过三网融合的大浪潮，通信行业的企业可以有前瞻性地与互联网及有线电视网的领军企业进行合作，以便更好的树立品牌形象同时提升品牌价值，为客户提供更多的让渡价值。

（三）加强相关法规的建设，加大监管力度，营造公平、有序的市场环境

目前，中国通信行业内部的市场竞争环境不够完善，而一个行业的健康快速发展得益于良好的市场环境。现如今，整个中国通信行业垄断情况比较严重。行业领先的企业如中国移动、中国联通、中国电信三大巨头的占有率及市场覆盖率高，而其他大部分企业的市场占有率和市场覆盖率都比较低，这导致行业内竞争力指数得分均值很低，呈现出显著的两极分化现象。

从两个角度对中国通信行业市场情况进行分析：市场垄断和产权垄断。不言而喻，市场垄断是指市场被一个或少数几个企业占有，企业操纵价格并获得超额利润。在中国通信行业，三大巨头几乎垄断行业的发展，三者之间虽然有竞争，但竞争不够激烈，从它们的净利润可知，三者仍

是市场垄断者的角色。再者，产权垄断是指国资垄断，即以国资为主体，企业受到政府的超强控制。具体的表现往往是外资、非国有资本进入困难，大股东侵犯小股东利益等。根据三大巨头的股权结构可知，中国电信、中国移动及中国联通已经分别在中国香港和纽约上市（其中中国联通还在内地上市）。中国移动和中国联通国有股比例相对于中国电信更低一些。从上述两个角度分析，可以看出中国通信行业存在的问题主要有以下三个：首先，目前的市场竞争状况决定了相关服务的相对价格偏高。如果以中国的相对价格指数为100计，美国的相对价格仅为8.4。中国移动的利润一直被世界同行所羡慕。其次，一股独大的现象，使得裁判员又身兼运动员，缺乏公平的竞争环境。没有独立的监管机构，《电信法》迟迟不能出台，而且在价格管制、网络开放、网元租用、网间结算等方面，也一直没有形成系统的、连续的、可预期的管制体系。最后，由于上述情况的存在，使得中国通信行业效率低下、缺乏创新活力。

因此，从长远考虑，建设良好的市场环境，为通信企业健康发展及塑造品牌提供适宜的温床，相应的市场化改革及产权改革就是势在必行的。面对中国通信行业的问题，首先应该着手的是相关法规的完善及强力执行。如果相关的制度不完善，就会导致产权的改革困难重重。其次，产权的改革不能一蹴而就。对于不能马上使垄断企业由国有控股变为公众公司，政府现阶段要加强监管，尽力促进公平的竞争环境。最后，政府要加强对中小企业的创新扶持，如税收减免政策等。众所周知，通信行业过高的利润对国家和产业的长期发展都不是好事，所以政府要加强对相关服务收费的监管，确保相应的服务有合理的价格，这才能促进行业的良性发展。

三、中国通信企业品牌竞争力提升策略建议

（一）转变营销理念，注重关系营销提升品牌价值

现代通信行业的发展必须认清的事实是，通信市场现在处于买方市场。在电信垄断经营的时

代，电信市场处于供不应求的卖方市场，用户若想安装电话只能向电信公司经营部门申请购买，并且要耐心等待，在价格上没有任何讨价还价的余地，电信公司的重心是扩大网络建设。而现在的电信市场已经处于客户是"稀缺资源"的卖方市场，各个通信企业要想塑造成功的品牌，必须要树立关系营销的理念。但现实情况却不遂人愿，一方面，消费者因对服务、套餐内容不知情，被强行扣费的情况屡见不鲜。另一方面，由于一些新兴技术不完善等原因，消费者的权益经常被侵犯。鉴于通信企业存在的上述种种弊端，通信企业着眼于长远发展必须在提升技术的同时树立关系营销的理念，以用户为导向，为用户创造更多价值，通信企业的关系营销理念主要体现在以下几个方面：

第一，在处理与客户或者消费者的关系时要坚持"用户至上"的原则。一切行动的出发点是顾客的需求，不能盲目地崇拜技术，高傲自大，技术存在的目的是要解决客户的问题，满足客户的需求。同时，关系营销的观点是在保留老顾客的基础上开发新的顾客，而不是一味地倾向于与客户进行一次性交易，不注重对已有客户的维护。调查显示，吸引一位新顾客的成本要远大于保留一位老顾客的成本。对于客户关系的维护，除了保存详细的客户资料进行定期访问外，还可以增加客户的转移成本。另外，对于影响企业未来发展的主要客户，要进行定制化的服务，提供优质的服务。

第二，通信企业在影响者市场上，要着重树立企业良好的品牌形象，获得企业的品牌形象溢价。这主要从两方面着手。首先，了解政府、熟悉政策。通信行业的发展受政策的影响较大，企业应该加强与政府的沟通，树立自身形象的同时要对相关政策有一定的敏锐性。其次，要了解社区，积极参与社区活动。人们往往倾向于选择自己熟悉的事物。尤其对通信行业这样技术性强的行业来说，普通的个体客户往往对其存在一种陌生感。通过积极参与社区活动，加强与客户的沟通，有助于增强客户对品牌的熟悉度，降低信息不对称性，便于企业树立良好的形象。

第三，在竞争者市场上，通信企业应该秉承"竞合"的理念，与相关竞争者资源共享、优势互补。在中国通信行业，垄断现象较为突出，中国移动、中国电信、中国联通三家独大，各个企业为了实现快速发展，积极寻求外部资源便成为突围的不二法则。对于资金和技术密集型的通信行业来说，对新技术的研发或投入均需要前期的大量投资，因此，与相关竞争者进行合作，可以分散风险的同时，迅速地把握市场上的机遇。

第四，通信企业还要注重对企业内部员工的关系管理。人力资源是任何企业的核心资源。企业的目标需要人员的通力合作才能实现。对于通信企业来说，先要意识到技术人才的重要性。对于技术导向型的企业，人才无疑是企业核心竞争力的来源。技术人才具备的隐性知识能够为企业创造出品牌价值，因此要注重对人才的吸引及维持。但这并不意味着只关注技术性人才，营销人员、客服人员都应得到相应的重视。中国企业中比较常见的现象是一个部门独大，而且这取决于当权者的重心，应该极力避免这种现象。这种情况只会加深企业部门间的不平等，不利于他们之间的公平交流。加大对各种员工的重视，并根据实际情况实行授权管理等，这些都能激发员工的积极性。

综上，通信企业营销重点应该由交易型营销转向关系型的营销，为客户提供更多的让渡价值。只有得到客户的认可，品牌的塑造才有了根基，品牌价值才能够得以实现。

（二）紧抓移动支付及互联网宽带迅速发展的契机，提高让渡价值的同时提升品牌价值

2011年，移动支付市场的发展得到了前所未有的关注，各种关于移动支付的报道层出不穷，特别是银联、运营商的高调进入更是让移动支付市场的发展成为各方关注的焦点。2011年底，三大运营商拿到了期盼已久的移动支付牌照，随之也在2012年初开始相关工作的推进。

在未来一段时间内，移动支付产业链参与者将持续增多，合作模式的多元化趋势将更加明显。中国移动的"无线城市"、中国电信的"智慧城市"、中国联通的行业信息化都将在2012年进入深化应用的新阶段，从而为运营商拓展出更加宽广的发展空间。

2009年，中国电信、中国联通启动"光城计划"、"光纤入户"，开始改造城市宽带网络。"十一五"期间，我国宽带网络的指标性数据成倍增长，宽带用户增长了 5.3 倍，年均增长 1700 万用户。2012 年，互联网宽带业务将快速推进。在工信部 2012 年的工作报告中，提出了推动实施"宽带中国"的战略，争取国家政策和资金支持。工信部也在近期正式启动宽带提速上网工程。在 3G 网络投资接近尾声的情况下，借助国家宽带战略，运营商将掀起新一轮的建网热潮，继续发挥投资拉动行业增长的效应。宽带成为 2012 年行业发展的最大亮点。

在传统领域，三大巨头占据了绝对的领导地位，使得众多的中小通信企业望尘莫及。但面对不断涌现的新机遇，通信企业应该着眼于品牌建设，利用好契机，深化与其他行业或本行业内其他企业之间的合作，共同服务好客户深化品牌价值。

另外，面对通信市场的不均衡状态，除了国家应着力完善相关法规、制度外，对众多中下游的企业来说，还是应该注重人才的引进及技术的创新。通信行业是典型的技术密集型产业，新技术层出不穷。中小企业在应对激烈变化的市场环境方面存在一定优势，众所周知，船大难掉头，大企业对市场的变化相应会比较迟钝，而中小企业可以灵活地定位于利基市场，用优质的服务和技术吸引用户。同时，鉴于中小企业在相关研发、新技术的获取等方面存在一定的困难，所以建议其采取相应的战略联盟，抱团取暖，这样才能对市场变化迅速做出反应，抓住机遇。

（三）树立品牌意识，加强品牌联盟的同时注重品牌的国际化

通信行业是技术密集型产业，客户更加青睐于具有一定品牌知名度和美誉度的服务提供商或者设备提供商。因此，品牌作为一种无形资产，是通信企业应该着力发展和塑造的。通信行业塑造品牌这一核心竞争力可以从以下几方面考虑。首先，要把握技术发展的脉搏，实现技术的实时更新应用。进入"十二五"，国家对相应通信技术的大力支持，使得相关技术得以迅速发展应用。这就要求通信企业抓住新技术，提供相关的拳头产品。例如，3G 技术的迅速发展，行业龙头企业纷纷推出了无线宽带、"沃 3G"等。其次，品牌成功的关键在于得到消费者认可，这就是上面所提到的关系营销，以消费者为中心，建立与客户

的长期互利互惠关系，将消费者作为品牌建设的一分子。最后，企业必须转变原有的观念即认为硬件、低价是取胜之道，这一度造成了中国"山寨手机"的繁荣。行业的发展趋势是以销售硬件盈利的模式正在日益改变，新的盈利模式在于创新应用软件和文化内容的结合，融合、硬件与硬件间的互联互通、软件、内容与服务的价值创新与利润分享将是通信产业未来的发展之路。这点是企业在建设品牌时应着重注意的。

品牌之间的强强联合能够带来双赢的局面，各方企业各取所需共同服务好客户，这是品牌发展应该着重考虑的。在通信行业实行品牌战略联盟，不仅能够打破技术门槛，迅速掌握最新技术，同时能够共享双方的客户资源，提升自身的品牌价值。在品牌联盟方面首先不得不提的是运营商与手机厂商的联盟。联通率先与苹果公司合作，推出苹果定制机，使得联通在 3G 大战中抢占先机，营业收入得到大幅度的增长。运营商通过定制手机的相对低价以及话费补贴吸引大量用户，扩大了市场占有率，提高了品牌认知度。另外，虽然手机厂商给运营商的定制机售价低，但在销量上升后，单机成本是下降的，同时也起到了很好的品牌营销的作用。可见，强强联合品牌之间的战略联盟使得双方实现了双赢。其次，随着手机支付的日渐兴起，运营商跨界合作手机支付也具有广阔的前景。3G 运营一年多以来，各种 3G 应用逐渐走入人们的生活。随着 3G 带来的网络容量扩大和上网速度提高，以往在 PC 端普及的金融服务会逐渐向手机端转移，而手机支付因其市场前景广阔、潜力巨大，正成为运营商拓展业务的关注点之一。如中国联通与兴业银行签订战略合作协议，双方将致力于共同推动移动金融产品创新，共同进军移动支付、手机银行、移动商务、增值业务等战略领域。中国电信也加强与银联的合作，基于天翼 3G 推出"翼支付"业务，让广大用户亲身感受到手机支付的便捷。通过品牌战略联盟，各方企业迅速开发潜在市场，创造了差异化的品牌价值。

随着全球一体化的不断加深，中国企业要着眼于长远，创立世界级的品牌。在品牌建设过程中，要具有国际化的战略眼光。其中不得不提的是民营通信企业华为。华为作为一个民族品牌取

得今天的成功实属不易。华为先意识到不会有仅依靠区域市场生存的电信设备商，因此开始进行国际化布局，通过推出"东方丝绸之路"、"东方快车"等品牌计划让国际客户熟悉了华为。同时，华为也意识到无限的设备与有限的需求之间的矛盾，唯有品牌与服务才能拿得住客户。因此，华为能十几年如一日，始终以自主知识产权与超值服务为坐标，注重人才、技术、服务，成为能与著名企业思科相匹敌的国际化品牌。

综上，品牌对于通信企业是至关重要的。通信企业应该善于借助各方力量、各种新技术发展的契机，寻求差异化竞争，为客户建立独特的品牌价值，同时不断推进国际化，塑造世界级的品牌。

第十一章 中国商业百货行业企业品牌竞争力指数报告

第一节 中国商业百货企业品牌竞争力指数总报告

一、2012 年度中国商业百货企业总体竞争态势

中国企业品牌竞争力指数（以下简称 CBI）研究课题组为了检验理论成果的应用效果，对中国 55 家自主商业百货企业品牌进行了调研，根据各企业营业收入原始数据得出中国商业百货企业竞争力呈华东地区全面领先，中南地区、华北地区、东北地区呈现势均力敌的总体竞争态势。

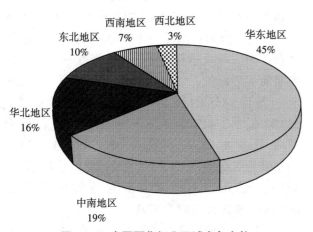

图 11-1 中国百货行业区域竞争态势

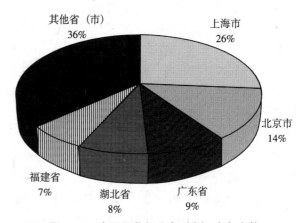

图 11-2 中国百货行业省（市）竞争态势

中国 2011 年商业百货行业受调研企业营业总额为 4054.89 亿元，与 2010 年营业总额 3373.75 亿元相比，同比增长 20.19%。华东地区、中南地区、华北地区、东北地区、西南地区和西北地区的商业百货企业营业总额分别为 1834.16 亿元、753.98 亿元、628.38 亿元、425.22 亿元、286.08 亿元、127.07 亿元，占行业营业总额的比重分别为 45.23%、18.59%、15.50%、10.49%、7.06%、

3.13%。其中，华东地区营业额占行业总营业额的将近一半，占据绝对的优势。华东地区、中南地区、华北地区、东北地区四个地区的营业总额高达 3641.74 亿元，占行业营业总额的比重高达 89.81%，同比增长分别为 20.52%、21.77%、16.20%、21.12%，地区优势较为明显。2010 年排在前 4 名的省（市）分别为上海市、北京市、广东省、湖北省，营业总额分别为 893.53 亿元、

534.81 亿元、296.44 亿元、268.52 亿元，2011 年这四个省（市）的营业额分别为 1065.98 亿元、555.69 亿元、367.90 亿元、315.67 亿元，占营业总额比重分别为 26.29%、13.70%、9.07%、

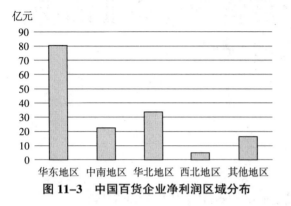

图 11-3　中国百货企业净利润区域分布

中国 2011 年商业百货行业受调研企业净利润总额为 158.02 亿元，与 2010 年企业净利润总额 122.49 亿元相比，同比增长 29.00%。华东地区、中南地区、华北地区、东北地区商业百货企业净利润总额分别为 79.98 亿元、22.91 亿元、33.53 亿元、7.45 亿元，所占行业利润总额比重分别为 50.61%、14.50%、21.22%、4.71%。与 2010 年相比，四个地区同比增长分别为 45.20%、16.18%、17.49%、2.29%。四大区域净利润总额占行业净利润总额的比例高达 91%，占据绝对的优势地位。2010 年排在前 4 名的省（市）分别为上海市、北京市、广东省、福建省，净利润总额分别为 36.13 亿元、24.8 亿元、9.42 亿元、8.25 亿元，2011 年这四个省（市）的净利润额分别为 50.18 亿元、33.45 亿元、11.21 亿元、12.58 亿元，占行业净利润总额的比重分别为 31.76%、21.17%、7.09%、7.96%，同比增长分别为 38.90%、34.90%、18.97%、52.45%。四大省（市）所占比重高达 68%，该比重较 2010 年有所上浮，其中上海市和北京市优势明显。

总之，中国商业百货企业分布仍大多数集中于珠三角、长三角以及环渤海地区，这种鼎足竞争态势仍成为当前中国商业百货行业竞争的最显著特征。

7.78%，同比增长分别为 19.30%、3.90%、24.11%、17.56%。四大省（市）的营业总额占行业营业总额的比重为 56.85%，其中上海市优势较为明显。

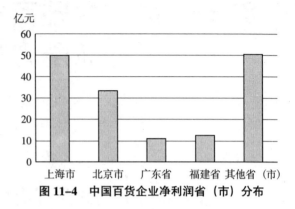

图 11-4　中国百货企业净利润省（市）分布

二、2012 年度中国商业百货企业品牌竞争力总体述评

（一）宏观竞争格局：华东地区全面领先，中南地区、华北地区、东北地区势均力敌

从中国商业百货营业总额上来看，符合本次调研标准的总计 55 家企业，受调研企业营业总额为 4054.89 亿元，华东地区的营业总额为 1834.16 亿元，占行业营业总额的比重为 45.23%，华东地区营业额占行业总营业额的比重将近一半，占据绝对的优势地位。中南地区、华北地区、东北地区、西南地区的营业额分别为 753.98 亿元、628.38 亿元、425.22 亿元、286.08 亿元，占行业营业总额的比重分别为 18.59%、15.50%、10.49%、7.06%。四大地区的营业总额高达 3641.74 亿元，占行业营业总额的比重高达 89.81%，地区优势较为明显。

从中国商业百货企业数量上来看，中国商业百货企业主要分布于华东地区、中南地区和华北地区，占 55 家企业总数的比重分别为 42%、20%、16%，三大区域占据企业总数的 78%。上海市、北京市、广东省、福建省、湖北省、浙江省六个省（市）的商业百货上市企业数量占企业总数的 60%，所占比重分别为 15%、15%、9%、7%、7%、7%，可以得出中国商业百货上市企业分布较于集中，且分布于中国三大经济热区长三角、珠三角和京津唐地区。

从商业百货企业的品牌竞争力水平看来，华北地区和华东地区的 CBI 均值分别为 80.3320、80.9303，远高于全国均值 78.9167，品牌竞争力突出；东北地区 CBI 均值仍然最低，仅为 74.1066，与 2011 年相比并无有效改善。中南地区虽然企业总数排行业第二，但其 CBI 均值为 77.2428，仍低于全国均值，其品牌竞争力一般，还有很大的提升空间。北京市、湖北省、福建省、上海市四省（市）CBI 得分分别为 82.5461、79.7571、85.3637、82.5641，均高于行业平均值 78.9167，福建省 CBI 得分最高，显示其在众省（市）商业百货行业中具有较强的竞争力，北京市、上海市 CBI 均值差距不大，品牌竞争力势均力敌。广东商业百货企业数量排第三，但其 CBI 得分仍然在六个省（市）中为最低，仅为 75.4866，也低于行业平均值，与 2011 年相比无有效改善，显示其品牌竞争力仍有待提升。

中国商业百货企业远不止 55 家，这 55 家企业是众多商业百货公司的杰出代表，从中可以分析中国商业百货企业的竞争情况。商业百货行业关乎中国经济发展的重要行业，商业百货企业目前已形成华东地区全面领先，中南地区、华北地区、东北地区势均力敌的竞争之势，一定程度上也揭示了中国区域经济发展的不均衡，西北地区和西南地区商业百货行业的发展仍处于竞争劣势，这些地区需要一批具有综合竞争力的企业带动区域地产行业的发展。

（二）中观竞争态势：六大企业引领行业发展，中游企业势均力敌

根据中国商业百货企业品牌竞争力分级评级标准，对调查的 55 家企业进行分级评估，按照一般惯例分为五级，5A 级企业 6 家，4A 级企业 7 家，3A 级企业 15 家，2A 级企业 15 家，1A 级企业 12 家。5A 级商业百货企业共有 6 家，占商业百货企业总数的 11%，该 6 家企业分别是王府井百货集团、上海友谊股份有限公司、上海豫园旅游商城股份有限公司、上海百联集团股份有限公司、上海联华超市股份有限公司、天虹商场股份有限公司，6 家的营业收入占营业总额的很大比例，6 家企业的 CBI 均值为 97.7741，远高于行业平均指数值 78.9167，所以 5A 级的 6 家企业是中国商业百货行业当之无愧的领军企业，引领中国

商业百货行业的发展方向。值得关注的是，15 家 3A 级企业和 15 家 2A 级企业，占据行业企业比重的 55%。其平均指数分别为 84.5106、76.0402，处于行业平均指数的上下区间范围内，两大集团基本代表了商业百货行业发展的平均水平，并且企业之间指数分布比较均匀，可以说是势均力敌。

（三）微观竞争比较：市场指标尽展佳绩，财务表现力指数差强人意

对于中国企业来说，财务表现仍然是企业对外展示基本实力的重要依据。由于近几年中国商业百货市场的快发展，使得各商业百货企业近年来营业收入、净利润都保持了良好的增长态势。全国 55 家商业百货企业在品牌财务表现力得分均值为 3.0725。友谊股份有限公司、上海豫园旅游商城股份有限公司、重庆百货大楼股份有限公司、王府井百货集团、百盛集团、永辉超市股份有限公司、上海百联集团股份有限公司、上海联华超市股份有限公司、天虹商场股份有限公司、华润（上海）有限公司位列前 10 名，这 10 家企业在品牌财务表现力方面仍存在差距，但差距较小。从 3 个二级指标看，其均值分别为：规模因素 3.0879，效率因素 2.5154，增长因素 3.5575。其中增长因素得分最高，其对整体品牌财务表现力有较大的影响。在所有三级指标中，也是近三年净利润增长率得分最高，总资产贡献率得分最低，仅为 1.3170，较 2011 年有较大下滑。

随着商业百货行业的持续、快速发展，市场竞争也更加激烈。企业只有具备更强的市场竞争能力，才能在目前的行业环境中生存下去。由于近几年中国商业百货市场的快速发展，各商业百货企业近年来营业收入、净利润都保持了良好的增长态势。全国 55 家商业百货企业在市场竞争表现力得分均值为 3.4252，高于 2011 年市场竞争表现力指标得分 3.1759。上海友谊股份有限公司、王府井百货集团、大商集团股份有限公司、上海豫园旅游商城股份有限公司、重庆百货大楼股份有限公司、永辉超市股份有限公司、上海百联集团股份有限公司、天虹商场股份有限公司、武汉武商集团股份有限公司和中百控股集团股份有限公司位列行业前 10 名，市场竞争力指标得分均在 4 分以上，而且这 10 家企业在市场竞争表现力方面差距不大。二级指标中，市场占有能力得分均

值为 3.5057，超值获利能力得分 3.2756。商业百货行业的竞争较为充分，但行业领先的企业市场占有率及市场覆盖率高，大部分企业的市场占有率及市场覆盖率都比较低。品牌销售利润率得分仅为 1.6868，拉低了超值获利能力得分，品牌溢价率得分均值较高，为 4.1311，高于 2011 年该指标得分 3.3240。

如果从规模竞争、效率竞争和创新竞争三个阶段分析企业竞争力的话，中国商业百货企业竞争仍处于规模因素主导的第一阶段，虽然个别企业竞争水平已经处于效率竞争和创新竞争水平，但就中国商业百货企业总体竞争水平而言，与技术创新和品牌经营的第三阶段竞争水平仍有很大距离。

第二节　中国商业百货企业品牌竞争力排名报告

一、2012 年度中国商业百货企业品牌竞争力指数排名

中国企业品牌竞争力指数（以下简称 CBI）研究课题组于 2011 年 7 月完成了理论研究，采用多指标综合指数法对中国企业品牌竞争力进行量化研究。初期理论成果包括 CBI 四位一体理论模型、CBI 评价指标体系、CBI 评价指标权重以及 CBI 计算模型，并且已经通过国内十位经济学、管理学界权威专家论证。为了检验理论成果的应用效果，课题组继 2011 年对中国自主商业百货企业品牌调研之后，于 2012 年底对中国自主商业百货企业品牌再一次进行调研，根据调查数据应用 CBI 计算模型得出中国商业百货企业品牌竞争力（以下简称 CBI-R）排名（见表 11-1）。

表 11-1　2012 年中国商业百货企业品牌竞争力指数排名

企业名称	省（市、自治区）	相对值（指数）				绝对值形式（5分制）		
		2012 年行业 CBI	排名	2011 年行业 CBI	排名	品牌竞争力得分（CBS）	品牌财务表现力	市场竞争表现力
王府井百货集团	北京市	100	1	100	1	4.5055	3.7057	4.2578
上海友谊股份有限公司	上海市	99.0425	2	99.8252	2	3.9397	4.4564	4.6201
上海豫园旅游商城股份有限公司	上海市	97.5682	3	97.3525	5	3.8840	3.8504	4.1482
上海百联集团股份有限公司	上海市	97.3541	4	98.9958	3	3.8713	3.6334	4.0435
上海联华超市股份有限公司	上海市	97.2344	5	98.9262	4	3.8037	3.6168	2.7270
天虹商场股份有限公司	广东省	95.4452	6	94.8255	8	3.7564	3.5837	4.0306
中百控股集团股份有限公司	湖北省	94.1968	7	94.8640	7	3.7333	3.3457	4.0257
永辉超市股份有限公司	福建省	93.5855	8	94.3969	10	3.7178	3.6812	4.0894
大商集团股份有限公司	辽宁省	93.1751	9	94.3312	11	3.6098	3.5338	4.1989
重庆百货大楼股份有限公司	重庆市	92.1260	10	93.9820	13	3.5989	3.7904	4.1022
合肥百货大楼集团股份有限公司	安徽省	91.8323	11	94.0601	12	3.5880	3.4857	3.8993
百盛集团	北京市	91.5380	12	88.6304	20	3.5497	3.6847	3.3985
武汉武商集团股份有限公司	湖北省	90.5055	13	94.4333	9	3.5296	3.3996	4.0275
人人乐连锁商业集团股份有限公司	广东省	89.1274	14	92.6793	14	3.4529	3.3202	3.9147
山东银座商城股份有限公司	山东省	87.8952	15	90.6944	17	3.4324	3.2684	3.8833
福建东百集团股份有限公司	福建省	87.3431	16	82.3217	36	3.4053	3.3096	3.7190
北京华联综合超市股份有限公司	北京市	86.6135	17	89.1605	19	3.3689	3.1778	3.9362
广州市广百股份有限公司	广东省	85.6308	18	89.4425	18	3.3498	3.2265	3.7012

续表

企业名称	省（市、自治区）	相对值（指数）				绝对值形式（5分制）		
		2012 年行业 CBI	排名	2011 年行业 CBI	排名	品牌竞争力得分（CBS）	品牌财务表现力	市场竞争表现力
无锡商业大厦大东方股份有限公司	江苏省	85.1170	19	91.7748	16	3.3292	3.1525	3.7413
湖南友谊阿波罗股份有限公司	湖南省	84.1999	20	86.0516	28	3.3074	3.2171	3.5182
广州友谊集团股份有限公司	广东省	83.9735	21	86.5978	26	3.3158	3.2305	3.5149
银川新华百货商店股份有限公司	宁夏回族自治区	83.9735	22	87.1334	23	3.2874	3.1696	3.5621
华润（上海）有限公司	上海市	83.8645	23	67.3527	50	3.2786	3.5445	3.4950
长春欧亚集团股份有限公司	吉林省	83.4322	24	88.2328	21	3.2742	3.1087	3.6601
新华都实业集团股份有限公司	福建省	83.0759	25	82.5819	33	3.2248	3.0805	3.5615
北京京客隆商业集团股份有限公司	北京市	81.7461	26	92.3191	15	3.2235	3.1583	3.3756
哈工大首创科技股份有限公司	浙江省	81.5592	27	75.0478	44	3.2175	2.6770	3.0787
江苏国泰国际集团有限公司	江苏省	80.1067	28	86.2477	27	3.2099	3.0850	3.5014
三江购物俱乐部股份有限公司	浙江省	79.7488	29	86.7132	25	3.1707	3.0082	3.5500
上海新世界股份有限公司	上海市	78.7128	30	84.8733	29	3.1360	3.0178	3.4119
大连友谊（集团）股份有限公司	辽宁省	77.7953	31	87.7002	22	3.1230	2.9923	3.4279
中国春天百货集团有限公司	福建省	77.4503	32	82.4481	35	3.0988	3.0418	3.2318
北京华联商厦股份有限公司	北京市	76.8107	33	61.4257	54	3.0976	3.4933	2.1743
南京中央商场（集团）股份有限公司	江苏省	76.7803	34	84.4784	30	3.0729	2.8458	3.6028
上海徐家汇商城股份有限公司	上海市	76.1262	35	86.8040	24	3.0685	2.9139	3.4293
西安开元投资集团股份有限公司	陕西省	76.0104	36	83.8790	32	3.0589	2.9138	3.3974
上海益民商业股份有限公司	上海市	75.7557	37	82.5412	34	3.0384	2.9385	3.2714
成商集团股份有限公司	四川省	75.2141	38	82.0466	39	3.0195	2.8866	3.3298
武汉市汉商集团股份有限公司	湖北省	74.7160	39	69.3758	49	3.0184	2.8301	3.4580
西安民生集团股份有限公司	陕西省	74.6867	40	82.3096	37	3.0021	2.8615	3.3302
北京城乡贸易股份有限公司	北京市	74.2552	41	79.5850	42	2.9914	2.8864	3.2364
南宁百货大楼股份有限公司	广西壮族自治区	73.9726	42	82.2230	38	2.9383	2.7997	3.2615
杭州解百集团股份有限公司	浙江省	72.5672	43	80.7566	40	2.8990	2.7429	3.2631
南京新街口百货商店股份有限公司	江苏省	69.9886	44	76.7955	43	2.8724	2.7300	3.2046
合肥百货大楼集团股份有限公司	浙江省	69.4328	45	74.5446	45	2.8407	2.7230	3.1154
昆明百货大楼（集团）股份有限公司	云南省	68.8464	46	70.5040	48	2.8197	2.7184	3.0561
北京华联商厦股份有限公司	北京市	65.5403	47	61.4257	54	2.7638	2.8073	2.6624
兰州民百（集团）股份有限公司	甘肃省	65.5146	48	73.4168	46	2.7171	2.6167	2.9512
沈阳商业城股份有限公司	辽宁省	64.8882	49	66.8360	52	2.7164	2.5285	3.1548
民生投资管理股份有限公司	山东省	63.6554	50	67.3129	51	2.6340	2.5562	2.8156
武汉市汉商集团股份有限公司	湖北省	59.6100	51	69.3758	49	2.6139	2.5146	2.8457
天津劝业场（集团）股份有限公司	天津市	58.5261	52	59.0282	55	2.6074	2.5054	2.8454
长春百货大楼集团股份有限公司	吉林省	50.5767	53	28.7191	59	2.4904	2.2403	3.0740
上海九百（集团）有限公司	上海市	38.7191	54	58.2074	56	2.3743	2.3781	2.3654
深圳市国际企业股份有限公司	广东省	23.2560	55	0	60	1.0558	1.0001	1.1857

企业名称	省（市、自治区）	相对值（指数）				绝对值形式（5分制）		
		2012年行业CBI	排名	2011年行业CBI	排名	品牌竞争力得分（CBS）	品牌财务表现力	市场竞争表现力
均值		78.9167		81.0107		3.1819	3.0725	3.4252

说明：从理论上说，中国企业品牌竞争力指数（CBI）由中国企业品牌竞争力分值（CBS）标准化之后得出，CBS由4个一级指标品牌财务表现力、市场竞争表现力、品牌发展潜力和消费者支持力的得分值加权得出。

在实际操作过程中，课题组发现，品牌发展潜力和消费者支持力两个部分的数据收集存在一定的难度，且收集到的数据准确性有待核实，因此，本报告暂未将品牌发展潜力和消费者支持力列入计算。

品牌财务表现力主要依据各企业的财务报表数据以及企业上报数据进行计算。同时，关于市场竞争表现方面的得分，课题组选取了部分能够通过公开数据计算得出结果的指标，按照CBI计算模型得出最终结果。

关于详细的计算方法见《中国企业品牌竞争力指数系统：理论与实践》。"—"表示该企业2011年排名在100名之外。

与2011年相比，2012年商业百货行业自主品牌排名有所变动。其中，王府井百货集团和上海友谊股份有限公司两家企业稳居行业老大和老二的位置，各项指标均居于行业前列，是商业百货行业名副其实的龙头企业。排在行业前5名的仍是王府井百货集团、上海友谊股份有限公司、上海豫园旅游商城股份有限公司、上海百联集团股份有限公司和上海联华超市股份有限公司，与2011年排名相比，上海豫园旅游商城股份有限公司有所上升，由第5名升至第3名，而上海百联集团股份有限公司和上海联华超市股份有限公司分别排第4名和第5名。大商集团股份有限公司和重庆百货大楼股份有限公司两家企业发展势头良好，冲进行业前10强，分别排第9名和第10名。福建东百集团股份有限公司增长速度较快，由第36名升至第16名。华润（上海）有限公司由第50名升至第23名。同时，武汉武商集团股份有限公司的排名有所下滑，由第9名下滑至第13名，北京京客隆商业集团股份有限公司由第15名下滑至第26名，下滑趋势较为明显。

通过2012年中国商业百货企业品牌竞争力指数数据，可以计算出中国商业百货行业CBI数值为78.9167，和2011年CBI数值81.0107相比变化不大。CBI数值为相对值，一方面可以反映行业总体竞争水平，另一方面为行业内企业提供了一个比较标准。后续课题组根据近万家企业CBI数据得出中国企业品牌竞争力指数值为68，那么商业百货行业CBI为78.9167>68，说明商业百货行业企业整体竞争水平低于平均水平，行业发展处于较好状态。同理，行业内部企业CBI数值低于78.9167，说明其品牌竞争力处于劣势，高于78.9167，说明其品牌竞争力处于优势，整个CBI指标体系为企业提供了一套具有诊断功能和预测功能的实用工具。

二、2012年度中国商业百货企业品牌竞争力指数评级报告

（一）中国商业百货企业品牌竞争力指数评级标准体系

根据表11-1得出的商业百货企业CBI数值，课题组绘制总体布局图（见图11-5），从整体上看，CBI分布曲线两头陡峭、中间平缓。根据企业CBI数值表现出来的特征，结合商业百货企业的行业竞争力特性对调查的企业进行分级评估，按照一般惯例分为五级，划分标准如表11-2所示。

表11-2　中国商业百货企业品牌竞争力分级评级标准

评级 ＼ 标准	CBI数值标准
A A A A A	CBI ≥ 95
A A A A	90 ≤ CBI < 95
A A A	80 ≤ CBI < 90
A A	50 ≤ CBI < 80
A	CBI < 50

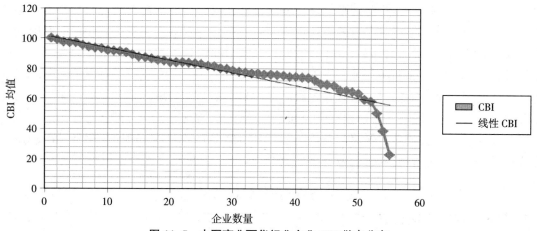

图 11-5　中国商业百货行业企业 CBI 散点分布

（二）中国商业百货企业品牌竞争力指数评级结果

由以上评价标准可以将商业百货企业划分为五个集团，具体的企业个数及分布情况如表 11-3 和图 11-6 所示，各级水平的企业得分情况由于篇幅原因仅列出代表企业。

表 11-3　中国商业百货行业企业各分级数量表

企业评级	竞争分类	企业数量	所占比重（%）	CBI 均值	CBS 均值	品牌财务表现力均值	市场竞争表现力均值
5A 级企业	第一集团	6	11	97.7741	3.9601	3.8077	3.9712
4A 级企业	第二集团	7	13	92.4227	3.6181	3.5602	3.9631
3A 级企业	第三集团	15	27	84.5106	3.3118	3.1818	3.6109
2A 级企业	第四集团	15	27	76.0402	3.0489	2.9448	3.2917
1A 级企业	第五集团	12	22	58.2129	2.5422	2.4432	2.7730
全部	不分类	55	100	81.7921	3.2962	3.1875	3.5220

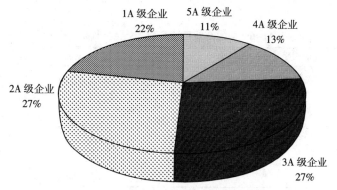

图 11-6　中国商业百货企业分级分布

表 11-4　中国商业百货行业 5A 级企业品牌代表

企业名称	评级水平	排名	CBI	CBS	品牌财务表现力	市场竞争表现力
王府井百货集团	5A	1	100	4.5055	3.7057	4.2578
上海友谊股份有限公司	5A	2	99.0425	3.9397	4.4564	4.6201
上海豫园旅游商城股份有限公司	5A	3	97.5682	3.8840	3.8504	4.1482
上海百联集团股份有限公司	5A	4	97.3541	3.8713	3.6334	4.0435
上海联华超市股份有限公司	5A	5	97.2344	3.8037	3.6168	2.7270

据表 11-2 中国商业百货企业品牌竞争力分级评级标准，5A 级商业百货企业共有 6 家，占商业百货企业总数的 11%，企业数量较 2011 年并无明显变化。表 11-4 中所列的五家企业：王府井百货集团、上海友谊股份有限公司、上海豫园旅游商城股份有限公司、上海百联集团股份有限公司、上海联华超市股份有限公司是中国商业百货行业当之无愧的领军企业，品牌财务表现力、市场竞争表现力突出，具有消费者支持力度和顾客忠诚度，品牌发展潜力巨大。CBI 及各项分指标得分值均远远超出其他集团企业，在第一集团内部比较而言，上海友谊股份有限公司品牌财务表现力和市场竞争表现力排名全行业第一，王府井百货集团市场竞争表现力排名行业第二，财务表现力指标得分也较高，说明其财务状况和市场发展潜力均非常好，是该行业的龙头企业。

表 11-5　中国商业百货行业 4A 级企业品牌代表

企业名称	评级水平	排名	CBI	CBS	品牌财务表现力	市场竞争表现力
中百控股集团股份有限公司	4A	7	94.1968	3.7333	3.3457	4.0257
永辉超市股份有限公司	4A	8	93.5855	3.7178	3.6812	4.0894
大商集团股份有限公司	4A	9	93.1751	3.6098	3.5338	4.1989
重庆百货大楼股份有限公司	4A	10	92.1260	3.5989	3.7904	4.1022
合肥百货大楼集团股份有限公司	4A	11	91.8323	3.5880	3.4857	3.8993

据表 11-2 中国商业百货企业品牌竞争力分级评级标准，4A 级商业百货企业共有 7 家，占商业百货企业总数的 13%，企业数量较 2011 年有所减少。表 11-5 中所列的五家企业：中百控股集团股份有限公司、永辉超市股份有限公司、大商集团股份有限公司、重庆百货大楼股份有限公司、合肥百货大楼集团股份有限公司是中国商业百货行业领先企业，品牌财务表现力、市场竞争表现力突出，消费者支持力度较大，具有较高的顾客忠诚度，品牌发展潜力较大。CBI 及各项分指标得分均高于行业平均值。在第二集团内部比较而言，重庆百货大楼股份有限公司的品牌财务表现力排名全行业第一，大商集团股份有限公司市场竞争表现力排名全行业第一。

表 11-6　中国商业百货行业 3A 级企业品牌代表

企业名称	评级水平	排名	CBI	CBS	品牌财务表现力	市场竞争表现力
人人乐连锁商业集团股份有限公司	3A	14	89.1274	3.4529	3.3202	3.9147
山东银座商城股份有限公司	3A	15	87.8952	3.4324	3.2684	3.8833
福建东百集团股份有限公司	3A	16	87.3431	3.4053	3.3096	3.7190
北京华联综合超市股份有限公司	3A	17	86.6135	3.3689	3.1778	3.9362
广州市广百股份有限公司	3A	18	85.6308	3.3498	3.2265	3.7012

据表 11-2 中国商业百货企业品牌竞争力分级评级标准，3A 级商业百货企业共有 15 家，占商业百货企业总数的 27%，企业数量较 2011 年有所下降。表 11-6 中所列的五家企业：人人乐连锁商业集团股份有限公司、山东银座商城股份有限公司、福建东百集团股份有限公司、北京华联综合超市股份有限公司和广州市广百股份有限公司是中国商业百货行业的中游企业，品牌财务表现力、市场竞争表现力一般，具有一定的消费者支持力度和顾客忠诚度，品牌发展潜力较大。CBI 及各项分指标得分均略高于行业平均值。在第三集团内部比较而言，人人乐连锁商业集团股份有限公司品牌财务表现力位于本集团第一，北京华联综合超市股份有限公司具有最高的市场竞争力。

表 11-7　中国商业百货行业 2A 级企业品牌代表

企业名称	评级水平	排名	CBI	CBS	品牌财务表现力	市场竞争表现力
三江购物俱乐部股份有限公司	2A	29	79.7488	3.1707	3.0082	3.5500
上海新世界股份有限公司	2A	30	78.7128	3.1360	3.0178	3.4119
大连友谊（集团）股份有限公司	2A	31	77.7953	3.1230	2.9923	3.4279
中国春天百货集团有限公司	2A	32	77.4503	3.0988	3.0418	3.2318
北京华联商厦股份有限公司	2A	33	76.8107	3.0976	3.4933	2.1743

　　据表 11-2 中国商业百货企业品牌竞争力分级评级标准，2A 级商业百货企业共有 15 家，占商业百货企业总数的 27%，该比重与 2011 年相比有小幅度上升。表 11-7 中所列的五家企业：三江购物俱乐部股份有限公司、上海新世界股份有限公司、大连友谊（集团）股份有限公司、中国春天百货集团有限公司和北京华联商厦股份有限公司

是中国商业百货行业中下游企业的代表，其特征是品牌财务表现力、市场竞争表现力等均处于平均水平之下，CBI 及各项分指标得分值略低于行业平均值。在第四集团内部比较而言，市场竞争力表现一般，品牌财务表现力处于中等偏下的水平，均有待提高。

表 11-8　中国商业百货行业 1A 级企业品牌代表

企业名称	评级水平	排名	CBI	CBS	品牌财务表现力	市场竞争表现力
南京新街口百货商店股份有限公司	1A	44	69.9886	2.8724	2.7300	3.2046
合肥百货大楼集团股份有限公司	1A	45	69.4328	2.8407	2.7230	3.1154
昆明百货大楼（集团）股份有限公司	1A	46	68.8464	2.8197	2.7184	3.0561
北京华联商厦股份有限公司	1A	47	65.5403	2.7638	2.8073	2.6624
兰州民百（集团）股份有限公司	1A	48	65.5146	2.7171	2.6167	2.9512

　　据表 11-2 中国商业百货企业品牌竞争力分级评级标准，1A 级商业百货企业共有 12 家，占商业百货企业总数的 22%，企业数量较 2011 年有较大的增加。表 11-8 中所列的五家企业：南京新街口百货商店股份有限公司、合肥百货大楼集团股份有限公司、昆明百货大楼（集团）股份有限公司、北京华联商厦股份有限公司和兰州民百（集团）股份有限公司是中国商业百货行业的下游企业，其特征是 CBI、品牌财务表现力、市场竞争表现力均远远低于行业平均水平。在第五集团内部比较而言，市场竞争表现力相对一般，财务表现力处于劣势地位，均具有广阔的提升空间。

三、2012 年度中国商业百货企业品牌价值 20 强排名

　　课题组认为，品牌价值（以下简称 CBV）是客观存在的，它能够为其所有者带来特殊的收益。品牌价值是品牌在市场竞争中的价值实现。一个品牌有无竞争力，就是要看它有没有一定的市场份额，有没有一定的超值创利能力。品牌的竞争力正是体现在品牌价值的这两个最基本的决定性因素上，品牌价值就是品牌竞争力的具体体现。通常上品牌价值以绝对值（单位：亿元）的形式量化研究品牌竞争水平，课题组在品牌价值和品牌竞争力的关系展开研究，针对品牌竞争力以相对值（指数：0~100）的形式量化研究品牌竞争力水平。在研究世界上关于品牌价值测量方法论基

础上，提出本研究关于品牌价值计算方法，CBV= $CBI \times A \times \sum f(x_i) + C$ ，其中，CBV 为企业品牌价值，CBI 为企业品牌竞争力指数，A 为分级系数，x_i 为

系数决定要素，C 为行业调整系数。据此得出中国百货企业品牌价值前 20 强（见表 11-9）。

表 11-9   2012 年中国商业百货企业品牌价值前 20 强

企业名称	省（市）	2012 年 CBV（亿元）	排名	2011 年 CBV（亿元）	排名	2012 年行业 CBI
王府井百货集团	北京市	48.12	1	31.11	1	100
上海百联集团股份有限公司	上海市	44.45	2	27.41	2	97.3541
上海友谊股份有限公司	上海市	40.73	3	26.74	4	99.0425
重庆百货大楼股份有限公司	上海市	39.35	4	27.04	3	92.1260
上海豫园旅游商城股份有限公司	重庆市	36.18	5	25.88	5	97.5682
上海联华超市股份有限公司	上海市	35.20	6	25.61	7	97.2344
中百控股集团股份有限公司	湖北省	34.71	7	25.62	6	94.1968
永辉超市股份有限公司	福建省	34.42	8	25.45	9	93.5855
大商集团股份有限公司	北京市	33.91	9	25.53	8	93.1751
百盛集团	辽宁省	33.16	10	25.12	10	91.5380
天虹商场股份有限公司	广东省	30.19	11	22.43	13	95.4452
合肥百货大楼集团股份有限公司	安徽省	29.94	12	21.06	18	91.8323
武汉武商集团股份有限公司	湖北省	29.42	13	22.17	14	90.5055
人人乐连锁商业集团股份有限公司	广东省	27.47	14	21.63	15	89.1274
山东银座商城股份有限公司	山东省	25.15	15	—	—	87.8952
福建东百集团股份有限公司	福建省	25.11	16	—	—	87.3431
北京华联综合超市股份有限公司	北京市	24.69	17	21.41	16	86.6135
广州市广百股份有限公司	广东省	19.99	18	—	—	85.6308
无锡商业大厦大东方股份有限公司	江苏省	17.96	19	—	—	85.1170
湖南友谊阿波罗股份有限公司	湖南省	17.09	20	—	—	84.1999
合计		627.24				

在 55 家受调研企业中，排名前 20 强的企业 CBV 合计为 627.24 亿元，较 2011 年有所提高。前 10 强商业百货企业 CBV 总值合计为 380.24 亿元，占前 50 强比重为 60.62%。其中在前 10 强企业中，王府井百货集团、上海百联集团股份有限公司、上海友谊股份有限公司、重庆百货大楼股份有限公司、上海豫园旅游商城股份有限公司、上海联华超市股份有限公司、中百控股集团股份有限公司、永辉超市股份有限公司、大商集团股份有限公司和百盛集团稳居行业前 10 名，优势地位较为稳固。王府井百货集团和上海百联集团股份有限公司稳坐行业头两把交椅，CBV 值稳步上升，是行业名副其实的领军企业，具有强大的品

牌发展实力。重庆百货大楼股份有限公司、中百控股集团股份有限公司、大商集团股份有限公司排名略有变动，分别由第 3 名下滑至第 4 名、第 6 名下滑至第 7 名、第 8 名下滑至第 9 名。山东银座商城股份有限公司、福建东百集团股份有限公司、广州市广百股份有限公司、无锡商业大厦大东方股份有限公司和湖南友谊阿波罗股份有限公司增长速度较快，发展势头良好，首次冲进行业 CBV 排名前 20 强，增长势头喜人。在前 10 强的企业中，有 4 家位于上海市，2 家位于北京市。在前 20 强的企业中，也是大部分集中在上海市、北京市和广东省三个省（市），这些省（市）的优势地位不言而喻。

第三节　2012年度中国商业百货企业品牌竞争力区域报告

一、六大经济分区

(一) 总体情况分析

表11–10　中国商业百货企业六大经济区域竞争状况

区域	企业数量	所占比重(%)	CBI 均值		CBS 均值		品牌财务表现力均值		市场竞争表现力均值	
			2012 年	2011 年	2012 年	2011 年	2012 年	2011 年	2012 年	2011 年
华东地区	23	42	80.9303	82.2472	3.2556	2.825	3.1609	4.3384	3.4911	3.2791
中南地区	11	20	77.2428	79.5340	3.0737	2.7564	2.9904	4.2176	3.4317	3.2382
华北地区	9	16	80.3320	83.0118	3.2818	2.8444	3.1452	4.3488	3.2522	3.3499
东北地区	5	9	74.1066	72.9840	3.0576	2.5909	2.8375	4.0567	3.4488	2.8127
西北地区	4	7	74.9110	75.9913	3.0131	2.6669	2.8752	4.2638	3.3347	2.6749
西南地区	3	6	78.7288	78.2579	3.1460	2.7242	3.1318	4.3166	3.4960	2.8295
总体情况	55	100	77.7086	80.4133	3.1380	2.7787	3.0235	4.2870	3.4091	3.1759

　　根据课题组的调研数据，中国商业百货企业仍然主要分布于华东地区、中南地区和华北地区，占55家总数的比重分别为42%、20%、16%，集中度较高，华东地区占据绝对的优势地位。华北地区和华东地区的CBI均值分别为80.3320、80.9303，远高于全国均值78.9167，品牌竞争力突出；东北地区CBI均值仍然最低，仅为74.1066，与2011年相比并无有效改善。中南区虽然企业总数行业排第二，但其CBI均值为77.2428，仍低于全国均值，其品牌竞争力一般，还有很大的提升空间。华东地区在品牌财务表现力表现位列各区域第一，西南地区虽然企业数量少，但其市场竞争表现力分项指标的得分均值位列第一。

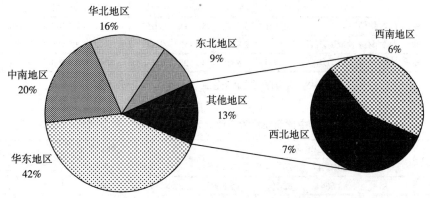

图11–7　中国商业百货企业数量区域分布

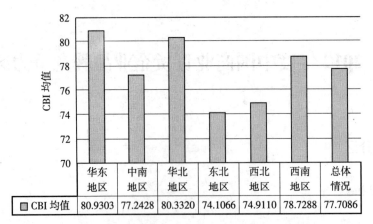

图 11-8　商业百货企业六大经济区域 CBI 均值对比

	华东地区	中南地区	华北地区	东北地区	西北地区	西南地区	总体情况
CBI 均值	80.9303	77.2428	80.3320	74.1066	74.9110	78.7288	77.7086

（二）分项情况分析

在各分项竞争力指标对比方面，各指标间的差异不是很大。品牌市场竞争力指标均值得分较高，都在 3 分以上，商业百货企业的规模效应明显；品牌财务表现力指标均处于中游水平，部分地区指标均值低于 3 分。华东地区在财务表现力上位列第一，西南地区虽然企业数量较少，但其

在市场竞争表现力分项指标的得分均值位列第一。华东地区在各项指标上也有突出表现，与行业第一差距很小。中南地区、东北地区和西北地区的品牌财务表现力均值表现较差，华北地区的市场竞争表现力排名较靠后，其品牌发展前景堪忧。整个商业百货行业品牌竞争力区域发展水平差距较明显。

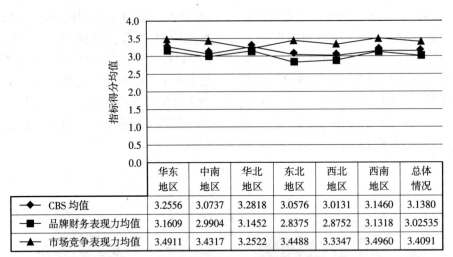

	华东地区	中南地区	华北地区	东北地区	西北地区	西南地区	总体情况
CBS 均值	3.2556	3.0737	3.2818	3.0576	3.0131	3.1460	3.1380
品牌财务表现力均值	3.1609	2.9904	3.1452	2.8375	2.8752	3.1318	3.02535
市场竞争表现力均值	3.4911	3.4317	3.2522	3.4488	3.3347	3.4960	3.4091

图 11-9　中国商业百货企业一级指标分区域对比

表 11-11　中国商业百货企业六大主要省（市）竞争状况

省（市）	企业数量	所占比重（%）	CBI 均值		CBS 均值		品牌财务表现力均值		市场竞争表现力均值	
			2012 年	2011 年	2012 年	2011 年	2012 年	2011 年	2012 年	2011 年
上海市	8	15	82.5641	82.598	3.3895	2.8339	3.3507	4.3049	3.5021	3.4074
北京市	8	15	82.5461	86.0098	3.3474	2.9202	3.3073	4.4366	3.3170	3.5091
广东省	5	9	75.4866	72.709	2.9862	2.5839	2.8722	3.8872	3.2694	3.2017
福建省	4	7	85.3637	85.4372	3.3617	2.9057	3.2783	4.4789	3.6504	3.3312
湖北省	4	7	79.7571	85.7635	3.2238	2.9139	3.0225	4.4918	3.5892	3.3401
浙江省	4	7	75.8270	79.2656	3.0320	2.7497	2.7878	4.2789	3.2518	3.0512

续表

省（市）	企业数量	所占比重（%）	CBI 均值		CBS 均值		品牌财务表现力均值		市场竞争表现力均值	
			2012 年	2011 年	2012 年	2011 年	2012 年	2011 年	2012 年	2011 年
其他省（市）	22	40	76.2870	78.0554	3.0777	2.7191	2.9549	4.2546	3.4326	2.9588
总体情况	55	100	75.4866	80.4133	2.9862	2.7787	2.7878	4.287	3.2518	3.1759

二、六大省（市）分析

（一）总体情况分析

表 11-11 中六个省（市）的商业百货上市企业数量占企业总数的 60%，上海市、北京市、广东省、福建省、湖北省、浙江省的比重分别为 15%、15%、9%、7%、7%、7%（见图 11-10），与 2011 年相比并无明显变化，可以得出中国商业百货上市企业分布较于集中，且分布于中国三大经济热区长三角、珠三角和京津唐地区。北京市、湖北省、福建省、上海市四省（市）CBI 得分分别为 82.5461、79.7571、85.3637、82.5641（见图 11-11），均高于行业平均值 78.9167，福建 CBI 得分最高，显示其在众省（市）商业百货行业中具有较强的竞争力，北京市、上海市 CBI 均值差距不大，品牌竞争力势均力敌。广东省商业百货企业数量排第三，但其 CBI 得分仍然在六个省（市）中最低，仅为 75.4866，也低于平均值，与 2011 年相比无有效改善，显示其品牌竞争力仍有待提升。

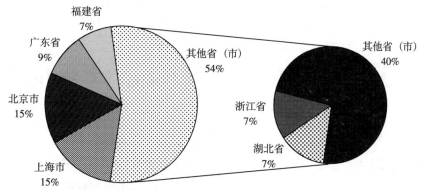

图 11-10　中国商业百货企业省（市）分布

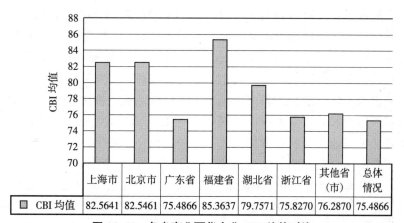

图 11-11　各省商业百货企业 CBI 均值对比

（二）分项情况分析

在各分项竞争力指标对比方面，市场竞争表现力指标均值得分最高，品牌财务表现力指标均值得分较低，说明中国商业百货企业财务表现仍需得到重视和进一步改善。上海市、北京市、福建省三省（市）的品牌财务表现力得分均超过 4 分，其余三省（市）均低于 3 分，处于较弱竞争地位。六个省（市）的市场竞争表现力均高于 3 分，总体而言，上海市、北京市、广东省、福建省、湖北省、浙江省六省（市）商业百货企业的竞争水平远高于其他各省（市），究其原因：一方面是各地经济发展不均衡，另一方面是很多大型商业百货企业在本地具有较强的竞争力和排他性；

同时不断地努力将业务扩展至全国各地，争夺小企业的市场份额。

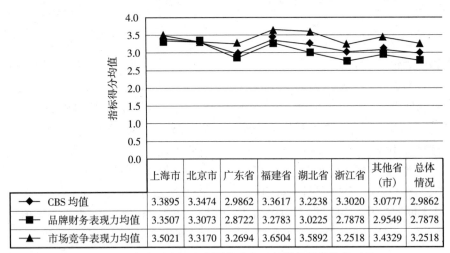

	上海市	北京市	广东省	福建省	湖北省	浙江省	其他省（市）	总体情况
CBS 均值	3.3895	3.3474	2.9862	3.3617	3.2238	3.3020	3.0777	2.9862
品牌财务表现力均值	3.3507	3.3073	2.8722	3.2783	3.0225	2.7878	2.9549	2.7878
市场竞争表现力均值	3.5021	3.3170	3.2694	3.6504	3.5892	3.2518	3.4329	3.2518

图 11-12　各省（市）商业百货企业一级指标得分均值对比

第四节　2012 年度中国商业百货企业品牌竞争力分项报告

一、品牌财务表现力

目前国内企业经营者对于现代化管理手段的理解与实践，多半仍然停留在以财务数据为主导的思维里。虽然财务数据无法帮助经营者充分掌握企业发展方向的现实，但在企业的实际运营过程中，财务表现仍然是企业对外展示基本实力的重要依据。品牌财务表现力层面的分析将财务指标分为规模因素、增长因素和效率因素 3 个二级指标。规模因素主要从销售收入、所有者权益和净利润 3 个三级指标来衡量；效率因素主要从净资产利润率、总资产贡献率 2 个三级指标来衡量；增长因素主要从近三年销售收入增长率、近三年净利润增长率 2 个三级指标来衡量。

由于近几年中国商业百货市场的快速发展，各商业百货企业近年来营业收入、净利润都保持了良好的增长态势。全国 55 家商业百货企业在品牌财务表现力得分均值为 3.0725，较 2011 年财务表现力均值 4.2214 有所降低。上海友谊股份有

限公司、上海豫园旅游商城股份有限公司、重庆百货大楼股份有限公司、王府井百货集团、百盛集团、永辉超市股份有限公司、上海百联集团股份有限公司、上海联华超市股份有限公司、天虹商场股份有限公司、华润（上海）有限公司位列前 10 名，这 10 家企业在品牌财务表现力方面差距较小，上海友谊股份有限公司位列行业第一，财务表现力均值得分为 4.4564。排第 10 名的企业天虹商场股份有限公司，其财务表现力均值得分为 3.5837，说明该行业内部企业间的品牌财务竞争力仍存在差距，但差距较小。

从 3 个二级指标看，其均值分别为：规模因素 3.0879，效率因素 2.5154，增长因素 3.5575，与 2011 年单项得分均值 4.2796、4.3851、3.7860 相比均有所下降。其中，增长因素得分最高，其对整体品牌财务表现力有较大的影响。增长因素中又以近三年净利润增长率得分最高，为 4.7996。在所有三级指标中，也是近三年净利润增长率得分最高，总资产贡献率得分最低，仅为 1.3170，较 2011 年有较大下滑。

表 11-12　品牌财务表现力指数——行业前 10 名

企业名称	省（市）	行业 CBI 指数	品牌财务表现力
上海友谊股份有限公司	上海市	99.0425	4.4564
上海豫园旅游商城股份有限公司	上海市	97.5682	3.8504
重庆百货大楼股份有限公司	重庆市	92.1260	3.7904
王府井百货集团	北京市	100	3.7057
百盛集团	北京市	91.5380	3.6847
永辉超市股份有限公司	福建省	93.5855	3.6812
上海百联集团股份有限公司	上海市	97.3541	3.6334
上海联华超市股份有限公司	上海市	97.2344	3.6168
天虹商场股份有限公司	广东省	95.4452	3.5837
华润（上海）有限公司	上海市	83.8645	3.5445

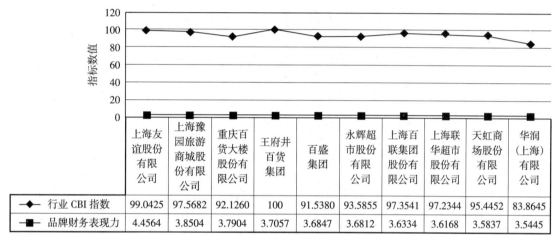

图 11-13　品牌财务表现力前 10 名企业

表 11-13　品牌财务表现力各分项指标得分均值

一级指标	2012 年	2011 年	二级指标	2012 年	2011 年	三级指标	2012 年	2011 年
品牌财务表现力	3.0725	4.2214	规模因素	3.0879	4.2796	销售收入	3.7021	3.6378
						所有者权益	2.8858	4.7492
						净利润	2.3881	4.6491
			效率因素	2.5154	4.3851	净资产报酬率	3.3144	4.4329
						总资产贡献率	1.3170	4.3135
			增长因素	3.5575	3.7860	近三年销售收入增长率	2.3155	3.9913
						近三年净利润增长率	4.7996	3.5806

二、市场竞争表现力

随着商业百货行业的持续、快速发展，市场竞争也更加激烈。企业只有具备更强的市场竞争能力，才能在目前的行业环境中生存下去。市场竞争表现力层面的分析将指标分为市场占有能力和超值获利能力 2 个二级指标。市场占有能力主要从市场占有率、市场覆盖率 2 个三级指标衡量；超值获利能力主要从品牌溢价率、品牌销售利润率 2 个三级指标衡量。

由于近几年中国商业百货市场的快速发展，各商业百货企业近年来营业收入、净利润都保持了良好的增长态势。全国 55 家商业百货企业的市场竞争表现力指标得分均值为 3.4252，高于 2011 年市场竞争表现力指标得分均值为 3.1759。上海友谊股份有限公司、王府井百货集团、大商集团股份有限公司、上海豫园旅游商城股份有限公司、重庆百货大楼股份有限公司、永辉超市股份有限公司、上海百联集团股份有限公司、天虹商场股份有限公司、武汉武商集团股份有限公司和中百控股集团股份有限公司位列行业前10名，市场竞争力指标得分均在4分以上，排行业第1名的上海友谊股份有限公司市场竞争力得分均值为4.6201，排行业第10名的中百控股集团股份有限公司市场竞争力得分均值为4.0257，可以看出，这10家企业在市场竞争表现力方面差距不大。

二级指标中，市场占有能力得分均值3.5057，超值获利能力得分3.2756，与2011年单项得分均值3.3984、2.8197相比均有所提高，商业百货行业的竞争较为充分，但行业领先的企业市场占有率及市场覆盖率高，大部分的企业市场占有率及市场覆盖率都比较低。品牌销售利润率得分仅为1.6868，较2011年指标得分均值1.8832并无明显提高，甚至仍在下滑，从而拉低了超值获利能力得分。商业百货行业内，品牌对企业市场竞争力的影响非常明显，因此品牌溢价率得分均值较高，为4.1311，高于2011年该指标得分均值3.3240。

表11-14　市场竞争表现力指数——行业前10名

企业名称	省（市）	行业CBI指数	市场竞争表现力
上海友谊股份有限公司	上海市	99.0425	4.6201
王府井百货集团	北京市	100	4.2578
大商集团股份有限公司	辽宁省	93.1751	4.1989
上海豫园旅游商城股份有限公司	上海市	97.5682	4.1482
重庆百货大楼股份有限公司	重庆市	92.1260	4.1022
永辉超市股份有限公司	福建省	93.5855	4.0894
上海百联集团股份有限公司	上海市	97.3541	4.0435
天虹商场股份有限公司	广东省	95.4452	4.0306
武汉武商集团股份有限公司	湖北省	90.5055	4.0275
中百控股集团股份有限公司	湖北省	94.1968	4.0257

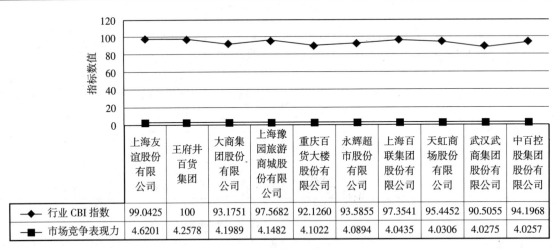

图11-14　市场竞争表现力前10名企业

表11-15　市场竞争表现力各分项指标得分均值

一级指标	2012年	2011年	二级指标	2012年	2011年	三级指标	2012年	2011年
市场竞争表现力	3.4252	3.1759	市场占有能力	3.5057	3.3984	市场占有率	3.7021	3.3801
						市场覆盖率	3.0475	3.4411
			超值获利能力	3.2756	2.8197	品牌溢价率	4.1311	3.3240
						品牌销售利润率	1.6868	1.8832

第五节　中国商业百货企业品牌竞争力提升策略专题研究

一、中国商业百货行业宏观经济与政策分析

从商业百货市场运行情况相关数据可以看出，商业百货行业与宏观经济相关度较高。因此本部分将分别从商业百货市场运行情况与商业百货行业政策情况进行分析。

（一）商业百货市场运行情况

2012 年以及 2013 年第一季度的 PMI 数据显示，我国经济正在出现明显的企稳回升的迹象，但总体来看，经济回暖的基础仍比较脆弱。国家统计局数据显示，2012 年 10 月的社会消费品零售总额为 18934 亿元，名义同比增长 14.5%，扣除价格因素，实际增长 13.5%，同比增速下滑 1.40 百分点；1 月至 10 月社会消费品零售总额为 168356 亿元，名义同比增长 14.2%，增速较上年同期下降 3.34 个百分点。此外，中华全国商业信息中心的统计数据也显示，2012 年 10 月全国百家重点大型零售企业零售额同比增长 10.05%，较 2011 年同期下降 4.31 个百分点。从上述数据不难看出，目前内需拉动经济方面所占比重仍然较低，在外需不振的背景下，中国经济势必面临发展模式的调整与改进。

从业绩增长情况来看，商业百货类上市公司今年三季度整体业绩依旧不佳，营业收入及净利润增速均呈现下滑态势。按商业百货行业分类，商业贸易上市公司 2012 年三季度营业收入合计为 7846.46 亿元，同比增长 4.98%；净利润合计为 148.76 亿元，同比下降 19.32%。据商务部对重点流通企业监测数据显示，2012 年 10 月重点零售企业销售额同比增长 8.5%，比 9 月回升 0.5 个百分点。分业态来看，百货店、超市和专业店零售额同比分别增长 10.1%、7.5%，7%。从行业收入增速的数据看，10 月行业收入增长速度出现止跌企稳，为第四季度缓步回升奠定了较好的基础。

从不同业态来看，商业百货三大细分行业盈利增速均出现不同程度的下滑。其中，百货子行业作为市值与规模占比最大的子行业，其净利润呈现继续下滑态势，体现行业盈利能力不断下降的现实。这主要是由于上年同期行业整体受益于服装、鞋帽价格上涨及黄金珠宝消费的高增速，使百货公司的营业收入与利润增长较快。今年这些因素均出现明显弱化，而消费者信心的不断下降令百货行业业绩不佳。

综观商业百货三大细分行业盈利情况，超市子行业是目前行业中下滑最明显的一个，这一方面与行业整体景气度不佳有关；另一方面也与行业前几年的扩张步伐较快有关，大店策略使企业需要一段时间消化费用方面的压力。商业物业企业总体收入仍较稳定，但由于市场竞争激烈及前期的高租金因素，今年上半年的高盈利水平也随经济增速回落不可避免地出现降速。

（二）商业百货行业政策分析

国务院发布的内贸"十二五"规划提出的目标是到 2015 年，社会消费品零售总额达 32 万亿元左右，年均增长 15% 左右。如果"十二五"规划的 15% 增速目标得以实现，未来五年商业零售行业稳健增长仍是可期待的。当前我国的消费政策正逐步转向结构性调整下的长期可持续性增长，导致政策效果对行业在短时间内的扶持力度减弱。客观分析各项政策对消费的推动，可以看出前期的新医改、各地最低工资的上调以及个人所得税的调整都将对内需有所推动，商业百货行业也有望成为政策红利的主要受益者。此外，城镇化是我国经济增长的长期推动力，随着扩大消费日益成为我国经济战略转型的重点，城镇化对消费的推动作用也将更加明显。要坚持扩大内需战略，保持经济平稳较快发展，要充分挖掘我国内需的巨大潜力，着力破解制约扩大内需的体制机制障碍，建立扩大消费需求的长效机制。要把扩大消费需求作为扩大内需的战略重点，进一步释放城乡居民消费潜力，增强居民消费能力，要进一步加强市场流通体系建设，发展新型消费业态，拓

展新兴服务消费，完善鼓励消费的政策，改善消费环境，保护消费者权益，积极促进消费结构升级。要合理引导消费行为，发展节能环保型消费品，倡导与我国国情相适应的文明、节约、绿色、低碳消费模式。在扩大消费政策和转变发展方式的方针引导下，随着我国经济持续发展和居民收入稳定增加，居民自发性消费将不断释放，商业百货行业将继续保持较快增长。

通过上述对中国商业百货行业宏观经济与政策的分析可以看到，当前国内宏观经济持续增长与通胀并存，商业百货行业的市场消费增长趋势仍将持续。但如何提升商业百货行业品牌竞争力进而实现经营模式的转变，谋求长远发展是一个亟待解决的问题，以下部分将着重从提升中国商业百货行业品牌竞争力与企业牌竞争力两方面提出相应的策略建议。

二、中国商业百货行业品牌竞争力提升策略建议

（一）大力发展商品流通

无论是零售商，还是品牌商、中间商，都要加大力度开发商品渠道，促进商品流通。我国有很庞大的制造产业，也不乏新颖别致、质量过硬的商品，且不同地区厂商的产品特点、风格也各不相同。只有促进商品在全国范围甚至国际市场上的流通，才能使好品牌有机会拓展市场，得到消费者的认知，也才能丰富百货商场的品牌资源，达到降低品牌重合率的目的。首先，百货企业要发挥主动性，进行商品调研，主动与供应商建立联系。打破以前对品牌的"拿来主义"，寻找新品牌，建立新渠道。谁的配货渠道完善、供应商资源发达，谁就能找到与商场定位最相符合的品牌，避免与相似品牌的"贴面"竞争。其次，品牌商、中间商要主动开拓市场、建立流通渠道。"酒香不怕巷子深"的时代早已过去，现在是信息时代、营销时代。谁的营销工作做得好，谁能将产品信息宣传出去，谁就掌握了市场的主动权。这样，处于零售环节的百货企业，就有机会接触到更多的品牌。再根据商场的经营特点，选择适合的品牌，从而很好地实现商场差异化。

（二）吸收国外优势资源

国际市场是一个巨大的"品牌资源库"，其中既有 NIKE、JACK&JIONS、VEROMODA 这些被国内百货企业普遍引入的品牌，也有意大利的 ELLESSE、以色列的 FOX、美国的 JOCKEY、年轻新贵的 KUHLE 等国内消费者少见或没见过的品牌。如果能充分利用国际市场丰富的品牌资源，就能形成与众不同的品牌组合，从而形成商场差异化。一方面，我国贸易领域要加快内外贸链条的建设，使两者的衔接更加紧密，相互弥补。建立顺畅的沟通机制，使国内市场的需求能迅速传达到进出口行业，及时开发引进国外资源，弥补国内品牌供应的不足。百货行业对于品牌的需求不同于传统意义上对产品的需求，进出口企业要转变经营思路，将一部分注意力转移到零售市场的特殊需求上。另一方面，国内百货企业，特别是有实力的大型百货企业，要主动引进境外商品，与进出口企业建立长期合作关系。初期以贸易进口的模式引入商品，条件成熟以后可以逐步向品牌代理转型，由指定的代理商与国外品牌长期合作。这样做不仅可以丰富国内市场，而且有利于形成企业特色，进而推动企业和百货连锁的健康、可持续发展。

（三）逐步改革不合理的经销模式

以联营联销为主的经营模式对百货差异化、个性化发展已经形成了制约，多层级的代理分销体制已难以适应百货业对商品需求的变化，更不利于百货行业健康、可持续发展，以及企业自身的长远发展。中国百货行业要想取得更大的进步，就要先从改革经销模式上下手。从现在开始，企业就应该采取措施逐步扭转经销现状。

第一，加大与上游供应商源头的合作，逐步形成"总部对总部"式的货源采购模式。减少与区域代理商、分销商合作的力度，大力推行总部采购。由百货企业的总部出面，直接对话源头供应商，将市场需求直接反馈给源头，加强沟通与协作。对条件成熟的供应商，可在城市中心采用集中采购、统一结算、统一商务条件的采购方式。进而减少与次级分销商的合作，加强与主要供应商的合作，甚至与品牌总部直接交涉。

第二，推行集中采购方式，寻求自营模式突破口，不断加大自营比重。大多数百货企业还倾

向于与优势品牌合作，拿来有一定影响力的品牌经销。这些品类强势企业控制、垄断品牌资源，提出不利于零售商的商务合作条件，使得商场更不容易变换商品和品牌，加剧了"零供"矛盾，加深了同质化的程度。百货企业不妨另辟蹊径，主动到上游产业寻求新品牌，发掘有潜力的小品牌。一方面，丰富了品牌资源，有利于形成独有的品牌组合，提升企业的差异化核心竞争力。另一方面，"中小品牌"通常比较"平势"，利于零售商达成公平的合作条件，也利于百货企业掌握商业主动性。条件成熟后还可以将该品牌买断，由百货企业自营，从而打破联营模式的束缚。从大的方面来说，百货企业为潜力品牌提供市场机会、培育市场基础，也在一定程度上丰富了整个行业的品牌资源。为了从根本上解决品牌资源不足的问题，中国百货行业必将走上一条企业自行商品采购和商品集合的道路。

三、中国商业百货企业品牌竞争力提升策略建议

（一）强化顾客体验价值，打造顾客体验驱动型的品牌

顾客体验包括感知体验、情感体验等。顾客体验价值的高低会对商业百货品牌形象和品牌知名度产生直接影响，进而对提升服务品牌的资产产生影响。百货商场可以通过提高顾客感知与情感体验质量来强化顾客体验价值，以顾客体验为出发点，努力打造独特的服务品牌，设计出满足顾客感知和情感需求的体验主题，让顾客获得令人难忘的感知体验和情感体验。例如，百货商场可以通过主题化的体验活动将商场文化渗透到体验环境中，同时需要注意，一旦体验主题确立，其体验活动必须围绕主题展开，使得商场由单一功能的购销场所变为感受氛围和沟通情感等多功能的舞台。毋庸置疑，在激烈的市场竞争中，服务企业依靠主题化的体验活动，可巧妙地绕过经济利益的直接对立，有效提高顾客感知体验和情感体验的质量，使顾客对服务品牌产生积极的联想，并最终提高服务品牌权益并增强服务企业的竞争能力。

强化管理商业百货的形象，也是强化顾客体验价值的有效途径，有利于打造顾客体验驱动型的品牌。对于商业百货业来说，具体而言，要做到以下几点：

第一，应不断丰富商品种类和保证商品质量，并且通过稳定商品价格使商品价值保持在合理范围内。

第二，应加强对服务人员的全面培训，改进服务质量，保证服务人员能展示出良好的服务态度、服务能力和仪表举止。

第三，应对休息设施、建筑物造型、电梯、试衣间和洗手间等固定物体进行持续改进，保持服务设施的现代化。

第四，应改善商店内部装潢的质量，强化店内空间布置和管理，合理控制店内灯光、温度、音乐和空气质量。

第五，应加强对商店选址的研究，合理延长营业时间，保证购物指示的清晰准确，确保付款的便利性。

第六，通过提高广告活动和营业推广活动的吸引力和可靠性来打造顾客体验驱动型的品牌。

（二）找准品牌定位切入点，重塑百货商店品牌形象

面对大型超市、大卖场、折扣商店等新兴零售业强有力的冲击和挑战，传统百货业的概念正在发生变化，百货店不再是"大路货"的代名词，品牌战略已是其生存和发展的关键。然而众多商业百货企业在发展品牌战略时仍存在诸多问题，如品牌定位雷同、缺乏特色等问题，这些问题的根源是缺乏品牌核心竞争力。找准品牌定位的切入点、重塑百货商店品牌形象，无疑成为增强百货商店品牌核心竞争力的关键。在一个市场同质化竞争的时代，强有力的品牌核心竞争力不仅提供了进入多样化市场的潜在机会，也增强了本企业的不可模仿性与不可复制性。

百货业精心打造自己的优秀品牌（包括自主品牌及所建立的销售网络体系），可以发挥品牌效应，提升自己的吸引力和辐射力。鲜明的个性品牌往往将目光集聚在一部分人群上，而不奢求全部，这是竞争的必然。只有整合企业所拥有的资源、针对顾客需求来创造和传递顾客价值，才能形成竞争对手难以模仿并可持续的品牌核心竞争力。此外，通过多种方式塑造品牌的形态和外貌，

要结合企业自身的特点进行合理的扬弃和大胆的创新，从品牌的视觉、行为和理念三个层面对品牌形象做全面、科学的规划，突出品牌文化的个性特点和可操作性，构筑起一整套有企业特色的品牌文化体系。商业百货企业在经营管理过程中应该特别重视企业品牌价值及其市场影响力，注重把企业经营的商场作为一个品牌来经营，通过提升服务质量和理念，尊重并履行商业信誉，把自身的品牌做大做强，扩大品牌的知名度。

（三）实施品牌专营策略，创新商业百货盈利模式

所谓品牌专营策略，是指只经营在同类产品中专营品牌知名度最高、竞争力最强的品牌产品，其他弱势品牌一律靠边站，以便最大程度地利用商场营业面积，借助产品品牌优势，实现单位面积效益最大化。当前商业百货企业普遍实行的"品牌联营"经营模式导致了同质化的价格竞争局面，且大多数商业百货企业没有自有品牌，完全依靠招商经营，自有资金匮乏，多以短期负债经营为主，其资金主要来源是占用的供应商货款。向供应商延期支付货款，通过账期占用供应商资

金，将获得的周期性无成本短期融资用以维持企业的日常运营。一旦资金链断裂，百货企业和被拖欠货款的品牌商、供货商都会被殃及。因此，实施品牌专营策略将是提升百货店竞争力的关键因素，不仅可以取得顾客的信任，而且能给百货企业带来更多的利润。

百货商场品牌管理的目标是要使商品品牌在目标顾客心目中的印象清晰化。了解品牌在目标消费群心目中的位置，与厂商展开营销合作，通过立体化的传播和沟通手段宣传企业关于品牌的理想及文化内涵，提升目标客户的感知和认同，从而提升品牌的知名度，实现商场与企业的双赢。百货商场必须根据自身的市场定位，结合未来的发展框架，制定出符合自身定位的品牌引进策略。明确商场自身的资源，了解进驻品牌的数量及其知名度，与相关企业合作重点推荐一线品牌，同时妥善协调不同的品牌，形成多层次的销售格局。在这一过程中，完善包括品牌专营柜面的布局、销售人员的配备、互补商品的搭配、促销手段的组合等工作。从而实现以重点品牌为核心，辅助品牌为补充的销售模式，形成多点的利润增长模式。

第十二章　中国家电行业企业品牌竞争力指数报告

第一节　中国家电企业品牌竞争力指数总报告

一、2012年度中国家电企业总体竞争态势

研究课题组为了检验理论成果的应用效果，课题组对中国32家自主家电企业品牌进行调研，根据各企业营业收入原始数据得出中国家电企业竞争力呈双雄争霸的总体竞争态势。

中国企业品牌竞争力指数（以下简称CBI）

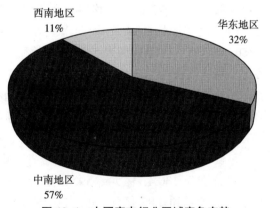

图12-1　中国家电行业区域竞争态势

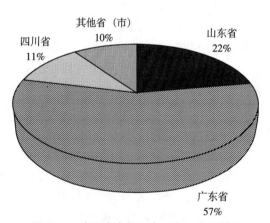

图12-2　中国家电行业省（市）竞争态势

中国2011年家电行业受调研企业营业总额为4787.60亿元，与2010年的营业总额4211.64亿元相比，同比增长13.68%，其中中南地区、华东地区、西南地区和华北地区的营业额分别为2701.08亿元、1535.73亿元、542.38亿元和8.42亿元，同比增长分别为14.32%、9.84%、20.42%和2058.25%，分别占比56.42%、32.08%、11.33%、0.2%。其中中南地区的营业总额占到行业营业总额的一半以上，占据绝对的优势。华东地区排名第二，同样占据很高的比重。华北地区

业绩表现优异，增长速度喜人，营业额翻倍增长，所占比重大幅度提高。2010年排在前3名的省（市）分别为广东省、山东省和四川省，营业总额分别为2362.69亿元、908.94亿元和450.40亿元，2011年营业总额分别为2701.08亿元、1065.16亿元和542.38亿元，同比增长分别为14.32%、17.19%和20.42%，所占比重分别为56.42%、22.25%和11.33%，三大省（市）所占比重高达90%，其中广东省的营业总额仍然遥遥领先于其他省（市），优势非常明显。

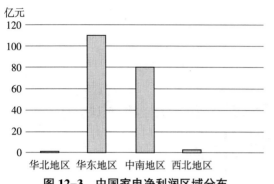

图 12-3　中国家电净利润区域分布

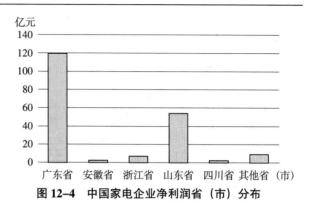

图 12-4　中国家电企业净利润省（市）分布

中国 2010 年家电行业 35 家企业净利润总额为 176.27 亿元，2011 年家电行业 32 家企业净利润为 217.59 亿元，同比增长 23.44%，其中中南地区、华东地区、西南地区和华北地区的净利润总额分别为 130.41 亿元、82.49 亿元、3.83 亿元和 0.86 亿元，所占比重分别为 59.94%、37.91%、1.76% 和 0.40%，中南地区和华东地区净利润总额占行业净利润总额的比重为 97.84%，这两个地区同比增长分别为 21.45%、29.58%，西南地区和华北地区所占比例较小，但华北地区 2010 年净利润为负，增长了 0.86 亿元，速度较为喜人，发展势头良好。中南地区和华东地区遥遥领先于其他地区，可以看出各个区域之间的差距还是很大的。

2010 年净利润排在前 5 名的省（市）分别为广东省、山东省、浙江省、安徽省和四川省，其净利润分别为 107.38 亿元、44.07 亿元、7.06 亿元、6.29 亿元和 5.30 亿元，2011 年这五个省（市）的净利润分别为 130.41 亿元、59.50 亿元、8.45 亿元、4.10 亿元和 3.83 亿元，所占比重分别为 59.94%、27.35%、3.88%、1.89% 和 1.76%，同比增长分别为 21.45%、35.01%、19.69%、-34.82% 和 -27.74%。其中山东省增长速度较快，安徽省和四川省呈现出一定程度的负增长。五大省份的净利润占到净利润总额的 94.81%。

总的来看，中国家电企业分布仍比较集中，多集中在中南地区和华东地区，尤其是广东省。这种双雄争霸竞争态势仍是当前中国家电行业竞争的最显著特征。

二、2012 年度中国家电企业品牌竞争力总体述评

（一）宏观竞争格局：两大区域占据南北，形成鲜明对比

从 2012 年中国受调研家电企业的营业收入来看，本次调研的 32 家企业营业总额为 4787.60 亿元，主要分布在中南地区和华东地区。其中中南地区家电企业的营业额为 2701.08 亿元，份额占到营业总额的一半以上，达到 56.42%，同比增长 14.32%，占据绝对的优势地位；华东地区家电企业的营业额为 1535.73 亿元，份额占到营业总额的 32.08%，同比增长 9.84%；而西南地区和华北地区家电企业的营业额分别为 542.38 亿元和 8.42 亿元。西南地区营业额占到营业总额的 11.33%，华北地区所占比重有所上浮，达 0.2%，发展趋势良好，但华北地区仍应大力发展家电行业。净利润排在前 5 名的省份分别为广东省、山东省、浙江省、安徽省和四川省，2011 年这五个省（市）的净利润分别为 130.41 亿元、59.50 亿元、8.45 亿元、4.10 亿元和 3.83 亿元，所占比重分别为 59.94%、27.35%、3.88%、1.89% 和 1.76%，同比增长分别为 21.45%、35.01%、19.69%、-34.82% 和 -27.74%。其中山东省增长速度较快，安徽省和四川省呈现出一定程度的负增长。五大省（市）的净利润占到净利润总额的 94.81%。

总的来看，中国家电企业分布比较集中，多集中在中南地区和华东地区，尤其是广东省，这种双雄竞争态势成为当前中国家电行业竞争的最显著特征。

从企业数量来看，中国家电企业主要分布于华东地区和中南地区，这两个地区的企业数量占

企业总数的比重超过90%，集中度非常高。中南地区和西南地区的 CBI 均值分别为 79.9556、77.8928，高于全国均值 72.7821。华东地区虽然企业数量最多，但 CBI 均值不高，其品牌竞争力不足，还有很大的提升空间。华北地区不仅企业数量少，而且企业的 CBI 均值远低于全国平均水平。从品牌竞争力指数数据可以看出，各地区的家电企业品牌竞争状况存在较大的差距。

家电企业主要分布在广东省、浙江省、山东省、江苏省和安徽省一共五个省（市），其所占比重分别为 37%、14%、11%、9% 和 6%。广东省和山东省的 CBI 得分分别为 79.9556 和 93.6931，均高于行业平均值 72.7821。由于在本次调研中，安徽省只有两家企业，故其 CBI 得分均值为 90.3272，高出行业平均值很多，此项数据不具有代表性。浙江省的家电企业数量在各省（市）的数量排名中位列第 2 名，但其 CBI 均值为 69.5999，低于行业平均值，显示其品牌竞争力有待提升。

中国家电企业远不止 32 家，这 32 家企业是众多家电企业的杰出代表，从中可以分析中国家电企业的竞争情况。家电行业是关乎中国经济发展的重要行业，家电企业目前已形成双雄争霸的竞争之势，一定程度上也揭示了中国区域经济发展的不均衡。

（二）中观竞争态势：三家企业领军行业，各家企业竞争激烈

根据中国家电企业品牌竞争力分级评级标准，对调查的企业进行分级评估，按照一般惯例分为五级，5A 级企业 5 家，4A 级企业 5 家，3A 级企业 8 家，2A 级企业 7 家，1A 级企业 7 家。本次调查企业数量由上年的 35 家减少至 32 家，4A 级企业数量略有减少，1A 级企业数量略有增加，但整体变化幅度不大。5A 级家电企业包括青岛海尔股份有限公司、广东美的电器股份有限公司、珠海格力电器股份有限公司、TCL 集团股份有限公司和青岛海信电器股份有限公司，其市场竞争表现力突出，企业数量仅占企业总数的 16%，其CBI 及各项分指标得分值均远远超出其他集团企业，并大大高于行业平均值，所以 5A 级的企业是中国家电行业当之无愧的龙头企业。值得关注的是 8 家 3A 企业，占企业总数的 25%。3A 级企业的 CBI 均值为 77.9798，高于行业平均值。3A

级集团的 8 家企业基本代表了家电行业发展的平均水平，并且企业之间指数分布比较均匀，可谓是势均力敌、竞争激烈。

（三）微观竞争比较：财务竞争力指数表现优异，市场竞争力指标有待提高

对于中国企业来说，财务表现仍然是企业对外展示基本实力的重要依据。由于近几年中国家电市场的快速发展，带来了中国国民物质消费水平的不断提高，消费水平不断提高等因素使得各家电企业近年来营业收入、净利润都保持了良好的增长态势。全国 32 家家电企业的品牌财务表现力得分均值为 4.3584，说明企业的品牌财务表现力表现良好。

根据财务表现力指标，排在前 10 名的企业是广东美的电器股份有限公司、珠海格力电器股份有限公司、青岛海尔股份有限公司、TCL 集团股份有限公司、青岛海信电器股份有限公司、海信科龙电器股份有限公司、四川长虹电器股份有限公司、无锡小天鹅股份有限公司、浙江苏泊尔股份有限公司和深圳市兆驰股份有限公司，这 10 家企业在品牌财务表现力方面差距较大，第 1 名的广东美的电器股份有限公司的财务表现力指标得分为 4.7505，而第 10 名的深圳市兆驰股份有限公司的财务表现力得分仅为 3.7915，说明其品牌财务表现力仍存在提升的空间。

由于中国很多家电企业对品牌的认知不太强，再加上国际品牌进军中国市场，导致家电企业的市场竞争力不是特别强，全国家电企业的市场竞争表现力得分均值仅为 3.3272，略低于 2010 年的市场竞争力指标得分 3.5589。广东美的电器股份有限公司、青岛海尔股份有限公司、TCL 集团股份有限公司、四川长虹电器股份有限公司、海信科龙电器股份有限公司、青岛海信电器股份有限公司、无锡小天鹅股份有限公司、珠海格力电器股份有限公司、九阳股份有限公司和浙江苏泊尔股份有限公司位列前 10 名，这 10 家企业在市场竞争表现力方面有一定的差距。市场表现力第 1 名的广东美的电器股份有限公司，得分均值为 4.9184，第 10 名的浙江苏泊尔股份有限公司的得分为 3.8035，均在 3.8 分以上，显示了这 10 家电企业的市场竞争力较强，但其他企业没有那么强的市场竞争力，最终导致整个行业的市场竞争力得分不高。

总体来看，中国家电企业品牌财务表现力指数差强人意，市场竞争表现力亟待加强，技术创新和品牌经营与国际市场相比远远不够，还需要很大的提升。

第二节　中国家电企业品牌竞争力排名报告

一、2012 年度中国家电企业品牌竞争力指数排名

中国企业品牌竞争力指数（以下简称 CBI）研究课题组于 2011 年 7 月完成了理论研究，采用多指标综合指数法对中国企业品牌竞争力进行量化研究。初期理论成果包括 CBI 四位一体理论模型、CBI 评价指标体系、CBI 评价指标权重以及 CBI 计算模型，并且已经通过国内十位经济学、管理学界权威专家论证。为了检验理论成果的应用效果，课题组继 2011 年对中国自主家电企业品牌调研之后，于 2012 年底对中国自主家电企业品牌再一次进行调研，根据调查数据应用 CBI 计算模型得出中国家电企业品牌竞争力（以下简称 CBI-R）排名（见表 12-1）。

表 12-1　2012 年中国家电企业品牌竞争力指数排名

企业名称	省（市）	相对值（指数）				绝对值形式（5 分制）		
		2012 年行业 CBI	排名	2011 年行业 CBI	排名	品牌竞争力得分（CBS）	品牌财务表现力	市场竞争表现力
青岛海尔股份有限公司	山东省	100	1	100	1	4.8009	4.5347	4.8577
广东美的电器股份有限公司	广东省	99.3777	2	99.9677	2	4.6316	4.7505	4.9184
珠海格力电器股份有限公司	广东省	98.5932	3	98.7653	3	4.4059	4.6147	3.9188
TCL 集团股份有限公司	广东省	95.8562	4	91.5312	8	4.4042	4.3073	4.6305
青岛海信电器股份有限公司	山东省	96.1114	5	92.8081	5	4.1753	4.1075	4.3336
四川长虹电器股份有限公司	四川省	94.1532	6	92.659	6	4.1657	3.8684	4.4927
九阳股份有限公司	山东省	93.3028	7	94.9659	4	4.0557	3.2970	3.8161
无锡小天鹅股份有限公司	江苏省	91.1985	8	91.8351	7	3.8393	3.7915	3.9509
浙江苏泊尔股份有限公司	浙江省	91.1437	9	90.62	9	3.5636	3.4609	3.8035
海信科龙电器股份有限公司	广东省	90.4426	10	90.0207	12	3.4527	4.0933	4.3345
合肥美菱股份有限公司	安徽省	86.1722	11	90.2158	11	3.3366	3.1460	3.7658
深圳市兆驰股份有限公司	广东省	82.9291	12	73.0204	20	3.3319	3.3528	3.1445
合肥荣事达三洋电器股份有限公司	安徽省	81.4563	13	90.4385	10	3.2904	3.1406	3.5699
广东德尔集团有限公司	广东省	77.7236	14	79.9083	17	3.2694	3.1334	2.7805
广东德豪润达电气股份有限公司	广东省	76.4133	15	69.8908	23	3.0275	3.1936	3.6701
康佳集团股份有限公司	广东省	75.9119	16	82.3527	15	3.0212	2.6865	3.8023
广东万和新电气股份有限公司	广东省	72.8174	17	71.1263	21	3.0080	3.0553	2.8977
中山华帝燃具股份有限公司	广东省	70.4149	18	87.0503	13	2.9137	2.7459	3.3054
江西华意压缩机股份有限公司	江西省	69.5100	19	82.3402	16	2.8798	2.6388	3.4420
浙江老板电器股份有限公司	浙江省	66.2580	20	77.3132	19	2.8560	2.8257	2.9268
上海广电信息产业股份有限公司	上海市	63.9572	21	40.7823	33	2.8412	2.9365	2.6189
四川九洲电器集团有限责任公司	四川省	58.6495	22	63.1267	26	2.7802	2.8354	2.6516
山东澳柯玛股份有限公司	山东省	54.6760	23	86.9983	14	2.7573	2.4616	3.4472

续表

企业名称	省（市）	相对值（指数）				绝对值形式（5分制）		
		2012年行业CBI	排名	2011年行业CBI	排名	品牌竞争力得分（CBS）	品牌财务表现力	市场竞争表现力
浙江爱仕达电器股份有限公司	浙江省	51.1008	24	70.9877	22	2.6747	2.5883	2.8762
广东万家乐股份有限公司	广东省	50.4463	25	78.2594	18	2.6163	2.4160	3.0835
太原天龙集团股份有限公司	山西省	46.3400	26	0	35	2.4815	2.5445	2.3345
苏州禾盛新型材料股份有限公司	江苏省	44.1720	27	59.1146	28	2.3806	2.3910	2.3564
厦门灿坤实业股份有限公司	福建省	42.6381	28	66.2139	24	2.2899	2.0462	2.8583
数源科技股份有限公司	浙江省	39.0997	29	45.0396	31	2.2732	2.2417	2.3468
广东雪莱特光电科技股份有限公司	广东省	36.4506	30	59.556	27	1.9581	1.8296	2.2579
广东伊立浦电器股份有限公司	广东省	34.0672	31	57.9743	29	1.9242	1.7402	2.3536
浙江圣莱达股份有限公司	浙江省	20.5843	32	64.0392	25	1.7541	1.6781	1.9315
均值		70.3740		76.2163		3.1613	3.0767	3.3587

说明：从理论上说，中国企业品牌竞争力指数（CBI）由中国企业品牌竞争力分值（CBS）标准化之后得出，CBS由4个一级指标品牌财务表现力、市场竞争表现力、品牌发展潜力和消费者支持力的得分值加权得出。

在实际操作过程中，课题组发现，品牌发展潜力和消费者支持力两个部分的数据收集存在一定的难度，且收集到的数据准确性有待核实，因此，本报告暂未将品牌发展潜力和消费者支持力列入计算。

品牌财务表现力主要依据各企业的财务报表数据以及企业上报数据进行计算。同时，关于市场竞争表现方面的得分，课题组选取了部分能够通过公开数据计算得出结果的指标，按照CBI计算模型得出最终结果。

关于详细的计算方法见《中国企业品牌竞争力指数系统：理论与实践》。"—"表示该企业2011年排名在100名之外。

与2010年相比，2011年家电行业企业CBI排名有小幅度变动。在行业前10名的企业中，青岛海尔股份有限公司仍然稳坐行业头把交椅，广东美的电器股份有限公司和珠海格力电器股份有限公司仍处于行业第2名和第3名的位置，这三家公司发展稳步上升，稳居行业龙头企业的位置。TCL集团股份有限公司表现突出，增长势头喜人，由第8名上升至第4名。海信科龙电器股份有限公司进入行业前十，由第12名上升至第10名，增长势头良好。九阳股份有限公司排名有所下滑，由第4名下滑至第7名。合肥荣事达三洋电器股份有限公司由第10名下滑为第3名。在行业前20强的企业中，广东德豪润达电气股份有限公司、广东万和新电气股份有限公司表现良好，首次列入行业前20强，发展势头良好，分别排第15名和第17名。深圳市兆驰股份有限公司增长速度较快，由第20名上升至第12名。而中山华帝燃具股份有限公司、江西华意压缩机股份有限公司和浙江老板电器股份有限公司与2010年相比排名均有所下滑，分别从第13名、第16名和第19名下滑至第18名、第19名和第20名。

依据2011年中国家电企业品牌竞争力指数相关数据，计算得出中国家电行业CBI数值为70.3740，和2010年的CBI数值72.7821相比略有降低。CBI数值为相对值，一方面可以反映行业总体竞争水平，另一方面为行业内企业提供了一个比较标准。后续课题组根据近万家企业CBI数据得出中国企业品牌竞争力指数值为68，那么家电行业企业CBI数值为70.3740，大于整体的68，说明家电行业企业整体竞争力水平高于平均水平，行业发展处于较好状态。同样，行业内部企业CBI数值低于70.3740，说明其品牌竞争力处于劣势，高于70.3740，说明其品牌竞争力处于优势，整个CBI指标体系为企业提供了一套具有诊断功能和预测功能的实用工具。

二、2012年度中国家电企业品牌竞争力指数评级报告

（一）中国家电企业品牌竞争力指数评级标准体系

课题组根据表12-1得出的家电企业CBI数值，绘制出总体布局图（见图12-5），从整体上看，CBI分布曲线两头陡峭、中间平缓。根据企业CBI数值表现出来的特征，结合家电企业的行业竞争力特性对被调查的企业进行分级评估，按

照一般惯例分为五级，并针对行业属性和指数数据分布情况进行了标准调整，调整后的标准如表12-2所示。

表 12-2　中国家电企业品牌竞争力分级评级标准

评级	标准 CBI 数值标准
A A A A A	CBI≥95
A A A A	90 ≤ CBI < 95
A A A	70 ≤ CBI < 90
A A	50 ≤ CBI < 70
A	CBI < 50

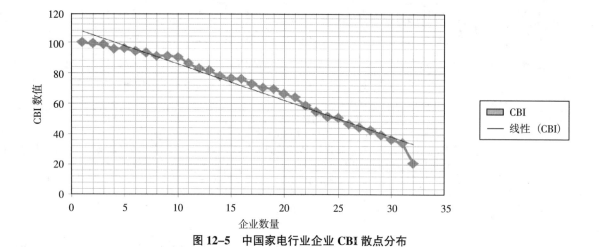

图 12-5　中国家电行业企业 CBI 散点分布

（二）中国家电企业品牌竞争力指数评级结果

根据以上评价标准可以将家电企业划分为五个集团，具体的企业个数及分布情况如表12-3和图 12-6 所示，由于篇幅原因，各级企业品牌得分评级情况仅列出代表性企业。

表 12-3　中国家电行业企业各分级数量表

企业评级	竞争分类	企业数量	所占比重（%）	CBI 均值	CBS 均值	品牌财务表现力均值	市场竞争表现力均值
5A 级企业	第一集团	5	16	97.9877	4.4836	4.4629	4.5318
4A 级企业	第二集团	5	16	92.0481	3.8154	3.7022	4.0795
3A 级企业	第三集团	8	25	77.9798	3.1498	3.0568	3.3670
2A 级企业	第四集团	7	22	59.2283	2.7722	2.6718	3.0066
1A 级企业	第五集团	7	22	37.6217	2.1517	2.0673	2.3484
全部	不分类	32	100	72.9731	3.2745	3.1922	3.4667

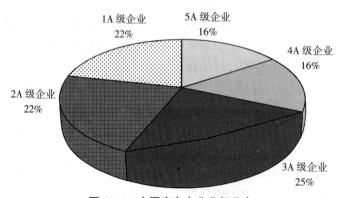

图 12-6　中国家电企业分级分布

表 12-4　中国家电行业 5A 级企业品牌列表

企业名称	评级水平	排名	CBI	CBS	品牌财务表现力	市场竞争表现力
青岛海尔股份有限公司	5A	1	100	4.8009	4.5347	4.8577
广东美的电器股份有限公司	5A	2	99.3777	4.6316	4.7505	4.9184
珠海格力电器股份有限公司	5A	3	98.5932	4.4059	4.6147	3.9188
TCL 集团股份有限公司	5A	4	95.8562	4.4042	4.3073	4.6305
青岛海信电器股份有限公司	5A	5	96.1114	4.1753	4.1075	4.3336

　　据表 12-2 中国家电企业品牌竞争力分级评级标准，5A 级家电企业共有 5 家，占家电企业总数的 16%，该比重较 2010 年有所上升。表 12-4 中所列的五家企业：青岛海尔股份有限公司、广东美的电器股份有限公司、珠海格力电器股份有限公司、TCL 集团股份有限公司和青岛海信电器股份有限公司是中国家电行业领导企业，品牌财务表现力、市场竞争表现力突出，具有消费者支持力度和顾客忠诚度，品牌发展潜力巨大。CBI 及各项分指标得分值均远远超出其他集团企业。其中，青岛海尔股份有限公司、广东美的电器股份有限公司、珠海格力电器股份有限公司三家企业稳居行业前 3 名，是家电行业的龙头企业。在第一集团内部比较而言，广东美的电器股份有限公司的品牌财务表现力得分最高，说明其财务状况良好。青岛海尔股份有限公司和广东美的电器股份有限公司在市场竞争表现力方面均位于本集团前列，显示了消费者对品牌的喜爱程度，同时也表明海尔和美的品牌有很大的成长潜力。

表 12-5　中国家电行业 4A 级企业品牌代表

企业名称	评级水平	排名	CBI	CBS	品牌财务表现力	市场竞争表现力
四川长虹电器股份有限公司	4A	6	94.1532	4.1657	3.8684	4.4927
九阳股份有限公司	4A	7	93.3028	4.0557	3.2970	3.8161
无锡小天鹅股份有限公司	4A	8	91.1985	3.8393	3.7915	3.9509
浙江苏泊尔股份有限公司	4A	9	91.1437	3.5636	3.4609	3.8035
海信科龙电器股份有限公司	4A	10	90.4426	3.4527	4.0933	4.3345

　　据表 12-2 中国家电企业品牌竞争力分级评级标准，4A 级家电企业共有 5 家，占家电企业总数的 16%，企业数量较 2010 年有所减少。表 12-5 中所列的五家公司：四川长虹电器股份有限公司、九阳股份有限公司、无锡小天鹅股份有限公司、浙江苏泊尔股份有限公司和海信科龙电器股份有限公司是中国家电行业领先企业，品牌财务表现力、市场竞争表现力突出，消费者支持力度较大，具有较高的顾客忠诚度，品牌发展潜力较大。CBI 及各项分指标得分值均高于行业平均值。在第二集团内部比较而言，海信科龙电器股份有限公司的品牌财务表现力得分最高，为 4.0933，说明其财务状况良好。四川长虹电器股份有限公司的市场竞争表现力位于本集团第一，为 4.4927。

表 12-6　中国家电行业 3A 级企业品牌代表

企业名称	评级水平	排名	CBI	CBS	品牌财务表现力	市场竞争表现力
合肥美菱股份有限公司	3A	11	86.1722	3.3366	3.1460	3.7658
深圳市兆驰股份有限公司	3A	12	82.9291	3.3319	3.3528	3.1445
合肥荣事达三洋电器股份有限公司	3A	13	81.4563	3.2904	3.1406	3.5699
广东德尔集团有限公司	3A	14	77.7236	3.2694	3.1334	2.7805
广东德豪润达电气股份有限公司	3A	15	76.4133	3.0275	3.1936	3.6701

据表 12-2 中国家电企业品牌竞争力分级评级标准，3A 级家电企业共有 8 家，占家电企业总数的 25%，与 2010 年相比变化不大。表 12-6 中所列的五家企业：合肥美菱股份有限公司、深圳市兆驰股份有限公司、合肥荣事达三洋电器股份有限公司、广东德尔集团有限公司和广东德豪润达电气股份有限公司是中国家电行业的中游企业，品牌财务表现力、市场竞争表现力一般，具有相当的品牌发展潜力和消费者支持力度，CBI 及各项分指标得分值均略高于行业平均值。在第三集团内部比较来看，品牌财务表现力和市场竞争表现力均低于 2010 年指标数值。其中，深圳市兆驰股份有限公司品牌财务表现力位于本集团第一，说明其财务情况相对来说是比较好的。合肥美菱股份有限公司的市场竞争表现力在本集团中得分最高，说明其品牌有很大的成长空间。

表 12-7　中国家电行业 2A 级企业品牌代表

企业名称	评级水平	排名	CBI	CBS	品牌财务表现力	市场竞争表现力
江西华意压缩机股份有限公司	2A	19	69.5100	2.8798	2.6388	3.4420
浙江老板电器股份有限公司	2A	20	66.2580	2.8560	2.8257	2.9268
上海广电信息产业股份有限公司	2A	21	63.9572	2.8412	2.9365	2.6189
四川九洲电器集团有限责任公司	2A	22	58.6495	2.7802	2.8354	2.6516
山东澳柯玛股份有限公司	2A	23	54.6760	2.7573	2.4616	3.4472

据表 12-2 中国家电企业品牌竞争力分级评级标准，2A 级家电企业共有 7 家，占家电企业总数的 22%，与 2010 年相比无明显变化。表 12-7 中所列的五家企业：江西华意压缩机股份有限公司、浙江老板电器股份有限公司、上海广电信息产业股份有限公司、四川九洲电器集团有限责任公司和山东澳柯玛股份有限公司是中国家电行业中下游企业的代表，其特征是品牌财务表现力、市场竞争表现力均处于本行业平均水平之下，CBI 及各项分指标得分值基本上均低于行业平均值。在第四集团内部比较而言，品牌财务表现力得分均在 3 分以下，市场竞争表现力方面同样处于劣势，各项指标均有待提高。

表 12-8　中国家电行业 1A 级企业品牌代表

企业名称	评级水平	排名	CBI	CBS	品牌财务表现力	市场竞争表现力
太原天龙集团股份有限公司	1A	26	46.3400	2.4815	2.5445	2.3345
苏州禾盛新型材料股份有限公司	1A	27	44.1720	2.3806	2.3910	2.3564
厦门灿坤实业股份有限公司	1A	28	42.6381	2.2899	2.0462	2.8583
数源科技股份有限公司	1A	29	39.0997	2.2732	2.2417	2.3468
广东雪莱特光电科技股份有限公司	1A	30	36.4506	1.9581	1.8296	2.2579

据表 12-2 中国家电企业品牌竞争力分级评级标准，1A 级家电企业共有 7 家，占家电企业总数的 22%，该比重较 2010 年有所上升。表 12-8 中所列的五家企业：太原天龙集团股份有限公司、苏州禾盛新型材料股份有限公司、厦门灿坤实业股份有限公司、数源科技股份有限公司和广东雪莱特光电科技股份有限公司是中国家电行业的下游企业，其特征是 CBI、品牌财务表现力、市场竞争表现力等均远低于行业平均水平。在第五集团内部比较而言，各项指标普遍低于 2.5 分，均有很大的提升空间。

三、2012年度中国家电企业品牌价值20强排名

课题组认为，品牌价值（以下简称CBV）是客观存在的，它能够为其所有者带来特殊的收益。品牌价值是品牌在市场竞争中的价值实现。一个品牌有无竞争力，就是要看它有没有一定的市场份额，有没有一定的超值创利能力。品牌的竞争力正是体现在品牌价值的这两个最基本的决定性因素上，品牌价值就是品牌竞争力的具体体现。

通常上品牌价值以绝对值（单位：亿元）的形式量化研究品牌竞争水平，课题组在品牌价值和品牌竞争力的关系展开研究，针对品牌竞争力以相对值（指数：0~100）的形式量化研究品牌竞争力水平。在研究世界上关于品牌价值测量方法论的基础上，提出本研究关于品牌价值计算方法，$CBV=CBI \times A \times \sum f(x_i)+C$，其中，CBV为企业品牌价值，CBI为企业品牌竞争力指数，A为分级系数，x_i为系数决定要素，C为行业调整系数。据此得出中国家电企业品牌价值前20强（见表12-9）。

表12-9　2012年中国家电企业品牌价值前20强

企业名称	省（市）	2012年CBV（亿元）	排名	2011年CBV（亿元）	排名	2012前行业CBI
青岛海尔股份有限公司	山东省	258.50	1	215.42	1	100
广东美的电器股份有限公司	广东省	228.43	2	185.4	2	99.3777
珠海格力电器股份有限公司	广东省	197.50	3	158	3	98.5932
青岛海信电器股份有限公司	山东省	136.34	4	109.07	4	96.1114
四川长虹电器股份有限公司	四川省	121.08	5	96.86	5	94.1532
合肥美菱股份有限公司	安徽省	59.09	6	45.66	8	86.1722
无锡小天鹅股份有限公司	江苏省	57.08	7	39.53	10	91.1985
TCL集团股份有限公司	广东省	49.41	8	47.27	6	95.8562
山东澳柯玛股份有限公司	山东省	53.63	9	42.9	9	54.6760
九阳股份有限公司	山东省	51.40	10	46.73	7	93.3028
浙江爱仕达电器股份有限公司	浙江省	48.58	11	—	—	51.1008
康佳集团股份有限公司	广东省	30.37	12	35.53	11	75.9119
合肥荣事达三洋电器股份有限公司	安徽省	28.54	13	22.83	13	81.4563
中山华帝燃具股份有限公司	广东省	15.44	14	12.35	15	70.4149
海信科龙电器股份有限公司	广东省	15.86	15	23.95	12	90.4426
广东万和新电气股份有限公司	广东省	15.85	16	—	—	72.8174
广东德豪润达电气股份有限公司	广东省	15.37	17	—	—	76.4133
浙江苏泊尔股份有限公司	浙江省	15.07	18	13.14	14	91.1437
浙江老板电器股份有限公司	浙江省	14.57	19	11.63	17	66.2580
广东德尔集团有限公司	广东省	12.80	20	10.43	19	77.7236
合计		1412.10				

在32家受调研企业中，前20强的企业CBV合计为1412.10亿元，较2010年有所提高。前10强家电企业CBV总值合计为1212.45亿元，占前20强比重为84.91%。青岛海尔股份有限公司稳坐行业老大的位置，青岛海尔股份有限公司、广东美的电器股份有限公司、珠海格力电器股份有限公司、青岛海信电器股份有限公司和四川长虹电器股份有限公司五家企业发展较稳定，稳居行业CBV排名前5名，且CBV处于上升状态。而且，

这五家企业的CBV值与其他企业差距较大，远远领先于排名第六的合肥美菱股份有限公司，是当之无愧的家电行业的领军企业。合肥美菱股份有限公司和无锡小天鹅股份有限公司发展势头良好，增长速度较快，分别由第8名和第10名上升至第6名和第7名。TCL集团股份有限公司、九阳股份有限公司、康佳集团股份有限公司、海信科龙电器股份有限公司排名均有所下降，分别从第6名、第7名、第11名、第12名，下滑至第8名、

第 10 名、第 12 名、第 15 名。浙江爱仕达电器股份有限公司、广东万和新电气股份有限公司和广东德豪润达电气股份有限公司增长速度喜人，发展势头良好，强势进入行业排名前 20 强，排名分别为第 11 名、第 16 名和第 18 名。在家电行业前 20 强的企业中，广东省企业占比达 45%，山东省企业占比达 20%，说明两省（市）的企业发展良好，具有较强的地域优势。

第三节　2012 年度中国家电企业品牌竞争力区域报告

一、三大经济分区

（一）总体情况分析

根据课题组调研的数据，中国家电企业仍旧主要分布于华东地区和中南地区，两个地区企业数量占企业总数的比重分别为 50% 和 41%，该比重略低于 2010 年，集中度比较高。西南地区虽然企业数量较少，但其 CBI 均值位列各地区第一，为 76.4013；中南地区的 CBI 均值为 73.9572，高于全国均值 70.3740；华东地区虽然企业数量最多，但 CBI 均值较低，仅为 68.2113，略低于全国均值，其品牌竞争力不足，还有很大的提升空间；华北地区由于数据太少，且企业的 CBI 均值非常低，故不在对比之列。从品牌竞争力指标数据可以看出，各地区的家电企业品牌竞争状况仍存在较大的差距，与 2010 年相比，各地区之间的差距并未出现明显变化，华东地区和中南地区仍保持着 2010 年的优势地位。

表 12-10　中国家电企业三大经济区域竞争状况

区域	企业数量	所占比重（%）	CBI 均值		CBS 均值		品牌财务表现力均值		市场竞争表现力均值	
			2012 年	2011 年	2012 年	2011 年	2012 年	2011 年	2012 年	2011 年
华东地区	16	50	68.2113	71.1665	3.1105	2.8606	2.9554	4.3066	3.3063	3.5364
中南地区	13	41	73.9572	79.9556	3.2281	3.0261	3.2245	4.5532	3.4691	3.7477
西南地区	2	6	76.4013	77.8928	3.4729	2.9873	3.3519	4.628	3.5721	3.3663
华北地区	1	3	46.3400	—	2.4815	—	2.5445	—	2.3345	—
总体情况	32	100	66.2275	72.7821	3.0733	2.891	3.0191	4.3584	3.1705	3.5589

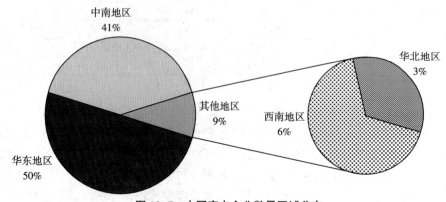

图 12-7　中国家电企业数量区域分布

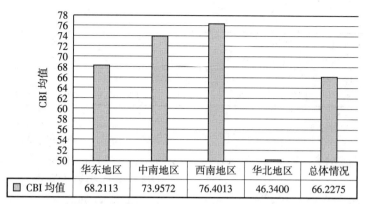

	华东地区	中南地区	西南地区	华北地区	总体情况
CBI 均值	68.2113	73.9572	76.4013	46.3400	66.2275

图 12-8　家电企业三大经济区域 CBI 均值对比

(二) 分项情况分析

在各分项竞争力指标对比方面，总体来看，各地区品牌财务表现力和市场竞争表现力均在 4 分以下，普遍低于 2010 年得分均值，但在整体趋势上仍旧延续 2010 年的发展趋势。西南地区虽然企业数量较少，但其品牌财务表现力和品牌市场竞争表现力得分均值均位列各地区之首，说明西南地区的家电企业经营状况良好。华东地区和华北地区的财务表现力得分均低于 3 分，说明其财务状况表现不佳，还有很大的提升空间。华北地区的市场竞争表现力低于 2.5 分，位列各地区最后一名，说明其品牌竞争力处于弱势的地位。总的来说，从各分项指标来看，整个家电行业不同区域发展水平存在较大的差距，各指标数值均有较大的提升空间。

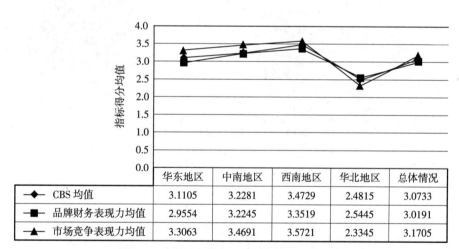

	华东地区	中南地区	西南地区	华北地区	总体情况
CBS 均值	3.1105	3.2281	3.4729	2.4815	3.0733
品牌财务表现力均值	2.9554	3.2245	3.3519	2.5445	3.0191
市场竞争表现力均值	3.3063	3.4691	3.5721	2.3345	3.1705

图 12-9　中国家电企业一级指标分区域对比

表 12-11　中国家电企业五大主要省（市）竞争状况

省（市）	企业数量	所占比重(%)	CBI 均值		CBS 均值		品牌财务表现力均值		市场竞争表现力均值	
			2012 年	2011 年	2012 年	2011 年	2012 年	2011 年	2012 年	2011 年
广东省	13	41	73.9572	79.9556	3.2281	3.0261	3.2245	4.5532	3.4691	3.7477
浙江省	5	16	53.6373	69.5999	2.6243	2.8310	2.5589	4.4547	2.7770	3.0186
山东省	4	12	86.0225	93.6931	3.9473	3.2849	3.6002	4.7232	4.1136	4.6166
江苏省	2	6	67.6852	56.6237	3.1100	2.5866	3.0913	3.9467	3.1537	3.0661
安徽省	2	6	83.8142	90.3272	3.3135	3.2215	3.1433	4.6838	3.6678	4.3983

省（市）	企业数量	所占比重（%）	CBI均值		CBS均值		品牌财务表现力均值		市场竞争表现力均值	
			2012年	2011年	2012年	2011年	2012年	2011年	2012年	2011年
其他省（市）	6	19	62.5413	54.3314	2.9064	2.5434	2.8116	3.8724	3.0663	3.0360
总体情况	32	100	71.2763	72.7821	3.1883	3.9676	3.0716	4.3584	3.3746	3.5589

二、五大省（市）分析

（一）总体情况分析

表 12-11 中五个省的家电企业数量占到企业总数的 81%，该比重较 2010 年的 77% 有所增加，广东省、浙江省、山东省、江苏省和安徽省的比重分别为 41%、16%、12%、6% 和 6%（见图 12-10），可以得出中国家电企业的省份分布集中度比较高，集中在东部沿海省份。广东省、山东省、安徽省

的 CBI 得分分别为 73.9572、86.0225、83.8142（见图 12-11），均高于行业平均值 70.3740。这里不得不单独提到安徽省，虽然在本次调研中，安徽一共只有两家企业，但其 CBI 得分均值为 83.8142，远远高出行业平均值，显示了该省家电行业较强的品牌竞争力。浙江省的家电企业数量在各省份的数量排名中位列第 2 名，但其 CBI 均值为 53.6373，低于行业平均值，显示其品牌竞争力有待提升，与 2010 年相比并无明显改善。

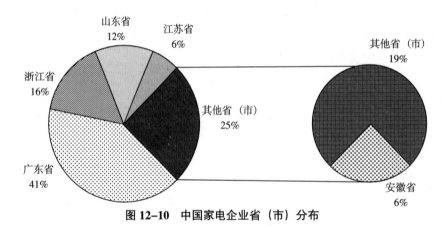

图 12-10　中国家电企业省（市）分布

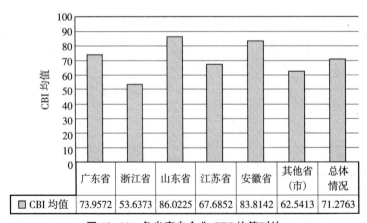

图 12-11　各省家电企业 CBI 均值对比

（二）分项情况分析

在各分项竞争力指标对比方面，品牌市场表现力指标得分均值最高，除浙江省外，其余各省

的得分均值普遍都在 3 分以上，但整体来看均低于 2010 年指标数值。在市场竞争表现力均值方面，各省（市）发展仍然延续 2010 年的趋势，表

现极不均衡。山东省最高，达到 4.1136，五大省份里仍然是浙江省得分最低，为 2.7770，最后导致整个行业市场竞争表现力表现一般。山东省的品牌财务表现力、市场竞争表现力的得分均值仍然都是最高的，品牌财务表现力得分均值为 3.6002，市场竞争表现力得分均值为 4.1136。总体来看，各省在不同指标上表现差距比较大，不同指标之间也有着较大的差距，市场竞争表现力有所改善，品牌财务表现力差强人意。

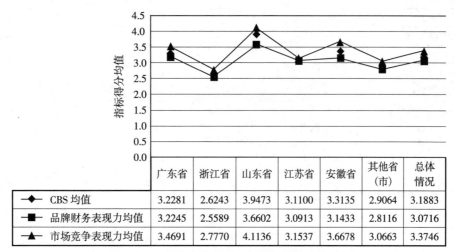

	广东省	浙江省	山东省	江苏省	安徽省	其他省（市）	总体情况
◆ CBS 均值	3.2281	2.6243	3.9473	3.1100	3.3135	2.9064	3.1883
■ 品牌财务表现力均值	3.2245	2.5589	3.6602	3.0913	3.1433	2.8116	3.0716
▲ 市场竞争表现力均值	3.4691	2.7770	4.1136	3.1537	3.6678	3.0663	3.3746

图 12-12　各省家电企业一级指标得分均值对比

第四节　2012 年度中国家电企业品牌竞争力分项报告

一、品牌财务表现力

目前国内企业经营者对于现代化管理手段的理解与实践，多半仍然停留在以财务数据为主导的思维里。虽然财务数据无法帮助经营者充分掌握企业发展方向的现实，但在企业的实际运营过程中，财务表现仍然是企业对外展示基本实力的重要依据。品牌财务表现力层面的分析将财务指标分为规模因素、增长因素和效率因素 3 个二级指标。规模因素主要从销售收入、所有者权益和净利润 3 个三级指标来衡量；效率因素主要从净资产利润率、总资产贡献率 2 个三级指标来衡量；增长因素主要从近三年销售收入增长率、近三年净利润增长率 2 个三级指标来衡量。

虽然受到金融危机的影响，但中国国民的物质消费水平不断提高，再加上国家对家电行业的大力支持使得各家电企业近年来营业收入、净利润都保持了不错的增长态势。全国 32 家家电企业在品牌财务表现力得分均值为 3.0434，略低于 2010 年财务指标得分均值 4.3584。广东美的电器股份有限公司、珠海格力电器股份有限公司、青岛海尔股份有限公司、TCL 集团股份有限公司、青岛海信电器股份有限公司、海信科龙电器股份有限公司、四川长虹电器股份有限公司、无锡小天鹅股份有限公司、浙江苏泊尔股份有限公司和深圳市兆驰股份有限公司位列前 10 名，这 10 家企业在品牌财务表现力方面差距较大。第 1 名的广东美的电器股份有限公司财务表现力指标得分均值为 4.7505，而第 10 名的深圳市兆驰股份有限公司财务表现力得均值分仅为 3.3528，说明其品牌财务表现力仍存在提升的空间。

从 3 个二级指标看，2011 年其均值分别为：规模因素 2.8170，增长因素 2.5774，效率因素 3.6271，相比 2010 年二级指标单项得分规模因素 4.4874，增长因素 3.9216，效率因素 4.1705 均有下滑。其中，效率因素得分最高，对品牌整体财务表现力有较大的影响。效率因素中又以净资产报酬率得分最高，为 3.7669。在所有三级指标中，净资产报酬率也是得分最高的指标。近三年净利润增长率得分最低，仅为 2.2827，所以也导致了在二级指标中，增长因素得分最低。

表 12-12　品牌财务表现力指数——行业前 10 名

企业名称	省（市）	行业 CBI 指数	品牌财务表现力
广东美的电器股份有限公司	广东省	99.3777	4.7505
珠海格力电器股份有限公司	广东省	98.5932	4.6147
青岛海尔股份有限公司	山东省	100	4.5347
TCL 集团股份有限公司	广东省	95.8562	4.3073
青岛海信电器股份有限公司	山东省	96.1114	4.1075
海信科龙电器股份有限公司	广东省	90.4426	4.0933
四川长虹电器股份有限公司	四川省	94.1532	3.8684
无锡小天鹅股份有限公司	江苏省	91.1985	3.7915
浙江苏泊尔股份有限公司	浙江省	91.1437	3.4609
深圳市兆驰股份有限公司	广东省	82.9291	3.3528

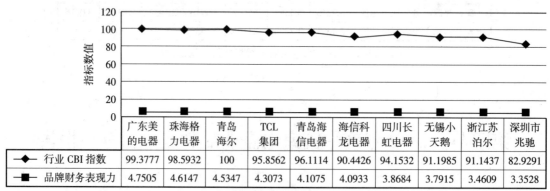

图 12-13　品牌财务表现力前 10 名企业

表 12-13　品牌财务表现力各分项指标得分均值

一级指标	2012 年	2011 年	二级指标	2012 年	2011 年	三级指标	2012 年	2011 年
品牌财务表现力	3.0434	4.3584	规模因素	2.8170	4.4874	销售收入	2.9786	4.4213
						所有者权益	2.7100	4.5549
						净利润	2.7081	4.4986
			效率因素	3.6271	3.9216	净资产报酬率	3.7669	3.9211
						总资产贡献率	3.4175	3.9221
			增长因素	2.5774	4.1705	近三年销售收入增长率	2.8720	3.9643
						近三年净利润增长率	2.2827	4.4797

二、市场竞争表现力

随着家电行业的持续、快速发展，市场竞争也更加激烈。企业只有具备更强的市场竞争能力，才能在目前的行业环境中生存下去。市场竞争表现力层面的分析将指标分为市场占有能力和超值获利能力 2 个二级指标。市场占有能力主要从市场占有率、市场覆盖率 2 个三级指标来衡量；超值获利能力主要从品牌溢价率、品牌销售利润率 2 个三级指标来衡量。

由于中国很多家电企业对品牌的认知不太强，再加上国际品牌进军中国市场，导致家电企业的市场竞争力不是特别强，全国家电企业在市场竞争表现力指标得分均值仅为 3.3272，略低于 2010 年市场竞争力指标得分均值 3.5589。广东美的电

器股份有限公司、青岛海尔股份有限公司、TCL
集团股份有限公司、四川长虹电器股份有限公司、
海信科龙电器股份有限公司、青岛海信电器股份
有限公司、无锡小天鹅股份有限公司、珠海格力
电器股份有限公司、九阳股份有限公司和浙江苏
泊尔股份有限公司位列前10名，这10家企业在
市场竞争表现力方面有一定的差距。市场表现力
第1名的广东美的电器股份有限公司，得分为
4.9184，第10名的浙江苏泊尔股份有限公司的得
分为3.8035，均在3.8分以上，显示了这10家家
电企业的市场竞争力较强，但由于其他的企业没
有那么强的市场竞争力，最终导致整个行业的市
场竞争力得分不高。

　　二级指标中，市场占有能力得分均值为

3.0338，低于2010年该指标得分3.6243，超值获
利能力得分3.8723，超过2010年该指标得分
3.4374。整个家电行业有一定的区域性差异，从
企业数量分布就可以看出来。一些领先企业的市
场占有率比较高，但很多小家电企业的市场占有
率比较低，最终导致整个行业的市场占有率均值
得分不太高，为2.9786，与2010年相比有所下
降。整个行业的市场覆盖率也不太高，得分均值
仅为3.1624，中国家电行业还需要进一步扩大自
己的市场覆盖率。家电行业的品牌销售利润率
2.9263，低于2010年该指标得分3.7196，但品牌
溢价率是三级指标中得分最高的指标，说明消费
者对品牌有一定的重视，品牌对利润也有很大的
影响。

表12-14　市场竞争表现力指数——行业前10名

企业名称	省（市）	行业CBI指数	市场竞争表现力
广东美的电器股份有限公司	广东省	99.3777	4.9184
青岛海尔股份有限公司	山东省	100	4.8577
TCL集团股份有限公司	广东省	95.8562	4.6305
四川长虹电器股份有限公司	四川省	94.1532	4.4927
海信科龙电器股份有限公司	广东省	90.4426	4.3345
青岛海信电器股份有限公司	山东省	96.1114	4.3336
无锡小天鹅股份有限公司	江苏省	91.1985	3.9509
珠海格力电器股份有限公司	广东省	98.5932	3.9188
九阳股份有限公司	山东省	93.3028	3.8161
浙江苏泊尔股份有限公司	浙江省	91.1437	3.8035

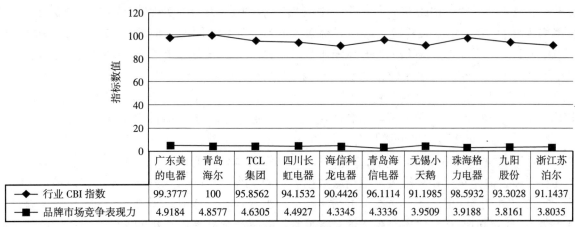

	广东美的电器	青岛海尔	TCL集团	四川长虹电器	海信科龙电器	青岛海信电器	无锡小天鹅	珠海格力电器	九阳股份	浙江苏泊尔
行业CBI指数	99.3777	100	95.8562	94.1532	90.4426	96.1114	91.1985	98.5932	93.3028	91.1437
品牌市场竞争表现力	4.9184	4.8577	4.6305	4.4927	4.3345	4.3336	3.9509	3.9188	3.8161	3.8035

图12-14　品牌市场竞争表现力前10名企业

表12-15　市场竞争表现力各分项指标得分均值

一级指标	2012年	2011年	二级指标	2012年	2011年	三级指标	2012年	2011年
市场竞争表现力	3.3272	3.5589	市场占有能力	3.0338	3.6243	市场占有率	2.9786	3.6260
						市场覆盖率	3.1624	3.6204
			超值获利能力	3.8723	3.4374	品牌溢价率	4.3816	3.2855
						品牌销售利润率	2.9263	3.7196

第五节　中国家电企业品牌竞争力提升策略专题研究

一、中国家电行业宏观经济与政策分析

（一）家电市场运行情况

从 2011 年下半年起，我国家电行业的增长速度明显放缓，甚至出现负增长的现象，主要原因是全球经济形势的波动、通货膨胀、产能过剩、国内对房地产的调控以及家电下乡政策的退出等，直到 2012 年，我国家电行业的增速仍然较缓慢，但整体来说还是处于前低后高的增长态势。但在 2012 年下半年，我国家电行业的发展渐有起色，走出低谷。展望 2013 年，我国家电行业有望继续呈现温和增长。

从 2012 年开始，我国家电行业渐渐回暖，尤其是 4 月市场零售规模达 1150 亿元，同比上升 5.9%，5 月市场再次跌入谷底，零售规模同期下降 19.7%，从 6 月开始市场在触底后开始反弹，到 10 月则延续涨势，市场规模为 1177 亿元，同比下降 9.8%。据家电调研权威机构中怡康表示，2012 年家电市场销售全年同比下降几成定局，销售额同比下降 4.4%，为 11550 亿元。这也是中国家电销售规模自 2007 年以来首次下降。具体看来，2012 年冰箱市场表现很不给力，是冰箱市场 9 年来表现最差的一年，中怡康数据显示，2012 年 1 月至 10 月全国冰箱市场实现内销 5195 万台，同比下降 0.5%。在整个家电的宏观环境和产业环境的影响下，2012 年冰箱市场负增长已成定局。2012 年上半年的洗衣机市场急转直下，随后的三季度虽有缓和，但是全年跌势难改。中怡康数据显示，2012 年 1 月至 10 月全国洗衣机市场实现内销 2878 万台，同比下降 4.1%。在全球经济低迷，国内家电行业销售疲软的大环境下，空调行业也未能幸免。中怡康数据显示，2012 年 1 月至 10 月全国空调市场实现内销 5032 万台，同比下降 6.7%。同时，据国家信息中心发布的最新报告透露，按照自然年度统计，2012 年国内空调市场销售量同比下降 28.88%，销售额同比下降

26.94%。而且，中国空调、压缩机的年产能均超过 1 亿台大关，2012 年结束后，国内空调库存 1800 万台，比 2011 年的 1400 万台上涨 20%，处于历史第一高位。而黑电的代表彩电行业也表现欠佳。在全球经济形势持续低迷，发达国家液晶市场需求减缓，2012 年 GDP 增速回稳，房地产市场调控持续影响家电新增购买等利空因素的存在，2012 年上半年国内彩电需求量为 1866 万台，同比下降 10.5%；市场需求额为 689 亿元，同比下降 15.5%。不过，到了第三季度，市场开始明显回暖，各项指标均明显好转，销售快速提升。2012 年 1 月至 10 月，国内家电市场零售总规模为 9827 亿元，同比下降 5.6%。中怡康预测，2012 年全年彩电销售将达到 4242 万台，与 2011 年相比微降 3.8%，销售金额将实现 1568 亿元，同比下降 8.3%，相较开局 1 月的-29.2%、-32.4% 有很大提升。

家电下乡刺激作用减弱、政策已近尾声：商务部公布数据显示，2012 年，全国（不包括山东省、河南省、四川省、青岛省）家电下乡产品销售 7991.3 万台，实现销售额 2145.2 亿元，按可比口径计算，同比分别增长 22.6% 和 18.8%。其中，12 月全国家电下乡产品销售 498.6 万台，实现销售额 132.8 亿元，同比增长 28.3% 和 28.3%。截至 2012 年 12 月底，全国累计销售家电下乡产品 2.98 亿台，实现销售额 7204 亿元。2012 年，从销售地区看，安徽省、河北省、江苏省 3 省销售额位居全国前 3，合计占家电下乡产品销售总额的 33%；从产品品类看，彩电、冰箱、空调、热水器 4 类产品销售额均超过 300 亿元，合计占家电下乡产品销售总额的 83.3%；从企业看，海尔集团、格力集团和海信集团位列销售额前 3 名，分别为 250.5 亿元、189.8 亿元和 172.1 亿元，合计占家电下乡产品销售总额的 28.5%。据统计局公布数据显示，2012 年 1 月至 11 月，家用冰箱行业累计产量为 7731.3 万台，同比下滑 3.1%；2012 年 1 月至 11 月，我国家用洗衣机行业总产

量 6119.6 万台，比上年度同期增长 1.6%；2012年 1 月至 11 月，家用冷柜行业累计产量为 1740.2万台，同比增长 2.2%；2012 年 1 月至 11 月，房间空气调节器行业累计产量为 12594.4 万台，同比增长 3.2%；2012 年 1 月至 11 月，彩色电视机行业累计产量为 12515.4 万台，同比增长 9.1%。

由此可见，在家电主要产品中，除冰箱累计产量同比出现负增长外，洗衣机、冷柜、空调和彩电等行业累计同比增速均保持正增长的态势。而且，在正增长的产品中，洗衣机、冷柜、空调等行业增速较小，彩电行业增速相对较快。与此同时，从目前中国家用电器协会统计出来的品类来看，冰箱、冷柜产量超过 8000 万台，空调器接近 1 亿台，洗衣机 6500 万台，微波炉 6800 万台，制冷压缩机超过 2.5 亿台，这些产品产量大致与上年持平，仍然处于历史较高水平。

（二）家电行业政策分析

2007 年底，商务部财政部印发了《家电下乡试点工作实施方案》（商综发 [2007] 472 号），并在进行家电下乡试点工作之后有关部门下发《家电下乡推广工作方案》（财建 [2008] 680号）。为了应对金融危机，2009 年 2 月在全国范围内开展了家电下乡政策，以刺激农村消费者的需求。同时为解决家电下乡产品补贴资金兑付慢的情况，财务部制定了简化家电下乡补贴程序的办法，以加快补贴审核兑付进度，充分发挥这项惠农政策的效应。这对家电行业来说是前所未有的机遇，同时也是大大提升自身品牌形象和品牌影响力的大好机会，面对需求的增加，家电行业应该注重提升产品的质量，借机提升自己的品牌美誉度。2010 年 6 月，商务部、财政部、环保部三部委联合发布《家电以旧换新推广工作方案》决定家电以旧换新政策推广实施进一步促进扩大消费需求，提高资源能源利用效率，减少环境污染，促进节能减排和循环经济发展，根据《商务部、财政部、环境保护部关于印发家电以旧换新推广工作方案的函》（商贸发 [2010] 190 号）精神，商务部、财政部、国家发展改革委、工业和信息化部、环境保护部、工商总局、质检总局2010 年 6 月印发了《家电以旧换新实施办法（修订稿）》（商商贸发 [2010] 231 号）。2010 年可谓是中国家电行业的政策年，"家电下乡"和"以

旧换新"等惠民政策的功效发挥起来了，所以2010 年家电行业销售额增速很高。为了加快经济转变方式，推动产业经济结构调整和优化升级，2011 年 3 月 27 日，国家发展改革委制定了《产业结构调整指导目录（2011 年本）》，这项指导目录在于家电相关的条目中，提出鼓励太阳能建筑一体化组建的设计与制造，这有利于促进家电行业高效节能产品的发展，淘汰技术落后和高耗能产品，优化家电行业的产业结构。2011 年 4 月 29日，发改委、财务部和商务部联合颁发了《鼓励进口技术和产品目录》，旨在扩大先进技术、关键零部件、国内短缺资源和节能环保产品进口，更好的发挥进口贴息政策对自主创新和结构调整的积极作用。该《目录》有利于加快家电行业核心技术的引进、消化和吸收再创新的过程，突破现有壁垒，引导企业获取技术优势。

自 2009 年家电下乡政策全面推广实施以来，家电行业在产业转型、产业升级、网络渗透和扩大市场规模方面，都有了显著的改进和提高，根据《家电下乡操作细则》等有关文件规定，2013年 1 月 31 日全国家电下乡政策将全部执行到期。四年家电下乡政策对我国农村家电市场的发展有利有弊。一方面，家电下乡政策大大刺激了我国农村家电市场，使大量潜在需求得以释放，同时，也直接带来了市场的透支。在政策退出后，农村市场进入了一段过渡期，需要一段时间的消化和恢复，未来行业将面临一定的增长压力。不过，在下乡政策临近尾声之际，零售商层面也逐步将推广的重心从下乡产品转移至节能补贴产品。

从以上数据可以看出，虽然 2011 年我国家电行业一度低迷，但 2012 年，家电行业仍有小幅度缓慢增长。国际市场的不稳定、金融危机的爆发对我国家电行业的出口造成了一定的影响。在国内，国家对房地产行业的严格调控，大大影响了家电市场的刚性需求。而国家对家电行业的以旧换新和家电下乡等激励政策使得市场透支，虽然短期内刺激企业的产能扩张，但从长期发展来看，市场透支带来的需求不足，企业产能过剩，反而给家电市场的发展造成了更大的压力。

由此可见，在国内外宏观经济形势缓慢、房地产政策调控、市场透支、产能过剩、原材料成本高等一系列不利因素的影响下，2012 年我国家

电行业的发展面临着许多挑战，2013年我国家电行业迎来了一系列利好因素。国家宏观经济形势开始回暖，下滑的势头已得到有效控制，有望实现平稳增长。同时，2012年我国房地产需求逐渐恢复增长，成交量明显增长。中共十八大对我国城乡建设一体化、加大改善民生力度以及收入倍增计划以及城镇化建设的提出，无疑为家电市场创造了新的市场机会。

2013年，城镇化的步伐加快，促进家电需求不断得到释放，城镇化工作渐渐被提升到更高层面，家电刚性需求也会随之不断释放。新一届党和国家领导人提出的我国经济发展战略，强调以改善民生、提高人民福祉与和谐发展为主旋律，将更有利于家电产业的成长与发展。一方面，我国的城镇化和城市化发展带来的长期存在的刚性消费需求仍在上升，2011~2015年正值中国婚龄期人口上升阶段，新婚家庭作为家用电器第一次购买的主要群体，仍将是拉动内需增长的动力。另一方面，高性能、高能效、大容量的家电产品日益受到大家的青睐，在家电市场升级的过程中，变频产品慢慢走入消费者的生活，都证明了家电消费升级的前景广阔。而且，在消费升级驱动下，除了传统大家电产品结构调整明显外，新兴产业是今后家电业另一增长点。可见，中共十八大提出的城镇化建设、人民生活水平提高等要求将从消费能力、消费习惯和消费条件等方面继续推动家电普及，行业长期增长空间犹存。

二、中国家电行业品牌竞争力提升策略建议

（一）实施品牌战略重组和品牌战略联盟策略

目前，我国家电企业的现状是品牌分散程度较大，家电品牌数量较多，但品牌质量良莠不齐。一些弱小品牌、劣质品牌的存在可能会占据宝贵的市场机会和市场资源，影响整个家电市场的健康发展。因此，家电品牌本着以强并弱、强强联合、产品互补、地域接近的原则，大范围地进行品牌重组和资源整合，从而有利于形成一批营销水平较高、知名度较高的家电领军企业集团。而我国国内的家电企业已经进入了整合产业结构阶段，国家以及地方的产业政策也越来越致力于扶

持我国家电行业的多而松散的结构向大型企业集团的方向迈进，家电品牌的重组合并会有效提高和拓展我国国内家电品牌的生存能力和发展空间，提高其在国际市场上的竞争力，发挥自身的核心竞争优势，科龙和小天鹅的联盟合作、美的与国外著名公司的合作等都是资源和品牌整合非常典型的例子。

（二）注重企业技术优势，在拓展高端市场的同时兼顾低端市场

首先，我国家电企业要加强对核心技术与尖端技术的研究，在国际市场上形成遥遥领先的技术竞争力，开拓国内外的高端市场，占据市场优势。其次，农村市场是一个蕴涵无限发展潜力的市场，对农村市场的争夺势必成为我国家电企业即将或正在面临的问题，同时也将成为家电品牌长期战略的规划方向。目前，国家加大了农村税费的改革力度，加大农村网络建设力度，有利于农村消费观念的转变，因此，国家对于农村消费的刺激和政策上的扶持给家电企业提供了更多的机会以便发展低端市场，实施利润空间较大的中高端市场与发展潜力巨大的低端市场两手抓两手都要硬的战略，全面打开国内的家电市场。

（三）做好品牌推广和维护

在品牌发展策略的问题上，我们应以更长远的眼光来看待我国家电品牌的发展，在建立品牌忠诚度的过程中，客户的忠诚可以为品牌忠诚的建立带来不可估量的利益，大大提高我国家电品牌的品牌价值。因此，我国家电品牌对客户应有明确的推广策略，建立明确的广告诉求，将我国家电企业的品牌内涵传递给消费者。长远的发展策略要求企业注重品牌价值的长期培养和维护，而不是为了眼前的短期利益扩大销量而做广告。品牌形象的树立是一个长期的过程，在品牌价值的建立中形成于消费者心中，为企业日后的发展奠定坚实的基础。

（四）做好全球品牌本土化与差异化

世界家电市场潜力巨大，经过20年的发展，我国的家电行业现已颇具规模，基本上具备了国际化运作的条件，如果能够把握好有利时机，加快技术进步，并充分利用好我国家电企业劳动力成本低廉、熟练工人丰富、市场空间广阔等竞争优势，相信我国家电企业将会在国际市场上大有

作为。一方面，我国有实力的家电品牌应在加大出口力度的同时，不失时机地建立海外分厂，逐渐从单纯的产品出口向产品出口和技术输出并重的市场拓展模式转换，以逐步提升我国家电企业在世界家电产业分工体系中的地位，使我国家电企业最终成长为在产品生产、技术开发、资本运作等方面都过硬的跨国企业集团。另一方面，我国家电品牌必须针对各国本土市场且的需要而设计出具有个性化和差异化的品牌，因为各国市场有不同的文化背景，对产品的需求也不尽相同，只有适合本土市场且具有个性化和差异化的品牌才能形成品牌优势，巩固海外市场。综上所述，国有家电品牌要想在本土市场站稳脚跟，抵御国外品牌带来的强烈冲击，并开拓海外市场，有效整合自己的竞争优势，就必须以品牌为利器，参考国际品牌扬长避短。

三、中国家电企业品牌竞争力提升策略建议

（一）加强品牌架构管理，提升企业品牌竞争力

现代企业品牌的一个显著变化是从单一的品牌架构向多元化转向，新的市场营销和品牌化挑战使得企业品牌的再定位和二次品牌化策略成为一种必然。我们看到许多国内企业已经完成了建立品牌知名度和单一品牌成长的过渡阶段，如联想、海尔、美的等，基于单一产品结构成长起来的品牌已经延伸到多元化的产品结构中，形成以母品牌为主体的品牌架构，原有的品牌识别体系和管理体系都发生了相应的变革。每个企业都在努力寻求一种适合自己的管理模式，而重新建立和监管一套新的企业品牌架构体系，则更有实质意义。包括改变企业的品牌观念，依据企业未来的发展战略界定企业品牌和专业品牌、事业品牌和产品品牌以及产品品牌之间的关系，从而在整合企业资源的基础上，实现品牌资产价值的最大化。虽然目前这些品牌管理深层的问题在国内还没有成为企业考虑品牌战略的焦点，但加入世界贸易组织之后中国企业品牌管理的重心将从视觉转向核心主体，这是对我国企业竞争力的一项长期考验。企业长盛不衰的根本性要素是企业自身

的素质，内部条件比外部条件更具决定性，企业依赖强势品牌获取超额利润和保持长期竞争优势的关键就在于企业能力、资源和知识的积累。中国企业品牌竞争力的提升，决定了企业在核心技术、核心产品、资金以及生产规模等被动性核心资源方面需要有一个综合平衡的发展，这是毋庸置疑的；但更重要的是，在中国的企业里，科学的决策、科学的管理尚未真正形成。

（二）注重低碳环保理念，引领行业发展趋势

从低碳概念、低碳理念到低碳产品、低碳生活，当前中国家电业似乎已经开始在"低碳海洋"中扬帆远航。低碳概念下的各类家电产品占据着各个卖场的醒目位置，而在各家导购员的推荐与引导中，也不乏低碳生活品质与理念。不经意间，低碳已经从一种口号走进人们的生活，成为主导市场发展和消费方向的主流趋势。但尚不能与之相对应的是，市场和消费者对于家电企业大打"低碳概念"并不领情。在消费者的感觉中，这似乎是家电企业的又一次概念炒作和包装，甚至是促销。由此可见，家电企业的"低碳营销"在理念传播、品牌树立、广告宣传、终端行销等诸多方面还有更多的功课要完成。家电品牌建设的品牌内涵与社会发展趋势以及消费者消费观念息息相关，低碳、环保和高科技的理念将成为引领未来家电企业品牌发展的核心价值观。

（三）提供优质售后服务，提升品牌资产附加值

由于中国家电市场上竞争激烈，各厂商推出的产品有越来越严重的趋同现象，对很多企业来说，要想在短时间内大幅压缩成本已不可能；产品同质化也成为了中国家电市场公认的特点，产品同质现象严重，技术创新难以突破。既然短时间内难以突破技术，那么对于家电这种耐用品来说，厂商提高售后服务水平将成为其高品牌竞争力最后和最好的方法。然而售后服务体系的建设是一个较长期的投资计划，对于家电企业来说，在较成熟的产品品牌推广基础上进行品牌提升和超越，实现对企业品牌的统一规划管理，从而为差异化的品牌营销提供"双保险"则是目前中国家电企业的当务之急。

服务是一种无形的产品，是维系品牌与顾客关系的纽带，随着产品同质化程度的不断加剧，

缔造优质的品牌服务体系、为顾客提供满意的服务越来越成为企业差异化品牌战略的重要武器。为此，制造企业要建立完善的营销信息系统，快速把握顾客的需求变化，为顾客提供满意的产品和售后服务。我国制造企业应利用本土人力资源的成本优势，加强售后服务意识，建立快速响应的售后服务网络，通过服务差异化赢得对洋品牌的比较优势。

（四）与品牌战略相适应的公司组织设置

制定的战略要付诸实施，必须有相应的组织来完成，组织结构是帮助公司管理当局实现其目标的手段，组织结构应当服从战略，由上述分析可知，中国制造企业在品牌战略上做了调整，就需要修改组织结构以适应和支持这种变化。我国制造企业大多采用矩阵结构，由于品牌战略涉及多个职能部门（如市场营销、研究开发、财务），需要多个领域的专家参与战略制定、战略实施和协调、品牌价值评估、控制。因此，建议考虑如下两种方法：①采用在原有的组织结构上附加品牌管理委员会，委员会主席由总裁兼任，其他成员包括品牌经理、总工程师、财务部长，也可外聘品牌专家加入。②将原来的结构稍作调整，聘用一个知识和经验比较全面的副总经理，同时分管市场营销、研究开发、财务，目的是避免各部门为了自己的短期利益，而阻碍战略的实施。

第十三章 中国食品饮料企业品牌竞争力指数报告

第一节 中国食品饮料企业品牌竞争力总报告

一、2012年度中国食品饮料企业总体竞争态势

中国企业品牌竞争力指数（以下简称CBI）

研究课题组为了检验理论成果的应用效果，课题组2012年对中国67家自主食品饮料上市企业品牌进行调研，根据各企业营业收入原始数据得出中国食品饮料企业竞争力呈三足鼎立的总体竞争态势。

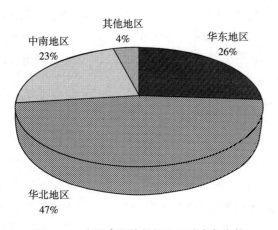

图13-1 中国食品饮料行业区域竞争态势

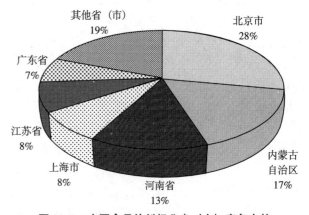

图13-2 中国食品饮料行业省（市）竞争态势

2011年食品饮料行业受调研的67家企业营业总额为4010.36亿元，2011年华北地区、华东地区、中南地区食品饮料企业营业总额分别为1883.48亿元、1042.92亿元、921.94亿元，占营业总额的比重分别为46.97%、26.01%、22.99%，2010年三个地区食品饮料企业营业总额分别为1495.61亿元、780.70亿元、800.21亿元，同比增长分别为25.93%、33.53%、15.21%，三大区域占

营业总额的比重高达95.56%，占绝对的优势。2010年排在前六名的省（市）分别为北京市、内蒙古自治区、河南省、江苏省、上海市、广东省，营业收入总额分别为810.51亿元、600.74亿元、475.47亿元、239.34亿元、232.14亿元、215.55亿元，2011年，六省（市）的营业总额分别为1115.56亿元、678.10亿元、522.08亿元、325.85亿元、314.76亿元、266.05亿元，同比增长分别

为 37.64%、12.88%、9.80%、36.15%、35.59%、23.43%，所占比重分别为 28%、17%、13%、

8%、8%、7%，六大省（市）占营业总额的比重高达 80.35%。

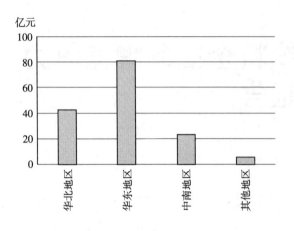

图 13-3　中国食品饮料企业净利润区域分布

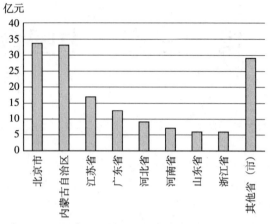

图 13-4　中国食品饮料企业净利润省（市）分布

中国 2010 年食品饮料行业受调研企业净利润总额为 151.18 亿元，华东地区、华北地区、中南地区食品饮料企业净利润额分别为 54.42 亿元、49.88 亿元、42.33 亿元，2011 年分别为 42.83 亿元、81.46 亿元、23.73 亿元，占利润总额比重分别为 27.81%、52.89% 和 15.41%，同比增长分别为 -21.30%、63.31%、-43.94%，三大区域占净利润总额的比重高达 96.10%。从省（市）来看，2010 年排在前八名的分别为江苏省、内蒙古自治区、北京市、河南省、浙江省、广东省、河北省、广西壮族自治区，净利润总额分别为 25.37 亿元、20.78 亿元、18.85 亿元、18.53 亿元、17.61 亿元、12.75 亿元、9.69 亿元、9.10 亿元，2011 年排在前八名的分别是北京市、内蒙古自治区、江苏省、广东省、河北省、河南省、山东省、浙江省，其净利润分别为 33.89 亿元、33.15 亿元、16.95 亿元、12.61 亿元、9.15 亿元、7.22 亿元、5.98 亿元、5.97 亿元，占利润总额比重分别为 22%、21.52%、11.01%、8.19%、5.94%、4.69%、3.88%、3.87%，北京市、内蒙古自治区、江苏省、广东省、河北省、河南省、浙江省这七个省（市）同比增长分别为 81.30%、59.53%、-33.19%、-1.10%、-5.57%、-61.04%、-66.10%，其中，山东省新挤进前八名。

总体来看，中国食品饮料企业分布大多数集中于华北地区、中南地区、华东地区，三个地区形成了三足鼎立之势，这种鼎足竞争态势成为当前中国食品饮料行业竞争的显著特征。

二、2012 年度中国食品饮料企业品牌竞争力总体述评

（一）宏观竞争格局：区域分布比较集中，省（市）分布则相对分散

从 2012 年中国食品饮料企业数量上来看，符合本次调研标准的总计 67 家企业，仍主要分布于华东地区、中南地区和华北地区，所占比重分别为 34.33%、32.84%、17.91%，与 2011 年相比占比变化幅度较小。三大区域的企业数量占企业总数的 85.07%。2012 年广东省、山东省、北京市、上海市四个省（市）的食品饮料上市企业数量占企业总数的 44.78%，所占比重分别为 16.42%、10.45%、10.45%、7.46%，然而企业数量排名第一的广东省也只有 11 家企业，其他省（市）只有少数几家企业。总体来看，被调研企业在不同省（市）的集中程度不高，较 2011 年并无明显变化。

从食品饮料企业的品牌竞争力水平来看，华北地区、华东地区的 CBI 均值分别为 57.88、49.79，均高于全国均值 49.12，与 2011 年相比有较大幅度下滑。中南地区企业总数虽然行业排名第三，但其 CBI 均值为 44.65，低于全国均值，其品牌竞争力差强人意，较 2011 年并无明显改善。广东省、山东省、北京、上海市四省（市）的 CBI 均值均低于 2011 年，其中，北京市、上海市

两省（市）的 CBI 得分分别为 60.72、51.79，均高于行业平均值 49.12，广东省和山东省 CBI 均值分别为 40.67、40.71，低于全国均值。

课题组调查的这 67 家企业是众多食品饮料公司的杰出代表，从中可以分析中国食品饮料企业的竞争情况。食品饮料行业是中国经济发展的基础行业，目前仍呈现三分天下的鼎足竞争之势，一定程度上也揭示了中国区域经济发展仍旧不均衡，西北地区、西南地区和东北地区食品饮料行业的发展并无明显改善，仍处于竞争劣势，这些地区需要一批具有综合竞争力的企业带动区域地产行业的发展。

（二）中观竞争态势：少数大企业引领行业发展，中小企业竞争激烈

根据中国食品饮料企业品牌竞争力分级评级标准，对调查的 67 家企业进行分级评级，按照惯例分为五级，5A 级企业 4 家，4A 级企业 3 家，3A 级企业 20 家，2A 级企业 32 家，1A 级企业 8 家，与 2011 年相比，河南双汇投资发展股份有限公司因危机事件发展速度变缓，因此未列入 5A 级企业。4A 级、3A 级和 1A 级企业所占比重均有所减小，2A 级企业比重增加。5A 级食品饮料企业共有 4 家，包括中国粮油控股有限公司、内蒙古伊利实业集团股份有限公司、中国雨润食品集团有限公司、内蒙古蒙牛乳业集团股份有限公司，占食品饮料企业总数的 5.97%，但两家的营业收入为 1607.69 亿元，超出 2011 年前三家企业的营业收入总和 1415.75 亿元，占 67 家营业总额的 40% 以上，四家企业的 CBI 均值为 93.67，远高于行业平均指数值 49.12，所以，5A 级的四家企业是中国食品饮料行业当之无愧的领军企业，引领中国食品饮料行业的发展方向。值得关注的是，20 家 3A 级企业及 32 家 2A 级企业，占据行业企业比重的 77.61%。其平均指数分别为 60.50 和 39.63，处于行业平均指数的区间范围内，四大公司基本代表了食品饮料行业发展的平均水平，并且企业之间指数分布比较分散，排名第一的中国粮油控股有限公司 CBI 得分为 100，排名第四的内蒙古蒙牛乳业集团股份有限公司 CBI 得分为 90.27。

（三）微观竞争比较：财务指数尽展佳绩，市场指数差强人意

对于中国企业，财务表现仍然是企业对外展示基本实力的重要依据。由于近几年中国经济整体的蓬勃发展，中国消费者的消费水平日渐提高，对食品饮料行业的需求也越来越大，使得近年来食品饮料企业的营业收入、净利润都保持了良好的增长态势。所调查的全国 67 家食品饮料企业在品牌财务表现力得分均值为 2.8487，中国粮油控股、雨润食品、伊利股份、蒙牛乳业、双汇发展、梅花集团、中国食品、大北农、海大集团、贝因美位列前 10 名，其中，上年排在第 7 名的上海实业控股今年排在了 10 名之后，但是整体来看前 10 名的企业没有大的变化。从财务表现力的二级指标看，规模因素、效率因素和增长因素指标得分均值分别为 2.8713、2.9885、2.6033，与上年的 3.8044、4.0925、3.5440 相比有所降低，原因是多方面的。综观整个经济形势来分析，主要是受金融危机和欧债危机的影响，另外还受国家政策调控的影响。就两年的数据来看效率因素得分是最高的，一定程度上说明中国食品饮料企业财务表现良好，对整体品牌财务表现力的影响也最大，但两年的数据都显示规模因素和增长因素还处于较低水平，尤其是 2012 年的情况还没有 2011 年乐观，这说明经济环境对食品饮料的影响还是比较大的。食品饮料企业要想有更好的发展，必须把握整个经济形势和国家政策的变化。

随着食品饮料行业的持续、快速发展，市场竞争也更加激烈。全国 67 家食品饮料企业在市场竞争表现力得分均值仅为 2.6949，在 4 个一级指标中得分最低。中国粮油控股、伊利股份、蒙牛乳业、双汇发展、雨润食品、光明乳业、上海梅林、维维股份、众品食业、中粮生化位列前 10 名，这 10 家企业在品牌财务表现力方面差距很小，得分普遍低于 2011 年，这说明企业的市场竞争力存在减弱的趋势。在食品饮料行业，品牌对企业市场竞争力的影响非常明显，因此品牌溢价率得分均值也最高，为 3.4405。

如果从规模竞争、效率竞争和创新竞争三个阶段分析企业竞争力的话，中国食品饮料企业竞争已然处于效率因素主导的第二阶段，虽然个别企业竞争水平分散在效率竞争和创新竞争水平，但就中国食品饮料企业总体竞争水平而言，要努力朝着技术创新和品牌经营的第三阶段竞争水平发展。

第二节　中国食品饮料企业品牌竞争力排名报告

一、2012 年度中国食品饮料企业品牌竞争力指数排名

中国企业品牌竞争力指数（以下简称 CBI）研究课题组于 2011 年 7 月完成了理论研究，采用多指标综合指数法对中国企业品牌竞争力进行量化研究。初期理论成果包括 CBI 四位一体理论模型、CBI 评价指标体系、CBI 评价指标权重以及 CBI 计算模型，并且已经通过国内 10 位经济学、管理学界权威专家论证。为了检验理论成果的应用效果，课题组继 2011 年对中国自主食品饮料企业品牌调研之后，于 2012 年底对中国自主食品饮料企业品牌再一次进行调研，根据调查数据应用 CBI 计算模型得出中国食品饮料企业品牌竞争力（以下简称 CBI-R）排名（见表 13-1）。

表 13-1　2012 年中国食品饮料企业品牌竞争力排名

企业名称	省（市、自治区）	相对值（指数）				绝对值形式（5 分制）		
		2012 年行业 CBI	排名	2011 年行业 CBI	排名	品牌竞争力得分（CBS）	品牌财务表现力	市场竞争表现力
中国粮油控股有限公司	北京市	100	1	100	1	4.3516	4.4025	4.3298
内蒙古伊利实业集团股份有限公司	内蒙古自治区	93.0576	2	91.7104	4	4.1402	4.2048	4.1126
中国雨润食品集团有限公司	江苏省	91.2957	3	90.9067	5	4.0866	3.7519	4.2300
内蒙古蒙牛乳业集团股份有限公司	内蒙古自治区	90.2727	4	93.7378	3	4.0555	4.1552	4.0127
河南双汇投资发展股份有限公司	河南省	84.3270	5	99.9390	2	3.8745	4.1535	3.7549
中国食品有限公司	北京市	75.1855	6	71.0221	21	3.5962	3.2768	3.7331
梅花生物科技集团股份有限公司	河北省	72.6710	7	76.6285	19	3.5196	2.9762	3.7525
光明乳业股份有限公司	上海市	69.8809	8	81.9149	6	3.4347	3.6634	3.3367
河南众品食业股份有限公司	河南省	68.6705	9	83.1937	9	3.3978	3.3992	3.3973
浙江贝因美科工贸股份有限公司	浙江省	67.9187	10	83.7558	8	3.3750	3.2836	3.4141
中粮生物化学（安徽）股份有限公司	安徽省	65.5736	11	79.4126	11	3.3036	3.2997	3.3052
北京大北农科技集团股份有限公司	北京市	64.5527	12	68.0380	28	3.2725	2.8527	3.4524
维维食品饮料股份有限公司	江苏省	64.1299	13	84.4969	7	3.2596	3.4149	3.1931
广东海大集团股份有限公司	广东省	64.0345	14	65.1763	25	3.2567	2.8534	3.4296
上海梅林正广和股份有限公司	上海市	63.0861	15	39.1620	55	3.2278	3.4465	3.1341
大成食品有限公司	北京市	62.0710	16	71.6337	20	3.1969	2.9467	3.3042
广州市合生元生物制品有限公司	广东省	60.5996	17	79.5540	13	3.1521	3.1060	3.1719
通威股份有限公司	上海市	59.2966	18	67.8248	26	3.1125	3.2107	3.0704
安琪酵母股份有限公司	湖北省	58.8529	19	77.5764	17	3.0990	3.0770	3.1084
江西正邦科技股份有限公司	江西省	58.4457	20	68.1733	23	3.0866	2.9701	3.1365
中粮屯河股份有限公司	新疆维吾尔自治区	58.0915	21	32.9324	64	3.0758	3.0817	3.0733
洽洽食品股份有限公司	安徽省	58.0253	22	80.3382	12	3.0738	3.1904	3.0238
天人果汁集团股份有限公司	浙江省	55.5884	23	10.4641	30	2.9996	2.7234	3.1180
北京三元食品股份有限公司	北京市	55.4982	24	80.4567	10	2.9968	3.2850	2.8734

续表

企业名称	省（市、自治区）	相对值（指数）				绝对值形式（5分制）		
		2012年行业CBI	排名	2011年行业CBI	排名	品牌竞争力得分（CBS）	品牌财务表现力	市场竞争表现力
郑州三全食品股份有限公司	河南省	54.9595	25	78.2259	15	2.9804	3.1449	2.9100
南宁糖业股份有限公司	广西壮族自治区	50.4759	26	69.2397	22	2.8440	2.6092	2.9446
河北承德露露股份有限公司	河北省	50.3075	27	78.5210	14	2.8388	2.9771	2.7796
大连天宝绿色食品股份有限公司	辽宁省	49.3776	28	72.1437	24	2.8105	2.7030	2.8566
山东得利斯食品股份有限公司	山东省	49.3291	29	69.7169	29	2.8090	3.0013	2.7266
新疆天康畜牧生物技术股份有限公司	新疆维吾尔自治区	49.1092	30	67.4595	27	2.8024	2.6701	2.8590
西王食品股份有限公司	山东省	48.3851	31	56.7792	43	2.7803	2.3486	2.9654
安德利果汁股份有限公司	山东省	46.7241	32	64.7747	35	2.7297	2.7717	2.7118
广东广弘控股股份有限公司	广东省	46.2470	33	64.5196	38	2.7152	2.6508	2.7428
神冠控股（集团）有限公司	广西壮族自治区	45.9001	34	57.8472	39	2.7047	2.0040	3.0049
四川高金食品股份有限公司	四川省	45.7705	35	28.6260	66	2.7007	2.8380	2.6419
海南椰岛（集团）股份有限公司	海南省	43.7959	36	75.0124	18	2.6406	3.0515	2.4645
云南盐化股份有限公司	云南省	43.7414	37	58.9813	45	2.6389	2.6440	2.6368
山东绿润集团	山东省	43.3230	38	64.4974	31	2.6262	2.2698	2.7789
中炬高新技术实业股份有限公司	广东省	41.8161	39	45.6683	51	2.5803	1.8619	2.8882
广东汤臣倍健生物科技股份有限公司	广东省	40.2910	40	60.3481	48	2.5339	1.9771	2.7725
广西皇氏甲天下乳业股份有限公司	广西壮族自治区	39.2897	41	67.5632	32	2.5034	2.5678	2.4758
哈尔滨工大高新技术产业开发股份有限公司	黑龙江省	38.3421	42	61.8564	40	2.4746	2.3334	2.5351
宁波天邦股份有限公司	上海市	38.2198	43	60.9933	34	2.4709	2.4451	2.4819
江苏恒顺醋业股份有限公司	江苏省	38.1982	44	63.4670	38	2.4702	2.5456	2.4379
中国康大食品有限公司	山东省	37.6942	45	50.1347	60	2.4549	2.3086	2.5175
海通食品集团股份有限公司	陕西省	37.3812	46	67.4001	69	2.4453	2.4073	2.4616
广东肇庆星湖生物科技股份有限公司	广东省	36.6419	47	54.4745	37	2.4228	1.8988	2.6474
圣元国际集团	北京市	36.6198	48	22.7847	63	2.4221	2.9125	2.2120
黑牛食品股份有限公司	广东省	36.5213	49	46.8701	59	2.4191	1.8501	2.6630
湖南正虹科技发展股份有限公司	湖南省	36.2314	50	58.2097	44	2.4103	2.2798	2.4662
广州东凌粮油股份有限公司	广东省	35.9130	51	48.4213	46	2.4006	2.0305	2.5593
烟台双塔食品股份有限公司	山东省	35.8864	52	58.4218	49	2.3998	2.1966	2.4869
湖南金健米业股份有限公司	湖南省	35.8326	53	62.3051	41	2.3982	2.6491	2.2907
重庆市涪陵榨菜集团股份有限公司	重庆市	34.8422	54	50.6817	53	2.3680	1.9774	2.5355
保龄宝生物股份有限公司	山东省	32.6401	55	45.0306	56	2.3010	1.8392	2.4989
山东新华锦国际股份有限公司	山东省	31.7063	56	23.1075	67	2.2726	2.4884	2.1801
广东佳隆食品股份有限公司	广东省	31.1493	57	58.7507	50	2.2556	2.0175	2.3577
易食集团股份有限公司	北京市	31.0833	58	55.0170	47	2.2536	2.1583	2.2944
甘肃荣华实业（集团）股份有限公司	甘肃省	30.2473	59	55.0170	52	2.2282	2.2775	2.2070
深圳市深宝实业股份有限公司	广东省	29.4799	60	55.0170	58	2.2048	1.9737	2.3038
福建森宝食品集团股份有限公司	福建省	29.1633	61	54.3593	42	2.1952	2.1076	2.2327
上海大江（集团）股份有限公司	上海市	28.4469	62	45.9309	57	2.1733	2.2550	2.1383
华资实业	内蒙古自治区	27.8898	63	1.3518	36	2.1564	1.7725	2.3209

续表

企业名称	省（市、自治区）	相对值（指数）				绝对值形式（5分制）		
		2012年行业CBI	排名	2011年行业CBI	排名	品牌竞争力得分（CBS）	品牌财务表现力	市场竞争表现力
河南莲花味精股份有限公司	河南省	25.0762	64	56.7232	71	2.0707	2.4166	1.9225
江门量子高科生物股份有限公司	广东省	24.6798	65	53.3242	54	2.0587	1.9314	2.1132
哈尔滨高科技（集团）股份有限公司	黑龙江省	20.8752	66	31.5465	65	1.9428	1.4886	2.1375
金字火腿股份有限公司	浙江省	20.0000	67	41.0722	62	1.9162	1.1784	2.2324
均值		49.1154				2.8025	2.6949	2.8487

　　说明：从理论上说，中国企业品牌竞争力指数（CBI）由中国企业品牌竞争力分值（CBS）标准化之后得出，CBS由4个一级指标品牌财务表现力、市场竞争表现力、品牌发展潜力和消费者支持力的得分值加权得出。

　　在实际操作过程中，课题组发现，品牌发展潜力和消费者支持力两个部分的数据收集存在一定的难度，且收集到的数据准确性有待核实，因此，本报告暂未将品牌发展潜力和消费者支持力列入计算。

　　品牌财务表现力主要依据各企业的财务报表数据以及企业上报数据进行计算。同时，关于市场竞争表现方面的得分，课题组选取了部分能够通过公开数据计算得出结果的指标，按照CBI计算模型得出最终结果。

　　关于详细的计算方法见《中国企业品牌竞争力指数系统：理论与实践》。"—"表示该企业2011年排名在100名之外。

　　与2011年相比，2012年食品饮料行业自主品牌排名前67有小幅变动。前10强除了中国粮油控股有限公司和河南众品食业股份有限公司分别稳居第1名和第9名之外，其他8强均有变动，其中，中国食品有限公司和梅花生物科技集团股份有限公司由第21名和第19名跃居至第6名和第7名，增长劲头十足。2011年中国食品有限公司获得由香港最有分析力的投资杂志《资本杂志》、《资本壹周》颁发的2011年"最具投资前景企业大奖"，中国食品公司承担着中粮集团全产业链战略终端"出口"的责任，2011年中粮集团旗下的其他品牌消费品逐步划转到中国食品有限公司经营，所以中国食品有限公司增长势头较猛。前20强中，上海梅林正广和股份有限公司由第55名跃居第15名，表现突出；上海梅林正和股份有限公司2011年实施了非公开发行股票，共募集资金总额为15.07亿元，募集的资金用于购买一些和主业相关的股权和资产，冠生园集团、爱森肉食品有限公司、正广和网购公司及上海市食品进出口公司四家优质企业被纳入麾下，大幅扩大公司资产规模，进一步提升了盈利能力。公司也借此实现由单一罐头食品制造企业向综合品牌食品制造企业、单一制造主业向"食品制造+食品分销"双业主的两次转型，转型后公司发展势头迅猛。北京大北农科技集团股份有限公司、广东海大集团股份有限公司、通威股份有限公司分别由第28名、第25名和第26名提升至第12名、第14名和第18名，发展趋势良好；维维食品饮料股份有限公司和北京三元食品股份有限公司则分别由第7名和第10名下滑至第13名和第24名。与2011年相比，海通食品集团股份有限公司、山东新华锦国际股份有限公司于2012年冲进行业前60强，其中，海通食品集团股份有限公司排第46名，山东新华锦国际股份有限公司排第56名，增长趋势尤为明显。

　　通过2012年中国食品饮料企业品牌竞争力指数数据，可以计算出中国食品饮料行业CBI数值为49.12，与2011年CBI数值58.77相比有较大幅度下滑。CBI数值为相对值，一方面可以反映行业总体竞争水平，另一方面为行业内企业提供了一个比较标准。后续课题组根据近万家企业CBI数据得出中国企业品牌竞争力指数值为68，那么食品饮料行业CBI为49.12<68，说明食品饮料行业企业整体竞争低于平均水平，行业发展处于较差状态，与2011年相比并无有效改善。同理，行业内部企业CBI数值低于49.12，说明其品牌竞争力处于劣势；高于49.12，说明其品牌竞争力处于优势，整个CBI指标体系为企业提供了一套具有诊断功能和预测功能的实用工具。

二、2012 年度中国食品饮料企业品牌竞争力指数评级报告

(一) 中国食品饮料企业品牌竞争力指数评级标准体系

根据表 13-1 得出的食品饮料企业 CBI 数值，课题组绘制总体布局图（见图 13-5），从整体上看，CBI 分布曲线两头陡峭、中间平缓。根据 CBI 数值表现出来的特征，结合食品饮料企业的行业竞争力特性对调查的企业进行分级评估，按照一般惯例分为五级，划分标准如表 13-2 所示。

表 13-2　中国食品饮料企业品牌竞争力分级评级标准

评级　　　标准	CBI 数值标准
A A A A A	CBI ≥ 90
A A A A	70 ≤ CBI < 90
A A A	50 ≤ CBI < 70
A A	30 ≤ CBI < 50
A	CBI<30

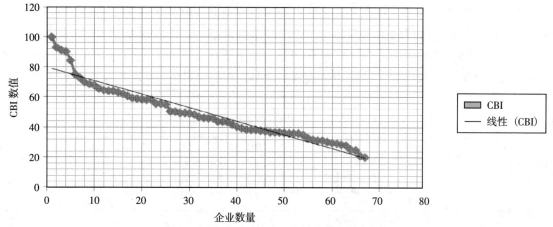

图 13-5　中国食品饮料行业企业 CBI 散点分布

(二) 中国食品饮料企业品牌竞争力指数评级结果

由表 13-2 评价标准可以将食品饮料企业划分为五个集团，具体的企业个数及分布情况如表 13-3 和图 13-6 所示，由于篇幅原因各级水平的企业得分情况仅列出代表性企业。

表 13-3　中国食品饮料企业各分级数量表

企业评级	竞争分类	企业数量	所占比重（%）	行业 CBI 均值	行业 CBS 均值	品牌财务表现力	市场竞争表现力
5A 级企业	第一集团	4	5.97	93.6565	4.1585	4.1286	4.1713
4A 级企业	第二集团	3	4.48	77.3945	3.6634	3.4688	3.7468
3A 级企业	第三集团	20	29.85	60.5030	3.1492	3.1268	3.1588
2A 级企业	第四集团	32	47.76	39.6328	2.5139	2.3742	2.5737
1A 级企业	第五集团	8	11.94	25.7014	2.0898	1.8905	2.1752
全部	不分类	67	100	49.1154	3.1149	2.9978	3.1652

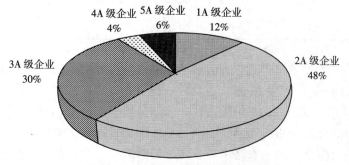

图 13-6　中国食品饮料企业分级分布

表 13-4　中国食品饮料行业 5A 级企业品牌列表

企业名称	评级水平	排名	行业 CBI	CBS	品牌财务表现力	市场竞争表现力
中国粮油控股	5A	1	100	4.3516	4.3298	4.4025
伊利股份	5A	2	91.7104	4.1402	4.1126	4.2048
雨润食品	5A	3	90.9067	4.0866	4.2300	3.7519
蒙牛乳业	5A	4	93.7378	4.0555	4.0127	4.1552

据表 13-2 中国食品饮料企业品牌竞争力分级评级标准，5A 级食品饮料企业共有 4 家，占食品饮料企业总数的 5.97%，比重略低于 2011 年，其中，河南双汇投资发展股份有限公司被挤出第一集团。表 13-4 所列的四家企业：中国粮油控股有限公司、内蒙古伊利实业集团股份有限公司、中国雨润食品集团有限公司和内蒙古蒙牛乳业集团股份有限公司，品牌财务表现力、市场竞争表现力突出。CBS 及各项分指标得分值均在 4 分以上，只有中国雨润食品集团有限公司的市场竞争表现力得分小于 4，这四家企业远远超出其他集团企业。在第一集团内部比较而言，中国粮油控股有限公司品牌财务表现力及市场竞争表现力均位为全行业第一，大大领先于其他企业，另外三家 5A 级企业在市场竞争表现力方面也表现出绝对的优势，均是中国食品饮料行业当之无愧的领军企业。

表 13-5　中国食品饮料行业 4A 级企业品牌代表

企业名称	评级水平	排名	CBI	CBS	品牌财务表现力	市场竞争表现力
双汇发展	4A	5	84.327	3.8745	4.1535	3.7549
中国食品	4A	6	75.1855	3.5962	3.2768	3.7331
梅花集团	4A	7	72.671	3.5196	2.9762	3.7525

据表 13-2 中国食品饮料企业品牌竞争力分级评级标准，4A 级食品饮料企业共有 3 家，占食品饮料企业总数的 4.48%，与 2011 年相比有大幅下滑。表 13-5 所列的三家企业：河南双汇投资发展股份有限公司、中国食品有限公司、梅花生物科技集团股份有限公司是中国食品饮料行业领先企业，品牌财务表现力、市场竞争表现力突出。CBI 及各项分指标得分值均高于行业平均值。在第二集团内部比较而言，河南双汇投资发展股份有限公司品牌财务表现力和市场竞争力位于本集团第一。

表 13-6　中国食品饮料行业 3A 级企业品牌代表

企业名称	评级水平	排名	CBI	CBS	品牌财务表现力	市场竞争表现力
光明乳业	3A	8	69.8809	3.4347	3.6634	3.3367
众品食业	3A	9	68.6705	3.3978	3.3992	3.3973
贝因美	3A	10	67.9187	3.375	3.2836	3.4141
中粮生化	3A	11	65.5736	3.3036	3.2997	3.3052
大北农	3A	12	64.5527	3.2725	2.8527	3.4524

据表 13-2 中国食品饮料企业品牌竞争力分级评级标准，3A 级食品饮料企业共有 20 家，占食品饮料企业总数的 29.85%，低于 2011 年所占比重 44%。表 13-6 所列的五家企业：光明乳业、众品食业、贝因美、中粮生化、大北农是中国食品饮料行业的中游企业，品牌财务表现力、市场竞争表现力一般，品牌发展潜力较大。CBI 及各项分指标得分值均低于行业平均值。在第三集团内部比较而言，光明乳业品牌财务表现力位于本集团第一，大北农市场竞争表现力最佳。

表 13-7　中国食品饮料行业 2A 级企业品牌代表

企业名称	评级水平	排名	CBI	CBS	品牌财务表现力	市场竞争表现力
天宝股份	2A	28	49.3776	2.8105	2.7030	2.8566
得利斯	2A	29	49.3291	2.809	3.0013	2.7266
天康生物	2A	30	49.1092	2.8024	2.6701	2.8590
西王食品	2A	31	48.3851	2.7803	2.3486	2.9654
安德利果汁	2A	32	46.7241	2.7297	2.7717	2.7118

据表 13-2 中国食品饮料企业品牌竞争力分级评级标准，2A 级食品饮料企业共有 32 家，占食品饮料企业总数的 47.76%，大幅度超过 2011 年所占的比重 14%。表 13-7 所列的五家企业：天宝股份、得利斯、天康生物、西王食品、安德利果汁是中国食品饮料行业中下游企业的代表，其特征是品牌财务表现力、市场竞争表现力在平均水平上下浮动，第二集团除了排名靠前的几家企业，CBI 及各项分指标得分均低于行业平均值。在第四集团内部比较而言，品牌财务表现力与 2011 年相比的整体均有所下降，市场竞争表现力与 2011 年相比有所提升，但还是相对较低，同样有待提高。

表 13-8　中国食品饮料行业 1A 级企业品牌代表

企业名称	评级水平	排名	CBI	CBS	品牌财务表现力	市场竞争表现力
深深宝 A	1A	60	29.4799	2.2048	1.9737	2.3038
森宝食品	1A	61	29.1633	2.1952	2.1076	2.2327
大江股份	1A	62	28.4469	2.1733	2.2550	2.1383
华资实业	1A	63	27.8898	2.1564	1.7725	2.3209
莲花味精	1A	64	25.0762	2.0707	2.4166	1.9225

据表 13-2 中国食品饮料企业品牌竞争力分级评级标准，1A 级食品饮料企业共有 8 家，占食品饮料企业总数的 11.94%，该比重与 2011 年的 11% 相比并无大变化。表 13-8 所列的五家企业：深深宝 A、森宝食品、华资实业、莲花味精是中国食品饮料行业的下游企业，其特征是 CBI、品牌财务表现力、市场竞争表现力等均远远低于行业平均水平。在第五集团内部比较而言，市场竞争力相差不大，品牌财务表现力差距相对较大。

三、2012 年度中国食品饮料企业品牌价值 20 强排名

课题组认为，品牌价值（以下简称 CBV）是客观存在的，它能够为其所有者带来特殊的收益。品牌价值是品牌在市场竞争中的价值实现。一个品牌有无竞争力，就是要看它有没有一定的市场份额，有没有一定的超值创利能力。品牌的竞争力正是体现在品牌价值的这两个最基本的决定性因素上，品牌价值就是品牌竞争力的具体体现。通常品牌价值以绝对值（单位：亿元）的形式量化研究品牌竞争水平，课题组在品牌价值和品牌竞争力的关系展开研究，针对品牌竞争力以相对值（指数：0~100）的形式量化研究品牌竞争力水平。在研究世界上关于品牌价值测量方法论的基础上，提出本研究关于品牌价值计算方法，$CBV = CBI \times A \times \sum f(x_i) + C$，其中，CBV 为企业品牌价值，CBI 为企业品牌竞争力指数，A 为分级系数，x_i 为系数决定要素，C 为行业调整系数，据此得出中国食品饮料企业品牌价值前 20 强（见表 13-9）。

表 13-9　2012 年中国食品饮料企业品牌价值前 20 强

企业名称	省（市、自治区）	2012 年 CBV（亿元）	排名	2011 年 CBV（亿元）	排名	2012 年行业 CBI
内蒙古伊利实业集团股份有限公司	内蒙古自治区	213.36	1	170.69	2	93.06
内蒙古蒙牛乳业集团股份有限公司	内蒙古自治区	202.34	2	178.19	1	90.27

续表

企业名称	省（市、自治区）	2012年CBV（亿元）	排名	2011年CBV（亿元）	排名	2012年行业CBI
中国粮油控股有限公司	北京市	171.76	3	137.09	4	100
河南双汇投资发展股份有限公司	河南省	147.32	4	150.78	3	84.33
中国雨润食品集团有限公司	江苏省	103.29	5	83.71	5	91.30
光明乳业股份有限公司	上海市	90.40	6	69.33	6	69.88
北京三元食品股份有限公司	北京市	82.95	7	66.36	7	55.50
维维食品饮料股份有限公司	江苏省	81.60	8	65.28	8	64.13
广州市合生元生物制品有限公司	广东省	80.58	9	53.60	13	60.60
洽洽食品股份有限公司	安徽省	80.43	10	64.34	9	58.03
河北承德露露股份有限公司	河北省	78.95	11	63.16	10	50.31
中粮生物化学（安徽）股份有限公司	安徽省	70.97	12	56.77	12	65.57
梅花生物科技集团股份有限公司	河北省	65.86	13	52.69	16	72.67
河南众品食业股份有限公司	河南省	61.05	14	60.90	11	68.67
安琪酵母股份有限公司	湖北省	60.92	15	53.46	14	58.85
大成食品有限公司	北京市	60.27	16	45.90	20	62.07
海南椰岛（集团）股份有限公司	海南省	60.11	17	50.87	17	43.80
郑州三全食品股份有限公司	河南省	55.13	18	48.83	18	54.96
浙江贝因美科工贸股份有限公司	浙江省	54.32	19	52.83	15	67.92
广东广弘控股股份有限公司	广东省	52.92	20	50.87	—	46.25
合计		1874.53				

CBV分析：在67家受调研企业中，前20强的企业CBV合计为1874.53亿元，较2011年有所提高。前5强食品饮料企业CBV总值合计为838.07亿元，占前20强比重为44.71%。其中，在前5强企业中，中国雨润食品集团有限公司稳居第5名。前4强均有小幅变动，其中内蒙古伊利实业集团股份有限公司和中国粮油控股有限公司由第2名和第4名上升至第1名和第3名，内蒙古蒙牛乳业集团股份有限公司和河南双汇投资发展股份有限公司发展稍有落后分别从第1名和第3名下滑至第2名和第4名，CBV值均有所上升。另外，广州市合生元生物制品有限公司、梅花生物科技集团股份有限公司和大成食品有限公司发展势头良好，分别从第13名、第16名和第20名上升至第9名、第13名和第16名，光弘控股挤进前20强。河南众品食业股份有限公司和浙江贝因美科工贸股份有限公司发展稍显滞后，排名由第11名和第15名分别下滑至第14名和第19名。在前5强企业中，没有明显的地区集中趋势。从前20强的企业来看，企业在全国的分布比较分散，也无明显的集中趋势。

第三节　2012年度中国食品饮料企业品牌竞争力区域报告

一、六大经济分区

（一）总体情况分析

根据课题组的调研数据，在与2011年数据对比的基础上，整体数值略低于2011年。中国食品饮料企业仍旧主要分布于华东地区、中南地区和华北地区，占企业总数的比重分别为34.33%、32.84%和17.91%，集中度较高，与2011年相比无明显变化。华东地区和华北地区的CBI均值分别为49.26、63.27，均高于全国均值49.12，东北地区CBI均值最低，仅为36.20，低于2011年最低值。虽然中南区企业总数行业排名第二，但其CBI均值为45.0357，低于全国均值。华北地区仍旧延续2011年的优势，在财务表现力和市场竞争表现力分项指标的得分均值位列第一。

表13-10 中国食品饮料企业六大经济区域竞争状况

区域	2012年企业数量	所占比重（%）	行业CBI均值		CBS均值		品牌财务表现力均值		市场竞争表现力均值	
			2012年	2011年	2012年	2011年	2012年	2011年	2012年	2011年
华东地区	23	34.33	49.2590	59.1011	2.8069	2.6242	2.8414	3.9626	2.7265	3.2145
中南地区	22	32.84	45.0357	61.0259	2.6783	2.6589	2.7450	3.9349	2.5229	3.4569
华北地区	12	17.91	63.2674	67.6706	3.2334	2.7784	3.2648	4.0035	3.1600	3.8834
西北地区	4	5.97	43.7073	46.1777	2.6379	2.3917	2.6502	3.3790	2.6091	3.5108
西南地区	3	4.48	41.4514	46.0963	2.5692	2.3902	2.6047	3.4784	2.4865	3.2549
东北地区	3	4.48	36.1983	56.6558	2.4093	2.5802	2.5097	3.8694	2.1750	3.2277
总体情况	67	100.00	49.1200	59.6297	2.7225	2.6337	2.7693	3.8956	2.6133	3.4296

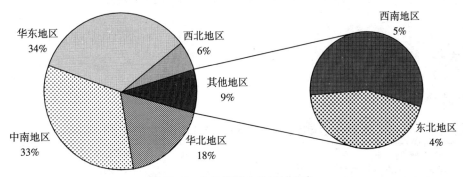

图13-7 食品饮料企业区域分布

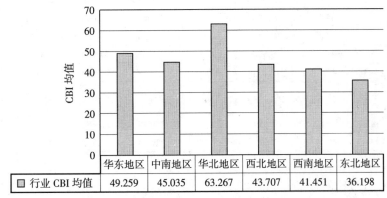

图13-8 食品饮料企业六大经济区域CBI均值对比

（二）分项情况分析

在各分项竞争力指标对比方面，品牌财务表现力指标均值虽然得分最高，与2011年相比普遍有所降低。食品饮料企业的规模效应一般；市场竞争表现力指标均值得分最低，整体市场竞争力表现不佳。但在整体趋势上仍旧延续2011年的发展趋势，华北地区在财务表现力和市场竞争表现力分项指标的得分均值仍位列第一。中南地区在市场竞争表现力上同样表现突出，位于榜首。华东地区尽管拥有较多的企业，但各项指标仍表现一般，处在中游水平。东北地区各项指标排名垫底，其品牌竞争力堪忧。整个食品饮料行业品牌竞争力区域发展水平差距仍旧明显，与2011年相比并无明显改善。

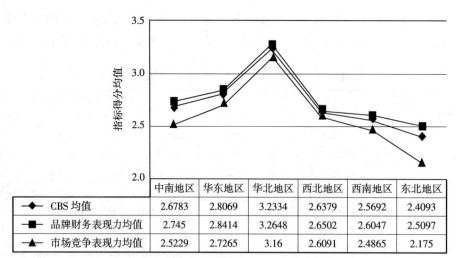

	中南地区	华东地区	华北地区	西北地区	西南地区	东北地区
◆ CBS 均值	2.6783	2.8069	3.2334	2.6379	2.5692	2.4093
■ 品牌财务表现力均值	2.745	2.8414	3.2648	2.6502	2.6047	2.5097
▲ 市场竞争表现力均值	2.5229	2.7265	3.16	2.6091	2.4865	2.175

图 13-9　中国食品饮料企业一级指标分区域对比

二、七大省（市）分析

（一）总体情况分析

表 13-11　中国食品饮料企业七大主要省（市）竞争状况

省（市、自治区）	2012 年企业数量	所占比重（%）	行业 CBI 均值		CBS 均值		品牌财务表现力均值		市场竞争表现力均值	
			2012 年	2011 年	2012 年	2011 年	2012 年	2011 年	2012 年	2011 年
广东省	11	16.42	43.1631	48.9357	2.6213	2.4413	2.6942	3.7566	2.4514	2.8150
山东省	8	11.94	45.8821	54.0578	2.7041	2.5335	2.7340	3.7864	2.6344	3.2012
北京市	7	10.45	64.4456	66.9932	3.2692	2.7662	3.3089	4.0373	3.1767	3.7378
上海市	5	7.46	44.7242	59.1652	2.6689	2.6254	2.6940	3.8411	2.6102	3.5240
河南省	4	5.97	44.8791	79.5204	2.6736	2.9917	3.0253	4.3799	2.9177	4.0086
浙江省	3	4.48	47.8357	53.7947	2.7636	2.5287	2.7605	3.7130	2.4709	3.3611
广西壮族自治区	3	4.48	42.1170	62.5445	2.5895	2.6862	2.6078	4.1568	2.5468	3.0388
其他省（市）	26	38.81	49.6273	62.0925	2.8181	2.6780	2.8562	3.8849	2.7253	3.6780
总体情况	67	100	49.1154	59.6297	2.8025	2.6564	2.8487	3.9445	2.6949	3.4206

　　表 13-11 中七个省（市）的食品饮料企业数量占企业总数的 61.19%，广东省、山东省、北京市、上海市、河南省、浙江省和广西壮族自治区的比重分别为 16.42%、11.94%、10.45%、7.46%、5.97%、4.48%、4.48%（见图 13-10），与 2011 年相比略有下降但并无明显差别，除了图 13-10 列出的省（市）外还有江苏省、内蒙古自治区也分别有 3 家企业。由此可以得出：中国食品饮料企业总体来看分布较为分散，在各省（市）中都有一定的数量，但并不是十分集中。广东省、河南省两省 CBI 得分分别为 51.40、55.37（见图 13-11）。

　　与 2011 年相比，河南省 CBI 均值下滑幅度较大，但仍高于行业平均值 49.12，但广东省略有上升，上海市与 2011 年相比优势略有下降，CBI 得分为 29.71，远低于行业平均值。2012 年，河南省 CBI 得分最高，在众省（市）食品饮料行业中仍旧显示出自身强劲的优势和发展潜力。浙江省和广西壮族自治区食品饮料企业数量与 2011 年相比有所下降，排第 6 名和第 7 名，但其 CBI 得分分别为 47.84、45.22，低于平均值，这显示其品牌竞争力改善趋势并不明显，品牌竞争力仍有待提升。

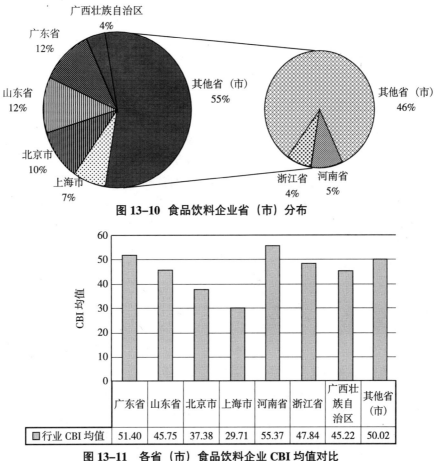

图 13-10　食品饮料企业省（市）分布

图 13-11　各省（市）食品饮料企业 CBI 均值对比

	广东省	山东省	北京市	上海市	河南省	浙江省	广西壮族自治区	其他省（市）
行业 CBI 均值	51.40	45.75	37.38	29.71	55.37	47.84	45.22	50.02

（二）分项情况分析

在各分项竞争力指标对比方面，依然保持上年的发展势头。具体来讲：品牌财务表现力指标均值得分最高，市场竞争力指标均值得分最低，说明中国食品饮料企业财务表现较好，还处于规模发展阶段，但市场竞争力较弱，在市场竞争效率方面有待提升。除河南省外，其他六个省（市）的品牌财务表现力的指标均值却均低于 3 分，整体表现比较差，且均值低于 2011 年，财务竞争力有逐渐减弱的趋势，竞争能力也逐渐减弱。整体

市场竞争力表现不佳，在指标均值附近浮动，相比上年总体而言，分值有小幅度降低，如果以 3 分为及格线，中国食品饮料企业市场竞争整体表现不及格。广东省、山东省、北京市、上海市、河南省、浙江省、广西壮族自治区七省（市）食品饮料企业的竞争水平还远高于其他各省，究其原因：一方面是各地经济发展不均衡，另一方面是很多大型食品饮料企业具有较强的竞争力，将业务扩展至全国各地。

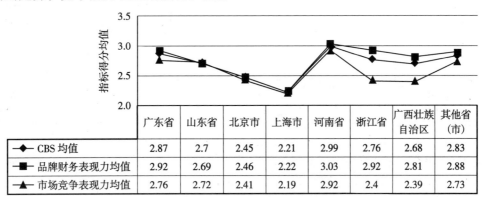

	广东省	山东省	北京市	上海市	河南省	浙江省	广西壮族自治区	其他省（市）
CBS 均值	2.87	2.7	2.45	2.21	2.99	2.76	2.68	2.83
品牌财务表现力均值	2.92	2.69	2.46	2.22	3.03	2.92	2.81	2.88
市场竞争表现力均值	2.76	2.72	2.41	2.19	2.92	2.4	2.39	2.73

图 13-12　各省（市）食品饮料企业一级指标得分均值对比

第四节　2012年度中国食品饮料企业品牌竞争力分项报告

一、品牌财务表现力

目前国内企业经营者对于现代化管理手段的理解与实践，多半仍停留在以财务数据为主导的思维里。虽然财务数据无法帮助经营者充分掌握企业发展方向，但在企业的实际运营过程中，财务表现仍然是企业对外展示基本实力的重要依据。品牌财务表现力层面的分析将财务指标分为规模因素、增长因素和效率因素3个二级指标。规模因素主要从销售收入、所有者权益和净利润3个三级指标来衡量；效率因素主要从净资产利润率、总资产贡献率2个三级指标来衡量；增长因素主要从近三年的销售收入增长率、净利润增长率2个三级指标来衡量。

近几年中国经济快速发展，消费者对食品饮料的需求也不断增加，使得中国的食品饮料企业近年来营业收入、净利润都保持了良好的增长态势，但全国67家食品饮料企业在品牌财务表现力与2011年得分均值相比有所下降，为2.8487，中国粮油控股有限公司、中国雨润食品集团有限公司、内蒙古伊利实业集团股份有限公司、内蒙古蒙牛乳业集团股份有限公司、河南双汇投资发展股份有限公司、梅花生物科技集团股份有限公司、中国食品有限公司、北京大北农科技集团股份有限公司、广东海大集团股份有限公司和浙江贝因美科工贸股份有限公司位列前10名，与2011年相比变化幅度不大，且这10家企业在品牌财务表现力方面差距很小。其中，河南双汇投资发展股份有限公司排名变化最大，均值得分排名由2011年的第1名下滑至第5名，而大成食品有限公司和河南众品食业股份有限公司被挤出前10名。

从3个二级指标看，规模因素均值为2.8713，效率因素为2.9885，增长因素为2.6033，其中效率因素得分最高，其对整体品牌财务表现力的影响也最大。但与2011年单项得分均值3.8044、4.0925、3.544相比均有所下降。效率因素中以净资产报酬率得分最高，为3.0395，仍低于2011年净利润均值。总资产回报率得分为2.9119，与2011年相比有较大幅度下降。在所有三级指标中，近三年销售收入增长率得分最低，仅为1.9723。

表13-12　品牌财务表现力指数——行业前10名

企业名称	省（市、自治区）	行业CBI指数	品牌财务表现力
中国粮油控股有限公司	北京市	100	4.3298
中国雨润食品集团有限公司	江苏省	91.2957	4.2300
内蒙古伊利实业集团股份有限公司	内蒙古自治区	93.0576	4.1126
内蒙古蒙牛乳业集团股份有限公司	内蒙古自治区	90.2727	4.0127
河南双汇投资发展股份有限公司	河南省	84.3270	3.7549
梅花生物科技集团股份有限公司	河北省	72.6710	3.7525
中国食品有限公司	北京市	75.1855	3.7331
北京大北农科技集团股份有限公司	北京市	64.5527	3.4524
广东海大集团股份有限公司	广东省	64.0345	3.4296
浙江贝因美科工贸股份有限公司	浙江省	67.9187	3.4141

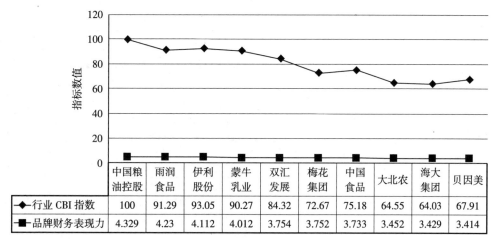

图 13-13　财务表现力前 10 名企业

行业CBI指数	100	91.29	93.05	90.27	84.32	72.67	75.18	64.55	64.03	67.91
品牌财务表现力	4.329	4.23	4.112	4.012	3.754	3.752	3.733	3.452	3.429	3.414

（表头：中国粮油控股、雨润食品、伊利股份、蒙牛乳业、双汇发展、梅花集团、中国食品、大北农、海大集团、贝因美）

表 13-13　品牌财务表现力各分项指标得分均值

一级指标	2012 年	2011 年	二级指标	2012 年	2011 年	三级指标	2012 年	2011 年
品牌财务表现力	2.8487	3.8086	规模因素	2.8713	3.8044	销售收入	2.7176	2.775
						所有者权益	2.5644	4.6875
						净利润	3.5469	4.2152
			效率因素	2.9885	4.0925	净资产报酬率	3.0395	4.0678
						总资产贡献率	2.9119	4.1295
			增长因素	2.6033	3.544	近三年销售收入增长率	1.9723	3.761
						近三年净利润增长率	3.2343	3.3269

二、市场竞争表现力

随着食品饮料行业的持续、快速发展，市场竞争也更加激烈。企业只有具备更强的市场竞争能力，才能在目前的行业环境中生存。市场竞争表现力层面的分析包括市场占有能力和超值获利能力 2 个二级指标。市场占有能力主要从市场占有率、市场覆盖率 2 个三级指标来衡量；超值获利能力主要从品牌溢价率、品牌销售利润率 2 个三级指标来衡量。

由于近几年中国食品饮料行业市场的快速发展，消费者对食品饮料的需求也不断增加，这就使得中国的食品饮料企业近年来营业收入、净利润都保持了良好的增长态势。全国 67 家食品饮料企业在市场竞争表现力指标得分均值为 2.6949，低于财务表现力指标得分均值，但与 2011 年相比有所上升。中国粮油控股、伊利股份、蒙牛乳业、双汇发展、雨润食品、光明乳业、上海梅林、维维股份、众品食业、中粮生化位列前 10 名，其中，雨润食品、上海梅林、众品食业和中粮生化强势跃入前 10 名，表现良好。北京三元食品股份有限公司、海南椰岛（集团）股份有限公司和洽洽食品股份有限公司 3 家企业被挤出前 10 名，而且前 10 家企业在市场竞争表现力方面的差距不是很明显，整体市场竞争表现力指标得分均值为 2.6949。排在第 1 名的中国粮油控股得分为 4.4025，排在最后一名的中粮生化得分为 3.2997。

二级指标中，市场占有能力得分均值 2.9303，略低于 2011 年，超值获利能力得分为 2.2576，同样低于 2011 年。食品饮料行业的发展有其特殊性，除少数几家企业的市场占有率较高外，其他企业的市场占有率水平相当，大部分企业的市场占有率及市场覆盖率都比较低，导致行业此项得分均值很低。三级指标中，得分最高的是品牌溢价率，得分为 3.4405，对企业市场竞争力的影响非常明显；得分最低的是市场占有率，分值为 2.7176，与 2011 年相比没有明显改善。

表 13-14　市场竞争表现力指数——行业前 10 名

企业名称	省（市、自治区）	2012 年行业 CBI 指数	市场竞争表现力
中国粮油控股有限公司	北京市	100	4.4025
内蒙古伊利实业集团股份有限公司	内蒙古自治区	93.0576	4.2048
内蒙古蒙牛乳业集团股份有限公司	内蒙古自治区	90.2727	4.1552
河南双汇投资发展股份有限公司	河南省	84.3270	4.1535
中国雨润食品集团有限公司	江苏省	91.2957	3.7519
光明乳业股份有限公司	上海市	69.8809	3.6634
上海梅林正广和股份有限公司	上海市	63.0861	3.4465
维维食品饮料股份有限公司	江苏省	64.1299	3.4149
河南众品食业股份有限公司	河南省	68.6705	3.3992
中粮生物化学（安徽）股份有限公司	安徽省	65.5736	3.2997

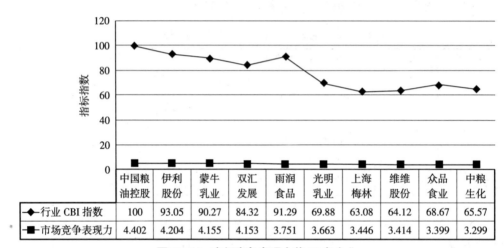

图 13-14　市场竞争表现力前 10 名企业

表 13-15　市场竞争表现力各分项指标得分均值

一级指标	2012 年	2011 年	二级指标	2012 年	2011 年	三级指标	2012 年	2011 年
市场竞争表现力	2.6949	3.4296	市场占有能力	2.9303	3.328	市场占有率	2.7176	3.2847
						市场覆盖率	3.4266	3.429
			超值获利能力	2.2576	3.6345	品牌溢价率	3.4405	3.4145
						品牌销售利润率	3.2136	4.0431

第五节　中国食品饮料企业品牌竞争力提升策略专题研究

一、中国食品饮料行业宏观经济与政策分析

（一）食品饮料行业市场运行情况

1. 食品饮料工业投资和产值情况

改革开放 30 多年来，我国农业、食品制造业、食品流通和餐饮业相互联结的食品产业链有了较大的变化和较快的发展。进入 21 世纪以来，农业连续多年丰收，食品制造业和餐饮业以及食品物流和零售业每年平均以两位数增长。

国家统计局数据显示，2012 全年国内生产总值为 519322 亿元，同比增长 7.8%。分季度看，第一季度同比增长 8.1%，第二季度增长 7.6%，第三季度增长 7.4%，第四季度增长 7.9%。全年经济增速较 2011 年有所回落，总体运行缓中求稳。2012 年前三季度分产业看，第一产业增加值 33088 亿元，同比增长 4.2%；第二产业增加值 165429 亿元，增长 8.1%；第三产业增加值为 154963 亿元，增长 7.9%。从环比看，三季度国内生产总值增长 2.2%。2012 年前三季度，居民消费价格同比上涨 2.8%，涨幅比上半年回落 0.5 个百分点，比上年同期回落 2.9 个百分点。其中，城市上涨 2.9%，农村上涨 2.7%。国家统计局发布报告，2012 年 12 月，全国居民消费价格总水平（CPI）同比上涨 2.5%，涨幅比上月扩大 0.5 个百分点。从全年情况看，2012 年全国 CPI 比上年上涨 2.6%。

根据国家统计局快报数据，2012 年农副产品加工业、食品制造业以及饮料制造业工业增加值同比分别增长 13.6%、11.8% 和 12.5%。固定资产投资分别为 6906.62 亿元、3080.04 亿元、2601.92 亿元，同期分别增长 32.0%、28.1%、36.2%。全年全国粮食总产量达到 58957 万吨，比上年增加 1836 万吨，增长 3.2%，连续九年增产。其中，夏粮产量为 12995 万吨，比上年增长 2.8%；早稻产量为 3329 万吨，增长 1.6%；秋粮产量为 42633 万吨，增长 3.5%。全年棉花产量为 684 万吨，比上年增长 3.8%；油料产量为 3476 万吨，增长 5.1%；糖料产量为 13493 万吨，增长 7.8%。全年猪牛羊禽肉产量为 8221 万吨，比上年增长 5.4%，其中，猪肉产量 5335 万吨，增长 5.6%。生猪存栏 47492 万头，比上年增长 1.6%；生猪出栏 69628 万头，比上年增长 5.2%。全年禽蛋产量为 2861 万吨，比上年增长 1.8%；牛奶产量为 3744 万吨，增长 2.3%。2012 年全国饮料行业总产量为 13024.01 万吨，比上年同期增长 10.73%。其中，碳酸饮料类产量为 1311.29 万吨，比上年同期增长 -18.38%；果汁和蔬菜汁类产量为 2229.17 万吨，比上年同期增长 16.09%；包装饮用水类产量为 5562.78 万吨，比上年同期增长 16.16%；"非三大"饮料产量为 3920.77 万吨，比上年同期增长 13.76%。

2. 全国食品饮料市场价格变动情况

根据国家统计局发布的数据，2012 年全年居民消费价格比上年上涨 2.6%，涨幅比上年回落 2.8 个百分点。其中，城市上涨 2.7%，农村上涨 2.5%。分类别看，食品价格比上年上涨 4.8%，烟酒及用品上涨 2.9%，衣着上涨 3.1%，家庭设备用品及维修服务上涨 1.9%，医疗保健和个人用品上涨 2.0%，交通和通信下降 0.1%，娱乐教育文化用品及服务上涨 0.5%，居住上涨 2.1%。在食品价格中，粮食价格上涨 4.0%，油脂价格上涨 5.1%，肉禽及其制品价格上涨 2.1%，鲜菜价格上涨 15.9%，鲜果价格下降 1.2%。由此可以看出，2012 年我国食品饮料市场价格一直上涨波动，尤其食品价格增长率最大。

(二) 食品饮料行业政策分析

食品作为生活必需品，受到政府的广泛关注；为了促进食品行业健康、卫生、稳定发展，国家针对不同食品制造业制订了不同的政策措施，以保证行业长期健康稳定发展。2012 年前三季度，面对复杂严峻的国内外经济形势，党中央、国务院坚持稳中求进的工作总基调，正确处理保持经济平稳较快发展、调整经济结构和管理通胀预期三者的关系，把稳增长放在更加重要的位置，实施积极的财政政策和稳健的货币政策，加大政策预调微调力度，国民经济运行总体平稳，呈现出经济运行企稳、结构调整加快、民生继续改善的积极变化。

卫生部 2011 年 10 月公布了《预包装食品营养标签通则》（GB28050-2011），于 2013 年 1 月 1 日正式施行，这项重要食品安全基础标准的公布实施，标志着我国全面推行食品营养标签管理制度，对指导公众合理选择食品，促进膳食营养平衡，降低慢性非传染性疾病风险具有重要意义。

2012 年发展改革委、工业和信息化部公布《食品工业"十二五"发展规划》，确定把"安全、优质、营养、健康、方便"作为发展方向，强化全产业链质量安全管理，提高食品质量，确保食品安全。到 2015 年，我国将制定、修订国家和行业标准 1000 项，使食品质量抽检合格率达 97% 以上，人民群众对食品安全满意度显著提高。《规划》强调，要进一步强化食品质量安全监管，提高重点行业准入门槛，健全食品安全监管体制机制，完善食品标准体系，加强检（监）测能力建设，健全食品召回及退市制度，落实企业食品安全主体责任。

2012 年 5 月，农业部召开严厉打击非法添加和滥用食品添加剂专项工作视频会议，深入贯彻落实全国严厉打击非法添加和滥用食品添加剂专项工作电视电话会议精神和《国务院办公厅关于严厉打击食品非法添加行为切实加强食品添加剂监管的通知》精神，在前期工作基础上进行再部署、再督促。农业部副部长陈晓华在会议上强调，各级农业部门要下更大决心、花更大力气、想更多办法、用更严措施，进一步推进"瘦肉精"等非法添加物的专项整治，努力确保农业产业安全和农产品消费安全。

2013 年 2 月 5 日，国家认证认可监督管理委员会认证认可技术研究所所长乔东告诉《华夏时报》记者，2012 年，我国在婴幼儿配方乳粉生产企业中已经率先建立了诚信管理体系，该体系对于防范食品安全事故具有十分重要的意义。

由以上政策可以看出，国家一级消费者对食品饮料关注的焦点依然是食品质量安全以及企业诚信建设，可见我国食品饮料行业只有做安全产品、放心产品并且提高企业诚信度才是发展的出路。

二、中国食品饮料行业品牌竞争力提升策略建议

（一）把握国家宏观政策，保证食品安全质量是基础

回顾过去一年的食品安全事件，给人们留下深刻记忆的是"毒胶囊"、"地沟油"、"塑化剂"和"速成鸡"事件，这些事件不仅给企业造成了难以评估的负面影响，也使得食品质量安全问题引起了消费者和政府各界的足够重视。2012 年，我国在婴幼儿配方乳粉生产企业中已经率先建立了诚信管理体系，该体系对于防范食品安全事故具有十分重要的意义。食品工业企业诚信体系建设的其他进展还包括批准设立了 22 家诚信管理体系评价机构、开通了国家食品工业企业诚信信息公共服务平台、组织编写了乳制品和肉类食品等六大行业的实施指南。所以食品质量安全问题始终会是这一行业的焦点问题，只有品质过关的产品才能赢得消费者的信任和满意，所以我国食品饮料企业应该迎合国家政策，紧抓质量安全这一关，尽早建立诚信管理体系，一方面要加强国家

有关食品安全法律的建设，另一方面要加强经营者的道德建设。作为食品饮料的经营者，应该担负起社会责任，"民以食为天，食以安为先"，如果食品饮料行业没有安全保障，也就不能奢求其他方面有所发展。

（二）注重品牌战略提升，实现由规模因素竞争向效率因素竞争的转变

由上述数据统计结果可知，中国食品饮料行业的 CBI 为 49.12，按照 CBI 的相对值意义解读，中国食品饮料行业企业品牌整体竞争水平相对较弱，距离满分的指数值还有很长一段路要走。那么目前中国食品饮料行业竞争水平处于什么阶段呢？如果将企业竞争划分为规模竞争、效率竞争和创新竞争三个阶段，4 个分项指标的得分可以给我们答案。财务指标相对得分 2.8487，而市场竞争指标得分 2.6949 分，由此可知，中国食品饮料企业竞争仍处于规模因素主导的第一阶段，虽然个别企业竞争水平已经处于效率竞争和创新竞争水平，但就中国食品饮料企业总体竞争水平而言，与技术创新和品牌经营的效率竞争和创新竞争阶段仍有很大距离。然而，品牌化经营是提升市场经营效率的重要途径和唯一捷径。因此，中国食品饮料企业必须以产品质量为基础，注重品牌化建设，实现由财务规模主导的竞争思维向提升市场竞争力的效率优先竞争思维转变。

（三）统筹兼顾均衡发展，实现由三足鼎立向整体实力提升的转变

中国 2011 年食品饮料行业受调研的 67 家企业营业总额为 4010.36 亿元，华北地区、华东地区、中南地区食品饮料企业营业总额分别为 1883.48 亿元、1042.92 亿元、921.94 亿元，占营业总额的比重分别为 46.97%、26.01%、22.99%，三大区域占营业总额的比重高达 95.56%，占据绝对的优势。2011 年排在前六名的省（市）分别为北京市、内蒙古自治区、河南省、江苏省、上海市、广东省，营业收入总额分别为 1115.56 亿元、678.10 亿元、522.08 亿元、325.85 亿元、314.76 亿元、266.05 亿元，所占比重分别为 28%、17%、13%、8%、8%、7%，六大省（市）占营业总额的比重高达 80.35%。被调研企业在不同省（市）的集中程度度不高，在区域上呈三分天下的鼎足之势。本次评出的 4 家 5A 级企业为中国粮油控

股有限公司、内蒙古伊利实业集团股份有限公司、中国雨润食品集团有限公司和内蒙古蒙牛乳业集团股份有限公司，占食品饮料企业总数的 5.97%，但 3 家的营业收入占 67 家营业总额的 40% 以上，4 家企业的 CBI 均值为 93.66，远高于行业平均指数值 49.12，所以 4 家 5A 级的企业是中国食品饮料行业当之无愧的领军企业，引领中国食品饮料行业的发展方向。

　　总体来看，食品饮料行业呈现三足鼎立的现状，华北地区、华东地区和中南地区占据绝对优势。相对而言，西南地区、东北地区和西北地区食品饮料企业发展较为落后。为了实现我国食品饮料行业的整体提升，加快城镇化进程，国家应加大西北地区、西南地区和东北地区的食品饮料行业发展，加大中游食品饮料企业的政策扶持力度并予以品牌化建设的指导。从而逐渐削弱地区间发展的不平衡，实现由三足鼎立向整体提升的转变。

三、中国食品饮料企业品牌竞争力提升策略建议

　　品牌建设从品牌定位出发，经过品牌规划和设计，进行品牌推广，以期在消费者和潜在消费者中扩大知名度、提高品牌认同和消费者忠诚度，建立消费者对品牌的崇信度，厚积品牌资产；通过品牌的创建、经营和管理，进行品牌延伸、品牌扩张和品牌战略联盟等一系列战略，增强品牌核心竞争力，达到品牌增值的最终目的。品牌建设战略是企业战略的一个重要构成部分，品牌建设所追求的是企业发展的长期战略目标，因此，品牌建设能够为增强企业品牌竞争力、扩大市场份额和实现长期利润奠定坚实的"基础"，形成一种无形的"力量"，即建立品牌资产，提升品牌价值。

（一）重视食品质量安全，做好品牌危机管理

　　"毒奶粉"、"瘦肉精"、"黑馒头"等一系列品牌危机事件频繁发生，给企业和社会都带来了不可估量的负面影响。一方面是由于生产技术的发展，产品科技含量更高，这是机遇同时也是挑战，食品质量安全把控更具挑战性。另一方面是因为企业处在一个信息扩散极快、消费者维权意识增强的环境里，一旦发生负面事件，在媒体、互联网等的监督传播下会迅速演变成一场灾难。处理不当将会失去消费者的信任，损害品牌形象。品牌建立的过程是漫长而艰辛的，但是品牌危机却可以让一个品牌瞬间消失，例如三氯氰胺事件。

　　对于企业来说，一旦发生品牌危机事件，应该尽量找到摆脱危机的方法，最大程度降低损失，并从危机中寻找转机。三鹿公司面对品牌危机（毒奶粉）事件时，先对媒体的报道无动于衷，未做出任何正面回应。之后迫于舆论压力，公开回应自己的产品不存在任何安全隐患，符合生产标准。当国家卫生部发布检验结果证明三鹿奶粉的确含有三氯氰胺成分时，三鹿集团才开始召回产品并发表道歉说明。三鹿公司在处理此次品牌危机的过程中反应迟缓，一味回避，推卸责任，面对消费者没有做到真诚坦率，一度失去主导权。同时对政府、媒体和消费者的公关力度不够，最终承受了惨痛的结果。

　　所以食品饮料行业中的企业应该高度重视食品质量安全问题，产品质量过关是一切的基础，没有质量何谈品牌。一旦发生品牌危机，应该本着真诚坦率的态度积极回应媒体和消费者，体现企业负责人的态度，做好公关活动尽量缩小影响范围。诚然，每一个品牌的建立和维护都是十分艰辛的，所以每一个企业都应该树立品牌危机防范意识，并且培养品牌危机处理能力。

（二）外资并购下的民族品牌保护

　　2011 年雀巢公司以 17 亿美元收购徐福记 60% 的股份。统计数据显示，2009 年徐福记在中国糖果市场排名第一，份额达到 6.6%。雀巢将借助徐福记的销售网络向中国二三线市场延伸。对此，徐福记发言人回应称双方合作过程中必然会共享资源。徐福记也将借助雀巢的研发、创新力量，提升糕点食品的营养价值和品质。消费者对这个消息的反应不一，有人担忧："一个民族品牌要消失了"，也有网友表示，食品安全更有保障了。针对以上问题，徐福记新闻发言人孙天珍表示，请消费者不要担心，徐福记品牌会继续服务中国消费者。近年来食品饮料行业的并购正在不断加速，China Venture 投中集团发布报告指出，近三年来，我国食品饮料行业的并购案例高达 221 起，并购金额达 93.3 亿美元。

　　尤其是近年来外资并购我国民族品牌的事件

不断增多，我国由于入市较晚，还欠缺在并购中做好品牌保护的经验。大多外资倾向于并购国内行业的龙头企业，谋求控股权，导致大量民族品牌流失。"美加净"、"熊猫"、"北冰洋"、"乐百氏"等以前耳熟能详的品牌都因为被外资并购控股，逐渐淡出了消费者的视线。外资并购中的很多民族企业由于缺乏知识产权意识，为了引进外资，经常低价转让股权。外资企业一般会通过掌握绝对控股权制定不利于民族品牌发展的决策，或者被束之高阁，利用民族品牌的渠道推广自己的品牌。对这一问题也引起了我国政府的足够重视，中国商务部 2009 年根据中国反垄断法禁止可口可乐收购汇源就是一个典型案例。为了保护外资并购中的民族品牌，政府方面还需要制定一系列相关法律法规，完善外资并购反垄断审查机制，维护国家经济安全。企业方面应该树立品牌保护意识，在并购中确保自己的品牌可以得到很好的发展和维护。

（三）线上线下整合营销

2012 年"双十一"活动期间，淘宝单日销售额创下了 191 亿元的新纪录，较上年活动日增长了 260%，给传统批零渠道带来巨大冲击；大型综合型电商，如淘宝（天猫）、京东、苏宁易购等，近年也纷纷上线酒水频道，覆盖的白酒品牌、产品种类日益丰富，销售也已经形成规模。线上销售终将挑战传统的销售模式成为最有效的销售渠道，网络营销已经被公认为成本低、见效快、覆盖面广的传播方式，与传统的营销媒介相比占有相对较大优势，再选择合适的电子销售平台配合。线上营销不但创新了销售渠道同时强化了宣传，塑造了网络品牌，但是做好线下实体店与互联网结合的模式还是有很大挑战的，首先，线上线下如何做到产品、价格和服务协调一致，如何掌控稳定的线上销售服务体系，保证品牌形象和信誉的一致传达。其次，食品饮料具有储存时间有限，容易变质，不易运输等缺点，物流运输、仓储能力也是一大挑战。

同时，食品饮料作为典型的快消品，其线下渠道以"宽而长"著称，渠道上要满足消费者方便、快捷的需求。渠道覆盖率和控制力是食品饮料企业特别需要注重的两点。尤其食品饮料在国内西南地区、西北地区和东北地区发展较慢，但是这些地区竞争也不是很激烈，所以在这些地区铺设线下渠道，是增加市场覆盖率的有效方式。

第十四章　纺织行业企业品牌竞争力指数报告

第一节　中国纺织企业品牌竞争力指数 2012 年度总报告

一、2012 年度中国纺织企业总体竞争态势

中国企业品牌竞争力指数（以下简称 CBI）

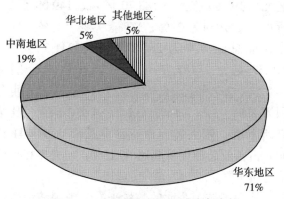

图 14-1　中国纺织行业区域竞争态势

研究课题组为了检验理论成果的应用效果，课题组对中国 49 家自主纺织企业品牌进行了调研，根据各企业营业收入的原始数据得出中国纺织品企业竞争力呈现一家独大的区域竞争态势。

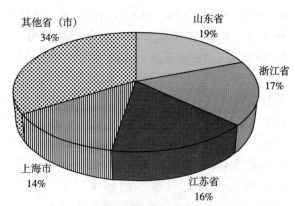

图 14-2　中国纺织行业省（市）竞争态势

2011 年中国纺织行业受调研企业的营业总额为 1382.30 亿元，与 2010 年营业总额 1126.51 亿元相比，同比增长 22.71%。其中，华东地区营业总额为 976.29 亿元，约占纺织业营业总额的 71%，与 2010 年相比，仍占据绝对的优势。中南地区、华北地区、东北地区、西北地区及西南地区纺织企业的营业总额分别为 267.62 亿元、64.80 亿元、37.47 亿元、23.68 亿元、12.44 亿元，同比增长分别为 135.17%、12.87%、-0.16%、40.12%、11.87%，占营业额比重分别为 19%、

5%、2.7%、1.71%、0.9%。其中，中南地区增长速度迅猛，2011 年营业额实现了翻倍，所占比重也大幅度增加。2010 年排在前四名的省（市）分别为山东省、浙江省、江苏省和上海市，营业总额分别为 304.95 亿元、195.89 亿元、188.70 亿元、149.08 亿元，2011 年营业总额分别为 265.82 亿元、241.32 亿元、219.57 亿元、187.70 亿元，同比增长分别为 14.72%、23.19%、16.36%、25.91%，四大省（市）营业总额达 914.41 亿元，占营业总额比重高达 66.15%，但与 2010 年相比

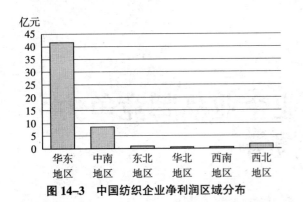

图 14-3　中国纺织企业净利润区域分布

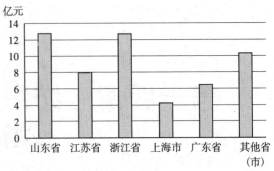

图 14-4　中国纺织企业净利润省（市）分布

比重却有所下降。

2010 年中国纺织行业受调研企业的净利润总额为 77.01 亿元，2011 年为 54.73 亿元，同比下降 28.93%。华东地区、中南地区、东北地区、华北地区、西南地区和西北地区的净利润额分别为 41.91 亿元、8.73 亿元、0.95 亿元、0.61 亿元、0.75 亿元、1.78 亿元，所占比重分别为 76.58%、15.95%、1.73%、1.12%、1.37%、3.25%，华东地区的比重仍遥遥领先于其他地区，中南地区虽然排第 2 名，但仍与华东地区有较大的差距，其他地区的利润更是少之又少，与 2010 年相比并无明显进步，均在 1 亿元左右。2010 年净利润排在前 6 名的省（市）分别为山东省、江苏省、浙江省、湖北省、广东省和上海市，净利润总额分别为 27.09 亿元、12.48 亿元、9.08 亿元、7.37 亿元、5.47 亿元、3.88 亿元，2011 年净利润排在前 5 名的分别是山东省 12.81 亿元、浙江省 12.75 亿元、江苏省 8.02 亿元、广东省 6.51 亿元、上海市 4.28 亿元，与 2010 年相比有小幅度下滑趋势。其中，山东省净利润总额仍排第一，湖北省下滑趋势较为明显。五大省（市）占利润总额的比重达 57.62%，该比重较 2010 年有所下降。

总之，尽管 2011 年中国纺织行业增长速度缓慢甚至出现负增长的现象，但中国纺织企业分布仍大多集中在华东地区，这种一家独大的竞争态势仍是当前中国纺织行业竞争的最显著特征。

二、2012 年度中国纺织企业品牌竞争力总体述评

（一）宏观竞争格局：华东地区一家独大，省（市）发展参差不齐

从中国纺织企业的营业收入上看，主要分布

于华东地区，其纺织企业营业总额为 976.29 亿元，与 2011 年营业额同比增长 9.73% 相比，约占纺织行业营业总额的 71%，占据绝对的优势。中南地区、华北地区、东北地区、西北地区及西南地区纺织企业营业总额分别为 267.62 亿元、64.80 亿元、37.47 亿元、23.68 亿元、12.44 亿元，占营业额比重分别为 19%、5%、2.7%、1.71%、0.9%，其中，中南地区增长速度迅猛，2012 年营业额同比增长 135.17%，实现了翻倍，所占比重也大幅度增加，但与华东地区相比仍有较大差距。

而排在前 4 名的省（市）分别为山东省、浙江省、江苏省和上海市，营业总额分别为 304.95 亿元、195.89 亿元、188.70 亿元、149.08 亿元，所占比重分别为 27%、17%、17%、13%，2011 年营业总额分别为 265.82 亿元、241.32 亿元、219.57 亿元、187.70 亿元，同比增长分别为 14.72%、23.19%、16.36%、25.91%，所占比重分别为 19%、17%、16%、14%，其中，山东省比重有所下滑。四大省（市）营业总额达 914.41 亿元，占营业总额比重高达 66.15%，与去年相比比重有所下降。

从中国纺织企业的数量来看，中国纺织企业仍主要分布于华东地区，共有 35 家企业，占企业总数的 71%，集中度较高，且高于 2011 年该比重。华东地区的 CBI 均值为 68.1359，高于全国均值 67.60，西北地区 CBI 均值最低，仅为 44.8969，东北地区较上年有所提高，CBI 均值为 62.1221。从省（市）分布来看，中国纺织企业的省市分布较为集中，明显分布于少数几个省（市），主要是江苏省、浙江省、上海市、山东省，其企业数量比重分别为 23%、20%、12%、8%（见图 14-10），其中，浙江省和上海市所占比重略有上浮，江苏省和山东省所占比重略有下降；山东省、上海市

两省（市）的 CBI 均值分别为 78.3119、68.5710，均高于行业平均值 67.60；而江苏省尽管其纺织企业数量在各省（市）纺织企业数量中排第一，但其 CBI 均值却略低于全国平均值，仅为 62.8427，显示其品牌竞争力仍有待提升。

中国纺织企业远不止 49 家，这 49 家企业只是众多纺织企业的杰出代表，从中可以分析中国纺织行业的竞争情况。纺织行业是关乎国计民生的重要行业，它目前已经形成一家独大的竞争趋势，一定程度上揭示了中国区域经济发展的不均衡，但同时也为实现纺织向现代产业集群迈进提供了条件。

（二）中观竞争态势：三大企业引领行业发展，中游企业势均力敌

根据中国纺织行业品牌竞争力分级评级标准，对调查的企业进行分级评估，按照一般惯例分为五级，5A 级企业 6 家，4A 级企业 10 家，3A 级企业 16 家，2A 级企业 11 家，1A 级企业 6 家。其中 5A 级企业数量有所增加，包括安徽华茂纺织股份有限公司、魏桥纺织股份有限公司、鲁泰纺织股份有限公司、华润锦华股份有限公司和罗莱家纺股份有限公司等，企业个数占总数的 12%，其 CBI 及各项分指标得分值均远远超出其他集团企业，所以 5A 级企业是中国纺织行业当之无愧的龙头企业。值得关注的是 16 家 3A 企业，占行业比重的 33%。3A 级企业的 CBI 均值为 69.1799，略高于行业平均值。3A 大集团基本代表了纺织行业发展的平均水平，并且企业之间指数分布比较均匀，可谓是竞争激烈。

（三）微观竞争比较：市场竞争表现力表现仍不佳，财务指数表现不尽如人意

对于中国企业来说，财务表现仍然是企业对外展示基本实力的重要依据。在我国，纺织行业是关系国计民生的传统行业，改革开放以后，原有的国有纺织企业经历了市场经济的重新洗牌，随着市场经济的不断完善和发展，加上国家对纺织行业的大力支持，越来越多的民营纺织企业迅速壮大发展起来，多数纺织企业近年来营业收入和净利润都保持了良好的增长态势。

全国 49 家纺织企业的品牌财务表现力得分均值为 2.6151，鲁泰纺织股份有限公司、魏桥纺织股份有限公司、华孚色纺股份有限公司、上海申达股份有限公司、神马实业股份有限公司、罗莱家纺股份有限公司、江苏联发纺织股份有限公司、航天通信控股集团股份有限公司、浙江航民股份有限公司、孚日集团股份有限公司位列前 10 名，这 10 家企业在品牌财务表现力方面差距很小，得分均在 3 分以上，4 分以下，较 2011 年有所降低。

从 3 个二级指标看，其均值分别为：规模因素 2.7563，增长因素 1.3598，效率因素 3.2114，一定程度上说明中国纺织行业财务表现力处于中等水平，效率因素指标得分表现优异，而增长因素仍有较大的提升空间。

全国 49 家纺织企业在市场竞争表现力得分均值仅为 2.6430，指标得分仍低于 2011 年，并无有效提高。魏桥纺织股份有限公司、神马实业股份有限公司、鲁泰纺织股份有限公司、上海申达股份有限公司、航天通信控股集团股份有限公司、安徽华茂纺织股份有限公司、华孚色纺股份有限公司、宁波维科精华集团股份有限公司、吉林奇峰化纤股份有限公司、石家庄常山纺织股份有限公司位列前 10 名，但这 10 家企业在市场竞争表现力方面差别却较大，市场竞争力表现最好的魏桥纺织股份有限公司得分为 4.3445；而市场竞争力表现第 10 名的石家庄常山纺织股份有限公司得分仅为 2.8850。神马实业股份有限公司表现良好，市场竞争力指标首次冲进行业前 10 名，得分为 3.5059，位居第二。

二级指标中，市场占有能力得分均值为 2.1154，超值获利能力得分为 3.6227。与 2011 年相比市场占有能力有所下降，超值获利能力有所提高。最低的市场占有率得分仅为 1.6916，严重拉低了市场占有能力，从而拉低了市场竞争表现力。总体来看，整个纺织行业的市场竞争表现力仍差强人意。

如果将企业竞争力分为规模竞争、效率竞争和创新竞争三个阶段的话，目前中国纺织行业竞争仍处于规模因素主导的第一阶段，虽然个别企业竞争水平已经处于效率竞争和创新竞争水平，但就中国纺织行业总体竞争水平来看，与技术创新和品牌经营的第三阶段仍有很大距离。

第二节　中国纺织企业品牌竞争力排名报告

一、2012 年度中国纺织企业品牌竞争力指数排名

中国企业品牌竞争力指数（以下简称 CBI）研究课题组于 2011 年 7 月完成了理论研究，采用多指标综合指数法对中国企业品牌竞争力进行量化研究。初期理论成果包括 CBI 四位一体理论模型、CBI 评价指标体系、CBI 评价指标权重以及 CBI 计算模型，并且已经通过国内十位经济学、管理学界权威专家论证。为了检验理论成果的应用效果，课题组继 2011 年对中国自主企业品牌调研之后，于 2012 年底对中国自主纺织行业品牌再一次进行调研，根据调查数据应用 CBI 计算模型得出中国纺织企业品牌竞争力（以下简称 CBI-R）排名（见表 14-1）。

表 14-1　2012 年中国纺织企业品牌竞争力指数排名

企业名称	省（市、自治区）	相对值（指数）				绝对值形式（5 分制）		
		2012 年行业 CBI	排名	2011 年行业 CBI	排名	品牌竞争力得分（CBS）	品牌财务表现力	市场竞争表现力
安徽华茂纺织股份有限公司	安徽省	100	1	100	1	3.9014	2.9677	3.0514
魏桥纺织股份有限公司	山东省	98.5744	2	97.8214	2	3.6941	3.7115	4.3445
鲁泰纺织股份有限公司	山东省	92.7631	3	84.8578	5	3.4111	3.8589	3.3095
华润锦华股份有限公司	四川省	91.4702	4	88.6397	3	3.3812	2.3755	2.7365
罗莱家纺股份有限公司	江苏省	88.4015	5	86.7441	4	3.3104	3.1797	2.8326
上海申达股份有限公司	上海市	85.1262	6	78.525	8	2.9928	3.4768	3.1581
湖南梦洁家纺股份有限公司	湖南省	83.9444	7	82.1652	6	2.9689	2.5458	2.6257
华孚色纺股份有限公司	广东省	82.4754	8	77.6957	11	3.0783	3.6030	2.9632
宁波维科精华集团股份有限公司	浙江省	80.9772	9	75.0581	13	3.0756	2.9730	2.9594
浙江富润股份有限公司	浙江省	78.5268	10	81.1386	7	2.9362	2.3492	2.6360
浙江航民股份有限公司	浙江省	77.2274	11	74.617	16	2.9086	3.0571	2.5621
宁波杉杉股份有限公司	浙江省	77.1266	12	77.8139	10	2.9064	2.9378	2.8118
中纺投资发展股份有限公司	上海市	76.8249	13	76.8705	12	2.9000	2.4832	2.8513
福建凤竹纺织科技股份有限公司	福建省	76.4095	14	74.8718	14	2.1712	2.0840	2.3746
孚日集团股份有限公司	山东省	75.8650	15	71.1099	24	2.9615	3.0226	2.7345
江苏联发纺织股份有限公司	江苏省	75.4623	16	72.1141	23	2.7855	3.1210	2.5894
神马实业股份有限公司	河南省	74.0779	17	66.1708	33	2.7837	3.2266	3.5059
江苏旷达汽车织物集团股份有限公司	江苏省	74.0758	18	74.7719	15	2.4838	2.5719	2.4269
航天通信控股集团股份有限公司	浙江省	72.2959	19	68.6232	26	2.7144	3.0577	3.1266
深圳市富安娜家居用品股份有限公司	广东省	72.0878	20	73.7446	19	2.5889	2.7926	2.4827
福建众和股份有限公司	福建省	72.0443	21	74.0289	18	2.4352	2.4626	2.4451
石家庄常山纺织股份有限公司	河北省	71.1435	22	73.6235	20	2.6996	2.9156	2.8850
河南新野纺织股份有限公司	河南省	70.3367	23	66.7771	29	2.5936	2.7990	2.5168
江苏新民纺织科技股份有限公司	江苏省	68.9008	24	74.47	17	2.5786	2.7133	2.6035
中国服装股份有限公司	北京市	68.4118	25	73.4389	21	2.3947	2.2089	2.8284
上海龙头（集团）股份有限公司	上海市	67.5463	26	65.495	34	2.6803	2.7920	2.7705
江苏阳光股份有限公司	江苏省	67.0954	27	56.2197	43	2.6709	2.8862	2.5445
吉林奇峰化纤股份有限公司	吉林省	66.2048	28	66.2424	32	2.5697	2.5671	2.9132

续表

企业名称	省（市、自治区）	相对值（指数）				绝对值形式（5分制）		
		2012年行业CBI	排名	2011年行业CBI	排名	品牌竞争力得分（CBS）	品牌财务表现力	市场竞争表现力
宁夏中银绒业股份有限公司	宁夏回族自治区	66.0072	29	72.2998	22	2.5659	2.6156	2.5266
吴江中国东方丝绸市场股份有限公司	江苏省	65.6881	30	66.427	31	2.5596	2.5887	2.5552
浙江嘉欣丝绸股份有限公司	浙江省	65.5332	31	65.358	35	2.5284	2.6260	2.4256
上海海欣集团股份有限公司	上海市	65.4290	32	59.1242	42	2.4994	2.5733	2.5276
浙江美欣达印染集团股份有限公司	浙江省	63.9698	33	52.5002	49	2.4720	2.5410	2.4025
江苏三房巷实业股份有限公司	江苏省	63.1921	34	69.2845	25	2.4574	2.4893	2.4317
江苏霞客环保色纺股份有限公司	江苏省	60.7991	35	60.1177	40	2.4124	2.4280	2.3759
浙江金鹰股份有限公司	浙江省	60.7640	36	54.8453	45	2.4117	2.3987	2.4421
福建南纺股份有限公司	福建省	60.6412	37	59.5369	41	2.4094	2.4376	2.3436
上海三毛企业（集团）股份有限公司	上海市	58.8868	38	52.9488	48	2.3764	2.3388	2.4642
辽宁时代万恒股份有限公司	辽宁省	58.0395	39	62.6919	37	2.3605	2.3269	2.4390
上海嘉麟杰纺织品股份有限公司	上海市	57.6131	40	68.238	27	2.3525	2.3615	2.3314
宏达高科控股股份有限公司	浙江省	55.0435	41	66.7904	28	2.3042	2.2849	2.3491
深圳市纺织（集团）股份有限公司	广东省	54.5621	42	62.6471	38	2.2951	2.3097	2.2611
华芳纺织股份有限公司	江苏省	53.1202	43	63.1282	36	1.9352	1.8326	2.1744
山东济宁如意毛纺织股份有限公司	山东省	46.0452	44	62.4504	39	2.1350	2.0757	2.2733
江苏金飞达服装股份有限公司	江苏省	39.1192	45	48.3793	52	2.0048	1.8792	2.2979
新疆天山毛纺织股份有限公司	新疆维吾尔自治区	36.0582	46	55.2075	44	1.9473	1.7386	2.4342
华芳纺织股份有限公司	江苏省	35.4151	47	63.1282	36	2.2680	2.2832	2.2327
兰州三毛实业股份有限公司	甘肃省	32.6252	48	51.4146	50	1.8827	1.6500	2.4256
利展环境股份公司	浙江省	28.2547	49	66.7553	30	1.7958	1.6209	2.2037
均值		67.5960		69.7331		2.6235	2.6151	2.6430

说明：从理论上说，中国企业品牌竞争力指数（CBI）由中国企业品牌竞争力分值（CBS）标准化之后得出，CBS由4个一级指标（包括）品牌财务表现力、市场竞争表现力、品牌发展潜力和消费者支持力的得分值加权得出。

在实际操作过程中，课题组发现，品牌发展潜力和消费者支持力两个部分的数据收集存在一定的难度，且收集到的数据准确性有待核实，因此，本报告暂未将品牌发展潜力和消费者支持力列入计算。

品牌财务表现力主要依据各企业的财务报表数据以及企业上报数据进行计算。同时，关于市场竞争表现力方面的得分，课题组选取了部分能够通过公开数据计算得出结果的指标，按照CBI计算模型得出最终结果。

关于详细的计算方法见《中国企业品牌竞争力指数系统：理论与实践》。"—"表示该企业2011年排名在100名之外。

与2011年相比，2012年中国纺织行业自主品牌排名有小幅度变动。安徽华茂纺织股份有限公司、魏桥纺织股份有限公司、鲁泰纺织股份有限公司、华润锦华股份有限公司、罗莱家纺股份有限公司稳居行业前五，安徽华茂纺织股份有限公司和魏桥纺织股份有限公司稳坐行业头两把交椅，华润锦华股份有限公司由第3名下降为第4名，而鲁泰纺织股份有限公司指标表现良好，由第5名上升为第3名。在行业前10强的企业中，华孚色纺股份有限公司和宁波维科精华集团股份有限公司增长迅速，跻身前10强，分别从第8名上升至第11名，从第9名上升至第13名；浙江富润股份有限公司有所下滑，由第7名下滑至第

10名，宁波杉杉股份有限公司则由第10名下滑为第12名。

通过2012年中国纺织行业品牌竞争力指数数据，可以计算出中国纺织行业CBI数值为67.60，和2011年的69.73相比变化不大。CBI数值为相对值，一方面可以反映行业总体竞争水平，另一方面为行业内企业提供了一个比较标准。后续课题组根据近万家企业CBI数据得出中国企业品牌竞争力指数值为68，那么纺织行业CBI数值为67.60小于68，说明纺织行业整体竞争水平低于平均水平，行业发展处于较差状态，与2011年相比并无有效改善。同理，行业内部企业CBI数值低于67.60，说明其品牌竞争力处于劣势，高于

67.60，说明其品牌竞争力处于优势，整个 CBI 指标体系为企业提供了一套具有诊断功能和预测功能的实用工具。

二、2012 年度中国纺织企业品牌竞争力指数评级报告

（一）中国纺织企业品牌竞争力指数评级标准体系

根据表 14-1 得出的纺织企业 CBI 数值，课题组绘制总体布局图（见图 14-5），从整体上看，CBI 分布曲线两端陡峭、中间平缓。根据企业

CBI 数值表现出来的特征，结合纺织行业的竞争力特性对调查的企业进行分级评估，按照一般惯例分为五级，划分标准如表 14-2 所示。

表 14-2　中国纺织企业品牌竞争力分级评级标准

评级 ＼ 标准	CBI 数值标准
A A A A A	CBI≥85
A A A A	75≤CBI<85
A A A	65≤CBI<75
A A	50≤CBI<65
A	CBI<50

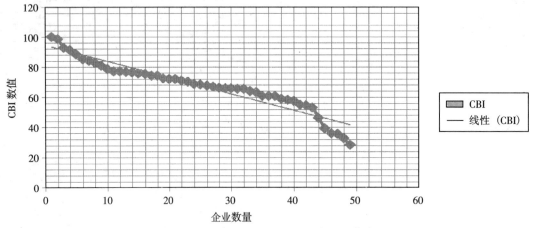

图 14-5　中国纺织行业企业 CBI 散点分布

（二）中国纺织企业品牌竞争力指数评级结果

以上评价标准可以将纺织企业划分为五个集团，具体的企业个数及分布情况所表 14-3 和图

14-6 所示，各级水平的企业得分情况由于篇幅原因仅列出代表性企业。

表 14-3　中国纺织行业公司各分级数量表

企业评级	竞争分类	企业数量	所占比重（%）	行业 CBI 均值	行业 CBS 均值	品牌财务表现力均值	市场竞争表现力均值
5A 级企业	第一集团	6	12	92.7226	3.4485	3.2617	3.2388
4A 级企业	第二集团	10	20	78.4839	2.8692	2.8177	2.7108
3A 级企业	第三集团	16	33	69.1799	2.5842	2.7123	2.6927
2A 级企业	第四集团	11	23	58.7847	2.3745	2.3818	2.3703
1A 级企业	第五集团	6	12	36.2529	1.9501	1.7995	2.3015
全部	不分类	49	100	67.0848	2.6453	2.5946	2.6628

据表 14-2 中国纺织企业品牌竞争力分级评级标准，5A 级企业共有 6 家，占纺织企业总数的 12%，该比重高于 2011 年。表 14-4 中所列的五家企业：安徽华茂纺织股份有限公司、魏桥纺织股份有限公司、鲁泰纺织股份有限公司、华润锦

华股份有限公司和罗莱家纺股份有限公司，其品牌财务表现力和市场竞争力表现突出，具有相对较高的消费者支持力度和顾客忠诚度，品牌发展潜力巨大，鲁泰纺织股份有限公司作为新进入者表现良好。在第一集团内部比较而言，鲁泰纺织

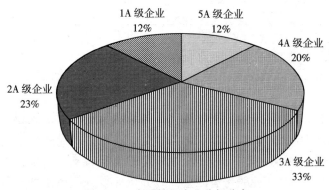

图 14-6　中国纺织企业分级分布

表 14-4　中国纺织行业 5A 级企业品牌代表

企业名称	评级水平	排名	CBI	CBS	品牌财务表现力	市场竞争表现力
安徽华茂纺织股份有限公司	5A	1	100	3.9014	2.9677	3.0514
魏桥纺织股份有限公司	5A	2	98.5744	3.6941	3.7115	4.3445
鲁泰纺织股份有限公司	5A	3	92.7631	3.4111	3.8589	3.3095
华润锦华股份有限公司	5A	4	91.4702	3.3812	2.3755	2.7365
罗莱家纺股份有限公司	5A	5	88.4015	3.3104	3.1797	2.8326

股份有限公司的品牌财务表现力位居全行业第一，得分为 3.8589；魏桥纺织股份有限公司的市场竞争表现力位居本集团第一，得分为 4.3445。这五家公司的财务表现力和市场竞争表现力差距非常大，财务表现力排第 5 名的华润锦华股份有限公司得分均值仅为 2.3755，市场竞争表现力排第 5 名的罗莱家纺股份有限公司的得分仅为 2.8326。但该五家公司的 CBI 数值得分均高于行业平均水平，仍是该行业当之无愧的领军企业。

表 14-5　中国纺织行业 4A 级企业品牌代表

企业名称	评级水平	排名	CBI	CBS	品牌财务表现力	市场竞争表现力
湖南梦洁家纺股份有限公司	4A	7	83.9444	2.9689	2.5458	2.6257
华孚色纺股份有限公司	4A	8	82.4754	3.0783	3.6030	2.9632
宁波维科精华集团股份有限公司	4A	9	80.9772	3.0756	2.9730	2.9594
浙江富润股份有限公司	4A	10	78.5268	2.9362	2.3492	2.6360
浙江航民股份有限公司	4A	11	77.2274	2.9086	3.0571	2.5621

据表 14-2 中国纺织行业品牌竞争力分级评级标准，4A 级纺织企业共有 10 家，占纺织企业总数的 20%，企业数量与 2011 年相比并无明显变化。表 14-5 中所列的五家企业：湖南梦洁家纺股份有限公司、华孚色纺股份有限公司、宁波维科精华集团股份有限公司、浙江富润股份有限公司和浙江航民股份有限公司是中国纺织行业中的领先企业，品牌财务表现力和市场竞争表现力突出，消费者支持力度较大，具有较高的顾客忠诚度，品牌发展潜力较大。CBI 及各项分指标得分值均高于行业平均值。在第二集团内部比较而言，华孚色纺股份有限公司品牌财务表现力指标和市场竞争表现力均位于本集团第一，分别为 3.6030 和 2.9632，与本集团其他企业相比，仍有较明显优势。

表 14-6　中国纺织行业 3A 级企业品牌代表

企业名称	评级水平	排名	CBI	CBS	品牌财务表现力	市场竞争表现力
神马实业股份有限公司	3A	14	74.0779	2.7837	3.2266	3.5059
江苏旷达汽车织物集团股份有限公司	3A	15	74.0758	2.4838	2.5719	2.4269
航天通信控股集团股份有限公司	3A	16	72.2959	2.7144	3.0577	3.1266

续表

企业名称	评级水平	排名	CBI	CBS	品牌财务表现力	市场竞争表现力
深圳市富安娜家居用品股份有限公司	3A	17	72.0878	2.5889	2.7926	2.4827
福建众和股份有限公司	3A	18	72.0443	2.4352	2.4626	2.4451

据表14-2中国纺织行业品牌竞争力分级评级标准，3A级纺织企业共有16家，占纺织企业总数的33%，与2011年相比，企业数量有所减少。表14-6中所列的五家企业：神马实业股份有限公司、江苏旷达汽车织物集团股份有限公司、航天通信控股集团股份有限公司、深圳市富安娜家居用品股份有限公司和福建众和股份有限公司是中

国纺织行业的中游企业，品牌财务表现力、市场竞争表现力和品牌发展潜力表现均一般，具有一定的消费者支持力度和顾客忠诚度，CBI及各项分指标得分值也都处于行业平均值上下。在第三集团内部比较而言，神马实业股份有限公司各指标表现良好，具有最高的财务表现力和市场竞争表现力。

表14-7　中国纺织行业2A级企业品牌代表

企业名称	评级水平	排名	CBI	CBS	品牌财务表现力	市场竞争表现力
浙江美欣达印染集团股份有限公司	2A	33	63.9698	2.4720	2.5410	2.4025
江苏三房巷实业股份有限公司	2A	34	63.1921	2.4574	2.4893	2.4317
江苏霞客环保色纺股份有限公司	2A	35	60.7991	2.4124	2.4280	2.3759
浙江金鹰股份有限公司	2A	36	60.7640	2.4117	2.3987	2.4421
福建南纺股份有限公司	2A	37	60.6412	2.4094	2.4376	2.3436

据表14-2中国纺织行业品牌竞争力分级评级标准，2A级纺织企业共有11家，占纺织企业总数的22%，企业数量较2011年有所下降。表14-7中所列的五家企业：浙江美欣达印染集团股份有限公司、江苏三房巷实业股份有限公司、江苏霞客环保色纺股份有限公司、浙江金鹰股份有限

公司和福建南纺股份有限公司是中国纺织行业中下游企业的代表，其特征是CBI、品牌财务表现力、市场竞争力等表现均处于平均水平之下。在第四集团内部比较而言，品牌财务表现力和市场竞争表现力大部分在2.5分以下，仍有待提高。

表14-8　中国纺织行业1A级企业品牌代表

企业名称	评级水平	排名	CBI	CBS	品牌财务表现力	市场竞争表现力
山东济宁如意毛纺织股份有限公司	1A	34	46.0452	2.1350	2.0757	2.2733
江苏金飞达服装股份有限公司	1A	35	39.1192	2.0048	1.8792	2.2979
新疆天山毛纺织股份有限公司	1A	36	36.0582	1.9473	1.7386	2.4342
华芳纺织股份有限公司	1A	37	35.4151	1.9352	1.8326	2.1744
兰州三毛实业股份有限公司	1A	38	32.6252	1.8827	1.6500	2.4256

据表14-2中国纺织行业品牌竞争力分级评级标准，1A级纺织企业共有6家，占纺织企业总数的12%，与2011年相比并无明显变动。表14-8中所列的五家企业：山东济宁如意毛纺织股份有限公司、江苏金飞达服装股份有限公司、新疆天山毛纺织股份有限公司、华芳纺织股份有限公司和兰州三毛实业股份有限公司是中国纺织行业的

下游企业，其特征是CBI、品牌财务表现力、市场竞争表现力等均远远低于行业平均水平，CBI各项指标均有待提高。在第五集团内部比较而言，市场竞争表现力得分均在2分以上，而财务表现力指标得分普遍较低，大部分在2分以下，还有很大的提高空间。

三、2012 年度中国纺织企业品牌价值前 20 强

课题组认为，品牌价值（以下简称 CBV）是客观存在的，它能够为其所有者带来特殊的收益。品牌价值是品牌在市场竞争中的价值实现。一个品牌有无竞争力，就是要看它有没有一定的市场份额，有没有一定的超值创利能力。品牌的竞争力正是体现在品牌价值的这两个最基本的决定性因素上，品牌价值就是品牌竞争力的具体体现。

通常意义上，品牌价值以绝对值（单位：亿元）的形式量化研究品牌竞争水平，课题组从品牌价值和品牌竞争力的关系上展开研究，针对品牌竞争力以相对值（指数：0~100）的形式量化研究品牌竞争力水平。在研究世界上关于品牌价值测量方法论基础上，提出本研究关于品牌价值计算方法，$CBV = CBI \times A \times \sum f(x_i) + C$，其中：CBV 为企业品牌价值，CBI 为企业品牌竞争力指数，A 为分级系数，x_i 为系数决定要素，C 为行业调整系数。据此得出中国纺织企业品牌价值前 20 强（见表 14-9）。

表 14-9　2012 年中国纺织企业品牌价值前 20 强

企业名称	省（市）	2012 年 CBV（亿元）	排名	2011 年 CBV（亿元）	排名	2012 年行业 CBI
安徽华茂纺织股份有限公司	安徽省	66.18	1	47.42	1	100
魏桥纺织股份有限公司	山东省	53.59	2	45.33	2	98.5744
鲁泰纺织股份有限公司	山东省	49.95	3	38.37	3	92.7631
华润锦华股份有限公司	四川省	46.87	4	30.85	4	91.4702
罗莱家纺股份有限公司	江苏省	39.77	5	29.02	5	88.4015
华孚色纺股份有限公司	广东省	38.72	6	27.21	7	82.4754
江苏联发纺织股份有限公司	江苏省	35.43	7	—	—	75.4623
湖南梦洁家纺股份有限公司	湖南省	35.38	8	28.54	6	83.9444
上海申达股份有限公司	上海市	34.92	9	26.32	8	85.1262
浙江富润股份有限公司	浙江省	33.99	10	21.93	12	78.5268
宁波维科精华集团股份有限公司	浙江省	31.93	11	22.02	11	80.9772
航天通信控股集团股份有限公司	浙江省	31.06	12	21.42	13	72.2959
福建凤竹纺织科技股份有限公司	福建省	30.48	13	21.02	16	76.4095
深圳市富安娜家居用品股份有限公司	广东省	28.04	14	—	—	72.0878
江苏新民纺织科技股份有限公司	江苏省	27.24	15	—	—	68.9008
浙江航民股份有限公司	浙江省	27.05	16	21.09	15	77.2274
宁波杉杉股份有限公司	浙江省	26.71	17	23.2	10	77.1266
孚日集团股份有限公司	山东省	20.02	18	21.3	14	75.8650
中国服装股份有限公司	北京市	19.60	19	—	—	68.4118
上海龙头（集团）股份有限公司	上海市	19.19	20	—	—	67.5463
合计		696.13	—			

在 49 家受调研企业中，前 20 强的企业 CBV 合计为 696.13 亿元，较 2011 年有所提高。前 10 强区纺织企业 CBV 总值合计为 434.81 亿元，占前 20 强比重的 62.46%，说明行业前 10 强 CBV 对行业 CBV 总值的贡献比较大。其中，在前 10 强企业中，安徽华茂纺织股份有限公司、魏桥纺织股份有限公司、鲁泰纺织股份有限公司、华润锦华股份有限公司和罗莱家纺股份有限公司 5 家企业稳居行业前 5 强，CBV 均有所上升，是纺织行业的领军企业。江苏联发纺织股份有限公司表现优异，强势进入前 10 名，排第 6 名。湖南梦洁家纺股份有限公司和上海申达股份有限公司排名有所下降，分别由第 6 名和第 8 名，下滑至第 8 名和第 9 名。在前 20 强的企业中，深圳市富安娜家居用品股份有限公司、江苏新民纺织科技股份有限公司、中国服装股份有限公司和上海龙头

（集团）股份有限公司表现良好，增长迅速，均在2012年首次列入前20强，其中，深圳市富安娜家居用品股份有限公司排第14名，江苏新民纺织

科技股份有限公司排第15名，中国服装股份有限公司排第19名，上海龙头（集团）股份有限公司排第20名。

第三节　2012年度中国纺织企业品牌竞争力区域报告

一、六大经济分区

（一）总体情况分析

　　根据课题组的调研数据，中国纺织行业主要分布仍在华东地区，企业总数仍是行业第一，共有35家，占企业总数的比重为71%，集中度较高。华东地区的CBI均值为68.1359，高于全国均值67.5960。从企业数量上看，中南地区排第2

名，但其CBI均值为72.9140，位列各地区之首，远高于行业平均水平。西北地区虽然企业数量排第3名，但其CBI均值最低，仅为44.8969。华北地区虽然企业数量较少，仅占行业企业总数的4%，但其CBI均值为69.7777，高于企业数量排名第一的华东地区。西南地区只有1家企业，尽管其CBI均值等各项指标都很高，但不具代表性，故不在对比行列（见表14-10）。

表14-10　中国纺织企业六大经济区域竞争状况

区域	企业数量	所占比重（%）	CBI均值		CBS均值		品牌财务表现力均值		市场竞争表现力均值	
			2012	2011	2012	2011	2012	2011	2012	2011
华东地区	35	72	68.1359	67.8741	2.6411	2.4957	2.6419	3.8701	2.6275	2.8034
中南地区	6	12	72.9140	52.1509	2.7181	2.2255	2.8794	3.3717	2.7259	2.6980
东北地区	2	4	62.1221	47.7558	2.4651	2.1499	2.4470	3.1292	2.6761	2.9266
华北地区	2	4	69.7777	49.0208	2.5472	2.1717	2.5623	3.0636	2.8567	3.1992
西北地区	3	6	44.8969	59.6406	2.1319	2.3542	2.0014	3.3724	2.4621	3.3399
西南地区	1	2	—	—	—	—	—	/	—	/
总体情况	49	100	63.5693	64.9082	2.5007	2.4447	2.5064	3.7459	2.6697	2.8588

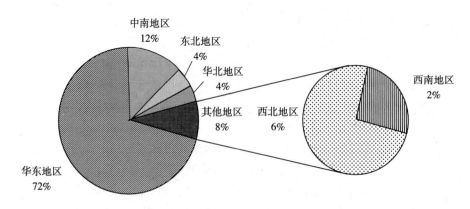

图14-7　中国纺织企业数量区域分布

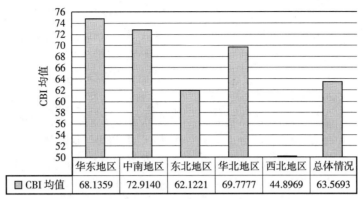

图 14-8 纺织企业五大经济区域 CBI 均值对比

（二）分项情况分析

总体来看，纺织行业公司各项指标表现依旧一般，与 2011 年相比并无有效改善。各分项竞争力指标对比来看，财务表现力和市场表现力均表现平平。市场竞争表现力指标得分较低，均在 3

分以下，其中，华北地区指标数值最高，为 2.8567，不同地区间差异较小。品牌财务表现力得分均值也较低，也都在 3 分以下，中南地区得分最高，为 2.8794。总体来说，不同区域间的差距仍然存在。

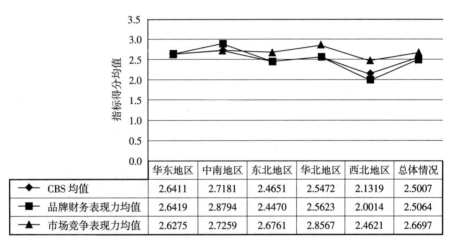

图 14-9 中国纺织企业一级指标分区域对比

表 14-11 中国纺织企业四大主要省（市）竞争状况

省（市）	企业数量	所占比重（%）	CBI 均值		CBS 均值		品牌财务表现力均值		市场竞争表现力均值	
			2012 年	2011 年	2012 年	2011 年	2012 年	2011 年	2012 年	2011 年
江苏省	11	23	62.8427	64.6777	2.4970	2.4408	2.5430	3.7475	2.4604	2.8352
浙江省	10	20	65.9719	68.3500	2.6053	2.5039	2.5846	3.9253	2.5919	2.7063
上海市	6	12	68.5710	66.8669	2.6336	2.4784	2.6709	3.8188	2.6838	2.8451
山东省	4	8	78.3119	68.8567	3.0504	2.5126	3.1672	3.9710	3.1655	2.6355
其他省（市）	18	37	68.6966	62.0011	2.6126	2.3948	2.5348	3.5894	2.6532	3.0004
总体情况	49	100	68.8788	64.9082	2.6798	3.2640	2.7001	3.8236	2.7110	2.8357

二、四大省（市）分析

（一）总体情况分析

表 14-11 中四个省（市）的纺织企业数量占到企业总数的 63%，与 2011 年相比该比重略有上升。江苏省、浙江省、上海市、山东省的比重分别为 23%、20%、12%、8%（见图 14-10），其中，浙江省和上海市所占比重略有上浮，江苏省和山东省所占比重略有下降，但中国纺织企业的省（市）分布仍较为集中，纺织企业明显集中分布于少数几个省（市）。山东省、上海市两省（市）的 CBI 得分分别为 78.3119、68.5710（见图 14-11），均高于行业平均值 67.60。江苏省纺织企业数量在各省（市）纺织企业数量中排第 1 名，占全国纺织企业数量的比重为 20%，但是其 CBI 均值却仅为 62.8427，仍低于全国平均值，显示其品牌竞争力仍有待提升。

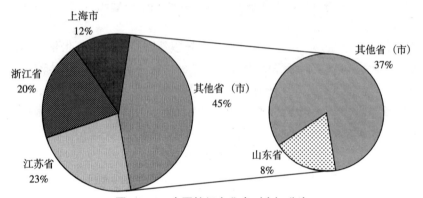

图 14-10 中国纺织企业省（市）分布

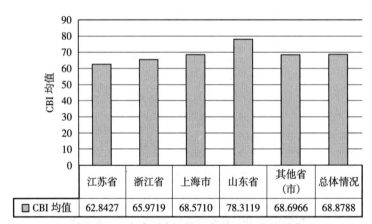

	江苏省	浙江省	上海市	山东省	其他省（市）	总体情况
CBI 均值	62.8427	65.9719	68.5710	78.3119	68.6966	68.8788

图 14-11 各省（市）纺织企业 CBI 均值对比

（二）分项情况分析

在各分项竞争力指标对比方面，品牌财务表现力指标和市场表现力指标均表现不佳，除山东省以外，各省（市）品牌指标均值得分均在 3 分以下，显示出其财务表现力和市场表现力竞争力较弱。山东省的品牌财务表现力指标为 3.1672，表示其品牌财务表现力具有相对较强的竞争力；市场竞争表现力指标得分为 3.1655，在各省（市）中占据相对的优势地位。总体来看，各省（市）在不同指标上的差距不是很大，不同指标之间差距也不是很大，品牌财务表现力和市场竞争表现力均处于一般水平，还有较大的发展空间。

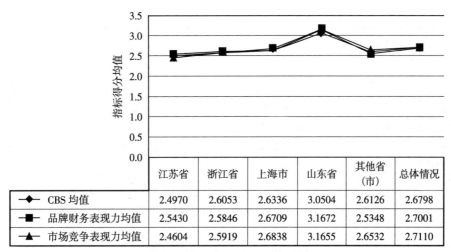

	江苏省	浙江省	上海市	山东省	其他省（市）	总体情况
◆ CBS 均值	2.4970	2.6053	2.6336	3.0504	2.6126	2.6798
■ 品牌财务表现力均值	2.5430	2.5846	2.6709	3.1672	2.5348	2.7001
▲ 市场竞争表现力均值	2.4604	2.5919	2.6838	3.1655	2.6532	2.7110

图 14-12　各省（市）纺织企业一级指标得分均值对比

第四节　2012 年度中国纺织企业品牌竞争力分项报告

一、品牌财务表现力

目前国内企业经营者对于现代化管理手段的理解与实践，多半仍然停留在以财务数据为主导的思维里。虽然财务数据无法帮助经营者充分掌握企业的发展方向，但在企业的实际运营过程中，财务表现仍然是企业对外展示基本实力的重要依据。品牌财务表现力层面的分析将财务指标分为规模因素、增长因素和效率因素 3 个二级指标。规模因素主要从销售收入、所有者权益和净利润 3 个三级指标来衡量；效率因素主要从净资产利润率、总资产贡献率 2 个三级指标来衡量；增长因素主要从近三年销售收入增长率、近三年净利润增长率 2 个三级指标来衡量。

近年来由于中国经济的快速发展，中国国民物质消费水平不断提高，再加上国家对纺织行业的大力支持使得各纺织企业近年来营业收入和净利润都保持了良好的增长态势。49 家纺织企业在品牌财务表现力上的得分均值是 2.6151，鲁泰纺织股份有限公司、魏桥纺织股份有限公司、华孚色纺股份有限公司、上海申达股份有限公司、神马实业股份有限公司、罗莱家纺股份有限公司、江苏联发纺织股份有限公司、航天通信控股集团股份有限公司、浙江航民股份有限公司、孚日集团股份有限公司位列前 10 名，这 10 家企业在品牌财务表现力方面差距很小，得分均在 3 分以上，4 分以下，较 2011 年有所降低。

从 3 个二级指标看，其均值分别为：规模因素 2.7563，增长因素 1.3598，效率因素 3.2114，其中，效率因素得分最高，增长因素得分最低；与 2011 年相比，单项指标得分 3.9679、3.3710、3.6028 均有所下降，增长因素下降最为严重，效率因素中又以净资产报酬率得分最高。在所有三级指标中，仍是净资产报酬率最高，为 3.2278，总资产贡献率得分最低，也拉低了增长因素的得分。

表 14-12　品牌财务表现力指数——行业前 10 名

企业名称	省（市）	行业 CBI 指数	品牌财务表现力
鲁泰纺织股份有限公司	山东省	92.7631	3.8589
魏桥纺织股份有限公司	山东省	98.5744	3.7115
华孚色纺股份有限公司	广东省	82.4754	3.6030

续表

企业名称	省（市）	行业 CBI 指数	品牌财务表现力
上海申达股份有限公司	上海市	85.1262	3.4768
神马实业股份有限公司	河南省	74.0779	3.2266
罗莱家纺股份有限公司	江苏省	88.4015	3.1797
江苏联发纺织股份有限公司	江苏省	75.4623	3.1210
航天通信控股集团股份有限公司	浙江省	72.2959	3.0577
浙江航民股份有限公司	浙江省	77.2274	3.0571
孚日集团股份有限公司	山东省	75.8650	3.0226

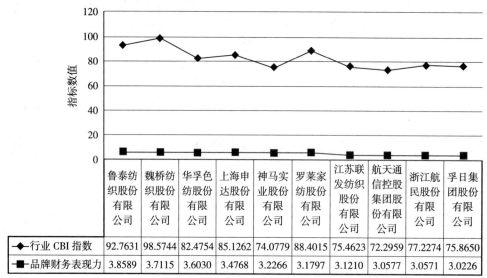

图 14-13　财务表现力前 10 名企业

表 14-13　品牌财务表现力各分项指标得分均值

一级指标	2012 年	2011 年	二级指标	2012 年	2011 年	三级指标	2012 年	2011 年
品牌财务表现力	2.6151	3.8236	规模因素	2.7563	3.9679	销售收入	2.9967	3.9723
						所有者权益	2.7144	4.5639
						净利润	2.4305	3.1540
			效率因素	3.2114	3.3710	净资产报酬率	3.2278	3.2861
						总资产贡献率	3.1868	3.4532
			增长因素	1.3598	3.6028	近三年销售收入增长率	1.4201	4.1949
						近三年净利润增长率	1.2995	2.7041

二、市场竞争表现力

随着纺织行业的持续与快速发展，市场竞争也更加激烈。企业只有具备更强的市场竞争能力，才能在目前的行业环境中生存下去。市场竞争表现力层面的分析将指标分为市场占有能力和超值获利能力 2 个二级指标。市场占有能力主要从市场占有率、市场覆盖率 2 个三级指标来衡量；超值获利能力主要从品牌溢价率、品牌销售利润率

2 个三级指标来衡量。

由于近几年中国经济的快速发展，带来了中国国民物质消费水平的不断提高，使得各纺织企业近年来营业收入、净利润都保持了良好的增长态势。全国 49 家纺织企业在市场竞争表现力得分均值仅为 2.6430，指标得分仍低于 2011 年，并无有效提高。魏桥纺织股份有限公司、神马实业股份有限公司、鲁泰纺织股份有限公司、上海申达股份有限公司、航天通信控股集团股份有限公司、安徽华茂纺织股份有限公司、华孚色纺股份有限

公司、宁波维科精华集团股份有限公司、吉林奇峰化纤股份有限公司、石家庄常山纺织股份有限公司位列前10名，这10家企业在市场竞争表现力方面差距较大，市场竞争表现力最好的魏桥纺织股份有限公司得分为4.3445；而市场竞争表现力第10名的石家庄常山纺织股份有限公司得分仅为2.8850。神马实业股份有限公司表现良好，市场竞争表现力指标首次冲进行业前10名，位居行业第二，品牌市场竞争表现力得分为3.5059。

二级指标中，市场占有能力得分均值为2.1154，与2011年指标得分3.2485相比有所下滑，而超值获利能力得分3.6227，远高于2011年指标得分2.0692。总的来看，整个纺织行业市场竞争表现力仍差强人意，表现最好的是超值获利能力，为3.6227；三级指标中得分最高的是品牌溢价率，为4.3510，与2011年相比有大幅度提升；最低的为市场占有率，仅为1.6916，较2011年市场占有率指标得分3.2228有大幅度下降，严重拉低了市场占有能力，导致最终拉低了市场竞争表现力。

表14-14 市场竞争表现力指数——行业前10名

企业名称	省（市）	行业 CBI 指数	市场竞争表现力
魏桥纺织股份有限公司	山东省	98.5744	4.3445
神马实业股份有限公司	河南省	74.0779	3.5059
鲁泰纺织股份有限公司	山东省	92.7631	3.3095
上海申达股份有限公司	上海市	85.1262	3.1581
航天通信控股集团股份有限公司	浙江省	72.2959	3.1266
安徽华茂纺织股份有限公司	安徽省	100	3.0514
华孚色纺股份有限公司	广东省	82.4754	2.9632
宁波维科精华集团股份有限公司	浙江省	80.9772	2.9594
吉林奇峰化纤股份有限公司	吉林省	66.2048	2.9132
石家庄常山纺织股份有限公司	河北省	71.1435	2.8850

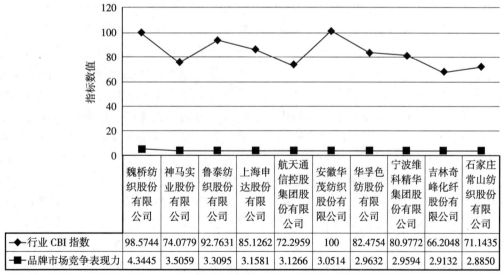

图14-14 市场竞争表现力前10名企业

表14-15 市场竞争表现力各分项指标得分均值

一级指标	2012 年	2011 年	二级指标	2012 年	2011 年	三级指标	2012 年	2011 年
市场竞争表现力	2.6430	2.8357	市场占有能力	2.1154	3.2485	市场占有率	1.6916	3.2228
						市场覆盖率	3.1045	3.3030
			超值获利能力	3.6227	2.0692	品牌溢价率	4.3510	2.4020
						品牌销售利润率	2.2702	1.4388

第五节　中国纺织企业品牌竞争力提升策略专题研究

一、中国纺织行业宏观经济与政策分析

（一）纺织行业市场运行情况

中商情报网发布的《2013~2017年中国纺织行业市场调查及投资前景咨询报告》数据显示：2012年末，全国规模以上纺织企业达20370家，总资产达19995.69亿元，与2011年相比同比增长11.51%。2012年1月至12月，全国纺织行业共计实现销售收入达32173.56亿元，同比增长12.15%；利润总额为1700.03亿元，同比增长13.91%；行业毛利率为12.14%。

2012年，我国纺织行业的欧美市场占有率有所下降，说明我国纺织产业的国际竞争力正在下降。这主要有两个方面的原因，首先是生产要素成本的提高，尤其是人工成本的提高，使得劳动密集型产业的出口竞争力不断下降，部分订单已经开始向南亚还有东南亚转移。其次是国内的棉花价格，2012年全年棉花价格表现平稳，稳定在19000~20000元/吨。化纤短纤价格波动较大，粘胶短纤价格每吨下降2000元左右，降幅为12.8%，涤纶短纤价格每吨下降450元左右。2013年初，因为春节临近，且市场资源紧缺，市场出现抬价，导致棉花价格回升，化纤短纤的价格也被带动着稳步回升。而进口棉价是13000元/吨，一吨相差6000元钱左右，这就意味着我国所有跟棉花沾边的出口产品，在价格上就已经没办法跟国外的厂家竞争了。国家统计局数据显示，1月至11月棉纺织规模以上企业主营业务收入增长13.5%，利润总额同比增长7.5%。相比之下，2012年增速下滑较快，但从2012全年销售市场走势上看，整体体现的是恢复性增长，直到11月仍处于增长趋势。效益的下滑也同时体现在企业的亏损面上，2012年1月至11月，规模以上企业亏损面达13%，与2008年相比较好，但与2011年相比却更加严峻。虽然经济效益在下滑，但是我国棉纺织行业投资同比依然在增长，尽管

增速趋缓，却与全国的经济增速基本一致。

对于2013年的发展趋势，中国棉纺织行业协会认为，未来形势将逐步转好，虽然出口仍然会维持艰难的运行，但新一届政府对宏观经济的调控政策将会陆续出台，这样也许纺织行业的境况会有所好转，棉纺织行业转型升级也将在积极推行中取得更好的成效，我国棉纺织行业一定能渡过难关，实现向利好转变。但影响行业运行的不利因素仍会存在，例如外需不足，还有国内成本上涨、棉花价格过高等，短期内这些问题都无法得到解决。但是纺织工业不能只是抱怨这个客观环境，而应该利用好现在外部市场倒逼机制，加快行业调整和转型升级。

（二）纺织行业政策分析

2010年11月19日，为贯彻落实中共中央《关于制定国民经济和社会发展第十二个五年规划的建议》精神，中国纺织工业协会编写制定了《纺织工业"十二五"科技进步纲要》。"十二五"期间，我国纺织工业科技进步将围绕"加大关键技术攻关力度、大规模推广先进适用工艺的技术和装备、完善科技创新体系、加快纺织人才队伍建设、全面提高行业生产效率和产品附加值"。不断健全机制，完善创新体系，加强自主创新和集成创新，实现转型升级。同时，纺织工业要发展成为结构优化、技术先进、绿色环保、附加值高、吸纳就业能力强的现代工业体系，为实现纺织工业强国奠定更加坚实的基础。《纲要》的发布标志着科技进步作为"十二五"时期纺织工业调整、升级与转型，以及纺织强国建设最重要的战略性任务向全行业部署。未来5~10年，将是我国纺织工业向强国目标全面冲刺的关键时期，加快科技进步，实现纺织科技生产力的跨越式发展，并以此为支撑转变发展方式，是实现2020年纺织强国目标的根本途径。

《规划》对我国纺织服装行业面临的形势和下一阶段的要求做了深入的剖析，明确了"十二五"期间纺织服装行业发展的指导思想和工作重心，

并就行业增长、产业结构调整、创新技术、品牌建设和节能减排等提出了进一步的要求。"十二五"规划的推出对纺织工业将产生五项利好。

1. 纺织产业作为国民经济的重要组成部分，产业地位有望得到进一步强化

纺织产业作为国民经济的传统支柱产业和最早实现国际化竞争的行业之一，在繁荣市场、吸纳就业、加快城镇化进程等方面发挥了举足轻重的作用。据统计，截至 2010 年，全国纺织工业规模以上企业完成工业总产值 47650 亿元，"十一五"期间年均增长 18.2%；吸纳就业人数 1148 万人，年均增长 2.1%；实现营业收入 46510 亿元，年均增长 19.2%；利润总额为 2875 亿元，年均增长 27.7%。化纤、纱、布、呢绒、丝织品和麻纺织品、服装等产量居世界第一位，纺织品及服装占全球贸易总额的比重超过 30%。以上数据表明，我国纺织工业不仅保持了规模和效益的双增长，而且成为拉动消费、推动投资和进出口额快速增长的主要驱动力量之一。我们认为，推动纺织工业在"十二五"期间继续保持较快发展的因素依然离不开消费、投资和进出口贸易。从消费角度看，内需将是推动纺织服装发展最主要的支点。随着城镇化率的不断提升，大量新进城市居民的改善性消费服装需求与原有城市居民的享受性消费需求将构成纺织产业最主要的发展动力。从投资角度看，随着国际纺织产业格局的进一步调整，发达国家具有的先进研发和制造技术将进一步向新兴国家转移，加之国内大力培育和发展战略性新兴产业，一大批先进生产设备的投入和先进研发技术的运用不仅将促进企业生产规模的提升，而且有利于提高产品核心竞争优势，为后金融危机时代纺织企业克服生产成本压力和提升经营效益创造了有利条件和机遇。从进出口角度看，欧美经济危机虽然对纺织服装出口产生短期的不利影响，但新兴经济体的需求始终保持良好态势。从长远来看，一旦国际经济形势出现好转，欧美消费需求也会出现集中释放，国际需求的变化将有利于引导我国纺织服装企业实现多元化市场的拓展以规避单一市场风险；同时，通过吸收和学习其他国家和地区的文化及消费理念，有助于本土纺织企业开拓创新，推动行业实现新一轮发展。

2. 继续推进产业区域布局调整，推动中西部产业共同升级

我国纺织工业普遍存在着"东强西弱"的特点，虽然近些年国家加大了对西部企业的扶植力度，但总体上，东西部协调发展的局面仍未形成。相比"十一五"规划时提出的"鼓励沿海纺织企业到中西部地区投资"，"十二五"规划则强调了引导纺织产业有序转移，形成东中西部跨区域产业链的上下游以及价值链各环节相协调的区域布局。规划明确提出，到"十二五"末，中西部地区纺织工业总产值占全国额度比重要达到 28%；中部地区在继续承接产业转移的基础上，将重点发展棉纺、服装、家用和产业用纺织品、麻纺和丝绸产品的加工制造，逐步建立较为完整的纺织制造业体系；西部地区将继续发挥资源和民族文化等优势，除积极提升棉纺、毛纺、丝绸等的生产规模外，也要适度向产业链下游延伸，推动产业优化升级。同时，此次规划首次提及东北地区纺织工业的发展方向，明确指出东北地区要利用特色原料资源、产业基础和富余劳动力，积极培植亚麻等品种，并由此形成亚麻、碳纤维等服装、产业用纺织品特色加工业，以实现东北地区老工业基地的进一步复兴。我们认为，"十二五"规划对全国纺织工业布局的调整与"十一五"时期相比，涵盖区域更全面，调整方向更加明确，调控力度、幅度更大。相比东部地区企业自发的产业转移，国家的主动引导将使中西部地区纺织产业实现更快、更稳健的可持续性发展。

3. 首推《产业用纺织品"十二五"规划》，提升产业用纺织品行业地位

产业用纺织品是指应用于工业、医疗、环保、建筑、农林牧渔等行业的具有特定功能的纺织品，其应用范围较广、技术含量较高，是新能源、节能环保、高端制造等新兴产业不可或缺的配套材料，通常被视为一国纺织工业综合实力的体现。据有关数据显示，"十一五"期间，服装、家纺和产业用纺织品三大类终端产品消费比例已由"十五"末的 54：33：13 调整为 51：29：20，表明产业用纺织品发展十分迅猛。"十二五"规划不仅提出至"十二五"末，上述三种终端产品消费比例要达到 48：27：25，而且在发布《纺织工业"十二五"规划》的同时，工信部、国家发改委和国家质检总局还联合发布了《产业用纺织品"十二五"规划》，明确提升了产业用纺织品在"十二五"期间的发展地位。具体的提振措施主要体现在两个方面：一是加大自主研发力度，提升市场贴合度。随着技术创新的进一步开展，高性能纤维的大量开发、回收再利用纤维的使用以及熔喷、纺粘和针刺等多种自动化工艺装备的复合应用不仅有利于提升产业用纺织品的品质并打破国际上的垄断壁垒，而且有助于促进产需结合，实现产业用纺织品与下游战略性新兴产业等终端产品的协同发展。二是推进企业兼并重组、发展产业集群有利于实现资源的充分利用和产业的协同配合，也能够促使一批竞争能力强、差异化程度高的产业链企业脱颖而出，并带动行业实现新的跨越。

4. 加强品牌建设，提升供应链速度

服装和家纺类纺织品虽然起步较晚，但受益于国民经济的快速发展和居民购买力的提高，使得上述两项产业成为纺织工业中发展最为迅猛、盈利能力最强的行业。虽然行业内也涌现出一些细分子行业的龙头企业，但从国内整体销售格局上看，前10大本土企业的市场占有率仍然偏低，表明行业仍有很大的整合空间。"十二五"规划首次明确提出，以服装和家纺行业为重点实施品牌建设工程，通过制定我国服装家纺品牌发展战略，建立品牌企业统计、跟踪及评价体系。力争通过多层次营销网络的拓展、推动数字化供应链管理系统的普及运用、引进和受让品牌资产来实现品牌扩展和延伸等措施，重点培育100家左右创新能力强、市场覆盖面和占有率高、企业经营效益好的服装家纺企业，并大力开拓国外市场，尽快形成一批国际化服装家纺品牌。另外，对于研发设计方面，规划也重点提及要培养纺织品服装设计师队伍，通过学习传统文化和借鉴时尚文化，提升自有品牌价值，支持企业建设产业链集成创新技术中心以加强创业产业化力度。规划较为清晰地点明了服装以及家纺行业未来的主要发展方向，一批研发能力雄厚、供应链管理能力较强和销售渠道运作娴熟的行业龙头企业有望通过品牌的国际化延伸而受益。

5. 继续加大节能减排力度，实现资源循环利用

纺织工业也属于高耗能、高污染的企业，尤其是印染行业，排放废水总量位于全国制造业排放总量的前五位，而水的重复利用率却不到10%，远远落后于制造业平均水平。"十二五"规划提出，国家将严格执行《产业结构调整目录》和《部分工业行业淘汰落后生产工艺装备和产品指导目录（2010年本）》的有关规定，加快推进棉纺织、化纤、印染等行业落后产能的退出，力争"十二五"期间淘汰落后印染产能60亿米，实现单位工业增加值能耗比2010年降低20%，工业二氧化碳排放强度比2010年降低20%，单位工业增加值用水量比2010年降低30%，主要污染物排放比2010年下降10%；同时，鼓励企业加快环保、循环利用系统的研发和应用，初步建立纺织纤维循环再利用体系，使再利用纺织纤维总量达到800万吨左右。我们相信，淘汰落后产能有利于行业资源向大企业方向聚集；同时，资源循环利用将降低企业的经营成本，有利于行业整体经营效益的提升。

二、中国纺织行业品牌竞争力提升策略建议

（一）优化企业技术创新宏观环境

与发达国家不同，我国企业尚属政府主导型，实行国家宏观调控和中央部门（行业总公司）分权制，导致管理分散，企业运行机制不顺，企业高度依赖政府主管部门，缺乏自主权与自我发展能力，企业发展动力不足，难以开展技术创新；由于管理体制上的横纵向两条线互不交叉，造成基础研究与技术开发严重脱节，其后果是模仿与仿制成为技术开发的主体方式，技术上难以有重大突破，多数技术成果只能步人后尘。因此，中国纺织企业推进企业技术创新进程的关键是以加快企业体制改革为突破口，优化企业技术创新宏观环境，要系统地狠抓四个关键：其一，要加快社会经济体制改革和企业制度创新，从根本上解决企业技术创新前提性的宏观管理环境难题。其二，要根据国情选择切合中国纺织企业实际的技术创新模式。根据我国纺织的实际情况，目前纺织行业除了要进行一些力所能及的率先创新之外，

更多地应采用模仿创新模式，从而发挥中国纺织企业的后发优势。其三，要健全企业技术创新的全要素政策管理体系。当前我国出台的政策之间缺少协调机制，致使企业执行起来会"宏观"与"微观"脱节，区域之间失衡或"反差过大"，因此，要尽快解决企业技术创新政策系统的协调机制并形成完善的政策管理体系，以优化企业技术创新的政策环境。其四，加强鼓励技术创新的政策，企业就好比一个婴儿，成长的速度与质量很大程度取决于它所处的环境。在现时条件下，政府应加强国家宏观调控职能，通过诱导型和鼓励型的财政、税收政策推动创新，保护创新者的利益，打击仿冒产品，使企业真正成为创新利益分配的主体，促进技术创新体系及运行机制的建立，主动规范、引导、激励企业的技术创新活动。

（二）积极推行市场需求导向的自主技术创新战略

"需求是技术创新之母"，加入 WTO 以来，技术全球化与创新全球化的新发展对中国纺织企业技术创新提出了新的挑战。中国纺织企业要把国际市场需求、开发自主知识产权品牌产品、组建跨国企业集团"三位一体"纳入到技术创新体系中来。

第一，要及时把握国际市场需求的走势与变动规律。国际经验证实，企业的一切技术创新都是围绕产品的不断升级换代而展开的，市场需求不断上升的规律客观地引导着企业技术创新的进程，这就要求中国企业必须根据所掌握的国际市场需求走势与变动规律，拓宽技术创新信息来源通道，建立"领先用户研究"新机制，以克服技术创新的盲目性与被动性。

第二，要积极应对技术创新全球化的新挑战。技术创新全球化的企业主角是跨国公司，发达国家一直把跨国公司作为开发具有自主知识产权品牌产品的主力军，并正向发展中国家渗透。面对跨国公司技术创新全球化的渗透策略，中国企业要从两个方面采取果断应对措施：①在技术方面，关键是要在新技术平台上进行密集投资，只有对一些前沿技术进行密集性投资，中国的纺织企业才有可能在未来的产业领域找到自己的市场发展空间；②在创新方面，纺织企业关键要把握最新的市场创新机会，在对市场的前瞻性把握上要从

模仿者变成市场领先者。

第三，要积极探索中国式的企业自主技术创新模式。自主知识产权品牌产品的国际贸易额是衡量一个国家的企业自主技术创新的重要指标，未来市场的国际竞争就是对拥有知识产权的品牌产品的竞争。因此，我国必须推行企业自主技术创新，积极探索中国式的企业自主技术创新模式，从而不断开发出拥有更多自主知识产权的、具有国际竞争力的品牌产品。

第四，要通过技术战略联盟提高科技竞争力。科技竞争力是国家经济实力的基石，而"科技力量实际上是指人的科学技能"，所以我国的纺织企业要牢牢把握人的科学技能，这是决定企业开发具有自立知识产权品牌产品的关键。大型纺织企业要以组建跨国企业集团为目标，努力开发具有自主知识产权品牌的产品并提高其国际市场竞争力，这是中国企业技术创新的一个战略目标。

（三）注重质量认证，努力培育自主品牌，构建纺织产业集群

目前我国纺织品贸易中 50% 以上的服装出口为来料加工，30% 左右由进口国提供商标、款式进行复样加工，自己的品牌仅占 10% 左右。出口的纺织品大多属于定牌生产或派生贴牌生产，纺织品出口企业的竞争力较弱，盈利能力普遍较低。因此，我国企业必须改变以产能扩张为主的发展模式，大力培育和提升纺织品自主品牌，依靠技术和品牌提高产品的附加值，提高企业的核心竞争力。纺织是一个典型的规模经济产业，只有实现了规模经济，才能真正实现低成本优势。我国的纺织品企业和服装企业数量众多，但是大多数纺织企业的规模和研发水平都比较落后，因此，需要纺织品外贸企业和生产企业互相合作，通过跨行业、跨地区的兼并重组和优化组合，推动产业集群形成，形成规模效应。

近年来欧盟对纺织品实施了严格的保护措施，提出越来越严格的生态要求，陆续发布的包括禁用染料和其他化学品的法规已成为欧盟所有成员的统一行动。所以纺织企业一定要根据产品最终输出国的不同，适用不同的产品质量标准，在生产过程中把好质量关。纺织品出口企业应积极开展绿色纺织品、生态纺织品的生产和认证，以适应世界消费潮流和纺织品的发展趋势。

三、中国纺织企业品牌竞争力提升策略建议

（一）提供优质产品，树立品牌保护意识，促进品牌可持续成长

产品或服务质量的好坏决定着企业的生死存亡，品牌即为品质和招牌，品质是品牌建设的基础。企业为了争得市场的主动权，必须从自身的产品服务质量入手。只有好的产品才能产生好的品牌文化，品牌文化的实体是高质量的产品。随着市场经济的发展和消费需求的多元化，使得满足顾客的各种需求成为决定品牌成功与否的关键因素。因此，我国自主纺织企业应该把产品质量放在企业品牌建设的首要位置，以为客户提供高质量多元化的产品为己任，更多地迎合消费者需求，从而获取更有利的品牌优势。

品牌是企业长期努力经营的结果，品牌是企业对市场做出的一项郑重承诺。企业的大部分活动都与品牌密不可分，我国的棉纺织企业只有把品牌的可持续成长放到战略高度才能使企业在成长的道路上走得更好更远。品牌不仅是企业参与市场竞争的主要手段和工具，还是企业生产经营活动的全部努力结果，企业必须对其加以保护。我国棉纺织企业要切实树立品牌意识，依法保护本企业的合法品牌利益，将品牌的发展作为一项战略任务来对待，防止本企业的品牌商标被抢注。此外，还要对品牌延伸策略进行全面的调查，因为我国大部分棉纺织企业在发展到一定程度后都会考虑是否进行品牌延伸，如果品牌相对成熟，那么采用品牌延伸一般会对新产品有积极影响，但是，如果原有品牌没有发展壮大，加之新产品不畅销，那么企业的品牌延伸策略就会使其陷入困境。

（二）推进技术创新，实行产品差异化战略

就市场结构而言，中国纺织行业（某些化纤业的子行业除外）是一个规模经济性不强的"原子型"或"准原子型"竞争性产业，其产业进入规模壁垒很低。所谓"原子型"产业指在这种产业中，卖方集中度低，企业规模小，数量多，而且规模分布相对比较均匀。按照产业组织经济学的基本观点，若一个产业没有某种进入壁垒，一

个企业如果不能赢得局部垄断的优势，就不能获得超额垄断利润。对于规模经济不明显的产业，技术创新和产品差异化就成为企业能否赢得局部垄断势力的关键。因此，纺织行业要想获得超额利润，不能靠构筑企业规模的壁垒来获得，而只能靠企业的技术创新和实行产品的差异化来获得。产品差异化是中国纺织行业赢得竞争优势的重要战略，产品差异化可分为垂直差异化和水平差异化，垂直差异化指产品的技术提升和质量的提高，水平差异化指开发具有新的功能、风格以及与其他产业技术融合的产品。

根据垂直差异化战略，纺织企业应致力于推进长期的技术进步。一方面，要形成完善的技术创新机制，企业要走产学研结合的技术创新道路；另一方面，要合理引进先进技术并进行消化、吸收和再创新。此外，中国纺织机械器材工业协会提出了《纺织工业新型成套设备技术攻关和产业化目录》，提出了10项新型成套设备技术攻关和产业化目录，以期通过关键设备的改造和技术的创新促进行业的技术进步和发展。

根据水平差异化战略，纺织企业技术创新的主要方向是推进与其他产业技术的融合。当今世界纺织行业的发展趋势是，产业用纺织品和装饰用纺织品的比重越来越大，成为纺织行业新的经济增长点。产业用纺织品的需求主要有以下几个方面：汽车工业及其相关产业、农业用和渔业用纺织品、医疗保健卫生用品、国防军用材料、文化体育用品、环保过滤材料等。当然，这也应该是中国纺织企业努力的方向。

（三）建设品牌文化，铸造核心竞争力

近年来，越来越多的纺织服装品牌意识到文化是企业的核心竞争力，是品牌可持续发展和实现品牌价值的重要力量源泉之一。如何创建一个强大的品牌文化，是每一个品牌战略的核心使命，尽管不是所有强大品牌文化都从一开始就有意识地按这样一个流程去铸造品牌文化，但无疑他们在实施过程中基本都是根据这种流程操作，因此，最后的结果是使品牌穿上了文化的"嫁衣"而焕然一新。根据我们的经验，创建品牌文化的流程一般有以下七大步骤：第一步，整合品牌文化资源。建立品牌文化的第一步是确认可以使用的各种文化资源，包括内外部的各种文化资源，根据

品牌定位筛选与品牌定位相关的文化因素。第二步，建立品牌价值体系。在收集和整合内外部的各种文化资源之后，根据品牌战略定位，对各种文化因素进行提炼，确定品牌的价值体系。第三步，建立品牌文化体系。由于对不同的客户以及同一客户的不同产品会有不同的品牌文化定位，因此，要明确本企业品牌内涵及其价值对客户的承诺、品牌附加值，以及明确客户特定的品牌内涵及其价值，对终端消费者的承诺、品牌附加值等。第四步，建立品牌文化管理体系。品牌文化管理体系包括了品牌内部管理体系和外部文化管理两个体系。第五步，方案的实施。第六步，审查考核。一种品牌文化的建立不是一蹴而就的，需要较长时间，在这段时间内，企业品牌负责人要对品牌文化的实施进行全面的监控。第七步，品牌文化的优化。品牌文化的优化是指在品牌文化的形成过程中，企业根据市场和顾客的需要，不断检验品牌文化的定位和延伸，在此基础上进行品牌文化的创新或整合的过程。

第十五章　中国酒企业品牌竞争力指数报告

第一节　中国酒企业品牌竞争力总报告

一、2012年度中国酒企业总体竞争态势

中国企业品牌竞争力指数（以下简称CBI）

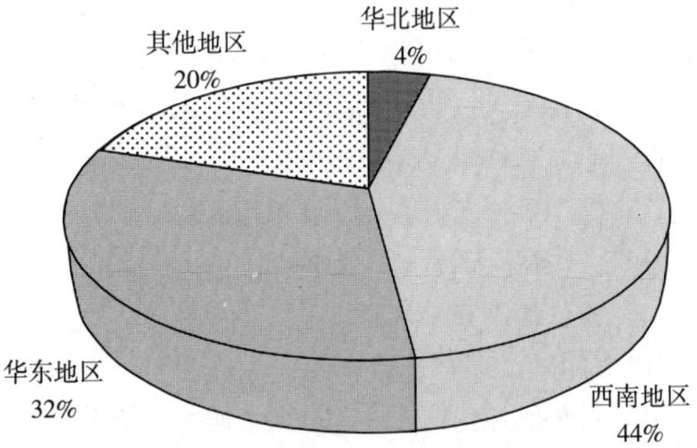

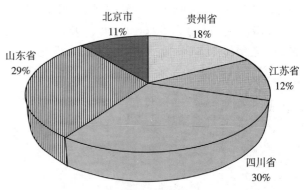

图 15-1　中国酒行业区域竞争态势

图 15-2　中国酒行业省（市）竞争态势

研究课题组为了检验理论成果的应用效果，2012年对中国25家自主上市酒企业品牌进行调研，根据各企业营业收入原始数据得出中国酒企业竞争力呈二分天下的总体竞争态势。

2011年中国酒行业受调研的25家企业营业总额约为1298.36亿元，2010年西南地区、华东地区酒企业营业额分别为376.34亿元、387.9亿元，2011年分别为530.69亿元、501.67亿元，占营业总额的比重分别为41%、39%，同比增长分别为41.01%、29.33%，两大区域占营业总额的比重高达79.51%，占据绝对的优势。2010年排在前4名的省（市）分别为山东省、四川省、贵州省、北京市，营业额分别为248.81亿元、236.25亿元、116.33亿元、102.98亿元，2011年四省份营业额分别为291.86亿元、315.30亿元、184.02亿元、121.37亿元，同比增长分别为17.30%、33.46%、58.19%、17.86%，其中，2011年江苏省营业收入超过北京市，居第四名，营业额为127.41亿元，同比增长67.23%。2011年四川省、山东省、贵州省、江苏省、北京市的营业额占营业总额的比重分别为24%、23%、14%、10%、9%，五大省（市）的营业额占营业总额的比重高达80%。

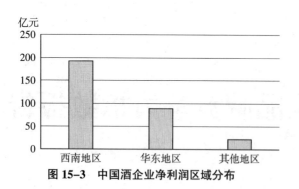

图15-3 中国酒企业净利润区域分布

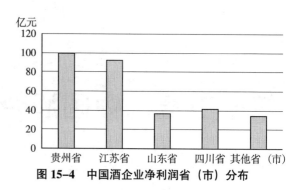

图15-4 中国酒企业净利润省（市）分布

2010年中国酒行业受调研企业净利润总额为211.48亿元，其中，西南地区、华东地区酒企业净利润总额分别为128.47亿元、61.30亿元，2011年中国酒行业受调研企业净利润总额为309.31亿元，其中，西南地区和华东地区分别为194.50亿元、91.18亿元，占净利润总额比重分别为63.77%、29.89%，同比增长分别为51.40%、48.74%，两大区域占净利润总额的比重高达93.66%。2010年排在前四名的省份分别为四川省、贵州省、山东省、江苏省，净利润总额分别为71.51亿元、53.40亿元、30.39亿元和22.99亿元，2011年分别为99.66亿元、92.50亿元、37.05亿元和41.37亿元，占利润总额比重分别为32.67%、30.33%、12.15%和13.56%，同比增长分别为39.37%、73.22%、21.92%、79.95%，四大省份占净利润总额的比重高达88.71%。

中国酒企业大多数集中在西南地区和华东地区，这种鼎足竞争态势成为当前中国酒行业竞争最显著的特征。

二、2012年度中国酒企业品牌竞争力总体述评

（一）宏观竞争格局：仍然呈现三大区域领先，各省份发展集中度较低

从2012年中国酒企业数量上来看，符合本次调研标准的总计25家企业，主要分布于华东地区、西南地区和西北地区，所占比重分别为32%、28%和20%，而2011年华东地区这三个地区所占比重分别为28.57%、25%和21.43%，变化幅度不大。三大区域占据企业总数的80%。2012年企业个数排在前五名的省（自治区）是四川省、新疆维吾尔自治区、山东省、甘肃省和江苏省，其酒

上市企业数量占到企业总数的52%，所占比重分别为16%、12%、8%、8%和8%，与2011年所占比重50%相比有所增长，但幅度不大。酒企业在省份的分布集中度并不很高，目前其发展仍然呈现三大区域领先竞争之势，在一定程度上揭示了中国区域经济发展的不均衡。

从酒企业的品牌竞争力水平来看，西南地区、华东地区的CBI均值分别为68.88、65.36，高于全国均值59.86，与2011年西南地区的80.36和华东地区的70.60相比有较大幅度的下滑。虽然西北地区企业总数行业排名第三，但其CBI均值仅为36.97，仍低于全国均值，其品牌竞争力差强人意，较2011年并无明显改善，仍旧存在很大的提升空间。2012年四川省、贵州省、江苏省和山东省四省CBI得分均值分别为72.51、100、92.76和79.52，均高于行业平均值59.86，其中，四川省、江苏省和山东省CBI均值有所下降，低于上年CBI的得分，贵州省只有一家企业，CBI得分为100，显示出其在众省份酒行业中具有很强的竞争力。

中国酒企业远不止25家，这25家企业是众多酒公司的杰出代表，从中可以分析出中国酒企业的竞争情况。酒行业是关乎中国经济发展的重要行业，从营业收入上看，酒企业目前仍呈现两分天下的鼎足竞争之势，在一定程度上也揭示了酒企业地区经济发展仍不均衡，西北地区、中南地区和东北地区酒行业的发展并无明显改善，仍处于竞争劣势，这些地区需要一批具有综合竞争力的企业来带动区域酒行业的发展。

（二）中观竞争态势：两大企业引领行业发展，中游企业势均力敌

根据中国酒企业品牌竞争力分级评级标准，对调查的25家企业进行分级评估，按照一般惯例

分为五级，5A级企业3家，4A级企业5家，3A级企业1家，2A级企业7家，1A级企业9家。与2011年相比，青岛啤酒和泸州老窖股份有限公司因发展速度相较上年变缓，因此未列入5A级企业。5A级、4A级、3A级企业所占比重有所下降，尤其是3A级企业比重从25%下降到4%，只有1家企业。2A级和1A级企业比重增加，其中，1A级企业比重增加明显，从11%上升到36%，在一定程度上表明酒企业的品牌竞争力梯队在下移。5A级酒企业共有3家，包括贵州茅台酒股份有限公司、宜宾五粮液股份有限公司、江苏洋河酒厂股份有限公司，占酒企业总数的12%，但3家企业的营业收入为514.94亿元，超出2011年前3家企业的营业收入总和347.94亿元，占25家企业营业总额的39.66%以上，3家企业的CBI均值为96.65，远高于行业平均指数值59.86，所以5A级的3家企业是中国酒行业当之无愧的领军企业，引领中国酒行业的发展方向。值得关注的是7家2A级企业，占据行业企业比重的28%。其平均指数分别为54.71，低于行业平均指数。5A级的3家企业基本代表了酒行业发展的平均水平，并且企业之间的品牌竞争力指数相差不大，可以说是势均力敌。

（三）微观竞争比较：财务指数尽展佳绩，市场指数差强人意

对于中国企业来说，财务表现仍然是企业对外展示基本实力的重要依据。由于近两年中国酒市场受到国家政策的影响，尤其是高端白酒的发展受到了一定的影响。使得各酒企业近年来营业收入、净利润的增长态势不是很好。调查的全国25家酒企业的品牌财务表现力得分均值为2.9975，贵州茅台、五粮液、洋河股份、青岛啤酒、泸州老窖、张裕A、燕京啤酒、山西汾酒、古井贡酒、金种子酒位列前10名，其中，上年排在第9名的重庆啤酒今年排在了10名之后，但是从整体来看前10名没有多大的变化。从财务表现的二级指标看，规模因素、效率因素和增长因素

指标得分均值分别为2.8735、3.3810和3.1927，与上年的3.7502、3.9864和4.3353相比有所降低，原因是多方面的。综观整个经济形势，主要是受金融危机和欧债危机的影响，另外还有国家政策调控的影响。就两年的数据来看，效率因素得分是最高的，在一定程度上说明中国酒企业财务表现良好，对整体品牌财务表现力的影响也最大，但规模因素和增长因素还处于较低水平，尤其是2012年的情况还没有2011年乐观，这说明经济环境对酒的影响还是比较大的。酒企业要想有更好的发展，必须把握整个经济形势和国家政策的变化。

随着酒行业的持续、快速发展，市场竞争也更加激烈。全国25家酒企业市场竞争表现力得分均值为3.2367，在4个一级指标中得分最高。贵州茅台、五粮液、洋河股份、青岛啤酒、泸州老窖、燕京啤酒、张裕A、山西汾酒、古井贡酒、重庆啤酒位列前10名，这10家企业在市场竞争表现力方面的差距并不明显，第1名的贵州茅台得分4.9048，第10名的重庆啤酒得分3.3951。从个别企业来看市场的竞争力是在减弱的，例如，贵州茅台今年的得分就比上年的5.0000低，2012年市场占有能力得分均值2.9965，比上年的3.2362有所降低，但超值获利能力得分3.6714，比上年的3.1015要高些。从整个酒行业来分析，与上年相同，也是除少数几家知名品牌企业的市场占有率较高外，其他企业的市场占有率水平均一般，大部分企业的市场占有率及市场覆盖率都比较低，导致行业此项得分均值很低。酒行业内，品牌对企业市场竞争力的影响非常明显，因此品牌溢价率得分均值也最高，为3.6713。

如果从规模竞争、效率竞争和创新竞争三个阶段分析企业竞争力的话，中国酒企业竞争已经处于效率因素主导的第二阶段，虽然个别企业竞争水平仍然处于规模竞争水平，但就中国酒企业总体竞争水平而言，需要向技术创新和品牌经营的第三阶段竞争继续迈进。

第二节　中国酒企业品牌竞争力排名报告

一、2012 年度中国酒企业品牌竞争力指数排名

CBI 研究课题组于 2011 年 7 月完成了理论研究，采用多指标综合指数法对中国企业品牌竞争力进行量化研究。初期理论成果包括 CBI 四位一体理论模型、CBI 评价指标体系、CBI 评价指标权重以及 CBI 计算模型，并且已经通过国内 10 位经济学、管理学界权威专家论证。为了检验理论成果的应用效果，课题组继 2011 年对中国自主酒企业品牌调研之后，于 2012 年底对中国自主酒企业品牌再一次进行了调研，根据调查数据应用 CBI 计算模型得出中国酒企业品牌竞争力（以下简称 CBI-R）排名（见表 15-1）。

表 15-1　2012 年中国酒企业品牌竞争力排名

企业名称	省（市、自治区）	相对值（指数）				绝对值形式（5 分制）		
		2012 年行业 CBI	排名	2011 年行业 CBI	排名	品牌竞争力得分（CBS）	品牌财务表现力	市场竞争表现力
贵州茅台酒股份有限公司	贵州省	100	1	99.4757	2	4.7732	4.7168	4.9048
宜宾五粮液股份有限公司	四川省	97.1944	2	100.0000	1	4.6540	4.5878	4.8087
江苏洋河酒厂股份有限公司	江苏省	92.7649	3	95.1497	3	4.4659	4.4103	4.5955
青岛啤酒股份有限公司	山东省	87.2314	4	93.2139	4	4.2308	4.0806	4.5815
泸州老窖股份有限公司	四川省	84.8395	5	91.1278	5	4.1292	4.0687	4.2706
北京燕京啤酒股份有限公司	北京市	78.5198	6	89.2666	6	3.8608	3.7457	4.1293
烟台张裕葡萄酿酒股份有限公司	山东省	78.5185	7	88.5159	7	3.8607	3.7892	4.0278
山西杏花村汾酒厂股份有限公司	山西省	72.8155	8	83.4749	8	3.6185	3.4864	3.9267
安徽古井贡酒股份有限公司	安徽省	69.7462	9	78.0957	9	3.4881	3.4526	3.5709
安徽金种子酒业股份有限公司	安徽省	59.3596	10	67.1860	14	3.0469	3.0911	2.9438
广州珠江啤酒股份有限公司	广东省	57.9242	11	62.0195	17	2.9860	2.8234	3.3653
重庆啤酒股份有限公司	重庆市	55.8992	12	76.4786	10	2.9000	2.6877	3.3951
四川沱牌舍得酒业股份有限公司	四川省	54.4185	13	68.9477	12	2.8371	2.7721	2.9888
四川水井坊股份有限公司	四川省	53.6062	14	71.7836	11	2.8026	2.7252	2.9830
酒鬼酒股份有限公司	湖南省	51.4312	15	64.8423	15	2.7102	2.6757	2.79068
新疆伊力特实业股份有限公司	新疆维吾尔自治区	50.3293	16	68.7728	13	2.6634	2.5717	2.8773
浙江古越龙山绍兴酒股份有限公司	浙江省	49.2579	17	63.8364	16	2.61791	2.6628	2.5131
河北衡水老白干酒业股份有限公司	河北省	45.7959	18	61.3208	18	2.4708	2.3936	2.6509
新疆啤酒花股份有限公司	新疆维吾尔自治区	44.5096	19	61.2373	19	2.4162	2.3738	2.5150
上海金枫酒业股份有限公司	上海市	44.0407	20	49.1231	25	2.3962	2.2621	2.7093
福建省燕京惠泉啤酒股份有限公司	福建省	41.9783	21	52.2941	24	2.3086	2.1201	2.7486
西藏银河科技发展股份有限公司	西藏自治区	36.2311	22	54.7261	21	2.0645	2.13034	1.9111
甘肃莫高实业发展股份有限公司	甘肃省	35.1734	23	59.9688	20	2.01960	1.9420	2.2007
兰州黄河企业股份有限公司	甘肃省	34.8332	24	54.1155	22	2.0051	1.9950	2.0288
中信国安葡萄酒业股份有限公司	新疆维吾尔自治区	20.0000	25	35.3359	26	1.3751	1.3729	1.3801

企业名称	省（市、自治区）	相对值（指数）				绝对值形式（5分制）		
		2012年行业CBI	排名	2011年行业CBI	排名	品牌竞争力得分（CBS）	品牌财务表现力	市场竞争表现力
均值		59.85673708				3.0681	2.9975	3.2327

说明：从理论上说，中国企业品牌竞争力指数（CBI）由中国企业品牌竞争力分值（CBS）标准化之后得出，CBS由4个一级指标品牌财务表现力、市场竞争表现力、品牌发展潜力和消费者支持力的得分值加权得出。

在实际操作过程中，课题组发现，品牌发展潜力和消费者支持力两个部分的数据收集存在一定的难度，且收集到的数据准确性有待核实，因此，本报告暂未将品牌发展潜力和消费者支持力列入计算。

品牌财务表现力主要依据各企业的财务报表数据以及企业上报数据进行计算。同时，关于市场竞争表现力方面的得分，课题组选取了部分能够通过公开数据计算得出结果的指标，按照CBI计算模型得出最终结果。

关于详细的计算方法见《中国企业品牌竞争力指数系统：理论与实践》。"—"表示该企业2011年排名在100名之外。

与2011年相比，2012年酒行业自主品牌排名有小幅变动。其中，宜宾五粮液股份有限公司由第1名下滑至第2名。贵州茅台酒股份有限公司由第2名跃居第1名。安徽金种子酒业股份有限公司由第14名跃居第10名。重庆啤酒股份有限公司由第10名下滑至第12名。江苏洋河酒厂股份有限公司、青岛啤酒股份有限公司、泸州老窖股份有限公司、北京燕京啤酒股份有限公司、烟台张裕葡萄酿酒股份有限公司、山西杏花村汾酒厂股份有限公司、安徽古井贡酒股份有限公司7家公司稳坐酒行业自主品牌前10强。广州珠江啤酒股份有限公司、上海金枫酒业股份有限公司分别由第17名和第25名跃居至第11名和第20名，增长劲头十足。四川水井坊股份有限公司、新疆伊力特实业股份有限公司分别由第11名和第13名降至第14名和第16名。四川沱牌舍得酒业股份有限公司、浙江古越龙山绍兴酒股份有限公司排名分别降了1名。

根据2012年中国酒企业品牌竞争力指数数据，可以计算出中国酒行业CBI数值为59.86，与2011年的CBI数值68.27相比有明显下滑趋势。CBI数值为相对值，一方面可以反映行业总体竞争水平，另一方面为行业内企业提供了一个比较标准。后续课题组根据近万家企业CBI数据得出中国企业品牌竞争力指数值为68，那么酒行业CBI为59.86，小于68，说明酒行业企业整体竞争水平低于平均水平，行业发展处于较差状态，与2011年相比情况有所恶化。同理，行业内部企业CBI数值低于51.82，说明其品牌竞争力处于劣势；高于51.82，说明其品牌竞争力处于优势。整个CBI指标体系为企业提供了一套具有诊断功能和预测功能的实用工具。

二、2012年度中国酒企业品牌竞争力指数评级报告

（一）中国酒企业品牌竞争力指数评级标准体系

根据表15-1得出的酒企业CBI数值，课题组绘制总体布局图（见图15-5），从整体上看，CBI分布曲线两头陡峭、中间平缓。根据CBI数值表现出来的特征，结合酒企业的行业竞争力特性对调查的企业进行分级评估，按照一般惯例分为五级，划分标准如表15-2所示。

表15-2　中国酒企业品牌竞争力分级评级标准

评级 ＼ 标准	CBI数值标准
AAAAA	CBI≥90
AAAA	70≤CBI<90
AAA	60≤CBI<70
AA	50≤CBI<60
A	CBI<50

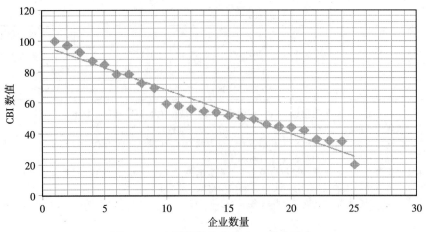

图 15-5　中国酒行业企业 CBI 散点分布

（二）中国酒企业品牌竞争力指数评级结果

由以上评价标准可以将酒企业划分为五个集团，具体的企业个数及分布情况如表 15-3 和图 15-6 所示，由于篇幅原因，各级水平的企业得分情况仅列出代表企业。

表 15-3　中国酒企业各分级数量表

企业评级	竞争分类	企业数量	所占比重（%）	行业 CBI 均值	行业 CBS 均值	品牌财务表现力	市场竞争表现力
5A 级企业	第一集团	3	12	96.6531	4.6310	4.5716	4.7696
4A 级企业	第二集团	5	20	80.3849	3.9400	3.8341	4.1872
3A 级企业	第三集团	1	4	69.7462	3.4881	3.4526	3.5709
2A 级企业	第四集团	7	28	54.7097	2.8494	2.7638	3.0492
1A 级企业	第五集团	9	36	20.0000	1.3751	1.3729	1.3801
全部	不分类	25	100	59.8567	3.0681	3.0492	3.2861

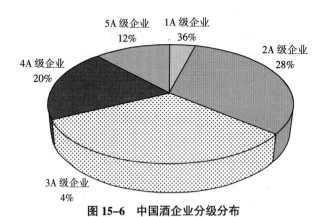

图 15-6　中国酒企业分级分布

表 15-4　中国酒行业 5A 级企业品牌代表

企业名称	评级水平	排名	CBI	CBS	品牌财务表现力	市场竞争表现力
贵州茅台	5A	1	100	4.7732	4.7168	4.9048
五粮液	5A	2	97.1944	4.6540	4.5878	4.8087
洋河股份	5A	3	92.7649	4.4659	4.4103	4.5955

据表 15-2 中国酒企业品牌竞争力分级评级标准，5A 级酒企业共有 3 家，占酒企业总数的 12%，比重略低于 2011 年，其中，青岛啤酒股份有限公司被挤出第一集团。表 15-4 中所列的三家企业贵州茅台酒股份有限公司、宜宾五粮液股份有限公司、江苏洋河酒厂股份有限公司品牌财务表现力、市场竞争力表现突出。CBI 及各项分指标得分值均在 4 分以上，远远超出其他集团企业。在第一集团内部比较而言，贵州茅台酒股份有限公司品牌财务表现力及市场竞争力均位列全行业第一，大大领先于其他企业，宜宾五粮液股份有限公司、江苏洋河酒厂股份有限公司也在市场竞争力方面表现出绝对的优势，均是中国酒行业当之无愧的领军企业。

表 15-5　中国酒行业 4A 级企业品牌代表

企业名称	评级水平	排名	CBI	CBS	财务表现力	市场竞争表现力
青岛啤酒股份有限公司	4A	4	87.2314	4.2308	4.0806	4.5815
泸州老窖股份有限公司	4A	5	84.8395	4.1292	4.0687	4.2706
北京燕京啤酒股份有限公司	4A	6	78.5198	3.8608	3.7457	4.1293
烟台张裕葡萄酿酒股份有限公司	4A	7	78.5185	3.8607	3.7891	4.0278
山西杏花村汾酒厂股份有限公司	4A	8	72.8155	3.6185	3.4864	3.9267

据表 15-2 中国酒企业品牌竞争力分级评级标准，4A 级酒企业共有 5 家，占酒企业总数的 20%，与 2011 年相比并无重大变化。表 15-5 中所列的 5 家企业为青岛啤酒股份有限公司、泸州老窖股份有限公司、北京燕京啤酒股份有限公司、烟台张裕葡萄酿酒股份有限公司、山西杏花村汾酒厂股份有限公司，是中国酒行业领先企业，品牌财务表现力、市场竞争力表现突出，CBI 及各项分指标得分值均高于行业平均值。在第二集团内部比较而言，青岛啤酒股份有限公司品牌财务表现力和市场竞争力位于本梯队企业第一。

表 15-6　中国酒行业 3A 级企业品牌代表

企业名称	评级水平	排名	CBI	CBS	财务表现力	市场竞争表现力
安徽古井贡酒股份有限公司	3A	9	69.7462	3.4881	3.4526	3.5709

据表 15-2 中国酒企业品牌竞争力分级评级标准，3A 级酒企业只有 1 家，占酒企业总数的 4%，远低于 2011 年的 7 家。安徽古井贡酒股份有限公司代表中国酒行业的中游企业，品牌财务表现力、市场竞争力表现一般，但是 3A 级集团企业数量的下滑，2A 级和 1A 级集团企业数量的增加说明 2012 年酒企业中游企业普遍在品牌竞争力水平上向下游企业下滑。第三集团 CBI 及各项分指标得分均值处于行业平均值左右。

表 15-7　中国酒行业 2A 级企业品牌代表

企业名称	评级水平	排名	CBI	CBS	财务表现力	市场竞争表现力
安徽金种子酒业股份有限公司	2A	10	59.3596	3.0469	3.0911	2.9438
广州珠江啤酒股份有限公司	2A	11	57.9242	2.9860	2.8234	3.3653
重庆啤酒股份有限公司	2A	12	55.8992	2.9000	2.6877	3.3951
四川沱牌舍得酒业股份有限公司	2A	13	54.4185	2.8371	2.7721	2.9888
四川水井坊股份有限公司	2A	14	53.6062	2.8026	2.7252	2.9830

据表 15-2 中国酒企业品牌竞争力分级评级标准，2A 级酒企业共有 7 家，占酒企业总数的 28%，超过 2011 年所占比重 25%。表 15-7 中所列的这 5 家企业为安徽金种子酒业股份有限公司、广州珠江啤酒股份有限公司、重庆啤酒股份有限公司、四川沱牌舍得酒业股份有限公司、四川水井坊股份有限公司，其特征是品牌财务表现力、市场竞争力表现均处于平均水平之下，CBI 及各

项分指标得分值均低于行业平均值。就第四集团整体而言，品牌财务表现力与 2011 年相比的整体均有所下降，市场竞争力与 2011 年相比有所提高。

表 15-8　中国酒行业 1A 级企业品牌代表

企业名称	评级水平	排名	CBI	CBS	财务表现力	市场竞争表现力
浙江古越龙山绍兴酒股份有限公司	1A	17	49.2579	2.61791	2.6628	2.5131
河北衡水老白干酒业股份有限公司	1A	18	45.7959	2.4708	2.3936	2.6509
新疆啤酒花股份有限公司	1A	19	44.5096	2.4162	2.3738	2.5150
上海金枫酒业股份有限公司	1A	20	44.0407	2.3962	2.2621	2.7093
福建省燕京惠泉啤酒股份有限公司	1A	21	41.9783	2.3086	2.1201	2.7486

据表 15-2 中国酒企业品牌竞争力分级评级标准，1A 级酒企业共有 9 家，占酒企业总数的 36%，该比重远低高于 2011 年的 11%。表 15-8 中所列的浙江古越龙山绍兴酒股份有限公司、河北衡水老白干酒业股份有限公司、新疆啤酒花股份有限公司、上海金枫酒业股份有限公司、福建省燕京惠泉啤酒股份有限公司是中国酒行业的下游企业，其特征是 CBI、品牌财务表现力、市场竞争力等表现均远低于行业平均水平。就第五集团整体而言，品牌财务表现力仍表现一般，市场竞争力具有广阔的提升空间。

三、2012 年度中国酒企业品牌价值 10 强排名

课题组认为，品牌价值（以下简称 CBV）是客观存在的，它能够为其所有者带来特殊的收益。品牌价值是品牌在市场竞争中的价值实现。一个品牌有无竞争力，就是要看它有没有一定的市场份额，有没有一定的超值创利能力。品牌的竞争力正是体现在品牌价值的这两个最基本的决定性因素上，品牌价值就是品牌竞争力的具体体现。通常上品牌价值以绝对值（单位：亿元）的形式量化研究品牌竞争水平，课题组对品牌价值和品牌竞争力的关系展开研究，针对品牌竞争力以相对值（指数：0~100）的形式量化研究品牌竞争力水平。在研究世界上关于品牌价值测量方法论基础上，提出本研究关于品牌价值的计算方法，$CBV=CBI \times A \times \sum f(x_i)+C$，其中，CBV 为企业品牌价值，CBI 为企业品牌竞争力指数，A 为分级系数，x_i 为系数决定要素，C 为行业调整系数。据此得出中国酒企业品牌价值前 10 强（见表 15-9）。

表 15-9　2012 年中国酒企业品牌价值前 10 强

企业名称	省（市、自治区）	2012 年 CBV（亿元）	排名	2011 年 CBV（亿元）	排名	2012 年行业 CBI
贵州茅台酒股份有限公司	贵州省	345.90	1	276.72	1	100.00
宜宾五粮液股份有限公司	四川省	317.16	2	253.73	2	97.19
青岛啤酒股份有限公司	山东省	225.33	3	180.26	3	87.23
江苏洋河酒厂股份有限公司	江苏省	173.43	4	138.74	4	92.76
泸州老窖股份有限公司	四川省	170.59	5	136.47	5	84.84
北京燕京啤酒股份有限公司	北京市	150.05	6	128.32	6	78.52
山西杏花村汾酒厂股份有限公司	山西省	147.74	7	118.19	7	72.82
安徽古井贡酒股份有限公司	安徽省	146.51	8	117.21	8	69.75
烟台张裕葡萄酿酒股份有限公司	山东省	134.56	9	108.02	9	78.52
酒鬼酒股份有限公司	湖南省	89.01	10	71.21	12	51.43
合计		1900.28				

CBV 分析：在 25 家受调研企业中，排名前 10 强的企业 CBV 合计为 1900.28 亿元，较 2011 年有所提高。前 3 强酒企业 CBV 总值合计为 888.39 亿元，占前 10 强比重为 46.75%。在前 10 强企业中，贵州茅台酒股份有限公司、宜宾五粮液股份有限公司、青岛啤酒股份有限公司、江苏洋河酒厂股份有限公司、泸州老窖股份有限公司、北京燕京啤酒股份有限公司、山西杏花村汾酒厂

股份有限公司、安徽古井贡酒股份有限公司、烟台张裕葡萄酿酒股份有限公司稳居前 9 强，酒鬼酒股份有限公司由第 12 名上升至第 10 名，CBV 值均有所上升。前 3 强企业分别位于贵州省、四川省和山东省；从前 10 强的企业来看，四川省、山东省和安徽省仍占据优势，是国内龙头酒企业的发源地。

第三节　2012 年度中国酒企业品牌竞争力区域报告

一、六大经济分区

（一）总体情况分析

根据课题组的调研数据，在与 2011 年数据对比的基础上，整体指标略高于 2011 年。中国酒企业仍主要分布于华东地区、西南地区和西北地区，所占比重分别为 32%、28% 和 20%，集中度较高，且该比例略高于 2011 年。其中，东北地区没有符合本年度调研的公司，故其比重为零。华东地区、西南地区和华北地区的 CBI 均值分别为 65.36、68.88 和 65.71，高于全国均值 59.87，西北地区 CBI 均值最低，仅为 36.97。西北地区企业总数在全国排名第三，但其 CBI 均值低于全国均值，其品牌竞争力差强人意，还有很大的提升空间。西南地区仍延续 2011 年的优势，财务表现力和市场竞争表现力分项指标的得分均值位列第一。

表 15-10　中国酒企业六大经济区域竞争状况

区域	2012年企业数量	所占比重(%)	行业 CBI 均值		CBS 均值		品牌财务表现力均值		市场竞争表现力均值	
			2012 年	2011 年	2012 年	2011 年	2012 年	2011 年	2012 年	2011 年
华东地区	8	32	65.3622	74.8796	3.3019	2.7831	3.2336	4.1500	3.4613	3.5405
西南地区	7	28	68.8841	78.9901	3.4515	2.8872	3.3841	4.2954	3.6089	3.6974
西北地区	5	20	36.9691	47.3466	2.0959	2.0859	2.0511	3.2805	2.2004	2.2285
华北地区	3	12	65.7104	76.2796	3.3167	2.8185	3.2086	4.2233	3.5690	3.5344
中南地区	2	8	54.6777	64.9534	2.8481	2.5318	2.0000	3.7743	2.7495	3.2231
东北地区	0	0	—	28.9381	—	1.6198	—	2.3305	—	2.2729
总体情况	25	100	59.8700	61.8979	3.00282	2.4543833	2.77548	3.67567	3.1178	3.0828

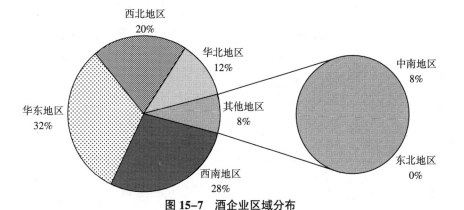

图 15-7　酒企业区域分布

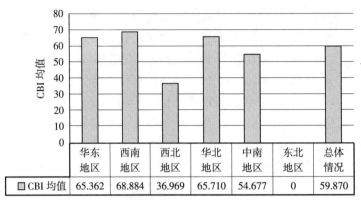

图 15-8　酒企业六大经济区域 CBI 均值对比

（二）分项情况分析

在各分项竞争力指标对比方面，品牌市场财务表现力指标均值得分最低，二级、三级指标与2011年相比普遍有所降低。市场竞争力指标均值得分相对较高，但是相对于2011年也普遍略低。另外，不同地区差别较大，最高的是西南地区，得分为3.6089，最低的是西北地区，得分仅为2.2004。但在整体趋势上仍延续2011年的发展趋势，西南地区的财务表现力和市场竞争表现力分项指标得分均值仍位列第一。西北地区尽管相对拥有较多的企业，但在各项指标上排名垫底，其品牌竞争力令人担忧。整个酒行业品牌竞争力区域发展水平差距仍比较明显，与2011年相比并无明显改善。

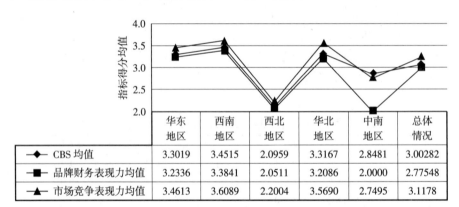

图 15-9　中国酒企业一级指标分区域对比

表 15-11　中国酒企业五大主要省（自治区）竞争状况

省（市、自治区）	2012年企业数量	所占比重（%）	行业 CBI 均值		CBS 均值		品牌财务表现力均值		市场竞争表现力均值	
			2012年	2011年	2012年	2011年	2012年	2011年	2012年	2011年
四川省	4	16	61.0807	81.3688	3.1200	2.9474	3.0593	4.3516	3.2617	3.8580
新疆维吾尔自治区	3	12	36.2311	57.6570	2.0645	2.3470	2.1303	3.6875	1.9111	2.5163
甘肃省	2	8	32.2548	37.0362	1.8956	1.8249	1.8734	2.8735	1.9476	1.9406
安徽省	2	8	60.2490	71.4722	3.0847	2.6968	2.9329	4.0868	3.4389	3.2670
山东省	2	8	78.9621	89.3445	3.8796	3.1494	3.7701	4.6247	4.1351	4.1851
其他省（市）	12	48	59.4403	65.8201	3.0504	2.5537	2.9662	3.8084	3.2467	3.2474
总体情况	25	100	59.8700	67.1165	2.8491	2.5865	2.7887	3.9054	2.9902	3.1691

二、五大省（自治区）分析

（一）总体情况分析

表15-11中五个省（自治区）的酒企业数量占到企业总数的52%，四川省、新疆维吾尔自治区、甘肃省、安徽省、山东省的比重分别为16%、12%、8%、8%、8%（见图15-10），与2011年相比并无明显差别，可以得出中国酒上市企业分布较为集中。四川省、山东省和安徽省三省CBI得分分别为61.0807、78.9621、60.2490（见图15-11），分值与2011年相比有较大幅度下滑，但仍高于行业平均值59.87，新疆维吾尔自治区与2011年相比优势大幅减少，CBI得分仅为36.2311，远低于行业平均值。山东省CBI得分最高，在众省（自治区）酒行业中仍旧显示出自身强劲的优势和发展潜力。甘肃省酒企业数量与2011年相比有所下降，排名第三，但其CBI得分为32.2548，在四个省份仍旧最低特别是远远低于平均值，显示其品牌竞争力仍旧有待提升，改善趋势并不明显。

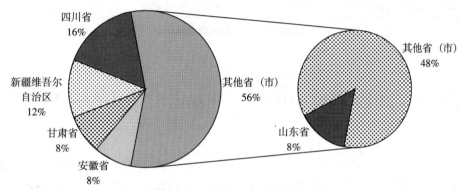

图15-10 酒企业省（自治区）分布

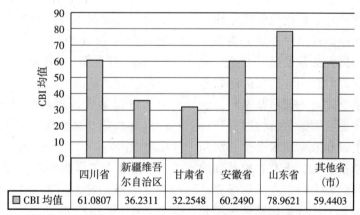

	四川省	新疆维吾尔自治区	甘肃省	安徽省	山东省	其他省（市）
CBI均值	61.0807	36.2311	32.2548	60.2490	78.9621	59.4403

图15-11 各省（市、自治区）酒企业CBI均值对比

（二）分项情况分析

在各分项竞争力指标对比方面，依然保持上年的发展趋势，品牌市场竞争表现力指标均值得分最高，品牌财务表现力指标均值得分最低，说明中国酒行业市场竞争力较强，在市场竞争效率方面体现出一定优势，但财务表现力较弱，发展过程中应该重视规模效应。但新疆维吾尔自治区和甘肃省的品牌市场竞争表现力的指标均值均低于2分，表现比较差，新疆维吾尔自治区的均值远低于2011年，甘肃省没有多大变化。与2011年相比，财务竞争力有逐渐减弱的趋势，竞争能力也逐渐减弱。整体财务表现力表现不佳，除四川省、山东省得分为3.0593、3.7701，超过3分，其余三省均在3分以下，并且与上年相比，分值总体有较大幅度下滑。广东省、北京市、浙江省、上海市四省（市）酒行业的竞争水平高于其他各省，究其原因：一方面是各地经济发展不均衡，另一方面是很多大型酒企业具有较强的竞争力，将业务扩展至全国各地。

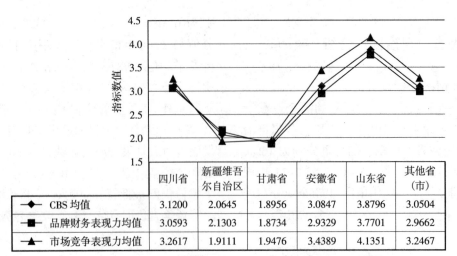

图 15-12　各省（自治区）酒企业一级指标得分均值对比

	四川省	新疆维吾尔自治区	甘肃省	安徽省	山东省	其他省（市）
CBS 均值	3.1200	2.0645	1.8956	3.0847	3.8796	3.0504
品牌财务表现力均值	3.0593	2.1303	1.8734	2.9329	3.7701	2.9662
市场竞争表现力均值	3.2617	1.9111	1.9476	3.4389	4.1351	3.2467

第四节　2012 年度中国酒企业品牌竞争力分项报告

一、品牌财务表现力

目前国内企业经营者对于现代化管理手段的理解与实践，多半仍然停留在以财务数据为主导的思维里。虽然财务数据无法帮助经营者充分掌握企业发展方向的现实，但在企业的实际运营过程中，财务表现仍然是企业对外展示基本实力的重要依据。品牌财务表现层面的分析将财务指标分为规模因素、增长因素和效率因素 3 个二级指标。规模因素主要从销售收入、所有者权益和净利润 3 个三级指标衡量；效率因素主要从净资产利润率、总资产贡献率 2 个三级指标衡量；增长因素主要从近三年销售收入增长率、近三年净利润增长率 2 个三级指标衡量。

由于近几年中国经济迅速发展，消费者对酒的需求也不断增加，使得中国的酒企业近年来营业收入、净利润都保持了良好的增长态势。但全国 25 家酒企业与 2011 年相比品牌财务表现力得分均值有所下降，为 2.9975，贵州茅台、五粮液、

洋河股份、青岛啤酒、泸州老窖、张裕 A、燕京啤酒、山西汾酒、古井贡酒和金种子酒位列前 10 名，与 2011 年相比变化幅度不大，但是这 10 家企业在品牌财务表现力方面有一定差距，第 1 名的贵州茅台酒股份有限公司，其指标数值为 4.7168，排在第 10 名的企业安徽金种子酒业股份有限公司，品牌财务表现指数得分为 3.0911。其中，贵州茅台表现较为突出，均值得分排名由 2011 年的第 2 名跃居至第 1 名，而重庆啤酒被挤出前 10 名。

从 3 个二级指标看，其均值分别为：规模因素 2.8735、效率因素 3.3810、增长因素 3.1927，与 2011 年相比单项得分均值 3.5368、4.3353、3.9864 均有所下降。其中，效率因素仍得分最高，其对整体品牌财务表现力的影响也最大。效率要素中以净资产报酬率得分最高，为 3.5748，但仍低于 2011 年销售收入均值。总资产贡献率得分均值分别为 3.0903，与 2011 年相比也有大幅度下降。在所有三级指标中，所有者权益增长率得分最低，仅为 2.6205。

表 15-12　品牌财务表现力指数——行业前 10 名

企业名称	省（市、自治区）	行业 CBI 指数	品牌财务表现力
贵州茅台酒股份有限公司	贵州省	100.0000	4.7168
宜宾五粮液股份有限公司	四川省	97.1944	4.5878

续表

企业名称	省（市、自治区）	行业 CBI 指数	品牌财务表现力
江苏洋河酒厂股份有限公司	江苏省	92.7649	4.4103
青岛啤酒股份有限公司	山东省	87.2314	4.0806
泸州老窖股份有限公司	四川省	84.8395	4.0687
烟台张裕葡萄酿酒股份有限公司	山东省	78.5185	3.7892
北京燕京啤酒股份有限公司	北京市	78.5198	3.7457
山西杏花村汾酒厂股份有限公司	山西省	72.8155	3.4864
安徽古井贡酒股份有限公司	安徽省	69.7462	3.4526
安徽金种子酒业股份有限公司	安徽省	59.3596	3.0911

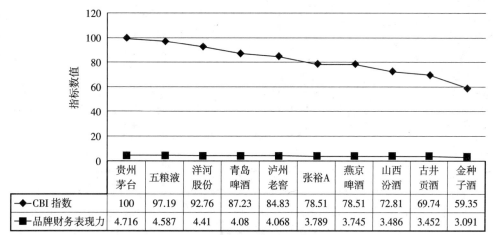

图 15-13　财务表现力前 10 名企业

表 15-13　品牌财务表现力各分项指标得分均值

一级指标	2012 年	2011 年	二级指标	2012 年	2011 年	三级指标	2012 年	2011 年
品牌财务表现力	2.9975	3.724	规模因素	2.8735	3.5368	销售收入	2.8329	3.1673
						所有者权益	2.6205	3.3219
						净利润	3.2927	4.4289
			效率因素	3.3810	4.3353	净资产报酬率	3.5748	4.3416
						总资产贡献率	3.0903	4.3258
			增长因素	3.1927	3.9864	近三年销售收入增长率	3.1693	3.8823
						近三年净利润增长率	3.2161	4.0905

二、市场竞争表现力

随着酒行业的持续、快速发展，市场竞争也更加激烈。企业只有具备更强的市场竞争能力，才能在目前的行业环境中生存下去。市场竞争表现层面的分析将指标分为市场占有能力和超值获利能力2个二级指标。市场占有能力主要从市场占有率、市场覆盖率2个三级指标衡量；超值获利能力主要从品牌溢价率、品牌销售利润率2个三级指标衡量。

由于近几年中国酒行业市场的快速发展，消费者对酒的需求也不断增加使得中国的酒企业近年来营业收入、净利润都保持了良好的增长态势。全国25家酒企业市场竞争表现力得分均值为3.2327，高于财务表现力指标得分均值，与2011年相比略有上升。贵州茅台、五粮液、洋河股份、青岛啤酒、泸州老窖、燕京啤酒、张裕A、山西汾酒、古井贡酒、重庆啤酒位列前10名，与2011年前10名相比并无明显变化。而且这10家企业在市场竞争表现力方面差距较明显，排名第一的贵州茅台得分4.9048，排在第十名的企业重庆啤酒股份有限公司，市场竞争表现力得分为 3.3951。

　　二级指标中，市场占有能力得分均值为 2.9965，略低于2011年，超值获利能力得分为 3.6714，与2011年相比有一定程度的增长。酒行业的发展有其特殊性，除少数几家知名品牌企业的市场占有率较高外，其他企业的市场占有率水平一般，大部分企业的市场占有率及市场覆盖率都比较低，导致行业此项得分均值很低。品牌销售利润率得分均值最高，为3.6715，与2011年相比有较大幅度增长。

表15-14　市场竞争表现力指数——行业前10名

企业名称	省（市）	2012年行业CBI	市场竞争表现力
贵州茅台酒股份有限公司	贵州省	100	4.9048
宜宾五粮液股份有限公司	四川省	97.1944	4.8087
江苏洋河酒厂股份有限公司	江苏省	92.7649	4.5955
青岛啤酒股份有限公司	山东省	87.2314	4.5815
泸州老窖股份有限公司	四川省	84.8395	4.2706
北京燕京啤酒股份有限公司	北京市	78.5198	4.1293
烟台张裕葡萄酿酒股份有限公司	山东省	78.5185	4.0278
山西杏花村汾酒厂股份有限公司	山西省	72.8155	3.9267
安徽古井贡酒股份有限公司	安徽省	69.7462	3.5709
重庆啤酒股份有限公司	重庆市	55.8992	3.3951

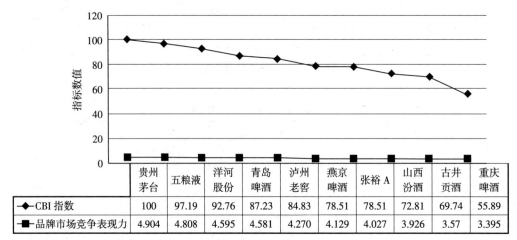

	贵州茅台	五粮液	洋河股份	青岛啤酒	泸州老窖	燕京啤酒	张裕A	山西汾酒	古井贡酒	重庆啤酒
CBI指数	100	97.19	92.76	87.23	84.83	78.51	78.51	72.81	69.74	55.89
品牌市场竞争表现力	4.904	4.808	4.595	4.581	4.270	4.129	4.027	3.926	3.57	3.395

图15-14　市场竞争表现力前10名企业

表15-15　市场竞争表现力各分项指标得分均值

一级指标	2012年	2011年	二级指标	2012年	2011年	三级指标	2012年	2011年
市场竞争表现力	3.2327	3.1847	市场占有能力	2.9965	3.2362	市场占有率	2.8329	3.2216
						市场覆盖率	3.3782	3.2703
			超值获利能力	3.6714	3.1015	品牌溢价率	3.6713	3.5468
						品牌销售利润率	3.6715	2.2745

第五节　中国酒企业品牌竞争力提升策略专题研究

一、中国酒行业宏观经济与政策分析

(一) 酒行业市场运行情况

1. 行业发展迅速，规模不断扩大

据中国酒业协会及中国酿酒业协会提供的数据表明，酒业酒类产品销量稳步增长。当前我国酒类产业总体呈现健康发展、产销两旺的态势。2011年全国饮料酒总产量为7100万千升，同比增长13.4%；规模以上酒类生产企业工业总产值为6700亿元，同比增长33.2%，工业销售产值为6500亿元，同比增长64.7%。2011年，我国酒类商品出口总额达5亿美元，同比增长51.3%，同期酒类进口总额为24亿美元，同比增长58.1%。国家统计局公布数据显示，2011年全国白酒行业完成产品销售收入3746.67亿元，实现利润571.59亿元，上缴税金445.10亿元。除出口交货值外，各项经济指标数据都保持了30%以上的增长速度。

2012年1月至11月酿酒行业总产量为6674.54为万千升（含饮料酒及发酵酒精），同比增长5.84%；全行业完成工业总产值为6769.02亿元，同比增长21.20%；实现工业销售产值为6583.06亿元，同比增长21.42%；全行业出口交货值57.29亿元，同比增长21.22%。2012年1月至7月，全国规模以上企业白酒产量达610.53万千升（折65度，商品量），同比增长19.63%。其中，第一季度累计产量为284.87万千升，第二季度累计产量为250.33万千升。2012年1月至7月，全国啤酒总产量达2973.15万千升，与上年同期相比增长4.05%。其中，第一季度产量为899.12万千升，增速为0.41%；第二季度产量为1499.69万千升，增速为7.70%。2012年上半年，全国葡萄酒累计产量为60.85万千升，同比增长17.51%。其中第一季度产量为27.91万千升，第二季度产量为32.93万千升。

近年来，随着国外葡萄酒文化和消费观念的普及、国内消费能力和消费需求的不断上升，我国葡萄酒的进口呈现快速增长态势。据海关信息网统计，2012年1月至5月，我国进口葡萄酒数量及金额比2011年同期有明显增长。2012年1月至5月，我国进口葡萄酒数量达9.5千万升，同比增长12.1%；进口葡萄酒金额达5.3亿美元，同比增长19.6%；进口平均价格为5.6美元/升，同比增长6.7%。

2. 国家政策调整，中国白酒量价齐跌

过去白酒作为地方重要的税收来源，作为农业获得高附加值的加工产业，各地方政府无不把做大地方酒企作为政绩来抓，因此成就了中国白酒产业今日的繁荣。从国家到地方，酒一直是政府重要的财政来源。在这种政治因素的指导下，政府部门带头采购白酒，并且积极推动白酒进入政府宴用市场，使得中国白酒在政务商务市场上获得了很好的发展，以致洋品牌也很难进入这块市场。2012年国家对白酒市场的调整，以及对白酒的各种禁令，使得中国白酒产业从高端到低端都不容乐观，政府调整政策影响整个中国白酒市场。没有了政府市场的拉动和消耗，中国白酒产业将失去其传统优势。

中央明确表态公款禁购高档烟酒后，多年来"只涨不跌"的国内高端白酒价格开始"退烧"。白酒"标杆"飞天茅台酒市价大跌500元以上，其他白酒大跌一两百元的也不少见。本轮酒价下跌，一是目前公款成高端酒类消费的重要力量，禁令将直接冲击这些高档白酒的销量；二是近年来高端白酒疯狂涨价，吸引了大量社会资本进入这个市场炒作，进一步制造了市场泡沫，公款禁止消费高档白酒，导致这些投机资本外逃，让"虚高"的酒价回落。

(二) 酒行业政策分析

改革开放以来，酿酒产业在重点发展葡萄酒、果酒，积极发展黄酒，稳步发展啤酒，控制白酒总量，加快酿酒葡萄种植基地及啤酒用大麦基地建设的产业政策指导下，以市场需求为导向，以节粮和满足消费为目标，认真贯彻"控制总量、提高质量、治理污染、增加效益"的总体方针，在产业规模、技术改造、节能减排、产品质量、食品安全、人才建设、社会责任、经济效益等诸多方面都取得了长足的进步。

2011年发布了《发酵酒精和白酒工业水污染物排放标准》，本标准规定了发酵酒精和白酒工业企业或生产设施水污染物排放限值、监测和监控要求，以及标准的实施与监督等相关规定。本标准规定的水污染物排放控制要求适用于企业直接或间接向其法定边界外排放水污染物的行为。本标准适用于对发酵酒精和白酒工业建设项目的环境影响评价、环境保护设施设计、竣工环境保护验收及其投产后的水污染物排放管理。该项标准有助于保护环境，防治污染，促进发酵酒精和白酒工业生产工艺和污染治理技术的进步。

2012年"两会"期间，全国政协委员林马来向大会提交了《关于禁止使用公款消费茅台酒的提案》。中国公款吃喝开支1989年为370亿元，1994年突破1000亿元大关，2002年达2000亿元，2005年突破了3000亿元大关。为遏制公款吃喝之风，中央机关已经下发了上百个红头文件，这说明中央对遏制公款吃喝问题高度重视而且一直在抓。3月26日国务院召开第五次廉政工作会议，中共中央政治局常委、国务院总理温家宝发表讲话。温家宝说，今年要严格控制"三公经费"，继续实行零增长。禁止用公款购买香烟、高档酒和礼品。"三公"消费禁令在短时间内对高端白酒价格有一定的限制和打压。

2012年国家公布《2013年关税实施方案》，将"任何浓度的改性乙醇及其他酒精"（税则号：22072000）最惠国税率由30%调低为5%。我国调低进口关税之后将会有助于进口改性乙醇及其他酒精数量的增加，从而抑制国内相关工业消费玉米的需求。2012年1月至10月我国进口改性乙醇及其他酒精数量同比减少；1月至10月我国进口数量为304.6万升，比上年同期的496万升减少了38.6%。数据显示，最近几年我国进口"任何浓度的改性乙醇及其他酒精"数量快速增加，由2009年的13.0万升增加至2011年的514.5万升。预计国家降低进口关税之后，2013年进口量将会增加。

近几年国家陆续出台关于酒类产品的相关政策，有利于进一步加强行业管理的规范性，但是高端白酒也因此面临一个很大的挑战，市场发展方向需要重新调整。

二、中国酒行业品牌竞争力提升策略建议

（一）把握国家宏观政策，实现白酒供求平衡

国家一系列针对高端白酒的政策，例如反腐力度加大、抑制通货膨胀、经济大环境走势平稳放缓、"三公"消费禁令等，在一定程度上都会对一线品牌高端酒的销售增长造成压力。但是前几年高端白酒需求中存在很多泡沫，其需求一方面来自公款消费；另一方面是近年来高端白酒疯狂涨价，导致大量社会资本进入酒市进行炒作。使酒的需求虚高，从而对市场产生了误导，对于企业来说同样如此，都认为酒价会进一步上升，出现了高端白酒价格一涨再涨的局面。国家最新禁令的发布将直接冲击到这些高档白酒，公款禁止消费高档白酒，导致一些投机资本外逃，挤出了这些需求泡沫就反映出了高端白酒真正的市场需求。企业应该根据国家宏观政策采取相应的政策来应对市场需求的减少，使供求关系保持相对均衡，使价格平稳。但是白酒本身有很好的消费刚性，这是由于其自身文化底蕴深厚，作为传统产业，有很好的市场潜力，其中高品质、高端品种的高端白酒仍然可以走奢侈品牌的路线，毕竟其产能或生产条件还是非常稀缺的，同时需要配合营销策略。总之，在挤出需求泡沫之后，我们就看到了高端白酒的真正市场需求是多少，这些企业就只有根据真正的市场需求重新调整自己的发展战略才能适应新的市场变化。

（二）注重品牌战略提升，实现由效率因素竞争向创新要素竞争的转变

由上述数据统计结果可知，中国酒行业的CBI值为59.87，按照CBI的相对值意义解读，中国酒行业企业品牌整体竞争水平相对较弱，距离满分的指数值还有很长一段路要走。那么目前中国酒行业竞争水平处于什么阶段呢？如果将企业竞争划分为规模竞争、效率竞争和创新竞争三个阶段的话，4个分项指标的得分可以给我们答案。

财务指标相对得分 59 以上，而市场竞争指标得分 64 分以上，由此可知中国酒企业竞争已处于效率因素主导的第二阶段，虽然个别企业竞争水平还处于规模竞争水平或已经处于创新竞争水平，但就中国酒企业总体竞争水平而言，与技术创新和品牌经营的创新竞争阶段仍有很大距离。因此，中国酒行业必须以质量为基础，配合人性化的服务，注重品牌化建设，实现由效率规模主导的竞争思维向提升市场竞争力的创新优先竞争思维的转变。

（三）统筹兼顾均衡发展，实现由二分天下向整体实力提升的转变

酒企业在省份的分布集中度并不是很高，目前其发展仍然是两区域分天下的竞争之势。本次评出的 5A 级贵州茅台酒股份有限公司、宜宾五粮液股份有限公司、江苏洋河酒厂股份有限公司 3 家企业，占酒企业总数的 12%，但 3 家的营业收入占 25 家营业总额的 39.66% 以上，3 家企业的 CBI 均值为 96.65，远高于行业平均指数值 59.87，所以 5A 级的 3 家企业是中国酒行业当之无愧的领军企业，引领中国酒行业的发展方向。

中国酒行业竞争处于近乎寡头垄断的境地，21 世纪中国需要一大批优秀的酒企业支撑其城镇化进程。因此，国家应加大华中地区、西南地区和东北地区的酒行业发展，加大中游酒企业的政策扶持力度并予以品牌化建设的指导。

三、中国酒企业品牌竞争力提升策略建议

品牌建设从品牌定位出发，经过品牌规划和设计，进行品牌推广，以期在消费者和潜在消费者中扩大知名度、提高品牌认同和消费者忠诚度，建立消费者对品牌的崇信度，厚积品牌资产；通过品牌的创建、经营和管理，进行品牌延伸、品牌扩张和品牌战略联盟等一系列战略，增强品牌核心竞争力，达到品牌增值之最终目的。品牌建设战略是企业战略的一个重要构成，品牌建设所追求的是企业发展的长期战略目标，因此，品牌建设能够为增强企业品牌竞争力、扩大市场份额和实现长期利润奠定坚实的"基础"，形成一种无形的"力量"，即建立品牌资产，提升品牌价值。

（一）挖掘酒文化，进行品牌文化营销

酒文化古已有之，历代文人墨客饮酒作诗，赋予了酒独特的内涵和象征，无论是"借酒浇愁"抑或是"以酒助兴"，都赋予了其独特的文化含义，乃至现在的政治、外交和经济活动，以及日常生活中的婚丧嫁娶、走亲访友都离不开酒。酒文化已经成为中华民族文化中重要的一部分，可以说消费者对于酒的需求早已超越了酒的本身，更多的是在消费一种文化、一种象征。如何把酒与独特的文化联系起来，为自己的品牌创造一个独特的品牌文化，正是目前酒企业应该高度重视的问题，因为目前酒类企业层出不穷，也都纷纷通过历史、文化、地域、文人等作为出发点塑造品牌文化。但是很多企业往往由于对酒文化的理解不恰当，错选品牌文化传播载体，使得产品、企业和品牌难以形成统一，也就很难形成独特的品牌文化。

做好品牌文化营销需要酒企业把独特的文化融入到品牌中去，深入消费者心中，从而提升品牌价值，充实品牌资产。酒鬼酒公司当年就是通过品牌文化营销，从默默无闻的地方酒厂发展成全国知名的上市公司。宴请一大批诗人学者、文学巨匠在酒鬼酒公司的品酒会上题字、作画、吟诗等，创造了无数篇好文章，台湾"诗魔"洛夫 1986 年踏访湘泉，畅饮湘泉酒后，诗兴大发，留下广为传颂的赞美诗"酒鬼饮湘泉，一醉三千年，醒后再举杯，酒鬼变酒仙"，使酒鬼酒在台湾知名度大大提升。酒鬼酒公司利用这些学者名人的社会影响力，广发宣传，为酒鬼酒注入了丰富的中国文化思想，成功地把酒鬼酒与湘西的沈从文、宋祖英和黄永玉等文化名人联系起来，文化价值日渐升华，酒鬼酒公司成功地运用了品牌文化营销，为公司的发展奠定了雄厚的基础。

（二）找好切入点，塑造独特的品牌形象

袁清（2006）认为，品牌形象是企业的无形资产，是企业价值理念的集中体现，是企业生存发展的主要依托，是企业开拓占领市场的标签和通行证。品牌形象是一个企业形象的物质基础，是一个企业产品的质量、性能、设计、价格等要素在社会公众当中的整体表现。对于酒企业来说同样如此。

江苏洋河酒厂股份有限公司位于江苏古

镇——洋河。将代表时尚和现代的"蓝色"作为企业形象色和产品标志色，提出"中国梦，梦之蓝"的广告语，传递了一种时代精神，大气磅礴，激动人心。这种打破常规（以历史和文化为切入点）的方法丰富并创新了其品牌形象。并且不断赞助并参与政治、经济和体育事件，见证了中国近年来的每一个光辉时刻。蓝色象征海洋，"海之蓝"、"天之蓝"、"梦之蓝"演绎着"世界上最宽广的是海，比海更高远的是天，比天空更博大的是男人的情怀"，洋河酒已经不仅仅是一种产品，而是代表着一种生活态度和方式，这种品牌形象深入人心，使得白酒与现代生活完美契合。品牌地位不断提升，产品销往全国各地，并催醒了江苏白酒的发展。洋河蓝色经典自从2003年问世以来，销售额年均增幅一直保持在70%以上。

如今酒企业面临日益竞争激烈的市场环境，尤其是白酒在洋酒、红酒等产品的冲击下，如何与现代人的生活方式融合成为一个重大挑战。品牌形象的定位至关重要，这需要了解消费者的认知模式以及新生消费群体的生活方式和偏好，从而找到切入点，塑造良好的品牌形象并最终实现品牌价值的提升。

（三）品牌国际化战略

我们经常会在高档餐厅、酒吧以及宾馆中看到造型优雅、价格不菲的外国酒。例如，白兰地酒、威士忌酒、罗姆酒及餐酒。目前洋酒市场在中国已经非常活跃，投资也在不断扩大，很多中国消费者以饮用洋酒作为前卫、时尚的标志，这说明洋酒在中国市场上逐渐得到认可。但是目前中国酒品牌在国外市场上尚无立足之地，当茅台飞天53度在国内价格暴涨时，其在美国市场上的价格仅为国内的一半，这不仅仅是酒行业自己存在的问题，中国很多其他行业的品牌国际化之路都十分艰辛。但是在这个变革的时代，在中国逐渐由中国制造向中国创造转变的时代，莫言获得诺贝尔文学奖、国内热播剧《甄嬛传》也正在被引进美国市场等，说明中国文化在国际上也日益得到认可，这对于酒企业走向国际化是非常有利的。

随着经济的发展，国内白酒竞争日趋激烈，并且一些替代品也越来越多，例如度数更低更健康的红酒、啤酒和洋酒。所以对于那些白酒龙头企业来说做好品牌发展规划，走向国际化势在必行。中国酒企业在品牌国际化过程中需要注意以下几个关键点：一是品牌国际化实现的方式，是选择地理拓展、品牌兼并还是品牌联盟；二是品牌国际化过程中标准化和本土化的抉择，品牌营销是应该采取统一的标准化形式还是适应本土需求差异化营销；三是品牌定位和品牌形象问题，不同的国家有不同的政治、经济和文化环境，消费者的偏好和认知模式也不一样，如何做好跨文化定位塑造符合需求的品牌形象，如何使国外市场认可带有中国文化色彩的酒文化，如何创新适合的引用方式。

第十六章　中国电子企业品牌竞争力指数报告

第一节　中国电子企业品牌竞争力指数总报告

一、2012年度中国电子企业总体竞争态势

中国企业品牌竞争力指数（以下简称CBI）

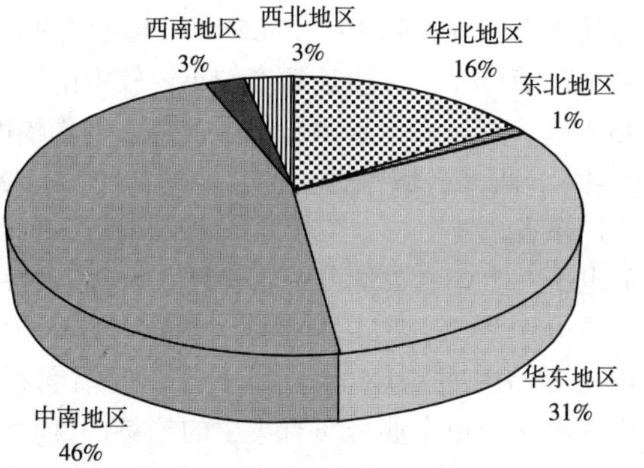

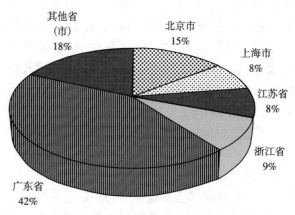

图16-1　中国电子行业区域竞争态势

图16-2　中国电子行业省（市）竞争态势

研究课题组为了检验理论成果的应用效果，于2012年对中国165家自主电子上市企业品牌进行了调研，根据各企业营业收入原始数据得出结论：中国电子企业竞争力在2012年仍然呈两雄争霸的总体竞争态势。

2010年电子行业受调研企业营业总额为2191.62亿元，中南地区、华东地区电子企业营业额分别为1016.21亿元和711.59亿元，占营业总额的比重分别为46%和33%，两大区域营业额占全国营业总额的比重为79%，而2011年电子行业受调研企业营业总额为2515.4亿元，中南地区、华东地区的营业收入总额分别为1163.05亿元、778.81亿元，占比分别为46%、31%，两大区域营业额占全国营业总额的比重达77%，仍然占有

绝对优势。中南地区营业总额和华东地区营业总额增长率分别为15%、14%，两强中，中南地区营业收入所占比重几乎没有发生变化，而华东地区则出现了小幅的下滑，但与第三名华北地区相比，仍有绝对优势。2010年排在前五名的省（市）分别为广东省、北京市、上海市、浙江省、江苏省，营业总额分别为912.25亿元、276.62亿元、212.01亿元、197.84亿元、171.73亿元，所占比重分别为42%、12%、10%、9%、8%。五大省

（市）占营业总额的比重高达81%。2011年排在前五名的省（市）分别为广东省、北京市、浙江省、江苏省、上海市，营业总额分别为1061.22亿元、368.18亿元、225.56亿元、198.66亿元、197.90亿

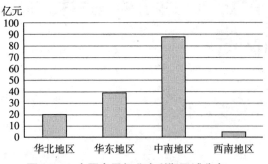

图16-3　中国电子行业净利润区域分布

中国2010年电子行业受调研企业净利润总额为149.60亿元，中南地区、华东地区、华北地区电子企业净利润总额分别为78.81亿元、72.47亿元、30.59亿元，2011年分别为88.21亿元、38.78亿元、20.35亿元，占净利润总额比重分别为58.96%、25.92%、13.60%，同比增长分别为11.93%、-46.49%、-33.47%，三大区域占净利润总额的比重高达98.49%。排在前四名的省（市）分别为广东省、福建省、北京市、江苏省，净利润总额分别为78.35亿元、18.85亿元、17.65亿元、17.62亿元，占利润总额的比重分别为52.37%、12.60%、11.80%、11.78%，同比增长分别为16.07%、104.85%、-39.6%、-0.54%，四大省（市）占净利润总额的比重高达88.55%。

总之，中国电子企业大多数集中于珠三角、长三角以及环渤海地区，从营业额上看，呈中南、华东两雄争霸之势；从净利润上来看，呈中南、华东、华北三足鼎立的竞争态势，这也是当前中国电子行业竞争的最显著特征，但是不可否认的是，一些原来表现较好的省（市）和地区在2011年表现得差强人意，如上海市、浙江省等省（市），相信随着产业结构的进一步升级，电子产业慢慢由中国制造向中国创造转变，以及国家、行业协会政策的出台，未来电子行业的竞争态势还会进一步出现显著变化。

元，所占比重分别为42%、15%、8%、8%、8%。五大省（市）占营业总额的比重仍高达81%，其中，北京市的营业总额有所增长，而上海市的营业总额出现了下滑，排名由第二名滑落到第五名。

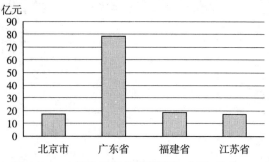

图16-4　中国电子行业净利润省（市）分布

二、2012年度中国电子企业品牌竞争力总体述评

（一）宏观竞争格局：仍然呈两雄争霸之势，四大省（市）垄断行业发展

从2011年中国电子企业数量上来看，符合本次调研标准的电子上市企业共计165家，这些企业主要分布于华东地区和中南地区，两大区域所占比重分别为44.24%、34.55%，与占比33.72%的华东地区相比，增长幅度较小，较中南地区的45.35%，其所占比重则出现了下降，下降幅度为2.44%。两大区域占据企业总数的78.79%。2012年广东省、浙江省、江苏省、北京市四个省（市）的电子上市企业数量占企业总数的66.06%，所占比重分别为38.18%、10.3%、9.09%、8.48%，较占比64.53%的2011年有所上升，但幅度不大，中国电子上市企业分布有集中的趋势，目前已经相对比较集中，且仍分布于中国三大经济热区——长三角、珠三角和环渤海地区。

从电子企业的品牌竞争力水平来看，中南地区、华北地区的CBI均值分别为68.25、66.24，高于全国均值66.20，与2010年的69.43、67.93相比，变动幅度不大。华东地区企业总数虽然排名行业第二，但其CBI均值为66.08，仍稍低于全国均值，其品牌竞争力差强人意，较2010年并无明显改善，仍需要提升。北京市、上海市、江苏省、福建省、广东省五省（市）的CBI得分分别为70.24、69.20、66.58、66.56、66.49，均高于行

业平均值 66.20，浙江省虽然企业数量占优，但 CBI 得分仅为 63.07，低于全国均值。此外，除福建省的 CBI 均值较上年有 1.34% 的小幅上升外，几个省（市）的 CBI 均值均出现了不同程度的下降，其中，上海市和浙江省的下降幅度最大，增长率分别为 -8.95% 和 -6.46%。

受调研的 165 家电子上市企业是众多电子企业的代表，分析它们在 2011 年的表现可以得出中国电子企业的竞争情况。电子行业已成为当今世界发展最快的高新技术产业，在国民经济中的作用日益突出，电子行业目前仍呈两雄争霸的竞争态势，在一定程度上也揭示了中国区域经济发展仍旧不均衡，但是从上年各项数据的变化中我们可以得出以下结论：一些地区和省（市）的发展正在受到挑战，同时也有一些省（市）和地区成为后起之秀，挑战着两雄的霸主地位，但是这些地区仍然需要一段时间的发展，我们也期待着它们的发展，电子行业急需一批具有综合竞争力的企业带动区域电子乃至整个电子行业的发展。

（二）中观竞争态势：表现整体下滑，两大企业引领行业发展，中下游企业竞争激烈，提升空间较大

根据中国电子企业品牌竞争力分级评级标准，对调查的 165 家企业进行分级评估，按照一般惯例分为五级，5A 级企业 2 家，4A 级企业 2 家，3A 级企业 10 家，2A 级企业 127 家，1A 级企业 24 家，与 2010 年相比，2011 年电子行业的分级情况出现很大变动，总体表现为电子行业整体表现平淡，2A 级及 1A 级企业数量大大增加，5A 级、4A 级及 3A 级企业数量出现了不同程度的缩水，5A 级电子企业仅有 2 家，分别是深圳长城开发科技股份有限公司和中芯国际集成电路制造有限公司，占电子企业总数的 1.21%，两家企业的营业收入为 269.95 亿元，占 165 家营业总额的 10.73%，两家企业的 CBI 均值为 99.35，远高于行业平均指数值 66.20，所以 5A 级企业是中国电子行业的领军企业，引领着中国电子行业的发展方向。值得关注的是 127 家 2A 级企业及 24 家 1A 级企业，占据行业企业比重的 91.51%。其平均指数分别为 66.5695 和 54.2466，其中，1A 级企业的 CBI 均值远低于行业均值，2A 级企业虽然稍高于行业均值，但是由于其企业数量占行业企业总

数量的 76.97%，如此众多的中下游企业在行业均值线上下徘徊，使得整个电子行业在 2011 年的表现比较一般，尤其是 1A 级企业平均指数距行业均值还有很大差距，有很大的提升空间，需要进一步发展。

（三）微观竞争比较：财务表现力虽然优于市场竞争力的表现，但整体表现比较平淡

2011 年电子行业上市公司整体表现平淡，经营业绩普遍不佳，明显低于预期，财务表现力和市场竞争力指标均出现了不同程度的下降，尤其是市场竞争力指标的下降幅度十分明显，所调查的全国 165 家电子上市公司的品牌财务表现力均值为 3.70，市场竞争力均值为 2.60，而 2010 年这两项指标的值分别为 3.99 和 3.69，下降幅度分别为 8.23% 和 41.92%。对于中国企业来说，净利润最大化乃至收入最大化仍然是许多企业和经营者追求的最终目标，财务表现仍然是企业对外展示基本实力的重要依据（从而忽视了企业的市场竞争力表现），以致大多数行业的财务表现力都优于市场竞争力。与 2010 年相比，2011 年电子行业上市企业的市场竞争力表现继续走弱，并继续恶化，而且财务表现力也出现了减弱的情况，这不能不引起各企业的重视。

所调查的全国 165 家电子企业中，深圳长城开发科技股份有限公司、中芯国际集成电路制造有限公司、海康威视数字技术股份有限公司、深圳中航集团股份有限公司、京东方科技集团股份有限公司、紫光股份有限公司、北京中科三环高技术股份有限公司、中国无线技术有限公司、生益科技股份有限公司、歌尔声学股份有限公司位列前 10 名，与上年相比，除横店集团东磁股份有限公司由于增长放缓甚至出现负增长而被挤出了前 10 强外，其他企业只是名次上有微小的变化。从财务表现等二级指标看，规模要素、效率因素和增长因素指标得分均值分别为 4.04、3.67、3.06，较上年的 4.07、4.15、3.49 相比有所降低，原因是多方面的。综观整个经济形势，主要原因是金融危机导致全球经济疲软，欧债危机，欧美经济走弱，另外还有日本地震的影响，这些因素综合导致了电子行业下游需求乏善可陈；另外一个原因就是原材料成本、人工成本等的上升和库存的积压。就两年的数据来看，规模因素得分和

效率因素得分都是偏高的，在一定程度上说明了中国电子企业财务表现良好是由规模优势和经营高效引起的，这两个因素对整体品牌财务表现力的影响较大，但这两年的数据都显示增长因素还处于较低水平，尤其是 2011 年比 2010 年的表现还要差一些，这说明宏观经济环境对电子行业的影响还是比较大的。电子企业要想有更好的发展，必须把握整个经济形势，同时注意经营效率，把企业做大做强。

电子行业企业数量众多，表现参差不齐，竞争本来就较为激烈，随着电子行业的进一步改革发展，市场竞争也会更加激烈。全国 165 家电子企业市场竞争表现力得分均值仅为 1.94，在四个一级指标中得分最低。深圳长城开发科技股份有限公司、京东方科技集团股份有限公司、中芯国际集成电路制造有限公司、深圳中航集团股份有限公司、紫光股份有限公司、中国无线技术有限公司、生益科技股份有限公司、海康威视数字技术股份有限公司、北京中科三环高技术股份有限公司、南太电子（深圳）有限公司位列前 10 名，这 10 家企业在市场竞争表现力方面差距明显，深圳长城开发科技股份有限公司得分 4.77，位居第

一，第二名是京东方科技集团股份有限公司，得分 4.11，这两家企业的市场竞争力得分远高于后面几家企业，其中，第 10 名南太电子（深圳）有限公司的市场竞争力得分为 2.55，由此可见差距。从整体上来看，市场的竞争力普遍减弱，2012 年市场占有能力得分均值为 2.60，比 2011 年的 3.44 有所降低，只有少数几家电子上市公司的市场竞争力增强，例如，深圳长城开发科技股份有限公司 2012 年的得分 4.57 就比 2011 年的 4.15 高。电子行业超值获利能力得分均值 3.82 比 2011 年的 3.48 要高一些，行业内企业的市场占有率及市场覆盖率普遍不高，导致整个行业此项得分均值很低，只有少数几个企业的市场竞争能力较强，在电子行业内，超值竞争能力的得分均值最高，为 3.82，可见利润对于电子行业市场竞争力的影响是十分明显的。

如果从规模竞争、效率竞争和创新竞争三个阶段来看企业竞争力的话，中国电子企业竞争已经处于规模因素主导的第一阶段，虽然有些企业竞争水平已经处于效率竞争和创新竞争阶段，但总体上看，与技术创新和品牌经营的第三阶段竞争水平相比仍有很大差距。

第二节　中国电子企业品牌竞争力排名报告

一、2012 年度中国电子企业品牌竞争力指数排名

中国企业品牌竞争力指数（以下简称 CBI）研究课题组于 2011 年 7 月完成了理论研究，采用多指标综合指数法对中国企业品牌竞争力进行量化研究。初期理论成果包括 CBI 四位一体理论模型、CBI 评价指标体系、CBI 评价指标权重以及 CBI 计算模型，并且已经通过国内 10 位经济学界、管理学界权威专家论证。为了检验理论成果的应用效果，课题组继 2011 年对中国自主电子企业品牌进行调研之后，于 2012 年底对中国自主电子上市公司品牌再一次进行了调研，根据调查数据应用 CBI 计算模型得出了中国电子企业品牌竞争力（以下简称 CBI-R）排名（见表 16-1）。

表 16-1 2012 年中国电子企业品牌竞争力排名

企业名称	省（市）	相对值（指数）				绝对值形式（5分制）		
		2012年行业CBI	排名	2011年行业CBI	排名	品牌竞争力得分（CBS）	品牌财务表现力	市场竞争表现力
长城开发	广东省	100.0000	1	96.9587	2	4.2928	4.1755	4.5666
中芯国际	上海市	98.7011	2	100.0000	1	3.9923	4.0866	3.7723
海康威视	浙江省	88.1540	3	89.0895	5	3.9429	4.1247	3.5189
深圳中航集团股份	广东省	86.4205	4	86.5088	10	3.8839	4.2091	3.1251
京东方A	北京市	84.3500	5	90.8654	4	64.8058	3.7245	4.2295
紫光股份	北京市	82.5438	6	94.0311	3	3.8325	4.1643	3.0582
中科三环	北京市	81.3112	7	80.8104	28	3.7973	3.9122	3.5292
中国无线	广东省	80.8184	8	87.6304	8	3.7833	4.0429	3.1775
生益科技	广东省	80.6218	9	88.2752	6	3.7777	4.0659	3.1053
歌尔声学	山东省	77.9687	10	87.5180	9	3.7021	4.0216	2.9566
南太电子 NTE	广东省	76.9142	11	84.0380	17	3.6721	3.9024	3.1347
华映科技	广东省	76.5209	12	85.5360	12	3.6609	4.0752	2.6940
深天马A	广东省	76.4403	13	78.1044	37	3.6586	3.9750	2.9201
长电科技	江苏省	75.5663	14	84.5897	14	3.6337	3.9167	2.9733
大恒科技	北京市	74.9956	15	85.8263	11	3.6174	3.9196	2.9124
立讯精密	广东省	74.8719	16	78.2707	35	3.6139	3.9514	2.8262
横店东磁	浙江省	74.7925	17	87.9822	7	3.6116	3.9275	2.8744
三安光电	福建省	74.6488	18	78.0188	38	3.6075	4.0025	2.6860
沪电股份	江苏省	74.4220	19	82.6245	22	3.6011	3.9452	2.7980
超声电子	广东省	74.2257	20	84.3114	16	3.5955	3.9194	2.8397
振华科技	四川省	73.5129	21	78.3736	34	3.5752	3.8865	2.8488
超日太阳	上海市	73.4639	22	84.3541	15	3.5738	3.9007	2.8109
德信无线 CNTF	北京市	73.2069	23	83.0113	20	3.5664	3.9099	2.7651
长园集团	广东省	73.0162	24	77.5422	45	3.5610	3.9471	2.6601
德赛电池	广东省	73.0000	25	80.4103	30	3.5605	3.8669	2.8457
佛山照明	广东省	72.9812	26	80.5282	29	3.5600	3.9022	2.7616
大华股份	浙江省	72.9592	27	77.8080	40	3.5594	3.9278	2.6998
华工科技	湖北省	72.8611	28	84.8935	13	3.5566	3.8791	2.8041
中环股份	天津市	72.0844	29	77.1700	49	3.5345	3.8771	2.7349
南京熊猫	江苏省	72.0503	30	74.9857	67	3.5335	3.8324	2.8361
风华高科	广东省	71.3251	31	83.2737	18	3.5128	3.8441	2.7398
广州国光	广东省	71.3046	32	81.8572	23	3.5122	3.8119	2.8131
飞乐音响	上海市	70.7386	33	77.5791	43	3.4961	3.8341	2.7075
法拉电子	福建省	70.5446	34	78.4644	33	3.4906	3.8524	2.6463
综艺股份	江苏省	70.3863	35	77.5147	46	3.4861	3.8752	2.5780
航天科技	北京市	70.2493	36	76.2905	55	3.4822	3.7593	2.8356
中航光电	河南省	70.2257	37	78.1696	36	3.4815	3.8261	2.6775
莱宝高科	广东省	70.1858	38	79.5163	31	3.4804	3.8701	2.5709
彩虹电子	陕西省	70.1499	39	73.6348	77	3.4793	3.8272	2.6676
东方日升	浙江省	70.1421	40	81.6811	25	3.4791	3.8430	2.6302
士兰微	浙江省	69.9483	41	82.8878	21	3.4736	3.7966	2.7200
同洲电子	广东省	69.6721	42	—	—	3.4657	3.7704	2.7548
科力远	湖南省	69.6051	43	72.5303	85	3.4638	3.7977	2.6848
明华科技	广东省	69.4811	44	—	—	3.4603	3.9383	2.3450

续表

企业名称	省（市）	相对值（指数）				绝对值形式（5分制）		
		2012年行业CBI	排名	2011年行业CBI	排名	品牌竞争力得分（CBS）	品牌财务表现力	市场竞争表现力
得润电子	广东省	69.2225	45	74.4105	72	3.4529	3.7854	2.6772
飞毛腿	福建省	69.2098	46	72.6050	83	3.4526	3.8089	2.6210
通富微电	江苏省	69.0371	47	81.3071	26	3.4476	3.7796	2.6729
向日葵	浙江省	68.9160	48	80.8440	27	3.4442	3.8066	2.5985
锐迪科微电子RDA	上海市	68.7335	49	81.7211	24	3.4390	3.7857	2.6301
光电股份	陕西省	68.5883	50	77.8580	39	3.4348	3.7849	2.6180
胜利精密	江苏省	68.5642	51	76.3414	54	3.4342	3.7736	2.6421
深桑达A	广东省	68.2526	52	71.0983	92	3.4253	3.7577	2.6495
威创股份	广东省	68.2421	53	75.0540	65	3.4250	3.7665	2.6280
漫步者	广东省	68.2358	54	83.1936	19	3.4248	3.6927	2.7998
卓翼科技	广东省	68.0895	55	79.3914	32	3.4206	3.7486	2.6554
锦富新材	江苏省	68.0324	56	74.8989	69	3.4190	3.7631	2.6162
航天电器	四川省	68.0016	57	76.0733	57	3.4181	3.7232	2.7064
烽火电子	陕西省	67.8968	58	75.7429	60	3.4151	3.7799	2.5640
国星光电	广东省	67.8106	59	77.0492	50	3.4127	3.7521	2.6208
飞乐股份	上海市	67.7935	60	74.6838	70	3.4122	3.7516	2.6204
华天科技	甘肃省	67.7358	61	77.5515	44	3.4106	3.7505	2.6174
实益达	广东省	67.5794	62	73.0919	79	3.4061	3.7489	2.6062
劲胜股份	广东省	67.5675	63	75.7248	61	3.4058	3.7461	2.6117
先进半导体	上海市	67.5381	64	70.2599	95	3.4049	3.7688	2.5558
兴森科技	广东省	67.3933	65	76.6590	53	3.4008	3.7344	2.6223
联创光电	江西省	67.2998	66	70.9833	94	3.3981	3.7317	2.6199
光迅科技	湖北省	67.2015	67	76.0643	58	3.3953	3.7331	2.6072
七星电子	北京市	67.1806	68	73.2800	78	3.3947	3.7415	2.5857
江海股份	江苏省	67.1712	69	74.9959	66	3.3945	3.7345	2.6012
华微电子	吉林省	67.0734	70	74.9702	68	3.3917	3.7271	2.6091
广电电子	上海市	67.0434	71	—	—	3.3908	3.7382	2.5802
天通股份	浙江省	67.0259	72	74.1781	76	3.3903	3.7168	2.6285
武汉凡谷	湖北省	67.0229	73	74.2958	74	3.3902	3.7396	2.5751
欧菲光	广东省	67.0194	74	72.4741	86	3.3901	3.7255	2.6077
康强电子	浙江省	66.9887	75	75.6333	62	3.3893	3.7315	2.5908
中兵光电	北京市	66.9821	76	77.5983	42	3.3891	3.7564	2.5320
东方电子	山东省	66.9669	77	75.9590	59	3.3887	3.7176	2.6211
长盈精密	广东省	66.9300	78	72.6693	82	3.3876	3.7255	2.5993
御银股份	广东省	66.7324	79	71.6779	89	3.3820	3.7175	2.5991
恒宝股份	江苏省	66.6319	80	75.1398	64	3.3791	3.7192	2.5856
特发信息	广东省	66.6007	81	77.0385	51	3.3782	3.7104	2.6031
上海金陵	上海市	66.5273	82	77.1815	48	3.3761	3.6999	2.6206
上海复旦	上海市	66.4940	83	71.0087	93	3.3752	3.7589	2.4799
科陆电子	广东省	66.3911	84	74.2298	75	3.3722	3.7204	2.5598
拓邦股份	广东省	66.2716	85	76.1370	56	3.3688	3.7088	2.5756
天龙光电	江苏省	66.2462	86	73.0537	80	3.3681	3.6985	2.5973
长信科技	安徽省	66.0030	87	74.3991	73	3.3612	3.6848	2.6062
#ST福日	福建省	65.7106	88	—	—	3.3529	3.7757	2.3662

续表

企业名称	省（市）	相对值（指数）				绝对值形式（5分制）		
		2012年行业CBI	排名	2011年行业CBI	排名	品牌竞争力得分（CBS）	品牌财务表现力	市场竞争表现力
东信和平	广东省	65.6733	89	71.2679	91	3.3518	3.6710	2.6069
蓉胜超微	广东省	65.6302	90	76.6919	52	3.3506	3.6765	2.5901
银河磁体	重庆市	65.5776	91	—	—	3.3491	3.6873	2.5598
国民技术	广东省	65.3053	92	77.6617	41	3.3413	3.6671	2.5812
苏州固锝	江苏省	65.2937	93	74.5485	71	3.3410	3.6870	2.5336
瑞凌股份	广东省	65.2878	94	71.7417	88	3.3408	3.6931	2.5188
铜峰电子	安徽省	64.9754	95	69.9213	97	3.3319	3.6586	2.5695
#ST鲁北	山东省	64.4683	96	—	—	3.3175	3.6526	2.5355
水晶光电	浙江省	64.4604	97	—	—	3.3172	3.6591	2.5195
深赛格	广东省	64.3896	98	—	—	3.3152	3.5911	2.6715
乾照光电	福建省	64.3435	99	69.4424	98	3.3139	3.6313	2.5733
亿纬锂能	广东省	64.1021	100	—	—	3.3070	3.6326	2.5474
均值		59.9459		59.0708		3.1886	3.5274	2.3982

说明：从理论上说，中国企业品牌竞争力指数（CBI）由中国企业品牌竞争力分值（CBS）标准化之后得出，CBS由4个一级指标品牌财务表现力、市场竞争表现力、品牌发展潜力和消费者支持力的得分值加权得出。

在实际操作过程中，课题组发现，品牌发展潜力和消费者支持力两个部分的数据收集存在一定的难度，且收集到的数据准确性有待核实，因此，本报告暂未将品牌发展潜力和消费者支持力列入计算。

品牌财务表现主要依据各企业的财务报表数据以及企业上报数据进行计算。同时，关于市场竞争表现力方面的得分，课题组选取了部分能够通过公开数据计算得出结果的指标，按照CBI计算模型得出最终结果。

关于详细的计算方法见《中国企业品牌竞争力指数系统：理论与实践》。"—"表示该企业2011年排名在100名之外。

与2010年相比，2011年电子行业自主品牌排名前100强有小幅变动。其中，横店东磁股份有限公司由第7名下滑至第17名。深圳中航集团股份有限公司从第10名跃升至第4名，北京中科三环高技术股份有限公司由第28名跃居第7名。京东方科技集团股份有限公司、深圳长城开发科技股份有限公司、中芯国际集成电路制造有限公司、海康威视数字技术股份有限公司、深圳中航集团股份有限公司、紫光股份有限公司、中国无线技术有限公司、生益科技股份有限公司、歌尔声学股份有限公司9家上市公司稳居电子行业自主品牌前10强。在排名前20强的电子企业中，深圳天马微电子股份有限公司由第37名跃居第13名，三安光电股份有限公司由第38名跃居至第18名，深圳立讯精密工业股份有限公司由第35名跃居至第16名，增长劲头十足。南太电子（深圳）有限公司和沪士电子股份有限公司分别由第17名和第22名提升至第11名和第19名，发展趋势良好。华工科技（北京）股份有限公司略

有下滑趋势，由第13名降至第28名。与2011年相比，以成都银河磁体股份有限公司为代表的6家企业于2012年冲进行业前100强，但都处于80名之后，增长趋势并不明显。

通过2011年中国电子企业品牌竞争力指数数据，可以计算出中国电子行业CBI数值为66.20，和2010年的CBI数值69.20相比，下降幅度较大。CBI数值为相对值，一方面可以反映行业总体竞争水平，另一方面为行业内企业提供了一个比较标准。后续课题组根据近万家企业的CBI数据得出中国企业品牌竞争力指数值为68，那么电子行业的CBI为66.20，小于68，说明电子行业企业整体竞争水平低于平均水平，行业发展处于中等程度，而且与2010年相比，情况出现了恶化。同理，行业内部企业的CBI数值低于66.20，说明其品牌竞争力处于劣势；高于66.20，说明其品牌竞争力处于优势，整个CBI指标体系为企业提供了一套具有诊断功能和预测功能的实用工具。

二、2012 年度中国电子企业品牌竞争力指数评级报告

(一) 中国电子企业品牌竞争力指数评级标准体系

根据表 16-1 得出的电子企业 CBI 数值，课题组绘制了总体布局图（见图 16-5），从整体上看，CBI 分布曲线两头陡峭、中间平缓。根据 CBI 数值表现出来的特征，结合电子企业的行业竞争力

特性对调查的企业进行分级评估，按照一般惯例分为五级，划分标准如表 16-2 所示。

表 16-2　中国电子企业品牌竞争力分级评级标准

评级 ＼ 标准	CBI 数值标准
A A A A A	CBI≥90
A A A A	85≤CBI<90
A A A	75≤CBI<85
A A	60≤CBI<75
A	CBI<60

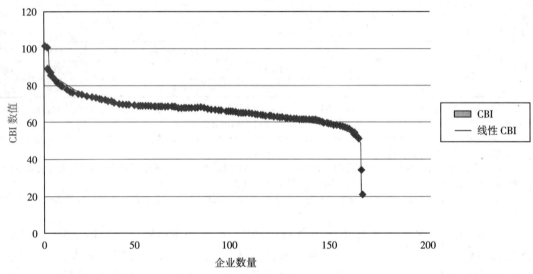

图 16-5　中国电子行业企业 CBI 散点分布

(二) 中国电子企业品牌竞争力指数评级结果

由以上评价标准可以将电子企业划分为五个集团，具体的企业个数及分布情况如表 16-3 和图

16-6 所示，由于篇幅原因，各级水平的企业得分情况仅列出代表企业。

表 16-3　中国电子企业各分级数量表

企业评级	竞争分类	企业数量	所占比重（%）	行业 CBI 均值	行业 CBS 均值	品牌财务表现力	市场竞争表现力
5A 级企业	第一集团	2	1.21	99.3505	4.1426	4.1310	4.1695
4A 级企业	第二集团	2	1.21	87.2873	3.9134	4.1669	3.3220
3A 级企业	第三集团	10	6.06	79.3056	3.7848	4.0449	3.1779
2A 级企业	第四集团	127	76.97	66.5695	3.3773	3.7153	2.5887
1A 级企业	第五集团	24	14.55	54.2466	3.0262	3.3758	2.2106
全部	不分类	165	100.00	66.1975	3.3667	3.6964	2.5975

据表 16-2 中国电子企业品牌竞争力分级评级标准，5A 级电子企业共有 2 家，占电子企业总数的 1.21%。表 16-4 列出了深圳长城开发科技股份有限公司、中芯国际集成电路制造有限公司两家 5A 级企业，它们的品牌财务表现力、市场竞

争力表现都十分突出，财务表现力得分高于市场竞争力得分，说明它们的盈利能力强，而且具有消费者拥护支持和一定的顾客忠诚度，品牌发展潜力巨大。CBS 及各项分指标得分值均远远高于其他集团企业。在集团内部比较而言，深圳长城

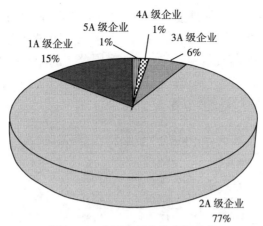

图 16-6　中国电子企业分级分布

表 16-4　中国电子行业 5A 级企业品牌列表

企业名称	评级水平	排名	CBI	CBS	品牌财务表现力	市场竞争表现力
长城开发	5A	1	100.0000	3.2992	4.1755	4.5666
中芯国际	5A	2	98.7011	3.0996	4.0866	3.7723

开发科技股份有限公司在品牌市场竞争表现力和财务竞争表现力两个方面都表现不俗，排名第一，而且中芯国际集成电路制造有限公司虽然排名第二，但是其在财务竞争力和市场竞争表现力方面也表现出了绝对的优势，同样也是中国电子行业当之无愧的领军企业。

表 16-5　中国电子行业 4A 级企业品牌列表

企业名称	评级水平	排名	CBI	CBS	品牌财务表现力	市场竞争表现力
海康威视	5A	3	88.154	3.3529	4.1247	3.5189
深圳中航	5A	4	86.4205	3.1312	4.2091	3.1251

据表 16-2 中国电子企业品牌竞争力分级评级标准，4A 级电子企业共有 2 家，占电子企业总数的 1.21%，表 16-5 列出了这 2 家 4A 级企业，它们是海康威视数字技术股份有限公司和深圳中航集团股份有限公司，它们的品牌财务表现力、市场竞争表现力较为突出，盈利能力较强，消费者支持力度较大，具有较高的顾客忠诚度，品牌发展潜力较大。CBI 及各项分指标得分值均高于行业平均值。在第二集团内部比较而言，海康威视数字技术股份有限公司的市场竞争表现力位于本梯队企业第一，深圳中航集团股份有限公司的财务竞争力表现第一。

表 16-6　中国电子行业 3A 级企业品牌代表

企业名称	评级水平	排名	CBI	CBS	品牌财务表现力	市场竞争表现力
京东方 A	3A	5	84.3500	4.3298	4.3728	4.2295
紫光股份	3A	6	82.5438	3.7973	3.9122	3.5292
中科三环	3A	7	81.3112	3.8325	4.1643	3.0582
中国无线	3A	8	80.8184	3.7833	4.0429	3.1775
生益科技	3A	9	80.6218	3.7777	4.0659	3.1053
歌尔声学	3A	10	77.9687	3.7021	4.0216	2.9566

据表 16-2 中国电子企业品牌竞争力分级评级标准，3A 级电子企业共有 10 家，占电子企业总数的 6.06%。表 16-6 所列的 6 家企业京东方 A、紫光股份有限公司、北京中科三环高技术股份有

限公司、中国无线技术有限公司、生益科技股份有限公司、歌尔声学股份有限公司是中国电子行业的中游企业，它们的品牌财务表现力、市场竞争力表现一般，盈利能力一般，具有一定的消费者支持力度和顾客忠诚度，品牌发展潜力较大。

CBI 及各项分指标得分值均处于行业平均值上下。在第三集团内部比较而言，京东方科技集团股份有限公司的品牌财务表现力和市场竞争力表现均为第一。

表 16-7　中国电子行业 2A 级企业品牌代表

企业名称	评级水平	排名	CBI	CBS	品牌财务表现力	市场竞争表现力
大恒科技	2A	15	74.9956	3.6174	3.9196	2.9124
立讯精密	2A	16	74.8719	3.6139	3.9514	2.8262
横店东磁	2A	17	74.7925	3.6116	3.9275	2.8744
三安光电	2A	18	74.6487	3.6075	4.0025	2.6860
沪电股份	2A	19	74.4220	3.6011	3.9452	2.7980
超声电子	2A	20	74.2257	3.5955	3.9194	2.8397

据表 16-2 中国电子企业品牌竞争力分级评级标准，2A 级电子企业共有 127 家，占电子企业总数的 76.97%。表 16-7 所列的大恒新纪元科技股份有限公司、立讯精密工业股份有限公司、横店集团东磁股份有限公司、三安光电股份有限公司、沪士电子股份有限公司、广东超声电子股份有限公司 6 家企业是中国电子行业中下游企业的代表，其特征是品牌财务表现力、市场竞争表现力均处

于平均水平线上下徘徊，CBI 及各项分指标得分值均处于平均值上下，盈利能力较差，在消费者支持力度和顾客忠诚度方面也处于行业平均水平。在第四集团内部比较而言，与 2011 年相比，品牌财务表现力整体有所下降，但仍高于市场竞争表现力，不过它们的品牌财务表现力和市场竞争力同样有待提高。

表 16-8　中国电子行业 1A 级企业品牌代表

企业名称	评级水平	排名	CBI	CBS	品牌财务表现力	市场竞争表现力
金龙机电	1A	142	59.9627	3.1891	3.5076	2.4458
超华科技	1A	143	59.5467	3.1772	3.5750	2.2490
奥拓电子	1A	144	59.4288	3.1739	3.4745	2.4723
国腾电子	1A	145	59.2459	3.1687	3.4704	2.4645
旭光股份	1A	146	58.7486	3.1545	3.5200	2.3017
力合股份	1A	147	58.5954	3.1501	3.4691	2.4060

据表 16-2 中国电子企业品牌竞争力分级评级标准，1A 级电子企业共有 24 家，占电子企业总数的 14.55%。表 16-8 列出了金龙机电股份有限公司、广东超华科技股份有限公司、深圳奥拓电子股份有限公司、成都国腾电子技术有限公司、成都旭光科技股份有限公司、力合股份有限公司 6 家企业作为 1A 级企业的代表，它们是中国电子行业的下游企业，其特征是 CBI、品牌财务表现力、市场竞争力等表现均远远低于行业平均水平。在第五集团内部比较而言，品牌财务表现力仍表现一般，市场竞争力具有广阔的提升空间。

三、2012 年度中国电子企业品牌价值 50 强排名

课题组认为，品牌价值（以下简称 CBV）是客观存在的，它能够为其所有者带来特殊的收益。品牌价值是品牌在市场竞争中的价值实现。一个品牌有无竞争力，就是要看它有没有一定的市场份额，有没有一定的超值创利能力。品牌的竞争力正是体现在品牌价值最基本的这两个决定性因素上，品牌价值就是品牌竞争力的具体体现。通

常品牌价值以绝对值（单位：亿元）的形式量化研究品牌竞争水平，课题组对品牌价值和品牌竞争力的关系展开研究，针对品牌竞争力以相对值（指数：0~100）的形式量化研究品牌竞争力水平。在研究世界上关于品牌价值测量方法论的基础上，提出本研究关于品牌价值计算方法，$CBV=CBI \times A \times \sum f(x_i) + C$，其中，CBV 为企业品牌价值，CBI 为企业品牌竞争力指数，A 为分级系数，x_i 为系数决定要素，C 为行业调整系数，据此得出 2012 年中国电子企业品牌价值 50 强（见表 16-9）。

表 16-9　2012 年中国电子企业品牌价值 50 强

企业名称	省（市）	2012 年 CBV（亿元）	排名	2011 年CBV（亿元）	排名	2012年行业 CBI
长城开发	北京市	50.15141	1	45.59219	3	100
京东方 A	北京市	49.16684	2	46.82556	1	84.35
海康威视	浙江省	46.73225	3	43.2706	5	88.154
中芯国际	上海市	45.95277	4	44.61434	4	98.7011
生益科技	上海市	45.12047	5	42.16866	6	80.6218
中国无线	上海市	43.65774	6	40.80163	7	80.8184
紫光股份	北京市	43.53211	7	46.31076	2	82.5438
横店东磁	浙江省	37.41799	8	40.2344	8	74.7925
深圳中航	上海市	33.72793	9	27.42108	10	86.4205
歌尔声学	浙江省	27.66589	10	28.81864	9	77.9687
超日太阳	浙江省	25.8904	11	24.65752	14	73.4639
中科三环	北京市	25.69415	12	22.73819	20	81.3112
沪电股份	浙江省	25.59543	13	23.69947	17	74.422
华映科技	上海市	25.37978	14	24.17122	15	76.5209
佛山照明	上海市	24.70137	15	23.08539	18	72.9812
超声电子	上海市	24.45977	16	24.95895	12	74.2257
南太电子 NTE	上海市	24.28612	17	22.48715	22	76.91417
风华高科	上海市	24.05627	18	26.14812	11	71.3251
长电科技	浙江省	23.97107	19	22.82959	19	75.5663
大恒科技	北京市	23.45333	20	24.68771	13	74.9956
德信无线 CNTF	北京市	22.7464	21	23.94357	16	73.2069
东方日升	浙江省	20.33059	22	22.58954	21	70.1421
综艺股份	浙江省	19.84997	23	17.56634	28	70.3863
华工科技	上海市	19.81661	24	22.01846	23	72.8611
士兰微	浙江省	19.72894	25	20.33911	24	69.9483
长园集团	上海市	18.94296	26	17.22087	30	73.0162
三安光电	浙江省	18.86923	27	17.15385	31	74.6488
漫步者	上海市	16.76599	28	19.7247	25	68.2358
卓翼科技	上海市	15.95799	29	17.53625	29	68.0895
向日葵	浙江省	15.69427	30	18.03939	26	68.916
深天马 A	上海市	15.12097	31	12.92391	34	76.4403
国民技术	上海市	14.9316	32	17.56658	27	65.3053
中兵光电	北京市	14.82928	33	16.85145	32	66.9821
锐迪科微电子 RDA	浙江省	14.74483	34	16.56723	33	68.7335
彩虹电子	陕西省	13.88132	35	12.61939	36	70.1499
南京熊猫	浙江省	13.45704	36	11.50174	54	72.0503
联创光电	浙江省	13.24319	37	11.03599	75	67.2998
飞乐音响	浙江省	13.02197	38	11.83815	41	70.7386
科力远	上海市	12.84923	39	10.70769	83	69.6051

续表

企业名称	省（市）	2012 年 CBV（亿元）	排名	2011年CBV（亿元）	排名	2012 年行业 CBI
振华科技	四川省	12.62618	40	11.37493	60	73.5129
大华股份	浙江省	12.50443	41	11.36766	61	72.9592
航天科技	北京市	12.48966	42	11.35424	62	70.2493
飞乐股份	浙江省	12.45818	43	11.32562	65	67.7935
飞毛腿	浙江省	12.39839	44	9.918709	93	69.2098
亿纬锂能	上海市	12.38201	45	11.90578	39	64.1021
威创股份	上海市	12.30522	46	11.39372	59	68.2421
锦富新材	浙江省	12.2439	47	11.23294	70	68.0324
得润电子	上海市	12.23219	48	10.63668	84	69.2225
先进半导体	浙江省	12.21689	49	10.44179	88	67.5381
胜利精密	浙江省	12.19871	50	11.50822	53	68.5642

CBV 分析：在 165 家受调研企业中，排名前 50 强的企业 CBV 合计为 1121.4512 亿元，较 2011 年有所提高。前 10 强电子企业 CBV 总值合计为 423.1254 亿元，占前 50 强的比重为 37.73%。其中，在前 10 强企业中，深圳长城开发科技股份有限公司、京东方科技集团股份有限公司、海康威视数字技术股份有限公司、中芯国际集成电路制造有限公司、生益科技股份有限公司、中国无线音视频技术股份有限公司、紫光股份有限公司、横店集团东磁股份有限公司、深圳中航集团股份有限公司、歌尔声学股份有限公司 10 家上市公司稳居中国电子企业 CBV 排名前 10 强。深圳长城开发科技股份有限公司从第 3 名升至第 1 名，海康威视数字技术股份有限公司从第 5 名升至第 3 名，发展势头良好。紫光股份有限公司发展速度稍有落后，由第 2 名降至第 7 名。在前 10 强企业中，40% 的企业位于上海市，30% 位于北京市，还有 30% 位于浙江省，在前 50 强企业中，北京市、浙江省、广东省和上海市仍旧占据大多数，是国内龙头电子企业的发源地。

第三节　2012 年度中国电子企业品牌竞争力区域报告

一、六大经济分区

（一）总体情况分析

根据课题组调研的数据，整体数值略低于 2010 年。中国电子企业仍主要分布于华东地区、中南地区和华北地区，占企业总数的比重分别为 34.55%、44.24% 和 10.91%，集中度较高，该比重略低于 2010 年。中南地区和华东地区的 CBI 均值分别为 66.2407、68.0819，远高于全国均值 66.20，西南地区的 CBI 均值最低，仅为 63.4222，低于 2010 年最低值。虽然华东地区的企业总数行业排第 1 名，但其 CBI 均值为 66.0819，低于全国均值，其品牌竞争力差强人意，还有很大的提升空间。华北地区仍延续 2010 年的优势，财务表现力分项指标的得分均值位列第一，东北地区同样也在市场竞争表现力上表现突出。

表 16-10　中国电子企业六大经济区域竞争状况

区域	2012 年企业数量	所占比重（%）	行业 CBI 均值		CBS 均值		品牌财务表现力均值		市场竞争表现力均值	
			2012 年	2011 年	2012 年	2011 年	2012 年	2011 年	2012 年	2011 年
华北地区	18	10.91	68.2499	69.2636	3.4232	3.6283	3.7168	3.9269	2.7380	3.471
东北地区	3	1.82	64.4591	62.9739	3.3172	3.4779	3.6509	3.654	2.5386	3.5652

续表

区域	2012年企业数量	所占比重（%）	行业 CBI 均值		CBS 均值		品牌财务表现力均值		市场竞争表现力均值	
			2012年	2011年	2012年	2011年	2012年	2011年	2012年	2011年
华东地区	57	34.55	66.0819	69.4108	3.3694	3.6488	3.7048	4.0118	2.5865	3.4439
中南地区	73	44.24	66.2407	69.4703	3.3638	3.6503	3.6941	4.0455	2.5932	3.4327
西南地区	8	4.85	63.4222	66.9471	3.2877	3.5834	3.6222	4.0961	2.5070	3.3783
西北地区	6	3.64	65.1821	72.9769	3.3378	3.7434	3.7305	4.2417	2.5399	3.4582
总体情况	165	100.00	66.6791	70.6177	3.3804	3.6807	3.7085	4.0573	2.6158	3.4741

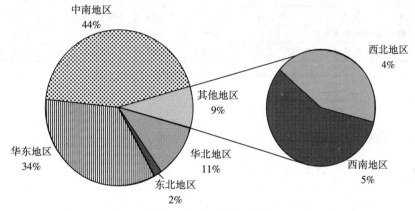

图 16-7 电子企业区域分布

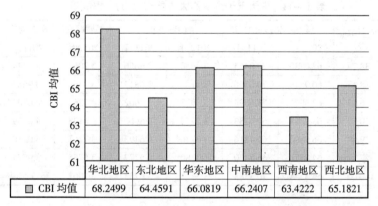

图 16-8 电子企业六大经济区域 CBI 均值对比

（二）分项情况分析

在各分项竞争力指标对比方面，品牌财务表现力指标均值虽然得分最高，均在 3.5 分以上，但与 2010 年相比普遍有所降低。电子企业的规模效应并不明显；市场竞争力指标均值得分最低，均低于 3.0，整体市场竞争力表现不佳。在整体趋势上并没有延续 2010 年的发展趋势，出现了下滑，华北地区在财务表现力分项指标的得分均值仍位列第一。东北地区在市场竞争表现力上同样表现突出，位于榜首。华东地区尽管拥有较多的企业，但在各项指标上仍旧表现一般，处在中游水平。西南地区大部分指标排名垫底，其品牌竞争力令人担忧。整个电子行业品牌竞争力区域发展水平差距仍旧明显，相比 2010 年并无明显改善。

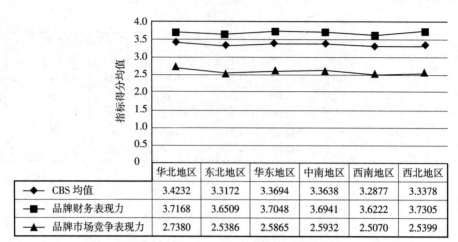

图16-9　中国电子企业一级指标分区域对比

	华北地区	东北地区	华东地区	中南地区	西南地区	西北地区
CBS 均值	3.4232	3.3172	3.3694	3.3638	3.2877	3.3378
品牌财务表现力	3.7168	3.6509	3.7048	3.6941	3.6222	3.7305
品牌市场竞争表现力	2.7380	2.5386	2.5865	2.5932	2.5070	2.5399

二、四大省（市）分析

（一）总体情况分析

表16-11　中国电子企业四大主要省（市）竞争状况

省（市）	2012年企业数量	所占比重（%）	行业CBI均值 2012年	行业CBI均值 2011年	CBS均值 2012年	CBS均值 2011年	品牌财务表现力均值 2012年	品牌财务表现力均值 2011年	市场竞争表现力均值 2012年	市场竞争表现力均值 2011年
广东省	64	38.79	67.0230	70.0465	3.3850	3.6656	3.7057	4.0424	2.6366	3.4552
北京市	14	8.48	60.9514	70.6356	3.4167	3.6813	3.7269	3.9687	2.6930	3.5340
上海市	10	6.06	67.3071	73.6094	3.3983	3.7602	3.7366	4.01024	2.6091	3.5892
浙江省	17	10.30	63.2888	67.4233	3.2775	3.5960	3.6128	4.0359	2.4951	3.2704
江苏省	15	9.09	66.5806	69.4316	3.3776	3.6493	3.7161	4.0210	2.5880	3.4468
其他省（市）	45	27.27	64.8378	66.7330	3.3280	3.5777	3.6755	3.9774	2.5172	3.3971
总体情况	165	100.00	66.3344	70.3383	3.3721	3.6733	3.7002	2677.5149	2.6074	3.4761

　　表16-11五个省（市）的电子企业数量占企业总数的72.72%，广东省、北京市、上海市、浙江省、江苏省的比重分别为38.79%、8.48%、6.06%、10.30%、9.09%，与2010年相比并无明显差别，可以得出结论：中国电子上市企业分布较集中，且分布于中国三大经济热区长三角、珠三角和京津唐地区。广东省、上海市、江苏省三省（市）的CBI得分分别为67.0230、67.3071、

66.5806，虽然分值与2010年相比上下浮动不大，但仍高于行业平均值66.20，浙江省与2011年相比优势略有减弱，CBI得分为63.2888，远低于行业平均值。广东省的CBI得分最高，在众省（市）电子行业中仍显示出自身强劲的优势和发展潜力。北京市的CBI均值也出现了大幅度的下降，趋势急需改善。

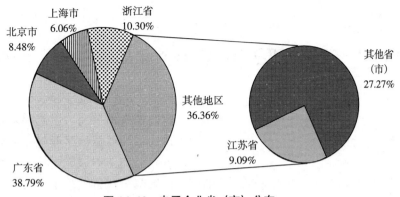

图 16-10 电子企业省(市)分布

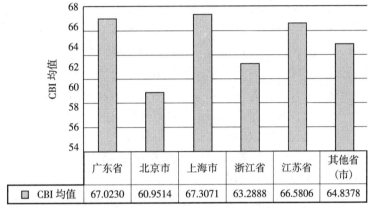

	广东省	北京市	上海市	浙江省	江苏省	其他省(市)
CBI 均值	67.0230	60.9514	67.3071	63.2888	66.5806	64.8378

图 16-11 各省(市)电子企业 CBI 均值对比

(二)分项情况分析

在各分项竞争力指标对比方面,依然保持上年的发展势头,品牌财务表现力指标均值得分最高,市场竞争力指标均值得分最低,说明中国电子企业财务表现力较好,还处于规模发展阶段,但市场竞争力较弱,在市场竞争效率方面有待提升。但广东省、北京市、上海市、浙江省四省(市)的品牌财务表现力的指标得分均在 3.6 左右,表现比较差,均值低于 2010 年均值,相比而言,财务竞争力有逐渐减弱的趋势,竞争能力也逐渐减弱。整体市场竞争力表现不佳,与 2010 年的数据相比,各省均出现了不同程度的下降,广东省、北京市、江苏省、上海市四省(市)电子企业的竞争水平略高于其他各省(市),究其原因:一方面由于各地经济发展不均衡;另一方面是很多大型电子企业具有较强的竞争力,将业务扩展至全国各地。

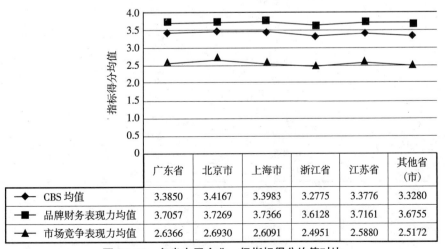

	广东省	北京市	上海市	浙江省	江苏省	其他省(市)
CBS 均值	3.3850	3.4167	3.3983	3.2775	3.3776	3.3280
品牌财务表现力均值	3.7057	3.7269	3.7366	3.6128	3.7161	3.6755
市场竞争表现力均值	2.6366	2.6930	2.6091	2.4951	2.5880	2.5172

图 16-12 各省电子企业一级指标得分均值对比

第四节　2012 年度中国电子企业品牌竞争力分项报告

一、品牌财务表现力

目前国内企业经营者对于现代化管理手段的理解与实践，多半仍然停留在以财务数据为主导的思维里。虽然财务数据无法帮助经营者充分掌握企业的发展方向，但在企业的实际运营过程中，财务表现仍然是企业对外展示基本实力的重要依据。品牌财务表现层面的分析将财务指标分为规模因素、增长因素和效率因素 3 个二级指标。规模因素主要从销售收入、所有者权益和净利润 3 个三级指标衡量；效率因素主要从净资产利润率、总资产贡献率 2 个三级指标衡量；增长因素主要从近三年的销售收入增长率、净利润增长率 2 个三级指标衡量。

由于近几年中国电子市场的发展出现了"瓶颈"，中国电子行业上市公司的发展失去了前几年的风光，与 2011 年相比，全国 165 家电子企业的品牌财务表现力得分均值有所下降，为 3.6964，京东方科技集团股份有限公司、海康威视数字技术有限公司、深圳长城开发科技股份有限公司、北京中科三环高技术股份有限公司、深圳中航集团股份有限公司、中芯国际集成电路制造有限公司、华映科技集团股份有限公司、生益科技股份有限公司、中国无线技术有限公司、歌尔声学股份有限公司位列前 10 名，与 2011 年相比变化幅度不大，而且这 10 家企业在品牌财务表现力方面差距很小。其中，京东方科技集团有限公司、中国无线技术有限公司、歌尔声学股份有限公司表现较为突出，由原来的 10 名以外跃至 10 强以内，而向日葵光能科技股份有限公司、长电科技股份有限公司、东方日升新能源股份有限公司、横店集团东磁股份有限公司被挤出前 10 名。

从 3 个二级指标来看，其均值分别为：规模因素 4.4113，效率因素 3.7946，增长因素 3.1785，2011 年单项得分均值分别为 4.0703、4.1581、3.4888，效率得分和增长得分均有所下降。其中，规模因素仍旧得分最高，其对整体品牌财务表现力的影响也最大。规模因素中的净利润得分最高，为 4.7629，但仍低于 2011 年的净利润均值。销售收入得分均值为 4.4990，比 2011 年有小幅上升。在所有三级指标中，近三年的平均营业收入增长率得分最低，仅为 1.5674。

表 16-12　品牌财务表现力指数——行业前 10 名

企业名称	省（市）	行业 CBI 指数	品牌财务表现力
京东方 A	北京市	84.3500	4.3728
海康威视	浙江省	88.1540	4.2091
长城开发	广东省	100	4.1755
中科三环	北京市	81.31117	4.1643
深圳中航	广东省	86.4205	4.1247
中芯国际	上海市	98.7011	4.0866
华映科技	广东省	76.5209	4.0752
生益科技	广东省	80.6218	4.0659
中国无线	广东省	80.8184	4.0429
歌尔声学	山东省	77.9687	4.0216

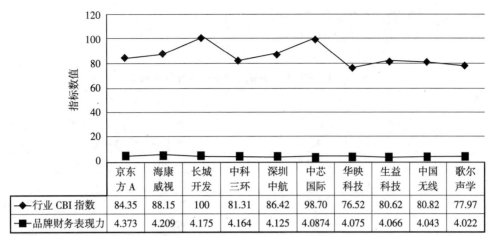

图 16-13　财务表现力前 10 名企业

	京东方 A	海康威视	长城开发	中科三环	深圳中航	中芯国际	华映科技	生益科技	中国无线	歌尔声学
行业 CBI 指数	84.35	88.15	100	81.31	86.42	98.70	76.52	80.62	80.82	77.97
品牌财务表现力	4.373	4.209	4.175	4.164	4.125	4.0874	4.075	4.066	4.043	4.022

表 16-13　品牌财务表现指数——行业前 10 名

一级指标	2012 年	2011 年	二级指标	2012 年	2011 年	三级指标	2012 年	2011 年
品牌财务表现力	4.1339	4.0618	规模因素	4.4113	4.0703	销售收入	4.4990	3.3720
						所有者权益	4.0599	4.6363
						净利润	4.7629	4.3952
			效率因素	3.7946	4.1581	净资产报酬率	3.0010	4.3148
						总资产贡献率	4.3237	4.0537
			增长因素	3.1785	3.4888	近三年销售收入增长率	1.5674	3.3023
						近三年净利润增长率	4.7897	3.6753

二、市场竞争表现力

随着电子行业的发展，市场竞争更加激烈。企业只有具备更强的市场竞争能力，才能在目前的行业环境中生存下去。市场竞争表现层面的分析将指标分为市场占有能力和超值获利能力 2 个二级指标。市场占有能力主要从市场占有率、市场覆盖率 2 个三级指标衡量；超值获利能力主要从品牌溢价率、品牌销售利润率 2 个三级指标衡量。

由于近几年中国电子市场的发展遭遇了"瓶颈"，出现了整体表现平淡的现象，全国 165 家电子企业的市场竞争表现力得分均值仅为 3.5217，低于财务表现力指标的得分均值，但与 2011 年相比有所上升。长城开发科技股份有限公司、京东方科技集团股份有限公司、中芯国际集成电路制造有限公司、紫光股份有限公司、深圳中航集团股份有限公司、中国无线技术有限公司、南太电子有限公司、海康威视数字技术股份有限公司、生益

科技股份有限公司、北京中科三环高技术股份有限公司位列前 10 名，其中，紫光股份有限公司、深圳中航集团股份有限公司、中国无线技术有限公司、海康威视数字技术股份有限公司、生益科技股份有限公司、北京中科三环高技术股份有限公司强势跃入前 10 名，表现良好。紫光股份有限公司、华工科技产业股份有限公司等企业被挤出前 10 名。而且这 10 家企业在市场竞争表现力方面差距较明显，深圳长城开发科技股份有限公司得分为 4.5666，远高于第 2 名京东方科技集团股份有限公司的 4.2295 及第 3 名中芯国际集成电路制造有限公司的 3.7723。

二级指标中，市场占有能力得分均值为 3.1797，比 2011 年略低，超值获利能力得分为 4.1570，比 2011 年有较大幅度的增长。整个电子行业的垄断不太严重，所以行业领先的企业市场占有率及市场覆盖率不太高，大部分企业的市场占有率及市场覆盖率都比较低，导致行业此项得分均值很低。在电子行业内，销售利润是

影响企业竞争力的主要因素，因此品牌销售利润
率得分均值也最高，为 4.4386，与 2011 年相比　　　涨幅较大。

表 16-14　市场竞争表现力指数——行业前 10 名

企业名称	省（市）	2012 年行业 CBI	市场竞争表现力
长城开发	广东省	100	4.5666
京东方 A	北京市	84.3500	4.2295
中芯国际	上海市	98.7011	3.7723
紫光股份	北京市	82.5438	3.5292
深圳中航	广东省	86.4205	3.5189
中国无线	广东省	80.8184	3.1775
南太电子 NTE	广东省	76.9142	3.1347
海康威视	浙江省	88.1540	3.1251
生益科技	广东省	80.6218	3.1053
中科三环	北京市	81.3112	3.0582

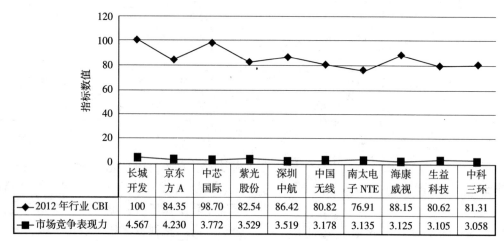

	长城开发	京东方 A	中芯国际	紫光股份	深圳中航	中国无线	南太电子 NTE	海康威视	生益科技	中科三环
2012 年行业 CBI	100	84.35	98.70	82.54	86.42	80.82	76.91	88.15	80.62	81.31
市场竞争表现力	4.567	4.230	3.772	3.529	3.519	3.178	3.135	3.125	3.105	3.058

图 16-14　市场竞争表现力前 10 名企业

表 16-15　市场竞争表现力各分项指标得分均值

一级指标	2012 年	2011 年	二级指标	2012 年	2011 年	三级指标	2012 年	2011 年
市场竞争表现力	3.3217	3.4104	市场占有能力	3.1797	3.3740	市场占有率	2.7932	3.4262
						市场覆盖率	4.0814	3.2755
			超值获利能力	4.1570	3.4780	品牌溢价率	4.0054	3.5045
						品牌销售利润率	4.4386	3.4288

第五节　中国电子企业品牌竞争力提升策略专题研究

一、中国电子行业宏观经济与政策分析

(一) 电子市场运行情况

电子工业是研制和生产电子设备及各种电子元件、器件、仪器、仪表的工业。电子产品一般分为三类：一是投资类产品，如电子计算机、通信机、雷达、仪器及电子专用设备，这类产品是国民经济发展、改造和装备的手段；二是消费类产品，包括电视机、录音机、录像机等，它主要是为提高人民生活水平服务；三是电子元器件产品及专用材料，包括显像管、集成电路、各种高频磁性材料、半导体材料及高频绝缘材料等。

电子科技已有80多年的历史，但在20世纪40年代前发展较慢，到了90年代，电子工业得到了飞跃发展，已逐步形成了以经济信息化为核心的电子信息产业，以微电子为基础的计算机、集成电路、半导体芯片、光纤通信、移动通信、卫星通信等产品为发展主体的产品生产格局。现在，电子工业已经成为当今世界发展最快的高新技术产业，在各国国民经济中的作用日益突出，是国民经济支柱产业之一。

2012年，电子行业国际政治经济形势复杂多变，国内经济发展的困难增多，我国电子信息产业发展速度有所放缓，产业发展呈现缓中趋稳的态势，生产增速小幅攀升，效益状况不断好转，产业结构调整步伐加快，继续为推动信息化发展和促进两化深度融合发挥积极作用，在国民经济中的重要性进一步提高。

1. 总体运行情况

2012年，我国电子行业产业规模不断壮大，行业增速保持领先，制造大国地位日益稳固。2012年，我国电子信息产业销售收入突破10万亿元大关，达到11万亿元，增幅超过15%；其中，规模以上制造业实现收入84619亿元，同比增长13.0%；软件业实现收入25022亿元（快报数据），比2011年增长28.5%。规模以上电子信

息制造业增长12.1%，高于同期工业平均水平2.1个百分点；收入、利润及税金增速分别高于工业平均水平2.0、0.9和9.9个百分点，规模以上电子信息制造业实现销售产值85044亿元，同比增长12.6%。手机、计算机、彩电和集成电路等主要产品产量分别达到11.8亿部、3.5亿台、1.3亿台和823.1亿块，同比增长4.3%、10.5%、4.8%和14.4%；手机、计算机和彩电产量占全球出货量的比重均超过50%，稳固占据世界第一的位置。

2. 投资完成情况

2012年，电子行业投资增速明显放缓，我国电子信息产业500万元以上项目完成固定资产投资额9592亿元，同比增长5.7%，增速比2011年回落45.8个百分点，低于同期工业投资14.3个百分点。电子信息产业全年新开工项目7571个，同比增长8.8%，增速比2011年回落44.3个百分点。但是投资结构变化加快，分行业看，广播电视设备行业新开工项目数量及投资额增幅均超过100%，远高于全行业平均水平；分地区看，中西部地区完成投资额4128亿元，同比增长20.6%，增速高于全国水平14.9个百分点，比重（43.0%）比2011年提高5.3个百分点；从投资主体看，内资企业完成投资7556亿元，同比增长10.9%，增速高于平均水平5.2个百分点，比重（78.8%）比2011年提高3.7个百分点。

3. 经济效益表现

2012年，电子行业整体效益逐步好转，2012年，我国规模以上电子信息制造业实现销售收入84619亿元，同比增长13.0%，利润总额3506亿元，同比增长6.2%；销售利润率达到4.1%，比2011年回落0.3个百分点。从全年走势看，产业整体效益呈逐步向好态势，第一季度、上半年、前三季度及全年的利润总额逐步扭转下降态势（-22.3%、-14.0%、-6.5%和6.2%）；利润率不断提高（2.5%、3.1%、3.2%和4.1%）；亏损面持续缩小（31.0%、25.6%、23.0%和19.0%）。效

益结构有所改善，内资企业效益贡献加大，收入和利润比重分别达到29.4%和42.7%，分别比2011年提高1.1和1.8个百分点，利润率为6.0%，高于平均水平1.9个百分点；小型企业发展活力增强，收入和利润增速分别达到23.3%和16.6%，高于平均水平13.8和17.5个百分点；在政策和市场的双重驱动下，部分行业效益增势突出，通信终端设备、广播电视接收设备、光电子器件、导航仪器、光纤和光缆制造等行业的收入增速均超过15%。

但是，值得注意的是，由于GDP增速减慢、全球金融危机、国内经济结构调整等，造成国内企业普遍开工率不足和产能过剩，不可避免地影响了电子行业的订单出货情况，国际经济环境复杂严峻，国内经济发展中不平衡、不协调、不可持续的矛盾和问题仍很突出。产业发展面临着国际市场需求疲软、贸易保护主义愈演愈烈、世界范围内信息技术产业竞争加剧。供求关系恶化导致产品价格大幅下滑，在原材料及动力成本高企的背景下，企业盈利水平下滑，全球电子行业指数均出现较大幅度下滑，整个电子市场表现平淡。日本等发达国家的经济逐渐恢复，重回高端制造业，增大了我国产品的竞争压力；越南等周边其他发展中国家以更低的劳动力成本和生产要素成本和我国争夺低端制造业；我国在核心技术方面受制于人，科技创新能力不足。电子行业的发展之路仍然艰辛。

（二）电子行业政策分析

国家政策对电子行业的发展起到至关重要的作用，电子行业受国家政策的影响尤其明显。一个政策的出台就是企业发展的风向标，甚至直接影响电子行业发展方向。电子产品升级换代潮的出现以及新技术新产品市场的快速启动，将带动电子行业进入新一轮增长周期。国家政策成为电子业发展的必要导向。

电子工业作为新兴工业，发展速度很快，已经成为当今世界发展最快的高新技术产业，在各国国民经济中的作用日益突出。电子工业是国民经济支柱的产业之一，也是新兴科学技术发展产业。中国历来重视电子行业的快速稳定发展，在相继提出"家电下乡"政策、"十二五"规划带动电子行业强劲发展之后，工信部又提出了"物联网'十二五'发展规划"，规划指出要重点突破超高频和微波RFID、微型和智能传感器、异构网络融合、图像视频智能分析、海量数据存储、挖掘等技术，通过重点培育10个产业聚集区和100个骨干企业，以形成以产业聚集区为载体，以骨干企业为引领，建设专业特色鲜明、品牌形象突出、服务平台完备的现代产业集群。使我国物联网在安防、电力、交通、物流、医疗、环保等领域得到应用，安防领域包括视频监控、周界防入侵等应用；电力行业包括远程抄表、输变电监测等应用；交通领域包括路网监测、车辆管理和调度等应用；物流领域包括物品仓储、运输等应用；医疗领域包括个人健康监护、远程医疗等应用。除此之外，物联网在环境监测、市政设施监控、楼宇节能、食品药品溯源等方面也将有广泛应用。

物联网是我国新一代信息技术自主创新突破的重点方向，蕴含着巨大的创新空间，在芯片、传感器、近距离传输、海量数据处理以及综合集成、应用等领域，创新活动日趋活跃，创新要素不断积聚。物联网在各行各业的应用不断深化，将催生大量的新技术、新产品、新应用、新模式。

预计到2015年，我国在核心技术研发与产业化、关键标准研究与制定、产业链条建立与完善、重大应用示范与推广等方面将取得显著成效，初步形成创新驱动、应用牵引、协同发展、安全可控的物联网发展格局，技术创新能力显著增强。攻克一批物联网核心关键技术，在感知、传输、处理、应用等技术领域取得500项以上重要研究成果；研究制定200项以上国家和行业标准；推动建设一批示范企业、重点实验室、工程中心等创新载体，为形成持续创新能力奠定基础，初步完成产业体系构建。形成较为完善的物联网产业链，培育和发展10个产业聚集区，100家以上骨干企业，一批"专、精、特、新"的中小企业，建设一批覆盖面广、支撑力强的公共服务平台，初步形成门类齐全、布局合理、结构优化的物联网产业体系。应用规模与水平显著提升。在经济和社会发展领域得到广泛应用，在重点行业和重点领域的应用水平明显提高，形成较为成熟的、可持续发展的运营模式，在9个重点领域完成一批应用示范工程，力争实现规模化应用。

此外，出于节能减排和环境保护的需要，国

务院出台的《国务院关于加快培育和发展战略性新兴产业的决定》，半导体照明列在其中。在哥本哈根全球气候变化会议中，各国首脑均就降低本国碳排放做出了庄重承诺，减少照明领域的能源浪费，无疑成为节能减排的重点，2013 年，我国领导人换届，新任领导人重视节能减排，崇尚勤俭节约的传统美德，节能减排，以 LED 的民用照明产业取代传统的白炽灯必然成为趋势。

"十二五"规划的出台将大大促进电子行业的发展，尤其是在战略性新兴产业方面，将迎来行业发展的春天。2013 年，在政策的指导下，电子行业中的许多子行业面临着新的机遇，如与北斗/GPS 导航有关的电子行业，例如，导航、监控、导航和通信功能的结合性产品；智能的位置服务（LBS）以及相关产业；智能家庭有关的电子消费性产品；智能手机和智能移动设备；LED 的民用照明产业，以取代传统的白炽灯照明。以 LTE 为代表的 4G 通信产业；以云计算为中心的电子产业；平板电脑产业等。此外，值得注意的一点是，作为物联网应用的一个基础性技术，传感器产业必将成为世界各国在高新技术发展中争夺的一个重要领域。

二、中国电子行业品牌竞争力提升策略建议

前面我们已经提到，中国电子企业在国民经济中占有重要地位，具有出口比重大、科技含量高、发展潜力大、资源利用少等特点，是国家确定信息化带动工业化战略中的主力军。现实表明，中国电子行业的品牌架构能力明显不足，市场竞争变现能力普遍偏弱，在国外电子巨头的强大竞争力下难以显示品牌优势，中国电子行业品牌建设的问题日益紧迫，中国电子行业面临着企业数量多、竞争扁平化的现状，如何从整体上提升电子行业品牌竞争力，如何使单个电子企业在品牌竞争中脱颖而出成为亟待解决的问题。

（一）建立促进品牌发展的政策体系，增强电子行业整体的品牌竞争力

上面提到的针对电子行业的"十二五"规划、物联网建设等政策主要是针对电子行业新兴子行业的发展，但是专门针对电子企业品牌提升的政策却不多，现实中，我国电子行业核心竞争能力不强，普遍处于中国制造的阶段，距离中国创造尚有很长的一段路要走，许多国家都有完整的品牌战略思路和支持政策体系。美国通过财税金融支持，鼓励企业开展科研创新带动品牌发展，日本出台了"日本品牌"战略，通过知识创新、发展先进制造业等，将日本塑造成高品质品牌的国家，而韩国则采取分类指导的方式，鼓励民族品牌发展，三国的电子行业都形成了强大的品牌竞争力，我们可以在参考这三个国家做法的基础上，充分考虑我国电子行业品牌发展的具体情况，建立起适合我国电子行业品牌发展的政策体系，为提高我国电子企业品牌竞争力保驾护航。

具体的措施包括积极开展有关品牌价值提升知识的宣传、培训和咨询，提高企业的品牌意识；为电子企业提供商标、专利、股权等知识产权信息，以及进行推广、交流合作、普法宣传等工作保护电子企业的品牌专用权；开展各类学术活动，邀请著名品牌的管理者、学者专家、品牌营销管理者举办讲座、研讨会、论坛等；组织各类商品展会、博览会和节庆活动，推动与国内外企业界的经验交流，为提升电子行业品牌竞争力搭建品牌交流传播平台。

（二）将品牌竞争力的重点培养与整体发展相结合

与很多行业不同，电子行业出现了企业数量多而不强的局面，缺少像 IBM、三星、微软等在行业内起领袖作用的企业，行业品牌价值的整体提升固然重要，但在当前情况下，重点发展、培养领袖企业也很重要，国家可以出台一些政策，行业协会也可以采取一些有力措施，重点扶持有发展潜力的企业提升其品牌价值。将品牌竞争力的重点培养和整体发展相结合，一方面，可以使这些重点培养对象在整个行业品牌价值的提升方面起到领军和标杆瞄准的作用，带动行业整体品牌价值的提升；另一方面，一些资质和能力较差的电子企业还处于难以实现自给自足的阶段，谈品牌价值提升的问题为时尚早，如果笼统地"一锅端"，可能会出现水土不服的情况。这样将重点培养和前期发展相结合，因地制宜，更有助于行业品牌竞争力的提升。

具体措施包括积极开展行业品牌调查，筛选

建立品牌企业梯队，对发展势头好、成长潜力大的企业品牌进行重点培育，对优秀品牌企业实施倾斜政策，对具有独特竞争优势文化内涵和产业特色的企业品牌进行重点资助等。

（三）加强行业自律，促进行业品牌塑造之路的良性发展

目前的电子行业存在很多的竞争乱象，一个最明显的现象就是片面地把打广告当成品牌建设的主要途径，欲通过密集轰炸式的广告一炮打响知名度来创建品牌，而不是从提升产品质量、增加顾客价值入手，更有甚者，虚假宣传，片面夸大产品的功效。中国人都是好面子的，喜欢追求大品牌，有派头，但买回去之后往往发现没有广告上宣传的那么好，购买一次之后不会选择再次购买，这就造成了品牌知名度上的昙花一现，形成了品牌塑造的恶性循环，高额的广告费也成了浪费。面对这样的现象，将高瞻远瞩与脚踏实地相结合，加大广告宣传的同时注重产品品质，提升品牌价值。在这个经济时代，品牌要获得竞争优势，持续、有效的传播必不可少，但是品牌是产品有形和无形的综合体现，产品品质是品牌的本质，也是一个品牌对消费者最基本的承诺，产品就是企业的名片，品质就是企业品牌的核心内涵，所以一定要加强电子行业的自律，形成诚信为本、服务顾客的品牌价值提升理念，以加强产品质量和技术进步为重点，走上行业品牌塑造的良性发展之路。

具体的策略是采取整合营销的策略，与消费者进行全方位的沟通，加大技术创新投入，提升产品质量，培养顾客的忠诚度和满意度；建立长期的品牌提升战略，切不可目光短浅，盲目追求速度。

三、中国电子企业品牌竞争力提升策略建议

品牌建设从品牌定位出发，经过品牌规划和设计，进行品牌推广，以期在消费者和潜在消费者中扩大知名度、提高品牌认同和消费者忠诚度，建立消费者对品牌的崇信度，厚积品牌资产；通过品牌的创建、经营和管理，进行品牌延伸、品牌扩张和品牌战略联盟等一系列战略，增强品牌

核心竞争力，达到品牌增值的最终目的。品牌建设战略是企业战略的一个重要构成部分，品牌建设所追求的是企业发展的长期战略目标，因此，品牌建设能够为增强企业品牌竞争力、扩大市场份额和实现长期利润奠定坚实的"基础"，形成一种无形的"力量"，即建立品牌资产，提升品牌价值。

（一）由中国制造走向中国创造，自立自强掌握自主知识产权，为品牌建设打下坚实基础

当今世界的技术进步和技术创新日新月异，研究和开发的周期都在逐渐缩短，众所周知，技术进步和技术创新是产品品牌价值尤其是电子产品品牌价值的源头，企业品牌的生命力和在消费者身上的感召力很大程度上是建立在产品技术水平支撑基础上的，目前中国企业电子产品技术含量和附加值都很低，还处于中国制造的阶段，距离拥有自主知识产权、突破技术难关的中国创造还有很长一段的距离。中国电子企业品牌发展的当务之急就是掌握核心技术，突破技术难关，赋予产品高技术内涵，提升产品的技术含量和附加值。仅仅加大研发力度还不够，还要加快知识、技术应用的速度，讲求研发时效，尽快将高新技术转化为吸引顾客的新颖产品。否则只是纸上谈兵，一派空想，并不能为企业品牌价值的提升带来收益，还造成了浪费。

（二）树立品牌化经营的意识，加强企业文化培养，塑造品牌联想，提升品牌价值

当前电子行业的品牌建设现状是普遍不重视品牌经营，品牌管理观念淡薄，一个明显的表现就是，电子行业的企业大多缺乏品牌运作方面的专业人才，没有专门的品牌管理部门。片面地把品牌管理当作是商标管理，认为品牌塑造的方法就是大量投放广告，过分夸大广告对品牌的作用，对品牌缺乏科学的规划，重视近期利益，忽视长远发展，手段十分单一。因此，加强专业品牌管理人员的配备、建立专业的品牌管理部门是首要举措。另外，就是提高品牌化经营的意识，提升品牌战略地位，将其纳入到企业战略的范畴，协调发展。推进品牌资本化进程，即把品牌作为一项资产，产生财务收益。

具体的措施有在企业内部建立行之有效的管理团队，使品牌的信息和观念得到动态的传递，

不再是流于表面的空洞口号或表象。树立积极的品牌意识，实现中小企业品牌建设的可操作性；建立专职的品牌管理部门，并参与企业战略决策，这样企业品牌建设才能走上系统性规划、整体性推进、规划性实施的道路；建立起完善的员工激励机制，强化员工的内部培训。采用内部提升制度，不仅能够为有潜力的人员提供发展空间，实现其个人价值，而且能够充分调动全体员工的积极性，激发员工热情，增加其责任感、归属感，将企业使命贯穿于个人价值的实现过程中，实现企业与员工的双向互动；借助外聘专家进行指导。在专家的指导下制定品牌发展战略，明确品牌定位，熟悉品牌操作流程，在专家撤离后能坚持正确的品牌管理理念，系统科学地进行品牌建设。

（三）注重与顾客的沟通，形成良好的企业形象，促进品牌价值的保值增值

消费者是品牌的终极评价者，只有消费者认可的品牌才是有发展前景的品牌。成熟的消费者会主动获得与商品有关进行的信息并分析比较，再做出购买决策。因此，企业应充分引导人们的需求，引导消费者的健康消费理念，进而形成对企业产品品牌或服务品牌的信任。与消费者密切联络，能够帮助商家及时准确地获得消费者的消费评价，以及最新的国际国内市场需求动向，甚至还能够了解竞争者的市场行为。出众的企业形象基于良好的企业信誉。良好信誉的形成不是一朝一夕的事，是靠企业长期努力得来的。信誉的维护同样也需要付出很多的努力。企业形象是企业综合素质的一种外在表现。企业要做的就是加强管理，塑造良好的信誉，以可靠的质量、良好的服务以及优秀的企业文化等来赢得顾客、维系顾客。通过塑造特色鲜明、有激励性和凝聚力的企业文化，形成独具影响的经营特色；运用高水平的管理模式并树立起良好的社会口碑，企业一定能塑造出鲜明的企业形象。

这几年，中国市场环境发生了非常大的变化，市场竞争越来越复杂、激烈，品牌和营销在差异化创造上越来越困难，消费者对品牌的忠诚度也在降低，以及媒体"碎片化"时代的到来。这些变化无形中增加了企业对品牌管理的难度，因此，也对企业的品牌管理提出了更高的要求。品牌能否生存并发展，是市场上各种力量博弈的结果。这就需要品牌经营者采用多种策略或各种策略组合才能达到提升品牌的目的。需要注意的是，在实施品牌提升战略时，也要考虑到公司的费用支出、营销部门的规模和人员素质以及公司所能利用的外部营销力量等因素。总之，在进行品牌提升时，应该从研究消费者品牌认知入手，掌握品牌市场表现和市场竞争状况，然后据此调整和制订市场竞争策略和品牌营销策略，才能使品牌脱颖而出。面对加入世界贸易组织后严峻的国际竞争，企业的出路是创新品牌、提升品牌，只有这样，才能长久地拥有品牌，并享有品牌带来的好处，才能具备持续的竞争力，在激烈的竞争中掌握主动权，打造企业核心竞争力。

第十七章 中国机械企业品牌竞争力指数报告

第一节 中国机械企业品牌竞争力总报告

一、2012年度中国机械设备企业总体竞争态势

中国企业品牌竞争力指数（以下简称 CBI）

研究课题组为了检验理论成果的应用效果，于2012年对中国自主机械设备企业品牌进行调研，根据各企业营业收入原始数据得出中国机械设备企业竞争力呈现三足鼎立的总体竞争态势。

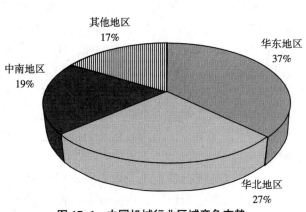

图 17-1 中国机械行业区域竞争态势

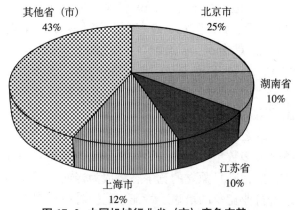

图 17-2 中国机械行业省（市）竞争态势

中国2011年机械行业受调研的256家企业营业总额为11316亿元，同比增长24.23%。2010年华东地区、华北地区、中南地区机械企业营业总额分别为3602亿元、2264亿元、1799亿元，2011年分别为4206亿元、3026亿元、2204亿元、占营业总额的比重分别为37.17%、26.74%、19.48%，同比增长分别为16.77%、33.66%、22.51%，三大区域占营业总额的比重高达83.39%，仍然占据绝

对的优势。2010年排在前4名的省（市）分别为北京市、上海市、江苏省、湖南省，营业总额分别为1985亿元、1244亿元、877亿元、853亿元，2011年四省（市）营业总额分别为2762亿元、1365亿元、1113亿元、1176亿元，同比增长分别为39.14%、9.73%、26.91%、37.87%，所占比重分别为24.41%、12.06%、9.84%、10.39%，四大省（市）占营业总额的比重达56.70%，北京

市营业额相比其他省（市）仍然遥遥领先，同比增长速度排名第一，湖南省增长速度次之，增幅

较为明显。

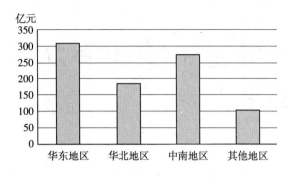

图 17-3　中国机械企业净利润区域分布

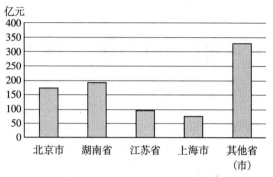

图 17-4　中国机械企业净利润省（市）分布

中国 2011 年机械设备行业受调研企业净利润总额为 832 亿元，同比增长 8.05%。2010 年华东地区、中南地区和华北地区机械设备企业利润总额分别为 297 亿元、212 亿元、142 亿元。2011年分别为 308 亿元、275 亿元、186 亿元，占利润总额比重分别为 37.02%、33.05%、22.36%，同比增长分别为 3.70%、29.72%、30.99%，三大区域占净利润总额的比重高达 92.43%。2010 年净利润总额排在前 4 名的省（市）分别为北京市、湖南省、江苏省、上海市，净利润总额分别为 129 亿元、123 亿元、95 亿元、68 亿元，2011 年分别为176 亿元、193 亿元、97 亿元、79 亿元，占利润总额比重分别为 21.15%、23.20%、11.66%、9.50%，同比增长分别为 36.43%、56.91%、2.11%、16.18%，四大省（市）占净利润总额的比重高达 65.50%。

总之，从净利润来看，中国机械设备企业分布仍大多数集中于华东地区和华北地区和中南地区，这种三足鼎立的竞争态势成为当前中国机械设备行业竞争的最显著特征，但随着中西部城镇化建设步伐的迈进，鼎足之势必将有所改变。

二、2012 年度中国机械设备企业品牌竞争力综述

（一）宏观竞争格局：区域格局呈鼎足之势，省市格局集中度不高

从中国机械设备 2011 年企业营业额上来看，本次调研的 256 家企业，营业总额为 11316 亿元。其中华东地区的营业额为 4206 亿元，份额占到营

业总额的 37.17%，与 2010 年相比比重略有降低，营业额同比增长 16.77%；华北地区和中南地区的营业额分别为 3026 亿元、2204 亿元，占营业总额的比重分别为 26.74%、19.48%，同比增长分别为 33.66%、22.51%，这两个地区的营业额与华东地区有较大的差距，华东地区优势显著。三大区域营业额总计为 9436 亿元，占营业总额的83.39%，东北、华北和中南三个地区三足鼎立趋势尤为明显，占据绝对优势。2011 年被调研企业排在前四名的省份分别为北京市、上海市、江苏省和湖南省，四省（市）营业总额分别为 2762 亿元、1365 亿元、1113 亿元、1176 亿元，所占比重分别为 24.41%、12.06%、9.84%、10.39%，同比增长分别为 39.14%、9.73%、26.91%、37.87%，四大省（市）占营业总额的比重达 56.70%，北京市营业额相比其他省（市）仍然遥遥领先，同比增长速度排名第一，湖南省增长速度次之，增幅较为明显。

从中国机械设备企业个数来看，仍主要分布于华东地区和中南地区，占企业总数的比重分别为 51%、21%，相比去年所占比重 48% 和 22% 并无太大变化，集中度较高。2012 年华东地区和中南地区的 CBI 均值分别为 71.9971、68.2853，略低于 2011 年 CBI 指标均值 75.3961、72.6276，华东地区的 CBI 均值仍高于全国均值 70.5418；中南地区 CBI 均值仍低于全国的均值。各区域机械设备行业的各分项数值均值相差不是特别大，略有齐头并进的趋势，也说明了机械设备行业竞争仍非常激烈，这样的趋势有利于我国机械设备产业的发展。根据机械设备企业的省（市）分布，五

个省（市）的机械设备上市企业数量仅占到上市公司总数的 50%，江苏省、浙江省、上海市、北京市和广东省的比重分别为 14%、12%、9%、7%、8%，可以得出中国机械设备企业仍延续 2011 年的发展趋势，企业分布不是很集中。江苏省、浙江省、上海市、北京市和广东省五省（市）CBI 得分分别为 71.6121、72.8320、73.1405、76.5879、66.0105，普遍略低于 2011 年数值。其中浙江省、江苏省的 CBI 均值均高于全国行业均值 70.54；显示其在机械设备行业中具有较强的竞争力；而其他省（市）略低于平均值，在品牌竞争力方面有待提高。

中国机械设备企业远不止这 256 家，这 256 家企业是众多机械设备企业的杰出代表，从中可以分析出中国机械设备企业的竞争情况。机械设备行业是关乎经济发展的重要行业，机械设备企业目前竞争激烈，说明中国机械设备行业整体仍延续 2011 年的发展趋势，表现良好，日趋成熟。

（二）中观竞争态势：领头企业实力强大，中游企业仍发展较好

根据中国机械设备企业品牌竞争力分级评级标准，对调查的企业进行分级评估，按照一般惯例分为五级，5A 级企业 8 家，4A 级企业 53 家，3A 级企业 122 家，2A 级企业 26 家，1A 级企业 47 家。与 2011 年相比，5A 级机械设备企业比重有所下降，由 9% 下降为 3%。其中，代表企业三一重工股份有限公司、中国南车股份有限公司、中联重科股份有限公司、中国北车股份有限公司、上海东方电气股份有限公司，五家企业的营业收入为 3354.65 亿元，占营业总额的 29.65%。5A 级企业 CBI 均值为 97.61，远远高于行业平均水平，财务表现力和市场竞争能力表现突出，是机械设备行业当之无愧的领军企业，引领中国机械设备行业的发展方向。4A 级企业数量占该行业企业总数的 21%，该比重略有下降，但整体变化幅度不大。4A 级企业 CBI 均值为 83.57，高于行业平均水平，同样是行业发展中的佼佼者，品牌竞争力处于优势地位。值得关注是 122 家 3A 级企业，该比重较 2011 年略有上浮，占行业比重为 48%，其 CBI 指数均值为 77.35，略高于行业平均发展水平，该集团基本代表了机械设备行业发展的平均水平，并且企业之间指数分布比较均匀，可以说

是势均力敌。

（三）微观竞争比较：整体各项指标均仍表现一般，领先企业各指标成绩斐然

对于中国企业来说，财务表现仍然是企业对外展示基本实力的重要依据。由于近几年中国机械设备市场的急速发展、需求量的不断攀升等因素使得各机械设备企业近年来营业收入、净利润都保持了良好的增长态势，但 2012 年增长趋势有所减缓。所调查的全国 256 家机械企业的品牌财务表现力得分均值为 2.7153，三一重工股份有限公司、中联重科股份有限公司、中国船舶重工股份有限公司、中国南车股份有限公司、上海电气股份有限公司、徐工集团工程机械股份有限公司、东方电气股份有限公司、中国北车股份有限公司、哈尔滨动力股份有限公司、天地科技股份有限公司排名位列前 10 名，得分均值都在 3.5 以上，表现了该行业的财务指数比较好，该行业前 8 家企业在品牌财务表现力方面差距很小，竞争比较激烈。哈尔滨动力股份有限公司、天地科技股份有限公司在财务表现力方面发展速度较快，分别排第 9 名和第 10 名，但这两家企业的品牌财务表现力均值得分与行业第一仍有差距，存在很大的进步空间。从品牌财务表现力二级指标来看，2012 年各指标数据得分分别为：规模因素 2.6014，效率因素 3.2047，增长因素 2.7575，与 2011 年指标数据规模因素 4.0712、效率因素 4.1288、增长因素 3.7579 相比均有所下降，其原因是多方面的，其中受国家政策和经济形势的影响较大。就近两年的数据来看，效率因素的得分是最高的，说明对于机械行业企业来说，行业发展潜力巨大，盈利能力较强。而效率因素和规模因素的得分仍然处于较低水平，而规模因素对企业品牌财务表现力的影响最大，与 2011 年相比，并无明显进步，情况不容乐观。

随着机械行业的持续、快速发展，市场竞争也更加激烈。全国 256 家机械企业在市场竞争表现力得分均值仅为 2.3113，在 4 个一级指标中得分最低。中国北车股份有限公司、中国南车股份有限公司、上海电气集团股份有限公司、三一重工股份有限公司、中联重科股份有限公司、中国船舶重工股份有限公司、东方电气股份有限公司、哈尔滨动力股份有限公司、徐工集团工程机械股

份有限公司、特变电工股份有限公司位列前 10 名，而第 1 名、第 2 名的两家企业：中国北车股份有限公司、中国南车股份有限公司，其市场竞争力得分均值分别为 4.5642、4.5132，远远高于第 9 名的徐工集团工程机械股份有限公司，得分均值为 2.9997，第 10 名特变电工股份有限公司，得分均值为 2.9850，说明这 10 家企业在市场竞争表现力方面差距较为明显，中国北车股份有限公司、中国南车股份有限公司有着明显的市场竞争优势。而从品牌市场竞争力的二级指标和三级指标来看，市场占有能力得分均值较低，尤其表现为市场占有率较低。由于机械行业企业主要分布在我国长三角、珠三角和环渤海地区，很大程度上集中于华东地区、中南地区，即北京市、上海市、江苏省、广东省等省（市），因此可能导致机械行业市场占有率较低。在机械行业内，品牌对于企业市场竞争力的影响非常明显，因此品牌溢价率得分均值也最高。但该行业品牌销售利润率与 2011 年相比大幅度降低，说明机械行业企业需要在控制成本方面多做努力。

如果将企业竞争力划分为规模竞争、效率竞争和创新竞争三个阶段的话，中国机械企业竞争仍处于规模因素主导的第一阶段，虽然个别企业竞争水平已经处于效率竞争和创新竞争水平，但就中国机械企业总体竞争水平而言，与技术创新和品牌经营的第三阶段竞争水平仍有很大距离。

第二节　中国机械企业品牌竞争力排名报告

一、2012 年度中国机械企业品牌竞争力指数排名

中国企业品牌竞争力指数（以下简称 CBI）研究课题组于 2011 年 7 月完成了理论研究，采用多指标综合指数法对中国企业品牌竞争力进行量化研究。初期理论成果包括 CBI 四位一体理论模型、CBI 评价指标体系、CBI 评价指标权重以及 CBI 计算模型，并且已经通过国内 10 位经济学、管理学界权威专家论证。为了检验理论成果的应用效果，课题组继 2011 年对中国自主机械企业品牌调研之后，于 2012 年底对中国自主机械企业品牌再一次进行了调研，根据调查数据应用 CBI 计算模型得出中国机械企业品牌竞争力（以下简称 CBI-R）排名（见表 17-1）。

表 17-1　2012 年中国机械企业品牌竞争力排名

| 企业名称 | 省（市、自治区） | 相对值（指数） | | | | 绝对值形式（5 分制） | | |
		2012 年行业 CBI	排名	2011 年行业 CBI	排名	品牌竞争力得分（CBS）	品牌财务表现力	市场竞争表现力
三一重工	湖南省	100	1	100	1	4.2774	4.3372	4.1379
中国南车	北京市	99.4024	2	99.8291	2	4.2315	4.1108	4.5132
中联重科	湖南省	98.8624	3	99.3909	3	4.1901	4.2682	4.0078
中国北车	北京市	98.7011	4	97.8700	5	4.1777	4.0121	4.5642
上海电气	上海市	98.0080	5	94.7407	11	4.1245	4.0756	4.2388
中国重工	北京市	97.6528	6	94.6543	12	4.0973	4.1370	4.0046
东方电气	四川省	95.2932	7	98.2314	4	3.9163	4.0252	3.6620
中国龙工	福建省	92.9678	8	87.0153	8	3.7378	4.0542	2.9997
华锐风电	北京市	89.3098	9	97.2014	6	3.2270	3.4060	2.8093
特变电工	新疆维吾尔自治区	88.0679	10	94.9094	9	3.3619	3.5235	2.9850
金风科技	新疆维吾尔自治区	87.8969	11	94.2172	7	3.3488	3.5104	2.9716
重庆机电	重庆市	87.6030	12	94.8536	10	3.3263	3.5252	2.8621

续表

企业名称	省（市、自治区）	相对值（指数）				绝对值形式（5分制）		
		2012年行业CBI	排名	2011年行业CBI	排名	品牌竞争力得分（CBS）	品牌财务表现力	市场竞争表现力
柳工	广西壮族自治区	87.2723	13	92.7089	13	3.3009	3.4426	2.9703
天地科技	北京市	86.7465	14	95.0896	17	3.2605	3.4145	2.9013
徐工机械	江苏省	86.5370	15	92.6937	40	3.2445	3.4038	2.8727
上海机电	上海市	86.1712	16	96.3545	18	3.2164	3.4940	2.5687
华锐铸钢	辽宁省	85.8783	17	71.3158	—	3.1939	3.4242	2.6566
苏威孚B	江苏省	85.7999	18	90.9818	—	3.1879	3.3834	2.7317
明阳风电MY	广东省	85.5833	19	92.8057	16	3.1713	3.3723	2.7023
郑煤机	河南省	85.4304	20	90.7979	23	3.1596	3.2623	2.9200
振华重工	上海市	85.3420	21	65.5928	—	3.1528	3.2830	2.8490
威孚高科	江苏省	85.3288	22	90.9818	22	3.1518	3.3613	2.6628
山推股份	山东省	85.3225	23	93.2940	15	3.1513	3.2788	2.8538
玉柴国际CYD	广西壮族自治区	85.2671	24	83.6166	58	3.1470	3.3880	2.5847
南车时代电气	湖南省	85.2626	25	92.5008	19	3.1467	3.2878	2.8174
经纬纺机	北京市	85.1848	26	84.7709	50	3.1407	3.3405	2.6747
中国一重	黑龙江省	84.9321	27	89.9809	27	3.1213	3.2947	2.7167
中国高速传动	江苏省	84.9040	28	93.8172	14	3.1192	3.2604	2.7896
正泰电器	浙江省	84.7811	29	89.4436	28	3.1098	3.2926	2.6831
厦工股份	福建省	84.7552	30	92.3890	20	3.1078	3.2393	2.8009
冠城大通	福建省	84.6278	31	90.7136	24	3.0980	3.2555	2.7306
太原重工	山西省	83.8796	32	91.2715	21	3.0406	3.1723	2.7332
陕鼓动力	陕西省	83.2857	33	87.8540	35	2.9950	3.1672	2.5933
中集安瑞科	广东省	83.1217	34	88.6520	30	2.9824	3.1252	2.6494
杭汽轮B	浙江省	83.0632	35	88.4069	31	2.9780	3.1498	2.5769
大族激光	广东省	82.8903	36	87.4159	37	2.9647	3.1390	2.5579
安徽合力	安徽省	82.6704	37	88.1294	33	2.9478	3.0985	2.5961
天威保变	河北省	82.2359	38	90.5959	26	2.9145	3.0486	2.6015
海立股份	上海市	82.1637	39	87.3894	38	2.9089	3.0298	2.6269
亨通光电	江苏省	82.1168	40	82.3033	64	2.9053	3.0904	2.4736
安泰科技	北京市	82.0509	41	86.2538	44	2.9003	3.0423	2.5689
精达股份	安徽省	81.9734	42	87.9312	34	2.8943	2.9937	2.6626
杭氧股份	浙江省	81.8756	43	85.3751	49	2.8868	3.0503	2.5053
三花股份	浙江省	81.8040	44	86.9565	41	2.8813	3.0434	2.5032
中航重机	北京市	81.8014	45	87.5840	36	2.8811	3.0115	2.5769
盾安环境	浙江省	81.6198	46	85.8159	46	2.8672	3.0099	2.5343
二重重装	四川省	81.4243	47	84.6674	53	2.8522	2.9520	2.6194
宝胜股份	江苏省	81.3991	48	87.0662	39	2.8503	2.9452	2.6289
上海集优	上海市	81.3879	49	74.3488	—	2.8494	2.9724	2.5626
许继电气	河南省	81.3421	50	85.6394	48	2.8459	2.9864	2.5181
湘电股份	湖南省	81.2636	51	88.1721	32	2.8399	2.9507	2.5813
汉缆股份	山东省	81.2170	52	86.1438	45	2.8363	2.9777	2.5064
中利科技	江苏省	81.1460	53	84.1510	55	2.8309	2.9790	2.4851
杭锅股份	浙江省	81.0774	54	84.7413	52	2.8256	2.9887	2.4450
上柴股份	上海市	81.0209	55	86.2838	43	2.8213	2.9273	2.5738
双良节能	江苏省	80.8757	56	86.9236	42	2.8101	2.9192	2.5557

续表

企业名称	省（市、自治区）	相对值（指数）				绝对值形式（5分制）		
		2012年行业CBI	排名	2011年行业CBI	排名	品牌竞争力得分（CBS）	品牌财务表现力	市场竞争表现力
珠江钢管	广东省	80.6055	57	81.4671	73	2.7894	2.9328	2.4549
航天电子	湖北省	80.5861	58	80.7214	80	2.7879	2.9180	2.4842
国电南自	江苏省	80.4388	59	81.5326	70	2.7766	2.9437	2.3866
科达机电	广东省	80.2769	60	83.1436	60	2.7642	2.9175	2.4064
龙净环保	福建省	80.1399	61	84.1204	56	2.7537	2.8852	2.4467
卧龙电气	浙江省	79.9663	62	84.7555	51	2.7403	2.8647	2.4502
山东墨龙	山东省	79.7818	63	84.3166	54	2.7262	2.8510	2.4350
山河智能	湖南省	79.7563	64	83.2700	59	2.7242	2.8663	2.3928
汇川技术	广东省	79.6680	65	79.7195	91	2.7175	2.8885	2.3185
大洋电机	广东省	79.6602	66	81.4974	72	2.7169	2.8787	2.3391
思源电气	上海市	79.5398	67	85.7705	47	2.7076	2.8165	2.4537
荣信股份	辽宁省	79.4246	68	81.3540	74	2.6988	2.8616	2.3189
精功科技	浙江省	79.3451	69	63.5680	—	2.6927	2.8522	2.3204
华光股份	江苏省	79.2893	70	82.6783	62	2.6884	2.7959	2.4375
天润曲轴	山东省	79.1606	71	81.0751	77	2.6785	2.8319	2.3206
太阳电缆	福建省	79.0955	72	81.5180	71	2.6735	2.7974	2.3845
四方股份	北京市	79.0808	73	79.6988	92	2.6724	2.8185	2.3314
泰豪科技	江西省	79.0533	74	79.3204	98	2.6703	2.7770	2.4215
平高电气	河南省	78.9987	75	69.5470	—	2.6661	2.7792	2.4023
润邦股份	江苏省	78.9803	76	80.3912	83	2.6647	2.8169	2.3096
常林股份	福建省	78.9681	77	81.9084	65	2.6638	2.8026	2.3397
众合机电	浙江省	78.9638	78	70.2050	—	2.6634	2.8613	2.2017
杭齿前进	浙江省	78.9628	79	81.6498	67	2.6634	2.7929	2.3611
松芝股份	上海市	78.8826	80	80.2458	85	2.6572	2.8075	2.3065
南洋股份	广东省	78.8776	81	80.6324	82	2.6568	2.7989	2.3253
晋亿实业	浙江省	78.8767	82	83.7895	57	2.6568	2.7679	2.3975
亚星锚链	江苏省	78.8583	83	81.3228	75	2.6553	2.7789	2.3671
航天晨光	江苏省	78.7847	84	80.7951	79	2.6497	2.7704	2.3679
金杯电工	湖南省	78.7414	85	80.1870	86	2.6464	2.7822	2.3295
瓦轴B	辽宁省	78.7166	86	81.7290	66	2.6445	2.7438	2.4127
万马电缆	浙江省	78.6407	87	79.9872	90	2.6386	2.7773	2.3151
山东矿机	山东省	78.6220	88	79.4096	97	2.6372	2.7817	2.3001
北方创业	内蒙古自治区	78.5840	89	81.2147	76	2.6343	2.7506	2.3630
云内动力	云南省	78.5755	90	79.4599	96	2.6336	2.7444	2.3752
通裕重工	山东省	78.5500	91	71.1833	—	2.6317	2.7947	2.2514
创元科技	江苏省	78.5163	92	80.1356	87	2.6291	2.7504	2.3461
新筑路桥	重庆市	78.5009	93	80.6353	81	2.6279	2.7525	2.3373
南都电源	浙江省	78.4556	94	79.6808	93	2.6245	2.7521	2.3266
哈尔滨动力股份	黑龙江省	78.4483	95	55.7646	—	3.4241	3.5798	3.0608
沈阳机床	辽宁省	78.4363	96	80.3503	84	2.6230	2.9345	1.8961
东贝B股	湖北省	78.3216	97	74.8028	75	2.6142	2.7351	2.3319
安东油田服务	北京市	78.2390	98	81.5674	69	2.6078	2.7236	2.3378
大冷股份	辽宁省	78.2304	99	67.5545	—	2.6072	2.7242	2.3341

续表

企业名称	省（市、自治区）	相对值（指数）				绝对值形式（5分制）		
		2012年行业CBI	排名	2011年行业CBI	排名	品牌竞争力得分（CBS）	品牌财务表现力	市场竞争表现力
广电电气	上海市	78.2226	100	65.7534	—	2.6066	2.7759	2.2114
均值		82.8742		84.7226		2.9692	3.1081	2.6449

说明：从理论上说，中国企业品牌竞争力指数（CBI）由中国企业品牌竞争力分值（CBS）标准化之后得出，CBS由4个一级指标品牌财务表现力、市场竞争表现力、品牌发展潜力和消费者支持力的得分值加权得出。

在实际操作过程中，课题组发现，品牌发展潜力和消费者支持力两个部分的数据收集存在一定的难度，且收集到的数据准确性有待核实，因此，本报告暂未将品牌发展潜力和消费者支持力列入计算。

品牌财务表现主要依据各企业的财务报表数据以及企业上报数据进行计算。同时，关于市场竞争表现力方面的得分，课题组选取了部分能够通过公开数据计算得出结果的指标，按照CBI计算模型得出最终结果。

关于详细的计算方法见《中国企业品牌竞争力指数系统：理论与实践》。"—"表示该企业2011年排名在100名之外。

与2011年相比，2012年机械行业自主品牌排名前100名有小规模变动。其中，三一重工股份有限公司、中国南车股份有限公司、中联重科股份有限公司各指标数据仍名列前茅，稳居CBI排名前三甲。上海电气集团股份有限公司与中国船舶重工股份有限公司表现尤为突出，分别从第11名升至第5名、从第12名升至第6名，增长劲头十足。中国北车股份有限公司、东方电气股份有限公司、中国龙工控股有限公司、华锐风电科技（集团）股份有限公司、特变电工股份有限公司表现仍领先于其他企业，稳居行业前10名，发展势头稳健，前景良好。但新疆金风科技股份有限公司与重庆机电股份有限公司排名有所下降，分别由第7名下降至第11名、第10名下降至第12名，在2012年排名中未列入行业前10名。在前20名的机械行业企业中，徐工集团工程机械股份有限公司进步势头最为突出，其CBI均值从第40名升至第15名。山推工程机械股份有限公司排名稍有下降，由第15名下降至第23名，中国高速传动设备集团有限公司由第14名下降至第28名。与2011年机械行业数据相比，以华锐铸钢，苏威孚B为首的11家企业发展势头强劲，于2012年冲进机械行业排名前100强，其中，华锐铸钢排第17名，苏威孚B排第18名，振华重工排第21名，上海集优排第49名，精功科技排第69名，平高电气排第75名，众合机电排第78名，通裕重工排第91名，哈尔滨动力股份排第95名，大冷股份排第99名，广电电气排第100名。

通过2012年中国机械设备企业品牌竞争力指数数据，可以计算出中国机械设备行业CBI均值为70.54，与2011年CBI均值73.45相比略有下降。CBI均值为相对值，一方面可以反映行业总体竞争水平，另一方面为行业内企业提供了一个比较标准。后续课题组根据近万家企业的CBI数据得出中国企业品牌竞争力指数值为68，那么机械设备行业CBI为70.54，大于68，说明机械行业企业整体竞争水平高于平均水平，行业发展处于较好的状态，与2011年相比有所改善。同理，行业内部企业CBI数值低于70.54，说明其品牌竞争力处于劣势；高于70.54，说明其品牌竞争力处于优势，整个CBI指标体系为企业提供了一套具有诊断功能和预测功能的实用工具。

二、2012年度中国机械设备企业品牌竞争力指数评级报告

（一）中国机械设备企业品牌竞争力指数评级标准体系

根据表17-1得出的机械设备企业CBI数值，课题组绘制总体布局图（见图17-5），从整体上看，CBI分布曲线两头陡峭、中间平缓。根据CBI数值表现出来的特征，结合机械设备的行业竞争力特性对调查的256家企业进行分级评估，按照一般惯例分为五级，划分标准如表17-2所示。

表17-2 中国机械设备企业品牌竞争力分级评级标准

评级	CBI数值标准
AAAAA	CBI≥90
AAAA	80≤CBI<90
AAA	70≤CBI<80
AA	60≤CBI<70
A	CBI<60

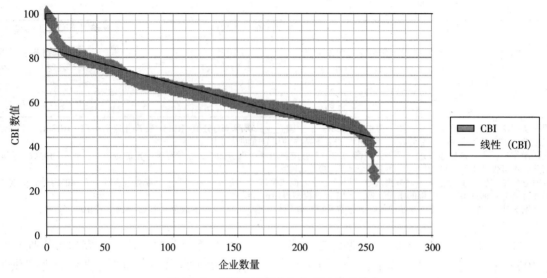

图 17-5 中国机械行业企业 CBI 散点分布

（二）中国机械企业品牌竞争力指数评级结果

由以上评价标准可以将机械企业划分为五个集团，具体的企业个数及分布情况如表 17-3 和图 17-6 所示，各级水平的企业得分情况由于篇幅原因仅列出代表企业。

表 17-3　中国机械企业各分级数量表

企业评级	竞争分类	企业数量	所占比重（%）	CBI 均值	CBS 均值	品牌财务表现力	市场竞争表现力
5A 级企业	第一集团	8	3	97.6110	4.0941	4.1275	4.0160
4A 级企业	第二集团	53	21	83.6044	3.0195	3.1739	2.6591
3A 级企业	第三集团	122	48	77.3510	2.5397	2.6690	2.2380
2A 级企业	第四集团	26	10	62.5873	2.3213	2.4199	2.0912
1A 级企业	第五集团	47	18	38.1999	2.1598	2.2500	1.9493
全部	不分类	256	100	71.8707	2.8269	2.9281	2.5907

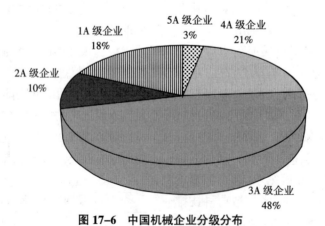

图 17-6　中国机械企业分级分布

表 17-4　中国机械设备行业 5A 级企业品牌代表

企业名称	评级水平	排名	CBI	CBS	品牌财务表现力	市场竞争表现力
三一重工	5A	1	100	4.2774	4.3372	4.1379
中国南车	5A	2	99.4024	4.2315	4.1108	4.5132
中联重科	5A	3	98.8624	4.1901	4.2682	4.0078

续表

企业名称	评级水平	排名	CBI	CBS	品牌财务表现力	市场竞争表现力
中国北车	5A	4	98.7011	4.1777	4.0121	4.5642
上海电气	5A	5	98.0080	4.1245	4.0756	4.2388

据表 17-2 中国机械设备企业品牌竞争力分级评级标准，2012 年 5A 级机械设备企业共有 8 家，占机械行业企业总数的 3%，与 2011 年的 9% 相比有所下降。其中排前 5 名的企业如表 17-4 中所列，包括三一重工股份有限公司、中国南车股份有限公司、中联重科股份有限公司、中国北车股份有限公司、上海东方电气股份有限公司，与 2011 年相比无较大变动。这 5 家企业是中国机械设备行业名副其实的领军企业，其财务竞争表现力、市场竞表现力表现突出，具有很高的消费者支持力度和顾客忠诚度，品牌发展潜力巨大，CBI 及各项分指标得分值均远远超出其他集团企业。在第一集团内部比较而言，三一重工股份有限公司的财务竞争表现力得分值最高，中国北车股份有限公司的市场竞争表现力得分值最高，位于全行业第一，表现出绝对的优势，说明其在市场上更受到消费者的喜爱，有一定的顾客忠诚度，市场竞争力更强，是机械行业当之无愧的龙头企业。

表 17-5　中国机械行业 4A 级企业品牌代表

企业名称	评级水平	排名	CBI	CBS	品牌财务表现力	市场竞争表现力
华锐风电	4A	9	89.3098	3.2270	3.4060	2.8093
特变电工	4A	10	88.0679	3.3619	3.5235	2.9850
柳工	4A	11	87.8969	3.3488	3.5104	2.9716
天地科技	4A	12	87.6030	3.3263	3.5252	2.8621
中国龙工	4A	13	87.2723	3.3009	3.4426	2.9703

据表 17-2 中国机械设备企业品牌竞争力分级评级标准，4A 级家电企业共有 53 家，占机械设备企业总数的 21%。与 2011 年的 23% 相比略有下降。表 17-5 中所列的五家企业：华锐风电科技（集团）有限公司、特变电工股份有限公司、广西柳工机械股份有限公司、天地科技股份有限公司、中国龙工股份有限公司是机械设备行业的领先企业，CBI 及各项指标均高于行业平均水平。其中，天地科技股份有限公司在财务竞争表现力方面表现突出，说明其财务状况良好；特变电工股份有限公司的市场竞争表现力得分在第二集团中最高，表明其有较好的市场竞争力。

表 17-6　中国机械设备行业 3A 级企业品牌代表

企业名称	评级水平	排名	CBI	CBS	品牌财务表现力	市场竞争表现力
卧龙电气	3A	63	79.9663	2.7403	2.8647	2.4502
山东墨龙	3A	64	79.7818	2.7262	2.8510	2.4350
山河智能	3A	65	79.7563	2.7242	2.8663	2.3928
汇川技术	3A	66	79.6680	2.7175	2.8885	2.3185
大洋电机	3A	67	79.6602	2.7169	2.8787	2.3391

据表 17-2 中国机械设备企业品牌竞争力分级评级标准，3A 级家电企业共有 122 家，占家电企业总数的 48%，略高于 2011 年的 40%。表 17-6 中所列的五家机械设备企业：卧龙电气集团股份有限公司、山东墨龙石油机械股份有限公司、山河智能装备股份有限公司、深圳市汇川技术股份有限公司、中山大洋电机股份有限公司是机械设备有限公司的中游企业，从整个第三集团来看，CBI 等各项指标均在整个行业的平均值上下波动。在第三集团内部比较来看，深圳市汇川技术股份有限公司的财务竞争表现力得分最高，说明该企业的财务状况比较好；卧龙电气集团股份有限公

司的市场竞争表现力得分值最高，说明该公司在市场上有一定的地位。综合来看，卧龙电气集团股份有限公司各项指标比较均衡，都处于领先水平，所以最终卧龙电气集团股份有限公司 CBI 在五家企业中得分最高。

表 17-7　中国机械行业 2A 级企业品牌代表

企业名称	评级水平	排名	CBI	CBS	品牌财务表现力	市场竞争表现力
轴研科技	2A	184	64.2351	2.3582	2.4594	2.1221
新国都	2A	185	64.1147	2.3555	2.4562	2.1206
博深工具	2A	186	63.8590	2.3498	2.4712	2.0664
丹甫股份	2A	187	63.7793	2.3480	2.4831	2.0328
燃控科技	2A	188	63.7019	2.3463	2.4405	2.1263

据表 17-2 中国机械设备企业品牌竞争力分级评级标准，2A 级机械企业共有 26 家，占机械企业总数的 10%，大大低于 2011 年的 19%。表 17-7 中所列的五家企业：轴研科技、新国都、博深工具、丹甫股份、燃控科技是中国机械设备企业中下游企业的代表，其特征是财务竞争力、市场竞争力等表现均处于平均水平之下，CBI 及各项分指标得分值均低于行业平均值。在第四集团内部比较而言，丹甫股份有限公司的财务竞争表现的得分较高；燃控科技有限公司的市场竞争表现力最好。总的看来，整个第四集团在财务表现力方面还可以，但在市场竞争力处于劣势，其他各方面也均有待提高。

表 17-8　中国机械行业 1A 级企业品牌代表

企业名称	评级水平	排名	CBI	CBS	品牌财务表现力	市场竞争表现力
天广消防	1A	210	52.6794	2.2810	2.4049	1.9918
中国风能技术 CWS	1A	211	52.6713	2.2808	2.3264	2.1743
经纬电材	1A	212	52.4104	2.2740	2.3698	2.0505
中联电气	1A	213	52.3092	2.2714	2.3505	2.0868
启源装备	1A	214	48.1691	2.2682	2.3418	2.0962

据表 17-2 中国机械设备企业品牌竞争力分级评级标准，1A 级机械设备企业共有 47 家，占企业总数的 18%，高于 2011 年的 10%。表 17-8 中所列的五家企业：天广消防、中国风能技术、经纬电材、中联电气、启源装备，是机械设备行业的下游企业代表，其特征是 CBI、财务竞争力、市场竞争力等表现均远远低于行业平均水平。在第五集团内部比较而言，品牌财务表现力仍表现一般，市场竞争力具有广阔的提升空间。

三、2012 年度中国机械企业品牌价值 50 强排名

课题组认为，品牌价值（以下简称 CBV）是客观存在的，它能够为其所有者带来特殊的收益。品牌价值是品牌在市场竞争中的价值实现。一个品牌有无竞争力，就是要看它有没有一定的市场份额，有没有一定的超值创利能力。品牌的竞争力正是体现在品牌价值的这两个最基本的决定性因素上，品牌价值就是品牌竞争力的具体体现。通常上品牌价值以绝对值（单位：亿元）的形式量化研究品牌竞争水平，课题组对品牌价值和品牌竞争力的关系展开研究，针对品牌竞争力以相对值（指数：0~100）的形式量化研究品牌竞争力水平。在研究世界上关于品牌价值测量方法论的基础上，提出本研究关于品牌价值计算方法，$CBV = CBI \times A \times \sum f(x_i) + C$，其中，CBV 为企业品牌价值，CBI 为企业品牌竞争力指数，A 为分级系数，x_i 为系数决定要素，C 为行业调整系数，据此得出中国机械企业品牌价值 50 强（见表 17-9）。

表 17-9　2012 年中国机械企业品牌价值 50 强

企业名称	省（市、自治区）	2012 年 CBV（亿元）	排名	2011 年 CBV（亿元）	排名	2012 年行业 CBI
三一重工	湖南省	201.77	1	144.38	1	100.0000
中联重科	湖南省	116.52	2	84.64	2	98.8624
柳工	广西壮族自治区	97.90	3	77.22	3	87.8969
东方电气	四川省	71.70	4	44.28	6	95.2932
中国重工	北京市	69.06	5	44.59	5	97.6528
上海电气	上海市	60.63	6	47.70	4	98.0080
华锐风电	北京市	58.70	7	41.44	9	89.3098
特变电工	新疆维吾尔自治区	58.47	8	43.87	7	88.0679
上海机电	上海市	56.57	9	42.74	8	86.7465
徐工机械	江苏省	55.86	10	19.69	27	92.9678
明阳风电 MY	广东省	48.48	11	20.11	25	85.7999
中国龙工	福建省	46.47	12	27.95	11	87.2723
中国南车	北京市	45.83	13	27.98	10	99.4024
中国北车	北京市	44.30	14	26.97	14	98.7011
山推股份	山东省	42.19	15	27.83	12	85.3225
厦工股份	福建省	35.72	16	27.67	13	84.7552
振华重工	上海市	33.75	17	—	—	85.4304
威孚高科	江苏省	33.71	18	20.25	23	85.3288
金风科技	新疆维吾尔自治区	32.63	19	26.49	16	86.5370
华锐铸钢	辽宁省	32.49	20	—	—	86.1712
苏威孚 B	江苏省	32.38	21	—	—	85.8783
冠城大通	福建省	30.54	22	21.17	18	84.6278
经纬纺机	北京市	29.86	23	20.55	21	85.1848
南车时代电气	湖南省	29.14	24	19.88	26	85.2626
太原重工	山西省	28.58	25	26.75	15	83.8796
海立股份	上海市	28.55	26	18.47	42	82.1637
大族激光	广东省	28.40	27	17.78	45	82.8903
天地科技	北京市	25.94	28	18.53	41	87.6030
正泰电器	浙江省	25.37	29	20.18	24	84.7811
郑煤机	河南省	25.09	30	18.94	39	85.5833
中国高速传动	江苏省	24.99	31	20.99	19	84.9040
玉柴国际 CYD	广西壮族自治区	24.63	32	17.23	47	85.2671
重庆机电	重庆市	23.98	33	20.52	22	85.3420
中航重机	北京市	23.88	34	19.22	35	81.8014
盾安环境	浙江省	23.82	35	—	—	81.6198
宝胜股份	江苏省	23.76	36	19.30	33	81.3991
上海集优	上海市	23.76	37	—	—	81.3879
中集安瑞科	广东省	23.27	38	19.07	38	83.1217
亨通光电	江苏省	23.18	39	—	—	82.1168
安泰科技	北京市	23.16	40	—	—	82.0509
精达股份	安徽省	23.14	41	19.47	29	81.9734
杭氧股份	浙江省	23.11	42	—	—	81.8756
哈尔滨动力股份	黑龙江省	22.90	43	—	—	78.4483
陕鼓动力	陕西省	22.60	44	19.35	32	83.2857
三花股份	浙江省	22.18	45	18.58	40	81.8040
杭汽轮 B	浙江省	19.47	46	18.13	44	83.0632

续表

企业名称	省（市、自治区）	2012年CBV（亿元）	排名	2011年CBV（亿元）	排名	2012年行业CBI
安徽合力	安徽省	18.87	47	13.24	49	82.6704
中国一重	黑龙江省	18.69	48	21.34	17	84.9321
天威保变	河北省	17.66	49	20.68	20	82.2359
二重重装	四川省	13.76	50	19.16	37	81.4243
合计		1967.43				

在受调研的256家企业中，排名前50强的企业CBV值合计为1967.43亿元，较2011年有所提高。前10强机械企业CBV总值合计为847.18亿元，占前50强企业比重为43.06%。其中，在前10强企业中，三一重工股份有限公司、中联重科股份有限公司、广西柳工机械股份有限公司稳居机械行业排名前三甲，CBV均值较2011年均有所上升。徐工集团工程机械股份有限公司由第27名升至第10名，广东明阳风电产业集团由第25名上升至第11名，上升趋势尤为明显。振华重工、华锐铸钢、苏威孚B三家企业2012年表现优异，冲入机械行业CBV排名前50强，分别排第17名、第20名、第21名。中国南车股份有限公司、中国龙工控股有限公司、山推工程机械股份有限公司、厦门厦工机械股份有限公司CBV均值均稍微有所下降，但下降幅度不大。前10名企业中，以湖南省、北京市、上海市的企业居多，是国内机械企业的集中地。

第三节   2012年度中国机械企业品牌竞争力区域报告

一、六大经济分区

（一）总体情况分析

根据课题组的调研数据，2012年整体数值略低于2011年。中国机械企业仍旧主要分布于华东地区、中南地区，总数的比重分别为51%、21%，集中度高于2011年。华北地区、西南地区和华东地区的CBI均值分别为74.02、73.95、72.00，高于行业均值70.54，西北地区CBI均值仍最低，仅为62.95，低于2011年最低值，与2011年相比并无有效改善。华北地区在财务表现力和市场竞争力指标上均排名第一，表现出自身优异的竞争优势。各区域机械设备行业的各分项数值均值相差不是特别大，仍延续2011年机械行业齐头并进的发展趋势，这也说明了机械设备行业的竞争状况仍非常激烈，这样的趋势有利于我国机械设备产业的发展。

表17-10   中国机械设备企业六大经济区域竞争状况

区域	企业数量	所占比重（%）	CBI均值		CBS均值		品牌财务表现力均值		市场竞争表现力均值	
			2012年	2011年	2012年	2011年	2012年	2011年	2012年	2011年
华北地区	30	12	74.0202	71.1875	2.7219	2.6905	2.8236	3.9611	2.4845	3.5500
东北地区	15	6	65.1934	69.7842	2.5240	2.6596	2.6471	3.9583	2.2368	3.4023
华东地区	130	51	71.9971	75.3961	2.5815	2.7833	2.7065	4.1343	2.2898	3.5810
中南地区	54	21	68.2853	72.6276	2.5907	2.7223	2.7135	4.0567	2.3041	3.4696
西南地区	11	4	73.9459	73.6920	2.6811	2.7458	2.7975	4.0519	2.4095	3.5990
西北地区	16	6	62.9496	69.7460	2.4743	2.6588	2.5971	3.9967	2.1878	3.3019
总体情况	256	100	69.3986	73.4459	2.5956	2.7403	2.7142	4.0710	2.3187	3.5242

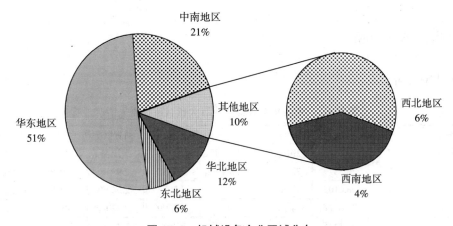

图 17-7 机械设备企业区域分布

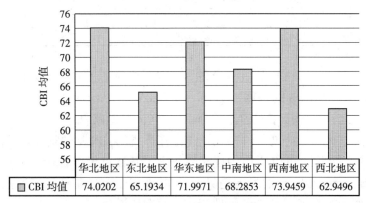

图 17-8 机械设备企业六大经济区域 CBI 均值对比

(二) 分项情况分析

在各分项竞争力指标对比方面,品牌财务表现力指标均值虽然得分最高,但仍在 3 分以下,与 2011 年相比普遍有所降低,机械企业的规模效应明显;市场竞争力指标均值得分最低,均低于 2.5,整体市场竞争力表现不佳。华北地区在财务表现力分项指标和市场竞争表现力分项指标的得分均值均位列第一,与 2011 年相比有明显的进步。西南地区在各分项指标上同样表现突出,仅次于华北地区。华东地区尽管拥有较多的企业,但在各项指标上仍旧表现一般,处在中游水平。西北地区在各项指标上排名垫底,其品牌竞争力堪忧。整个机械行业在各个区域,品牌竞争力发展水平之间的差距仍旧表现不明显,与 2011 年相比并无明显改善。

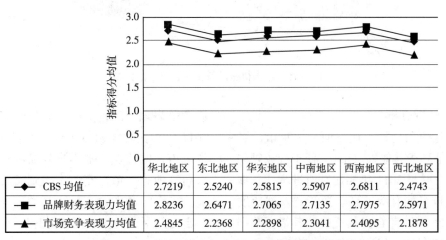

	华北地区	东北地区	华东地区	中南地区	西南地区	西北地区
◆ CBS 均值	2.7219	2.5240	2.5815	2.5907	2.6811	2.4743
■ 品牌财务表现力均值	2.8236	2.6471	2.7065	2.7135	2.7975	2.5971
▲ 市场竞争表现力均值	2.4845	2.2368	2.2898	2.3041	2.4095	2.1878

图 17-9 中国机械设备企业一级指标分区域对比

二、五大省（市）分析

（一）总体情况分析

表 17-11　中国机械设备企业五大省（市）竞争情况

省（市）	企业数量	所占比重（%）	CBI 均值		CBS 均值		品牌财务表现力均值		市场竞争表现力均值	
			2012 年	2011 年	2012 年	2011 年	2012 年	2011 年	2012 年	2011 年
北京市	19	7	76.5879	72.3351	2.8438	2.7158	2.9346	3.9986	2.6319	3.5827
广东省	20	8	66.0105	71.9609	2.5114	2.7076	2.6407	4.0484	2.2096	3.4170
江苏省	36	14	71.6121	74.7850	2.5884	2.7699	2.7202	4.1200	2.2808	3.5492
上海市	23	9	73.1405	71.9492	2.6371	2.7073	2.7446	3.9779	2.3861	3.5920
浙江省	31	12	72.8320	77.0365	2.5686	2.8195	2.7013	4.1988	2.2590	3.6006
其他省（市）	127	50	69.0763	73.0176	2.5698	2.7309	2.6910	4.0639	2.2872	3.4948
总体情况	256	100	71.5432	73.4459	2.6198	2.7403	2.7387	4.0710	2.3424	3.5242

如表 17-11 所示，五个省（市）的机械设备上市企业数量占到上市企业总数的 50%，江苏省、浙江省、上海市、北京市、广东省的比重分别为 14%、12%、9%、7%、8%（见图 17-10），与 2011 年相比并无太大变化，可以得出中国机械设备上市企业分布仍延续 2011 年的发展趋势，有一定的集中度，主要分布在我国长三角、珠三角和环渤海地区。江苏省、浙江省、上海市、北京市、广东省五省（市）CBI 得分分别为 71.6121、72.8320、73.1405、76.5879、66.0105（见表 17-11），普遍略低于 2011 年数值。其中，浙江省、江苏省的 CBI 均值均高于全国行业均值 70.54；显示了其在机械设备行业中具有较强的竞争力；而其他省（市）略低于平均值的，在品牌竞争力方面有待提高。

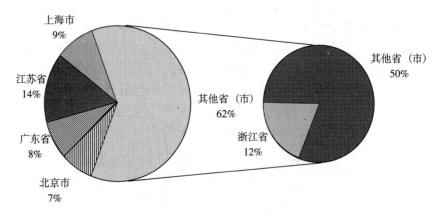

图 17-10　中国机械设备企业省（市）分布

（二）分项情况分析

在各分项竞争力指标对比方面，北京市的各项得分基本上都高于其他省（市），处于行业领先位置。上海市发展与 2011 年相比有所进步，各项指标得分均值排名均有所提高。浙江省发展速度较慢，并未延续 2011 年自身的优势，各指标数据均有所下滑。广东省仍然在财务竞争表现力和市场竞争表现力的得分中，处于垫底的位置，但与 2011 年相比并无明显改善，说明其需要学习其他省（市）的优点，加强自身品牌建设，以期在未来与其他省（市）竞争中得到实质性的收获。从整体来看，各省（市）之间的各分项得分均值有一定的差距，但竞争也较为激烈。

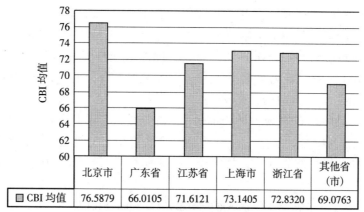

	北京市	广东省	江苏省	上海市	浙江省	其他省 （市）
□ CBI 均值	76.5879	66.0105	71.6121	73.1405	72.8320	69.0763

图 17-11　各省（市）机械设备企业 CBI 均值对比

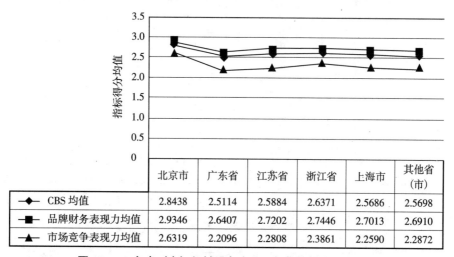

	北京市	广东省	江苏省	浙江省	上海市	其他省 （市）
◆ CBS 均值	2.8438	2.5114	2.5884	2.6371	2.5686	2.5698
■ 品牌财务表现力均值	2.9346	2.6407	2.7202	2.7446	2.7013	2.6910
▲ 市场竞争表现力均值	2.6319	2.2096	2.2808	2.3861	2.2590	2.2872

图 17-12　各省（市）机械设备企业一级指标得分均值对比

第四节　2012 年度中国机械企业品牌竞争力分项报告

一、品牌财务表现力

目前国内企业经营者对于现代化管理手段的理解与实践，多半仍然停留在以财务数据为主导的思维里。虽然财务数据无法帮助经营者充分掌握企业发展的方向，但在企业的实际运营过程中，财务表现仍然是企业对外展示基本实力的重要依据。品牌财务表现层面的分析将财务指标分为规模因素、增长因素和效率因素 3 个二级指标。规模因素主要从销售收入、所有者权益和净利润 3 个三级指标衡量；效率因素主要从净资产利润率、总资产贡献率 2 个三级指标衡量；增长因素主要

从近三年销售收入增长率、近三年净利润增长率 2 个三级指标衡量。

随着高科技的普及，近年来机械设备产业如同雨后春笋般迅速崛起，机械设备的更新速度更是令人瞠目结舌，同时也促使了机械设备产业的发展。机械设备企业近年来营业收入、净利润收入都保持了良好的增长态势，全国 256 家机械设备企业近三年营业收入平均增长率为 25%，近三年净利润平均增长率为 20%，机械设备行业的品牌财务表现力得分均值为 2.7153，均低于 2011 年指标数据得分。三一重工股份有限公司、中联重科股份有限公司、中国船舶重工股份有限公司、中国南车股份有限公司、上海电气股份有限公司、

徐工集团工程机械股份有限公司、东方电气股份有限公司、中国北车股份有限公司、哈尔滨动力股份有限公司、天地科技股份有限公司排名位列前 10 名，前 8 名在品牌财务表现力方面差距很小，竞争比较激烈，哈尔滨动力股份有限公司、天地科技股份有限公司品牌财务表现力虽与前 8 名还有所差距，但进步较为明显。

从 3 个二级指标看，其均值分别为：规模因

素 2.6014，效率因素 3.2047，增长因素 2.7575，与 2011 年指标数据规模因素 4.0712、效率因素 4.1288、增长因素 3.7579 相比均有所下降。其中，效率因素得分最高，其对整体品牌财务表现力的影响也最大。在效率因素中，又以净资产报酬率得分最高，说明企业的资产创造利润的能力比较强；在所有三级指标中，净利润增长率分值最高，表明企业的盈利能力较强，有发展潜力。

表 17-12　品牌财务表现力指数——行业前 10 名

企业名称	省（市）	行业 CBI 指数	品牌财务表现力
三一重工	湖南省	100	4.3372
中联重科	湖南省	98.8624	4.2682
中国重工	北京市	97.6528	4.1370
中国南车	北京市	99.4024	4.1108
上海电气	上海市	98.0080	4.0756
徐工机械	江苏省	92.9678	4.0542
东方电气	四川省	95.2932	4.0252
中国北车	北京市	98.7011	4.0121
哈动力	黑龙江省	78.4483	3.5798
天地科技	北京市	87.6030	3.5252

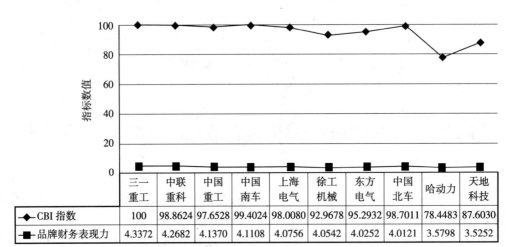

图 17-13　品牌财务表现力各分项指标得分均值

表 17-13　品牌财务表现力各分项指标得分均值

一级指标	2012 年	2011 年	二级指标	2012 年	2011 年	三级指标	2012 年	2011 年
品牌财务表现力	2.7153	4.071	规模因素	2.6014	4.0712	销售收入	3.0898	3.2273
						所有者权益	2.7239	4.6239
						净利润	1.6483	4.4317
			效率因素	3.2047	4.1288	净资产报酬率	3.7651	4.0994
						总资产贡献率	2.3640	4.1484
			增长因素	2.7575	3.7579	近三年销售收入增长率	1.5092	3.6617
						近三年净利润增长率	4.0058	3.8542

二、市场竞争表现力

随着机械设备行业的持续、快速发展，市场竞争也更加激烈。企业只有具备更强的市场竞争力，才能在目前的行业环境中生存下去。市场竞争表现层面的分析将指标分为市场占有能力和超值获利能力2个二级指标。市场占有能力主要从市场占有率、市场覆盖率2个三级指标衡量；超值获利能力主要从品牌溢价率、品牌销售利润率2个三级指标衡量。

全国256家机械设备企业在市场竞争表现力得分均值为2.3113，低于2011年的指标数值3.5242。中国北车股份有限公司、中国南车股份有限公司、上海电气集团股份有限公司、三一重工股份有限公司、中联重科股份有限公司、中国船舶重工股份有限公司、东方电气股份有限公司、哈尔滨动力股份公司、徐工集团工程机械股份有限公司、特变电工股份有限公司位列前10名，这10家企业在市场竞争表现力方面差距很小，第1名中国北车股份有限公司的得分值为4.5642，仅

比第6名企业中国船舶重工股份有限公司的市场竞争表现力得分仅高0.5，充分说明了这个行业的竞争激烈程度。哈尔滨动力股份有限公司、徐工集团工程机械股份有限公司、特变电工股份有限公司发展势头良好，强势挤进行业前10名，但与行业第1名中国北车股份有限公司还存在一定差距，仍有很大的进步空间。

二级指标中，市场占有能力得分均值1.7917，低于2011年指标得分均值3.2045，超值获利能力得分3.2762，同样低于2011年指标得分4.1259。整个机械设备行业的竞争比较充分，所以行业领先的企业仍延续2011年的发展趋势，市场占有率及市场覆盖率均不是特别高，尤其市场占有率指标大大低于2011年，大部分的企业市场占有率及市场覆盖率都比较低，导致行业此项得分很低。机械设备行业内，品牌对企业市场竞争力的影响仍非常明显，因此品牌溢价率得分均值也最高，为4.3666，略高于2011年的指标得分4.3214，但品牌销售利润率有所下降，证明企业仍需要加大力度，有效控制成本。

表 17-14　市场竞争表现力指数——行业前 10 名

企业名称	省（市、自治区）	行业 CBI 指数	品牌市场竞争力
中国北车	北京市	98.7011	4.5642
中国南车	北京市	99.4024	4.5132
上海电气	上海市	98.0080	4.2388
三一重工	湖南省	100	4.1379
中联重科	湖南省	98.8624	4.0078
中国重工	北京市	97.6528	4.0046
东方电气	重庆市	95.2932	3.6620
哈动力	黑龙江省	78.4483	3.0608
徐工机械	江苏省	92.9678	2.9997
特变电工	新疆维吾尔自治区	88.0679	2.9850

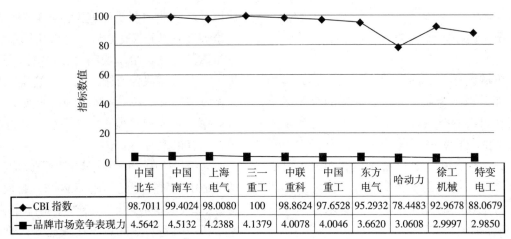

	中国北车	中国南车	上海电气	三一重工	中联重科	中国重工	东方电气	哈动力	徐工机械	特变电工
CBI 指数	98.7011	99.4024	98.0080	100	98.8624	97.6528	95.2932	78.4483	92.9678	88.0679
品牌市场竞争表现力	4.5642	4.5132	4.2388	4.1379	4.0078	4.0046	3.6620	3.0608	2.9997	2.9850

图 17-14　市场竞争表现力前 10 名企业

表 17-15　市场竞争表现力各分项指标得分均值

一级指标	2012 年	2011 年	二级指标	2012 年	2011 年	三级指标	2012 年	2011 年
市场竞争表现力	2.3113	3.5242	市场占有能力	1.7917	3.2045	市场占有率	1.1973	3.2567
						市场覆盖率	3.1788	3.0827
			超值获利能力	3.2762	4.1259	品牌溢价率	4.3666	4.3214
						品牌销售利润率	1.2511	3.7629

第五节　中国机械设备企业品牌竞争力提升策略研究

一、中国机械设备行业宏观经济与政策分析

（一）中国机械设备行业市场情况

机械行业作为基础型产业，为其他行业提供资源及装备，在国民经济各行业的发展中占据不可或缺的重要地位。改革开放以来，特别是进入 21 世纪以来，我国的机械设备制造事业得到了快速的发展，2000~2010 年，全行业工业总产值从 1.44 万亿元增长到 14.38 万亿元，年均增速高达 25% 以上；规模以上企业数量从 3.36 万家增加 10 万多家；资产规模从 1.96 万亿元增长到 10.4 万亿元；工业增加值占全国工业的比重从 9.2% 大幅提升至 19% 左右，占 GDP 的比重从 3.7% 提高到 9% 左右，机械设备制造业已经成为了我国国民经济发展的支柱产业。"十五"、"十一五"两个连续五年的超高速增长，推动机械行业进入了一个崭新

的发展阶段，为"十二五"奠定了良好的发展基础。虽然面临的国际形势日益严峻，但仍在 2011 年实现了产销和利润的平稳较快增长，但与连续两个五年的高速增长相比，各指标的增速相对回落，特别是利润增速回落幅度较大，行业结构亟待升级。

2011 年机械工业累计实现工业总产值 16.89 万亿元，2012 年 1 月至 9 月我国机械行业增速保持稳定，在 12% 左右小幅波动。截至 9 月行业累计工业总产值为 13.34 万亿元，同比增长 11.9%。预计 2012 年第四季度行业增速有望小幅回升，全年累计同比增速为 12%~15%；明年行业有望继续保持稳健增长的势头，预计全年累计同比增速为 10%~15%。1 月至 9 月机械行业多数子行业的增速保持平稳。中信证券研究部数据显示，其中相对增速较快的三个子行业分别是农业机械行业（18.5%）、仪器仪表行业（16.3%）和机械基础件行业（14.8%）；相对增速较慢的三个子行业分别

是内燃机械行业（-3.3%）、工程机械行业（2.8%）和文化办公行业（7.3%）。2012年1月至9月机械工业累计实现进出口总额4904.93亿美元，同比增长4.5%。出口方面，1月至9月我国累计出口额为2636.32亿美元，同比增长11.5%；进口方面，1月至9月累计进口额为2268.61亿美元，同比下降2.6%。分子行业来看，1月至9月出口同比增长最快的三个子行业分别是重型矿山行业（23.9%）、工程机械行业（22.0%）和食品包装机械行业（20.6%）；增速相对较慢的三个子行业分别是内燃机械行业（2.2%）、文化办公设备行业（6.5%）和电工电器件行业（8.5%）。

（二）机械设备行业政策分析

近年来，机械工业的发展得到了国家的重视，中央推出一系列全力支持机械工业发展的政策，特别是在实施应对国际金融危机的冲击的一揽子计划后，落实了对相关产业的调整和振兴规划，推动了机械行业快速发展。

2009年3月温家宝总理在《政府工作报告》中专门提出，落实自主研发重大装备国内依托工程和政府采购制度，着力发展重大成套设备、高技术装备和高技术产业所需装备，提高装备制造业集成创新和国产化水平。2009年5月12日，国务院通过了《装备制造业调整与振兴规划》，《规划》提出未来我国要依托高速铁路、煤矿与金属矿采掘、基础设施、科技重大专项等十大领域重点工程，振兴装备制造业；抓住九大产业重点项目，实施装备自主化；提升四大配套产品制造水平。政策措施包括加强投资项目的设备采购管理、鼓励使用国产首台（套）装备、推进企业兼并重组等。上述领域涉及了经济建设中的关键部门，也是我国机械行业发展中亟待突破的领域，尤其是高档数控机床和矿用机械长期以来一直是我国制造领域的薄弱环节，与国外先进水平有明显的差距。这些产品再次被列入重点发展的领域，未来几年内将面临超常规发展的机遇。中国机械工业联合会于2011年3月29日发布的《"十二五"机械工业发展总体规划》提出，"十二五"期间，我国机械工业将主攻高端装备产品、新兴产业装备、民生用机械装备、关键基础产品、基础工艺及技术五个重点领域，实施主攻高端战略、创新驱动战略、强化基础战略、两化融合战略、

"绿色为先"战略五大发展战略，最终要"由大到强"，力争到"十二五"末实现六大目标，将发展目标定位于由机械制造大国转变为机械制造强国。

2012年国务院常务会议在分析季度经济形势时明确提出，加大力度扶持小微企业的发展，落实结构性减税政策，扩大营业税改征增值税试点的行业和地区范围。同时，货币政策必须兼顾经济的平稳较快发展、物价稳定和防范金融风险，注重实体经济发展的合理资金需求。国务院会议传递出的宏观政策调整的新信号中指出，注重投资的质量和效益，保证国家重大的在建续建项目的资金需求。既要扩大消费需求，又要保持适度的投资规模，有序推进"十二五"规划重大项目按期实施。

2012年11月8日，根据十八大政策要求，加快相关产业的经济发展模式的转型，倡导全民发展高科技、高附加值的产业，替代高污染、高能耗、附加值低的产业。而对于具有高科技、高附加值的新型环保破碎机来说，在这样的政策的支持下，很有可能将以往污染高、能耗高、附加值低的破碎机产品淘汰，迎来环保型破碎机发展的春天。同时，国家对于交通建设的重视使得国家的投资内需将进一步扩大，许多二三线城市将新建高铁，扩大对石料、钢材等建材行业的需求的同时，也将必然带来破碎机、制砂机、石料铁矿等生产线的"暖春"，刺激机械行业的回升。

此外，美国对华新充气工程机械轮胎做出反倾销行政复审初裁，2012年10月9日，美国商务部发布公告，对原产于中国的新充气工程机械轮胎做出反倾销行政复审初裁，裁定中国涉案企业杭州中策橡胶有限公司（Hangzhou Zhongce Rubber Co.，Ltd.）的倾销幅度为132.98%，这在一定程度上为我国机械轮胎的出口设置了障碍。

根据中国工程机械工业协会信息，巴西政府声称，为提高本国机械产品制造业与进口机械产品之间的竞争力，巴西再次提高工程机械产品的进口关税，由14%提高到35%，使得中国部分企业的出口涉税产品在巴西的销售几乎停滞。时隔两个月，巴西政府再次对装载机（59hp以上）、挖掘机（90-450hp）、压路机（全部型号）等产品的进口关税由14%提高到25%。由于巴西的工

程机械需求在 2012 年拉美经济受欧债危机影响严重时，与其他国家相比并未出现大幅滑落，因此，原本计划出口至拉美国家的工程机械（特别是中国工程机械）转而出口至巴西，而巴西政府的提税政策对我国工程机械产品的出口造成了一定的冲击。

总之，我国机械设备制造业的发展是受政策影响较大的行业，国家大量相关优惠政策的颁布为机械设备制造业的发展提供了广阔的空间，机械设备制造企业应该尽力抓住这一机遇，利用好相关政策为企业创造新的更大的发展机遇。

二、中国机械设备行业品牌竞争力提升策略建议

（一）充分借助政府力量，提升行业品牌管理竞争力

政府是产业政策的制定者，是产业内外交流的沟通者，在行业品牌的建设和发展方面发挥着协调、监督和指导等方面的作用。政府有能力和责任利用产业政策干预和引导整个产业的发展方向，调节资源的分配不平衡，以发展行业区域品牌，提升整个产业的品牌竞争力。

1. 引导产业集群健康发展，促进国内外长期合作

在该产业集群发展到转折点的关键时期，区域品牌的发展需要政府的介入，进行适当的引导和调控，这对于产业内区域品牌把握自身发展的方向是非常必要的。为保证市场环境的健康和整个产业集群的良性竞争，必须严厉打击市场投机行为，以保证产业区域品牌的良性成长。机械行业的产权保护问题同样需要引起政府的关注。在产业集群内部，政府需要加大对窃取他人创新成果、投机主义行为的打击，切实做好对集群企业技术创新和知识产权的保护，为企业的成长营造一个健康向上的法律环境，提高大家用法律保护自己的意识。政府还应通过制定相应的制度，积极为集群与内外部的沟通、交流、合作提供一个良好的平台，政府要积极促进集群企业与国内、国外等相关组织之间的合作，跨越地域上的限制，做好国内外的沟通与交流工作，建立长期合作计划，成为促进产、学、研合作的主要推动者，这对

于提升整个行业国内外品牌竞争力是一个重要途径。

2. 发挥引导与扶植作用，完善产业结构

政府部门应以一种动态化的思维，积极引导集群品牌的良性发展，为区域品牌的健康成长营造良好的外部环境，尽可能避免采取非市场化的手段，对区域品牌的成长路径和成长规律过多地进行直接的行政干预，并严厉打击危及品牌良性发展的行为，建立健全的法律法规制度来规范行业的竞争行为。对于集群内的中小企业，政府应善于用计划、政策、税收、信息等调控手段来引导，进一步推进中小企业的发展，创新政策、落实计划、发布信息。加强政府和企业集群中小企业之间的沟通和交流，深入品牌集群中小企业内部，发现问题、研究问题、解决问题。针对中小企业的现状，研究并出台发展中小企业集群的政策，并对政策的落实情况加以监督，引导企业可采取合资、合作、产权出让等方式，加大与集群内外的合作与交流，完善集群内部产业结构体系，重点扶植优势企业，使整个产业集群更快更好的发展。

（二）加快集群创新步伐，提升行业品牌技术竞争力

1. 全面提升员工能力，完善产业信息交流通道

企业自身学习能力的提高是集群提高创新能力的前提，而提高企业自身技术学习能力应从三个方面努力。

第一，培养竞争合作的意识。在行业集群内部，企业之间的关系不再单单是竞争，而是越来越倾向于合作竞争。企业间应加强互相之间的交流与合作，不论是产业链上下游的企业，还是相同业务的企业，都可以通过交流与合作达到共赢的目标。例如，企业联合彼此的研发力量，解决行业技术共性问题，确立行业行为的规范制度并监督行业成员严加遵守。还可以通过战略联盟的方式，实现创新资源和创新成果的共享。

第二，注重管理水平的提高。员工是企业发展的中坚力量，是推动行业进步中不可或缺的宝贵财富。企业家应借助政府部门、管理服务机构的正确引导，结合集群内部的人力资源培训中心等部门，加强开发和管理人力资源力量，制定有效的人力资源发展战略，保证员工录用的公平公正性，拒绝家族式企业的传统管理模式。运用合

理的激励手段，建立合理的晋升机制和股权分配机制，提高员工的工作积极性。

第三，提高技术创新能力。工程机械产业企业集中度较高，在集群内部应该设立一些正式和非正式的场所供集群内的技术人员和管理人员交流经验，有利于提高大家对集群品牌、区域品牌的认识，促进行业信息的快速流动和传播，更有利于产品的创新。

2. 实行现代化管理制度，充分发挥大型企业对区域品牌的拉动作用

产权是一项基本的经济制度，它包括对一种物品或资源排他性的支配使用权、自由转让权以及剩余产品的收益权。而对于中国的工程机械产业集群来说，几个大型企业处于行业领导者地位，但大多数仍是中小企业，规模较小、管理方式落后，是典型的"王国式"集群。这种模式使得企业难以摆脱旧体制的束缚而创新出新的产权模式，缺乏有生机的组织模式和明细的产权关系，企业难以作为一个独立的个体在市场上生存，缺乏先进的管理制度和监督机制，员工积极性不高，缺乏有效的激励模式，企业的发展速度相对较缓。因此，建设企业制度、促进企业改革显得尤为重要。

3. 实行人才兴邦战略，完善人才体制

企业应努力完善人才培养机制，实施人才战略，重视人才、吸纳人才、以人为本，充分发挥人才在发展区域品牌中的作用。通过制度创新进一步完善教育体系、科技和文化创新体系、医疗卫生体系以及形成崭新的人员流动和优化配置机制，要积极引进产业内外人才资源，杜绝人才本地化，为其提供尽可能优越的工作条件和生活条件，给予其工作上的肯定及应享有的优惠待遇和奖励。

而实施人才制度创新的核心，就是将人才资源转化为人才资本，重视具有创新潜力的科技人才、拥有核心技术的专门人才和具备创新能力的管理人才，使其成为企业不可复制的核心竞争力。企业重视人力资本的运用，有利于健全企业的人才培养和奖励机制，为人才的生活、工作营造出温馨的氛围，使知识得到尊重，人才得到尊重，提高产业集群品牌的整体创新性。

4. 优化产业梯度结构，提升区域品牌层次

产业集群的发展是区域品牌的基础，要塑造

强势区域品牌就必须促进产业集群的升级。而"供应商—用户"关系是最常见的产业连接模式，企业应针对自身的实际情况，集中力量发展某一方面的业务，通过产品差异化或特色经营在特定的细分市场上建立自身独特的优势地位，提高自身的核心竞争力，努力使自己的核心竞争力不被复制和超越。纺织行业集群内出现恶性竞争、恶性仿冒等现象，使整个产业的集群结构得到优化。

工程机械行业的企业集中度较高，技术能力较强，对于一些资金实力雄厚、品牌声誉较高、市场网络较发达的中心企业，应努力与其他配套企业建立积极的有建设性的合作伙伴关系，降低交易风险和交易成本，实现企业间良性的沟通和交流，促进彼此互相学习的机制和集群产业结构的优化。

（三）树立区域品牌的形象，提升集群整体市场营销竞争力

1. 强化区域品牌的概念，树立集群品牌整体形象

品牌对于促进区域经济的发展有着不容置疑的意义，具有强大的号召力和影响力，加速产业的升级。品牌的发展是区域经济持续发展的持久推动力，有强势品牌的地方，区域经济才可能形成强势的竞争力。品牌具有扩张效应，它对区域经济有辐射效应，吸引和调动全球流动的生产要素，增强其区域竞争力。区域品牌建设有利于提升区域经济，提高产业集群综合竞争力，帮助企业增大利润空间，促进区域经济的可持续发展，同时，区域品牌建设战略有利于参与品牌建设和经营的各主体充分认识到实施区域品牌战略的重要性，并积极配合实施该战略。

在决定实施区域品牌战略之后，对于区域品牌的商标设计和注册显得尤为重要。它不同于一般企业品牌的商标设计和注册，区域品牌代表的是整个产业集群的发展理念，是对区域文化内涵的反映，需要充分考虑产业集群的行业共性，突出整个集群特征。在对品牌定位后，接下来要做好区域品牌的宣传工作。借用现有品牌的资源优势，借助国际化的交流平台，通过各种途径，采用一切方法开展区域品牌的推广宣传工作。借用市场化的运作模式，通过报纸、广播、电视、互联网等媒体进行广告或形象专题宣传，通过举办各种以工程机械为主体的项目推介会、招商洽谈会、商品交易会、产品博览会、展销会、产品节、新闻发布会、研讨会、论坛等活动来重点宣传产品产地，提高区域品牌的知名度。

2. 创新集群制度，建立良好的外部环境

新制度经济学家认为，组织实际运行的效果是检验制度是否合理的有效途径。无论国内还是国外，建立完善的法律法规制度，都非常有利于产业集群的健康发展。集群的快速发展，无一例外地得到了政府政策的支持和扶植。集群正式规制的设计，其总体目标应是：充分利用集群学习中的公共性、强经济外部性等特征，把提升集群层次作为考虑的焦点。从激励型政策、引导型政策、保护型政策和协调型政策相结合的角度来设计有关的规制政策，激励型政策包括金融政策（如优先贷款和优惠贷款，设立创新风险基金等）、财政政策（如对创新的奖励、对研究与开发的投入、拨款等）、税收政策（如减免税等）、分配政策（如从利润中提取创新基金等）、信息政策（如建立区域信息化基础结构，为创新主体及时提供准确的信息）、专利政策（如保护创新成果和知识产权的专利制度等）和其他政策（如提供创新所需的基础设施等）。对于引导性正式规制，要通过产业政策、金融政策、技术政策等方式实现。在产业政策方面，应遵循产业发展的经济规律，制定出相应的产业集群发展战略引导企业实现创新集成。对于金融政策设计，要充分利用税收和利率的经济杠杆作用（如财政贴息、所得税减免）引导企业的创新行为。对于技术政策设计，要结合产业政策，制订地区技术发展规划，建立技术创新示范工程，协助企业制定和落实技术创新战略，并通过完善技术基础设施，为企业间创新集成提供条件支持。

3. 坚持实施品牌战略，打造集群品牌营销计划

坚持发展区域品牌，不仅指发展企业的产品品牌，同时也包括产业品牌、共有品牌。建设和发展品牌的目的，都是为了提高品牌主体的知名度和美誉度，建立一定的品牌忠诚度。产业集群的发展有赖于区域品牌、产品品牌的持续竞争力，提升和树立有竞争力的品牌形象，在消费者中建立强大的顾客忠诚度，使消费者一看到某一类型的产品就联想到某个区域，该区域的形象、文化、人文情怀与该产品的品牌形象融合到一起，这是区域品牌的价值体现。区域品牌的建设和维护与企业品牌类似。一般来说，企业的品牌战略，是以营造、使用和维护品牌核心，在分析自身优势、劣势和外部环境的机会、威胁的基础上，制订营销计划，与企业的组织战略、人才战略、投资战略、产品战略、企业经营战略等并列，成为诸多战略选择中的一种。而实施区域品牌战略同样需要站在区域战略的高度上使用、维护区域品牌，和其他战略方针相融合，提升整个区域品牌的竞争力。

区域品牌为了树立良好的品牌形象，在进行品牌营销的过程中，首要考虑的就是建立顾客忠诚度。有了顾客的支持作基础，才可能由区域品牌带动产业集群的品牌的发展。同时，区域品牌代表的是整个区域产业集群的品牌形象，因此，区域品牌的营销有赖于区域企业、政府和行业协会之间的共同协作才能完成。一旦区域品牌获得较好的顾客反映，企业的品牌将会顺利打入市场，占领较高的市场份额，获得顾客忠诚，建立起强势的品牌竞争力。

三、中国机械设备企业品牌竞争力提升策略建议

（一）支持产品创新与研发是品牌发展的基础

首先，技术创新和创新出的专利技术完全是两码事。新的专利技术是对新研发的技术产权的保护，是一种知识产权保护方式，而技术创新是站在市场化的角度上，将自身的技术研发与市场现状相结合，开发出能占有市场的技术，它的目标是创造市场价值。技术创新是在全面了解客户需求的基础上，迅速开发出能满足客户功能需求的产品技术。因为顾客的需求会随着时间的变化、科技水平的进步等因素而发生动态变化的，因此在原有的需求被满足之后，新的需求又会产生，这样，对于企业来讲，最关键的是抓住发展机遇，创造开发技术的有利环境。而对于工程机械的快速发展来说，技术的竞争非常激烈，新技术的出现未必会引起该行业市场份额分配的大"洗牌"，关键还在于抓住机会，在国内乃至世界工程机械

产业中，做好自身的品牌定位，在工程机械产业中建立自己的优势地位。发展原创性技术风险太大，需要投入大量的人力、物力、财力，所研发的技术也不一定能占领市场，因此，和国内外领先企业做好交流和沟通工作，了解行业的前瞻性信息，在发现市场机会之后，引进技术和经营管理同样是一条发展的捷径。技术创新应该接受市场的检验，没有面向市场的技术创新永远不会形成品牌，没有面向国际市场的品牌永远不会形成世界知名品牌，与国际化接轨才是在市场中脱颖而出的法宝。

目前来看，与优势国家的工程机械行业特点相比，我国工程机械行业在全球竞争中最大的弱点就是自身缺乏核心技术创新能力，缺乏核心技术的连续创新，发展脚步总是落后于优势国家。我国企业必须加快技术创新的脚步，努力创造自身的核心技术，培养核心竞争力，以适应全球化竞争和技术日新月异的市场。因为我国的工业化起步比发达国家晚，我国的工程机械行业的企业技术创新在未来的5~10年内，还应该继续采取引进技术、模仿他人、自主创新与合作创新相结合的方式，但逐渐以自主创新战略为主，合作创新战略为辅，引进知识，消化吸收成企业自身的资产，最终创新出新技术的战略转折。我国的工程机械企业应尽快对企业目前的创新机制进行改革，来保障企业的技术创新速度跟得上市场的需求。同时注重人才战略的实施，有效地创新激励机制，将技术创新和股权分配、职位升降合理地结合起来。为员工制订良好的培训计划，避免目前众多企业采取的只用技术人才、忽视管理技术的现状，使得技术人才全面发展，尽快提高管理水平，同时加强融入以创新来营销的理念，深入发掘客户的需求，洞悉市场方向。近些年，工程机械行业越来越重视自主创新以及品牌建设。只有自主开发出关键的核心技术，才能打造出更多拥有自主知识产权的民族品牌，才能具有独特的价值和不可替代的优势，振兴我国工程机械业的关键是要把它们做大做强，打造更多的优势企业，提高行业整体素质。

（二）采用国际化的营销理念和营销文化建设国际品牌

要利用服务的差异化实现差异化战略品牌的定位，通过市场细分，建立目标市场，制定相应的服务策略，并将品牌的功能、特征与客户心理上的需要相联系；加大传播力度，通过导入企业识别系统（CI），在顾客心目中树立起清晰、独特、规范、良好的企业形象。营销战略应集中于创造品牌价值，要战略性而不是战术性的定位。分销战略与长期品牌规划应互相结合，并利用顾客需求导向的研发投入，有选择地进入国内和国际高端市场。

建设我国工程机械产品的世界级品牌，需要构建企业的品牌战略化目标，在全球范围内瞄准主要竞争对手，在生产经营管理上向国际同行学习，但不能完全照搬和简单模仿，要结合国情和价值观创造性地建设自己的管理模式。品牌化是工程机械企业持续发展的必由之路，未来的市场竞争是品牌的竞争，更是品牌文化之间的竞争。国家推行出口市场多元化、扩大企业外贸经营资格、保持外贸出口政策连续性等措施也给我们创造了更为宽松的出口环境。国内的工程机械企业在不断的碰撞磨合中逐渐与国际接轨，实力得到大幅度的提升，一些优势企业已经具备了进军国际市场的实力，优势企业已经开始实施国际化战略，在国际市场上谋求更多的发展。

（三）注重市场宣传与知识产权保护

随着全球化的发展趋势，中国工程机械企业也被卷入国际化的浪潮中。中国是工程机械大厂，我们拥有丰富的人力、物力，但我们绝不能满足于"世界工厂"的称号，我们需要在世界范围内做强做大中国的品牌，超越全球范围内的竞争对手，因此，企业品牌化是必经之路，想要在世界范围内发展企业，就必须将产品打造成世界级的大品牌。企业应重视品牌在国内外市场上的美誉度，关注品牌的无形价值，特别注重产品的质量、交货期、配件和服务的及时性，企业品牌的美誉度会对区域品牌甚至国家品牌造成一定的影响。例如，在出现三聚氰胺事件之后，三鹿奶粉在消费者心中毫无信任可言，迅速失去了消费者支持，品牌美誉度大打折扣，同时，也使得中国奶制品在国际市场上处于很被动的地位，品牌形象受到了很严重的影响。因此，企业应重视品牌形象的建立和维护，同时在品牌宣传方面加大投入，实施品牌营销战略，加大对产品的广告宣传力度，建立良好的品牌知名度。随着我国工程机械企业慢慢走向世界，面临的竞争对手也不再局限于国内企业，而是竞争力强、创新能力强的国际性企业，工程机械设备行业的竞争也会越来越激烈，因此，要想在竞争如此激烈的市场中站稳脚跟、随时迎接大型跨国企业的竞争，必须实施品牌营销战略。在拥有核心技术的同时，得到广大消费者的支持，建立消费者信赖的品牌，使得消费者在选购该品牌的同时，还能向身边朋友推荐该品牌。制定品牌营销战略需要机械设备企业制定战略目标，阐明企业的经营目的和社会使命，确定目标客户，决定企业主要应该关注哪些消费者的需求，根据目标客户的需求制订战略实施方案，并向消费者传达连续性的品牌信息。在国际市场竞争的环境下，企业还必须注重知识产权的保护，用法律的武器保护企业的研究创新成果，避免不必要的纠纷。现代化企业不再像传统企业一样，竞争的是企业固定资产的多少、有形资产的多少，越来越多的企业注重无形资产的培养和保护，这才是企业竞争的焦点所在。三一集团就建立了卓有成效的知识产权工作组织，并于2004年投入巨额资金在机械设备行业第一个建立了知识产权战略平台——知识产权信息港，一方面，三一集团实施专利战略，将自主知识产权的技术与产品视为企业核心竞争力的有机组成部分，目前，三一集团已经申请专利300多项，在自主知识产权方面取得了重大成果，被评为"全国专利工作先进单位"。另一方面，三一集团一直把商标这一商战利器置于企业经营战略的中心地位，构筑商标保护的防御体系。这两个方面都解释了三一集团CBI得分值位列首位的原因。所以机械设备行业必须把加强知识产权的保护当作提高科技水平、保持自身优势、参与市场竞争的重要手段。

第十八章 中国交通运输企业品牌竞争力指数报告

第一节 中国交通运输企业品牌竞争力总报告

一、2012年度中国交通运输企业总体竞争态势

研究课题组为了检验理论成果的应用效果，于2012年对中国93家自主交通运输上市企业品牌进行调研，根据各企业营业收入原始数据得出中国交通运输企业竞争力呈三足鼎立的总体竞争态势。

中国企业品牌竞争力指数（以下简称CBI）

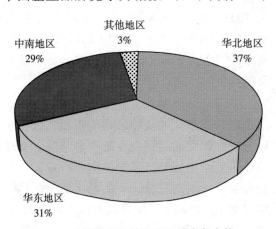

图18-1 中国交通运输行业区域竞争态势

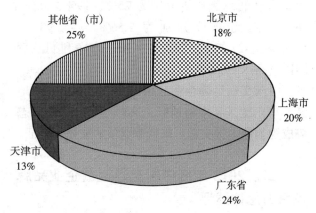

图18-2 中国交通运输行业省（市）竞争态势

中国2011年交通运输行业受调研的93家企业营业总额为8424亿元，2010年华北地区、华东地区、中南地区交通运输企业营业总额分别为2988.89亿元、2168.05亿元、2041.37亿元，2011年分别为3129亿元、2604亿元、2445亿元，占营业总额的比重分别为37.15%、30.91%、29.02%，同比增长分别为4.68%、20.11%、19.77%，三大区域占营业总额的比重高达97.08%，占据绝对的优势。2011年排在前4名的

省（市）分别为广东省、上海市、北京市、天津市，营业总额分别为2036亿元、1660亿元、1523亿元、1126亿元，2010年四省（市）的营业总额分别为1706.90亿元、1593.86亿元、1338.91亿元、1204.28亿元，同比增长分别为19.28%、4.15%、13.75%、-6.50%，2011年四大省（市）所占比重分别为24%、20%、18%、13%，占营业总额的比重高达75.33%。

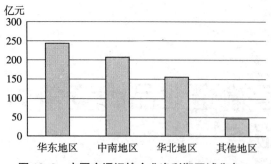

图18-3　中国交通运输企业净利润区域分布

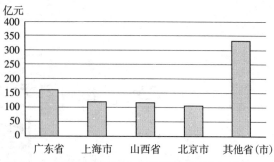

图18-4　中国交通运输企业净利润省（市）分布

中国2011年交通运输行业受调研企业净利润总额为653.63亿元，2010年华东地区、中南地区、华北地区交通运输企业净利润总额分别为326.41亿元、218.15亿元、354.69亿元，2011年分别为243亿元、207亿元、157亿元，占利润总额比重分别为37.18%、31.65%、23.91%，同比增长分别为-25.55%、-5.11%、-55.74%，三大区域占净利润总额的比重高达92.74%。排在前4名的省（市）分别为广东省、上海市、山西省、北京市，2010年净利润总额分别为158.93亿元、213.76亿元、104.11亿元、145.87亿元，2011年分别为163亿元、122亿元、117亿元、106亿元，占利润总额比重分别为25%、19%、18%、16%，同比增长分别为2.56%、-42.93%、12.38%、-27.33%，四大省（市）占净利润总额的比重高达77.80%。

中国交通运输企业分布大多数集中于华北地区、华东地区和中南地区，这种三足鼎立竞争态势成为当前中国交通运输行业竞争的最显著特征。

二、2012年度中国交通运输企业品牌竞争力总体述评

（一）宏观竞争格局：区域格局呈鼎足之势，上市企业分布相对分散

从2012年中国交通运输行业受调研的93家企业来看，主要分布于华东地区、中南地区和华北地区，所占比重分别为37%、31%、16%，华东地区较2011年占比38%、中南地区较2011年占比32%以及华北地区较2011年占比16%，变化幅度均不大。三大区域占据企业总数的85%。2012年广东省、上海市、江苏省、北京市、天津市、辽宁市、海南省七个省（市）的交通运输上市企业数量占到企业总数的65%，所占比重分别为18%、13%、9%、8%、6%、5%、5%，相比2011年所占比重64%有所上涨，但幅度不大，可以看出中国交通运输上市企业分布的集中程度一般。

从中国交通运输企业的品牌竞争力水平看来，华北地区、华东地区的CBI均值分别为68.88、66.56，高于全国均值65.37，与2011年相比变动幅度不大。中南地区虽然企业总数排名第二，但其CBI均值仅为64.18，低于全国均值，其品牌竞争力差强人意，有较大的提升空间。上海市、北京市、广东省、辽宁省四省（市）CBI得分分别为70.8、68.2、66.8、66.6，均高于行业平均值65.37，但各省（市）的CBI均值较2011年都有所下降。上海市的CBI得分最高，显示其具有较强的竞争力，北京市次之。

中国交通运输行业企业远不止93家，这93家企业是众多交通运输公司的杰出代表，从中可以分析中国交通运输企业的竞争情况。交通运输行业是关乎中国经济发展的重要行业，交通运输企业目前仍呈现三分天下的鼎足竞争之势，在一定程度上也揭示了中国区域经济发展仍旧不均衡，东北地区和西南地区交通运输行业的发展仍处于竞争劣势，这些地区需要一批具有综合竞争力的企业带动区域交通运输行业的发展。

（二）中观竞争态势：五大企业引领行业发展，中下游企业竞争激烈

根据中国交通运输企业品牌竞争力分级评级标准，对调查的93家企业进行分级评估，按照一般惯例分为五级，5A级企业7家，4A级企业8家，3A级企业13家，2A级企业29家，1A级企业36家。与2011年相比，中国远洋控股股份有限公司、上海国际港务（集团）股份有限公司

的发展速度相较 2011 年变缓，因此未列入 5A 级企业。2A 级、3A 级企业所占比重有所减少，1A 级企业比重有所增加。5A 级企业中，中国国际航空股份有限公司、中国南方航空股份有限公司、大秦铁路股份有限公司、中国东方航空股份有限公司、中国国际海运集装箱股份有限公司五家企业占交通运输企业总数的 5%，其营业收入为 3830 亿元，占 93 家企业营业总额的 45% 以上，CBI 均值为 96.91，远高于行业平均值 65.37，所以五家 5A 级企业是中国交通运输行业当之无愧的领军企业，引领中国交通运输行业的发展方向。但值得关注的是 29 家 2A 级企业及 36 家 1A 级企业，占据行业企业比重的 70%。其平均指数分别为 65.39、52.33，处于行业平均指数的中下区间范围内，基本代表了大多数交通运输企业发展的平均水平，企业之间指数分布比较均匀，可以说势均力敌、竞争激烈。

（三）微观竞争比较：整体各项指标均表现一般，领先企业各指标成绩斐然

对中国企业来说，财务表现仍然是企业对外展示基本实力的重要依据。近年来，中国经济的快速发展带来了中国国民多方面消费水平的不断提高，中国居民的出行选择多样化、便捷化，使得各交通运输企业近年来营业收入、净利润受影响程度不是很大。所调查的全国 93 家交通运输企业的品牌财务表现力得分均值为 3.0698，大秦铁路股份有限公司、中国国际航空股份有限公司、中国南方航空股份有限公司、中国东方航空股份有限公司、上海国际港务股份有限公司、中国国际海运股份有限公司、中国外运股份有限公司、海南航空股份有限公司、广深铁路股份有限公司、芜湖港储运股份有限公司位列前 10 名，与 2011 年相比变化幅度不大，其中，大秦铁路股份有限公司表现较为突出，均值得分排名由 2011 年的第 3 名跃居第 1 名，而天津港股份有限公司则被挤出前 10 名。从财务表现的二级指标看，规模因素、效率因素和增长因素指标得分均值分别为 3.1985、3.0793、2.4601，与 2011 年的 3.9216、4.3669、3.4214 相比有所降低，原因是多方面的。

综观整个经济形势来分析，主要原因是受金融危机和欧债危机的影响，另外还有国家政策调控的影响。就两年的数据比较来看，规模因素得最高，在一定程度上说明中国交通运输企业财务表现良好，对整体品牌财务表现力的影响也最大。但两年的数据都显示效率因素和增长因素还处于较低水平，2012 年的情况更不容乐观，这说明经济环境对交通运输业的影响还是比较大的。交通运输企业要想有更好的发展，必须把握整个经济形势和国家政策的变化。

随着交通运输行业的持续、快速发展，市场竞争也更加激烈。全国受调研的 93 家交通运输企业的市场竞争表现力得分均值为 3.3958，高于财务表现力指标得分均值。南方航空股份有限公司、中国国航股份有限公司、东方航空股份有限公司、中国远洋股份有限公司、中集集团股份有限公司、中国外运股份有限公司、上港集团股份有限公司、海南航空股份有限公司、大秦铁路股份有限公司、芜湖港股份有限公司位列前 10 名，这 10 家企业在市场竞争表现力方面差距并不明显。从个别企业来看，市场的竞争力在降低，例如，中国南方航空股份有限公司 2012 年的得分就比 2011 年的 4.6586 低，但是 2012 年市场占有能力得分均值 4.9771 却比 2011 年的 4.7907 有所增加，超值获利能力得分 4.0584 比 2011 年的 4.4132 要低些。从整个交通运输行业来分析，不难看出存在行业垄断现象，行业领先企业的市场占有率及市场覆盖率高，而大部分企业的市场占有率及市场覆盖率都比较低，导致整个行业此项得分均值很低。在交通运输行业，品牌对企业市场竞争力的影响有所减弱，品牌溢价率得分有所降低，仅为 3.3710，与 2011 年相比降幅很大。

如果从规模竞争、效率竞争和创新竞争三个方面分析企业竞争力的话，中国交通运输企业竞争仍处于规模因素占主导的第一阶段，虽然个别企业竞争水平已经处于效率竞争和创新竞争水平，但就中国交通运输企业总体竞争水平来说，与技术创新和品牌经营的第三阶段竞争水平相比仍有很大差距。

第二节　中国交通运输企业品牌竞争力排名报告

一、2012 年度中国交通运输企业品牌竞争力指数排名

CBI 课题组于 2011 年 7 月完成了理论研究，采用多指标综合指数法对中国企业品牌竞争力进行量化研究。初期理论成果包括 CBI 四位一体理论模型、CBI 评价指标体系、CBI 评价指标权重以及 CBI 计算模型，并且已经通过国内 10 位经济学、管理学界权威专家论证。为了检验理论成果的应用效果，课题组继 2011 年对中国自主交通运输企业品牌进行调研之后，于 2012 年底对中国自主交通运输企业品牌再一次进行调研，根据调查数据应用 CBI 计算模型得出中国交通运输企业品牌竞争力（以下简称 CBI-R）排名（见表 18-1）。

表 18-1　2012 年中国交通运输企业品牌竞争力排名

企业名称	省（市、自治区）	相对值（指数）				绝对值形式（5分制）		
		2012 年行业 CBI	排名	2011 年行业 CBI	排名	品牌竞争力得分（CBS）	品牌财务表现力	市场竞争表现力
中国国际航空股份有限公司	北京市	100	1	100	1	4.3485	4.2344	4.6146
中国南方航空股份有限公司	广东省	98.9868	2	98.7538	2	4.3139	4.1675	4.6556
大秦铁路股份有限公司	山西省	97.5523	3	89.0415	8	4.2650	4.2810	4.2278
中国东方航空股份有限公司	上海市	95.7079	4	91.9439	5	4.2021	4.0321	4.5989
中国国际海运集装箱股份有限公司	广东省	92.2943	5	88.2155	9	4.0857	3.9718	4.3517
上海国际港务（集团）股份有限公司	上海市	91.9430	6	91.9711	4	4.0738	4.0006	4.2446
中国外运股份有限公司	北京市	90.0016	7	87.0720	11	4.0076	3.8688	4.3313
海南航空股份有限公司	海南省	86.2823	8	90.5905	7	3.8807	3.7282	4.2367
芜湖港储运股份有限公司	安徽省	85.3592	9	72.0890	42	3.8493	3.7143	4.1642
广深铁路股份有限公司	广东省	84.8296	10	88.1628	10	3.8312	3.7154	4.1015
中海发展股份有限公司	上海市	82.3235	11	84.4846	15	3.7458	3.6256	4.0262
中国远洋控股股份有限公司	天津市	82.0444	12	97.2355	3	3.7362	3.4188	4.4769
宁波港股份有限公司	浙江省	81.6004	13	80.6969	20	3.7211	3.6269	3.9408
天津港股份有限公司	天津市	80.9183	14	86.5757	13	3.6978	3.5729	3.9894
江苏宁沪高速公路股份有限公司	江苏省	80.0637	15	86.9380	12	3.6687	3.6044	3.8187
中海集装箱运输股份有限公司	上海市	79.8013	16	90.7781	6	3.6598	3.5173	3.9921
中储发展股份有限公司	天津市	79.0806	17	84.9071	14	3.6352	3.4266	4.1217
北京首都国际机场股份有限公司	北京市	77.5682	18	82.0482	17	3.5836	3.4700	3.8487
山东高速公路股份有限公司	山东省	77.5094	19	80.5184	23	3.5816	3.5463	3.6640
上海国际机场股份有限公司	上海市	76.9321	20	81.9283	18	3.5619	3.4673	3.7828
大连港股份有限公司	辽宁省	74.0957	21	81.3255	19	3.4652	3.3561	3.7198
四川成渝高速公路股份有限公司	四川省	74.0276	22	80.6276	22	3.4629	3.3535	3.7181
江西赣粤高速公路股份有限公司	江西省	73.8988	23	82.8959	16	3.4585	3.3429	3.7283
山东航空股份有限公司	山东省	72.4785	24	80.6835	21	3.4101	3.2402	3.8064
深圳高速公路股份有限公司	广东省	71.6912	25	78.1733	24	3.3832	3.2772	3.6306
广州白云国际机场股份有限公司	广东省	71.0044	26	75.4157	32	3.3598	3.2746	3.5587
中远航运股份有限公司	广东省	70.7758	27	74.1010	37	3.3520	3.2240	3.6506

续表

企业名称	省（市、自治区）	相对值（指数）				绝对值形式（5分制）		
		2012年行业CBI	排名	2011年行业CBI	排名	品牌竞争力得分（CBS）	品牌财务表现力	市场竞争表现力
日照港股份有限公司	山东省	70.1687	28	77.4347	27	3.3313	3.2296	3.5687
中国长江航运集团南京油运股份有限公司	江苏省	69.3833	29	64.465	67	3.3045	3.1478	3.6701
中外运空运发展股份有限公司	北京市	69.3574	30	69.7573	48	3.3036	3.1974	3.5516
上海大众公用事业股份有限公司	上海市	69.3399	31	76.9894	28	3.3030	3.1723	3.6080
安徽皖通高速公路股份有限公司	安徽省	69.2625	32	77.5593	26	3.3004	3.1912	3.5552
招商局能源运输股份有限公司	上海市	68.7756	33	76.1019	30	3.2838	3.1857	3.5128
中铁铁龙集装箱物流股份有限公司	辽宁省	68.7305	34	76.7074	29	3.2823	3.1682	3.5485
福建发展高速公路股份有限公司	福建省	68.3858	35	71.1160	44	3.2705	3.1752	3.4929
唐山港集团股份有限公司	河北省	68.1768	36	74.8839	34	3.2634	3.1720	3.4766
深圳市机场股份有限公司	广东省	67.6832	37	74.4375	36	3.2466	3.1685	3.4288
现代投资股份有限公司	湖南省	67.5029	38	75.0805	33	3.2404	3.1412	3.4718
河南中原高速公路股份有限公司	河南省	67.4625	39	75.6748	31	3.2390	3.1199	3.5169
天津泰达股份有限公司	天津市	67.1584	40	77.9869	25	3.2287	3.0859	3.5617
上海强生控股股份有限公司	上海市	66.7076	41	61.0620	75	3.2133	3.0951	3.4891
营口港务股份有限公司	辽宁省	66.6956	42	72.5895	41	3.2129	3.1172	3.4361
重庆长安民生物流股份有限公司	重庆市	65.9393	43	74.8824	35	3.1871	3.0612	3.4807
深圳赤湾港航股份有限公司	广东省	64.9405	44	65.0396	62	3.1530	3.0676	3.3523
广东南粤物流股份有限公司	广东省	64.9069	45	65.7941	60	3.1519	2.9708	3.5745
深圳市飞马国际供应链股份有限公司	广东省	64.6627	46	71.0322	45	3.1436	2.9551	3.5834
广西五洲交通股份有限公司	广西壮族自治区	64.5475	47	67.8236	54	3.1396	3.0482	3.3531
上海锦江国际实业投资股份有限公司	上海市	63.7595	48	70.5386	47	3.1128	2.9873	3.4056
厦门港务发展股份有限公司	福建省	62.6613	49	60.1160	77	3.0753	2.9585	3.3479
锦州港股份有限公司	辽宁省	62.0006	50	71.9573	43	3.0528	2.9397	3.3167
广东省高速公路发展股份有限公司	广东省	61.8146	51	64.6491	64	3.0464	2.9326	3.3122
中国大连国际合作（集团）股份有限公司	辽宁省	61.5064	52	68.3082	52	3.0359	2.9028	3.3467
上海海博股份有限公司	上海市	61.3759	53	72.8381	40	3.0315	2.8818	3.3808
厦门国际航空港股份有限公司	福建省	61.2382	54	70.7129	46	3.0268	2.9407	3.2277
湖北楚天高速公路股份有限公司	湖北省	61.0086	55	74.0956	38	3.0190	2.8891	3.3220
江苏连云港口股份有限公司	江苏省	60.9407	56	69.1916	51	3.0167	2.9050	3.2771
天津滨海泰达物流集团股份有限公司	天津市	60.5153	57	73.0631	39	3.0021	2.8416	3.3768
重庆港九股份有限公司	重庆市	59.5456	58	68.1855	53	2.9691	2.8495	3.2481
华北高速公路股份有限公司	北京市	59.5313	59	67.6732	55	2.9686	2.8692	3.2006
宁波海运股份有限公司	浙江省	59.4028	60	69.5716	49	2.9642	2.8408	3.2522
黑龙江交通发展股份有限公司	黑龙江省	59.3853	61	66.4010	58	2.9636	2.8011	3.3429
中海（海南）海盛船务股份有限公司	海南省	59.1015	62	65.2578	61	2.9539	2.8230	3.2594
江苏澳洋顺昌股份有限公司	江苏省	58.8552	63	64.5431	66	2.9455	2.8758	3.1082
福建漳州发展股份有限公司	福建省	58.7048	64	66.2839	59	2.9404	2.8337	3.1894
浙江海越股份有限公司	浙江省	58.7043	65	66.6002	57	2.9404	2.8209	3.2192
江西长运股份有限公司	江西省	58.6921	66	64.3514	68	2.9400	2.8617	3.1227
南京中北（集团）股份有限公司	江苏省	58.2039	67	59.2331	78	2.9233	2.7987	3.2141

续表

企业名称	省（市、自治区）	相对值（指数）				绝对值形式（5分制）		
		2012年行业CBI	排名	2011年行业CBI	排名	品牌竞争力得分（CBS）	品牌财务表现力	市场竞争表现力
西藏天路股份有限公司	西藏自治区	58.0992	68	64.7027	63	2.9198	2.8440	3.0966
吉林高速公路股份有限公司	吉林省	57.2926	69	57.7998	79	2.8923	2.8346	3.0268
海南美兰国际机场股份有限公司	海南省	57.1450	70	67.0894	56	2.8872	2.7985	3.0942
东莞发展控股股份有限公司	广东省	56.9273	71	61.0802	74	2.8798	2.8697	2.9035
中信海洋直升机股份有限公司	广东省	56.8670	72	64.5718	65	2.8777	2.8045	3.0487
海南高速公路股份有限公司	海南省	56.6214	73	69.3331	50	2.8694	2.7731	3.0941
珠江船务发展有限公司	广东省	56.2384	74	57.7109	80	2.8563	2.8093	2.9661
深圳市盐田港股份有限公司	广东省	55.5407	75	52.5101	88	2.8325	2.8326	2.8323
海南海峡航运股份有限公司	海南省	55.4737	76	62.1919	70	2.8302	2.8013	2.8977
山东山大华特科技股份有限公司	山东省	54.8044	77	61.9694	72	2.8074	2.7555	2.9286
北海港股份有限公司	广西壮族自治区	54.1317	78	61.5137	73	2.7845	2.6920	3.0002
重庆路桥股份有限公司	重庆市	53.1348	79	54.6089	85	2.7505	2.6898	2.8920
上海申通地铁股份有限公司	上海市	52.9390	80	53.5889	86	2.7438	2.6898	2.8699
深圳赤湾石油基地股份有限公司	广东省	51.8677	81	61.0194	76	2.7073	2.6502	2.8405
张家港保税科技股份有限公司	江苏省	50.4659	82	63.9712	69	2.6595	2.6121	2.7700
湖南投资集团股份有限公司	湖南省	49.3025	83	57.5341	81	2.6198	2.5606	2.7580
四川富临运业集团股份有限公司	四川省	47.6587	84	55.8833	83	2.5638	2.5301	2.6424
四川海特高新技术股份有限公司	四川省	46.9009	85	55.7746	84	2.5379	2.4994	2.6277
长航凤凰股份有限公司	湖北省	46.7827	86	62.0429	71	2.5339	2.4201	2.7995
江苏新宁现代物流股份有限公司	江苏省	45.6296	87	52.5750	87	2.4946	2.4413	2.6190
珠海恒基达鑫国际化工仓储股份有限公司	广东省	44.9516	88	56.4260	82	2.4715	2.4302	2.5678
南京港股份有限公司	江苏省	43.5750	89	51.3719	89	2.4245	2.4047	2.4707
中环球船务 SINO	北京市	41.0369	90	21.5353	91	2.3380	2.2258	2.5997
中国中期	北京市	40.2266	91	33.0909	90	2.3103	2.2869	2.3652
亚通股份	上海市	40.1609	92	3.1682	92	2.3081	2.3892	2.1188
#ST 天海	天津市	20.0000	93	0.0000	93	1.6207	1.7689	1.2749
均值		65.3686				3.1676	3.0698	3.3958

说明：从理论上说，中国企业品牌竞争力指数（CBI）由中国企业品牌竞争力分值（CBS）标准化之后得出，CBS由4个一级指标品牌财务表现力、市场竞争表现力、品牌发展潜力和消费者支持力的得分值加权得出。

在实际操作过程中，课题组发现，品牌发展潜力和消费者支持力两个部分的数据收集存在一定的难度，且收集到的数据准确性有待核实，因此，本报告暂未将品牌发展潜力和消费者支持力列入计算。

品牌财务表现力主要依据各企业的财务报表数据以及企业上报数据进行计算。同时，关于市场竞争力表现方面的得分，课题组选取了部分能够通过公开数据计算得出结果的指标，按照CBI计算模型得出最终结果。

关于详细的计算方法见《中国企业品牌竞争力指数系统：理论与实践》。"—"表示该企业2011年排名在100名之外。

与2011年相比，2012年交通运输行业自主品牌排名有小幅变动。其中，中国远洋控股股份有限公司由第3名滑至第12名，中海集装箱运输股份有限公司由第6名滑至第16名。中国外运股份有限公司由第11名跃至第7名，而芜湖港储运股份有限公司有很大幅度的上升，由第42名跃至第9名，增长劲头十足，经分析是由于芜湖港储运股份有限公司于2010年进行了非公开发行股份，2011年重组后的全资子公司较好地实现了盈利预测，使得2010年和2011年的销售收入和净利润大幅度提升，企业的财务指标表现特别好。广深铁路股份有限公司、海南航空股份有限公司、中国国际航空股份有限公司、中国南方航空股份有限公司、大秦铁路股份有限公司、中国东方航空股份有限公司、中国国际海运集装箱股份有限公司、上海国际港务股份有限公司8家公司稳坐交通运输行业自主品牌前10强。在前20强的交通运输企业中，大连港股份有限公司由第19名滑至第21名，江西赣粤高速公路股份有限公司由第16名滑至第23名。而山东高速公路股份有限公司由第23名跃至第19名，发展趋势良好。

依据2012年中国交通运输企业品牌竞争力指数相关数据，计算得出中国交通运输行业CBI数值为65.3686，和2011年的CBI数值69.4503相比有所降低。CBI数值为相对值，一方面可以反映行业总体竞争水平，另一方面为行业内企业提供了一个比较标准。后续课题组根据近万家企业的CBI数据得出中国企业品牌竞争力指数值为68，那么交通运输行业企业的CBI数值为65.3686，小于整体的68，说明交通运输行业企业竞争力低于平均水平，行业发展处于偏弱状态，与2011年相比水平有所降低。同样道理，行业内部企业CBI数值低于65.3686，说明其品牌竞争力处于劣势，高于65.3686，说明其品牌竞争力处于优势；整个CBI指标体系为企业提供了一套具有诊断功能和预测功能的实用工具。

二、2012年度中国交通运输企业品牌竞争力指数评级报告

（一）中国交通运输企业品牌竞争力指数评级标准体系

课题组根据表18-1得出的交通运输企业CBI数值，绘制出总体布局图（见图18-5），从整体上看，CBI分布曲线两头陡峭、中间平缓。结合交通运输企业的行业竞争力特性对被调查的企业进行分级评估，按照一般惯例分为五级。并针对行业属性和指数数据分布情况进行了标准调整，调整后的标准如表18-2所示。

表18-2　中国交通运输企业品牌竞争力分级评级标准

评级 ＼ 标准	CBI数值标准
A A A A A	CBI≥90
A A A A	80≤CBI<90
A A A	70≤CBI<80
A A	60≤CBI<70
A	CBI<60

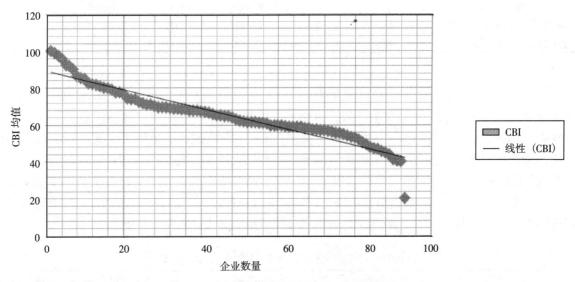

图18-5　中国交通运输行业企业CBI散点分布

（二）中国交通运输企业品牌竞争力指数评级结果

根据以上评价标准将交通运输企业划分为五个集团，具体的企业个数及分布情况如表18-3和图18-6所示，各级企业品牌得分评级情况由于篇幅原因仅列出代表性企业。

表 18-3　中国交通运输企业各分级数量表

企业评级	竞争分类	企业数量	所占比重（%）	行业 CBI 均值	行业 CBS 均值	品牌财务表现力	市场竞争表现力
5A 级企业	第一集团	7	7	95.2123	4.1852	4.0794	4.4321
4A 级企业	第二集团	8	9	82.9277	3.7664	3.6258	4.0943
3A 级企业	第三集团	13	14	74.5409	3.4804	3.3635	3.7531
2A 级企业	第四集团	29	31	65.3945	3.1685	3.0489	3.4475
1A 级企业	第五集团	36	39	52.3306	2.7231	2.6608	2.8684
全部	不分类	93	100	65.3686	3.1676	3.0698	3.3958

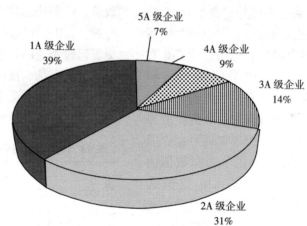

图 18-6　中国交通运输企业分级分布

表 18-4　中国交通运输行业 5A 级企业品牌代表

企业名称	评级水平	排名	CBI	CBS	品牌财务表现力	市场竞争表现力
中国国际航空股份有限公司	5A	1	100	4.3485	4.2344	4.6145
中国南方航空股份有限公司	5A	2	98.9868	4.3139	4.1675	4.6555
大秦铁路股份有限公司	5A	3	97.5523	4.2650	4.2809	4.2278
中国东方航空股份有限公司	5A	4	95.7079	4.2021	4.0320	4.5988
中国国际海运集装箱股份有限公司	5A	5	92.2943	4.0857	3.9717	4.3516

　　据表 18-2 中国交通运输企业品牌竞争力分级评级标准，5A 级交通运输企业共有 7 家，占交通运输企业总数的 8%，比重略高于 2011 年，其中，中国远洋控股股份有限公司、上海国际港务（集团）股份有限公司被挤出第一集团。表 18-4 中所列的 2 家企业：中国国际航空股份有限公司、中国南方航空股份有限公司，市场竞争力表现突出，具有消费者支持力度和顾客忠诚度，品牌发展潜力巨大。前 5 名企业的 CBI 及各项分指标得分值均远远超出其他集团企业，相较于 2011 年也有很大增长。在第一集团内部比较而言，大秦铁路的品牌财务表现力全行业第一，中国南方航空股份有限公司位列市场竞争力全行业第一，其各项指标都大大领先于其他企业。

表 18-5　中国交通运输行业 4A 级企业品牌代表

企业名称	评级水平	排名	CBI	CBS	品牌财务表现力	市场竞争表现力
海南航空股份有限公司	4A	8	86.2823	3.8807	3.7281	4.2367
芜湖港储运股份有限公司	4A	9	85.3591	3.8492	3.7142	4.1642
广深铁路股份有限公司	4A	10	84.8296	3.8312	3.7153	4.1014
中海发展股份有限公司	4A	11	82.3235	3.7457	3.6255	4.0262
中国远洋控股股份有限公司	4A	12	82.0443	3.7362	3.4187	4.4769

　　据表18-2中国交通运输企业品牌竞争力分级评级标准，4A级交通运输企业共有8家，占交通运输企业总数的9%，与2011年相比有所减少。表18-5中所列的五家企业：海南航空股份有限公司、芜湖港储运股份有限公司、广深铁路股份有限公司、中海发展股份有限公司、中国远洋控股股份有限公司，其品牌财务表现力、市场竞争力

的表现较为突出，消费者支持力、顾客忠诚度较高，品牌发展潜力较大。CBI及各项分指标得分值均高于行业平均值。在第二集团内部比较而言，海南航空股份有限公司品牌财务表现力位于本梯队企业第一，中国远洋控股股份有限公司市场竞争力第一。

表18-6　中国交通运输行业3A级企业品牌代表

企业名称	评级水平	排名	CBI	CBS	品牌财务表现力	市场竞争表现力
中海集装箱运输股份有限公司	3A	17	79.8013	3.6598	3.5173	3.9921
中储发展股份有限公司	3A	18	79.0806	3.6352	3.4266	4.1217
北京首都国际机场股份有限公司	3A	19	77.5682	3.5836	3.4700	3.8487
山东高速公路股份有限公司	3A	20	77.5094	3.5816	3.5463	3.6640
上海国际机场股份有限公司	3A	21	76.9321	3.5619	3.4673	3.7828

　　据表18-2中国交通运输企业品牌竞争力分级评级标准，3A级交通运输企业共有13家，占交通运输企业总数的14%，低于2011年所占比重26%。表18-6中所列的五家企业：中海集装箱运输股份有限公司、中储发展股份有限公司、北京首都国际机场股份有限公司、山东高速公路股份有限公司、上海国际机场股份有限公司是中国交通运输行业的中游企业，其品牌财务表现力、市

场竞争力表现一般，具有相当的消费者支持力度和顾客忠诚度，品牌发展有一定的潜力。CBI及各项分指标得分值均处于行业平均值上下。在第三集团内部比较而言，山东高速公路股份有限公司品牌财务表现力位于本梯队企业第一，中储发展股份有限公司市场竞争表现力最佳。而在2011年表现比较突出的中海集装箱运输股份有限公司的2012年CBI排名有所下滑。

表18-7　中国交通运输行业2A级企业品牌代表

企业名称	评级水平	排名	CBI	CBS	品牌财务表现力	市场竞争表现力
中国长江航运集团南京油运股份有限公司	2A	29	69.3833	3.3045	3.1478	3.6701
中外运空运发展股份有限公司	2A	30	69.3574	3.3036	3.1974	3.5516
上海大众公用事业股份有限公司	2A	31	69.3399	3.3030	3.1723	3.6080
安徽皖通高速公路股份有限公司	2A	32	69.2625	3.3004	3.1912	3.5552
招商局能源运输股份有限公司	2A	33	68.7756	3.2838	3.1857	3.5128

　　据表18-2中国交通运输企业品牌竞争力分级评级标准，2A级交通运输企业共有29家，占交通运输企业总数的31%，略低于2011年所占比重32%。表18-7中所列的五家企业：中国长江航运集团南京油运股份有限公司、中外运空运发展股份有限公司、上海大众公用事业股份有限公司、安徽皖通高速公路股份有限公司、招商局能源运

输股份有限公司，是中国交通运输行业中游企业的代表，其特征是品牌财务表现力、市场竞争力表现不强，处于平均水平之下，CBI及各项分指标得分值均略高于行业平均值，说明行业平均值低很大程度是受1A级企业的不良表现影响。在第四集团内部比较而言，品牌财务表现力与2011年相比，整体均有所下降，市场竞争力同样有待提高。

表 18-8　中国交通运输行业 1A 级企业品牌代表

企业名称	评级水平	排名	CBI	CBS	品牌财务表现力	市场竞争表现力
重庆港九股份有限公司	1A	58	59.5456	2.9691	2.8495	3.2481
华北高速公路股份有限公司	1A	59	59.5313	2.9686	2.8692	3.2006
宁波海运股份有限公司	1A	60	59.4028	2.9642	2.8408	3.2522
黑龙江交通发展股份有限公司	1A	61	59.3853	2.9636	2.8011	3.3429
中海（海南）海盛船务股份有限公司	1A	62	59.1015	2.9539	2.8230	3.2594

据表 18-2 中国交通运输企业品牌竞争力分级评级标准，1A 级交通运输企业共有 36 家，占交通运输企业总数的 39%，该比重远高于 2011 年的 18%，说明行业整体的品牌能力有所下降。表 18-8 中所列的五家企业：重庆港九股份有限公司、华北高速公路股份有限公司、宁波海运股份有限公司、黑龙江交通发展股份有限公司、中海（海南）海盛船务股份有限公司是中国交通运输行业的下游企业，其特征是 CBI、品牌财务表现力、市场竞争力等表现均远远低于行业平均水平。在第五集团内部比较而言，品牌财务表现力和市场竞争力都具有广阔的提升空间。

三、2012 年度中国交通运输企业品牌价值 30 强排名

课题组认为，品牌价值（以下简称 CBV）是客观存在的，它能够为其所有者带来特殊的收益。

品牌价值是品牌在市场竞争中的价值实现。一个品牌有无竞争力，就是要看它有没有一定的市场份额，有没有一定的超值创利能力。品牌的竞争力正是体现在品牌价值的这两个最基本的决定性因素上，品牌价值就是品牌竞争力的具体体现。通常品牌价值以绝对值（单位：亿元）的形式量化研究品牌竞争力水平，课题组在品牌价值和品牌竞争力的关系方面展开研究，针对品牌竞争力以相对值（指数：0~100）的形式量化研究品牌竞争力水平。在研究世界上关于品牌价值测量方法论的基础上，提出本研究关于品牌价值计算方法，$CBV=CBI \times A \times \sum f(x_i) + C$，其中，CBV 为企业品牌价值，CBI 为企业品牌竞争力指数，A 为分级系数，x_i 为系数决定要素，C 为行业调整系数，据此得出中国交通运输企业品牌价值 30 强（见表 18-9）。

CBV 分析：在 93 家受调研企业中，排名前

表 18-9　2012 年中国交通运输企业品牌价值 30 强

企业名称	省（市）	2012 年 CBV（亿元）	排名	2011 年 CBV（亿元）	排名	2012 年行业 CBI
中国南方航空股份有限公司	广东省	319.59	1	255.67	2	98.99
中国国际航空股份有限公司	北京市	284.33	2	268.78	1	100.00
中国东方航空股份有限公司	上海市	237.25	3	189.80	4	95.71
中国远洋控股股份有限公司	天津市	186.04	4	248.05	3	82.04
海南航空股份有限公司	海南省	165.44	5	82.72	5	86.28
芜湖港储运股份有限公司	安徽省	108.64	6	15.52	43	85.36
中国国际海运集装箱股份有限公司	广东省	88.36	7	70.39	7	92.29
上海国际港务（集团）股份有限公司	上海市	74.80	8	71.65	6	91.94
中储发展股份有限公司	天津市	62.37	9	49.93	14	79.08
北京首都国际机场股份有限公司	北京市	60.23	10	48.19	16	77.57
上海国际机场股份有限公司	上海市	59.55	11	49.56	15	76.93
江苏宁沪高速公路股份有限公司	江苏省	58.23	12	50.95	11	80.06
中国外运股份有限公司	北京市	58.16	13	53.70	9	90.00
大秦铁路股份有限公司	山西省	57.79	14	45.58	17	97.55
广深铁路股份有限公司	广东省	56.17	15	50.59	13	84.83

续表

企业名称	省（市）	2012 年 CBV（亿元）	排名	2011 年 CBV（亿元）	排名	2012 年行业 CBI
天津港股份有限公司	天津市	53.86	16	50.84	12	80.92
中国长江航运集团南京油运股份有限公司	江苏省	53.84	17	11.30	54	69.38
中海发展股份有限公司	上海市	45.77	18	51.75	10	82.32
山东航空股份有限公司	山东省	38.78	19	21.61	27	72.48
大连港股份有限公司	辽宁省	36.75	20	30.09	19	74.10
江西赣粤高速公路股份有限公司	江西省	31.25	21	29.64	20	73.90
深圳高速公路股份有限公司	广东省	31.17	22	23.54	22	71.69
宁波港股份有限公司	浙江省	31.12	23	30.33	18	81.60
四川成渝高速公路股份有限公司	四川省	30.59	24	22.76	24	74.03
山东高速公路股份有限公司	山东省	30.39	25	25.35	21	77.51
上海大众公用事业股份有限公司	上海市	27.20	26	21.68	26	69.34
广西五洲交通股份有限公司	广西壮族自治区	26.07	27	11.79	49	64.55
安徽皖通高速公路股份有限公司	安徽省	25.14	28	23.06	23	69.26
日照港股份有限公司	山东省	24.55	29	19.53	31	70.17
中铁铁龙集装箱物流股份有限公司	辽宁省	23.73	30	19.35	32	68.73
合计		2387.16		1943.70		2418.61

30 强的企业 CBV 合计为 2387.16 亿元，较 2011 年的 1943.70 亿元有很大提高。前 10 强交通运输企业 CBV 总值合计为 1587.05 亿元，占前 30 强比重为 66%。其中在前 10 强企业中，中国南方航空股份有限公司、中国国际航空股份有限公司、中国东方航空股份有限公司、中国远洋控股股份有限公司、海南航空股份有限公司稳居前 5 强。芜湖港储运股份有限公司由第 43 名升至第 6 名，北京首都国际机场股份有限公司由第 16 名升至第 10 名，发展势头良好。中国外运股份有限公司发展速度稍有落后，由第 9 名降至第 13 名。上海国际港务（集团）股份有限公司由第 6 名下降至第 8 名，中海发展股份有限公司由第 10 名滑至第 18 名。前 10 强企业主要分布于北京市、广东省、上海市等地；从前 30 强的企业来看，广东省和上海市仍旧占据大多数，是国内交通运输行业龙头企业的发源地。

第三节　2012 年度中国交通运输企业品牌竞争力区域报告

一、五大经济分区

（一）总体情况分析

根据课题组调研的数据，2012 年的整体数值略低于 2011 年。中国交通运输企业仍旧主要分布于华东地区、中南地区和华北地区，占企业总数的比重分别为 38%、31%、16%，与 2011 年相比有所变化，但集中度仍然较高。华北地区和华东地区的 CBI 均值分别为 68.88、66.56，远高于全国均值 65.37，西南地区 CBI 均值最低，仅为 57.90，低于 2011 年最低值。中南地区虽然企业总数位列行业第二，但其 CBI 均值为 64.18，低于全国均值，其品牌竞争力差强人意，还有很大的提升空间。华北地区仍旧延续 2011 年的优势，其财务表现力和市场竞争力的得分均值都位列第一，华东地区同样在市场竞争力上表现较为突出。

表 18-10　中国交通运输企业五大经济区域竞争状况

区域	2012年企业数量	所占比重（%）	行业 CBI 均值		CBS 均值		品牌财务表现力均值		市场竞争表现力均值	
			2012 年	2011 年	2012 年	2011 年	2012 年	2011 年	2012 年	2011 年
华北地区	15	16	68.8779	70.5392	3.2873	2.7897	3.1813	4.0224	3.5345	3.8924
东北地区	7	7	64.2438	70.7270	3.1293	2.7933	3.0171	4.0377	3.3911	3.8722
华东地区	35	38	66.5644	69.9486	3.2084	2.7785	3.1118	4.0379	3.4339	3.7977
中南地区	29	31	64.1843	69.0594	3.1272	2.7616	3.0316	4.0332	3.3504	3.7247
西南地区	7	8	57.9009	64.9521	2.9130	2.6835	2.8325	3.9730	3.1008	3.4850
总体情况	93	100	65.3686	69.4503	3.1676	2.7690	3.0698	4.0292	3.3958	3.7720

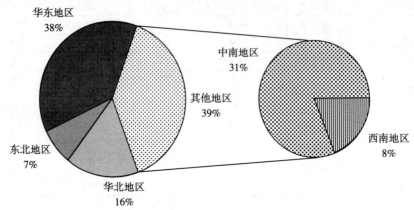

图 18-7　交通运输企业区域分布

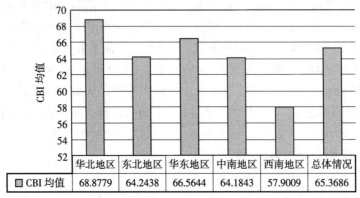

	华北地区	东北地区	华东地区	中南地区	西南地区	总体情况
CBI 均值	68.8779	64.2438	66.5644	64.1843	57.9009	65.3686

图 18-8　交通运输企业五大经济区域 CBI 均值对比

（二）分项情况分析

在各分项竞争力指标对比方面，品牌市场表现力指标均值虽然得分最高为 3.3958，但与 2011 年相比仍然有所降低。财务竞争力指标均值得分最低，西南地区低于 3.0，整体财务竞争力表现不佳。整体趋势上仍旧延续 2011 年的发展趋势，华北地区在财务表现力分项指标和市场竞争表现力的得分均值均位列第一。华东地区拥有较多的企业，同时各项指标表现良好，处于中上游水平。西南地区各项指标排名垫底，其品牌竞争力堪忧。整个交通运输行业品牌竞争力的区域发展水平差距仍旧明显，与 2011 年相比并无明显改善。

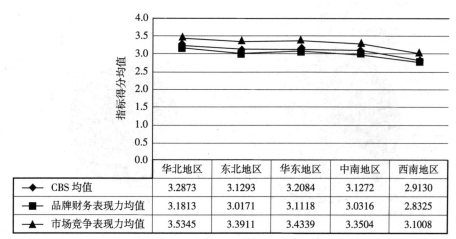

	华北地区	东北地区	华东地区	中南地区	西南地区
CBS 均值	3.2873	3.1293	3.2084	3.1272	2.9130
品牌财务表现力均值	3.1813	3.0171	3.1118	3.0316	2.8325
市场竞争表现力均值	3.5345	3.3911	3.4339	3.3504	3.1008

图 18-9 中国交通运输企业一级指标分区域对比

二、七大省（市）分析

（一）总体情况分析

表 18-11 中国交通运输企业七大主要省（市）竞争状况

省（市）	2012年企业数量	所占比重（%）	行业 CBI 均值		CBS 均值		品牌财务表现力均值		市场竞争表现力均值	
			2012年	2011年	2012年	2011年	2012年	2011年	2012年	2011年
广东省	17	18	66.8225	70.5680	3.2172	2.7902	3.1248	4.0915	3.4329	3.7224
上海市	12	13	70.8139	71.0202	3.3533	2.7988	3.2537	4.0084	3.5858	3.9732
江苏省	8	9	58.3897	64.0361	2.9297	2.6661	2.8487	3.9265	3.1185	3.5141
北京市	7	8	68.2460	66.9034	3.2657	2.7206	3.1646	3.8459	3.5017	3.9882
天津市	6	6	64.9528	70.9731	3.1535	2.7979	3.0191	4.0745	3.4669	3.8034
辽宁省	5	5	66.6058	74.1776	3.2098	2.8589	3.0968	4.1302	3.4736	3.9689
海南省	5	5	62.9248	70.8925	3.0843	2.7964	2.9848	4.0755	3.3164	3.7933
其他省（市）	33	36	63.9795	68.9134	3.1203	2.7588	3.0262	4.0382	3.3397	3.6985
总体情况	93	100	65.3686	69.4503	3.1676	2.7690	3.0698	4.0292	3.3958	3.7720

表 18-11 中七个省（市）的交通运输企业数量占企业总数的 64%，广东省、上海市、江苏省、北京市、天津市、辽宁省、海南省七省（市）的比重分别为 18%、13%、9%、8%、6%、5%、5%（见图 18-10），与 2011 年相比并无明显差别，可以得出中国交通运输业上市企业分布较分散。上海市、北京市、广东省、辽宁省四省（市）CBI 得分分别为 70.81、68.25、66.82、66.61（见图 18-11），都高于行业平均值 65.37。上海市 CBI 得分最高，在众省（市）交通运输行业中仍旧显示出自身强劲的优势和发展潜力。江苏省交通运输企业数量与 2011 年相比基本没变，但其 CBI 得分仅为 58.39，在七个省（市）中最低，且低于平均

值，显示其品牌竞争力改善趋势不明显，还有待提升。

（二）分项情况分析

在各分项竞争力指标对比方面，与 2011 年财务表现力和市场竞争力差距不大的情形相比，品牌市场竞争力指标均值得分最高，财务表现力指标均值得分最低，说明中国交通运输企业市场表现较好，但财务规模方面有待提升。广东省、海南省两个省的品牌财务表现力指标均值均低于 3 分，且低于 2011 年，说明财务表现力有逐渐减弱的趋势，竞争能力也逐渐减弱。市场竞争力的表现相对而言要比财务表现力好，除海南省以外的六省（市）均在 3 分以上，但与 2011 年相比，分

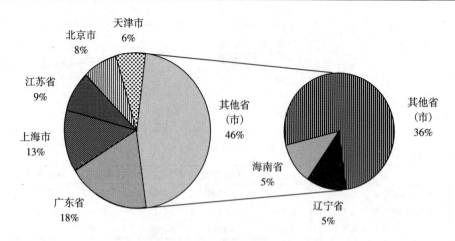

图 18-10　交通运输企业省（市）分布

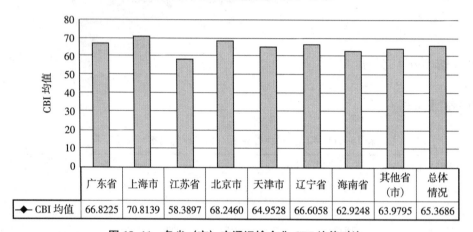

	广东省	上海市	江苏省	北京市	天津市	辽宁省	海南省	其他省（市）	总体情况
CBI 均值	66.8225	70.8139	58.3897	68.2460	64.9528	66.6058	62.9248	63.9795	65.3686

图 18-11　各省（市）交通运输企业 CBI 均值对比

值有小幅度下降，如果说 3 分是及格线的话，中国交通运输企业市场竞争力的表现整体是及格的，

各省（市）之间的差距仍存在。

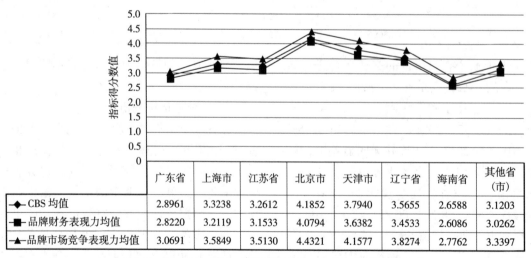

	广东省	上海市	江苏省	北京市	天津市	辽宁省	海南省	其他省（市）
CBS 均值	2.8961	3.3238	3.2612	4.1852	3.7940	3.5655	2.6588	3.1203
品牌财务表现力均值	2.8220	3.2119	3.1533	4.0794	3.6382	3.4533	2.6086	3.0262
品牌市场竞争表现力均值	3.0691	3.5849	3.5130	4.4321	4.1577	3.8274	2.7762	3.3397

图 18-12　各省（市）交通运输企业一级指标得分均值对比

第四节 2012 年度中国交通运输企业品牌竞争力分项报告

一、品牌财务表现力

目前国内企业经营者对于现代化管理手段的理解与实践，多半仍停留在以财务数据为主导的思维里。虽然财务数据无法帮助经营者充分掌握企业发展方向的现实，但在企业的实际运营过程中，财务表现仍然是企业对外展示基本实力的重要依据。品牌财务表现层面的分析将财务指标分为规模因素、增长因素和效率因素 3 个二级指标。规模因素主要从销售收入、所有者权益和净利润 3 个三级指标衡量；效率因素主要从净资产利润率、总资产贡献率 2 个三级指标衡量；增长因素主要从近三年销售收入增长率、近三年净利润增长率 2 个三级指标衡量。

近年来中国经济的快速发展，带来了中国国民多方面消费水平的不断提高，中国居民的出行选择多样化、便捷化，使得各交通运输企业近年来营业收入、净利润都保持了良好的增长态势。但全国受调研的 93 家交通运输企业在品牌财务表现力方面与 2011 年相比得分均值有所下降，为

3.0698，大秦铁路、中国国际航空、中国南方航空、中国东方航空、上海国际港务、中国国际海运、中国外运、海南航空、广深铁路、芜湖港储运股份有限公司位列前 10 名，与 2011 年相比变化幅度不大，而且这 10 家企业在品牌财务表现力方面差距很小。其中，大秦铁路表现较为突出，均值得分排名由 2011 年的第 3 名跃居第 1 名，中国外运股份有限公司和芜湖港储运股份有限公司是新进入前 10 名的企业，而中国远洋控股股份有限公司和天津港股份有限公司被挤出了前 10 名。

从 3 个二级指标看，其均值分别为：规模因素 3.1985，效率因素 3.0793，增长因素 2.4601，与 2011 年的单项得分均值 3.9216、4.3669、3.4214 相比均有所下降。其中规模因素得分最高，其对整体品牌财务表现力的影响也最大。规模因素中以净利润得分最高，为 4.0004，但仍低于 2011 年净利润均值。销售收入与所有者权益得分均值分别为 2.9152、2.9494，与 2011 年相比也有小幅度下降。在所有三级指标中，近三年平均营业收入增长率得分最低，仅为 1.2143。

表 18-12 品牌财务表现力指数——行业前 10 名

企业名称	省（市）	CBI 指数	品牌财务表现力
大秦铁路股份有限公司	山西省	97.5523	4.2810
中国国际航空股份有限公司	北京市	100	4.2344
中国南方航空股份有限公司	广东省	98.9868	4.1675
中国东方航空股份有限公司	上海市	95.7079	4.0321
上海国际港务（集团）股份有限公司	上海市	91.9430	4.0006
中国国际海运集装箱股份有限公司	广东省	92.2943	3.9718
中国外运股份有限公司	北京市	90.0016	3.8688
海南航空股份有限公司	海南省	86.2823	3.7282
广深铁路股份有限公司	广东省	84.8296	3.7154
芜湖港储运股份有限公司	安徽省	85.3592	3.7143

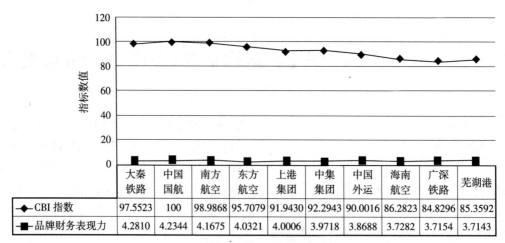

图 18-13　品牌财务表现力前 10 名企业

表 18-13　品牌财务表现力各分项指标得分均值

一级指标	2012 年	2011 年	二级指标	2012 年	2011 年	三级指标	2012 年	2011 年
品牌财务表现力	3.0698	4.0292	规模因素	3.1985	3.9216	销售收入	2.9152	2.8543
						所有者权益	2.9494	4.6894
						净利润	4.0004	4.5542
			效率因素	3.0793	4.3669	净资产报酬率	3.9631	4.4461
						总资产贡献率	1.7536	4.3141
			增长因素	2.4601	3.4214	近三年销售收入增长率	1.2143	3.3619
						近三年净利润增长率	3.7059	3.4915

二、市场竞争表现力

随着交通运输行业的持续、快速发展，市场竞争也更加激烈。企业只有具备更强的市场竞争能力，才能在目前的行业环境中生存下去。市场竞争表现层面的分析将指标分为市场占有能力和超值获利能力 2 个二级指标。市场占有能力主要从市场占有率、市场覆盖率 2 个三级指标衡量；超值获利能力主要从品牌溢价率、品牌销售利润率 2 个三级指标衡量。

由于近几年中国经济的快速发展，带来了国民物质消费水平的不断提高，使得各交通运输企业近年来营业收入、净利润都保持了良好的增长态势。全国受调研的 93 家交通运输企业的市场竞争表现力得分均值为 3.3958，高于财务表现力指标得分均值，与 2011 年相比有所下降。南方航

空、中国国航、东方航空、中国远洋、中集集团、中国外运、上港集团、海南航空、大秦铁路、芜湖港位列前 10 名，这 10 家企业在市场竞争力方面都表现较好，差距不大，得分均在 4 分以上。其中，海南航空、大秦铁路、芜湖港强势跃入前 10 名，表现良好。广深铁路、中海发展、江苏宁沪高速公路股份有限公司 3 家企业则被挤出了前 10 名。

二级指标中，市场占有能力得分均值为 3.2908，略低于 2011 年，超值获利能力得分为 3.5907，与 2011 年相比也有小幅度的下降。整个交通运输行业的垄断比较严重，因而行业前 10 名企业的市场覆盖率较高，大部分企业的市场占有率比较低，导致行业此项得分均值很低。在交通运输行业内，品牌对企业市场竞争力的影响有所减弱，品牌溢价率得分有所降低，为 3.3710，与 2011 年相比降幅较大。

表 18-14　市场竞争表现力指数——行业前 10 名

企业名称	省（市）	2012 年行业 CBI	市场竞争表现力
中国南方航空股份有限公司	广东省	98.9868	4.6556
中国国际航空股份有限公司	北京市	100	4.6146
中国东方航空股份有限公司	上海市	95.7079	4.5989
中国远洋控股股份有限公司	天津市	82.0444	4.4769
中国国际海运集装箱股份有限公司	广东省	92.2943	4.3517
中国外运股份有限公司	北京市	90.0016	4.3313
上海国际港务（集团）股份有限公司	上海市	91.9430	4.2446
海南航空股份有限公司	海南省	86.2823	4.2367
大秦铁路股份有限公司	山西省	97.5523	4.2278
芜湖港储运股份有限公司	安徽省	85.3592	4.1642

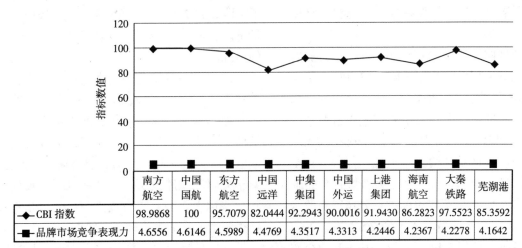

	南方航空	中国国航	东方航空	中国远洋	中集集团	中国外运	上港集团	海南航空	大秦铁路	芜湖港
◆CBI 指数	98.9868	100	95.7079	82.0444	92.2943	90.0016	91.9430	86.2823	97.5523	85.3592
■品牌市场竞争表现力	4.6556	4.6146	4.5989	4.4769	4.3517	4.3313	4.2446	4.2367	4.2278	4.1642

图 18-14　市场竞争表现力前 10 名企业

表 18-15　市场竞争表现力各分项指标得分均值

一级指标	2012 年	2011 年	二级指标	2012 年	2011 年	三级指标	2012 年	2011 年
市场竞争表现力	3.3958	3.7720	市场占有能力	3.2908	3.5118	市场占有率	2.9152	3.5541
						市场覆盖率	4.1672	3.4132
			超值获利能力	3.5907	4.2553	品牌溢价率	3.3710	4.4428
						品牌销售利润率	3.9988	3.9072

第五节　中国交通运输企业品牌竞争力提升策略专题研究

一、中国交通运输行业宏观经济与政策分析

（一）交通运输市场运行情况

2012 年，由于国内经济下滑，货运需求放缓，燃油成本增加，交通运输行业上市公司整体盈利减少。根据行业报告分析，2012 年对于航空业来说是经营形势相对严峻的一年，客运供需略平衡，客座率和票价维持较高位。一方面，宏观经济增速的放缓使得航空业务增长相对平缓，全年旅客运输量和周转量增速分别为 9.2%、11.2%，与 2011 年相比略有下滑；另一方面，金融危机后航空公司的飞机订单开始陆续交付，运力增速开

始加快，客座率由此下滑 0.5%~81.3%。在其他重要因素中，虽然油价相对平稳，但是人民币升值幅度与 2010 年相比大幅放缓，导致下滑的大部分航空业利润是汇兑损益的减少。此外，前 50 大机场 2012 年旅客吞吐量和起降架次分别同比增长 8.69%、8.66%，也是宏观经济增速放缓影响了增长率，与 2011 年相比略有下降。整体来看，机场货物吞吐量的增速在经历 2010 年的快速下滑后，近两年在低位运行。2012 年除了上海机场持续负增长外，其他 3 家机场的货物吞吐量基本能够保持小幅增长。相对而言，4 家机场的旅客吞吐量和飞机起降架次全年均能保持增长的态势，且增速较以往趋于集中。

2012 年铁路里程增加 0.48 万公里。1 月旅客周转量为 1110.98 亿人公里，增长 13.60%，货运周转 2571.46 亿吨公里，增长 4.60%。随着京广高铁和哈大高铁贯通，南北长距离货运通道将被打通，预计新贯通路段运力约增长 150%、90%。2012 年公路行业政策风险集中显现，部分公司受收费标准下滑影响，全行业受重大节假日免费通行政策影响。2012 年第四季度重点公司路费收入下滑 5% 以上，全年路费收入下滑 2% 左右。2011 年新增公路通车里程 7.14 万公里，其中高速公路 1.10 万公里，新改建农村公路 19 万公里。2012 年公路旅客周转量 18468.44 亿人公里，同比增长 10.2%。货物周转量 59992.01 亿吨公里，同比增长 14.2%。

2012 年全国总体货物运输量及运输周转量呈现增长放慢的趋势。航空货运与全球经济贸易环境密切相关。截至 2012 年 10 月，除了 2 月由于春节因素货物周转量同比增长外，自 2011 年 8 月以来已经连续 14 个单月为负增长。前 10 个月，民航货运量累计同比下降 3.1%，降幅较上年同期扩大 1.6 个百分点；货物周转量累计同比下降 8.3%，降幅较 2011 年同期扩大 5.6 个百分点。全球经济并没有企稳回暖的迹象，相反，经济合作与发展组织（OECD）于 2012 年 11 月警告称不能排除陷入新一轮衰退的可能，并下调了对 2013 年经济增长的预期。目前看来货运需求何时复苏尚不明朗。但我国上市航空公司的客运收入均占九成以上，因此客运是航空公司收入的主要影响变量。而铁路行业 2012 年面临两个确定性与一个不

确定性：两个确定性分别是人工成本增长 15% 和国铁普货运价平均上调 13%；一个不确定性是来自于运量。第三季度受宏观经济偏弱影响，铁路运量明显下滑，全国铁路货运量下滑 6%，大秦线下滑 10%。进入第四季度后，在煤炭需求好转、港口去库存结束以及铁道部年底冲刺的带动下，11 月、12 月货运同比增速恢复正增长，12 月大秦线运量同比增长 2.75%，运量回升带动铁路业绩下滑幅度大幅减小。下半年铁路货运量同比持续下滑，铁路煤炭运输长期以来一直作为铁路货运品种中最稳定的大宗货运，其运量同比也出现了下降，自 2008 年金融危机导致一段时间煤炭运量下降，近 14 年来第一次出现煤炭运量同比下降的情况。

2012 年，交通运输行业的固定资产投资增速呈现逐步回升的态势，其中，铁路、公路、航空和仓储均保持了这一趋势，而水运则相反。从区域增长来看，目前东部、西部地区投资增速均为正值，中部地区相对落后，但是增速仍然在回升。鉴于公路和铁路投资占交通运输行业投资比重达到 75% 以上，公路投资增速下半年逐步提高，铁路投资增速在 8 月份转正，第四季度进一步提速。

全年货物运输总量为 412 亿吨，比 2011 年增长 11.5%。货物运输周转量为 173145 亿吨公里，增长 8.7%。全年规模以上港口完成货物吞吐量 97.4 亿吨，比 2011 年增长 6.8%，其中外贸货物吞吐量 30.1 亿吨，增长 8.8%。规模以上港口集装箱吞吐量 17651 万标准箱，增长 8.1%。全年旅客运输总量 379 亿人次，比 2011 年增长 7.6%。旅客运输周转量为 33369 亿人公里，增长 7.7%。

（二）交通运输行业政策分析

交通运输是经济发展的基本需要和先决条件，是现代社会的生存基础和文明标志，是社会经济的基础设施和重要纽带，是现代工业的先驱和国民经济的先行部门，是资源配置和宏观调控的重要工具，是国土开发、城市和经济布局形成的重要因素，对促进社会分工、大工业发展和规模经济的形成，巩固国家的政治统一和加强国防建设，扩大国际经贸合作和人员往来发挥着重要作用。总之，交通运输具有重要的经济、社会、政治和国防意义，同时交通运输行业也是受政策影响很大的一个行业。

2012年国务院正式印发《"十二五"综合交通运输体系规划》。《规划》指出，"十二五"时期是我国交通基础设施网络完善的关键时期，是构建综合交通运输体系的重要时期，也是深化交通运输体制改革的攻坚时期。《规划》对铁路、公路、水路、民航、管道、城市轨道交通等行业发展规划做了具体阐述。增长指标适度放缓，调结构、重衔接、促改革。"十一五"时期，我国交通运输发展取得了重大成就，完成固定资产投资7.97万亿元，比"十五"时期增长了171%，运输能力紧张状况得到总体缓解，为服务经济社会发展发挥了重要作用。"十二五"期间将着重解决结构问题和运输衔接问题，发展的重心也逐渐转向结构调整。考虑到国内外经济形势以及中国经济转型的大趋势，"十二五"期间的发展指标较"十一五"适度放缓，初步形成以"五纵五横"为主骨架的综合交通运输网络，总里程达490万公里。加快结构调整：煤炭运输维持西煤东运、北煤南运格局，石油、铁矿石等大宗货物运输需求稳步增长，小批量、高价值、多频次货物运输需求快速增长。旅客运输需求将呈现多样化、多层次特征，对运输的安全性、便捷性、舒适性、时效性提出了更高的要求。综合交通运输体系必须适度超前建设，提高客货运输能力，促进各种运输方式的有效衔接，推进一体化运输服务。深化体制改革：推进铁路体制改革，实现政企分开、政资分开，理顺资产管理关系，完善行业管理体制，构建现代企业制度，塑造真正的市场主体。推进公路管理体制改革，明晰事权、分清职责，逐步理顺各级政府在公路建设、运营和养护管理中的关系。改革空域管理体制，建立和完善空域动态管理、灵活使用机制，推进低空空域开放。推进交通运输行业国有企业改革。加强法制建设：研究修订铁路法、公路法、收费公路管理条例、铁路运输安全保护条例、海上交通安全法、水路运输管理条例、通用航空飞行管制条例等法律法规。推动科技创新：加大资金投入力度，支持交通运输关键技术、核心装备的研发应用和重大问题的研究。鼓励交通运输企业作为创新主体，通过系统创新、集成创新，推动新技术的转化应用，促进产、学、研一体化发展。

铁道部的债务沉重，财务状况堪忧。铁道部大规模的建设资金主要依赖银行的贷款，还本付息的高峰已至，后续的还贷压力很大。目前铁道部存在千亿元的资金缺口。在沉重的债务压力下，铁路发展已经面临"瓶颈"，体制改革势在必行。"十八大"后，2013年针对铁路体制改革，有望出台明确的方案，铁路改革有望破冰。改革启动，铁路系统政企分开、多元化经营以及资产注入等铁路改革内容将逐步推进。全国铁路的运能会逐步释放，客货运路网趋于优化，行业整体的运营效率会得到提升。

根据全国交通运输工作会议精神，交通运输部表示今后的形势和任务有以下几个：一是交通运输需求持续旺盛的长期趋势和基本面不会发生大的改变，安全可靠、经济高效、便捷舒适的价值取向逐渐增强。二是交通运输供给能力总量不足、结构不优、效率不高、实力不强，与经济社会发展和人民群众不断增长的交通运输需求之间的矛盾仍然是发展的主要矛盾。三是着力推进绿色发展、循环发展、低碳发展，既是发展现代交通运输业的必由之路，也是交通运输产业转型升级的迫切需要。四是交通运输一方面要适度超前、加快建设，另一方面要主动转型、加快转型。五是深化改革、务实创新，解决交通运输发展不平衡、不协调、不可持续问题还需付出艰苦努力。推进综合运输体系建设和现代物流业发展等，是亟须破解的重大课题。同时重点部署了明年公路、水路方面的八项工作。一是促进交通基础设施建设又好又快发展。二是提升运输服务保障水平。三是加强改革创新和行业管理。四是保障交通运输安全发展。五是推进科技进步和信息化建设。六是建设资源节约型、环境友好型行业。七是推动对外开放和国际合作。八是加强行业文明建设和廉政建设。

二、中国交通运输行业品牌竞争力提升策略建议

（一）把握国家宏观政策，加强行业服务水平，促进交通运输产业健康建设

我国交通运输基础设施建设和运输能力发展迅速。改革开放以来，国家加大了对交通运输基础设施的投入，交通运输基础设施和运输能力的

发展非常迅速。随着交通运输业的快速发展，运输市场逐步建立，运输体系的矛盾日益突出。但总体发展水平还不高，特别是运输专业化程度和运输效率不高，没有形成有机的综合运输网络。公路运输多是个人、小企业、小型车、混装型运输模型，大型化、专业化和规模化运输较少。从总体发展水平上看，我国运输服务业还是处于发展的初期阶段，专业化、网络化、信息化、标准化与国际上运输企业的运作方式还有一定差距。行政管理上，物流的法规和有关技术标准、服务标准尚未建立；地方保护形成的区域性割据，以及乱收费等，也是制约运输服务企业发展的因素；社会公共物流服务系统未形成，反过来，也是致使许多国内企业继续搞大而全、小而全生产模式的重要原因。中国运输企业面临的竞争对手是有实力有经验的外国公司。加入 WTO，我国的公路客货运市场将大大加快开放步伐。运输市场全面开放后，很快形成了国有、集体、个体、私营和中外合资"五马争先"的运输市场新格局。交通运输企业要在激烈的国内外竞争中经受住严峻的考验，需要加强品牌建设。

（二）注重品牌战略提升，实现由规模因素竞争向质量竞争的转变

由上述数据统计结果可知，中国交通运输行业的 CBI 值为 65.37，按照 CBI 的相对值意义解读，中国交通运输行业企业品牌整体竞争水平相对较好，然而距离满分的指数值还有很长一段路要走。那么目前中国交通运输行业竞争水平处于什么阶段呢？如果从规模竞争、效率竞争和创新竞争三个阶段分析企业竞争的话，2 个分项指标的得分可以给我们答案。财务指标相对得分 3.0以上，而市场竞争指标在 3.3 以上，由此可知，中国交通运输企业竞争仍处于规模因素主导的第一阶段，虽然个别企业竞争水平已经处于质量竞争和创新竞争水平，但就中国交通运输企业总体竞争水平而言，与技术创新和品牌经营的质量竞争和创新竞争阶段仍有很大距离。然而，品牌化经营是提升市场经营效率的重要途径和唯一捷径。因此，中国交通运输企业必须以产品为基础，配套优质的服务和品牌承诺，注重品牌化建设，实现由财务规模主导的竞争思维向提升市场综合竞争力的竞争思维转变。

（三）开拓新市场，实现由三足鼎立向整体实力提升的转变

本次调研的中国交通运输企业总计 93 家，华东地区、中南地区和华北三大区域占据企业总数的 85%，代表的 7 个省（市）广东省、上海市、江苏省、北京市、天津市、辽宁省、海南省的企业数量占到企业总数的 64%。中国交通运输企业呈鼎足之势。本次评出的 7 家 5A 级企业：中国国际航空股份有限公司、中国南方航空股份有限公司、大秦铁路股份有限公司、中国东方航空股份有限公司、中国国际海运集装箱股份有限公司、上海国际港务（集团）股份有限公司、中国外运股份有限公司，占交通运输企业总数的 8%，但 7家企业的营业收入占 93 家营业总额的 53.24%以上，7 家企业的 CBI 均值为 95.21，远高于行业平均指数值 65.37，所以 5A 级的 7 家企业是中国交通运输行业当之无愧的领军企业，引领中国交通运输行业的发展方向。

中国交通运输企业竞争处于近乎寡头垄断的境地，21 世纪中国需要一大批优秀的交通运输企业支撑其进程。因此，国家应加大西南地区和东北地区的交通运输行业发展，发展区域经济开拓新市场，加大中游交通运输企业的政策扶持力度并予以品牌化建设的指导。

三、中国交通运输企业品牌竞争力提升策略建议

在经济全球化的大背景下，品牌的重要性已经毋庸置疑。众多事实告诉我们，市场竞争首先是品牌的竞争，拥有了品牌，企业才能把握市场竞争中的主动权。实施品牌战略是提高企业的创新能力、实现高速成长的重要举措。因此，探求品牌战略与企业成长的关系，思索实施品牌战略的一般途径和具体策略，已经成为许多企业的重要问题。

虽然今天品牌建设的重要性在市场经济中已为广大企业所重视，但相对来说，众多道路运输企业在品牌建设的实质性举措上却没有大步跟上。当前道路运输企业品牌建设存在如下几个主要问题：首先，有相当部分运输管理的决策者是从基层驾驶员和车队长发展起来的，本身接受系统教

育的程度相对较低，思想上满足于小富即安，对企业长远考虑不多，导致创新动力不足，缺乏把企业做大做强做出品牌的决心。其次，企业本身的品牌意识不强，老化严重，宣传手段单一，相对缺少现代服务理念和服务意识。不管是客运、公交，还是货物、物流企业，大部分都刚由传统运输转型成现代股份制企业，对品牌建设的重要性还认识不足，或者是虽然认识到品牌建设的重要性，但缺乏正确定位。另外，从全国看，道路运输行业专门的品牌管理机构还很少，缺乏专业的品牌策划人才，品牌理论体系尚未构建，这一切都导致品牌建设受阻。

近年来，我国许多运输企业开始创建自己的品牌，本书根据交通运输企业现状，结合国家宏观经济调控总体规划，就品牌战略问题提出以下几点建议：

（一）采取同行联盟战略

目前，国内外很多运输企业采取同行联盟竞合战略，通过相互依借彼此的运输网络、服务、工具以及企业品牌来扩大自己企业的影响力，提高服务水平。运输企业可以利用对方的优势领域、优势网络和优势资源，采用联盟竞合战略能够帮助企业节约资源、提高效率、扩大企业的知名度，有助于创建优秀的企业品牌，提高核心竞争力，从而促进运输资源的优化配置。

（二）采取专业品牌战略

目前我国大部分运输企业的经营范围比较大，然而同时存在生产能力小、效率低的问题，如一些运输企业既做旅客运输又做货物运输，既做长途运输又做短途运输，既做水运又做陆运，这并不利于企业的长期发展和保持竞争优势。因此运输企业可以通过发展专业品牌战略改变这种状况，主要做自己优势的方面，而将相对劣势的业务外包出去，这样可以在行业内部形成自己的优势品牌。进而可以通过同行联盟战略加强企业之间的合作，实现企业的共赢。

（三）注重品牌承诺，维护客户关系管理、预防品牌危机管理

经营规模较大的企业由于已经拥有了很知名的品牌商标，因此应该将企业发展重心放在维护品牌、注重品牌承诺方面，尤其是交通运输行业受气候、地域、政策等因素影响很大，因而品牌承诺的维护以及客户关系的维持成为重中之重。一方面要加强关系客户管理。在当今的经济领域，企业要发展和获得最大收益，就必须学会了解客户的需求，并且积极与客户进行交流，对客户的需求及时做出反应。客户作为企业的重要资产，企业应该不断地采取多种方式对企业的客户给予关怀，以提高客户对本企业的满意程度和忠诚度。尤其是交通运输行业的供应链系统内部的客户较为固定，因此进行日常的客户关系维护对于品牌价值的维护十分重要。另一方面对于品牌危机管理方面要做好预防，因为品牌所在的市场和环境都是动荡不定的，充满着诸如经济动荡、潜在威胁、消费者偏好改变等诸多问题，因此在品牌的创立、维护和发展阶段都可能出现品牌危机。如果处理得当，品牌危机得以消除、品牌得以继续生存。如果处理不当，品牌危机对于企业来说无疑是一场灾难，不仅会使企业遭受重大的财物资源损失，更严重的是危及整个品牌乃至整个企业的生死存亡。

随着交通运输企业竞争越来越激烈，很多企业逐渐把品牌的市场占有率作为企业经营的目标。因为在交通运输市场，品牌代表了服务质量和安全性，而这些都关乎人的生命安全，顾客比较看重这方面的条件，这就足以证明在交通运输企业中品牌的重要性。

图书在版编目（CIP）数据

中国企业品牌竞争力指数报告（2012~2013）/张世贤等主编. —北京：经济管理出版社，2014.5
ISBN 978-7-5096-3058-7

Ⅰ.①中…　Ⅱ.①张…　Ⅲ.①企业管理—品牌战略—研究报告—中国—2012~2013　Ⅳ.①F279.23

中国版本图书馆 CIP 数据核字（2014）第 075494 号

组稿编辑：张　艳
责任编辑：张　艳　丁慧敏
责任印制：黄章平
责任校对：陈　颖

出版发行：经济管理出版社
　　　　　（北京市海淀区北蜂窝 8 号中雅大厦 A 座 11 层　100038）
网　　址：www. E-mp. com. cn
电　　话：(010) 51915602
印　　刷：三河市延风印装厂
经　　销：新华书店
开　　本：880mm×1230mm/16
印　　张：24
字　　数：678 千字
版　　次：2014 年 6 月第 1 版　　2014 年 6 月第 1 次印刷
书　　号：ISBN 978-7-5096-3058-7
定　　价：198.00 元